Rittergüter im Saale-Orla-Raum 4

»In alten Tagen, als unser Oberland noch in viele Herrschaften zerteilt war, gab es zahlreiche Rittergeschlechter und Edelleute in unserer Gegend.«[1] *Ein Teil dieser Familien blüht andernorts bis auf den heutigen Tag fort. Die Mehrzahl dieser Geschlechter aber ist inzwischen ausgestorben, und nur ihre privaten und öffentlichen Bauten, verschiedene Nachrichten und Notizen im Schleppnetz der behördlichen Überlieferung, vornehmlich aber ihr, in der Erinnerung unserer Großeltern und Eltern weitergetragener Nachruhm – ganz gleich, ob guten oder schlechten sie errangen – kündet heute noch von ihnen.*

MIX
Papier aus verantwortungsvollen Quellen
Paper from responsible sources
FSC® C105338

Alexander Blöthner

Rittergüter im Reußischen Oberland

In den ehemaligen Fürstentümern Reuß-Ebersdorf und Reuß-Schleiz sowie den Ämtern Burgk [Reuß Ä.L.] und Saalburg [Reuß-Gera]

Alle Burgen, Schlösser, Herrensitze, Freigüter und Vorwerke sowie ihre Besitzer: Geschichte und Geschichten

Aus der Reihe: Plothener Hefte zur Thüringer Regionalgeschichte Band 76

Über den Autor:
Alexander Blöthner M. A. (phil), geboren 1974 in Schleiz, hat an der Universität Jena ein ›Studium Generale‹ mit Schwerpunkt auf Geschichte und Soziologie absolviert und verfaßt Bücher über Lebensphilosophie, Sagen, Regionalgeschichte, Landschaftsmythologie, aber auch über Alltags-, Sozial- und Wirtschaftsgeschichte.

Mitglied im Förderverband zum Schutze des ›Eßzet‹

Tannhäuser
Alexander Blöthner
1. Auflage 2023
Herstellung und Verlag: BoD – Books on Demand, Norderstedt
ISBN-Nr. 978-3-75783-077-9

Inhaltsverzeichnis

Inhaltsverzeichnis

III. Das Reuß-Geraische Amt Saalburg [j. L.]

IV. Das Fürstentum Reuß Schleiz j. L.

V. Die Reuß-Schleizische Exklave Hohenleuben

VI. Anhang

ABKÜRZUNGSVERZEICHNIS

... – Auslassung im Text
( ) – Einschub des ursprünglichen Verfassers bzw. Editors eines Textzitats
[ ] – eingefügter Texteinschub [Anmerkung oder Erklärung] von A.B. in einer von ihm zitierten Quelle
* – geboren
oo – verheiratet
† – gestorben
~ – gerundet
% – Prozent,
× – mal
=/ ≠ – ist gleich, entspricht / ist ungleich
< > – kleiner als / größer als
Ø – Durchmesser
& – et (und)
a. – an, am
a.a.o. – an anderer Stelle oben
abger. – abgerufen
Abt. – Abteilung
a. D. – außer Dienst
A. d. V. – Archiv des Verfassers
ä. L. – ältere Linie
AG – Aktiengesellschaft
ahd. – althochdeutsch
A° – Anno
AK – Ansichtskarte
a. O. – an der Orla
a. S. – an der Saale
aßo, Aßo – Alter Schock [20 gr.]
B – Bundesstraße
b. – bei, Breite
Bd./Bde. – Band/ Bände
BHG – Bäuerliche Handelsgenossenschaft
BRD – Bundesrepublik Deutschland
Br., Bro., brosch – Broschürt
bez. – bezeichnet, beziehungsweise
bzw. – beziehungsweise
ca. – zirka, etwa
cm – Zentimeter
Co. – Kompanie
d. – der, de (von)
d. ä, d. Ä. – der Ältere
denat. – denatus (gestorben)
DDR – Deutsche Demokratische Republik
DEFA – Deutsche Filmanstalt
Diac. – Diakon
d. h. – das heißt
d. J. – der Jüngere
d. M., d. m. – der Mittlere
DM – Deutsche Mark
dt. – Dezitonne [100 kg]
DRK – Deutsches Rotes Kreuz
E – Ergänzungsband
e. G. – eingetragene Genossenschaft
e. V. – eingetragener Verein
etc. – et cetera [und so weiter]
f. – für
f./ff. – folgende / fortfolgende
FDGB – Freier Deutscher Gewerkschaftsbund
fl., f. – Gulden (Florentiner)
fol. – Folge
franz. – französisch
Ft. – Fürstentum
g. – Gramm
gr. – Groschen
geb. – geboren
Gf. – Graf/Gräfin
Gld. – Gulden
GI – (ugs.) US-amerikanischer Soldat
GmbH – Gesellschaft mit beschränkter Haftung
gef. – gefallen
gesch. – geschieden
gest. – gestorben
gr. – Groschen
h. – Höhe
ha – Hektar [10.000 m^2]
Hg. – Herausgeber, herausgegeben
HO – Handelsorganisation der DDR
i.d.R. – in der Regel
J. – Jahr, Erscheinungsjahr
j. L. – jüngere Linie
Jh., Jhr., Jahrh. – Jahrhundert
jr. – Junior
K. – Kanne
KAP – Kooperative Pflanzenproduktion
Kap. – Kapitel
kg – Kilogramm [1.000 g.]
KG – Kommanditgesellschaft
Kgr. – Königreich
k. k. – kaiserlich königlich
km – Kilometer [1.000 m]
km^2 – Quadratkilometer
Kop. – Kopie, Kopialbuch
l. – links, Länge, ℓ – Liter
lat. – lateinisch

Ltd. – Limited
LPG – Landwirtschaftliche Produktionsgenossenschaft
LWN – Landwirtschaftliche Nutzflächen
m – Meter
m^2 – Quadratmeter
MAS – Maschinenausleihstation
m. L. – Mittlere Linie
m NN – Meter über Normalnull
mda. – mundartlich
Mfl., Mf. – Meißner Gulden
MfS – Ministerium für Staatssicherheit
MG – Maschinengewehr
mhd. – mittelhochdeutsch
mr. – Morgen [0,25 ha]
MTS – Maschinen-Traktoren-Station
Mio. – Million
N – nördlich
n. – nach
nat. – natus (geboren)
n. Chr. – nach Christi
N.F. – Neue Folge
NKWD – Sowjetisches Volkskommissariat für Innere Angelegenheiten (Geheimdienst)
N. N. – Nomen nescio [Den Namen weiß ich nicht]
NNO – nord-nord-ost
NNW – nord-nord-west
NO – nordöstlich
N°, No., Nr. – Nummer
Nrn. – Nummern
Nr. n. – die Nummer weiß ich nicht
NS – nationalsozialistisch
NVA – Nationale Volksarmee
NW – nordwestlich
O – östlich
o. – ohne, oben
o. Nr. – ohne Nummer
(P) – Pflanzenproduktion
p. – Partition
p. a. – pro anno
Paperb., Pb. – Paperback
Pf. – Pfennig
Pfr. – Pfarrer
Qr – Quadratrute
r. – rechts
Reg. – Register
reg. – Regierungszeit
resp. – respektive, beziehungsweise
rh. – rheinisch
RM – Reichsmark
Rthl., Rtl. – Reichstaler [24 gr.]
S – südlich, Süden
S. – Seite
Sa. – Sachsen
SBZ – Sowjetische Besatzungszone
Sch. – Schock
SED – Sozialistische Einheitspartei Deutschlands
SMAD – Sowjetische Militäradministration
SO – südöstlich
sog. – sogenannte/r, sogenanntes
Sp. – Spalte
SS – Schutzstaffel
SSO – süd-süd-östlich
SSW – süd-süd-westlich
St. – Sankt
SW – südwestlich
t – Tonne [1.000 kg]
(T) – Tierproduktion
Tab. – Tabelle
Thlr., Thl. – Taler [Rthl.]
u. – und, unten
u. a. – und andere[s]
udgl., u.d.g.l. – und dergleichen
ü. N.N. – über Normalnull
ugs. – umgangssprachlich
urk. – urkundlich nachgewiesen
US – united Staates
usw. – und so weiter
u.v.m. – und vieles mehr
u.v.a.m. – und vieles anderes mehr
v. – von
v. d. – von der
VdgB – Vereinigung für gegenseitige Bauernhilfe
VEB – Volkseigener Betrieb
verh. – verheiratet
verw. – verwitwet
Vgl. – Vergleiche
Vik. – Vikar
WE – Wohneinheit
WSW – west-süd-westlich
X – unbekannte Nominale
z. – zu, zum
z. B. – zum Beispiel
z. T. – zum Teil
z. Zt. – zur Zeit

Topographische Übersicht:

Saale-Orla-Raum

Als Vorgänger der mittelalterlichen Grundherren sind zumindest in dieser Region jene, in alten Sagen im ostsaalischen Oberland verorteten Hainherren zu verstehen. Vor langer, langer Zeit hauste ein solcher auf einer Felsenburg oberhalb des Dorfes Göschitz bei Schleiz und brachte seinen Göttern zahlreiche Opfer dar. Bis weit ins Land hinein konnte man die Rauchwolken seiner Opferfeuer am Himmel aufsteigen sehen. »Sein Geschlecht war sehr alt und wie seine Vorfahren, so war auch er ein Zauberer. Besonders die in Höhlen und Gängen unter der Erde sich aufhaltenden Erdmännchen waren ihm dienstbare Geister. Er selbst aber war unendlich reich, übte eine Art Priesteramt aus und bewahrte die Asche seiner Vorfahren in tönernen Krügen auf. Als dieser Hainritter nun einstmals an der Pest gestorben war, verließ sein Sohn den alten Stammsitz, ging nach Thüringen und gründete daselbst Blankenstein, so genannt wegen des von ihm getragenen blanken Harnischs. Ein anderer Hainritter starb in Schleiz ohne Erben und seine Angehörigen nahmen, als sie zu jenem anderen an die Elster zogen, die Asche des Alten mit sich. Endlich hauste auf einem hohen und steilen mit Wald umgebenen Felsen, seinem Hainsitze, ein solcher Hainritter auch zu Elsterberg. Dieser war äußerst mannhaft, raufte sich im Kriege mit dem mächtigen Fürsten zu Meran und zog die Krieger des verstorbenen Schleizer Hainritters als Verstärkung an sich. Nachdem er viele Beute gemacht, starb auch er an seiner tödlichen Wunde, womit das Hainregiment am Elsterflusse sein Ende erreichte. Es hatte sich hinauf erstreckt bis ins Erzgebirge.«[2]

Ein weiterer Hainherr endlich waltete zu Tausa bei Ziegenrück. Auch er war sehr mächtig und kontrollierte zeitweise die Gegend bis hinunter nach Saalfeld. Als eines Tages ein fremder Völkerwanderungszug von Böhmen her plündernd und mordend das Saaletal hinuntergezogen kam, gingen die alten Bewohner der Ziegenrücker Gegend mit diesen Hainherren Schutzbündnisse ein, zahlten ihnen Tribut und stellten sich unter ihr Regiment. Nachdem aber die Gefahr vorüber, die Feinde vertrieben, das Land wieder befriedet war, lockerte sich die Verbindung zu diesen Kleinkönigen wieder, weswegen sich bis in die Zeit der deutschen Eroberung hinein Fürstentümer oder dergleichen nie für längere Zeit in der Region etablieren konnten. Diese Kleinkönige kontrollierten als Herren der ›Haine‹ die ›umhegten Sonderbezirke‹ [Burgen =/≠ Kultplätze], fungierten als Priester und wohl auch als Oberrichter ihres Volkes. Infolge dieser administrativen Funktionen waren sie im Gegensatz zu anderen freien Hofbesitzern bzw. Sippenoberhäuptern in der Lage, einen Stamm von Gefolgsleuten zu unterhalten, denen sich unter Umständen auch die Söhne der Freien, ja die Freien selbst anschlossen. Damit sich ein solches Bündnis für die Gefolgsleute rentierte, hat man zuzeiten wohl kriegerische Ausfälle und Eroberungen unternommen und – wie es scheint – auch unternehmen müssen, wollte der Hainherr seine Macht nicht verlieren. Unklar ist, in welchem Zeitraum diese Hainherrschaften bestanden haben. Die Sage von der Hunnenschlacht im Mordtal bei Ziegenrück schildert Ereignisse während der Völkerwanderungszeit, die mit Versatzstücken aus der sorbischen Ära vermischt zu sein scheinen. Andernfalls deutet die Überlieferung vom Schleizer und vom Elsterberger Hainregiment eindeutig auf die spätsorbische Zeit, wo slawische Edelinge nach fränkischem Vorbild und mit fränkischen Methoden in den weiter östlich gelegenen Gebieten Herrschaftsräume zu etablierten suchten, aber auch in Konflikt mit den deutschen Eroberern, hier in Gestalt der Herren von Andechs-Meran, den Erben der Kolonisatoren des Regnitzlandes gerieten. Archäologisch faßbar sind diese Hainsitze indes nicht. Jene slawisch-frühdeutschen Funde auf der Wysburg bei Weisbach und der alten Walsburg bei Ziegenrück müssen nicht zwangsläufig vom Wirken sorbischer Edelinge in der Region zeugen. Als Wehranlagen können sie ebenso von unterworfenen Slawen für ihre fränkisch-frühdeutschen Herren errichtete worden sein. In diesem Sinne war selbst Schleiz ehedem sicher keine slawische Burg gewesen, die den Slawen entrissen und als Zwingburg wider sie ausgebaut wurde. Die geringe Dichte der slawischen Besiedlung im Oberland läßt Gemeinbauten dieser Art kaum zu, nicht einmal in der dicht mit Slawendörfern besetzen Orlasenke sind sie – wohl aus Nähe zur fränkischen Reichsgrenze – ohne weiteres nachzuweisen.[3] Das Ende der Hain-Herrschaften wird von der Sage ebenfalls überliefert. In keinem Fall sind die Hainritter in ihrer alten Heimat geblieben. Entweder sind sie nach dem Osten ausgewichen oder in westlicheren, von der deutschen Landnahme bereits erfaßten Gebieten von den Eroberern als Lehnsleute akzeptiert worden.[4] So hören wir in den Saalfelder Urkunden des 11. Jahrhunderts im Orlagau von sogenannten ›sclavi servientes‹, slawischen Ministerialen, denen für die Ableistung besonderer Dienste Lehngüter überlassen waren, wobei sie – in einzelnen Slawendörfern zerstreut wohnend – »die ihnen zugewiesenen Teile der ›terra salica‹ zu bewirtschaften und die Zinserträge von den slawischen Bauern der ›terra censualis‹ einzutreiben«.[5] hatten. Während wir in den fruchtbaren Gefilden der Orlasenke bereits ab dem 12. Jahrhundert von, nach ihrem Wohnsitz benannten Ministerialenfamilien hören, erscheinen solche im Oberland urkundlich nicht vor dem 13., ja 14. Jahrhundert. Auch handelt es sich bei diesen, wenn man die von Saalburg [1225], von Harra [1232], von Blankenstein [1240], von Lobenstein [1250], von Pahren [1278], von Schleiz [1303] von Kulm [1318], von Mangelsdorf [1318], von Zoppoten [1325], von Oschitz [1327], von Blankenberg [1338], von Lange [1345], von Pottiga [1400] oder die Gefeller ausnimmt – oft um Geschlechter, die erst im Zuge der hochmittelalterlichen Kolonisation als bereits gewesene Vasallen anderer Landesherren wie der Giengen-Vohburger, Andechs-Meraner, Schwarzburger, Orlamünder, Lobdeburger bzw. Vögte in unsere Region eingewandert sind, so die von Sparnberg [1217], von Hirschberg [1223], von Röder [1224], von Machwitz [1238], von Kospoth [1253], von Poseck [1270], von Watzdorf [1278], von Dobeneck [1279], von Zedtwitz [1288], von Obernitz [1294], von Töpen [1310], von Reitzenstein [1318], von Berg, von Draxdorf [1352], von Wyrtzburgk u.a. Diesen – man möchte sagen – ersten Schichten des einheimischen ›Uradels‹ schlossen sich im weiteren Verlaufe des Mittelalters weitere, andernorts gebürtige Geschlechter an, die erstgenannte Familien vielerorts dann ablösten. Als Herrschaftsträger der Landesherren übten diese Vasallen die regionale Verwaltung vor Ort aus, spielten aber auch als wirkmächtige Familienverbände bzw. vereinigte Körperschaft bis weit in die Neuzeit hinein eine tragende Rolle im sozialhierarchischen Gefüge der ständischen Zeit. Indem in Thüringen und Obersachsen keine Leibeigenschaft existierte, waren diese Grundherren selber Lehnsherren über einen mehr oder mindergroßen, oft verstreut in mehreren Dörfern lebenden Untertanenstamm kleinerer und größerer bäuerlicher Hofbesitzer, Häusler, mitunter auch Stadtbewohner, denen sie gegen das Versprechen der Gefolgschaft bestimmte Dienste auf dem Herrenhof sowie einen gewissen Grundzins, Schutz und Schirm versprachen. Ihre Gutsbezirke bildeten zumindest in den unteren Instanzen von Rechtspflege und Administration kleine Verwaltungseinheiten, kleine Regierungen, kleine Staaten im Staate. Dagegen fungierten sie in ihrer Mittlerfunktion zwischen Landesherrschaft und Bevölkerung als oberste ›Verwaltungsbeamte‹ ihrer Patrimonialgerichtsbezirke, zogen für den Herrscher die Steuern von den Untertanen ein und dergleichen, waren hingegen selber, abgesehen von Kriegszeiten, in der Regel von der allgemeinen Besteuerung ausgenommen.

Dabei standen sie und ihre Familien nicht unter diesen Patrimonialgerichten, sondern nahmen ihr Recht mehrheitlich vom Hofgericht des Landesherrn selbst. Auch nach der Abschaffung ihrer Verwaltungsfunktion im Zuge der Auflösung der Patrimonialgerichte nach 1848 blieben die Rittergutsbesitzer als Großgrundherren in ihren Dörfern weiterhin bestimmend, waren bis zum Ende des Wilhelminischen Kaiserreichs privilegiert, genossen das besondere Wohlwollen der Regierung und wurden in der Vergabe von Ämtern und Standeserhöhungen deutlich vorgezogen. Ihre Gutsbezirke fielen erst im 19. Jahrhundert nach und nach in die, sie umgebenden Gemeindebezirke.[6]

Das Amt Burgk des Fürstentums Reuß ä. L.

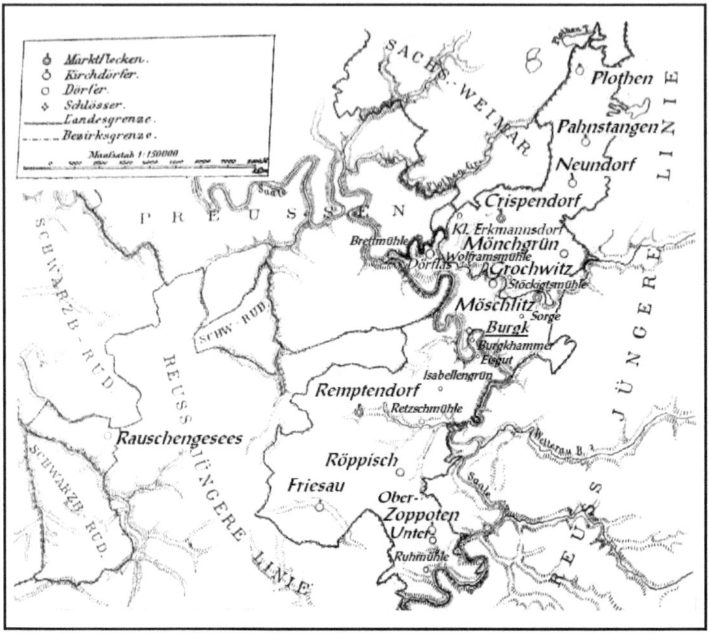

›Die Burg‹ – wie das Amt [später Amtsgerichtsbezirk] Burgk als Exklave des Fürstentums Reuß älterer Linie zu Greiz seit jeher genannt wurde – umfaßte einen länglich-schmalen Landstrich zwischen dem Plothener Hausteich im Norden und den Saaleufern südlich von Zoppoten. Abgesehen von dem im wesentlichen nur aus Schloß, Hofkammergut und Amtsgebäuden bestehenden Ort Burgk und seinen Vorwerken [Burgkhammer, Schäferei Sorga, Eisgut, Isabellengrün] umfaßte die Herrschaft neben ihren beiden Marktflecken Möschlitz und Remptendorf sonst die Ortschaften Plothen, Pahnstangen, Neundorf, Mönchgrün, Crispendorf, Erkmannsdorf (reußischen Teils), Dörflas, Grochwitz, Friesau, Röppisch, Zoppoten und – gewissermaßen als ›Exklave der Exklave‹ – das Dorf Rauschengesees bei Leutenberg. Die Einwohnerzahl dieses kleinen, keine 90 km² umfassenden administrativen Gebildes betrug noch im Jahre

1871 gerade einmal 5.097 Menschen.

Neben dem großen, später noch um Liegenschaften mehrerer aufgelöster bzw. verkleinerter Rittergüter erweiterten fürstlichen Domanialbesitz, der im übrigen mehr als die Hälfte der Waldflächen im Fürstentume umfaßte, existierten in der Pflege Burgk zumindest bis ins 18 Jahrhundert noch ganze sieben Rittergüter. Am Ende waren es noch drei. Nicht allein aufgrund der bis ins 20. Jahrhundert hineinwirkenden politischen Rückständigkeit des Greizer Fürstentums bezüglich des Vereins- und Parteienwesens ist die 1877 im Vorfeld einer Reichstagswahl von einem oberländischen Bauern gegenüber dem sozialdemokratischen Reichstagskandidaten Wilhelm Blos getätigte Feststellung: ›Sie sprechen von unserem Staat, aber es ist kein Staat, es ist ein großes Rittergut!‹[7], wörtlich zu nehmen. Hervorgegangen ist die Pflege Burgk wohl schon im 13. Jahrhundert aus dem Burgbezirk einer Wehranlage der Herren von Lobdeburg. Nach 1316/17 im Besitz der mit den Lobdeburgern zu Saalburg verschwägerten Vögte von Gera gelangte die Herrschaft Burgk zusammen mit Schleiz, Saalburg, Lobenstein u.a. 1550 per Erbschaft an die Burggrafen von Meißen aus dem älteren vögtischen Hause zu Plauen und nach deren Aussterben an ihre Verwandten, die Abkömmlinge der jüngeren Vögte zu Plauen – die älteren Reußen zu Greiz. Deren verschiedene Landesteilungen tangierten auch ihre Exklave Burgk. Ohnehin erst im Jahre 1595 wieder zu einem eigenen Amt erhoben, schied die südliche Hälfte der Pflege zwischenzeitlich aus dem Verbund aus, gehörte um 1680 teils zu Reuß-Rothenthal, teils zu Reuß-Obergreiz, wurde später zu einer Exklave des Amtes Dölau und erst im 19. Jahrhundert wieder mit der nördlichen, Burgker Hälfte vereinigt. 1868 zu einem eigenen Amtsgerichtsbezirk erhoben, bestand das Amt Burgk auch nach der Übernahme des Greizer Fürstentums durch die zu Gera regierende jüngere reußische Linie fort und wurde erst 1919 mit dessen oberländischen Bezirk des nunmehrigen Volksstaates Reuß – dem Vorläufer des späteren thüringischen Großkreises Schleiz [1922-1952] – vereinigt.[8]

Burgk

Der Gutsweiler Burgk [1365 Hus dy Borg] mit dem gleichnamigen Schlosse liegt zwischen Saalburg und Ziegenrück auf einem hohen, von drei Seiten von der Saale umflossenen Bergsporn. Schon 1927 schwärmte ein Wanderführer: »Schloß Burgk bietet aber auch mit seiner ganzen Anlage, seinem Wallgraben, seiner Zugbrücke, seinem Wehrgang und Hungerturm, seinem Burghof mit Küche, seinen Treppenaufgängen, seinen Fürstenzimmern, seinem Rittersaal mit Altertümern, seiner Kapelle mit Silbermannscher Orgel eine Sehenswürdigkeit für sich.«[9] Dabei ragt der Fels mit der Burg weit ins Tal vor. »Einst war er zur Böschung an der Bergseite hin noch durch einen breiten Graben abgetrennt.«[10] Die Wohn- und Wehrburg vom Typ der Ring-, bzw. Randhausburg mit Baukörpern von der Gotik bis zum Rokoko hat die ungefähre Gestalt eines rechteckigen Dreiecks mit den drei Ecken im Osten, Westen und Süden mit vorgelagertem Zwinger, Vorburg sowie den dreigeschossigen hohen quer-rechteckigen Palas in der für Saaleburgen typischen Kemenatenform.[11] Der altehrwürdige Bau hat natürlich auch seine **Burgsagen**. So läßt sich auf dem Schlosse zuzeiten eine Weiße Frau sehen. Am häufigsten erscheint sie in einem bestimmten Zimmer, von dem ein geheimer Gang tief hinab in eine Kammer führt, wo einstmals eine Prinzessin verhungert sein soll. Weitere **unterirdische Gänge** sollen nach der ehemaligen Burg auf der Hemmkoppe bei Ziegenrück und nach der Burgruine Walsburg führen.[12] Auch wenn so weit verlaufende unterirdische Erdwerke aufgrund der Morphologie des Geländes höchst unwahrscheinlich sind, so deuten die Gangsagen doch darauf hin, das diese drei Saalevesten in frühester Zeit administrativ miteinander in Verbindung gestanden haben müssen und demnach etwa zur gleichen Zeit als Glieder einer Burgenketten an ›der Saale hellen Strande‹ als Bollwerke angeblich gegen die heidnischen Slawen entstanden sein sollen. Dies gilt inzwischen als widerlegt. Wahrscheinlicher ist die Entstehung der meisten Burgenstandorte an der oberen Saale oder zumindest deren Wiederbefestigung im 12. Jahrhundert während der Konflikte zwischen Staufern und Welfen zum Schutz des von ersteren gebildeten Reichsgutkomplexes. Indem an vorzeitlichen Funden aus Burgk neben einer umstrittenen Spitzhaue aus der Mittelsteinzeit lediglich eine einzige Gefäßscherbe mit Bodenstempel aus der Zeit um 1150 bis 1200 existiert, kann nicht mit Bestimmtheit geklärt werden, ob bereits in frühgeschichtlicher Zeit hier eine Wallanlage bestanden hat. Lediglich eine Sage berichtet, daß die Hunnen [gemeint sein können aber auch die heidnischen Ungarn] hier bereits eine Befestigung vorgefunden hätten.[13] Zudem gibt es in unmittelbarer Nähe die Spuren dreier weiterer Wehranlagen und zwar der Schwedenschanze nördlich des Ortes, der Trotzeburg nahe über dem Burgkhammer sowie eine mögliche Wallanlage anstelle des späteren Sophienhauses auf dem Schlingenberg, die aber auch Vorwehren der Hauptburg gewesen sein können, wobei in letzterem Falle eher auf eine Vorgängeranlage derselben zu schließen ist. Robert Hänsel berichtet hierzu: »Wenn die Quelle vom Bau eines neuen Schlosses 1403 erwähnt und daraus gelesen werden kann, daß das alte Schloß an derselben Stelle stand, so trat doch die Ansicht auf, daß hier nur ein Vorwerk gestanden, das Schloß sich aber an der Südspitze der Landzunge befunden haben könnte, wo jetzt das Sophienhaus steht, da diese die von der Saale am nächsten eingeschlossene Stelle ist, die am stärksten die Gegend beherrscht und zur Anlage einer Burg vorzüglich geeignet sei. Der Umstand, daß zwischen dem heutigen Schloß und dem Sophienhaus etwa 50 Meter vom letzteren entfernt eine Vertiefung am Weg bemerkbar ist, die für einen zugeschütteten Graben angesehen werden kann, scheint diese Ansicht zu bestärken. Irgend ein Beweis ist aber nicht vorhanden. ... Einer Burgsage zufolge soll das sogenannte ›Mühlgewölbe‹, benannt nach der in Kriegszeiten dort aufgestellten Handmühle, der stehengebliebene Rest des ursprünglichen Schloßbaus sein.«[14] Ab dem Jahr 1204 dürften die Lobdeburger im Besitz der Burg gewesen sein, spätestens ab 1314 die Vögte von Gera.

Die **ursprüngliche Burg** bestand wahrscheinlich nur aus einem Wohnturm, den Wirtschaftsgebäuden und einer Ringmauer. Eine inzwischen wieder verloren gegangene ›handschriftliche Notiz‹ von 1755 gibt bereits für das Jahr 1291 [nach anderen schon 1211] die Existenz einer Burgkapelle an. In diese Richtung weist auch der merkwürdige Umstand, daß die heutige Schloßkapelle über die Möschlitzer Kirche eine schnurgerade [Ley-]Linie hin zur Schleizer Bergkirche bildet. Erstmals urkundlich erwähnt hingegen wird Burgk nicht vor dem Jahre 1365, als es gemeinsam mit dem Dorfe Möschlitz wiederkäuflich an den Deutschen Orden zu Schleiz verpfändet wurde. Wann die Vögte von Gera die Burg zurückerwarben, ist unbekannt, denn bereits im Jahre 1390 erscheinen selbige wieder in dessen Besitz.[15] Die folgende schriftliche Erwähnung einer Inschrift in der Schloßkapelle weist bereits auf den Abbruch der alten Burg hin und berichtet vom Baue eines neuen Schlosses: »Nach Christi geburt 1341 an des heyligen creutzes tage inventionis ward der edell herr Heinrich herr von Gera geborn, und als man schrieb 1403, do brach derselbe herr von Gera ein altes schlosz, das hier stundt, abe, das sein vatter auf ihn bracht hatte und hub in demselben iar am dienstag nach quasimodogeniti das schlosz wieder an von neues zu bauenn.«[16] Wie dieser Neubau ausgesehen haben mag, läßt sich nicht genau sagen. Vermutlich entstand [1] im Südteil der Breitwohnturm, [2] der an diesen anstoßende Ostflügel bis zur Kapelle und [3] der untere Teil des Nordflügels [wahrscheinlich als Stall- und Wirtschaftsgebäude] sowie [4] die Schildmauer um den Schloßhof im Westen und Norden, von wo [5] der gedeckte Wehrgang zurück zum Wohnturm führte. Von besonderer Bedeutung war die von nahen Quellen über Holzröhren gespeiste **Zisterne** im inneren Burghof, die in Belagerungzeiten Wasser für die Burgbewohner bewahrte.[17]

Bis zum 16. Jahrhundert wurde das Schloß zu einer der besterhaltensten Verteidigungsanlagen im thüringischen Raum ausgebaut. Eine starke Schildmauer mit unregelmäßig verteilten Schießscharten schützte den Zwinger, der westwärts von äußerem Torhaus, Torturm und anschließendem Badehaus lag.[18]

Schloß Burgk: Schildwall mit Hungerturm

»Vor dem inneren Tor befand sich das Verließ. An den Ostturm schloß sich das zweite Torhaus mit dem Sommerhäuschen an, eine Zugbrücke führte von dort über den Halsgraben zu einem weiteren Torhaus mit Torturm nördlich der inneren Burg. Eine weitere Zugbrücke bildete die Verbindung zur Auffahrtsstraße, geschützt durch eine Eckbastion. ... Ganz im Westen ein Mauereckturm – der sogenannte ›Hungerturm‹. Umfassungsmauern friedeten die gesamte Anlage ein. An der westlichen Wehrmauer wurde später die **Schloßküche** angefügt, ausgeführt als Halbrundbau.«[19]

Nachdem das Schloß gegen Ende des 16. Jahrhunderts zur Hauptresidenz der reußischen Linie Untergreiz-Burgk avanciert war, folgte der großflächige Umbau der alten Veste zu einem repräsentativen **Wohnschloß**. Der wehrhafte Charakter trat zurück. Die alten Wirtschaftsgebäude wurden durch den heute noch bestehenden Nord- und Ostflügel ersetzt, das zweite Obergeschoß des Palas zum Rittersaal mit Renaissancedecke ausgebaut. 1619/20 entstand der Treppenturm am Südflügel, 1620-1624 die Schloßkapelle. Abgesehen davon, daß der Ostturm [alter Bergfried] 1665 wegen Baufälligkeit abgebrochen werden mußte, so haben sich doch die Zustandsformen der ersten Hälfte des 17. Jahrhundert alles in allem so ausgezeichnet erhalten, daß die DEFA Anfang der 1980er-Jahre hier eine Fernsehserie über den Bauerngeneral Georg Kresse [1604-1641] mit Rolf Hoppe und Walter Plathe in den Hauptrollen produzieren konnte.[20] Der erste Inhaber der 1616 gebildeten, selbständigen Herrschaft Reuß-Burgk war Heinrich II. [1575-1639], der Sohn Heinrichs des Langen [reg. 1596-1608] Reuß

Untergreiz-Burgk. Nach dem Tod seines Sohnes Heinrichs III. zu Burgk [†1640] fiel dessen Besitz wieder an das Untergreizer Stammhaus zurück. 1668 aber wurde Burgk im Zuge einer Landesteilung dieses Hauses noch einmal zu einer selbständigen Landesherrschaft erhoben, aber nach dem Ableben dessen ersten und einzigen Inhabers Graf Heinrich II. [*1634] Reuß ä. L. Burgk schon 1697 wieder aufgelöst und ihr Gebiet der Herrschaft Reuß-Untergreiz einverleibt, worauf Burgk schrittweise zur Sommerresidenz und zum **Jagdschloß** umgestaltet wurde. Im 18. Jahrhundert, besonders aber während der Zeit von 1739 bis 1743 hielten stilistische Bauelemente des Spätbarock Einzug in Burgk. Um 1709 entstand das Vorderschloß [der Südostflügel] neu, wobei wohl der auf dem Reiterbild Heinrichs II. [bez. 1635] noch dargestellte schlanke Ostturm abgebrochen wurde. Das Amtshaus – bisher Aufenthalts- und Wachlokal der Burgbesatzung – wurde in ein Kavaliershaus umgewandelt, das zweite Torhaus abgebrochen. Am Hungerturm entstand ein kleiner Lustgarten mit Ziersträuchern und Obstsorten aus fernen Gegenden. 1742/43 schufen der begnadete Orgelbaumeister Johann Gottfried Silbermann und seine Gesellen das einzigartige Klangwerk in der Schloßkapelle. Zudem erfolgten Umbauten im Speisesaal sowie die Ausgestaltung des Musiksalons, des Chinazimmers, des Roten Salons und anderer Gemächer. 1750 entstanden dann der Sophienweg und das Sophienhaus mit dem bekannten Barockgarten.[21]

Als Wirtschaftshof des Schlosses fungierte das nördlich im Anschluß gelegene Vorwerk und spätere **Hofkammergut**, dessen Felder sich namentlich um den Flurteil Zschernikel und das Vorwerk Sorga [an der Stelle des späteren Chausseehauses ausdehnten. Von einem seiner Pächter geht die Rede, daß er bei schlechtem Wetter schmunzelnd gesagt habe: ›Dös is´ Wetter für meine Knecht´, wenn die heut´ faulenzen, da frier´n sie recht!‹[22] Neben der alten Schäferei Sorga [mit 600 Nössern] gehörten zum Hofkammergut als Vorwerke noch das inzwischen überflutete Eisgut [mit 20 ha Fläche] und das sogenannte ›Waldrittergut‹ Isabellengrün [mit 1.425 ha Fläche].

Im Zuge der Fürstenabfindung nach dem Ersten Weltkrieg behielt die fürstliche Familie zwar das Schloß als Privatbesitz, der statistischen Literatur zufolge jedoch nicht [?] den großen Burgkwald, die Domäne [306 ha], das fürstliche Kammergut [94 ha] bzw. das fürstliche Schatullgut [41 ha], für welche sich 1923 der Staat Thüringen als Besitzer eingetragen findet. Um Einnahmen zu erzielen, gab eine der beiden Besitzerinnen des Schlosses, Prinzessin Hermine, geb. Reuß ä. L., verw. von Schoenaich-Carolath, verh. von Hohenzollern, den Anstoß zur Einrichtung und Verpachtung einer Gaststätte im Stallgebäude des Kammergutes, der 1932 eröffneten ›Schloßterrasse‹.[23]

Im Zuge des Ausbaus der ›Festung Thüringen‹ wurde Schloß Burgk in den letzten Monaten des Zweiten Weltkrieges von einer Reichsbehörde beschlagnahmt und das Intereur durch mit Einquartierungen verbundenem Vandalismus leicht demoliert. Weitere Schäden verursachte die Druckwelle bei der Sprengung der nahen Eisbrücke sowie die Beschießung mit MG-Feuer im April 1945. Das Vorhaben einer SS-Einheit, die ›Perle des oberen Saaletals‹ mitsamt den dort eingelagerten Akten des Reichssicherheitshauptamtes zu Berlin einfach in die Luft zu sprengen, kam im Zuge des raschen Vormarsches der US-Armee nicht mehr zum Tragen. Selbst die Zerstörung der Burgkhammerbrücke hatte von den GIs verhindert werden können. Nach dem Einmarsch der Roten Armee in Thüringen im Juli 1945 wurden die reußischen Besitzungen enteignet und in die Hand des Staates überführt. Seit 1953 ist das Kreismuseum Schloß Burgk das bedeutendste Museum im Gebiet der Oberen Saale, das auf besondere Weise Einblicke in die wechselvolle Historie des früheren Reußenlandes bietet.[24]

Schloß Burgk mit überdachter Saalebrücke

Das Sophienhaus

Südlich des Schlosses führt der über einen schmalen Felsrücken verlaufende Sophienweg zu einem 60 Meter über der Saale liegenden Bergsporn mit künstlich eingeebnetem Plateau. Inmitten alter Baumbestände, Rasenflächen, Blumenrabatten und Rokokoplastiken findet sich hier ein anmutig beschwingtes kleines Lustschlößchen, das Sophienhaus, auch ›Lusthaus Sophienlust‹ genannt. Um hier einen kleinen Park anlegen zu können, hatte man in den Jahren 1749 bis 1753 Felsflächen wegsprengen und Unebenheiten aufschütten müssen. Das Sophienhaus selbst ist ein achteckiger Pavillon mit geschweiftem Walmdach, Mittelrisalit und Dreiecksgiebel, der im Inneren einen kleinen Saal in aufwendiger Rokokofassung birgt. Von den, die Wege einst zierenden Skulpturen haben sich die Plastiken der Athene, des Mars, der Venus und der Diana sowie vier Ziervasen erhalten.[25] Der anmutige und beschwingte Ort ist nicht nur für Erholungssuchende bzw. Kunst- und Geschichtsfreunde interessant, sondern selbst für Esoteriker, die hier ein Portal in eine andere Dimension [?] vermuten.

Von den Vögten und Herren von Gera, Weida und Plauen

Die sicherlich ›älteste historische Information‹ zur Abkunft der Vögte bildet die einheimische Sage, wonach deren frühester Vorfahr ein armer Schlucker aus Veitsberg bei Wünschendorf gewesen sei, dem das Glück beschieden war, im Höllengrund bei Weida einen gewaltigen Schatz zu heben und daraufhin in den Ritterstand aufzusteigen. Der Kern dieser Legende, wonach der erste Herr von Weida ein gebürtiger Elsterländer war und dann aus dem benachbarten Veitsberg nach Weida herüberwechselte, steht – wie Reste einer Wehranlage im Areal der dortigen St. Veitskirche vermitteln – auch für die Regionalforschung nicht grundlegend außer Frage.

Im Gegenzug verweist die im Mittelalter verfaßte Geschichte des Domherrn Arnold von Quedlinburg um die Stiftung des vögtischen Familienklosters zu Mildenfurth im Jahre 1193 auf eine Herkunft der Herren von Weida aus dem Harzraum. Danach weilte einstmals ein gewisser Graf Erkenbert von Osterode im Auftrage des Kaisers im elsterländischen Herrschaftsgebiet des Grafen Attribo. Dieser, an jenem »mannhaften und klugen Herren gefallen findend, verband seine Tochter Jordana mit ihm«. In der Tat existierte in diesem Großraum eine, nach dem Orte Wida [heute Wüstung] am Harzrand nördlich von Mühlhausen benannte welfische Ministerialenfamilie, die mit Heinrich von Wida, ›dem Sohn des Erkenbert‹, 1143 in einer Urkunde des Klosters Homburg an der Unstrut erscheint. Indem die Kolonisation Mitteldeutschlands gerade von, aus den Altsiedelgebieten des Reiches eingewanderten Adelsfamilien getragen wurde, die dann dort Nebenlinien begründeten, kann nicht ausgeschlossen werden, daß auch die Vorfahren der Vögte von Weida im Gefolge großer Territorialherren [vielleicht sogar Kirchenfürsten wie den Bischöfen von Merseburg oder Naumburg] in die Slawengaue eingewandert sind und sich dann – nachdem sie dort Rang und Namen erlangt hatten – eine höhere, in der Regel gräfliche Abkunft zulegten, sich also mitunter von Familien ableiteten, deren Ursprünge in der Tat bis in die Tage Karls des Großen zurückreichen.

Als frühester nachweisbarer Vorfahre der Vögte gilt der 1122 bezeugte **Erkenbert von Weida**, dessen Nachkommen als Reichsministeriale im Dienste Kaiser Friedrich I. Barbarossas [†1190] als Vögte, sprich Verwalter, königlicher Ländereien, aber auch von Kirchenbesitz im Gebiet um Gera, Ronneburg, Weida, Greiz und Plauen sowie später auch um Hof und im Egerland verwalteten. Aus diesem Grunde wurde der heraldisch von rechts nach links schreitende, rot bekrönte goldene Löwe auf schwarzem Grund hernach zu ihrem Wappentier. Bis zum Jahre 1200 hatten die Vögte von Weida eine solche Machtfülle erreicht, daß sie ab 1193 in Mildenfurth eine gewaltige, in ihren Ausmaßen sonst nur mit dem Naumburger Dom vergleichbare Klosterkirche in die Einöde stellen konnten. Weitere Familienklöster der Vögte folgten 1238 in Cronschwitz bei Wünschendorf und zu Beginn des 14. Jahrhunderts mit

Heiligkreuz bei Saalburg. Auch ihr Herrschaftszentrum, die damalige Doppelstadt Weida mit der Osterburg, konnte sich dazumal sehen lassen, denn sie besaß mit drei größeren Kirchen, zwei weiteren Klöstern und fünf Kapellen – wenn man Mildenfurth und Cronschwitz noch hinzurechnet – nicht weniger geistliche Einrichtungen als das mittelalterliche Leipzig.

Im Zuge einer Erbteilung seitens der drei Söhne **Heinrichs II.** des Reichen [urk. seit 1174] – Heinrich III. der Ältere, Heinrich IV. der Mittlere und Heinrich V. der Jüngere – entstanden im Jahre 1238 die Linien Weida [mit Ronneburg], Gera [mit einem Teil von Plauen] und Plauen [mit Greiz] sowie nach dem Tode Heinrichs V. die Linien der Vögte von Weida, Gera und Plauen. Nach dem Aussterben der Herren von Lobdeburg, den eigentlichen Kolonisatoren des später reußischen Oberlandes [ab 1204], übernahm Vogt **Heinrich I.** von Gera 1247 per Erbfolge deren Positionen in Lobenstein, Mühltroff und Pausa sowie ca. ab 1316 in Schleiz, Saalburg und Burgk.

Mit dem kaiserlichen ›großen Regalienbrief‹ von 1329 stiegen die Vögte de facto in den Rang erblicher Reichsfürsten auf, konnten diese Position aber nur bis zum verlorenen Vogtländischen Krieg [1354-1359] gegen die Wettiner und Kaiser Karl IV. – denen sie als Beherrscher wichtiger Handelsrouten buchstäblich im Wege waren – erhalten. Neben Plauen und ihren regnitzländischen Gebieten gingen sie schließlich auch ihres Kernlandes Weida verlustig und devancierten in eine Art Zwischenstellung – waren zwar keine wirklichen Reichsstände mehr, aber auch keine bloßen markgräflichen, landgräflichen bzw. böhmischen Vasallen. Von den Familiengrablegen der Vögte haben sich nur einige Grabplatten [u.a. mit Scheibenkreuz] in der Ruine der Klosterkirche von Cronschwitz erhalten. Warum man noch zu Beginn der 1990er-Jahre den Grund der vormaligen Apsis der großen Stiftskirche zu Mildenfurth [später Jagdschloß] mit den dort vermuteten frühesten Grablegen der Vögte einfach weggebaggert hat, bleibt von Vielen bis heute unverstanden, sind damit doch auch etwaige genetische Untersuchungen zur tatsächlichen Abkunft der Familie verunmöglicht worden. Mit der Aufhebung der Reichsvogtei 1404 wurden die ›Vögte‹ dann zu ›Herren‹ von Weida [bis 1532], Gera [bis 1550] und Plauen. Die Plauensche Linie bestand aus einem älteren und einem jüngeren Zweig. Ersterer hatte seine Gebiete nach 1357 zwar größtenteils nur noch in Böhmen, erhielt aber vom Kaiser später den Titel ›Burggrafen von Meißen‹, ohne in diesem Kernland wettinischer Macht jemals Herrschaftsrechte ausgeübt zu haben.

Der jüngere, zu Greiz sitzende Zweig des Hauses Plauen aber führte nach dem Zunamen seines Begründers, **Heinrich III.** [† vor 1295] den ›Ruthenus‹ oder ›Rucze‹, fortan den **Namen ›Reuß‹**. Dieser rührt, so mutmaßt man, entweder von dessen längerem Aufenthalt in Rußland oder von seiner Ehe mit der mütterlicherseits einem russischen Fürstenhause entstammenden böhmischen Herrentocher Maria Swihowska her.

Hatten im Vogtländischen Kriege die Wettiner im Verbund mit der Krone die Vögte entmachtet, so war es in der Zeit nach der Reformation nun der ernestinische Zweig der Wettiner, der im Zuge des Schmalkaldischen Krieges [1546/47] von der Krone unter Anteilnahme des Burggrafen **Heinrichs IV.** [†1564] als böhmischer Erzkanzler enorm geschwächt wurde und seines Kurfürstentitels, der erzgebirgischen Silberminen sowie größerer Gebietsanteile verlustig ging. Auf ihre Kosten wie auch auf die der Greizer Reußen, die in diesem Kriege zwangsweise den Kurfürsten hatten unterstützen müssen, entstand daraufhin der sogenannte ›Burggrafenstaat‹, der faktisch die gesamten diesseitigen Gebiete des Vogtlandes wieder unter einer Hand vereinigte, und die Reußen als Miterben der 1550 ausgestorbenen Herren von Gera aus Greiz und Gera nach ihrer Herrschaft Kranichfeld im Thüringer Becken verbannte, weswegen sie fortan – selbst nachdem sie dieses Gebiet längst verkauft hatten – den Kranich weiter in ihrem Wappen behielten. Obwohl verwaltungstechnisch weit über dem allgemeinen Niveau seiner Zeit stehend, war dem Burggrafenstaat auf Dauer kein Glück beschieden. Die beiden noch minderjährigen Söhne dessen viel zu früh verstorbenen

Begründers Heinrichs IV. verloren ein Stück nach dem anderen, bis am Ende das sächsische Vogtland nebst dem Amt Weida an die Albertiner [jenem Sachsen nun beherrschenden Zweig der Wettiner] und die Gebiete um Gera, Zeulenroda, Greiz, Schleiz und Lobenstein an die Reußen kamen.

Kaum hatten die Reußen 1562 bzw. 1572 einen Teil ihres Besitzes bzw. Erbes [Lobenstein war noch verpfändet, Schleiz, Saalburg, Burgk kamen erst 1590 ganz in ihre Hand] zurückerhalten, schritten sie schon zu ihrer ersten Landesteilung und etablierten eine ältere [bis 1927], eine mittlere [bis 1616] und eine jüngere Linie und damit die Teilstaaten Reuß-Untergreiz, Reuß-Obergreiz [mit Schleiz und Zeulenroda] und Reuß-Gera.

Auch wenn die Wettiner deren Reichsstandschaft nie wirklich anerkannten, stellten die Reußen dem Reich im Gefahrfall doch Truppen, besaßen Sitz und zusammen mit anderen Herren und Grafen eine Gruppenstimme im Reichstag. Bevor alle reußischen Linien 1673 gegraft wurden, hatte man ihren einfachen Titel ›Herr‹ oft nicht richtig gewürdigt, und mancher landsässige [also keinem Territorium vorstehende] Graf dünkte sich gar besser als sie. Kurios war auch, daß man alle Prinzen der reußischen Linien mit **Vornamen ›Heinrich‹** benannte. Diesen Namen soll Heinrich der Reiche [† vor 1210] aus Dankbarkeit für Landschenkungen zu Ehren Kaiser Heinrichs VI. [†1197] für alle reußischen Regenten und deren Söhne eingeführt und festgeschrieben haben. So erblickten im Laufe der Jahrhunderte Hunderte von reußischen Heinrichen das Licht der Welt, wobei die Verwirrung dadurch noch verstärkt wurde, daß zudem verschiedene Zählmodalitäten existierten. Mal zählte man alle männlichen Mitglieder von I bis C [hundert] und begann dann wieder von vorne, mal wurde mit dem ersten Glockenschlag jedes neuen Jahrhunderts neu damit begonnen, die Prinzen zu zählen. Schnell war daher im diplomatischen Schriftverkehr auch einmal Fürst Heinrich LXII. zu Schleiz mit Fürst Heinrich LXXII. zu Ebersdorf verwechselt, was mitunter zu staatlichen Verwicklungen führte.

Zu den Reußen der älteren Linie

Nachdem sich die jüngeren und älteren Reußen die Gebiete der 1616 ausgestorbenen mittleren Linie angeeignet hatten [erstere Schleiz, letztere Obergreiz], umfaßte die Erbportion des älteren Hauses Greiz, Zeulenroda und Burgk, die des jüngeren dagegen Gera, Schleiz, Saalburg und Lobenstein. Durch Erbteilung innerhalb der beiden Linien zerfielen diese Gebiete mit der Zeit in noch kleinere Herrschaften, ja Unterherrschaften, so die der älteren Linie nicht nur in Ober- und Untergreiz, sondern mitunter, und oft auch nur für kurze Zeit, in Obergreiz Vorder- und Hinterschloß, Untergreiz zu Untergreiz, zu Dölau, zu Rothenthal und zu Burgk. Erst 1733 fand Untergreiz wieder zu einer Herrschaft zusammen, fiel nach dem Tode Heinrichs III. 1768 aber an Heinrich XI. zu Obergreiz, der nun in Verhandlungen um den Erwerb der Reichsfürstenwürde eintreten konnte und 1778 gefürstet wurde. Nachdem auch den Zweigen der jüngeren Linie diese Standeserhöhung 1790 bzw. 1806 zuteil geworden war, avancierten alle reußischen Regenten nach Ablösung der auf ihren Gebieten noch lastenden wettinischen bzw. böhmischen Lehnsabhängigkeiten nach dem Wiener Kongreß 1815 zu souveränen deutschen Bundesfürsten, wobei Fürst Heinrich XIII. Reuß älterer Linie [1747-1817], der ein Vertrauter des österreichischen Kaisers war, auf Kosten des auf 42% seiner bisherigen Fläche reduzierten Königreichs Sachsen sogar noch einen Gebietsgewinn in Gestalt der bislang zu dem kleinen Klosteramt Mildenfurth im Neustädter Kreis gehörenden Dörfer Altgommla und Kühdorf sowie Teilen von Alt- und Neugernsdorf für sich verbuchen konnte. Danach sollte nach dem, für die älteren Reußen verlorenen preußisch-österreichischen Krieg von 1866 ihr Land selber im Rahmen eines Gebietsaustausches zwischen dem Preußischen Kreis Ziegenrück und dem Fürstentum-Reuß j. L. aufgeteilt werden.

Heinrich XXII. [1846-1902] war der letzte regierende Fürst des Greizer Hauses, denn sein einziger Sohn, Heinrich XXIV. [*1878], war nicht regierungsfähig. Nach dem Tode des Vaters führte Heinrich XIV., der Fürst der jüngeren Linie zu Gera, für ihn die Regierung. Im Jahre 1910 stand das Fürstentum der älteren Linie auf dem Zenit seines Glanzes. Bestehend aus einem größeren Gebiet um Greiz, einen kleineren um Zeulenroda sowie dem Burgker Ländle umfaßte es gerade einmal 316 km² zählte aber 72.616 Einwohner. Schon rechnete man in naher Zukunft mit der Vereinigung der beiden reußischen Fürstentümer zum alleinen Reußenland, doch dann brach der Weltkrieg über das Reich herein, wonach im Zuge der Novemberrevolution von 1918 kein deutscher Fürstenthron mehr zu halten war. Nachdem Fürst Heinrich XXVII. Reuß jüngerer Linie [reg. ab 1908] auch für das Greizer Fürstenhaus mit abgedankt hatte, wurde gegen Ende des Jahres 1919 das Kammervermögen von Reuß ä. L. zum Eigentum den Volkstaates Reuß [bis 1920] erklärt, in welches auch alle Greizer Schlösser und faktisch alle Kammergüter und sonstigen Liegenschaften der Fürstenfamilie überführt wurden. Dazu gehörten neben den Forsten Burgkwald [1.425 ha], Heinrichsgrün [1.041 ha], Pohlitz [1.064 ha] und Hermannsgrün [1.088 ha] nach Köhler [1923] auch die landwirtschaftlichen Güter in Burgk [ca. 450 ha], Dölau [159 ha], Lunzig [141 ha] sowie Besitz in Hainsberg-Nitschareuth [48 ha].[26] Dem letzten Greizer Fürsten Heinrich XXIV. gewährte man Wohnrecht auf dem Greizer Unterschloß, doch hielt er sich häufig auf Schloß Burgk auf, wo er der Bevölkerung durch seine zahlreichen Spaziergänge, bei denen er gegenüber jedermann die Hand freundlich zum Gruße erhob, bekannt war. Aufgrund einer, im Säuglingsalter durch einen Unfall erlittenen schweren Kopfverletzung konnte er zwar nicht sprechen, aber durchaus ein einfaches Leben führen, weswegen man munkelte, daß es von dem schneidigen und gutaussehenden Manne durchaus illegitime Nachkommenschaft gebe – so angeblich im benachbarten Gräfenwarth. Nachdem das Greizer Unterschloß nach dem Tode Heinrichs XXIV. [†1927] für die Familie endgültig verloren war, blieben dessen Schwestern nur Schloß Burgk [siehe a.a.o.] und wohl auch das Domänengut Obergrochlitz [104 ha] erhalten, zusätzlich zu ihre Privatgütern wie Niederrödern bei Radeburg. Unter den fünf

Greizer Prinzessinnen Emma [oo Graf Erich Künigl auf Schloß Ehrenburg], Marie [oo Baron Ferdinand Gnagnoni auf Schloß Emmersdorf bei Klagenfurt], Caroline [1884-1905, oo Großherzog Wilhelm Ernst von Sa.-Weimar-Eisenach], Hermine [oo Prinz Johann Georg von Schoenaich-Carolath] und Ida [oo Prinz Christoph Martin von Stolberg-Roßla im Harz] ragte besonders Hermine [1887-1947] hervor, die sich 1922 mit dem 1918 abgedankten und verwitweten letzten Deutschen Kaiser Wilhelm II. vermählte. Die Burgker Besitzungen aber verwaltete Herminie bis 1934 zusammen mit ihrer jüngeren Schwester Ida [1891-1977], der sie 1934 das Schloß ganz überließ und sich nachweislich 1944 das letzte Mal in Burgk aufhielt. »Nach dem Tod Wilhelms II. (gest. 04.06.1941) geht Hermine zu den Besitztümern ihres ersten Mannes Hans Georg von Schoenaich-Carolath nach Schlesien zurück. Als die Kriegsfront naht, flieht sie zu ihrer Schwester Ida nach Roßla.«[27] Hier wird sie vom sowjetischen Geheimdienst NKWD festgenommen und abtransportiert. Zuletzt finden wir Hermine in Frankfurt/Oder, wo sie in einem Haus in der Blumenthal-Straße Nr. 4 lebt und mit einer gewöhnlichen Lebensmittelkarte auskommen muß. Dort stirbt sie im August des Hungerjahres 1947 an einer Lungenentzündung und wird als Angehörige des preußischen Königshauses im Antikentempel zu Sanssouci in Potsdam in würdevoller und angemessener Form – darauf achtete die SMAD – beigesetzt.[28] Ihre Eltern, ihre Schwester Ida und ihr Bruder Heinrich XXIV. hingegen ruhten in einer schönen gotisierten Grabkapelle, welche erst um 1880 – nicht von Ungefähr – über dem Kreuzungspunkt zwei-er bedeutender tektonischer Verwerfungszonen Leipzig→Gera→ Regensburg, sowie Rastenberg→Jachimov am Ida-Waldhaus bei Greiz erbaut worden war, bis ihre sterblichen Überreste 1969 einfach aus ihren Gräbern gerissen, eingeäschert und die Urnen dann auf dem Neuen Friedhof zu Greiz bestattet wurden. 1994 endlich hat man das Mausoleum saniert, die Urnen der fürstlichen Familie 1997 in die Greizer Stadtkirche ›St. Marien‹ überführt und dort noch einmal förmlich beigesetzt.

Die Trotzeburg

Unweit des Burgkhammers nach der Eisbrücke zu an einer ehemaligen Saalefurt, wo »die Felsen scharf zur Saale sich vordrängen und ein Auslug den schönsten Rundblick über das weite Saaletal gewährt, stand schon vor mehr als 1.000 Jahre, als Schloß Burgk noch nicht da war, im Tal die Trotzeburg. An ihren festen Mauern vorüber führte die Straße zu Furt über die Saale, deren Lauf und Tal sie beherrschte.«[29] Ihren Namen soll die Burg davon haben, weil von hier aus einst die Sorben gegen die deutschen Eroberer den heftigsten Widerstand geleistet hätten. Nach ihrem Fall scheint die Trotzeburg weiter als Bastion zur Sicherung des Saaleübergangs gedient zu haben.

Im Jahre 1639 erscheint sie noch als Vorwerk bzw. als Wirtschaftsgebäude im Besitz der Witwe Heinrichs II., Magdalene [geb. Freiin von Putbus], bis die Ruine im Jahre 1700 an die Gewerkschaft des Burgkhammers verkauft und abgerissen wurde, so daß heute keinerlei Spuren von der Anlage mehr feststellbar sind.[30]

Crispendorf

Das Zeilendorf Crispendorf [1533 Christendorff] liegt zwischen Schleiz und Ziegenrück an einem Nebenlauf der Wisenta. Inwieweit der im Jahre 1389 erstmals erwähnte hiesige Rittersitz derer **von Poseck** [auch Posseck, Passeck] eine Wasserburg war, ist nicht hinlänglich nachzuweisen. Der an dem späteren Herrenhaus anliegende große Teich liefert bislang das einzige Indiz, da sich hier [trotz des Fehlens mittlerweile wohl eingeebneter Wall- und Grabenreste] ein ähnlicher Befund ergibt wie im Falle von Gütterlitz oder Rauschengesees. Bezüglich der Herausbildung der **Grundherrschaft** Crispendorf hat der Urkundenforscher und Pfarrer zu Neundorf Richard Mendner [1917] eine interessante, aber nur schwer verifizierbare Theorie entwickelt, die sich an der Besitzverteilung der noch vor dem Jahre 1500 in die Positionen derer von Poseck in Erkmannsdorf, Crispendorf und Dörflas-Walsburg eingerückten Herren **von Watzdorf** orientiert. Demnach habe diese einst viel größere

Herrschaft schon vor der Kolonisation durch die Lobdeburger [ab 1204] bestanden und wäre nicht von der Orlasenke bzw. von Schleiz aus, sondern von den damals noch orlamündischen Burgen Ziegenrück und Walsburg begründet worden. Darauf deute der umfangreiche Watzdorfsche Grundbesitz hin, der sich von Erkmannsdorf, Dörflas, Grochwitz und Crispendorf über Neundorf und Pahnstangen bis nach Dittersdorf [bis 1566 das Rittergut], Dragensdorf und Rödersdorf [1538 anteilig] erstreckte, bevor im Verlaufe des 16. Jahrhunderts das Gros davon in andere Hände überging. Die Herren von Watzdorf aber stellen jenes, im Jahre 1137 als Burgleute der Veste Greifenstein bei Bad Blankenburg zum ersten Male erwähntes Ministerialengeschlecht dar, welches vornehmlich im linkssaalischen Oberlande an die 20 Rittergüter ihr Eigen nennen sollte.

1489 ließen sich die von Watzdorf bezüglich Crispendorfs auf einen Gebietstausch mit den Herren von Gera ein. Um das Jahr 1500 war Erhard von Watzdorf [†1512] Herr auf Crispendorf, eingedenk seiner 19 Söhne und Neffen, die 1538 mit dem Crispendorf-Dörflaser Erbe belehnt wurden. Erhards Nachfolger wurde Balthasar [1515-1544], auf den Caspar Abraham [1554-1596] und schließlich Heinrich Balthasar von Watzdorf folgten. Zu seiner Zeit waren von den 20 Neundorfer Anwesen 9, von den 21 Pahnstanger dagegen schon 3 von der Landesherrschaft zu Burgk erworben worden, während mit dem Rittergut Crispendorf selbst in Neundorf nur noch 1 Bauer, in Grochwitz 3, in Crispendorf aber 22 zu Lehen gingen, bis die Crispendorfer Linie der von Watzdorf mit dem Tode Heinrich Balthasars 1597 erlosch und das Rittergut mangels geeigneter Lehnserben der Landesherrschaft anheimfiel, worauf dieses über einen Zeitraum von 160 Jahren als Allodialbesitz der jeweiligen **Besitzer von Burgk** dort verblieb.[31] Folglich wechselte es bei den einzelnen Erbteilungen innerhalb der Reuß-Untergreizer Linie mehrfach den Besitzer. Von 1608 bis 1636 diente es als Witwensitz für Heinrichs II. Gemahlin Anna, einer geborenen Comtess von Mansfeld. Im 30-jährigen Krieg und zwar 1635 war es allen Anschein nach Operationsbasis der Landwehr unter dem Burgker Vasallen Christian von Könitz. Später suchte der auf seiner benachbarten Haupt- bzw. Sommerresidenz Burgk weilende Landesherr Crispendorf in der Regel nur zum Zwecke der Jagd oder für eine Trinkkur an einem nicht mehr bekannten Bitterwasser-Brunnen [Seltzer] auf, weswegen das Schloß mitunter faktisch leer gewesen sein mußte, zumal im Vorfeld seiner Besuche – wie wir aus einer Aktennotiz von 1759 erfahren – immer erst die Möbel von Burgk herübergeschafft werden mußten. Die Gutswirtschaft selbst war durchweg verpachtet. Im Jahre 1729 wird Nicol **Müller** als Pächter allhier erwähnt, als im Flurteil Rödern eine Triftstreitigkeit mit dem Rittergutsbesitzer von Klein-Erkmannsdorf – Joseph Adam Töpfer – um ein Haar mit der Schußwaffe ausgetragen worden wäre. Ab dem Jahre 1750 und wohl mit Unterbrechungen über mehrere Generationen trat die Familie **Adler** als Rittergutspächter in Crispendorf auf, der auch die benachbarten Rittergüter Knau [1770-1832], Groß-Erkmannsdorf [1775-1872/73] und Tausa [1804-1862] gehörten – und von der ein Zweig, die sogenannten ›Bauern-Adlers‹, in Crispendorf u.a. 5-6 bis heute bestehende Ableger bildeten. Wohl aufgrund von Liquiditätsproblemen nach dem Siebenjährigen Kriege [1756-1763] verkaufte Heinrich III. von Reuß-Untergreiz sein Allodial-Rittergut Crispendorf am 15. März 1765 an Johann Christian **Rudolph** aus Schleiz und zwar als landtagsfähiges Mann- und Weiberlehngut mit allem Zubehör an Wohn- und Hofgebäuden, Gärten, Wiesen, Feldern, Hölzern, Teichen, Fischereirechten in der Wisenta, Schäferei, Triften, Wonnen und Weiden, Ober- und Niedergerichtsbarkeit, Hoher und Niederer Jagd, nebst dem gesamten Gutsinventar, mit Lehen, Untertanen, Fronden [insbesondere der zu Crispendorf gehörenden Schnittfrone seitens der Kleinhäusler zu Neundorf, Pahnstangen und Plothen], ausschließlich aber des Kirchenpatronats.[32] Die Richtstätte der Crispendorfer Patrimonialherrschaft mag sich im Bereich des Gerichtsteiches befunden haben. Als Pranger fungierte die Gerichtsweide, eine ziemlich alte, hohle Weide, die noch 1929 vor dem Weidhaase´schen

Wirtshaus gestanden hat. Zwischen 1597 und 1765 wurde die Obergerichtsbarkeit vom Amte [mit Richtstätte auf dem Burgker Krähenhügel] ausgeübt, während die Erbgerichte wohl dem Gutspächter oblagen. Ein Beamter, der in einem besonderen **Jägerhaus** lebte, beaufsichtigte die gutsherrlichen Forsten. Auch ist zu anderen Zeiten in Crispendorf von einem **Freigut** und einer, im Jahre 1769 schon abgerissenen und anschließend mit Häusleranwesen bebauten **Gutsschäferei** die Rede.

Rudolph war Ratsherr zu Schleiz [1761-1769] und Gräflich-Reuß-Plauenscher Bergmeister. Über seine Ehe mit Louise Henriette [geb. Geldern] gelangte auch die Advokaten- und Beamtenfamilie Geldern in den Mitbesitz von Crispendorf. Die Familie kann urkundlich auf den Freigutsbesitzer Ebeling **von Geldern** [† vor 1586] aus Wohlenrode bei Celle verfolgt werden. Einem Nachfahren von ihm, dem Juristen Georg Geldern [1671-1710], war die Fürsorge für zwei am Braunschweigischen Hofe erzogene reußische Grafensöhne [Heinrich XIII. und XIV.] übertragen worden, denen er später in ihre Heimat folgte. Georgs Sohn Rudolph Heinrich Geldern [1692-1768] wurde 1730 Amtmann zu Burgk, worauf diese Position mit einer kurzen Unterbrechung [1801/02] bis 1830 in der Familie ›vererbt‹ wurde. Sein ältester Sohn Heinrich August [1730-1801] war zunächst Amtmann von Burgk, 1776 wurde er Kommissionsrat und befand sich von 1778 bis 1803 im Alleinbesitz des Burgkhammers. Sein 1766 geborener Bruder Johann Wilhelm brachte es gar zum österreichischen Major und Generaladjutanten des Greizer Fürsten Heinrich XIII. Reuß, der seinerzeit als Heeresorganisator reüssierte. Nach seinem 1824 zu Burgk erfolgten Tode wurde der Major, seinem letzten Willen gemäß, auf seinem Lieblingsplatz, der Burgker Schwedenschanze, nach Soldatenart ohne Sarg und in ungelöschtem Kalk beigesetzt. Heinrich Augusts Sohn, der Hofpfalzgraf Dr. juris utriusque August Heinrich Theodor Geldern [1763-1836], heiratete 1787 seine Base Wilhelmina Johanne Rudolph, welche nach dem Tode ihres Vaters [†1770] zusammen mit ihrer älteren Schwester Louise Henriette Christiane das Rittergut Crispendorf geerbt hatte. Sicher unter seine Ägide fällt der Umbau des Herrenhauses zum Schloß im Stile des späten Rokoko bzw. des Zeitalters der Empfindsamkeit. Es erstand als Dreiflügelanlage in der Form eines, zum Dorfe hin offenen Vierecks. Dabei erhoben sich über einer Art Hochpaterre drei Stockwerke und darauf ein Walmdach mit Dachgauben. Zum nahen Schloßteich hin erstreckte sich ein ebenfalls im 18. Jahrhundert angelegter ›hübscher Lustgarten‹ mit mehreren, im Zopfstil ausgeführten Kinderfiguren und Vasen, die sich im Wasser spiegelten. Die beiden anderen Seiten waren ebenfalls von Gärten gesäumt. Wegen einer Adelsanerkennung bzw. -erneuerung führten einige Mitglieder der Familie ab dem Jahre 1816 den Titel ›von Geldern‹ und der auf Crispendorf gesessenen Linie war es sogar gestattet, ab 1846 den Namenszusatz ›[von Geldern]-Crispendorf‹ zu verwenden. Der Sohn von Heinrich Theodor und Wilhelmina, August von Geldern-Crispendorf [1791-1875], war Regierungs- und Konsistorial-Advokat zunächst bei der Regierung in Greiz, später in Burgk. Nachdem er 1825 in den Alleinbesitz des Rittergutes Crispendorf gelangt war, verlängerte er den Pachtvertrag nicht, sondern nahm die Ökonomie wieder in die eigenen Hände. Die Bürgerliche Revolution von 1848 fand auch in Crispendorf ihren Ableger. Nachdem bereits im Mißerntenjahr 1844 aufgebrachte Ortseinwohner das Schloß gestürmt und die Rückgabe ihrer zuvor beschlagnahmten Gemeindelade erzwungen hatten, veranstalteten die Crispendorfer 1848 »ihre ›eigene Revolution‹, in der sie den Gerichtsverwalter des Feudalherrn zwangen, sein Amt niederzulegen. Die Lage spitzte sich so zu, daß der Schloßherr vom Fürsten in Greiz militärischen Schutz erbat, der dann aber nicht in Anspruch

Schloß Crispendorf

genommen wurde.«[33] Am Ende war dem Rittergutsbesitzer August von Geldern-Crispendorf seine Gerichtsherrschaft über den Ort verleidet und er trat sie an den Staat ab, was in den anderen Patrimonialgerichtsbezirken des Fürstentums erst im Jahre 1868 erfolgte. Nichtzuletzt die große Überpräsens des Rittergutes gerade in der inneren Ortslage, besonders auf den Dorfplätzen, hatte zu jener großen Unzufriedenheit der Einwohner geführt. Bei erster Gelegenheit beantragte der Gutsherr 1868 die Exkommunalisierung des Rittergutes, dessen Bezirk aber 1919 wieder in die Ortsgemeinde integriert wurde.

Von Augusts drei Söhnen, Bruno [1827-1894], Richard [†1912] und Arthur [†1893], ist ersterer als bedeutendster zu nennen. Als Reußischer Diplomat wurde er in die Auseinandersetzung zwischen seinem Bundesfürsten Heinrich XXII. [der ein renitenter Gegner Preußens und aller Großmachtsbestrebungen Deutschlands war] mit dem Reichskanzler Otto von Bismarck hineingezogen. Er ging in die Geschichte ein, als er im Auftrage des Greizer Reußen 1878 im Bundesrat die Annahme der Sozialistengesetze verhinderte, obwohl diese Partei in Greiz und Zeulenroda umso schärfer verfolgt wurde. Daraufhin kam es sogar zum Abbruch der diplomatischen Beziehungen zwischen Preußen und Reuß ä. L. Diese Krise dauerte bis 1892 an. In der Zwischenzeit verhinderte Bruno im Bundesrat eine Gesetzesvorlage um die andere, soweit diese nur von Preußen initiiert war oder im Verdacht stand, die Souveränität der Gliedstaaten noch weiter zu beschneiden. Schon Bruno mußte sich mit seinen beiden Brüdern in den Besitz des Rittergutes Crispendorf hineinteilen. Als Familien-Fideikommiß und größtes Rittergut im Greizer Fürstentume besaß es den Status der Unveräußerlichkeit. Unter den nachfolgenden beiden Generationen wuchs die Zahl der Mitbesitzer beträchtlich an. Dazu zählten neben Brunos Sohn Maximilian Georg Lothar [1854-1938] und dessen Sohn Erich [*1893] auch die Freifrauen Margarethe von Uslar-Gleichen [*1876] und Olga von Cornberg [†1940] – beide geborene von Geldern-Crispendorf. Im Jahre 1923 wird das Rittergut Crispendorf als Besitz von

›August von Geldern-Crispendorfs Erben‹ mit 274/279 ha Flächen [davon 78 ha Feld, 52 ha Wiesen und 129 ha Wald] angegeben, die zusammen mit der Gutswirtschaft an die Familie **Eichler** verpachtet waren. Weiterer Rittergutsbesitz des Geschlechts bestand seitens derer von Geldern 1872 in Matzdorf sowie seitens derer von Geldern-Crispendorf mit Walter in Gruna bei Görlitz [1912 bis nach 1926], mit Hermann [†1881] und Arthur [*1871] von 1882 bis nach 1937 in Ober-Reudnitz bei Greiz [72 ha 1923], mit Arthur [*1871] und August [†1937] in Unter-Reudnitz [1898-1907] sowie aus dem Besitz der Familie Timmich seit Beginn des 20. Jahrhunderts mit Vater und Sohn Maximilian und Erich in Wolfersdorf bei Berga [125 ha 1923]. Aufgrund des Verbots von Fideikommissen in der Weimarer Republik endete dieser Status für das Rittergut Crispendorf 1926. Daraufhin konnte ein Grundstück nach dem anderen verkauft werden, bis das Gut 1939 nur noch 126,4 ha umfaßte. Maximilian wollte Crispendorf als Familiensitz erhalten und brachte seinen Eigenanteil mittels des Zukaufs von Anteilen seiner Miterben bis 1929 auf $^{6}/_{15}$, die nach seinem Tode 1938 an seine Witwe Margarethe geb. Timmich [*1868] auf Wolfersdorf fielen. Zuletzt wird Erich [*1893], seines Zeichens Major der Wehrmacht, 1941 als Verwalter des Familiengutes Crispendorf genannt. Nach dem Zweiten Weltkrieg wurde das Gut enteignet und seine Liegenschaften an Landarme und Neubauern verteilt. Der Abriß des Schlosses erfolgte 1948. Auf dem Gelände entstand eine Kleinsportanlage, welche auch als Festwiese des Dorfes genutzt werden kann.[34]

Die Herren von Poseck

Die Herren von Poseck [auch Posseck, Boseck, Pazzecke, Posseck] sind ein in Orlagau und thüringischem Vogtland gebürtiges Uradelsgeschlecht, das vielleicht schon 1270 aus dem Dunkel der Geschichte tritt, als Friedrich Posseck der Marienkirche zu Altenburg Getreidezinsen aus seinem Dorfe Stechau vermachte. Die Stammreihe des Geschlechts beginnt erst mit Heinrich Pazecke von Obirnyst [Obernitz] am 20. Juli 1328.

Über den Herkunftsort der Familie gibt es verschiedene Theorien. Als abwegig gilt die in frühneuzeitlichen Chroniken verbreitete Legende, ein Graf von Poseck – der zu Heinrich des Finkelers Zeiten männlich gegen die Hunnen gestritten – wäre zum Lohne für seine Tapferkeit mit einem Stück Land in der Gegend von Pößneck [daher der Name] begabt worden und habe sich südlich davon, in Wernburg, eine Burg erbaut.[35] Andere Forscher sehen die gleichnamigen Orte bei Wittenberg, Ludwigstadt bzw. im sächsischen Vogtland als namensgebenden Stammsitz an, wobei letztere Ansicht eine, bis ins 15. Jahrhundert zurückreichende Posecksche Besitztradition untermauert. Dem Dorfe Paska [1378 Pasecke, Pazegke] bei Ziegenrück als Stammsitz steht das seitjeherige Fehlen eines Rittersitzes in diesem Ort entgegen. Allerdings verfügten die von Poseck als Stammesverwandte, der im Raume Ziegenrück dominierenden Herren von Obernitz über große Besitzstände dort. Die enge Verbindung zwischen beiden Familien zeigt [1] nicht nur der Sitz eines der urkundlich ersten erwähnten Poseckers in Obernitz und [2] der gemeinsame Wappenschild [ein roter Pfahl auf silbernem Grund] an, sondern [3] auch der Umstand, daß ihre hiesigen Gebiete den großen Besitzstand derer von Obernitz rund um Ziegenrück gewissermaßen abrunden, indem diese sich mit Eßbach, Erkmannsdorf, Crispendorf, Dörflas-Walsburg [bis vor 1500] im Osten sowie mit Kleingeschwenda, Lothra, Weisbach, Neuenbeuthen u.a. im Westen unmittelbar an jene anschließen. Inwieweit dieser, später weitgehend von denen von Watzdorf übernommene Besitzkomplex im Ostraum von Ziegenrück ursprünglich bis nach Dittersdorf und Rödersdorf gereicht haben mag, davon war an anderer Stelle schon die Rede sein. Festzuhalten bleibt: Nach Heinrich Pazecke [1328, 1333] verzeichnet die Stammreihe des Geschlechts Nickel, gefolgt von Hans [1389-1424] sowie Hans [II.], der mit jenem 1402 auf Weisbach angesessen Hans von Posseck gleichgesetzt wird, wobei man vermutet, daß jener 1318 als ›Burgmann‹ [auf der Wysburg?] zu Weisbach erwähnte Conrad Poppo ebenfalls schon ein Posecker gewesen ist, während andere Forscher diesen nicht ohne Veranlassung als einen frühen Vertreter der von Watzdorf vereinnahmen. Der Sohn oder Neffe, jedenfalls der Besitznachfolger Hans von Posecks, war nach Stammliste Heinrich von Poseck [1406-1430], Herr auf Weisbach, Neuenbeuthen und Kleingeschwenda. In den landesherrschaftlichen Urkunden jener Jahre erscheint ein Heinrich Passeck 1417 als Hauptmann zu Riesenburg, worauf der Landgraf von Thüringen den Hans Passeck gefänglich einzieht und erst entläßt, nachdem dieser nebst Heinrichs anderen Erben das besagte Schloß an die Landesherrschaft abtritt. Auf Hans folgt Nickel von Poseck [1438-1463], Herr auf Weisbach, den beiden Beuthen, Klein- und Reitzengeschwenda sowie Nickel [1485-1531], Herr auf Aschau, Weisbach, Kleingeschwenda und Steinsdorf [bei Leutenberg]. Bis zum Jahre 1580 sind die von Poseck in Weisbach ansässig, denn Nickels Nachfolger Thomas von Poseck [um 1537-1599], der mit einer von Rosenau verheiratet war, erscheint fortan einzig auf Aschau, einem Ort östlich von Königsee. Sein Nachfolger Thomas [1598-1635] und dessen Ehefrau Katharina Dorothea [geb. von Brandenstein] hingegen besitzen neben Aschau auch Wipra und Bösleben. Ihrerzeit ging Aschau der Familie verloren, denn ihr Sohn Hans Georg [1621-1670] und seine Gemahlin Dorothea Christiane [geb. von Selmnitz] saßen lediglich auf Bösleben, Elleben und Wülfershausen, ihr Sohn Hans Heinrich [1644-1712] hingegen auf Wülfershausen, Bösleben und Rottenbach. Im Thüringischen saßen die von Poseck später zudem noch auf den Rittergütern Ettischleben bei Arnstadt [vor 1741-1895], Tonndorf bei Berka [18. Jh.] und Fröbitz bei Rudolstadt [1769].[36]

Auch veränderte sich im 17. Jahrhundert das Wappen des Geschlechts hin zu einem von Silber, Blau- und Rot schrägrechts geteilten Schild. Während es die Posecker einerseits aus dem Westraum Ziegenrücks nach Thüringen hineinzog, so gingen ihre östlich davon gelegenen Besitzungen, wie es den Anschein hat, an ihre Vogtländische Linie ab. Dort besaßen sie nachweislich ab dem 15. bis ins 16. Jahrhundert das Schloß

Posseck im Amte Oelsnitz. Hans Passeck – 1428 Amtmann zu Plauen – wird 1430 daselbst von den Hussiten erschlagen. Bis 1440 besitzen die Poseck das Schloß Tharant bei Dresden und die Güter Wüstendittersdorf [1400] und Böhmsdorf [1484] bei Schleiz. 1453 erwirbt Jobst Posseck Schlettau. Derselbe ist es wahrscheinlich auch, der im Jahre 1466 von König Georg von Böhmen dem Herzog Albrecht zu Sachsen geliehen und überwiesen wird. 1484 erscheint Jobst von Posseck als Amtshauptmann zu Rochlitz. 1487 verkauft Jobst von Passeck, zu Weischlitz gesessen, das Vorwerk Eßbach an die Stadt Ziegenrück. 1612 werden Wolf und Dietrich von Posseck mit Weischlitz und Rodersdorf im Amte Plauen beliehen. Auch besaßen sie nach 1633 zeitweilig Kröstau bei Plauen. Zuletzt erscheint 1729 ein Herr Wolf von Posseck auf Weischlitz und Rödersdorf [Rodersdorf]. Später ist diese vogtländische Linie erloschen. Die thüringische Linie hingegen blühte fort. So hatten Hans Heinrich von Poseck [†1712] und seine Gemahlin Sophia Emilie [geb. von Marschall] drei Söhne, Hans Heinrich [1673-1753], Johann Konrad [1677-1722] auf Tonndorf und Bernhard [1679-1741] auf Bösleben [später auch Ettischleben], von denen die beiden letzteren wiederum eigene Linien begründeten, die im 20. Jahrhundert noch bestanden und aus denen Persönlichkeiten wie der Weimarische Kammerherr und Oberforstmeister Friedrich Carl Christian von Poseck [1785-1850], der Theologe Julius Anton von Poseck [1816-1896] – beide aus der Ettischlebener Linie – bzw. der deutsche General der Kavallerie Maximilian von Poseck [1865-1946] – aus der Tonndorfer Linie – hervorgingen.[37]

Dörflas: Herrenhaus

Dörflas

Der Gutsweiler Dörflas [1538 daz Derflen] liegt zwischen Ziegenrück und Burgk einsam auf einem, zwischen Saale und Wisenta, kurz vor deren Mündung sich erhebenden Höhenrücken. Sein früheres Prädikat, ›kleinstes Dorf‹ des Fürstentums Reuß älterer Linie, will die Ableitung seines Namens von mda.: ›Derfle → Dörfchen‹ auf dem ersten Blick rechtfertigen. Damit können aber nicht jene elf Häusleranweisen gemeint sein, welche die Gutsherrschaft – um fron- und steuerfähige Untertanen sowie Dorfhandwerker zu gewinnen – wohl nicht vor dem Jahre 1600 unterhalb des großen Vierseitengehöfts des Rittergutes angesiedelt haben wird. Über Jahrhundert sind diese **Rittergutshäusler** mit dem Herrenhof verbunden gewesen, ja hatten anfänglich auch dessen Privilegien [wie Steuerfreiheit vor dem Staat, Schutz vor Einquartierung u.a.] genossen, bis die Gutsherrschaft im Jahre 1869 die Exkommunalisierung ihres Besitzes erwirkte, worauf die Häusler von Dörflas eine eigene Gemeinde bildeten. 1920 fiel der Gutsbezirk aber wieder an die Ortsgemeinde zurück, welche 1923 dann mit Crispendorf, in dessen Kirche die Dörflaser Herrenfamilie seit jeher einen eigenen Patronatsstand nebst Erbgruft besaß, verbunden wurde.[38] Als im Zuge des Ersten Weltkrieges – nichtzuletzt wegen der zunehmenden Maschinisierung des Landwirtschaft – weniger Tagelöhner benötigt wurden, zogen etliche Dörflaser in die weite Welt hinaus. Ihre Kleinhäuser fielen wüst und wurden zwecks Abriß vom Gutsherrn angekauft und zwar 1920 [1], 1928 [1], 1932 [1], 1933 [3]. 1926 lebten u.a. 1 Maurer, 2 Zimmerer und 7 Landarbeiter im Orte.

Die neuere Geschichte von Dörflas ist eng mit der Geraer Industriellenfamilie Wetzel verbunden, die zwischen 1916 und 1945 das hiesige Rittergut besaß. Gleich anderen bürgerlichen Rittergutsbesitzern wertete sie ihren Landsitz enorm auf, nicht nur mittels Zukaufs von Flächen, sondern auch durch historisierende Umbauten im Herrenhaus [anheimelnde Eingangsdiele, oberländische Bauernstube], Modernisierung und Neubauten [umfassende Sanierung, Außenbalkon, Beseitigung der Schwarzen Küche, neue Wasserleitung, Bootshaus an der Saale u.a.] sowie verschiedener erinnerungskultureller Maßnahmen wie der Errichtung einer barockisierenden Gutskapelle [1935] und des Elterngedenksteines im Schloßgarten [1939], dessen gußeiserne Platte mit Konterfei von Karl Friedrich Wetzel und seiner Frau Marie Louise, geb. Garthe, nebst Familienwappen [in Gestalt einer antike Frauenbüste ohne Arme] von dem Jocketaer Bildhauer Pfeiffer geschaffen wurde. Auch die bereits bestehende Einbindung von Dörflas und seiner Ausflugsgaststätte in das touristische Netzwerk des damaligen Luftkurortes Ziegenrück wurde gefestigt, so etwa mit der Neuanlage und Sanierung von Wirtschaftswegen als Wanderwege, der

Rittergut Dörflas: Eingangsdiele *›Oberländische Bauernstube‹*

Aufstellung der Fürstenbank, der Kissinger-Steinbank, zweier Bänke am Vogelherd, der Neuerrichtung des Dreiherrensteines an der Teufelsbergstraße [1924] u.a. Der Herzenswunsch der Wetzels, Dörflas als Mittelpunkt ihrer bis dahin recht verzweigten Familiendynastie zu erhalten und auszubauen, ging am Ende nicht in Erfüllung. Wie alle Besitztümer in der SBZ ab 100 ha Umfang wurde auch das Rittergut Dörflas nach dem Zweiten Weltkrieg enteignet, seine Flächen zerschlagen und an landarme Bauern bzw. an Neubauern verteilt, die im und um den Gutshof fünf Neubauernanwesen einrichteten. Bis weit in die 1990er-Jahre hinein war Dörflas durch die schlechten Fahrtwege der gefühlt abgelegenste Ort im Kreise und die Bevölkerung sank rapide, bis auf 16 Einwohner im Jahre 2000.

Eine ›Wende‹ brachte neben der neuen Asphaltstraße die Sanierung und Wiedereröffnung der ehemaligen Gutskapelle [1998/99], welche im Jahre 2010 zur ›Kleinsten Kirche Mitteldeutschlands‹ erhoben worden ist.[39] Das 1389 erstmals erwähnte **Rittergut** selbst war aus dem Burggut des im Spätmittelalter wüst gewordenen Felsenschlosses Walsburg – hoch über der Einmündung der Wisenta in die Saale – hervorgegangen. Es zeichnete sich später durch ertragreiche Grundstücke aus, welche zudem besonders günstig beisammenlagen. Der renommierte Rittergutsforscher Herbert Hüllemann vermutet, daß die ursprüngliche Grundherrschaft der alten Walsburg als Kolonisationszentrum zwischen Ziegenrück und Burgk neben Dörflas auch das Gebiet um Erkmannsdorf, Crispendorf, bis hinüber nach Neundorf und Pahnstangen umfaßte und die Rittergüter Erkmannsdorf und Crispendorf erst im Spätmittelalter entstanden sind, wogegen einzig einzuräumen ist, daß das Rittergut Crispendorf, welches aus einer Wasserburg hervorgegangen sein soll, in Besitz und Ansehen stets bedeutender war als das Rittergut Dörflas-Walsburg. Allerdings spricht für seine These eine, entgegen den Zeichen jener Zeit [Niedergang des Rittertums, Zersplitterung niederadeliger Grundherrschaften durch Erbteilung, Konkurs u.a.] gegen Ausgang des Mittelalters noch vorhandene Besitzkonzentration in diesem Gebiet, zunächst der Familie von Poseck, dann der von Watzdorf. So sind die **von Posseck** zwischen 1389 und 1402 im Besitz der Rittergüter Dörflas-Walsburg und Crispendorf sowie bis 1487 auch des nahen Rittergutes Eßbach im benachbarten Amte Ziegenrück urkundlich nachgewiesen.

Gegen Ende des 15. Jahrhunderts dann traten die Herren **von Watzdorf** an ihre Stelle. Dörflas, Erkmannsdorf, Crispendorf gehörten ihnen damals fast ganz, in Neundorf und Pahnstangen besaßen sie etliche Höfe.[40] »Am Montag nach Valentini 1538 belehnt Heinrich der Jüngere, Herr zu Gera, Schleiz und Lobenstein, die Brüder und Vettern Balthasar, Erhard, Hans, Apel, Kaspar, Christoph, Achatus, Hans Georg, Georg, David, Heinrich, Albrecht, Andreas, Georg, Rudolf, Vollrath, Kunz,

Bastian, Albrecht und Heinz von Watzdorf mit den Rittergütern und Dörfern Crispendorf, Walsburg, Dörflas und Dittersdorf und allem Zubehör, den Fischwassern in der Wisenta und Saale, den Ober- und Erbgerichten, den geistlichen Lehen, 12 Männern und Gütern in Rödersdorf usw. Ausgenommen wird jedoch überall das Bergregal. Als vorheriger Besitzer wird der verstorbene Vater Erhard von Watzdorf genannt.«[41] Diesem folgten auf Dörflas Hans [1544], Georg Friedrich [1480-1550], Abraham [1554], Kasper [1561/64], der von Oswald von Würzburgk wegen Schulden bei Burggraf Heinrich d. J. von Meißen verklagt wird, sowie bis zu seinem Tode 1590 der Mansfeldische Rat Hans Georg [oo Sibylla von Brandenstein auf Ranis].[42]

Gegen Ende jenes Jahrhunderts veränderten sich die Verhältnisse wiederum: Hintergrund waren Besitzumschichtungen innerhalb der Landesherrschaft. Nachdem **die Reußen** dem letzten Burggrafen von Meißen im Besitz des Oberlandes nachgefolgt waren, sorgte der Rückerhalt von Schleiz, Saalburg und Burgk [1590] unter den drei 1535 gebildeten reußischen Linien für neue Entfaltungsmöglichkeiten. Die beiden 1586 geschaffenen Zweige der älteren Linie teilten nun ihr Land derart, daß Heinrich II. einen Teil des Besitzes seinem Bruder Heinrich V. abtrat und dafür – zusätzlich zu seinem Anteil an Schleiz – noch das neugebildete Amt Burgk übernahm, das bei einer weiteren Landesteilung 1616 zu einer aus Schloß Burgk, den Vorwerken Burgk und Sorge sowie den Orten Crispendorf, Dörflas, Erkmannsdorf, Grochwitz, Mönchgrün, Möschlitz, Neundorf, Pahnstangen, Plothen, Remptendorf und Röppisch bestehenden eigenständigen Landesherrschaft [bis 1639] avancierte und auch noch einmal 1668 mit dem inzwischen [1643] noch angegliederten kleinen Amt Zoppoten als solche wiedererstand [bis 1697]. All dies schuf die finanziellen Voraussetzungen dafür, daß Heinrich II. [1543-1608] die seinem Residenzschloß Burgk benachbarten Watzdorfschen Herrschaften ansichziehen konnte. Von den Gläubigern des seligen Hans Görgen von Watzdorf erwarb er im Jahre 1592 das Rittergut Dörflas. Erhard von Watzdorf verkaufte ihm

1597 Erkmannsdorf. Crispendorf hingegen gewann er infolge des erbenslosen Todes Heinrich Balthasars von Watzdorf per Anheimfall [1597], worauf letzteres Rittergut bis zum Jahre 1765 im Besitz der Landesherrschaft verblieb, während Dörflas und Erkmannsdorf schon 1601 und 1602 wieder ausgegeben wurden, freilich ohne die Verpflichtung zum Ritterdienst und auch ohne Lehnbauern, deren Fron- und Zinsverpflichtungen Heinrich II. an das Vorwerk seines Schlosses Burgk gezogen hatte. Im Falle von Dörflas betraf dies 9 Zinsleute, von denen aber keiner im Orte selber wohnte.[43] Der Verkaufspreis für das Rittergut Dörflas betrug damals 4.100 Mfl.

Käufer war Wolf Karl **von Reitenbach** [auch Raitenbach oder Rettenbach] von Hof zu Wenden bei Erkersreuth. Er entstammte einem fränkischen und vogtländischen Uradelsgeschlecht, das erstmals im Jahre 1252 als Edelsherren auf Erkersreuth urkundlich bezeugt ist. Ihr »Wappenschild zeigt eine eingebogene Spitze, die Farbgebung ist geteilt in Rot und Silber und dem Grund in der jeweils anderen Farbe. ... Als Teil der reichsfreien Ritterschaft waren sie im Ritterkanton Gebürg organisiert. Durch Heirat unmittelbar verwandte Geschlechter waren z. B. die von Lüchau oder die Rabensteiner zu Döhlau.«[44] Während des Spätmittelalters gelang es verschiedenen Angehörigen des Geschlechts, Führungspositionen im Deutschritterorden in Ostpreußen einzunehmen so etwa Lupold von Raitenbach, der zwischen 1414 und 1422 mehrfach als Komtur auf Ragnit, von Brandenburg, von Rhein bzw. auf Schlochau erscheint. Nach dem Aussterben des auf Erkersreuth gesessenen Zweiges derer von Raitenbach im Jahre 1691 bestand der Lindenfelser Zweig fort. Auf dem Rittergut Dörflas gestaltete sich die Bewirtschaftung als schwierig. Aus den Gutsakten geht hervor, daß das Verhältnis des Vasallen zu seinem Lehnsherrn Heinrich II. auf der benachbarten Burgk nicht ohne Spannung war. Wiederholt kommt dieser mit jenen wegen Übertretung der Jagd- und Fischereigerechtigkeit und anderer, sich aus der Nachbarschaft ergebender Probleme aneinander. Auch die dem Rittergut im 30-jährigen Kriege auferlegten Steuern kann der

Dörflaser Gutsherr mangels Untertanen kaum zahlen, und wird darum 1635 sogar einmal von Heinrich II. zu Möschlitz in Haft genommen. Die Liegenschaften auf der Nordabdachung des Höhenrückens und die unmeliorierten Wiesen hatten in jenen Tagen noch zu wenig abgeworfen. 1634 bestanden bereits 3.000 fl. Schulden. Bei der Verteidigung der Burgk im Jahre 1640 gegen die Franzosen stand der Gutsherr jedoch seinen Mann. Zusammen mit seiner Gemahlin Dorothea [ca. 1585-1640] hatte er eine Tochter, Juliane Anna Sibylla [1606-1678], und 2 Söhne, Heinrich Wilhelm [1600-1686] und Wolf Erasmus, die ihm nach seinem Tode 1643 in der Herrschaft über Dörflas nachfolgten, bis letzterer 1648 seinen Anteil daran an seinen Bruder überschrieb und zu Münchreuth eine eigene Linie begründete. Heinrich Wilhelm hingegen hinterließ zwei Söhne Wolf-Heinrich [1630-1676] und Christian Friedrich [1632-1722], der nach dem Tode seines Bruder in den Alleinbesitz des Rittergutes kam. Zusammen mit seiner Ehefrau Anna Elisabeth von Bünau zu Pahren [oo 1679, †1706] hatte er folgende Kinder: Dorothea Emilia [*1680], Eva Elisabeth [1681-1685], Anna Sophia [*1682, oo 1696 in der Oberstube zu Dörflas Heinrich Christian von Obernitz auf Liebschütz], Dorothea Elisabeth [*1686], Adam Friedrich [1688-1765], Dorothea Sibylla [*1690], Anna-Elisabeth [*1693], Juliane Eleonore [1696-1705]. 1720 wurde Adam Friedrich mit dem Rittergut Dörflas belehnt, wobei seine Münchreuther Vettern Mitbelehnung erhielten. Aus seiner ersten Ehe mit Hedwig Charlotte geb. von Nießwitz ging eine Tochter, Sophia Friederica [*1721], hervor, die später einen von Schätzel heiratete. Seiner zweiten Ehe, diesmal mit Charlotte Sophie von Spiegel zu Ullersreuth [*1705, oo 1724] entstammten folgende Kinder: Heinrich-Friedrich [geb. 1725, gef. 1742 als Fahnenjunker in Mähren], Karl-August [geb. 1730], Friedrich Gottlob [1732-1788], Sophia-Carolina [1734-1735], Erdmuthe Louisa Friederica [*1736, oo 1764 den Lieutenanten Gottlob Friedrich von Obernitz auf Drognitz] und Sophia-Carolina [*1738]. 1757 übernahm Friedrich Gottlob von seinem Vater das ›Rittermannslehngut Dörflas mit Walsburg‹, das wohl der Aussteuer seiner Schwestern halber noch im selben Jahre mit einer, von dem Ziegenrücker Oberpfarrer M. J. Chr. Stemler aufgenommenen Hypothek über 500 Rthl. belastet wurde. 1764 vermählte sich Friedrich Gottlob mit Dorothea Erdmuthe von Feilitzsch zu Trogen. 1770 wurde ihnen eine Tochter, Wilhelmine Sophie Erdmuthe, geboren. 1772 erborgte der Gutsherr vom Rektor Christoph Heinrich Schlotter in Schleiz 600 Rthl. zu einem Zinssatz von 5%. Der dazu notwendige lehnsherrliche Konsens ergab, daß die auf dem Besitztum lastende Schuldenlast von 3.120 Rthl. nicht so hoch sei, daß dieses Darlehen nicht auch noch aufgenommen werden könne, da das Rittergut mindestens 8.000 Rthl. wert sei. Im Jahre 1777 brach großes Unglück über Friedrich Gottlob herein. Am 18. März verstarb seine Ehefrau und wurde als erste Leiche in der Erbgruft an der 1772 erst fertiggestellten Crispendorfer Kirche beigesetzt. Im gleichen Jahre folgte ihr auch noch die kleine Wilhelmine in den Tod. 1811 fand man ihren Sarg »von seinem Lager seitwärts abgefallen auf der Seite liegend, dessen Deckel aufgelehnt waren am Eingang der Gruft und rückwärts nach dem Zugloch hin, das Gerippe eines Kindes im Winkel ..., woraus wohl notwendig erhellt, daß dieses unglückliche Kind, 6½ Jahre alt, als ein Scheintoter muß in die Gruft versenkt worden sein, weil seit jener Zeit die Gruft nicht geöffnet worden ist.«[45] Im Jahre 1788 verkaufte der Markgräflich Brandenburg-Kulmbachische Hauptmann Friedrich Gottlob von Reitenbach – unter Übernahme aller Lehensschulden – das Rittergut Dörflas für einen Betrag von 18.000 Mfl. an den Kurfürstlich Sächsischen General-Accis-Commissarius Samuel Gottlieb **Reißmann** auf Tausa und Bucha. Der Veräußerer behielt sich dabei zwar noch ein Wohnrecht auf drei Jahre vor, starb aber schon wenige Monate später. Reißmann selbst hielt es auf Dörflas nicht lange. Schon 1790 verkaufte er das Rittergut an Johann Heinrich **Wittich**. Im Jahre 1803 veräußerte Reißmann auch das Rittergut Tausa mit seinem Vorwerke Bucha und erwarb dafür den Kospodaer Herrensitz, wo er das alte Herrenhaus im klassizistischen Stil erneuerte und 1810 daselbst starb. Nach dem Übergang von Dörflas in bürgerliche Hände hielt bald nach dem Anbruch des viel verheißenden neuen Jahrhunderts frühindustrieller Unternehmergeist auch im verschlafenen Dörflaser Winkel Einzug. Nachdem Wittich 1804 bereits ein Wisentawehr zur Bewässerung der Brandwiesen errichtet hatte, erhielt er im Folgejahr von Heinrich XIII. Reuß-Greiz die Lizenz zum Bau einer kleinen Pulvermühle. Als Nachweis dafür, daß die Produktion nur kurzzeitig lief, gibt eine Gerichtsakte aus dem Jahre 1806, wonach Wittich eine ihm angelieferte Tonne Schwefel sowie drei Zentner Salpeter nicht bezahlen wollte, beredtes Zeugnis. Sein Sohn Karl August Friedrich Wittich war nicht weniger unternehmungslustig. Zusammen mit einem sachkundigen Kompagnon aus Böhmen plante er 1814, an der Wisenta eine Alaun- und Scheidewasserbrennerei einzurichten, deren Bau auch genehmigt wurde. Als aber die Frage auftrat, wie er die alljährlich benötigten 300 Klafter Brennholz zu deren Betrieb auf Dauer auftreiben wollte, nahm Wittich mit dem Hinweis, sein Kompagnon habe inzwischen ein anderes Engagement, von dieser ›Oleums-Fabrik‹ wieder Abstand und wollte nun stattdessen einen Waffenhammer errichten, der im Jahr nur 50 Klafter Holz verbrauche. »In seinem Gesuch weist Wittich besonders darauf hin, daß es einen solchen Waffenhammer im Lande noch nicht gebe, der auch Sensen, Sicheln, Futterschneiden, Beile, Äxte usw. anfertige, daß aber die ›Westfäliger‹, die in hiesiger Gegend mit diesen Gegenständen handelten, viel Geld aus dem Lande trügen.«[46] Das zog – und der Bau wurde 1816 genehmigt, allerdings unter der Prämisse, daß das Brennholz dazu nur aus den eigenen Rittergutswäldern stammen dürfte, das benötigte Eisen allein vom Burgkhammer kommen müsse und der Betrieb spätestens nach drei Jahren wieder stillzulegen sei. So wundert es am Ende nicht, daß Wittich bald nach dem Ende der Napoleonischen Kriege das Vorhaben 1817 wieder aufgab.[47] Im Jahre 1854 errichtete der jüngere Wittich sein Testament, wonach ihm seine Ehefrau und 10 Kinder zu gleichen Teilen beerben sollten. Als sein Sohn Carl-Hugo nach dem Tode des Vaters

[†1859] das Gut 1861 übernahm, lasteten über 9.000 Rthl. Lehnsschulden darauf. So genehmigte die Landesherrschaft 1862 gegen eine Zahlung von 400 Rthl. die Allodifikation [Umwandlung des Dörflaser Rittergutes von einem Lehen in ein Eigenbesitztum]. Die entsprechende Urkunde beließ dem Besitzer zwar seinen privilegierten Gerichtsstand, doch mußte das Gut selbst seine Patrimonialgerichtsbarkeit [mit Nieder- und Erbgericht 1864] dem Justizamt Burgk übertragen und verlor auch seine bisherige Steuerfreiheit in Friedenszeiten.

Im Jahre 1897 schließlich verkaufte Carl-Hugo Wittich sein exkommunalisiertes Erblehn-Rittergut Dörflas mit Walsburg an den Zwickauer Stadtrat und späteren Kommerzienrat Gottlob **Grimm**, der seine Initialen ›GG‹ an dem seiner Zeit neuerbauten Kuhstall anbrachte sowie im Turmknopf auf dem Herrenhaus eine Schatulle mit alten und neuen Dokumenten – die auf das Gut Bezug nehmen – hinterließ. Nach seinem Tode im Jahre 1914 erhielt oder übernahm sein Sohn, der Rittmeister Erich Grimm den väterlichen Besitz nicht, sondern seine Mutter Louise Grimm geb. Bergholz veräußerte 1916 das damals Flächen von 146 ha umfassende Rittergut für 268.500 Mark an den Kommerzienrat Dr.-Ing. Karl Friedrich **Wetzel** [1850-1924], den Besitzer der Maschinenfabrik und Eisengießerei Karl Wetzel in Gera, dessen Familie es zum liebsten Aufenthaltsort wurde. Seine Vorfahren stammten aus dem Oberland und lassen sich auf Johann Friedrich Wetzel [1669-1751] und seine Ehefrau Anna Catharina geb. Rudolph [1668-1729] zurückverfolgen. In ihrem Heimatdorf Dreba wird im Jahre 1700 ihr Sohn Johann Martin Wetzel geboren, der sich 1728 mit Anna Martha Hiepe aus Kleina [1709-1779] vermählt und 1753 in Pörmitz verstirbt. Ein Sohn des Paares, Johann Martin Wetzel [1735-1806], heiratet 1761 Maria Catharina Pöllmann aus Pörmitz [1741-1823]. Aus der Ehe geht 1767 Johann Heinrich Wetzel hervor. Im Jahre 1796 heiratet er zu Schöndorf die Liebschützerin Christiane Renate Marie Wohlfahrt [*1780], geht aber 1838 an einem Magenleiden zugrunde, während seine Frau noch bis 1860 in Crispendorf lebt. Den 1807 ebenda geborenen Sohn des Paares, Christian Wilhelm Wetzel [†1882], verschlägt es in die aufstrebende Industriestadt Gera, genauer gesagt nach Untermhaus. Hier heiratet er 1845 Emilie Friederike Kühn [1825-1883] aus Gera. Ihr gemeinsamer Sohn Karl Friedrich Wetzel aber kommt 1850 im Forsthaus zu Burgk zur Welt. Ein Onkel [?] von ihm, Johann Heinrich Wetzel aus Crispendorf [*1809], besitzt um diese Zeit den Walsburger Hammer. Hier mag Karl Friedrich jene Kenntnisse und Fertigkeiten erlangt haben, die den jungen und dynamischen Mann dazu befähigte, 1877 in Gera [in der heutigen Heinrichstraße] eine kleine Maschinenfabrik zu etablieren, die schon zu Beginn der 1880er-Jahre aus Platzgründen an das linke Elsterufer unterhalb der Heinrichsbrücke verlegt werden mußte und die sich zunächst der Produktion von Dampfmaschinen und Transmissions-Anlagen zu deren Kraftausnutzung widmet. 1878 heiratet der spätere Kommerzienrat in Zwötzen Marie Luise Garthe [1855-1932], die drei Kindern, Frieda-Marie [*1879], Rudolf-Karl [*1881] und Karl Wilhelm [1887-1936], das Leben schenkt.

Bis zum Jahre 1910 hat sich die Maschinenfabrik zu einem der Marktführer etabliert und teilt sich zusammen mit der 1852 von David August Diehl gegründeten Chemnitzer Werkzeugmaschinenfabrik UNION 1918 den Markt in diesem Sektor auf. »Die nach Plänen des Geraer Architekten Heinrich Drechsel bis 1925 am Elsterufer erbaute neue Fabrik war ein gutes Beispiel für die architektonisch ansprechende Gestaltung von Fabrikbauten.«[48] Um 1932 erwerben die beiden Unternehmen den Anteil der Humboldt-Deutz-Motoren AG an der renommierten Firma Collet & Engelhard in Frankfurt/Main. 1936 fusionieren sie dann zur Wetzel-UNION, worauf UNION eine Tochter von Wetzel wird. 1939/40 gehören auch Horizontal-Bohrwerke, Horizontal-Fräswerke zum Fertigungsprogramm des Konsortiums.[49]

Ein Teil der Gewinne kam auch dem Familienrittergut der Wetzels in Dörflas zugute. Durch Zukäufe von Flächen meist in der Crispendorfer und Grochwitzer Flur [mit 134 bzw. 13 ha] wurde das Besitztum bis 1939 mit 308 ha auf das Doppelte seiner Größe gebracht. Zwar konnten die LWN [meist mit

Wiesen] lediglich von 63 ha [1916] auf 80 ha erhöht werden. Dafür erweiterte sich der Waldbesitz von 77 auf 215 ha. Zusammen mit ihren 1933 von dem letzten Herzog von Altenburg erworbenen St. Gangloffer Forst [1.136 ha] und dem 1936 angekauften Forst Wetzelshain [206 ha] in Burgwenden bei Eckartsberga wurde dieser von einer Privatförsterei bewirtschaftet, für welche man 1939 das Waldarbeiterwohnhaus an der Wisentabrücke erbaute. Die Viehwirtschaft auf Dörflas belief sich etwa im Jahre 1923 auf 7 Pferde, 30 Rinder [davon 12 Milchkühe] und 10 Schweine. Verwaltet wurde der Gutsbetrieb von Reimund Pretzsch, der das Verwalterhaus neben dem Hoftor bewohnte. Nach dem Tod der Mutter ging das Rittergut an die drei Kinder über. Frieda Marie hatte am 23.03.1907 den Freiherrn Karl-Otto von Zwierlein aus Geisenheim im Rheingau [*1877] geheiratet und ihm am 09.12.1907 einen Sohn, Karl Johannes Jacobus Freiherr von Zwierlein, geschenkt. Rudolf Karl aber hatte sich 1908 zu Gera mit Maria Rosalie Adelheid Drewes [*1884] vermählt. Von ihren drei Töchtern Louise Marianne [*1910], Renate Eleonore Marie [*1915] und Adelheid Alexandra Marie [*1920] heiratete die erstere 1932 Georg Hugo Weber aus Eschwege und die mittlere 1937 Bernhard Polycarp Lechla [*1908] aus Gera. Karl Wilhelm hatte mit seiner Frau Sigrid Margarethe geb. Günther [*1902, oo 1922] ebenfalls drei Kinder: Sigrid Margarethe Marie Gisela [*1923], Karl Friedrich Christoph [*1926] und Maria Johanna Juliane [*1927]. Nach dem Jahre 1945 verlor die Familie Wetzel in der SBZ ihren gesamten Besitz. Nicht nur ihr Familienrittergut, sondern auch ihre Wohnhäuser und Liegenschaften wurden enteignet. Das Unternehmen Wetzel-UNION, 1946 in Volkseigentum übergegangen, wurde 1946 getrennt, die 1919 in Karl-Wetzel-Straße erst umbenannte Untermhäuser Uferstraße, wohl um die sowjetischen Besatzer zu erfreuen, 1950 in Tschaikowski-Straße umgetauft, ungeachtet dessen, daß es in der Stadt schon eine Straße dieses Namens gab, die dann in Comeniusstraße umbenannt werden mußte. 1970 dann fanden die beiden Unternehmen im Kombinat ›Fritz Heckert‹ wieder zusammen. Nach der Wende arbeitete die zur Wema UNION gehörende Geraer Werkzeugmaschinenfabrik noch zwei Jahre weiter, wurde 1993 stillgelegt und die Gebäude in den folgenden Jahren abgebrochen. Im Chemnitz hingegen bestand der Betrieb als UNION Werkzeugmaschinen GmbH weiter und ist somit die älteste in Europa noch bestehende Werkzeugmaschinenfabrik. In Dörflas blieben in dem ehemaligen Vierseithof des Ritterguts immerhin noch einige Wirtschaftsgebäude erhalten bzw. neue Gebäude stehen auf deren Grundmauern.

Der Innenhof selbst war in einen oberen und unteren Hof gegliedert und sein ziemlich runder Hofteich besteht nach wie vor. An der Westseite stand bis zu seinem völlig unnötigen Abriß im Jahre 1948 das **Herrenhaus**, welches der Aufschrift der in seinem Dachreiter gehangenen Glocke, ›*Christoph-Ludewig von Riedesel anno 1707*‹, nach zu urteilen, aus diesem Jahre stammen mag, soweit die Glocke nicht aus Tausa angekauft wurde. Auch sonst war der kurz-rechteckige barocke Bau mit Mansardwalmdach, Mittel-Risalit, Dreiecksgiebel und mittigem Dachreiter dem Herrenhaus zu Tausa nicht unähnlich gewesen – nur eben mit zwei anstatt drei Stockwerken.[50]

Die alte Walsburg

Hoch über dem Zusammenfluß von Saale und Wisenta, an der ehemaligen Landesgrenze, auf einem langgestreckten nordwestwärts gerichteten, spornartigen Ausläufer des Vogelherds auf 395 m ü. NN lag – durch Steilhänge und eine Reihe von Wällen und Gräben künstlich geschützt – die alte Walsburg.[51] Sieben Abschnittsbefestigungen sprechen für ein besonderes Schutzbedürfnis ihrer ehemaligen Bewohner. »Ein Wall-Graben-System von 155 m Länge trennt den gesamten Sporn zum nordöstlich gelegenen Hinterland ab. Das Vorburggelände mit annähernd dreieckigem Grundriss hat eine größte Längsausdehnung von 250 m und eine größte Breite von 130 m. Zwei weitere Gräben auf dem Bergrücken schließen sich in geringer Entfernung dem, aus dem anstehenden Fels herausgearbeiteten Halsgraben an. Dieser ist 6 m tief, 20 m lang, 15 m breit und trennt die Anlage in Vor- und Hauptburg. Die Hauptburg ist auf 2 Terrassen angelegt, von denen die obere eine Fläche von etwa 150 m² einnimmt.«[52] Hier finden sich noch geringe Grundmauerreste eines großen rechteckigen Gebäudes, wahrscheinlich eines Kemenatenturmes wie in Burgk oder Ziegenrück.[53] »Die mit 50 m² wesentlich kleinere untere Terrasse zeigt keine baulichen Reste. Das Verteidigungssystem wurde durch zwei weitere Gräben nach Westen abgeschlossen.«[54] Zwischen dem 5. und 6. Graben sind noch Reste einer Zisterne vorhanden. Löcher hier und da sollen für Wachposten gedient haben, können aber auch Schatzgrabungen anzeigen. Wie eine Rekonstruktion der Hauptburg verrät, dürfen wir uns die alte Walsburg [wie im übrigen auch das ursprüngliche Schloß Neidenberga] als eine kleinere Variante von Schloß Ziegenrück vorstellen, nur mit schmalerer zwei- bis dreigeschossiger Kemenate, der rückwärtige Torbau durch einen viereckigen seitlich anstehenden Eckturm flankiert und ohne bislang erkennbaren Bergfried.[55]

Die alte Walsburg

Eine Nachgrabung durch den Advokaten Wittig [Burgk] ergab 1828 zwei Schlüssel, eine Sichel, einen runden Löffel mit Lack überzogen, Schleizer Brakteaten [Hohlmünzen] der Zeit um 1220, einen Silbergroschen aus der zweiten Hälfte des 14. Jahrhunderts, aber auch Pferdezähne, einen Sporen, kleine Hufeisen [sogenannte Schwedeneisen], Pfeil- und Lanzenspitzen sowie Menschenknochen, rotgebrannte Mauersteine, Aschen und verkohlte Holzreste, die von einem Brand herrühren könnten. Die Funde kamen ins Museum Hohenleuben-Reichenfels.[56] Der **Name** ›Walsburg‹ rührt etymologisch weniger von einer ›Burg im Walde‹ als einer frühdeutschen Bezeichnung für

›Herrenburg‹ her. Mit ›Wald‹ wurden einst Gerichtsorte und administrative Zentren bezeichnet, denn von ihnen ging Macht [Gewalt] aus. Ursprünglich verband man mit ›Wald‹ nämlich nicht allein den Begriff eines größeren Gehölzes. »Wie der Bauer heute noch ins Holz fährt, so auch seine Ahnen.
Im zweiten Merseburger Zauberspruch heißt es: ›*phol endi uodan vuorun zi holza*‹ [Baldur und Wodan waren im Holz]. ›Wald‹ war unseren Ahnen ein Ausdruck für ›Gericht und Richter‹. Im Heliland Kap. 2.890 heißt es: ›*that al an is giwalde stâd* → daß alles in seiner Gewalt stand‹. Im Vers 20 heißt es: ›*waldand god* → Gott der Herr‹, im Vers 39 ›*waldand gisprak* → der Herr sprach‹. Der Heiland ist ›*waldand krist* → der Herr Jesu Christ‹. In der Edda hat die Norne als Richterin den Beinamen ›*valda*‹. In den kommunalen Weistümern wird der vom König eingesetzte Oberrichter ›waldbote‹ genannt.«[57]

Bezüglich der **Entstehungszeit** der Walsburg hat man – wie die ungewöhnliche Existenz jener gleich sieben Abschnittsbefestigungen vermuten läßt – Vor- und Hauptburg wohl erst gegen Ende des 12. Jahrhunderts in eine bereits ältere Wallanlage hineingebaut. Neueste archäologische Funde aus dem 9. bis 11. Jahrhundert lassen die Walsburg neben der Burgstatt von Weltwitz [slawisch] und der Wysburg bei Weisbach [Schwelle slawisch zu frühdeutsch] vielleicht als slawische Grenzburg zu dem fränkisch geprägten Orlagau erscheinen.[58]

Bislang war die Forschung von anderen Szenarien ausgegangen, hatte die Walsburg als Grenzveste des Vögtischen zum Saalfelder Land bzw. als Kolonisationszentrum der Lobdeburger angesehen und ihr dasselbe Alter zugebilligt wie den angrenzenden Burgen Burgk und Ziegenrück. Darüberhinaus soll sie einen Handelsweg oder eine Furt über die Saale bewacht haben. Inwieweit noch die Staufer oder schon ihre Vasallen, die Herren von Lobdeburg, den Burgbau initiiert haben, läßt sich nicht feststellen, auch nicht, ob sie bis 1290, wo die Lobdeburger zu Burgau mit Gütern in Crispendorf erscheinen bzw. bis 1323, wo sie ihr Schloß Waldisberg »mit al den Gude und mit al dem rechte als wyr is gehabt habin mit Mannschaft« an die Grafen von Schwarzburg-Blankenburg veräußern, durchweg die Herrschaft hierüber ausgeübt haben. Im Jahre 1320 bezeichnet das Naumburger Domkapitel die Walsburg [Waldisberg], die Wysburg [Honwalde] und die Veste Wernburg [Werriberg] als Aufenthaltsorte von Räubern [raptores]. Das Vorfeld hierfür bildete wohl jene damals zwischen den Wettinern, den Vögten von Gera und den Lobdeburgern zu Burgau ausgetragene Fehde um das Erbe der Lobdeburg-Arnshaugker Linie. Doch welcher Vasall mag damals auf der Walsburg gesessen haben? War es jener 1349/50 im Lehnbuch Markgraf Friedrichs des Strengen als früherer Besitzer später von brandensteinischer Güter in Bodelwitz und Thiemsdorf erwähnte ›Friczo **de Waldisperg**‹? Zwar wird in besagter Urkunde die Walsburg selber nicht genannt, ein Bezug zum Amt Ziegenrück besteht jedoch insoweit, als im Anhang dieses Lehnbuches der damalige Inhaber dieser Lehen, Heinrich von Brandenstein, versichert, »daß dieser Herr Fritz von Waldisperg 13 Mark und eine halbe Hufen als Einkünfte in der Flur und im Dorfe Bodelwitz [Villa Bodelwitz], Bezirk Arnshaugk [districtus Arnshoug] vor unserem Vogt Namens Holden dem zuständigen Gericht freiwillig für sich und seine Erben aufgelassen hat in Gegenwart der Herren Heinrich – Pfarrer in Ziegenrück –, Konrad von Gräfendorf, Ludwig von Obernitz, Nikolaus von Dobel, Bürger in Pößneck [Henrico plebano in Czygenrucke, Conrado de Grevendorf, Ludovico de Obernicz, Nikolao de Dobels, cive in Pesnig], die der vorgenannte Fritz zu sicherem Zeugnis berufen hat.[59] Die nächste Erwähnung eines Vertreters dieses 1680 erloschenen Geschlechts erfolgte im Jahre 1380, wo ein Otto von Walsburg mit Gütern bei Coburg als Vasall des Klosters Langenheim erscheint. Inwieweit dieser noch in einem Bezug zur Walsburg stand, wird nicht deutlich, ebensowenig wie bei jenen 1465 als Vasall des Burggrafen von Meißen, Heinrich II. aus der älteren Vogtslinie zu Plauen, bezeichneten Peter von Walsburg.[60]

Der **Sage** nach konnte die einst uneinnehmbare Festung nur durch eine List erobert und zerstört werden. »Die Feinde ließen des Nachts eine große Viehherde in einem langen Zug von Eßbach nach Crispendorf treiben, und da man den Tieren Laternen um den Hals gehängt hatte, meinten die Verteidiger der Burg, der Angriff käme aus jener Richtung. Die langen Wallgräben und die Burgzinnen nach Dörflas zu wurden deshalb mit allen verfügbaren Kräften besetzt und der Feind hier erwartet. Indessen hatte dieser aber seinen Weg durch das Tal der Wisenta genommen und die Burg von der Talseite her erstiegen, ohne hier auf Widerstand zu stoßen. Nach kurzem Kampf wurde dann die Burg vollends eingenommen. Nach der Überlieferung soll sich das Grab des letzten Ritters von Walsburg im Tale unweit der ehemaligen Feste auf dem linken Ufer der Saale kurz vor dem Teufelswehr befinden.«[61] ›Schlachthaken‹ wird diese in die Saale hineinragende Landzunge im Volksmund genannt, nach einem blutigen Gefechte, das wie ausgegrabene Hufeisen beweisen daselbst einst stattgefunden habe. Rätselhaft ist auch jene, bei Dörflas über dem linken Saaleufer sich erhebende Abschnittsbefestigung im Grünen Holz.[62] Ferner berichtet die Legende von unterirdischen Gängen, die von der Walsburg nach der Ziegenrücker Hemmkoppe wie nach Schloß Burgk führten. Auch wenn dies technisch nicht möglich ist, so verdeutlicht die Sage doch die frühere administrative Verknüpfung dieser drei Orte während einer bestimmten Epoche.[63]

Der epische Untergang der Burg durch Feuer und Schwert, die Funde von Asche und Holzkohlen haben zu verschiedenen Spekulationen über die möglichen historischen Hintergründe geführt: Die ursprüngliche These, die Burg sei um 1450 während des Schwarzburger Haus- oder Sächsischen Bruderkrieges zerstört worden, nur weil die Herren von Gera als Besitzer von Schleiz, Burgk, Saalburg und Lobenstein und Landesherren der Walsburg, in diese Auseinandersetzungen verwickelt waren, ist unhaltbar. Selbst der 1465 erfolgte Kampf des Burggrafen von Meißen gegen seine Lehnsleute, worunter sich auch jener Peter von Walsburg befand, führte sicher nicht zur Zerstörung der Walsburg, zumal das von den älteren Vögten zu Plauen abstammende Burggrafenhaus erst nach dem Aussterben ihrer Verwandten, der Herren von Gera [1550], unter Mißachtung der Ansprüche ihrer Miterben, der Reußen, eine Generation lang die Herrschaft im Oberland ausübte.[64] Wie der Fund eines Silbergroschens des Landgrafen Balthasars von Thüringen [1349-1406] als jüngstes datierbares Stück bedeutet, wurde die Walsburg schon in der zweiten Häfte des 14. Jahrhunderts zur Ruine. Als ausschlaggebendes Moment kommt der Vogtländische Krieg in Frage, ungeachtet dessen, daß keine diesbezügliche Notiz existiert und kein Ritter von Walsburg jemals in den Vasallenlisten des Hauses Gera erscheint. Auch aufgrund der Tatsache, »daß bereits seit 1389 das Gut der Burg bei irgendwelchen Namensbezeichnungen vorangestelt wird, so z.B. ›Dörflas mit Walsburg‹, ... können wir annehmen, daß die Walsburg bereits vor 1400 wüst wurde.«[65] – »Daß das Rittergut Dörflas ... das Burggut der alten Walsburg gewesen ist, dürfte über alle Zweifel erhaben sein. In einem Verzeichnis der Burgkschen Rittergüter von ca. 1621 heißt es sogar einmal ›Dorffla oder Walßburgk‹.«[66]

Klein-Erkmannsdorf

Der Weiler Erkmannsdorf [1394] liegt südöstlich von Ziegenrück zwischen Eßbach und Crispendorf in einer, vom Erkmannsdorfer Bach [1071 Goztima?] gebildeten Geländespalte. Trotz seiner geringen Ausmaße war der Ort bis 1921 in zwei Ortsteile Groß- und Klein-Erkmannsdorf – jedes ehedem als eigenständiger Gutsbezirk – geteilt. Ersteres – ein Rittergut auf einer Wüstungsflur – war bis 1918 eine Exklave des Herzogtums Sachsen-Meiningen gewesen, letzteres – ›das Rittergütlein Erkmannsdorf‹ – gehörte zum Amt Burgk der älteren reußischen Linie und ist aus einem, von den Besitzern der Herrschaft Walsburg-Dörflas-Crispendorf begründeten adeligen Siedelhof hervorgegangen. Unter denen **von Posseck** [1389, 1402] wird Erkmannsdorf noch nicht als Herrensitz erwähnt, erst unter ihren Besitznachfolgern, der mit ihnen eng verwandten und verschwägerten Familie von Watzdorf, hören wir

1497 von einem Herrn **von Watzdorf** auf ›Erckmaßdorf‹ als stiftsaalfeldischem Vasallen. 1547 wird das Rittergut Erkmannsdorf zum Leibgedinge der Frau des Erhard von Walzdorf verschrieben. Verschiedene Unterlagen über der von Watzdorf auf Crispendorf und Erkmannsdorf Burgkische Lehen datieren aus den Jahren 1573 bis 1587. Erst um diese Zeit scheint das Gut vom Stammgebiet abgetrennt worden zu sein. Der Zerfall der Grundherrschaft in drei Rittergüter – Dörflas, Crispendorf und Erkmannsdorf – kann anhand der Aufteilung der dem Landesherrn zu schuldenden Kriegsdienste nachvollzogen werden. Hatten die von Watzdorf den Herren von Gera bislang mit einem Ritterpferd dienen müssen, so war diese Verpflichtung fortan aufgeteilt, nämlich auf Crispendorf mit einem halben sowie auf Dörflas und Erkmannsdorf mit je einem viertelsten Ritterpferd [bzw. nach 1547 als eine Art Kriegssteuer dessen Äquivalent in Geld].[67] Nach Erhard von Watzdorfs Tod wurde Erkmannsdorf burggräflichen Teils unter seinen Söhnen Erhard und Konrad aufgeteilt, worauf ersterer, nachdem er für 2.860 fl. auch den Anteil seines Bruders erworben hatte, den Gesamtbesitz am 25. April 1597 für 6.500 fl. Kaufgeld und 400 fl. Verehrungsgeld an Heinrich II. **von Reuß**-Untergreiz-Burgk veräußerte. Mitinbegriffen waren neben allen Zubehörungen auch ›dennen Stucken so vonn J. G. zu lehen ruhrenn, Besondern auch die Sächßischenn lehen sambt der Blotenn guthern [Grundstücke in Plothenbachgrund bei Eßbach oder jener sächsische, später zu Dreba gekommene Besitzkomplex der Rödernwüstung zwischen Pahnstangen und Dittersdorf] wie sie genennet werden‹ und anderer ihm erblich zugestandener reußischer Lehen zu Rödersdorf. Als Äquivalent dafür kaufte er sich im Kursächsischen an, kam aber kurz darauf bei einem Sturz vom Pferd ums Leben. Daraufhin ging sein Bruder Konrad gegen dessen Witwe – Margaretha von Watzdorf geb. von Thunau zu Tromlitz [bei Blankenhain] – gerichtlich vor und behauptete, der Verstorbene hätte bei ihm noch beträchtliche Schulden gehabt. Der daraufhin von der Fürstlich Sächsischen Regierung zu Weimar für den April

1600 anberaumte Schlichtungstermin verlief ergebnislos. Im Folgejahr gerät das Amt Ziegenrück mit Heinrich Reuß von Plauen wegen des Obergerichts in Erkmannsdorf aneinander, welches – obwohl der Dorfbach die Landesgrenze bildete – ganz zum Orlagau gerechnet wurde. Wann dort jenes zweite [sächsische] Rittergut entstanden ist, läßt sich nicht sagen – wie die 2 m starken Mauern einer Kemenate im Unterbau des späteren Gutshauses des Herrn de la Vigne [1953 mitsamt dem Rittergut Groß-Erkmannsdorf enteignet] bedeuten, wohl schon im Mittelalter. Als Heinrich II. im Jahre 1602 ›sein frey Rittergutth Ergmansdorff‹ mit allen Zubehörungen, den Erbgerichten und der Niederjagd für 3.000 fl. an Ditterich von Merrettig verkaufte, war es rein auf den kleinen Ortsbezirk bis zum Erkmannsdorfer Bach beschränkt. Gleich Dörflas brauchte es fortan keine Ritterdienste mehr zu leisten. Dafür blieben aber auch das Obergericht, die Hohe Jagd und alle auswärtigen Lehen und Fronbauern vom Landesherrn einbehalten. Stattdessen wurde dem Käufer erlaubt, an der Stelle des alten Schafhofes zwei oder drei Häuslein bauen zu dürfen und Leute hineinzusetzen, ›die Jhme bisweilen zur handt mittarbeitten vndt andern Laufen mögen‹, wovon im Gegensatz zu Dörflas leider zu keiner Zeit Gebrauch gemacht worden ist und das Rittergut fortan ohne Untertanen auskommen mußte.

Die Familie **von Meerettig** war eine thüringische Uradelsfamilie aus der Vasallenschaft der Herren von Lobdeburg und kommt erstmalig im Jahre 1283 mit Theodericus dictus Merretich in einer lobdeburgischen Urkunde vor und zwar unmittelbar hinter dem Burggrafen von Kirchberg, aber noch vor den anderen Vasallen wie denen von Rabis bzw. von Schlöben. Cunrad Merretich, der zwischen 1366 und 1381 in lobedeburgischen Urkunden erscheint, hatte seinen Sitz wohl in Lobeda bei Jena [1356 Merretich von Lobde]. Spätere Angehörige des Geschlechts saßen auf den Rittergütern Caaschwitz [1522], Hartmannsdorf [1555], Serba [1558]. Ihr Wappenschild zeigte eine silberne Lilie im roten Felde. Lange blieben die von Meerettig jedenfalls nicht im Besitze von Klein-Erkmannsdorf. Schon

1617 und 1629 ist Hieronymus Kaspar **von Watzdorf** als Gutsherr allhier erwähnt. Im Zuge einer Erbteilung mit seinem Bruder Christoph Daniel von Watzdorf auf Weitisberga verfügte er zudem über etliche Untertanen in Friesau, ebenso noch sein 1643 erwähnter Sohn Wolf Albert, der in der Körperschaftsverwaltung der hiesigen Ritterschaft tätig war. Ab den 1670er-Jahren wechselte das Rittergut in rascher Folge seine Besitzer und wandelte sich zusehends zu einem ›Rittergütlein‹. Zunächst erwarb es Joseph Adam [von] **Töpfer** aus dem Hause Lunzig. Ihm folgten die Heeresoffiziere Dietrich Bernhard **von Obernitz** [1681] und Christoph Wilhelm **von Reitzenstein** zu Niederkrossen [1712]. Im Jahre 1728 kaufte der Buchdrucker Friedrich Anton **Urban** aus Schleiz um 1.600 Mfl. das Anwesen mit Brau- und Schankgerechtigkeit, ging aber bald in Konkurs, worauf im Jahre 1730 die zu Dreba angesessene Bauernfamilie **Meißgeier** das Rittergut erlangte. Unter dieser kam es 1757 an deren Pahnstanger und 1783 an deren Kirschkauer Zweig. Als im Jahre 1783 der Landwirt Johann Georg **Dietz** zu Langenwolschendorf den Besitz erwarb, war dieser nicht einmal mehr ›so stark wie ein ordentliches Bauerngut‹ und hatte lediglich noch 8-9 Rinder im Stall. Nachdem er 1813 in Bankrott gegangen war, erwarb der Eßbacher Einwohner Friedrich Leich das noch immer privilegierte, wirtschaftlich aber schwache Besitztum. Die Familie **Leich** [auch Leicht, Leucht, Leeg] ist eine alte oberländische Bauernfamilie, die schon im Türkensteuerregister von 1531 allein in Eßbach mit 5 Familien erscheint und auch noch heute in zahlreichen Linien ziemlich volkreich ist. Im Jahre 1860 umfaßten die Liegenschaften des Rittergütleins Erkmannsdorf – gerechnet nach Burgker Maß – gerade einmal 7 ha [3,4 ha Feld, 1,5 ha Wiese, 1,5 Wald, 0,16 ha Teich, ½ ha Hutung] sowie einen Großviehbestand von 3-4 Rindern und 10 Schafen. Davon mußte Johann Friedrich Adam Leich, der das Gut 1871 von seinem Vater übernommen hatte, auch noch 7 [!] Geschwister auszubezahlen. Mit der Eingemeindung von Klein-Erkmannsdorf nach Crispendorf erhielt der Rittergutsbesitzer, gemessen an seiner

Grund- und Einkommenssteuer, dieselben Rechte und Pflichten wie alle anderen Gemeindemitglieder, nur daß er von Lasten ausgenommen blieb, die ihn aufgrund der Abgelegenheit seines Besitzes nicht tangierten. 1884 beantragen Vater und Sohn Leich ›die Allodifikation des Rittermannlehngutes Erkmannsdorf, da es eben z. Zt. nur auf vier Augen und also auf dem Heimfall steht‹ und sie es ihrer Familie auch in weiblicher Linie sichern wollen. Die Greizer Regierung veranschlagt daraufhin rein rechnerisch einen Besitzwert von *11.566 ℳ* und fordert eine beträchtliche Ablösesumme von *1.800 ℳ*, welche nach mehrfachem Ersuchen von Fürst Heinrich XXII. ›im Gnadenwege‹ auf *1.200 ℳ* gemindert wird.[68] Im Folgejahr verkauft der Vater das Gut an den Sohn für nur *5.400 ℳ*. 1926 werden in Erkmannsdorf Ida Leich als Freigutsbesitzerin und ihre Söhne Albin und Reinhold als Landwirte angeführt. Letzterer übernimmt 1927 den Besitz und läßt sich nach Einführung des Reichserbhofgesetzes als Erbhofbauer registrieren. Der letzte ›Rittergutsbesitzer‹ war Bernhard Leich. Über seine Enkelin Edelgard Leich, deren Mutter eine geborene Adler war, also jener Familie entstammte, die bis 1872/73 das Rittergut Groß-Erkmannsdorf besaß, vereinigen sich – wie der Familienforscher Jens Grüner konstatiert – über ihre Person die beiden Erkmannsdorfer Rittergutsbesitzerfamilien. Das Rittergutsanwesen selbst, ein kleiner Vierseitenhof, liegt idyllisch rechts des Erkmannsdorfer Baches zwischen den beiden Teichen und war bis nach der Wende noch völlig erhalten. Heute kündet nur noch das stehengebliebene, inzwischen im Besitz von Ulli **Werner** befindliche Wohnstallhaus mit Satteldach von dem Rittergütlein Erkmannsdorf. In der Nähe führt ein, aus Einsturzgefahr vermauerter Gang in den Hang. Er führte wohl zu dem ehemalige Bierreife- und lagerkeller des ehedem mit Brau- und Schankrecht begabten Gutes. Bedingt durch die Nutzung des benachbarten Rittergutes Groß-Erkmannsdorf seitens der LPG [ab 1953] sind die beiden Einzelhöfe inzwischen um mehrere Eigenheime erweitert worden und Erkmannsdorf ist inzwischen zu einer richtigen kleinen Siedlung avanciert.[69]

Grochwitz

Das Platzdorf Grochwitz [1356 Grouswitz] liegt westlich von Schleiz an einem, zum linken Ufer der Wisenta sich neigenden Hang. Ursprünglich bestand der Ort aus einem Freigut [wohl dem ursprünglichen Grundhof] und neun Bauerngütern, von denen eines dem Deutschritterorden zu Schleiz, die anderen ›auf der Burgk‹ zu fronen und zu zinsen hatten.

Über die Geschichte des Grochwitzer **Freigutes** sind wir nur wenig unterrichtet. Wie seine Bezeichnung ›Freigütchen‹ [1835] andeutet, wird es am Ende nicht größer gewesen sein als ein mittelbäuerliches Anwesen, allerdings mit der Freiheit von Fronen, Steuern und Gemeinpflichten. Auf den kleineren Freigütern lebten gewöhnlich Erbschulzen oder Erbkretschmare, auf den größeren in der Regel adelige Nebenlinien, die dann meist noch ein Haus in der Stadt besaßen. So ist auch Grochwitz im Jahre 1769 als Sitz des Offiziers Gustav Adolph **von Brandenstein** [*1690] bzw. seines Erben Gustav Adolph Ernst [*1737] erwähnt. Sie entstammten dem Bodelwitzer Zweig der Wöhlsdorfer Linie dieses volkreichen Geschlechts. Ersterer war Besitzer des Freigutes Bodelwitz, Herr auf Bucha und Mitbelehnter an dem Rittergut Krölpa [bei Ranis]. Nach seinem Abschied aus dem Militärdienst [1737] lebte er ausschließlich auf Grochwitz. Von seinen 8 Kindern trat Gustav Adolf Ernst die Nachfolge an. Als Kammerrat des Grafen von Schönburg-Hinterglauchau geriet er jedoch in dessen Streitigkeiten mit dem sächsischen Kurfürsten, dessen Lehnsoberherrschaft sich der Schönburger nicht länger unterwerfen wollte und war zeitweise eingekerkert. 1778 floh er nach Prag und nahm eine Hauptmannstelle bei österreichischen Militär an. Später fungierte er als höherer Beamter in Braunau am Inn und wurde 1791 in den Ruhestand versetzt, worauf er seine hiesigen Besitzungen verkaufte und sich in Wien niederließ.[70] 1843 erscheint der Landesherr im Besitz des Gutes, der über seine Burgker Domäne am Ende knapp 100 ha in der nur 347 ha umfassenden Grochwitzer Ortsflur für sich vereinnahmte.[71]

Isabellengrün

Die Siedlung Isabellengrün [vor 1751 Dieliches Waldhaus] liegt zwischen Remptendorf und Gräfenwarth auf einer etwa 10 ha großen, durch Kohlenmeilerei entstandenen Waldlichtung. Zur Bewirtschaftung seines zwischen der Flur ›Brettschneider‹und der Saale gelegenen Teils des Burgkwaldes [1.425 ha Fläche] ließ das Burgker Hofkammergut im 18. Jahrhundert hier ein **Vorwerk** errichten, welches zunächst ›Dieliches Waldhaus‹ genannt wurde. Bald entdeckte die Greizer Prinzessin Isabella den abgelegenen Ort für sich, worauf er zum Ausflugsort der Burgker Herrschaft, die gern mit ihren Gästen nach dorthin auszufahren pflegte, avancierte. Später war in dem ›Waldrittergut‹ über viele Jahre eine Oberförsterei, danach ein Forstlehrlingsheim und ab 1955 eine Jugendherberge [mit zunächst 53 Betten] untergebracht, die sich aufgrund ihrer besonderen Lage inmitten ausgedehnter Wälder und der unmittelbaren Nähe zum Bleichlochstausee stets großer Beliebtheit erfreute.[72]

Pahnstangen

Das Angerdorf Pahnstangen [1394 czu der Bahnstange] liegt NNW von Schleiz auf einem flachen und welligen Plateau des Südostthüringer Schiefergebirges. Auch wenn in diesem Dorfe kein eigentliches Rittergut mehr bekannt ist, so bildeten doch »7½ Bauernstellen als genanntes ›**Rittermannslehen**‹ eine zusammengehörige Einheit, die vom Landesherrn an niederadelige Vasallen vergeben wurde, die davon Abgaben und Dienste erhielten, Gerichtsbarkeit ausübten und aufgrund dieses Besitzes zum Besuch der Landtage berechtigt waren.
Inhaber dieses Mannlehens war im 16. und 17. Jh. die Familie **von Stein** zu Lausnitz.«[73] Nachdem Konrad von Stein ›zu Laußnitz‹ am 4. Januar 1550 von dem Burggrafen Heinrich zu Meißen damit belehnt worden war, teilte sich die Lausnitzer Linie und ein von da nach Neidenberga abgewanderter Zweig der von Stein in den Besitz hinein, bis letzterer seinen Anteil

bis 1630 schuldenhalber wieder an erstere verkaufen mußten, bis zum Erlöschen ihres Zweiges aber daran mitbelehnt blieb.

Über Friedrich Wilhelm von Stein [†1647] und seinen Sohn Heinrich Sebastian [†1665] kam das Rittermannslehen an dessen Sohn Christian Heinrich [†1682] und zwischenzeitlich [1675] auch einmal an die zu Kospoda gesessene Linie, bis Christian Heinrichs Söhne das Lehen 1710 an Hans Heinrich **von Dobeneck** auf Bug [bei Hof], Rothenbürg und später auch Ober-Zoppoten veräußerten, der es 1722 mit dem Landesherrn gegen dessen Amtsuntertanen in Zoppoten tauschte.[74]

Plothen

Das Angerdorf Plothen [1378 Villa Plote] liegt zwischen Schleiz und Neustadt a. O. an einem Zulauf des Plothenbaches.

Einen Rittersitz hat es in Plothen entweder nur sehr früh oder überhaupt nicht gegeben. Die Erwähnung eines Rudolfs von Bünau, sowie Heinrich, Gunther und Heinrich Gebrüder gesessen zu Plothen [Blote] 1347 bezieht sich tatsächlich auf das Rittergut Plotha zwischen Naumburg und Weißenfels.

Im Roten Buch, einem Burgker Register von 1594/96, ist in Plothen ein Rittersitz als ›vakat‹ [frei] bezeichnet. Die Mehrzahl der 26 Plothener Altbauern unterstanden direkt dem Amte, doch kann nicht ausgeschlossen werden, daß die von Posseck bzw. von Watzdorf auf Walsburg-Dörflas-Crispendorf selbige ehedem besessen haben können, da – wie an anderer Stelle berichtet – beim Verkaufe des Rittergutes Klein-Erkmannsdorf 1597 an die Burgker Landesherrschaft auch die ›Sächßischenn lehen sambt der Blotenn guthern‹ miteinbegriffen waren.

Das **Sächsische Haus** war Teil des gleich hinter dem Plothenbach beginnenden sächsischen Nachbarorts Neudeck. Das **Freigut** stand auf der Winterseite einträchtig neben den Plothener Anwesen und stellte mit seiner schmalen Hofgelänge die Verbindung zum sächsischen Gebiet [Neustädter Kreis] her, wie auch seine Grundstücke mit besonderen Grenzsteinen allesamt aus der Plothener Flur explizit ausbezirkt gewesen sind.[75]

REMPTENDORF

Das Angerdorf Remptendorf [1325 Reinbotendorf] liegt zwischen Ziegenrück und Bad Lobenstein an einem Zulauf der Saale. Aufgrund seiner Tallage war der frühere Marktflecken in ein Ober- und Unterdorf geteilt. Als Kolonisatoren des Ortes und Begründer der Kirche gilt das inzwischen erloschene vogtländische Uradelsgeschlecht derer **von Machwitz** [auch Magwitz] aus dem gleichnamigen Stammhause Magwitz an der Weißen Elster zwischen Plauen und Oelsnitz. Mit dem Ritter [miles] Cunradus de Machewic im Jahre 1236 erstmals aus dem Dunkel der Geschichte tretend, zählten sie im 13. und 14. Jahrhundert zu den bedeutendsten Vasallen der Vögte von Weida, Gera und Plauen. Aufgrund der Farben ihres, in Rot, Silber und Schwarz geteilten Wappenschildes sind sie wappenverwandt mit den ebenfalls im Dreiländereck zwischen Böhmen, Franken und Sachsen verorteten Familien von der Heydte aus dem Egerland, von Zedtwitz aus dem Regnitzland, von Röder aus dem Raum Plauen, von Quingenberg u.a., und es könnte mit diesen Familien sogar eine Stammesverwandtschaft bestehen. Eine Geschlechtstafel derer von Machwitz nebst Ahnenprobe ruht seit dem Jahre 1420 im Geheimen Archiv der Markgrafen von Meißen.[76] Neben Magwitz und der nahegelegenen Burg Stein, des Heinrich von Magwitz, ›Ritter genannt der von Stein‹ [1347], sind unter ihren Besitzungen im oberen Vogtland noch Chrieschwitz [1428] bei Plauen, Lauterbach [bis 1570], Schönbrunn [um 1540] und Troschenreuth [vor 1472 bis nach 1542] bei Oelsnitz sowie Unterlauterbach [vor 1416-1537] bei Falkenstein zu nennen. Dem fügt von Hausen [1892] noch Kempenitz [Kemnitz?] mit einer Wüstung zu Reinhardswalde [1466], Altmannsgrün und Kürbitz hinzu. Im Jahre 1290 belehnte der Vogt von Weida einen Otto de Magwitz mit Äckern zwischen Nyperk und Asche im Egerland. Im Regnitzland waren sie in Wiedersberg [1244], Ottengrün [1542], Döhlau [17. Jh.], Konradsreuth [bis 1610] und Weißdorf bei Münchberg [ab 1630] angesessen, von wo aus sie nach Sparnberg/Saale [1485] und seitens ihrer Wiedersberger Linie 1503 sogar die bedeutende Herrschaft Reichenfels-Hohenleuben in Besitz nahmen. Zudem verschlug es einen, eng mit dem Deutschen Orden verbundenen Ableger nach Ostpreußen, wo Zander von Magwitz [1413 bis 1420 Vogt zu Neumark] das Rittergut Thomsdorf [1440] erwarb. Wohl noch bedeutender als ihre elsterländer Hauptlinie wurde ihre obersaalische, wo sie im später reußischen Oberland – ganz gleich ob zum ersten Mal mit den Lobdeburgern oder den Vögten von Gera ins Land kommend – mit zu den Kolonisatoren der ersten Stunde zählten und sich besonders im Südraum der späteren Herrschaft Burgk Lehen von beträchtlichem Umfang erwarben, wobei das von ihnen kolonisierte Remptendorf gewissermaßen zum Zentrum ihres hiesigen Familienzweiges avancierte. Von hier aus erwarben sie Güter in Ebersdorf [ab 1471], Altenbeuthen [15. Jh.] und Neuenbeuthen, Reitzengeschwenda, Unter-Zoppoten und Röppisch, Unterlemnitz, Herschdorf [17. Jh.], Gräfenwarth [14. Jh.], in dem später wüsten Mangelsdorf bei Schilbach [bis 1365], Kirschkau [15. Jh.], [Pahren [Großes und Kleines Gut] und besaßen als Burgleute des Schleizer Schlosses 1416 auch eines der drei Burggüter in der Stadt, welches noch 1528 als ›Rittergut‹ bezeichnet wurde. Auch in den sächsischen Ämtern Arnshaugk und Weida erwarben die von Machwitz Besitz, so die Güter in Moderwitz, Wenigenauma und Zadelsdorf.[77]

Urkundlich nachgewiesen sind die Herren von Machwitz in Remptendorf indes nicht vor dem frühen 15. Jahrhundert. So wird 1408 ein Konrad von Machwitz auf Remptendorf erstmals genannt, während ein anderer Machwitz gleichen Vornamens als Gründer der Remptendorfer Kirche und Stifter der hiesigen Vikarstelle [1438] angesehen wird. Im Jahre 1539 erscheinen auf Remptendorf ein Kunz von Machwitz [oo Justina von Watzdorf] und 1552 ein Hans von Machwitz. 1555 wurden die Gebrüder Hans und Konrad von Machwitz von den beiden Burggrafen Heinrich d. Ä. und Heinrich d. J. in ihren Ämtern Schleiz und Lobenstein [Burgk wurde damals noch von Schleiz aus verwaltet] mit folgenden Gütern belehnt: [1] Sitz und Vorwerk zu Remptendorf mit allen Zugehörungen, 35 Bauerngüter in Remptendorf, [2] der nach Thimmendorf zu gelegene Flurdistrikt Autra mit einer Mühle daselbst, [3] drei Bauerngüter zu Zoppoten und [4] sieben zu Friesau. Gleichsam mitbelehnt wurde auch ihr Bruder Heinrich von Machwitz auf Altenbeuthen, der aus dem Erbnachlaß des verstorbenen Vaters bereits das dortige Rittergut angenommen hatte, sowie die von Machwitz zu Pahren. Selbst wenn die Erneuerung dieses Lehnbriefes 1567 noch keine Zweiteilung des Gutes erkennen läßt, beweist das nicht, daß der stets mit einem Ritterpferd zu verdienende Remptendorfer Besitz damals noch ein ganzer war, da in jener Zeit auch in anderen Lehnbriefen über geteilte Gutshöfe dieser Umstand unerwähnt ist. Urkundlich faßbar wird die Zweiteilung Remptendorfs erst, als das untere vordere Gut 1582 gesondert von dem oberen hinteren veräußert wird.[78]

Aufgrund unterschiedlicher Angaben in den noch erhaltenen Unterlagen sind die Verwandtschaftsverhältnisse der Machwitze auf Vorder- und Hinter-Remptendorf in diesem Zusammenhang etwas unklar. Anstatt Hans und Kunz von Machwitz treten uns im Vorfeld des Verkaufs Hans [†1569] und Kaspar entgegen. Ersterer erscheint als Ehemann der Margarethe geb. von Blankenberg auf Harra [†1570] und als Vater zweier Söhne, die seine Anteile an Remptendorf, Ebersdorf und Altenbeuthen dergestalt übernahmen, daß Friedrich [1554-1613] Ebersdorf mit einem Teile von Remptendorf und Joachim Hinter-Remptendorf und Altenbeuthen erhielt. Dahingegen tritt Kaspar – oder besser gesagt dessen minderjähriger Sohn Joachim – als Besitzer des vorderen [unteren] Remptendorfer Rittergutes auf, das von seinen beiden Vormündern Ernst von Machwitz auf Altenbeuthen und Ernst von Oberweimar zu Weitisberga am 15.10.1582 für 7.000 fl. und weitere Naturalien an oben genannten Friedrich von Machwitz verkauft wird. Nicht restlos zu klären bleibt, ob dieser Joachim tatsächlich Friedrichs Bruder war, da für beide unterschiedliche Väter angegeben werden. Am Ende jedenfalls befand sich Friedrich von Machwitz im Besitz von vier Rittergütern, nämlich Unter-Remptendorf [bis 1600], Ober-Remptendorf [jedes im Werte von 6-7.000 fl.], Ebersdorf [13.000 fl.] und Unter-Zoppoten bzw. Röppisch.[79]

Wie seine gedruckte und verbreitete Leichenpredigt verrät, war er mit Margarethe geb. von Draxdorf [†1610] verheiratet, die ihm in 37 Ehejahren 11 Kinder – 1 Tochter, 9 Söhne, 1 Totgeburt – gebar, so [1] Hans Veit, [2] Hans Christoph, [3] Balthasar Friedrich, [4] Hans Heinrich, [5] Hans Kaspar auf Remptendorf [oo Christina geb. von Machwitz,†1638/39], [6] David, und [7] Georg Ernst [†1651]. 1591 mußte Friedrich »sein unteres (vorderes) Rittergut in Remptendorf zunächst an Adam Puffe verpachten und dann endlich im Jahr 1600 ›zu ablehnung seiner tranckseligen schulden, vndt abschaffung der beschwerlichen angestellten sequestratur‹ [Zwangsverwaltung] an Kaspar von Draxdorf zu verkaufen.«[80] Derartiges war in jenen Tagen keine Seltenheit, hatten doch auch die letzten Brandensteiner auf Ranis, ihre große Herrschaft bis 1571 buchstäblich in Wein aufgelöst, der in jenen Tagen trotz Weinbaus in der Orlasenke und im mittleren Saaletal eine teure Sache war und vom Volke sonst nur zu medizinischen Zwecken, von den meisten Pfarrern aus Kostengründen überhaupt nicht und nichtzuletzt aus Prestige-Gründen nur von Adligen, vermögenden Bürgern und großen Pfarrherren [so die von Tanna, Göschitz und Hohenleuben] ›konsumiert‹ worden ist. Noch Jahre später mußten Friedrichs im Besitze nachfolgende Söhne für weitere, von ihm gemachte Schulden aufkommen. Nach seinem Tode [†1613] verwalteten seine 6 Söhne – Hans Veit war 1605 gegen die Türken gezogen, und niemand wußte, ob er noch lebte – das Erbe gemeinsam und schritten – nachdem der jüngste Sohn 1618 mündig geworden war – zur Teilung. Hans Christoph – seines Zeichens Reuß-Plauenscher Rat und Hofmeister zu Gera – erhielt das auf 13.000 fl. taxierte Rittergut Ebersdorf, Balthasar Friedrich das obere (hintere) Gut in Remptendorf, während die jüngeren Brüder ausgezahlt wurden. Heinrich und Hans Kaspar lebten weiter in Remptendorf, Georg Ernst dagegen auf Röppisch.[81]

Das untere (vordere) Rittergut zu Remptendorf

Das untere (vordere) Rittergut lag im südwestlichen Anschluß an die Kirche. Ein alter Ortsgrundriß zeigt es als großen, zum Kirchhof zusammenlaufenden trapezförmigen Vierseitenhof mit Scheune, Herrenhaus, Käshaus, Körnerei, Küche u.a., hinter dem sich nach Norden die breite Herrengelänge anschloß, die etwa die Ausmaße von vier bäuerlichen Hofgelängen besaß. Obwohl nicht vor dem Jahre 1582 explizit erwähnt, dürfen wir den Unterhof doch als das ältere, ursprüngliche Remptendorfer Rittergut annehmen. Im Jahre 1600 veräußerte Friedrich **von Machwitz** [†1613] auf Ober-Remptendorf und Ebersdorf das vordem [bis 1582] im Besitze seines Verwandten Konrad von Machwitz bzw. dessen unmündigen Sohnes Joachim befindliche untere Rittergut für mindestens 5.000 fl an Kaspar von Draxdorf auf Vorder-Remptendorf und Röppisch, der mit Justine geb. von Machwitz verheiratet war. 1611 – im Jahre seines Todes – verkaufte dieser den Unterhof für 6.100 fl. und 25 Schafe aber wieder an Joachim von Machwitz auf Altenbeuthen und Ober-Remptendorf, in dem der Bruder besagten Friedrichs von Machwitz vermutet wird. 1621/22 übernahm Joachims Sohn Adam [oo Anna Elisabeth von Brandenstein] das Gut. Er kam in finanzielle Schwierigkeiten und – obwohl er wegen der Schulden 1657 Wolf Christoph von Steinsdorf auf Kraftsdorf das Gut eingeräumt hatte – ordnete der Landesherr Heinrich V. von Reuß-Untergreiz [†1667] im Jahre 1660 die Zwangsvollstreckung an, die am Ende aber ausgesetzt wurde.

Zu den Gläubigern zählten auch Adams beiden Schwestern Sibylla Regina von Röder und die Witwe Maria Magdalena von Helldorf, Besitzerin des Helldorfschen Rittergutes zu Herschdorf bei Leutenberg. Im Jahre seines Todes – am 29.04.1672 – verkaufte Adam von Machwitz das sicher nicht unbelastete untere (vordere) Rittergut an seinen Enkel Joseph Adam **von Töpfer** auf Unter-Lunzig, der in großer Geldnot sich befindlich, schon am Folgetag an Johann **Scherff**, »der schon das im sächsischen Gebiet liegende Rittergut Altenbeuthen von Adam von Machwitz erworben hat, 16 Untertanen zu Remptendorf und 15 Untertanen zu Friesau, die jährlich 29 fl. 4 gr. Zins zahlen, und die Schäferei des vorderen Remptendorfer Rittergutes mit allen Rechten und Wiesen für 2.100 fl. = 1.837 Rtl. 12 gr. wiederkäuflich,«[82] veräußerte, worauf dessen Verwandter, Friedrich von Machwitz auf Ober-Remptendorf, konstatierte:

Remptendorf: ›Herrenhaus‹

›Ein Schelm hette Altenbeüthen verkaufft, und ein Schelm hette es gekaufft,‹[83] worauf sich Scherff bei der Regierung darüber beschwerte. Die Bemühungen des neuen Besitzers fruchteten nichts, und das vordere Remptendorfer Rittergut gelangte am 06.09.1672 wegen der darauf haftenden Schulden zur öffentlichen Versteigerung.

Dabei gab Töpfer mit 9.000 fl. das höchste Gebot ab und erhielt darauf den Zuschlag. Am 23.10.1672 starb Adam von Machwitz und wurde gegen die Entrichtung von 12 Aßo an die Kirchenkasse in jener Gruft unter dem Altare der Remptendorfer Kirche beigesetzt, worin auch seine, einige Jahre zuvor verstorbene Gattin bereits ruhte. Am Ende konnte Töpfer die, dem **Landesherrn** Heinrich II. von Reuß-Burgk [1634-1697] versprochene Summe von 3.000 fl. nicht erlegen und dieser zog das Rittergut wegen überfälliger Gebühren ein. Daraufhin beschwerte sich der Bruder des Regenten Graf Heinrich IV. von Reuß-Untergreiz [1638-1675], wonach dieses das so kurz vor dem Heimfall stehende Rittergut gar nicht erst an Töpfer hätte verkauft werden dürfen, worauf sich die beiden Brüder dahingehend einigten, daß Heinrich II. das Rittergut Unter-Remptendorf nebst dem dazugehörigen Dorfteil am 23.06. 1673 für 3.800 fl. an Heinrich IV. verkaufte und dieser von der Kaufsumme die verbleibenden Ansprüche Töpfers abfinden und die noch auf dem Gute lastenden Schulden dritter sowie die überständigen Gebühren begleichen wollte.[84]

Das obere (hintere) Rittergut zu Remptendorf

Dieses obere (hintere) Rittergut befand sich unterhalb der späteren LPG-Werkstatt und ist in seinen Baulichkeiten zum Teil in dem traufständigen Anwesen der Familie **Enke** aufgegangen. Inwieweit sich jener an späterer Stelle noch beschriebene ausgeschmückte Rittersaal in seinem, demnach 1840 noch erhaltenen Herrenhaus und nicht doch in dem des unteren Gutes befunden hat, kann nicht bestätigt werden. Nach einem Wertanschlag von 1619/20 bestand dieses, damals auf 6.500 fl. Wert veranschlagte Rittergut des Balthasar Friedrich **von Machwitz** aus einem Wohnhaus mit Nebengebäuden, den dazugehörigen Wiesen, Wonnen, Äckern und Wäldern sowie der Hälfte der Fischereigerechtigkeit im Retzschbach. An Fronbauern waren diesem Rittergute in Remptendorf 6 ganze und 6 halbe Bauernhöfe, 8 Anwesen von Hintersättlern und 6 von Kleinhäuslern untertan.[85] Dazu kamen noch in Zoppoten 1 Hof und in Friesau 2 ganze und 4 halbe Höfe. Die in dem Erbregister von 1620 verzeichneten Untertanenlasten können als moderat eingeschätzt werden. Demnach mußte etwa Egidius Grieser als Besitzer eines ganzen Bauerngutes alljährlich zu Walpurgis 10 gr. Erbzins zahlen, 10 Tage mit 3 Pferden [oder 11 Tage mit 2 Pferden] ackern, dasselbe noch ½ Tag ›hinden auff vff den fiedelbuhl vor den Weg‹, ferner ›1 Tag Tüngen mit 4 Pferden, 2 Tag mehen, 1 Tag hauen‹ sowie ›Schneiden vnd Haber [Hafer] hauen, wenn mannß heist‹ [also in Zeit und Umfang nicht fixiert], 1 Tag Schafscheren. An Michaelis-Zins oblagen ihm wiederum 10 gr. Geldzahlung, und er mußte ›3 Hunner, 3 Keeß, 20 Reußen Flachs, 20 eyer, 1 Kübel mahen, helt 5 kannen‹ auf dem Herrenhof abliefern. Schließlich hatte er noch ›1 Tag [zu] Tüngen mit 4 Pferden, Futter Heu außm Rödern zu führen. Das alte heu vnd grummet auß der awe zu führen, Auff die Schefferei Heu zu führen, soviel man bedarff‹. Demgegenüber mußte eine Remptendorfer Hintersättlerfamilie [Exemplarisch hier die Familie Rost], die also nicht mit Zugtieren zu fronen im Stande war, die entsprechenden Handarbeiten leisten, so ›1 tag mehen, 8 tage schneiden, 1 tag flachs getten, 1 tag schaffscheren, welche er auch waschen muß, Heue vnd grummet dürr zu machen, soviel es ist … 1 tag Flachs brechen, Mist breiten, kraut hacken, Mahen gätten wenn mans heißt … Darvber geben wier ihnen nichts zu eßen.‹ Es gab also nicht die sonst übliche Fronverköstigung. An Erbzins hatte die Hintersättlerfamilie nur die Hälfte, also zweimal jährlich je 5 gr. sowie überdies zu Michaelis 2 Alt-Hühner und 2 Käse-Räder in einer bestimmten Größe abzuliefern. Weit geringer war die Fron des Remptendorfer Kleinhäuslers [Hausbesitzers] Haans Henniger des Jüngeren – gelernter Zimmermann und anjetzo Soldat: ›Walpurgis 5 gr., 1 Tag schaffscheren, 3 Tag getten, Michaelis 5 gr. 1 lachter Holz hauen, soll von 7 Aßo vorgeliehenem Geld herrühren an stadt der Zinnß und wann da gelt erlegt wirdt, dieſß holz hauen auch wieder fallen.‹[86]

Mit Geschick und Ausdauer verstand es Balthasar Friedrich, seinen ererbten Besitz zu wahren und geringfügig zu vergrößern. Einen Patronatsstreit mit seinem Landesherrn Heinrich II. von Reuß-Burgk [†1639] um die Remptendorfer Kirche gewann er und ließ sich im Jahre 1632 von namhaften Künstlern wie dem Schleizer Meister Paul Keil, den seinerzeit bedeutendsten Barockmaler Ostthüringens, sein und seiner Frau reich verziertes Epitaph mit vergoldetem hölzernem Laubwerk gestalten. Das Gemälde zeigt in dessen Zentrum das Ehepaar »vor dem Kruzifix knieend neben ihrem Wappen. Die reiche Kleidung war gut gemalt, ist aber mit der Zeit verblast.«[87] Auf diesem Monument ist die folgende Inschrift zu lesen: *»Gott zu Ehren und der Kirche zur Zierde hat anno 1632 der wohledle und gestrenge Balthasar Friedrich v. Machwitz uff Rentendorf, der Zeit Patron samt seinem lieben Weibe, der wohledlen u. tugendreichen Frauen Martha v. Machwitz, geb. Thossin, zu einem guten Andenken diess Eigenthum hierin verehrt, setzen und machen lassen, ihres Alters, des Junkers im 54sten u. der Jungfr. im 52sten Jahre.«*[88]

1643 endlich wurde auch das, aus Friesau, Rauschengesees, Remptendorf, Röppisch und Zoppoten bestehende Amt Zoppoten aufgelöst und Ober-Remptendorf mit Friesau, Röppisch, und einem Teil Zoppotens zur Exklave des entfernten, südlich

von Greiz gelegenen Amtes Dölau. Nachdem Balthasar Friedrich [1578-1647] weder mit seiner ersten noch zweiten Gemahlin [Sibylla, geb. von Cölln] erbfähige Kinder gewann, ging das Rittergut Remptendorf oberen (hinteren) Hofes nach seinem Tode an seinen einzig noch lebenden Bruder, den Syndikus Georg Ernst von Machwitz [†1651] auf Ebersdorf über. Er bewirtschaftete Remptendorf nicht selber, sondern hatte das Gut an seine beiden Söhnen Heinrich Ernst auf Ebersdorf und Remptendorf und Friedrich auf Remptendorf und Ebersdorf verpachtet. 1654 aber verkauften die Brüder ihr halbes oberes Remptendorfer Gut an Christian Vollrath **von Watzdorf** zu Unter-Zoppoten, um mit dem Kauferlös von 2.000 fl. das Leibgedinge der Witwe ihres 1638/39 verstorbenen Onkels Hans Kaspar, Christina geb. von Machwitz [die sich inzwischen wieder mit einem von Machwitz vermählt hatte], aus dessen Mitbesitz am Oberhof endlich abzutragen. Schon 1663 verkaufte von Watzdorf seinen Anteil an diesem Gut zusammen mit einigen, ehedem zum Rittergut Ebersdorf gehörenden Grundstücken an den jungen, viel versprechenden Studiosus Georg Ernst **Wüst**. Weil dem aber die Gutswirtschaft ›nicht beliebet, sondern [er] vielmehr seine Studia fortzusetzen sich entschlossen‹ hatte, veräußerte er den, mit Hilfe seiner Großmutter Anna Regina Kandler [geb. Rieter] aus Kornburg finanzierten Anteil schon im Folgejahr an seinen Vater, den Reuß-Plauenschen Wittumshofmeister zu Burgk Georg Ernst Wüst dem Älteren, und erschießt sich einige Jahre später aus Schwermut.
Gleich im Anschluß an den Besitzwechsel machte Friedrich **von Machwitz** von seinem Rechte Gebrauch, diesen Anteil wieder zurückzunehmen, konnte aber die dafür nötige Barschaft nicht sofort aufbringen. So wirtschafteten Wüst und von Machwitz einige Jahre nebeneinander. Unstimmigkeiten wegen der Bewirtschaftung bestimmter Grundstücke, bei denen es Friedrich von Machwitz – dem wegen verschiedener Lehnsfehler 1667 auch die Pachtung des unteren Remptendorfer Rittergutes seines Vetters Adam von Machwitz entzogen wurde – oft nicht so genau nahm – wurden zur Regel. Am Ende ließ Wüst den noch

offenen Kaufbetrag einfach pfänden, und die beiden Machwitz-Brüder Heinrich Ernst und Friedrich mußten zur Begleichung der Schuld bei dem Zeulsdorfer Rittergutsbesitzer Dr. Limmer ein Darlehen von 2.000 fl. zu 5% Zinsen auf 3 Jahre aufnehmen und wurden im Mai 1667 vom Landesherrn wieder mit dem ganzen hinteren Rittergut belehnt. Nachdem Heinrich Ernst 1670 gestorben war, verkaufte sein Bruder Friedrich [†1676] am 24. November 1674 das Rittergut Remptendorf hinteren Teils für 5.650 fl. [nebst einem Herdgeld von 200 fl. an seine Ehefrau Ursula Sophia von Machwitz, geb. von Draxdorf] an seinen **Landesherrn** Heinrich IV. Da dieser 1672 bereits das vordere Rittergut eingezogen hatte, war somit die Zugehörigkeit von Remptendorf zu zwei Gutsbezirken und zwei Landesherrschaften aufgehoben, und der Flecken wurde zu einem alleinen Amtsdorf. Die Beziehungen der Machwitz-Familie zu ihren ehemaligen Remptendorfer Rittergütern endete damit noch nicht. Friedrichs Sohn und Lehnserbe Christian Friedrich von Machwitz zu Ebersdorf ersuchte die Regierung 1677, das Rittergut Ober-Remptendorf wenn nicht als Lehen zu bekommen, so doch für seine angeblichen Lehnsansprüche abgefunden zu werden, was selbstredend abschlägig beschieden wurde. Nach seinem Tode am 22.02.1681 und dem Erlöschen der Remptendorf-Ebersdorfer Linie der von Machwitz im Mannesstamme erhoben nun seine Schwestern, Magdalena Juliana von Wildenstein und Sophie Juliana von Machwitz ihrerseits Ansprüche bezüglich vorenthaltener Heiratsgelder u.a., unterlagen und versuchten auch bezüglich des, vom Landesherrn eingezogenen vorderen Remptendorfer Rittergutes, das ihr Vater längere Zeit in Pacht gehalten hatte, Ausstattungs- und Alimentgelder zu erlangen, obwohl die von Machwitz ihrerseits noch bestehende Kirchenschulden nicht abgetragen hatten.[89]

Unter den reußischen Regenten wurden die beiden Remptendorfer Güter zunächst als **Kammergüter** weiterbetrieben und waren in der Regel verpachtet, so an Nicol **Treuner** aus Gutwein [1676], Benedict **Friedrich** Bürgermeister zu Saalburg [1682], Adam Friedrich **Krausold** [1700] bzw. Johann **Schultze**

[1703]. Ihre Wirtschaftskraft wurde in jenen Tagen einmal auf 677 fl. jährliche Einkünfte berechnet, so beträchtliche 482 fl. aus der Kornernte [bei 160 Schffl. Weizen, 160 Schffl. Gerste, 30 Schffl. Hafer], 29 fl. aus der Erbsen-Ernte, 120 fl. aus der Rinderhaltung [bei 20 Milchkühen], 80 fl. aus dem Kälberzuwert, 10 fl. aus der Schweinehaltung, 40 fl. aus der Teichwirtschaft – abzüglich des Gesindelohns [50fl.], der Fronkost [25 fl.] und natürlich der entsprechenden Korndeputate an den Vogt, die beiden Schäfer, das Gesinde und die Erntefröner. Wiederholt – so um 1700 und 1744 – verfolgte die Landesherrschaft das Vorhaben, die beiden Güter, wenn nicht zu verkaufen, so doch zu zerschlagen und in Einzelstücken zu veräußern. Und tatsächlich trat die Remptendorfer Gemeinde im Jahre 1767 mit dem entsprechenden Gesuch an die Herrschaft heran, worauf Graf Heinrich III. von Untergreiz am 8. Januar 1768 alle zu den beiden ehemaligen Rittergütern gehörenden Grundstücke für 12.000 Mfl. an die Gemeinde veräußerte, ausgenommen die Erbgerichte nebst deren Einkünften, wogegen die Frondienste und die Schaftrift in Geldleistungen der Untertanen umgewandelt wurden. Die jährlichen Frongelder betrugen – aufgeteilt an die jeweiligen Einzelhaushalte nun 150 fl. 14 gr. und die jährlichen Erbzinsen 349 fl. 5 gr., während die Dezemabgaben an die Kirche die Gemeinde übernahm. Der letzte Kammergutspächter Johann Jacob **Otto** wurde von der Regierung abgefunden. Den 13 nach Remptendorf gehörigen Friesauer Untertanen wurden ihre Fronverpflichtungen gegenüber dem Amt Burgk für eine Einmalzahlung von 180 fl. erlassen.

Wenn sich nun in verschiedenen Schriften erwähnt findet, daß nach denen von Machwitz auch andere Adlige in Remptendorf und teilweise in den ehemaligen Gutsgebäuden gewohnt hätten, so können diese keinerlei Beziehungen zu den beiden ehemaligen Rittergütern besessen haben. Erwähnt werden in dem Zusammenhang die Geschlechter **von Reitzenstein**, von Dobeneck bzw. **von Kölbel**, die Hauptleute **von Bünau**, **von Geising**, **von Poyda**, von Watzdorf, der Rittmeister von Obernitz sowie der Obristhofmeister **von Bibo**, der mit hoher Genehmigung eine Kapelle und ein Erbbegräbnis in der Kirche angelegt haben soll.[90] Der Remptendorfer Pfarrer Friedrich August Zeuner schrieb 1842 über die beiden Rittergüter: »Von dem alten Schlosse, welches Adam v. Machwitz bewohnte, ist kaum noch eine Spur vorhanden, nachdem es theils eingestürzt, theils abgetragen ist. Rings um dasselbe herum soll ein Wallgraben mit Aufzugbrücke gewesen sein. Jetzt steht an dessen Stelle und auf der, welche ehemals den Schloßhof ausmachte, eine Anzahl kleiner Häuser, welche sämmtlich: Herrnhof genannt werden. Eben so sind in dem ehemaligen, zum Schlosse gehörenden Garten zwei Reihen kleiner Häuser erbaut, die den Namen Herrngarten erhalten haben. Im Herrnhof aber steht noch ein hohes Gebäude von beträchtlicher Länge, welches die Wohnung des Herrn Balthasar Friedrich v. Machwitz war. Es ist noch in gutem Zustande, von fester Bauart und sehr hohen Zimmern, und wird noch jetzt **Herrnhaus** genannt, in dessen gegenwärtigen Besitze 4 Handwerksleute sind. An dem alten Ofen eines Zimmers zu ebener Erde ist die Jahreszahl 1559 zu finden. Ein anderes altes, von diesem entfernt liegendes Gebäude zeichnet sich durch seine Höhe und Länge aus. In der oberen Etage ist ein großer Saal mit vielen an die Wände, größtentheils mittels rother Farbe, angebrachten Blumen und Vögeln und geschriebenen, jetzt zum Teil unleserlichen, Inschriften mit untermengten religiösen Versen, und wird noch immer: **Rittersaal** genannt. In diesem Hause wohnte früher ein Hauptmann **von Watzdorf** und später ein Rittmeister **v. Obernitz**. Auch einer von den beiden Gasthöfen ist ein großes, mit hohen dicken Mauern aufgeführtes und einem spitzig auslaufenden hohen Dache versehenes alterthümliches Gebäude«[91] mit Holzwerk aus dem 17. Jahrhundert in seinem Obergeschoß. Der Jahreszahl in der Wetterfahne zufolge soll es der älteste Bau im Orte gewesen sein. Paul Lehfeldt [1891] hingehen charakterisierte das ehemalige Herrenhaus als 1888 abgetragenen, schmucklosen, im 17. Jahrhundert errichteten Bau mit Flachbogenfenstern und einen verschwundenen, früher bekannten Ofen mit der Jahreszahl 1559. Auch jenes Gebäude mit ausgeschmücktem Rittersaal war zu seiner Zeit schon nicht mehr vorhanden. Inwieweit der erstere Bau 1888 tatsächlich abgetragen wurde, bleibt fraglich, wird doch jenes breitrechteckige, zweigeschossige Gebäude mit Krüppelwalmdach und doppeltem Oberboden gegenüber der ehemaligen Post von den Ortseinwohnern noch heute als ›Herrenhaus‹ bezeichnet.[92]

Zoppoten

Das Platzdorf Zoppoten [1345 Zchopote] liegt zwischen Bad Lobenstein und Saalburg am Zoppothbach an den Abhängen des gleichnamigen Grundes. Über einen längeren Zeitraum war das Dorf Mittelpunkt eines, die linkssaalischen Gebiete der Herrschaft Burgk umfassenden kleinen **Amtes** und gehörte zeitweise sogar zu zwei Landesherrschaften. Von den beiden im Orte bestehenden Rittergütern hatte jedes sein eigenes Herkommen und besonderen Gutsbezirk, war landtagsfähig und diente der Landesherrschaft mit je einem Ritterpferd. Als nach Reudnitz größtes Rittergut im Fürstentume Greiz war das untere Gut das bedeutendere von den beiden, da es die Hohe Jagd und das Obergericht besaß, ein Recht, das kaum ein Rittergut in Reuß ä. L. für sich in Anspruch nehmen konnte. Die von den beiden Gerichten genutzte **Fronveste** [Gefängnis] stand in der Ortsmitte auf Gemeindeland. Sagenhafte Verliese im unteren Schloß existierten demnach wahrscheinlich nicht – wohl aber ein Galgen, der sich auf der Gerichtsleite befand und wo noch nach 1760 ein Mörder durch Erhängen sein Ende fand. Nachdem im Jahre 1760 das obere Rittergut vom unteren angekauft worden war, und sich 1768 zudem die beiden Landesherrschaften Ober- und Untergreiz zu Reuß älterer Linie vereinigt hatten, endeten auch die immer wieder aufflammenden Zwistigkeiten zwischen den beiden Grundherren. Um 1780 schließlich kaufte die Landesherrschaft die beiden Güter an, ließ sie zerschlagen und in Einzelteilen an 10 Ortseingesessene verkaufen, welche die Gutsgebäude teil niederrissen, teils umbauten, so daß heute nur noch wenige Gebäude davon erhalten sind.[93]

Das Rittergut Ober-Zoppoten

»Das Dorf Zoppoten geht sicherlich bis auf die Zeit der ostdeutschen Kolonisation zurück. Von den beiden Rittergütern des Ortes möchten wir dem unteren das gleiche hohe Alter zuschreiben, während das obere wohl als eine Vorwerksgründung zu einem [der] Saalburger Burglehen anzusehen ist«[94] und wahrscheinlich nicht vor dem 15. Jahrhundert entstand. Mit der Zeit entwickelte sich dieses zu einem selbständigen Rittergut, und gehörte im Jahre 1484 einem Georg von Töpen, aus jenem Regnitzländischen Adelsgeschlecht aus dem gleichnamigen Dorfe SO von Hirschberg. Dagegen ist jener 1325 in der Stiftungsurkunde für das Kloster Heiligkreuz bei Saalburg genannte Henricus **de Zoppotten** sicher ein Rittergutsbesitzer aus Zoppoten und zwar der des unteren Gutes gewesen.

Im Jahre 1497 verkaufte Georg **von Töpen** [Jürge von Tepen] mit Genehmigung Heinrichs von Gera das obere Zoppotener Gut an die Brüder Hans und Balthasar **von Oberweimar** [Baltzar von Oberewymar], auch ›Vlfrichen‹ genannt.

Die Herrschaft Ober-Zoppoten umfaßte damals neben dem Burglehen zu Saalburg [also einem der drei Saalburger Burggüter] und dem Vorwerk zu Zoppoten mit 6 Bauernhöfen im Orte noch zwei Bauerngüter in Ruppersdorf. Nach Balthasars Tod 1544 erben seine beiden Vettern, die Gebrüder Jeronimus und Christoff von Oberweimar, ›Vlfrich‹ genannt, diese Güter, veräußern sie 1551 aber an Hans **von Watzdorf**. 1575 verkauft Hans Heinrich von Watzdorf das Rittergut Ober-Zoppoten an seinen Vetter Kaspar von Watzdorf auf Altengesees, über dessen Erben und Mitbesitzer an Altengesees und Jößnitz [bei Plauen], Jobst Heinrich von Watzdorf, es zunächst an Hans Philipp **von Tettau** übergeht, der aber mit der Bezahlung im Rückstand bleibt, worauf Jobst das Gut zurücknimmt und um 1590 an Eberhard **von Kauffung** veräußert. Seit dem Jahre 1597 im Besitz seines Sohnes Georg überläßt dieser es 1602 seinem Vetter Jobst Friedrich von Kauffung auf Kirschkau, der es schon 1605 für 7.000 fl. und 20 Dukaten Handgeld an den Reußen Heinrich den Jüngeren zu Lobenstein weitergibt, der es für des Verkäufers Ehefrau erwerben will. Das Geld ist noch nicht bezahlt, als Jobst Friedrich von Kauffung 1608 zu Lobenstein von dem dortigen Forstmeister Plättel, nachdem die beiden ›in ein Wortgezenck vnd schlegerey geraten‹, erschossen wird. Darauf schalten sich die anderen Kauffungschen Mitbelehnten an Ober-Zoppoten ein, die ihrerseits Ansprüchen stellen, worauf das Gut 1610 an die bislang mitbelehnten Hans Christoph und Georg Dietrich von Kauffung übergeht.

Aus dem entsprechenden Lehnbrief des zu Burgk sitzenden Landesherrn Heinrich II. erfahren wir, daß neben dem Burglehn zu Saalburg, dem oberen Vorwerk in Zoppoten, 2 Fischwassern an der Saale, einem ›Gereumbte‹ [abgeholzter Waldplatz], einem Gelengefeld am Kulmberg und einem weiteren ›an der gleichen Stelle das unter dem Gerichte gelegen ist‹ schon 12 Güter in Zoppoten zum Gutsbezirk gehörten.

Hans Christoph von Kauffung, der 1611 von seinem Bruder die andere Hälfte an Ober-Zoppoten erworben hat, war mit Katharina Maria geb. von Hayn verheiratet. 1623 bittet er Heinrich II. darum, sich anläßlich des Neubaus der Zoppotener Kirche eine besondere Herrenloge darin einbauen zu dürfen, doch stirbt er schon 1624. Das Gut erbt sein Bruder und Mitbelehnter Georg Dietrich, der darauf seiner Schwägerin ihr Leibgedinge und deren beiden, noch minderjährigen Töchtern Maria Sophia und Magdalena je 500 fl. Heiratsgeld überlassen muß. 1625 pachtet die Witwe dann um 300 fl. im Jahr das Gut und vermählt sich mit dem ›aus dem Kriege zu ihr gelaufen‹ gekommenen märkischen Edelmann Hans Jakob **von Loßa**. Doch die beiden sind üble Wirtschafter. Mit der Ortsgemeinde wie auch dem Verpächter leben sie in Unfrieden, lassen die Gutsgebäude verkommen, die Äcker und Wiesen eingehen, holzen die Wälder ab und mergeln die Fronbauern aus – kurzum sie nutzen das Rittergut in jeder Hinsicht aus. Als nun der Landesherr wegen solcher Lehnsversäumnisse den Besitz unter Zwangsverwaltung setzt und schließlich einziehen möchte, legen Pächter wie Besitzer in plötzlicher Eintracht Beschwerde beim Reichshofrat in Wien ein, worauf der Kaiser befiehlt, die von Loßa wieder in ihre Rechte einzusetzen.

Daraufhin verlegt sich der Landesherr auf die Einberufung eines Lehnsgerichts [ab 1650 in Schönbrunn], wozu beide Parteien Vertreter aus dem umwohnenden Adel berufen und ein Lehnsrichter gewählt wird. Nach jahrelangem Prozeß stirbt der Rittergutsbesitzer Georg Dietrich von Kauffung [1655/56], worauf sein einziger Sohn Erdmann Dietrich 1656 zwar das Lehen mutet, seinen Anspruch dann aber abgibt und zwar an den Ehemann seiner Zoppotener Cousine Magdalena, Hans Friedrich **von Tettau** auf Heinersdorf – seines Zeichens Reuß-Plauenscher Hof- und Forstmeister zu Saalburg, der – nachdem auch die andere Erbin, Maria, ihre Hälfte an die Schwester verkauft hatte – in den Gesamtbesitz von Ober-Zoppoten gelangt, wogegen die anderen Mitbelehnten aus dem Hause von Kauffung gerichtlich vorgehen – doch am Ende erfolglos.

Aus der 1679 geschlossenen Ehe entspringt eine Tochter, Maria Magdalena, die aber 1687 verstirbt. Nach dem Ableben seiner Gemahlin [†1698] stiftet Hans Friedrich der Zoppotener Kirche einen gut vergoldeten Silberkelch mit der Aufschrift: *›H.F.V.T. - M.D.V.T. - G.V.H. - 1698.‹* Mit seinem eigenen Tode [†1700] fällt das Rittergut an die Landesherrschaft zurück und wird von Graf Heinrich VIII. zu Untergreiz [1672-1733] im Jahre 1702 per Verkauf wieder neu ausgegeben und zwar um 9.750 fl. an Heinrich Anton **von der Oelsnitz** mit seinem Vetter Heinrich Rudolf von der Ölßnitz auf Tobertitz [bei Plauen] und seinem Bruder, den Gräflich Reußischen Hofmeister zu Schleiz, Johann Friedrich von der Ölßnitz auf Oberböhmsdorf als Mitbelehnte. Der neue Besitzer gerät in Schulden, sucht zu retten, was zu retten ist, und verkauft das Rittergut Ober-Zoppoten 1721 um 10.000 fl. an seinen, zu Oberböhmsdorf sitzenden Bruder. Weil über dem Gut aber schon ein Konkursverfahren schwebt, erkennt die Regierung den Kaufkontrakt nicht an und ordnet 1722 die Zwangsversteigerung an. Den Zuschlag erhält für 11.500 fl. die Rittmeisterswitwe Dorothea Susanna **von Beulwitz** [geb. von Waldenfels] zu Joditz, die ihre Kaufoption aber sofort an Hans Heinrich **von Dobeneck** auf Buch [Bug bei Hof] abtritt, dem die Untertanen des Rittergutes – 13 Bauern, 1 Althäusler und 6 seit 1706 neuangesiedelte Kleinhäusler – darauf den Lehnseid schwören müssen.

Nicht uneigennützig dient sich der vermögende Erwerber bei seinem neuen Lehnsherrn gleich an, borgt der ständig klammen Greizer Regierung 2.000 fl., tauscht 1722 sein, von denen von Stein auf Lausnitz 1710 erworbenes Rittermannslehen zu Pahnstangen [mit 7½ Bauernstellen] gegen deren Amtsuntertanen [1 Frongut, 1 Gütlein, 1 Kleinhaus] zu Zoppoten, die [da sie ehedem zum Rittergut Remptendorf gehört hatten] den Namen ›Machwitzsche Untertanen‹ trugen, läßt sich Ober-Zoppoten von einem reinen Mannlehen in ein Mann- und Weiberlehen umwandeln und zahlt noch 100 Spezies-Ducaten dazu. Im Oberen Herrenhaus herrschen nun andere Zustände und die hin und wieder dort stattfindenden Adelsfeste mißfallen dem Ortspfarrer Laurentius Feiler zutiefst, worauf er den von Dobeneck 1733 gegenüber dem Greizer Konsistorium anzeigt: »Sonst muß [ich] beiläufig melden, wie der Satan diese Woche in hiesigen Dorf große Uppigkeit u. Unfug erreget, so daß sie in obern Herren-Hof etl. Tage gräul. gerast, getanzet, gesoffen, gespielet u. geschwärmet. Es hat mich so sehr gebeuget, als es das erste mahl ist bey meinem Hierseyn. Und war, als obs der Satan recht wolte wagen, wie weit ers bringen könnte.«[95] Hans Heinrich von Dobeneck auf Bug, Rothenbürg und Ober-Zoppoten segnet 1738 das Zeitliche und sein Sohn Hans Christoph bietet schon im Herbst 1739 das hiesige Rittergut – bestehend aus dem Burglehn zu Saalburg, dem oberen Zoppotener Vorwerk mit seinen Zugehörungen nebst 16 Untertanen – der Landesherrschaft für 28.570 fl. zum Erwerb an, worauf es in dem Verkaufsanschlage heißt: [1] »Das **Wohnhauß** deßen unteres Stockwerck von denen stärckesten Mauern erbauet, darinnen sind, 3 Stuben, 5 Kam̄ern, 2 große Korn-Böden, 1 Rauch-Cam̄er, 1 besonderes Schlaf-Käm̄erlein für die Mägde, 1 feine Küche, in welche das Rohrwaßer laufet, it[em]: ein schöner Keller samt 3 Gewölben. Gleich angebauet 1 Pferdestall, ein com̄odes Fisch- und

Milch-Hauß, ingleich 1 Holz- oder Heu-Schupfen. [2] Das Viehhaus mit 3 Stuben, 2 Kammern und 2 Korn-Böden, wobey 1 trefflicher Bier-Keller, 3 Kuhställe und etliche Schweine-Ställe, [3] die Scheune mit 2 Tennen, 1 Wagen Schupffen. Das feine durchaus gewölbte Brauhauß mit 1 Feuer fester Darre, 2 Böden, Pfanne und Geräthe... [4] die Schäfferey-Wohnung, wobei ein schöner gemauerter Schaaf-Stall in Erbkauff wenigstens taxiert 1500 fl.«,[96] zudem ein trefflich schöner großer Obst-Garten, ein solcher auch bei dem Viehhause, 1 Grasgarten, 1 Küchengarten bei dem Grabenteiche, 1 kleiner Küchengarten an dem Wohnhaus, 4 Teiche für die zahme Fischerei, 2 Fischwasser an der Saale [darunter das sogenannte ›Bierwasser‹], 1 Eisenerzgrube [›Glückliche Ankunft‹ im Flurteil ›Haken‹], 1 Steinbruch, 1 Hopfgarten ›von lauter Böhmischen Geleg und Hackhopfen‹, 106 Schffl. Feld nach Lobensteiner Maß, Wieswachs mit 36 sehr starken Fudern Heu, der Wald mit jährlich 50 Klaftern Brenn- und 55 Klaftern Bauholz, die Niederjagd und das kleine Weidwerk, die Schaftrift über Zoppoten, Röppisch und Friesau, wohin sommers 500 Stück getrieben werden können, die Einnahmen aus den Erbzinsen und Naturalabgaben der Untertanen [60 fl. im Jahr] sowie deren Frondienste, die Sporteln und Strafgelder aus den Nieder- und Erbgerichten, die Lehn-, Siegel- und Abzugsgelder [ca. 40 fl.], das Brau- und Schankrecht sowie das Brennrecht für den Eigenbedarf.

Die Regierung ist am Kaufe interessiert, traut der blumigen Beschreibung aber nicht, und zieht 1739 den Cossengrüner Rittergutspächter Leutnant Kirchdörfer, der mit den wirtschaftlichen Verhältnissen in Zoppoten gut vertraut ist, zu Rate, der jedoch ernüchternd feststellt, daß die Gärten und Felder zwar gut seien, der Hopfenanbau aber unbedeutend [da hierfür zu kalt] und der Wieswachs so gering, daß allemal nicht mehr als 20 Rinder [darunter 10-11 Kühe] gehalten werden könnten. Jagd und Fischerei seien unbedeutend, die Gutsgebäude, absonderlich das Wohnhaus, schon alt und die Gutsschenke, da sie nahe einer Privatschenke stehe, sei ohne Einkehr, weswegen der alte Herr von Dobeneck das Gut stets verpachtet, aber nie mehr als 400 fl. Pachtgeld dafür erlangt habe.

Am Ende zerschlagen sich die Kaufverhandlungen. Nachdem Hans Christoph von Dobeneck 1757 gestorben war, werden seine Witwe Christina Sidonia geb. von Rüxleben und seine 11 Kinder. [3 Töchter und 8 Söhne] gemeinsam als Erben über Bug, Rothenbürg und Ober-Zoppoten eingesetzt, worauf sie 1760 Ober-Zoppoten für 15.000 Mfl. Kaufgeld und 60 Spezies-Dukaten Gönnegeld an den Fürstlich Sachsen-Gotha-Altenburgischen Landkammerrat Aemilius Friedrich Wilhelm **Metzsch** auf Oberböhmsdorf veräußern, der wohl nur als Mittelsmann eingesetzt war und das Rittergut kurz vor seiner Belehnung an den eigentlichen Interessenten, Wolf Ehrenfried **von Reitzenstein**, Besitzer des Rittergutes Unter-Zoppoten, weitergibt, der die beiden Güter vereinigt, aber das obere Hofanwesen – wie verschiedentlich behauptet wird – nicht auflöst, zumal der Landesherr dieses Rittergut 1769 wieder in ein Mannlehen zurückverwandelt. Um das Rechtsgefälle in seiner Zoppotener Grundherrschaft anzugleichen, tritt Wolf Ehrenfried im Jahre 1777 mit Heinrich XI. zu Obergreiz [1722-1800] in Verhandlungen um den Erwerb der Obergerichtsbarkeit auch für Ober-Zoppoten ein, verstirbt aber 1778. Nachdem sein, in Dänemark lebender Bruder und Lehnserbe Wolf Veit Christoph von Reitzenstein besagte Gerichtsrechte am Ende nicht hatte erwerben können, verkauft er um das Jahr 1780 seine beiden hiesigen Rittergüter an die Landesherrschaft, worauf sie zerschlagen und die Liegenschaften des Obergutes im März 1781 an die vier Ober-Zoppotener **Ortseinwohner** Joh. Paul Orlamünder, Joh. Heinrich Dünkel, Joh. Andreas Meysgeyer und Joh. Gottfried Dietsch verkauft werden. Dabei gelangen sie nicht nur in den Besitz aller Grundstücke [bis auf das Gemeindeholz], sondern gewinnen auch die Triften, das Brau- und Brennrecht, die Fischereigerechtigkeit und die Fronen für 9.000 Mfl. Die Gerichtsbarkeit fällt dem fürstlichen Amt in Burgk zu und das Ius Patronatus dem Landesherrn. Bis auf Reste eines Wallgrabens war das Anwesen des oberen Rittergutes bis zum Jahre 1843 verschwunden und ein Bauernhaus an seine Stelle gesetzt.[97]

Das Rittergut Unter-Zoppoten

Wie Herbert Hüllemann [1911-1944] aus dem, im Staatsarchiv Greiz hinterlegten Urkundenmaterial ermittelt hat, gelten als urkundlich früheste nachweisbare Besitzer von Unter-Zoppoten bis zur 1. Hälfte des 16. Jahrhunderts die auch in den benachbarten Ortschaften Röppisch und Remptendorf angesessenen Herren **von Machwitz**, zunächst Nickel, dann Erhard, Georg und Hans von Machwitz [Hans, Erharth vnnd Jorg vonn Mochwitz zw Zcoppthen] gemeinsam, die 1486 von ihrem Landesherrn Heinrich dem Älteren von Gera gegen eine Kaufsumme von beträchtlichen 900 fl. Zinseinkünfte [von jährlich 60 fl.] von bisherigen Amtsuntertanen zu Friesau [pawrn zw frissa] erwarben. Im Jahre 1545/46 beschwerten sich die von Machwitz zu Troschenreuth und Lauterbach beim Herrn von Gera darüber, daß ihr Vetter Jorg das alte Machwitzsche Stammgut zu ›Zoppiten‹ an Christoph **von Draxdorf** [Dracksdorf] zu Pöritzsch verkauft habe, worauf wir nun in den folgenden 50 Jahren die von Draxdorf und von Wolfframsdorff auf Pöritzsch und Unter-Zoppoten antreffen. Nach dem Burgker Zinsregister von 1594/96 besaßen sie von den insgesamt 33 Zoppotener Haushalten 15 bis 16, während 12 dem Georg von Kauffung auf Ober-Zoppoten, 3 dem Friedrich von Machwitz auf Remptendorf und 3 dem Kloster bei Saalburg gehörten. 9 weitere Häuser waren damals von Bethe und Steuer ausgenommen, da sie auf Rittergutsland erbaut worden waren. Im Nachbarort Röppisch dagegen standen von 30 Herdstätten damals 5 unter dem Amt, 13 unter den ›Frauen von Draxdorff‹ auf Unter-Zoppoten, 7 unter denen von Machwitz zu Remptendorf, während 3 dem ›Closter h. Creutz‹ und 2 dem Pfarrer ›daselbsten zustendig‹ waren. Unter der Rubrik Rittergut stand – wie auch in Plothen am nördlichen Ende der Herrschaft Burgk – der Eintrag ›vacat‹ [unbesetzt]. Nach diesen Informationen umfaßte der Gutsbezirk Unterzoppoten damals das Erbgericht [nicht aber Obergericht und Kirchenpatronat] über 9 Bauern und 6 Häusler zu Zoppoten und 13 Bauern zu Röppisch. »Die weitgehende Aufteilung des Dorfes Röppisch zwischen Remptendorf und Unter-Zoppoten und die 3 Remptendorfer Untertanen zu Zoppoten weisen darauf hin, daß die Dörfer Zoppoten, Remptendorf und Röppisch einmal unter dem Besitz der Familie von Machwitz vereinigt gewesen«[98] sein müssen, während die späteren Amtsuntertanen in den Dörfern wohl aus früheren Stiftungen an das Kloster Heiligkreuz hervorgegangen waren. Bis zu seinem Tode im Jahre 1604 war der mit Barbara geb. von Draxdorf verheiratete Burchard **von Wolfframsdorff** Herr auf Pöritzsch und Unter-Zoppoten. Danach fielen diese Güter der Landesherrschaft anheim, weil sein Vetter und nächster männlicher Verwandter Hans Christoph von Wolframsdorf auf Köstritz und Großsaara bei den letzten beiden Lehnsfällen seine Mitbelehnung nicht erneuert hatte. Burkharts Witwe aber erhielt kraft ihres Ehevertrags aus den heimgefallenen Gütern ein Leibgedinge von 4.000 fl. [2.000 fl. aus Ehegeldern, 2.000 fl. aus dem Gegenvermächtnis], welches ihr aber mit ihrem Einverständnis nicht als Gesamtsumme, sondern in Rentenzahlungen verabreicht werden sollten, ferner noch 30 fl. Hauzins und 15 fl. Holzgeld. Im Jahre 1612 verkauften die **Reußen** untereinander, also Heinrich Posthumus von Gera [1572-1635] an Heinrich II. von Burgk ä. L., das untere Rittergut von Zoppoten mit allen Rechten und Zugehörungen und selbst jenen Röppischer Fronbauern, die früher zu Pöritzsch gehört hatten, für 12.500 fl. Weitere Untertanen dieses Rittergutes lebten damals noch in Friesau und in Rauschengesees. Bei dem Verkaufe behielt sich Posthumus zwar die, damals also der jüngeren reußischen Linie zustehenden landesherrlichen Rechte vor, die Obergerichte und die Hohe Jagd, die der frühere Besitzer nicht besessen hatte, wurden aber gleichsam mitveräußert. Erst bei der 1616 nach dem Tod von Heinrich Reuß aus der Mittleren Linie vorgenommenen Landesteilung gelangte u.a. das gesamte Dorf Zoppoten an die ältere Linie und Heinrich II von Reuß-Burgk wurde auch Oberlehnsherr über Ober-Zoppoten. Im Jahre 1641 aber verkaufte einer seiner Besitznachfolger, und zwar Heinrich V. von Untergreiz, das Kammergut Unter-Zoppoten ohne die Pflicht zum Ritterdienst an seinen Gläubiger Albrecht Otto von Günderrode – den Sohn des früheren Untergreizer Hofmeisters Christoph von Günderrode –, wobei der Veräußerer sich nur die Landeshoheit, die Geistlichen Gerichte und andere landesherrlichen Regalien vorbehält, ausgenommen des Obergerichts und der Hohen Jagd, ein Privileg, das später noch mancherlei Streit zwischen den Besitznachfolgern hervorrufen sollte.[99]

Die Herren **von Günderrode** [auch Güntterrott, Güntherodt, Günddderode] sind ein thüringisch-osterländisches Uradelsgeschlecht aus dem Eichsfeld, das 1339 erstmals im Altenburger Raum urkundlich in Erscheinung tritt und sich in der zweiten Hälfte des 14. Jahrhunderts in Freiberg ansiedelte, wo es bis 1551 das Rittergut Oberlangenau innehatte und auch Rauenstein und Wünschendorf bei Zschopau [1476-1567] in Besitz hielt. Im 16. Jahrhundert saßen verschiedene Angehörige der Familie auf Nehmitz bei Borna, Gränitz, Ziegra bei Döbeln [ab 1569] sowie in Dresden, wo Heinrich von Günderrode [†1598] als Stadthauptmann fungierte. Im 17. Jahrhundert besaßen die von Günderrode neben ihrem freien Hof in Dresden [1608] noch die Rittergüter Goldbach bei Bautzen, Ober- und Niedermoys bei Görlitz [1655], Weitisberga, Volkstedt bei Rudolstadt, Loitsch [1684] sowie Unter-Zoppoten mit Röppisch [1641-1724]. Bedeutender als ihr sächsischer Zweig wurde ihr, von dem Kanzler am landgräflichen Hofe Philipps des Großmütigen, Thielemann von Günderrode [1512-1550] begründeter hessischer Ableger, der mit Rudolf [†1601] auf Schotten im Vogelsberg in die Ganerbschaft Alten Limpurg avancierte und mit dessen Sohn Hektor Wilhelm ab 1625 den ersten von 11 Frankfurter Bürgermeistern und 3 Stadt-Schultheißen stellte sowie mit der Dichterin der Romantik Karoline [1780-1806] auch in die Literaturgeschichte eingegangen ist. Andere Angehörige dienten als Juristen und Hofbeamte an den Höfen von Hessen-Darmstadt und Hessen-Kassel. Ihre 1756 von Johann Maximilian von Günderrode, Rat zu Gießen und seiner vermögenden Gattin Susanna Maria von Kellner [†1757] erworbene Herrschaft Höchst an der Nidder mit dem neuen

Schloß Günderrode hielt der Familienzweig ›Günderrode genannt von Kellner‹ bis zu seinem Erlöschen in den 1930er-Jahren.[100]

Doch weiter im Thema: Zur Bezahlung des Kaufpreises für das Rittergut Unter-Zoppoten mit seinen rund 50 Untertanen [1642] nahm Albrecht Otto bei seinen beiden Schwagern, den Gebrüdern von Watzdorf auf Syrau und Kauschwitz, ein Darlehen auf. Mitbelehnung fand auch sein dritter Schwager, der Bruder seiner Gemahlin Juliana geb. von Globen. Bei seinem Tode 1644 hinterließ von Günderrode neben seiner Witwe vier unmündige Kinder, die als Erben des Rittergutes eingesetzt wurden und von denen Niclas Ernst und Otto Wilhelm 1659 je mit dem halben Besitztum belehnt wurden. Zuvor hatten ihre Mutter Juliana und deren nach Zoppoten übergesiedelter neuer Gemahl Vollrath von Watzdorf auf Syrau [oo 1649] die Hand darüber gehabt. Indem das Amt Burgk das Obergericht des Gutsbezirks nicht anerkannte und faktisch alle Obergerichtsfälle ansichzog, war die zweite Hälfte des 17. Jahrhunderts von beständigen Auseinandersetzungen zwischen dem 1673 gegraften Landesherrn auf der Burgk und den Günderrode zu Unter-Zoppoten geprägt, die sich noch verschärften, als der Unter-Zoppotener Gutsjäger 1682 im Ober-Zoppotener Revier einen Hirsch erlegte. Als der schwarzburgische Rat und Oberhofmeister zu Rudolstadt Niclas Ernst von Günderrode auf Unter-Zoppoten, Röppisch und Volkstedt 1706 starb, übernahm sein Sohn, der Gräflich Reuß Plauensche Hauptmann der Infanterie Johann August [oo Marie Eleonore geb. von Beulwitz] die Herrschaft Unter-Zoppoten, zu dessen Gutsbezirk damals 31 Häuser in Zoppoten und 27 in Röppisch gehörten. Als er 1717 das Rittergut aufgrund finanzieller Schwierigkeiten verkaufen will, laufen alle potentiellen Käufer davon, nachdem sie von dem Streitigkeiten mit der Reuß-Untergreizer Landesherrschaft erfahren hatten, zumal dieser Konflikt eskaliert war, nachdem in einem Grenzstreit 1712 ein Jäger den anderen getötet hatte.

Dennoch gelang es Johann August, sein Unter-Zoppotener Rittergut und die Ruhmühle [Rohmühle] 1723 für 32.500 fl. und 200 fl. Herdgeld zu verkaufen und zwar an Wolf Christoph

von Reitzenstein aus der Schwarzensteiner Nebenlinie jenes volkreichen und weitverzweigten fränkischen Adelsgeschlechts und dessen beiden minderjährigen Neffen [den Söhnen seiner Schwester] Friedrich Ernst und Jonas Ernst von Feilitzsch. Wolf Christoph lebte als Fürstlich Brandenburg Bayreuthischer Geheimer Rat und Oberjägermeister in Bayreuth. Die Rittergüter Nestel- und Marlesreuth waren ihm zu Eigen, während seine Verwandten auf Hartmannsreuth und Prex saßen. Infolge des Besitzwechsels auf Unter-Zoppoten wurde dem bisherigen Gutspächter Heinrich Philipp von Henning vor Ablauf seiner Pachtzeit gekündigt. Indem dieser aber beträchtliche Summen in die Melioration aufgewendet hatte, entspann sich ein langjähriger Gerichtsprozeß, der erst 1731 außergerichtlich mit einer Abfindungszahlung von 271 fl. beendet werden konnte.

Auch dem Bruder und Mitbelehnten des Verkäufers, dem inzwischen 82-jährigen wackeren Obristlieutenanten Otto Wilhelm von Günderrode gefiel der Verkauf von Unter-Zoppoten nicht. Er erkannte diesen nicht an und versuchte – nachdem Johann August 1724 gestorben war – mit bewaffneten Helfern die gewaltsame Übernahme des Gutes, welche aber durch die eilig zusammengerufenen, mit Äxten Spießen und Flinten bewaffneten Gesamt-Zoppotener Einwohner verhindert wurde, wobei auch der Besitzer von Ober-Zoppoten, Heinrich von Dobeneck, mit herbeigeeilt war, dem der Obristlieutenant später vorwarf, ›nach den Degen greifend erklärt zu haben, er wolle die Sache mit einem Duell ausmachen‹.

Nachdem Wolf Christoph von Reitzenstein 1728 die Anteile seiner Mitbesitzer an Unter-Zoppoten erworben hatte, verunglückte er im Folgejahr am 7. Januar bei einer Schlittenfahrt in Bayreuth tödlich. Er hinterließ eine Witwe [Maria Sabina geb. von Würzburgk] und 7 minderjährige Kinder [4 Söhne und 3 Töchter]. Ihr Erbe wurde von ihrer Mutter resolut verwaltet.

Mit der Ortsgemeinde kam die Witwe wegen der Triften in Streit, mehr aber noch, weil sie alles Holz für ihr Gut einfach aus dem Gemeindewald beschaffte. Gegenüber dem Amtmann zu Burgk beharrte sie auf ihre Obergerichtsbarkeit selbst über einen Teil von Ober-Zoppoten. Als im August 1735 im Dorfe bekannt wird, daß die ledige Tochter des Ober-Zoppotener Kleinhäuslers Friedrich Siegmund Machwitz schwanger ist, will sie das Unter-Zoppotener Gericht am 18. August zur Bestrafung abholen, weil die Witwe darauf beharrt, das Kleinhaus gehöre tatsächlich zu ihrem Gerichtsbezirk. Das läßt der von Dobeneck auf Ober-Zoppoten aber nicht zu. Daraufhin stehen die mit Sturmläuten der Kirchenglocken mobilisierten und vom Gutsjäger befehligten Unter-Zoppotener Untertanen den von Dobeneckschen – verstärkt durch 40, von den beiden Burgker Herrenjägern herbeibefohlenen Remptendorfer Amtsuntertanen bewaffnet gegenüber, worauf letztere Partei die Dorfgrenze symbolisch auf- und abwandert, zuletzt noch einmal ihre Flinten abfeuert und die Delinquentin unter starkem Geleitschutz nach Burgk überführt, wo sie im Roten Turm eingesperrt wird.

Als der Fürstlich Brandenburg Ansbachische Kammerjunker und Reisestallmeister Wolf Ehrenfried Albrecht von Reitzenstein im Jahre 1747 die Anteile seiner beiden, noch lebenden Brüder für 16.000 fl. erwirbt, umfaßte das damals mit einigen Schulden belastete Rittergut Unter-Zoppoten eingerechnet der Mühle und der Dorfschenke noch 28 Untertanen in Zoppoten [4 Pferdefroner, 1 Freigutsbesitzer, 12 Handfroner] sowie 32 halbe und viertelste Güter sowie Häusleranwesen in Röppisch. 1749 vermählt sich der Gutsherr mit Maria Charlotta Böcklin von Böcklinsau, die ihm zwei Kinder, Wolf Karl Friedrich und Friedericke Louise schenkt. Wohl über einen Strohmann erwirbt Wolf Ehrenfried 1760 das zum Verkauf stehende, ehedem von Dobenecksche Rittergut Ober-Zoppoten. Damit – sowie mit der Vereinigung der beiden, ebenfalls das Dorf trennenden Landesherrschaften Reuß-Ober- und Untergreiz [1768] ist vielen der alten Streitigkeiten die Grundlage entzogen. Der vereinigte Gutsbezirk von Zoppoten umfaßte nun: [1] Das untere Schloß und Vorwerk mit dem Ober-, Nieder- und Erbgericht über 60 Anwesen in Zoppoten und Röppisch, [2] das obere Vorwerk und Herrenhaus mit dem Burglehn zu Saalburg, dem Nieder- und Erbgericht über 16 Anwesen in Zoppoten.

Wolf Ehrenfried Albrecht Freiherr von Reitzenstein war inzwischen zum brandenburg-ansbachischen Geheimen Rat, Oberstallmeister und Oberamtmann zu Uffenheim und Träger des königlich Dänischen Ordens vom Danebrog, des ›de lúnion parfaite‹ sowie zum Ritter des Hochfürstlich Brandenburgischen Schwarzen Adler-Groß-Kreuzes avanciert. Seine Tochter Fridericke Louise vermählte sich mit dem dänischen Grafen von Platen und Halermund, sein Sohn Wolf Karl Friedrich jedoch starb 1775 in Rom. Drei Jahre darauf, am 16. März 1778 verschied auch der Vater, worauf dessen Bruder Wolf Veit Christoph Freiherr von Reitzenstein – seines Zeichens Königlich Dänischer Conferenz-Ministre, Oberhofmeister bei der Ritterakademie zu Soroe und Oberamtmann der Ämter Ringstade und Soroe – das Erbe antritt. Wie Wolf Ehrenfried noch im Jahr vor seinem Tode – versucht nun auch Wolf Veit die Obergerichtsbarkeit über seinen Ober-Zoppotener Dorfteil von der Burgker Landesherrschaft per Kauf zu erwerben, doch wird sein Gesuch am Ende abschlägig beschieden. So trägt er um das Jahr 1780 – ganz genau wissen wir dies nicht, da die entsprechenden Akten bei dem großen Brand von Greiz im Jahr 1802 vernichtet worden sind – seine Herrschaft Unter- und Ober-Zoppoten dem Fürsten Heinrich XI. von Reuß ä. L. zum Kaufe an. Der steigt darauf ein und läßt – allerdings ohne, wie sich später herausstellt, den erwarteten Erfolg – die beiden Besitzkomplexe im März 1781 zerschlagen und an zwei Konsortien aus Ortseinwohnern verkaufen, während das untere Schloß selbst noch eine Zeit lang der Familie von Reitzenstein als Wohnsitz erhalten bleibt. Für 14.000 Mfl. erwerben die Unter-Zoppotener Einwohner Joh. Michael Richter, Joh. Andreas Orlamünder, Joh. Andreas Grimm, Joh. Paul Orlamünder, Joh. Nicol Meysgeyer und Nicol Hofmann das untere Rittergut mit allen Gebäuden, Kalk- und Ziegelhütten, Schaf- und Viehtriften, Brau- und Schankrecht, Brennrecht zum Eigenbedarf, Fischgründen u.a. Ausgenommen davon bleiben [1] die Fronveste, [2] allem Anschein nach das untere Schloßgebäude, [3] der Rittergutsanteil am Gemeindewald, den der Fiskus selber zur

Deckung der Kaufgelder bereits veräußert hatte und [4] die Frondienste, Erbzinsen und sonstigen Untertanenlasten, worauf mit den Frönern zu Unter-Zoppoten und Röppisch Fron-Reluitionsrezesse abgeschlossen wurden, die dem Amt einen Erlös von 3.056 Mfl. 16 gr. einbrachten. Parallel dazu wechselten sämtliche Liegenschaften des oberen Rittergutes zu Zoppoten für 9.000 fl. in die Hände von vier Ober-Zoppotener Ortseinwohnern. Den Prozeß der Abwicklung der beiden ehemaligen Rittergüter überlebte der Veräußerer Freiherr Wolf Veit Christoph von Reitzenstein nicht, weswegen seine Witwe Theresia Sophia geb. von Zedtwitz die Greizer Regierung 1782 um die Auszahlung der noch rückständigen Kaufgelder bitten mußte, was nach genügender Legitimation auch erfolgte. Eine Schwester Wolf Ehrenfrieds und Wolf Veits, die königlich Dänische Ordensdame l´union parfaite, Freiin Juliane Albertine Dorothea von Reitzenstein, lebte bis zu ihrem Tode am 9. August 1791 in Zoppoten. Der dörflichen Erinnerung nach seien die Reitzensteiner keine guten Herren gewesen, da – wie dem Schleizer Schulrat Bruno Behr noch in den 1920ern berichtet – sogar einmal ein Fräulein von Reitzenstein die Bauern mit ihrer Reitgerte geschlagen habe. Als 1791 die Zoppotener Ortskirche erneuert wurde, kaufte die Kirchgemeinde von dem unteren Schloß einen Dachreiter, setzte diesen auf die Seite des Kirchendachs und hängte die bis dahin ebenerdig, in einem hölzernen Läuterhaus befindlichen Glocken darin auf. 1801 dann verkaufte Wolf Ehrenfrieds Tochter, die Gräfin Louise Friedrike, das bis dahin angeblich kanzleischriftsässig gebliebene ›**Schloß** oder ehemal. Reitzensteini. Herrnhaus‹ mit Hofräumen und Betgarten für 1.300 fl. an den Schulmeister Johann Ernst Vogler und den Fleischhauer Johann Christoph Jacob, ›beide zu Zopothen‹.[101] Über die Baulichkeiten des unteren Schlosses konstatiert der Kunsthistoriker Paul Lehfeldt im Jahre 1891: »Am Hauptgebäude sind noch einige ältere Reste aus verschiedenen Zeiten erhalten. Drei Flügel, zwei lange und ein kurzer umziehen einen rechteckigen Hof. Der kurze Flügel und anstoßende Theile der beiden anderen Flügel gehören dem Landwirt Korb dort, an der einen Ecke des Hofes finden sich zwei übrigens schmucklose Türen, welche die Jahreszahlen ›1698‹ und ›1756‹ tragen. Der ersten der hier erkennbaren Bauzeiten gehören die mit Kreuzgewölben überdeckten Kellerräume an, der Zeit um 1765 einige einfach verzierte Stuckdecken in den Räumen des ersten und zweiten Obergeschosses, welche jetzt als Malzlager dienend verwahrlost und ziemlich zerstört sind – Der an der Ecke mit den beiden erwähnten Türen anstoßende Flügel gehört zu einem Stück Herrn Oehler, das folgende Stück dem Gastwirth Dietsch. Hier ist noch eine rundbogige Tür des 16. Jahrhunderts erhalten. (In die Leibung ist zwar in ziemlich schlechter Schrift die Zahl: *1755* eingekratzt, doch dürfte dies eine missverständliche Erneuerung der Zahl |٢55 = 1555 sein.) Die Pfeiler derselben zeigen ausgenischte Abkantungen, welche nach oben zu unter den Kämpfern spitz verlaufen, Kämpfer und Archivolten sind profiliert.«[102] Das dreiflügelige, zweieinhalbgeschossige Gebäude mit seinem eingezogenen Walmdach ist bis heute erhalten. Dicht hinter dem Schlosse – an einem sanft ansteigenden Berghange – fanden sich 1843 noch Spuren einstiger **Parkanlagen**. In der Ortskirche erinnern an die ehemaligen Rittergutsbesitzer zwei marmorne, je einem Angehörigen der Reitzensteinfamilie gewidmete Schriftsteine [Epitaphien], die geschmackvollen Holzschnitzereien [17. Jh.] an der Herrschaftsempore, der sogenannten **Kapelle** des unteren Rittergutes sowie jener **Wappenstein**, der an einer, 1925 abgebrochenen gewölbten Kalksteinbrücke am Dorfeingang nahe des oberes Gutes angebracht war. Die Brücke entstand 1769, um einen Weg auf die, zu dem Gute gehörigen Felder zu gewinnen. Darunter verlief in einer tiefen Hohle die ehemalige Fernstraße von Bamberg nach Leipzig hindurch, wobei die Brücke mit dem Reitzensteinischen Wappen von dieser aus betrachtet, wie ein Tor gewirkt haben muß. Man erzählte sich, daß beim Durchzug der Franzosen im Oktober 1806 ein französischer General beim Anblick dieses Wappens gesagt haben soll: ›Reitzenstein, Reitzenstein, wärest du noch da, wären wir nicht hier!‹[103]

Das Fürstentum Reuß Ebersdorf j. L.

Das Fürstentum Reuß Ebersdorf j. L. umfaßte – wenn man ehedem preußische und schwarzburgische Gebietseinschübe und Exklaven ausnimmt – im wesentlichen das Gebiet des späteren Altkreises Lobenstein nebst dem südlichen Teile des Altkreises Schleiz – die Tannbach-Saale-Moschwitz-Linie nach Bayern hin an einigen Stellen allerdings geringfügig überschreitend und mit einer winzigen Exklave im Schwarzburgischen.

Administrativer Vorläufer des Fürstentums war die alte, ursprünglich lobdeburgische [bis 1274], sodann vögtisch-geraische [bis 1550], burggräfliche [bis 1573] und schließlich reußische Herrschaft Lobenstein. Diese bestand damals aus zwei Städten [Lobenstein, Hirschberg], 1 Marktflecken [Wurzbach, dazu später Ebersdorf], 5 Marktdörfern [Thimmendorf, Lothra, Langgrün, Arlas, dazu später Titschendorf], 37 Dörfern, zahlreichen Siedlungen und Einzelgehöften sowie den damals noch immer recht umfangreichen Besitztümern und Herrschaftsrechten im Raume Hof. Heinrich Posthumus [1572-1635], das Haupt der jüngeren Linie und der bedeutendste Reuße seiner Zeit, erwarb 1585 bzw. 1588 durch Kauf die Anteile der mittleren und der älteren Linie an Lobenstein, so daß er nun im Besitz des Ganzen war. Als seine Söhne im Jahre 1647 das Erbe teilten, fiel die Herrschaft Lobenstein mit Abzug von einigen 1666 an Reuß-Saalburg abgetretenen Orten an Heinrich X. [1621-1671], der so zum Stifter des Hauses Reuß-Lobenstein wurde, welches – vorübergehend in die Linien zu Lobenstein [1678-1805], zu Hirschberg [1678-1711], zu Ebersdorf [1678-1853] und zu Lobenstein und Selbitz [1711-1824] geteilt – 201 Jahre hindurch Bestand hatte und im Jahre 1824 über eine Fläche von rund 340 km² und 24.000 Einwohner verfügte.

Nachdem dessen letzter Fürst Heinrich LXXII. [1797-1853] im Sturme der Revolution von 1848 zu Gunsten des Hauses Reuß-Schleiz der Regierung entsagt hatte, waren alle Gebiete der jüngeren Linie wieder vereinigt.[104] Bis dahin währte auch die Patrimonialgerichtsbarkeit der Rittergüter. Ein erster Schritt zur Beseitigung der Frondienste der Untertanen war im Fürstentum Reuß-Ebersdorf bereits mit dem Gesetz über die Ablösung der Fronen, Hutungsbefugnisse und Naturalabgaben vom 22. März 1836 erfolgt, worin diese prinzipiell als für ablösbar erklärt wurden, doch erst das im Jahre 1849 für das gesamte Fürstentum Reuß j. L. erlassene Ablösungsgesetz räumte mit den drückenden Lasten vollständig auf.[105]

ALTENGESEES

Das Schieferdorf Altengesees [1517 Altengeses] liegt zwischen Bad Lobenstein und Saalfeld am oberen Ilmbach, einem Nebenlauf der Sormitz. »Der Anfangs- und Kernpunkt des Ortes war das vormals hiesige **Rittergut**, von dem [in der Seitenstraße, die man als ›Herrenhof‹ bezeichnet] nur der Herrnbau als Wohnhaus übrig ist. Dasselbe hatte außer den Lehen und dem Ober- und Niedergerichte einen großen Teil der Flur im Besitz, daher die Mehrzahl der früheren Einwohner Tagelöhner und Fronbauern waren.«[106] – »Außer der Pfarrkirche und Schule hatte auch das Schloß seine eigene Kapelle. Zum Dorf gehört[en] auch eine Mühle und eine Gutsschäferei«[107]

Auch wenn nicht vor dem Jahr 1471 mit Conrad **von Watzdorf** urkundlich belegt, so gilt Altengesees doch als Hauptstammsitz dieses Geschlechts im Oberlande mit einer ungewöhnlich langen, ununterbrochenen Besitzkontinuität bis in die zweite Hälfte des 18. Jahrhunderts. Wie der Forscher Oliver Franke konstatiert, war dieser Conrad [† um 1488] mit Margarethe, einer geborenen von Redtwitz, verheiratet. Von ihren Kindern gingen zwei Töchter 1512 als Nonnen ins Jungfrauenkloster nach Stadtilm und ein Sohn [Georg] avancierte zum Abt des Klosters Bürgel, worauf das Erbe an die beiden verbliebenen Söhne überging, an Pankratius, der sich um 1540 samt seinem Erbteil in Langenwetzendorf ansässig machte, und an Heinrich [* um 1470], der die Erbfolge auf Altengesees fortsetzte. Letzterer hatte mit seiner Gemahlin Catharina, geb. von Drachsdorf aus dem Hause Syrau, 2 Töchter und 7 Söhne. Bemüht um sein, seiner Familie und seiner Untertanen Seelenheil, stiftete Heinrich 1517 in seinem Hauptort eine eigene Pfarrei und löste Altengesees und Lothra damit für immer aus dem Sprengel der Gahmaer Großpfarrei. Frühzeitig der Reformation zugeneigt, wurde er von seinem Lehnsherrn, Heinrich dem Jüngeren von Gera, schließlich mit der Durchsetzung derselben in den Geraer Herrschaften beauftragt, wobei er nicht zögerte, seinen eigenen Dorfpfarrer Philipp Schneider, der von der alten Lehre nicht weichen wollte, aus dem Dienst zu entfernen und durch einen, den Lehren Lutheri zugeneigteren zu ersetzen. Das Engagement auch anderer Glieder der von Watzdorf für Luther und die Reformation wurde Heinrich am Ende zum Verhängnis, als sich 1547 nach dem verlorenen Schmalkaldischen Religionskrieg von dem, auf dem Rückmarsch befindlichen, das Saaltal aufwärts nach Saalfeld und sodann die Mittelgebirgspässe bei Lehesten suchenden katholischen Heer ein Haufen absonderte [oder gar abgesandt wurde], um das Rittergut Altengesees zu verwüsten. Der alte von Watzdorf und seine Söhne warfen sich den Angreifern entgegen, wobei er verletzt wurde und alsbald darauf starb. Daraufhin teilten Heinrichs Söhne das Erbe dergestalt, daß Conrad – seines Zeichens Burghauptmann zu Lobenstein [†1563] – und Caspar [*1521] die Stammgüter Altengesees, Lothra und Thimmendorf [?] übernahmen. Mit seiner Ehefrau Margarethe, einer geborenen von Schauroth auf Dorna, hatte Caspar 12 Kinder, von denen 3 schon in jungen Jahren verstarben. Ihre Tochter Sibylle heiratete Hans von Metzsch auf Mylau, wo der Humanist Joseph Levin von Metzsch [1501-1571] als erster im Reußenlande 1526 die Reformation eigeninitiativ in seiner Herrschaft Mylau eingeführt hatte. Caspar selbst erwarb sich ein großes Vermögen, was ihn in die Lage versetzte, zusätzlich zu seinen drei Erbgütern noch die Rittergüter Neidenberga, Friesau, Oßla, Wurzbach, das Burggut zu Lobenstein sowie die Herrschaft Reuth im Vogtland zu gewinnen. Zudem gebot er über Censiten in Leutenberg sowie über etliche Lehnsleute in Rauschengesees, Ruppersdorf, Eliasbrunn, Schönbrunn, Rothenacker, Spielmes, Stelzen sowie Lichtenbrunn. Der Stadt Saalburg verlieh er einmal 200 Mfl., deren Zinsen auf ewig der Pfarrstelle zu Altengesees zukommen sollten. Auch kamen ihm die Erträge aus Fischgründen in Saale [bei Neidenberga und Zoppoten] sowie Ilm sowie von einem Weinberg bei Rothenstein nahe Jena und zwei weiteren nahe Herschdorf bei Leutenberg zu.[108]

Nach ihrem Ableben 1585 bzw. 1590 wurden Caspar und Margarethe in der Familiengruft derer von Watzdorf in der Altengeseeser Kirche beigesetzt und ihnen an der Ostwand zwei Epitaphien aus Sandstein gesetzt, die bis heute erhalten sind. Das des Gemahls zeigt den Verstorbenen gerüstet mit zu Füßen liegendem Helm auf einem Löwen kniend, betend vor dem Kruzifixe, das der Gattin – beim Einbau der Kanzeltreppe zum Teil zerstört – bildet sie in Form einer im Stehen betenden Halbplastik zwischen zwei Postamenten mit je zwei Wappen ab, während an den Ecken Genienfiguren mit umgekehrten Fackeln sitzen, vor denen ebenfalls Wappenschilde prangen.[109] Die Löwen-Darstellung auf dem Epitaph hat die Nachwelt zu der Sage verleitet, Caspar habe zu Lebzeiten tatsächlich einen Löwen besessen und diesen in einem vergitterten Verschlag auf halber Treppe im alten Gutshaus gehalten. »Einmal – gerade, als eine Hexe des Weges kam – schwang der Löwe seine Pranke aus dem Käfig und teilte die Katze auf

dem Buckel der Hexe in vier Teile. Da fluchte die Alte und wünschte und schrie und verfluchte den Ritter: ›So wie Dein Löwe meine Katze geteilt hat, wird dein Gut geteilt werden!‹ Und so geschah es.«[110] Schon unter Caspars Söhnen Christoph, Daniel und Vollrath zerfiel der riesige Besitz per Los in drei Teile, welche unter ihren Nachkommen nur noch mehr zersplitterten, ohne das nennenswerte Neuerwerbungen hinzukamen. Immerhin gelang es 1628 seinem Enkel Heinz von Watzdorf, von seinem Landesherrn das Patronat über die Kirchen von Altengesees und Lothra verliehen zu bekommen. Seine mit Heinrich Christoph von Reitzenstein auf Sparnberg verheiratete Tochter, Sibylla Elisabeth [*1608] weilte gerade in Altengesees, als kaiserliche Soldaten das Dorf plünderten.
Zunächst flüchtete sie vor den, ihr nachstellenden Marodeuren – jedes Mal die Türe hinter sich versperrend – von einem Gemach zum nächsten, Etage um Etage, bis sie in ihrer Not aus dem Fenster des obersten Stockwerks sprang, angeblich über drei Etagen fiel und wohlbehalten im Wassergraben landete, sich hinterher in einen Backofen rettend, in dem noch heiße Kohlen lagen. Mit 95 Jahren ernannte die Kurfürstin Anna Sophie von Sachsen sie noch zu ihrer Hofdame in Dresden, wo sie 1709 im seligen Alter von 101 Jahren verstarb. Kommen wir nun zu den letzten Erben des Stammhauses Altengesees. Sibylla Elisabeths Bruder Christoph Daniel hatte zwei Söhne. Der ältere gleichen Namens war mit Sophie Elisabeth [geb. von Beulwitz] verheiratet gewesen. Sie hatten 6 Kinder, die alle früh starben. Christoph Daniels jüngerer Sohn Christoph Heinrich mußte ebenfalls zwei seiner Töchter beerdigen. Nachdem sein jüngster Sohn Friedrich Carl von Watzdorf 1709 in schwedischen Diensten bei Poltawa in der Ukraine gefallen war, übernahm sein Bruder Christoph Adolph das Familiengut, »ließ die erste Schule in Altengesees errichten und stiftete das erste Orgelwerk der Kirche und erbaute nach einem verheerenden Brand das neue Gutshaus wieder auf.«[111] Von seinen, aus zwei Ehen stammenden zehn Kindern erreichten nur sein erstgeborener Sohn Adolph Wilhelm sowie drei Töchter das

Erwachsenenalter. Nachdem dieser 1748 im Canale Naviglio bei Buffalora in der Nähe von Pavia ertrunken war, stand die Altengeseeser Linie derer von Watzdorf ohne männlichen Erben da, worauf Christoph Adolph alle Besitzungen verkaufte und sich zusammen mit seiner dritten Ehefrau Eleonore Sophie geb. von Metzsch [oo 1738] bei der Ortskirche ein einfaches Wohnhaus erbauen ließ, in das nach seinem Tode 1753 seine drei unverheiratet gebliebenen Töchter einzogen. Obwohl die letzte von ihnen schon in den 1790er-Jahren verstorben ist, sind jene drei ›adeligen Frölen‹ bis heute in Erinnerung der Dorfbewohner geblieben. Mit dem Erwerb des Herrenhauses und des Gros seiner Liegenschaften aber waren vier Altengeseeser Bauern zu sogenannten ›Freisassen‹ aufgestiegen, deren Besitznachfolger Friedrich Wolfram, Erdmann Link, Georg Hoh sowie die Witwe Schilling, die die 1782 erst neu erbaute Ortskirche durch großzügige Spende in ihrem Innern in Vielem zu verbessern und im Ganzen sehr zu verschönern halfen. An die jahrhundertelange Herrschaft derer von Watzdorf über Altengesees erinnert nichtzuletzt auch das Wappen des Dorfes.[112]

Die Herren von Watzdorf

Das Thüringische Uradelsgeschlecht derer von Watzdorf hat seinen Stammsitz in dem gleichnamigen Brauerei-Ort bei Bad Blankenburg, wo es die Burgvögte der dortigen Veste Greifenstein stellte und im Jahre 1137 durch Graf Sizzo III. von Schwarzburg mit dem nahegelegenen Ort Watzdorf belehnt wurde. Zwar nennt eine Urkunde des Benediktinerklosters zu Saalfeld von 1071/72 auch schon einen von Watzdorf als Zeugen, doch handelt es sich bei der Quelle um eine Fälschung der Zeit nach 1200. In diesem Jahrhundert beginnt mit dem, in einer Urkunde des Klosters Paulinzella erwähnten ›Heidenricus de Watsdorf‹ [1261] auch die Stammreihe jenes Geschlechts mit dem, in Gold und Schwarz gespaltenen Wappenschild.

Wohl als Mitkolonisatoren der Grafen von Schwarzburg sind sie schon sehr früh in die Region zwischen Oberer Saale und Sormitz eingewandert und haben sich dort, weit mehr als die

Herren von Obernitz umfangreichen Grundbesitz geschaffen, der bis zum 16. Jahrhundert um die 20 Rittersitze umfassen sollte. Ihre früheste urkundliche Erwähnung in der Region finden sie 1278 mit Morzelin und Leurad, Burgleuten zu Lobenstein, und 1328 mit ›Conradus de Wazdorf in Witenberg‹ [Weitisberga. Ferner hören wir 1347 von einer, auf Weisbach sitzenden Witwe, deren Gemahl Conrad Poppo Burgmann auf der, von dem Grafen Heinrich XII. von Schwarzburg-Blankenburg 1323 mit Mannschaft und allen Lehen erworbenen Hohenwaldsburg [Wysburg] war. Indem seine Brüder Otto und Heinrich in den geistlichen Stand eintraten und in Tanna und Drognitz wirkten, soll Conrad Poppo der Vorvater des, 1471 mit Altengesees und Lothra belehnten Conrads von Watzdorf gewesen sein. Neben dieser Altengeseeser Linie derer von Watzdorf entstand noch eine solche zu Neidenberga. Alle anderen Zweige des, im Laufe der Jahrhunderte sich im thüringisch-sächsischen Raum mit weiteren Schwerpunkten im Vogtland, im Großraum Leipzig, in der Oberlausitz sowie im Brandenburgischen auf etwa 100 Rittergütern ausbreitenden Geschlechts lassen sich auf eine, dieser beiden Hauptlinien zurückführen – selbst ihre freiherrlichen und ab 1719 sogar gräflichen Äste.

Neben Altengesees [bis 1753], Lothra [bis 1707/1813] und Neidenberga [bis 1585] waren die von Watzdorf diesseits der Oberen Saale zudem auf den Rittergütern Altenbeuthen [vor 1485], Dorfilm [bis 1560], Gahma [?], Heinersdorf [bis vor 1541], Kleingeschwenda [bis 17. Jh.], Lichtenbrunn, Oßla [bis 1750], Remptendorf [15./16. Jh.], Thimmendorf [bis 1496], Unter-Zoppoten [16./17. Jh.], Weitisberga [bis vor 1484], Wurzbach [bis 1750] sowie jenseits der Sormitz auf Lichtentanne und Schmiedefeld [16. Jh.] angesiedelt. Zudem traten sie gegen Ende des 15. Jahrhunderts die Nachfolge der Herren von Posseck über die Rittergüter Crispendorf, Erkmannsdorf [beide bis 1597], Dörflas [bis 1592], Dittersdorf [bis 1562] und den Adelsitz [ohne Rittergut] in Rödersdorf [bis 1505?] an. Dazu kamen später noch die Rittergüter Harra und Kießling [1610-1700], die um 1600 wieder erworbenen Herrschaften Weitisberga und Thimmendorf [bis nach 1647] sowie Pottiga [ab 1670]. Weitere frühe Watzdorfsche Besitzungen befanden sich zudem in Albersdorf bei Bürgel [1394], in Zimmern bei Apolda [15. Jh.], in Ranis bei Pößneck [kurzzeitig bis 1512] sowie in Erdeborn und Niederröblingen bei Eisleben [15./16. Jh.].

Eine bedeutende Rolle spielten verschiedene Angehörige derer von Watzdorf bei der Einführung und Durchsetzung der Reformation. Der auf Dornburg sitzende Ritter Vollrath von Watzdorf geleitete 1521 den Reformator Martin Luther zum Reichstag nach Worms. 1539 erbaute er eines der Dornburger Schlösser, das die Familie bis 1571 in Besitz hielt. Georg von Watzdorf, der Schösser des Amtes Bürgel, hingegen gehörte 1536 zu den Sequestratoren des Klosters Eisenberg, obwohl ein Georg von Watzdorf noch 1508 Abt des Klosters Bürgel gewesen war. Dessen Verwandter und ein Vetter des Vollrath, Heinrich von Watzdorf auf Altengesees [um 1470-1547], aber wurde von Heinrich dem Jüngeren von Gera mit der Kirchenvisitation und der Einführung der Reformation in dessen Herrschaften beauftragt. Sein Sohn Caspar [1521-1585] wurde auch ›der Reiche‹ genannt, weil er es verstand, zu seinen Stammgütern Altengesees, Lothra und angeblich auch Thimmendorf noch weitreichende Besitzungen – darunter 6 Rittergüter und umfangreiche Zinseinkünfte – hinzu zu erwerben.

Auch sonst hatten sich die von Watzdorf bis Ende des 16. Jahrhunderts in ihren Besitzungen schon beträchtlich ausgebreitet. An der Mittleren Saale gehörten ihnen die Rittergüter Birkenheide, Schwarza [1534] und Unterwirbach bei Saalfeld [1575] sowie Naschhausen unterhalb von Orlamünde [1535], im mittleren Elstergebiet Köstritz bei Gera [ab 1581 anteilig], Schloß Dryfels in Berga [1592-1870] und Kauern bei Greiz [ab 1592], aber auch Langenwetzendorf bei Zeulenroda [1540], Nestelreuth [vor 1560] und Feilitzsch [ab 1547] in Oberfranken [wo sie u.a. in die Geschlechter derer von Wildenstein und von Sparneck einheirateten] sowie Adelsdorf bei Großenhain [1578].

Nach Reuth [bis nach 1839] erwarben die von Watzdorf im 17. Jahrhundert mehrere Schlösser im sächsischen Vogtland und zwar in der Gegend um Plauen, so Kauschwitz [vor 1608-1787], Syrau [vor 1608 bis nach 1766], Jößnitz [vor 1639-1843], Neuensalz [vor 1653-1673], Bernsgrün [1665], Röttis [1699 bis nach 1839] sowie Unterreudnitz [18. Jh.].

Im 18. Jahrhundert standen verschiedene Angehörige des Geschlechts im Besitz der Rittergüter Stedten [bis 1721], Stanau bei Neustadt a.d. Orla [1738], Moschwitz bei Greiz [1750-1765], Hohenölsen [1739-1800], Sirbis und Kleindraxdorf [ab 1789] sowie später noch Wolfersdorf bei Weida [um 1815], Auerswalde bei Chemnitz [1723 bis nach 1766] sowie Wiesa [1771 bis nach 1802] und Thum [1800] bei Annaberg.
Zudem nahm ihre Lausitzer Linie nach Crostau [1670 bis nach 1732] auch Oehna bei Bautzen [1723-1725] sowie Forst [1719] und Pförten [1719-1746] bei Sorau in Besitz. Standesherr auf Pförten war der Kabinettsminister Christoph Heinrich von Watzdorf [1670-1729], der 1726 in den Reichsgrafenstand erhoben wurde. Anstelle der 1722 erworbenen Burg Lichtenwalde bei Chemnitz ließ er ein großes Barockschloß erbauen, welches sein Sohn Friedrich Carl ab 1730 noch um einen ausgedehnten Park erweiterte. Nach seinem Tod 1764 erbte seine Witwe Henriette Sophia – eine geborene Gräfin Vitzthum von Eckstädt – den Besitz, worauf dieser bis 1945 in den Händen der Vitzthums verblieb. Der andere Sohn Christoph Heinrichs, der Reichsgraf Christian Heinrich von Watzdorf [1698-1747], aber ist insbesondere durch die DEFA-Verfilmung des Historienromans Józef Ignacy Kraszewskis über den Grafen Brühl der einen Leserin oder dem anderen Leser noch in Erinnerung geblieben, als jener mutige Mann, der sich am Dresdner Hof der Willkürherrschaft jenes intriganten Premierministers widersetzte und dafür nach 14 Jahren Haft als Staatsgefangener auf der Festung Königstein endete, worauf sein Vermögen eingezogen wurde und Brühl daraufhin mehrerer Watzdorf-Schlösser gewann. Glücklicher verlief der Werdegang Adam Friedrich Augusts von Watzdorf, der durch seine Ehe mit Luise Sophie von Lindau 1749 in den Besitz des Schlosses Wiesenburg im Fläming gelangte, worauf der von ihm begründete bran-

denburgische Zweig derer von Watzdorf 1760 weitere Rittergüter in der Region Belzig, wie Hagelberg, Sandberg und Setzsteig sowie 1766 Klein Glien erwarb und mehrheitlich bis um das Jahr 1880 im Besitz hielt, worauf die Güter in weiblicher Linie fortvererbt wurden. Keine Erben konnte am Ende die zu Altengesees gesessene Linie mehr hervorbringenen, die 1753 mit Christoph Adolph von Watzdorf im Mannesstamme erlosch.

Während des 19. Jahrhunderts erwarben die von Watzdorf die Rittergüter Zangenberg bei Zeitz [um 1803], Linda bei Freiberg [1810 bis nach 1825], Oberpolenz bei Meißen [1802], Jahnishausen [anteilig 1819] und Kleinrügeln bei Riesa [1878], Brambach bei Oelsnitz [1830], Nudersdorf bei Wittenberg [1840-1849] und Spreewiese bei Görlitz [ab 1840]. Im Raum Bautzen besaßen sie zwischen 1840 und 1872 Göbeln, Klix, Leichnam und Salge sowie von 1855 bis 1880 Sollschwitz. Im Großraum Leipzig dagegen waren die von Watzdorf ab 1824 auf den Rittergütern Liebertwolkwitz [bis nach 1859] und Störmthal [bis nach 1925] ansässig und hielten zudem Kötteritzsch bei Colditz [1848-1862], Meineweh bei Weißenfels [um 1840] und Oberthau bei Schkeuditz [vor 1872 bis nach 1880] in Besitz. Auch gewannen sie kurzzeitig Rittergüter in Westpreußen. Zu Beginn des 20. Jahrhunderts erwarben sie u.a. schließlich noch das Rittergut Luttowitz bei Bautzen [vor 1920 bis nach 1937] sowie Dinglingers Weinberg. Nach der Enteignung der Familie in den sowjetisch besetzten Gebieten und ihrer anschließenden Vertreibung wurden sie erst im Jahre 2004 in Sachsen wieder ansässig, indem sie zusammen mit der Familie von Heynitz das Schloß Heynitz bei Nossen erwarben.[113]

Arlas

Der Weiler Arlas [mda. Marles] liegt nördlich von Blankenberg am oberen, flachen Beginn eines rechten Seitentälchens der Saale. Ehedem befand sich hier – von einigen ¼ bis 2 Meter tiefen Wegfurchen umgeben und möglicherweise in einen vorzeitlichen Rundwall hineingebaut – eine kleine ehemalige Wallfahrtskirche, die 1826 dem kirchlichen Gebrauche entzogen und nach 1870 abgerissen wurde. Nahe westlich davon zeigt eine deutliche, einen Halbkreis bildende Geländekante von einem, um 1900 in Spuren noch vorhandenen Wallgraben den Überrest des vormaligen **Herrensitzes** eines eingegangenen Kirchdorfes an, dessen Äcker später aufgeforstet worden sein sollen. Zur Bewirtschaftung dieses, mit dem Rittergut Blankenberg verknüpften Arlaswaldes bestand ein ›**Waldrittergut**‹, welches gleich diesem von den **Reitzenstein** [bis 1663] über die **von Meusebach**, **von Taube** [1704], **von Feilitzsch** [bis 1736], **von Kospoth** 1783/84 an den reußischen Kammerkommisar Joh. Gottlieb **Knoch** und dessen Schwager, den Kaufmann und Rotgerber **Zürner** aus Hirschberg, die damals nahezu sämtliche Rittergüter der Umgegend zusammenkauften. Über Zürner, der 1839 zum alleinigen Besitzer geworden war, gingen die beiden Rittergüter bald nach 1843 für 70.000 Taler an den Freiherrn Bernhard **von Beust** und von diesem 1853/54 an Johann Gottfried **Opitz** aus Netzschkau [†1878], der 1855 auch den benachbarten Herrensitz Blankenstein erwarb. Nachdem er Arlas mit Blankenstein verbunden hatte, verkaufte er 1857 die beiden Rittergüter für 72.500 Taler an den Leipziger Stadtrat Friedr. Aug. Hermann **Götze**, der in diesem Jahre für eine ähnliche Summe auch das Rittergut Blankenberg erwarb, worauf die Erben 1870 Arlas wieder mit diesem verbanden.[114]

Bad Lobenstein

Die ehemalige Kreisstadt Lobenstein [1271 Lobensteyn] – seit 2005 Bad Lobenstein – liegt zwischen Saalfeld und Hof am Rande des Frankenwaldes an einem Nebenflüßchen der Saale. Schon im Jahre 1250 stand auf dem Schloßberg eine, wohl von den Herren von Lobdeburg zur Überwachung der Frankenstraße – eines alten Fernhandelsweges – erbaute Burg.[115] Zu deren Verteidigungssystem gehört auch eine Wallanlage auf dem Geheeg, einer Bergkuppe westlich der Stadt, dessen Name auf einen umhegten Sonderbereich, einen Hain verweist.[116]

»Unter den drei Schlössern, die hier im Laufe der Zeit nacheinander entstanden und mit der fortschreitenden Kultur von der Höhe hinab zur Talsohle schritten, war die Burg auf der Spitze des Schloßberges der Haupt- und Mittelpunkt der Herrschaft und der Anfang und Kern des Ortes.«[117] Bald längere, bald kürzere Zeit war das obere Schloß Residenz einzelner Glieder des Lobdeburgischen, Vögtisch-Geraischen, Burggräflichen sowie Reußischen Hauses und wurde von Ministerialen – wie dem im Jahre 1250 erwähnten Otto **von Lobenstein**, den Gebrüdern Morzelin und Leurad von Watzdorf [1278] bzw. dem Burghauptmann Poppo [1318] – verwaltet.[118]

»Das 50 × 70 m große Burggelände teilt sich in vier Ebenen auf. Auf der unteren Ebene ist die Vorburg mit den Wirtschaftsgebäuden zu vermuten.«[119] Auf der obersten ungefähr eiförmigen, von Osten nach Westen gestreckten Hochfläche, welche sich auch über die Burghöhe erhebt und von einer eigenen Mauer umzogen war, steht der runde Bergfried.[120]

Dieser sogenannte ›**Wartturm**‹ mit einer Mauerstärke von 3,25 m und einer Höhe von gut 35 Metern wurde jedoch während des 16. Jahrhunderts baulich überformt. Von ihm hat man einen guten Blick, sowohl auf die zu Füßen des Berges liegende Stadt als auch in die Ferne zur Turmspitze der Kirche von Eliasbrunn, zur Bellevue, zum Kulm hinter Saalburg, zu den Saalebergen und zu den Höhen bei Tanna, Stelzen, Hirschberg und Blankenberg.[121] »An seiner Ostseite befindet sich in 12 m Höhe der ursprüngliche Zugang. Im Inneren lassen die erhaltenen Balkenauflagen auf sechs Zwischenpodeste schließen. In südöstlicher Richtung unmittelbar an den Turm anschließend haben sich Reste eines Mauerzuges erhalten, die im leichten Bogen von Nordosten nach Südwesten ziehen. Dieses Mauerwerk gehörte vermutlich zum **Palas**,«[122] der allem Anschein nach baulich dem Typus der Saaleburgen folgte. »Nördlich von der Hochfläche läßt sich an dem tiefer gelegenen Burgbezirk ein Mauerzug erkennen, welcher ungefähr von Osten nach Westen lief und in der Mitte über einen runden

Turm-Ausbau verfügte, ebenso über Anschlüsse der Ost- und Westmauer dieses Bezirks, die aber nach Süden zu sich dann verlieren. Weiter nördlich stehen wir außerhalb des Burgbezirks und dort fällt der Erdboden ziemlich steil ab, besonders nach Norden und Westen. Südöstlich des Wartturms zeigen sich noch Reste eines alten Beringes, welcher hier von NO nach SW im Bogen sich in die Höhe zieht. Weiter südlich gewahren wir, jetzt ziemlich getrennt und der Stadt gehörend, einen anderen Rest der Burg. Es ist ein im Unterbau erhaltener Rundturm, der sogenannte ›**Wallturm**‹ als Feuerwache [1891] dienend und mit einem modernen Pultdach abgedeckt, ferner ein, von ihm aus nach SW gehendes Mauerstück. Von diesen Resten aus ein Stück nach Süden gehend, sehen wir den Abfall, besonders gegen SO und S in das Tal, ein Zeichen, daß hier nach diesen Seiten hin die Grenze des Burgbezirks ist.«[123] »Mit welcher Anzahl von Türmen die Ringmauer tatsächlich damals besetzt war, läßt sich heute nur noch durch archäologische Grabungen klären. ... Um die Ringmauer kann sich ein Zwinger befunden haben, über den die Zugbrücke in die Vorburg führte.«[124] Eine Ausgrabung lieferte eine roh behauene Sandsteinkugel sowie mehrerer Pfeilspitzen aus dem Mittelalter.[125] Den Zugang zur Burg sollen zwei, zur Schloßgasse und zur Vorstadt Hain hin zu suchende **Tore** mit Zugbrücke gebildet haben. Tatsächlich hat es zunächst nur den ersten Zugang über die Vorburg gegeben und die Schlußpforte aus der Kernburg heraus kann erst später entstanden sein. »Daß die **Stadtmauer**, die 1370/71 gebaut wurde, und

Lobenstein: Oberes Schloß

die äußere Ringmauer der Burg ein zusammenhängendes Ganzes bildeten, ist noch heute an der Struktur Lobensteins ablesbar.«[126] Bald nach dem Jahre 1600 begann die alte Burg Lobenstein zu verfallen. Im Zuge ihrer Umnutzung als reußische Münzstätte erfolgte im Jahre 1620 durch Verstärkung der Mauer, die mit Schießscharten sowie Geschützen ausgestattet wurde, ein nochmaliger Ausbau. Im September 1632 verschanzte sich dort ein schwedischer Obrist mit seinen Musketieren und einigen Reitern und hielt die ihm nacheilenden Kaiserlichen ›mit trefflichen Schießen‹ bis zum 8. Oktober desselben Jahres hin. Was an der Bausubstanz diese Belagerung überstanden hat, wird bis zum Ende des Großen Krieges zerstört gewesen sein, denn nach sicheren Angaben lag die Burgkapelle St. Georg 1650 schon in Trümmern und damit ohne Zweifel auch die alte Felsenburg. Bis auf den Bergfried, der als Höhendominante weithin sichtbar an die ehemalige Burg erinnerte, dienten die Ruinen in den folgenden Jahrzehnten als Steinbruch für herrschaftliche und bürgerliche Bauten. In einem nach dem Stadtbrand von 1714 dort errichteten zweistöckigen Putzbau mit Walmdach, der vordem als Försterei gedient hatte, ist heute das Stadt- und Regionalmuseum untergebracht.[127]

Das Untere Schloß

Als der Reuße Heinrich Posthumus, seit 1596 Landesherr von Lobenstein, im Jahre 1598 für kurze Zeit auf dem Oberen Schloß seinen Sitz nehmen mußte, scheint dieses ihm als so unzureichend erschienen sein, daß er schon 1601 den Bau eines neuen Schlosses nordwestlich unterhalb der Bergveste anordnete. So entstand auf einem annähernd quadratischen Plateau von 35 × 35 m, der strategischen Sicherheit wegen noch innerhalb der Stadmauer, das Untere Schloß, eine rechtwinklige, um einen quadratischen Hof mit Brunnen angebaute dreigeschossige Zweiflügelanlage, die sich nach Norden zur Stadt hin öffnete. »Hofseitig durchbrachen das hohe Satteldach der beiden Flügel je zwei Zwerchhäuser, die den Baukörper rhytmisch gliederten. Ein weiteres Zwerchhaus schmückte die nördliche Giebelseite des Westflügels. Axial erfolgte die ebenerdige Erschließung des West- und Südflügels über Freitreppen mit Rundbogenportalen,«[128] vertikal hingegen über zwei Treppentürme, von denen einer an der Stirnseite des Südflügels über das Dach hinausreichte, während der andere an der Längsseite des Westflügels ab Traufhöhe in eine welsche Haube überging. Zur westlichen Stadtmauer schloß das Ensemble ein Küchengarten, zur Stadt hingegen eine Hofmauer ab.

Nachdem Lobenstein 1647 zur Residenz einer Nebenlinie avanciert war, ließ Heinrich X. [†1671] das Untere Schloß um eine Kapelle und einige Nebenbauten erweitern, von denen aber nur ein, auf etwas niedrigerem Niveau nach Norden hin errichteter solitärer Erweiterungsbau baugeschichtlich noch faßbar ist. Als jedoch das Untere Schloß bereits 1714 in Flammen aufging, bestimmte man einen bis 1843 wiederhergestellten zweigeschossigen Bau mit Walmdach als Zucht- und Waisenhaus und dann als Schule, wobei die mit ihrem festen Kreuzgewölbe unversehrte Kapelle, die das Volk später für ein Kloster hielt, zu einem **Betsaal** wurde. Im Jahre 1901 endlich erfolgte der Umbau dieses Nachfolgegebäudes zu einem normalen Wohnhaus, während auf den Grundmauern des nördlichen Erweiterungsbaus gegen Ende des 19. Jahrhunderts eine Mälzerei entstand.[129]

Lobenstein: Unteres Schloß

Das Palais Christianzell

Wie die Architektin Anja Löffler in ihrer bekannten Dissertation über sämtliche Reußischen Residenzen [2000] konstatiert, gaben »aufkommende barocke Gedanken für die Ausbildung eines Schloßkomplexes mit einem ausgedehnten Garten ... die Intentionen für die Anlage einer weiteren Residenz. Wie bereits 1601, wurde für diese ein neuer Standort, und diesmal allerdings außerhalb der Stadtmauern gewählt.«[130] Am Koselflüßchen unweit der Bayerischen Straße ließ Graf Heinrich XV. Reuß-Lobenstein [†1739] nach dem Tode seines Vaters Heinrich III. [†1710] für seine Mutter Christiane [†1714] vorwiegend aus den Bruchsteinen des Oberen Schlosses ein nüchtern wirkendes Palais errichten. Es erstand als zweigeschossiges Gebäude mit Tordurchfahrt, hohem doppelgeschossigen Satteldach mit Dachgauben sowie zwei ebensolchen, kurzen schlankeren Seitenflügeln, die zusammen mit einem rückwärtigen Wirtschaftstrakt eine Dreieinhalbflügelanlage um einen schmalen Innenhof herum bildeten. »Die vor dem Südflügel angeordnete barocke Gartenanlage mit rechteckigen Quartieren wurde durch den Weg – der direkt auf die Tordurchfahrt führte – zweigeteilt.«[131] Die Toreinfahrt war dabei nicht mittig angeordnet, sondern teilte die Fassade erdgeschossig in einen westlichen Teil mit 8 und einen östlichen Teil mit 6 Fensterachsen. Der Eintritt in das Palais erfolgte darinnen beidseitig.

Lobenstein: Palais Christianzell

»Von den Vorsälen führten wohl an den Außenecken nach Norden zweiläufige Treppen in das Obergeschoß, die Beletage. Im Erdgeschoß des östlichen Gebäudeteils befand sich die Küche mit einem pyramidenförmigen Kamin. Dieser schloß sich nach Osten ein Festsaal an... Ost- und Westflügel haben in den Obergeschossen vermutlich als Wohnbereich für die Töchter der Gräfin [dero letzte starb 1758] gedient, während das Erdgeschoß wohl wirtschaftlichen Zwecken vorbehalten war.«[132] Nach dem großen Stadtbrand nutzte Heinrich XV. das erst wenige Wochen zuvor vollendete Palais bis zur Fertigstellung seines neuen Barockschlosses 1718 als Notresidenz. Später lebten Graf Heinrich XXIX. Reuß zu Lobenstein und Selbitz [1726-1791] und seine Schwester Friedericke [1730-1789] in Christianzell, wobei einige Innenräume noch einmal durch Wandtapeten mit Landschaftsdarstellungen modernisiert wurden. Nach seinem Tode 1791 trennte sich die Fürstenfamilie von der Liegenschaft, da im Zeitalter der Empfindsamkeit und der beginnenden Romantik ihr Pavillon Bellevue bei Schönbrunn bzw. ihre ›Solitude‹ [Jägersruh] zwischen Neundorf und Titschendorf als Lust- und Erholungsorte wesentlich attraktiver erschienen als das barocke Gartenanwesen. So verkaufte Fürst Heinrich XXXV. [†1805] das günstig gelegene Schlößchen an bürgerliche Kaufleute, während dessen Inventar weitgehend versteigert wurde. Den östlichen Südflügel übernahm Joh. G. Müller, der den Ostflügel zugunsten eines Färbereigebäudes abbrechen ließ. Der westliche Südflügel aber gelangte als Wohn-, Produktions- und Lagergebäude in die Hände der Gebrüder Christoph Fr. und Joh. Heinrich Horn, die – nachdem ihnen 1798 das Privileg zu einer Schleier- und Mousseline-Manufaktur erteilt war – ihren Gebäudeteil bis auf die Grundmauern niederrissen und vertikal erhöht mit Mansarde wieder neu aufrichteten. Um die Zeit wurde auch der Barockgarten durch das an den mittigen Weg gebaute, durchaus barocke **Harmoniegebäude** verkleinert. Nachdem die Familie Müller 1830 auch die Hornschen Hälfte des ehemaligen Palais erworben hatte, kam das Gebäude wieder unter einen Besitzer, bis 1898 der westliche Südflügel an den Schwiegersohn der Müllers, Albin Triebel, verkauft wurde. Die Südfassade des bis heute erhaltenen Anwesens läßt durch seine regelmäßigen Fensteröffnungen den Stil des vormaligen Palais durchaus noch erahnen, die Nordfassade mit ihren unregelmäßigen Öffnungen und Anbauten dagegen wirkt – und zwar buchstäblich – wie eine Hinterhof-Fassade.[133]

Lobenstein: Neues Schloß

Das Neue Schloß

Am Nordrand der Altstadt entstand zwischen 1714 und 1718 als vierte und letzte reußische Residenz in Lobenstein ein, in seiner gesamten Gebäudekubatur prinzipiell spiegelgleiches Schloß-Ensemble mit Barockgarten, dem sich innerhalb weniger Jahrzehnte noch eine Parkanlage mit dazugehöriger Kleinarchitektur nebst Teich anschloß. Dabei stellt der Mittelteil des langrechteckigen dreiflügeligen Schloßbaues mit seinen beiden Tordurchfahrten, hinter welcher je eine Pappel- bzw. eine Kastanienallee in den Park ausgehen, die Verbindung zwischen der dicht bebauten Altstadt von Lobenstein und dem dahinter sich öffneten weiten Landschaftsraum her.

Der Gebäudekomplex des Schlosses bildet, »obwohl er aus zwei dreigeschossigen Kopfbauten in Form von Seitenflügeln [mit Mittelrisaliten, Dreiecksgiebeln sowie kleinen Innenhöfen] und einem linear verbindenden zweigeschossigen Mitteltrakt [mit gewalmten Gauben über den Tordurchfahrten] besteht, einen kompakten, von Mansarddächern [mit kleinteiligen Gauben] bekrönten Baukörper. Die 6 × 6-achsigen Kopfbauten akzentuieren ihn in der Form von Eckpavillons. ... Dem massiv in Bruchsteinen ausgeführten Unter- und Erdgeschoß folgen eine einfache Fachwerkkonstruktion mit Lehm- und Ziegelausfachung für die Beletage. Der äußere Verputz des Fachwerks täuscht einen Massivbau vor.«[134] Die beiden Haupteingänge befinden sich je in einer der Tordurchfahrten. Von hier gelangte man über den Lichthof und ein Treppenhaus mit einseitigem Handlauf in die oberen Etagen der Seitenflügel. »Im Südost- und im Nordwestflügel waren die Repräsentationsräume angeordnet, so der Festsaal mit seinen 4 × 3 Fensteröffnungen und dessen ergänzende Zimmer«[135] in dem baukünstlerisch aufwendiger gestalteten Südostteil sowie in dem etwas biederen Nordwestteil der Tafelsaal bzw. das Speisezimmer. Das Kaminzimmer im Mitteltrakt gehörte zu den prächtigsten Räumen des Schlosses. Die gräflichen Wohnräume dagegen sind im zweiten Obergeschoß der beiden Kopfbauten zu suchen, wobei vermutlich der Graf den einen und die Gräfin den anderen benutzte, während die Räume in der Mansarde des Mittelflügels sicher nebenfunktionellen Zwecken dienten. In den Erdgeschossen der drei Gebäudeteile dagegen befanden sich Lager und Wirtschaftsräume – im südöstlichen Flügel der Keller sowie ebenerdig in einem kreuzgratgewölbten Raum die Schloßkapelle, im nordwestlichen Flügel dagegen die Küche. Außerdem führte – da das Anwesen keinen Gartensaal besaß – ein Austritt in den nördlich sich anschließenden Barockgarten.

Zudem schloß sich – durch die heutige Parkstraße getrennt – im rechten Winkel ostseitig an das Schloß der **Marstall** an, ein etwa 60 m langes, zweistöckiges, neunachsiges Gebäude mit Mansarddach und Dreiecksgiebel.[136]

Nachdem das Haus Lobenstein als einziger Ableger der jüngeren reußischen Linie 1790 in den Fürstenstand erhoben war, gab dies Anlaß zu einer Umgestaltung des Residenzensembles. Dabei wurden einige Räume des Schlosses im klassizistischen Stil überformt und insbesondere der Festsaal feingliedrig ausgeschmückt. An der Stadtseite des Schlosses erhöhte der mit Spritzenhaus, Wachgebäude, Pfarrei und Marstall neugebildete Schloßplatz den Residenzcharakter der Stadt. Während bei dem Spritzenhaus lediglich mit einem Mansarddach ein Bezug zum Schloß hergestellt wurde, bildet das **Wachgebäude** – ein kleiner rechteckiger Baukörper mit Portikus – wobei vier dorische Säulen Architrav und Dreickgiebel tragen – gewissermaßen seine Ergänzung. Veränderungen erfolgten damals auch an der Gartenseite des Schlosses durch die Erweiterung des Barockgartens zu einem Landschaftspark.

Nachdem der letzte Fürst von Reuß-Lobenstein-Lobenstein, Heinrich XXXV. [1738-1805], gestorben war, fiel sein Fürstentum an Heinrich LIV. [1767-1824] aus der Selbitzer Seitenlinie und nach dessen Ableben an Fürst Heinrich LXXII. von Reuß-Ebersdorf. [1797-1853]. Dieser hatte kein besonderes Interesse an Lobenstein. So devancierte das Schloß zum Witwensitz der letzten Fürstin von Reuß-Lobenstein, Franziska, einer geborenen Gräfin von Reuß-Köstritz [*1788]. Als sie nach 19-jähriger Witwenschaft 1843 gestorben war, wurde sie in der schon

1611 von Heinrich Posthumus angelegten **Fürstengruft**, einem nordseitigen Anbau der Lobensteiner Stadtkirche St. Michaelis, zur Ruhe gebettet. Nach einer im Jahre 1856 darin vorgenommenen, letzten fürstlichen Beisetzung war das enge Grabgewölbe dann restlos überfüllt. Noch im Todesjahr der Fürstin Franziska trennte sich Heinrich LXXII. von dem Lobensteiner Schloß, ließ das Privatinventar nach Ebersdorf u.a. auslagern, und übergab das Gebäude seiner Staatsregierung, worauf in dessen Erdgeschoß die Justizbehörden, das Bergamt und das Steueramt einzogen. Der Tafelsaal hingegen nahm die nicht unbeträchtliche fürstliche Bibliothek auf, während andere Räume des Obergeschosses, wie etwa der Festsaal durch Trennwände verkleinert wurden. Im Jahre 1907 erfolgte an das Neue Schloß ein zweigeschossiger Anbau im Jugendstil, worin die Landessparkasse ihr neues Domizil fand. Inwieweit das Ensemble zu dieser Zeit noch im Besitz der fürstlichen Familie war, ist fraglich. In dem Vergleich zwischen dem Fürstenhaus Reuß jüngerer Linie und dem Volksstaat Reuß ist es jedenfalls nicht mit erwähnt. Die behördliche Nutzung des Ensembles blieb auch in den folgenden Jahrzehnten bestehen. Nach der Jahrtausendwende wurde das Neue Schloß aufwendig saniert, Teile der alten Innenfassung rekonstruiert und somit wieder in ein ›Kleinod der Stadt Bad Lobenstein‹ zurückverwandelt.[137]

Vom Schloßgarten zum Kurpark

Bereits mit dem Bau des Barockschlosses 1714 bis 1718 war an dessen Nordseite ein, durch die beiden parallelen Zufahrtswege klar gegliederter **Barockgarten** angelegt worden, der zwischen 1746 und 1749 mit Fontänen und einer Bepflanzung aus Buchsbäumen, Linden, Kastanien und Weißbuchen nach Nordosten hin großzügig erweitert wurde. Dabei entstand hinter den beiden Alleen des Barockgartens an zentraler Stelle bis 1748 eine »zweigeschossige, dreiachsige **Pavillonarchitektur** mit Mansardendach. Über der mittleren Fensterachse ist jeweils ein Dreiecksgiebel. ... Die Ziegel zum Bau lieferte die Ziegelhütte in Pöritzsch, die gußeisernen Öfen der Innenräume wurden in Burgkhammer gegossen. Den Interieur-Stuck, welcher erst in den 1970er-Jahren den überhasteten Vorbereitungen der sogenannten Arbeiterfestspiele zum Opfer fiel, leistete ein Königshofener Stukateur.«[138] Die Nordwestecke des ›Herrengartens‹ dagegen schloß die inzwischen nicht mehr erhaltene **Eremitage** ab, ein einstöckiges Rokokogebäude mit oktogonalen Grundriß, Kuppel und Freitreppe, die in ihrem Aussehen an den noch heute vorhandenen Pavillon am Schlosse Friedrichstanneck in Eisenberg erinnert. Ebenso verschwunden ist ein zweigeschossiger, an den Nordwestflügel des Schlosses angesetzter **Anbau** mit einfachem Pultdach. Vielleicht noch vor der Wende zum 19. Jahrhundert begann sich an das alte Achsensystem der barocken Parkgliederung oberhalb der heutigen Lindenallee ein kleiner **Landschaftspark** nach ›englischem Geschmack‹ mit geschlungenen Wegen anzuschließen, dessen freistehenden Bäume und Baumgruppen bis zum Jahre 1850 schon einen beachtlichen Wuchs erreicht hatten. Zudem war – wohl den um 1780 angelegten Wörlitzer Park als Vorbild imitierend – die südöstlich des Schloß-Ensembles vorbeifließende Lemnitz zu einem großen Teich aufgestaut worden, in dessen Wassern sich die Häuser der Altstadt bis hinauf zum alten Schloßturm wie in einer südländischen Hafenstadt terrassenförmig spiegeln sollten. Eine Holzbrücke darauf führte zu einer künstlichen **Teichinsel** [mit einem mittigen Pavillon und zwei diesen umrahmenden kleinen Bäumen], von der eine zweite Holzbrücke eine Felsformation hinter dem Gewässerrand erschloß. Da städtische Enge eine weitere Ausdehnung des heute auf 2,7 ha zusammengeschmolzenen Parks verhinderte, fand er an seinem nordöstlichen Ende durch die gartenarchitektonisch aufwendigen Gallenbergsanlagen mit Promenadenwegen, Ruheplätzen,

Lobenstein: Pavillon im Herrengarten

und Aussichtspunkten eine gewisse Fortsetzung. Im Jahre 1861 nämlich hatte der Geraer Arzt Dr. Aschenbach nahe der Stadt eisen- und mineralienhaltige Quellen entdeckt. Daraufhin war 1865 ein stetig wachsender Trink- und Badekurbetrieb eingesetzt, der auf der Anwendung von Moor-, Molken- und Fichtennadeln-Heilbädern beruhte, wobei die hierzu benötigte Heilerde aus den benachbarten Hochmooren entnommen wurde.

Fürst Heinrich XIV. Reuß j. L. [reg. 1867-1908] hatte dem Arzt hierfür den Pavillon unentgeltlich als **Badehaus** und den Marstall gegen einen geringen Mietzins als **Kurhaus** zur Verfügung gestellt. 1873 von der Betreibergesellschaft käuflich erworben, wurden in dessen nördlichen Gebäudeteil die Badezellen, im südlichen die Fremdenzimmer und im mittleren – um 1890 um ein Geschoß nebst Mansarde erhöhten – Trakt der Kursaal eingerichtet. Nach der Abdankung von Fürst Heinrich XXVII. [1858-1928] im November 1918 gelangte der Pavillon 1919 in den Besitz der Stadt, worauf er weiter als Kursalon und der Marstall als Sanatorium diente. Als zusätzliche Komponente im Park kam ein Ehrenmal für die gefallenen Soldaten des Ersten Weltkrieges in Gestalt einer ägyptischen Pyramide zur Aufstellung. In den 1950er-Jahren diente das Schloß als Internat der Oberschule sowie als Sitz der Notenbank und des Kreiskommandos der NVA. Die alte Wache beherbergte das Kunstkabinett und die Kreiskulturbehörde, der Marstall war weiter Kurhaus, der Pavillon aber Sitz der Stadtbücherei und einer HO-Eisbar. Nachdem auch der Park 1934/35 in den Besitz der Stadt übergegangen war, folgten im Zuge der Substanzerweiterung der wachsenden Stadt immer wieder schwerwiegende Eingriffe. Dazu zählten ein Autoparkplatz am Marstall, die partielle Beseitigung des Schloßteiches und der romantischen Insel, die Straßenerweiterung und nichtzuletzt der Neubau des **Kulturhauses** [1952-1954] mit Theatersaal, Kino und Gaststätte im Westteil der Anlage, auch wenn dabei die barocke Bautradition des Ortes durchaus berücksichtigt wurde. Gegenwärtig sind Projekte für eine Park- und Inselsanierung existent, und Hoffnung auf Restaurierung des Urzustandes ist gegeben.[139]

Birkenhügel

Die Gassensiedlung Birkenhügel [1441 Birk] – zwischen Hirschberg und Bad Lobenstein auf einem fernsichtigen, südöstlich nach der Saale hin abfallenden Plateau gelegen – ist erst 1923 durch den Zusammenschluß der drei Weiler Pirk, Lerchenhügel [1787 Louisengrün] und Pfütz entstanden. Das einzige Gebäude von Lerchenhügel war bis 1787 ein Waldwärterhaus, das einzige von Pirk über lange Zeit das Rittergut. Zudem existierte auf dem nahen Sachsenbühl [568 m] noch ein zweites Rittergut, welches aber nicht mit dem Sachsen-Vorwerk zwischen Hirschberg und Rudolphstein zu verwechseln ist. Besitzer der beiden Güter waren zunächst die Herren **von Berg**, dann seit 1441 die **von Reitzenstein** [darunter möglicherweise um 1690 deren Schwarzensteiner Linie unter Wolf Gerhard auf Unter-Lippertsgrün bei Naila und Birckich] und schließlich im 18. Jahrhundert die Familie **Wackernagel**, die mit Friederica Margaretha [geb. Macheleyn] 1774 auf Pirk und 1766 auf Sparnberg nachgewiesen ist. Nicht nur auf fürstlichem Lerchenhügeler Grund, sondern auch in Pirk hatten sich gegen Ende des 18. Jahrhunderts Landlose in kleinen Lehmziegelhäusern ansiedeln dürfen. Den Hintergrund hierfür bildete wohl eine Raupenplage [Nonnenfraß] mit anschließendem Borkenkäferbefall von so gewaltigen Ausmaßen wie erst wieder in unseren Tagen, wo ganze Hochwald-Bezirke entnadelten und die Bäume abstarben, worauf Forstarbeiter für Schadensbeseitigung und Neuanpflanzung benötigt wurden. Nach dem Ende dieser Arbeiten konnten weder die Forstverwaltung noch die umliegenden Rittergüter und Bauernhöfe den Neusiedlern genügend Auskommen bieten. Als Tagelöhner ohne Arbeit waren sie darum oftmals auf sich allein gestellt und gezwungen, mit Betteln, Diebstahl, aber auch mit Wilderei ihr Auskommen zu suchen. Die behäbigen Nachbardörfer haben für die Siedlungen Pirk, Pfütz und Lerchenhügel, die über keinen eigenen Grundbesitz verfügten und wo lange Zeit nicht einmal so etwas wie ein Gemeindeverband existierte, die Bezeichnung ›Raubstaaten‹ geprägt und dazu gespottet: ›Lerch, Pirk, Pöttge und Pfütz sind zu mei Tag nix nütz!‹ Oder: ›Wenn Pirk, Pfitz und de Lerch nich wär, gäbs keine Bettel-Leit´ mehr!‹ Ja, sie haben sogar gemutmaßt, der alte Wackernagel nehme niemanden in Pirk oder Pfütz auf, der nicht unbemerkt ein Wagenrad von einem fahrenden Wagen stehlen könne. Auf den Jahrmärkten der Gegend waren die Pirker und Lerchenhügeler Diebsgenossen als ›Weißkäufer‹ verrufen. Erst gegen Ende des 19. Jahrhunderts, als die umliegenden Papierfabriken nach Arbeitern suchten, besserte sich die Lage in den Siedlungen und die Einwohner konnten sich nach und nach eine, wenn auch bescheidene Existenz aufbauen. Wie wenig Perspektiven diese abgelegene Gegend noch in den 1920er-Jahren geboten hat, zeigen statistische Angaben, wonach zu dieser Zeit 90% der Lerchenhügeler Erwerbstätigen in der Blankensteiner Papierfabrik beschäftigt waren.

Blankenstein: Altes Herrenhaus um 1840

Nach dem Konkurs der Wackernagel im Jahre 1810 erwarb die auf dem Rittergut Göritz angesessene Familie **Knoch** die beiden Besitztümer, ließ 1818 die verfallenen Gutsgebäude auf dem Sachsenbühl abbrechen und vereinigte das Gut mit dem von Pirk, dessen nahe am Teich gelegenen Wirtschaftsgebäude zwischen 1823 und 1828 völlig neu ausgeführt wurden. Im Jahre 1843 war Karl Philipp Knoch der Besitzer. 1869 aber kam das Rittergut Pirk [mit 529 mr. 98 qr. Land] zusammen mit dem von Göritz an den bisherigen Pirker Gutspächter Guido Adolf **Rümmler**, sodann an Moritz Rümmler und noch vor 1889 an Ernst Rümmler [bis nach 1926], der im Jahre 1923 hier Flächen von 108 ha [davon 79 ha Äcker, 15 ha Wiesen] bewirtschaftete und einen Großviehbestand von 4 Pferden, 53 Rindern und 35 Schweinen in den Ställen hatte.[140]

Blankenstein

Der einstige Gutsweiler und Hammerschmiedestandort Blankenstein [1392 Plenkyn...] liegt zwischen Bad Lobenstein und Naila unterhalb der Mündung der Selbitz in die Saale am Ende des Rennsteigs an der alten Straße von Lobenstein nach Hof. Als einer der wenigen Orte des Oberlandes mag die Territorialgeschichte von Blankenstein bis in die letzten Tage der slawischen Zeit zurückgehen, als – Sagen zufolge – das Wisentaland von mächtigen Hainrittern, so in Tausa, Schleiz und Göschitz beherrscht wurde, worauf der Sohn des letzten Hainherrn zu Göschitz sich in die Vasallenschaft der frühdeutschen Kolonisatoren des Regnitzlandes, der Herzöge von Andechs-Meran, begab und den Ort Blankenstein begründete, so genannt wegen des von ihm getragenen blanken Harnischs.[141] Wie der Schleizer Berufsschullehrer, Heimatforscher und akribische Editor des 1945 vernichteten Fürstlichen Hausarchivs zu Schleiz, Robert Hänsel [1884-1962] in seiner Blankensteiner Chronik berichtet, saß eine Familie dieses Namens »schon frühzeitig in unserer Gegend. In Urkunden, das Kloster Cronschwitz betreffend, erscheint 1240 Planco, 1384-1398 ein Ritter Friedrich **Blanke** (Plenkyn) und 1423 dessen Witwe Sophie. Barthel Blank ist Anfang des 16. Jahrhunderts als Besitzer eines Gutes zu Koeditz Vasall der Herren von Lobenstein, und 1566 wird auch der Name in Blankenstein selbst bezeugt. Ein Zinsbauer des Gutes heißt Hans Planck. ... Sehr nahe liegt auch die Vermutung, daß die Begründer Blankensteins die Herren von Blankenberg gewesen sein können, die seit 1392 auf Harra nachweisbar und die ältesten bekannten Besitzer des Rittergutes Blankenstein sind.«[142] Neben Blankenberg und Harra besaßen sie auch das Rittergut in Kießling und seit 1564 auch das in Eichenstein bei Lichtenberg. Abgesehen von Asmus **von Blankenberg**, der 1558 das hiesige Hammergut von dem Saalfelder Bürger Friedrich Fischer erwarb und 1566 für das Rittergut einen Wertanschlag erstellen ließ, bezieht sich die von der statistischen Literatur für das 16. Jahrhundert als Besitzer

von Blankenstein aufgeführte Familie von Bünau tatsächlich auf den Ort Blankenstein [heute Blansko] in Böhmen.[143]
Ursprünglich war das Rittergut Blankenstein ein Rittermannslehen, dessen Inhaber der Burg Lobenstein »mit einem Morgenstern zum Kriegsdienst verpflichtet war. Die Untertanen konnten zur Landfolge, das heißt innerhalb der Landesgrenzen zum Kriege aufgeboten werden. Jede Herd- oder Feuerstätte hatte einen Mann zu stellen, und so fiel die Anzahl der Mannschaft mit derjenigen der Höfe zusammen.«[144] Dafür gebot das Rittergut als eines der wenigen im Lande in seinem Distrikt über die Ober- und Niedergerichte, die Hohe und Niedere Jagd, die Fischrechte in Saale und Selbitz und genoß das besondere Privileg, von allen Türken- und Landsteuern befreit zu sein. Lediglich drei Groschen Schutzgeld hatte es jährlich dem Amte Lobenstein zu entrichten. Nach einem **Wertanschlag** »von 1581 gehörten zum Rittergut 58½ Acker Dungfeld, 34½ Acker Wiesen, auf dem 60 Fuder Heu und Grummet gebaut wurden, und 61 Acker Reuthen und Stöcke [gerodeter Wald] ›über dem Haus im Eichenstein‹. Dazu kamen noch 16½ Acker Reuten ›bei der Kalischgrube‹, ›zum Teil Blößen, zum Teil mit jungen Fichten bestanden‹. Diese wurden 1603 als ›meistenteils wieder mit Holz beflogen‹ zum Gehölz gerechnet. Der Anschlag von 1603 berechnete das Rittergut ohne den Wald mit 4.938 fl.; davon fielen auf die Gebäude ›gar neu erbaut‹ 500 fl. Der Wald Eichenstein hatte eine Größe von 548 Ackern (1 Acker = 160 Ruten, 1 Rute = 8 Ellen und 1 Acker = 1,48 ha); 48 Acker könnten zu Feuerholz und 500 Acker zu Floßholz Verwendung finden, wobei auf 1 Acker 50 Lachter (1 Lachter = etwa 2 m) Holz gerechnet wurden.«[145]
Abgesehen von Eichenstein hat das Rittergut seit früher Zeit auch Wiesen jenseits der Selbitz und Saale als Pertinenzstücke gehabt. Die Zahl der Untertanen betrug 1647 in Blankenstein 13, in Eichenstein 5 Handfröner, von denen aber nur 3 zur Landfolge aufgeboten werden durften. Die **Frondienste** der Untertanen »bestanden in der Spann- und Pferdefron mit Pferd und Wagen, in der Hand- und Jagdfron. Die erstere erscheint

1566 für 3 Bauern. Sie mußten mit den Pferden zur Feldarbeit und zum Bauen kommen, ›wenn mans heißet‹, außerdem 15 Lachter Holz fahren. Die Handfron war entweder unbemessen oder gesetzt. So hatte z.B. ein Fröner im Rittergutsgarten im Frühjahr die Johannesbeersträucher anzubinden. Meist bestand die Handfron im Mähen von Gras und Schneiden von Getreide. 1566 hatte ein Hof außer der Pferdefron 14 Tage zu schneiden, 6 Tage zu mähen, 8 Tage zu heuen und 3 Lachter Holz zu hauen. Ein anderer hatte 14 Tage zu schneiden, 10 Tage Heu zu machen, 4 Tage zu mähen und 3 Tage ›mit der Hand‹ zu fronen. Im ganzen wurden 1581 für das Rittergut 129 Frontage berechnet. ... Gewisse Einwohner hatten die Abgaben und Steuern nach Lobenstein zu schaffen. ... Wie in anderen Orten bestand auch hier die Frongebühr aus einer geringen Kost und Brot. Bei Holzfuhren erhielten die Fröner für jeden Wagen 2 Bretter. Die Eichensteiner Fröner wurden auf andere Weise entschädigt. Sie durften jedes Jahr im Eichensteiner Walde bis zu insgesamt 14 Lachter Brenn- und notdürftes Bau- und Leseholz hauen und heimschaffen; außerdem durften sie ihr Vieh darin auf die Trift treiben. Erst nach 1581 scheint dieses Recht auch auf die Blankensteiner Fronbauern ausgedehnt und dafür die übrige Frongebühr eingezogen worden zu sein. ... Die Jagdfron begriff nur die Niederjagd. Die Fröner mußten als Treiber mit auf die Hasenjagd gehen, ›so oft man es will und so oft man es heißet‹. Außerdem mußten die Untertanen auch dem Landesherrn bei der Jagd auf Wolf, Bär, Luchs, die ehedem in unseren Wäldern vorkamen ... Folge leisten, so oft er sie dazu aufrief. Wolfsjagden fanden bis ins 18. Jahrhundert besonders auf dem Frankenwalde statt. Zu einer solchen mußten z.B. am 22. und 23. Dezember 1739 10 Bewohner Blankensteins ›früh mit anbrechenden Tage‹ in Neundorf erscheinen.«[146]

Im Jahre 1600 verkaufte Asmus von Blankenberg die beiden Rittergüter Blankenstein und Eichenstein seinem **Landesherrn** Heinrich Posthumus, der Blankenstein aber schon 1605 an den Dresdner Bürger Jacob **Reuter** verkaufte, von dem es aber schon bald danach an Christoph **von Waldenfels** auf Lichtenberg überging. Der veräußerte es an einen Herrn **von Schwendendorf** und dieser 1618 wiederum für 5.250 fl. an Conrad **von der Tann**. Im Jahre 1688 dann verkaufte Heinrich von der Tann den Besitz an den Oberamtmann Heinrich Adam **Lauterbach** zu Schleiz, der von dem Schleizer Superintendenten Gabriel Hartung auch das Rittergut Eichenstein erworben hatte und die zwei Güter nun gemeinsam bewirtschaftete.

Bis zum Jahre 1710 hatte es Lauterbach vom Amtsschösser zum Steuerdirektor von Reuß-Schleiz gebracht. Ein Nebenzweig der Familie wurde 1732 auf ihren Antrag hin von Kaiser Karl VI. geadelt. Aufgrund der nahen Landesgrenzen gab es in Blankenstein oft Streitereien um Jagd und Fischerei. So beschwerte sich Lauterbach 1695, daß der gräfliche Jäger in seinem Reviere widerrechtlich jage, worauf die Landesherrschaft ihrem Jäger befahl, in diesem Gebiet fortan ›kein Wildpret mehr zu schießen‹. Als Gerichtsdirektor und Aktuar für die Herrschaft Blankenstein hatten die Rittergutsbesitzer bis 1749 den Advokaten Oswald Leupold aus Schleiz eingesetzt. Danach übte der Advokat und Kommissionsrat Justus Lozer diese Funktion aus. Als Gerichtsknechte und -diener sind bekannt: Hans Georg Wohlleben aus Lobenstein [1705], Rudolf Benjamin Strubel aus Saalburg [1799], Karl Heinrich Schreiber aus Münchenbernsdorf [1820] sowie ab 1821 Karl Christoph Elschlepp aus Burgholzhausen, in dessen Dienstzeit die Blankensteiner Patrimonialgerichte 1849 aufgehoben und dem Justizamt bzw. dem Amtsgericht Lobenstein unterstellt wurden. Der letzte für Blankenstein zuständige Gerichtsdiener war ab 1854 Johann Christian Perignon aus Lobenstein.

Unter der Familie Lauterbach wurde Gut Blankenstein von einem Mann- in ein Weiberlehen umgewandelt. Nur das Fischwasser an Saale und Selbitz mußte Mannlehen bleiben und wurde nach dem Tode Heinrich Günther Lauterbachs, der weder Söhne und sonstige geeignete männliche Erben hatte, von der Landesherrschaft eingezogen und in Pacht ausgetan.

Das Rittergut selbst aber gelangte zusammen mit Eichenstein

1768 an den Hofadvokaten und Bürgermeister Johann Friedrich **Kühnholdt** in Waltershausen und seinen Bruder Leutnant Christian Wilhelm Ludwig Kühnholdt aus Wölfis, denen 1769 noch 14 Untertanen aus Blankenstein, 5 aus Hinter- und 3 aus Vorder-Eichenstein den Huldigungseid leisten mußten.

Nach dem Tode des letzteren verkauften die Künholdtschen Erben das Rittergut 1782 für 14.000 Mfl. an den Oberkommissionsrat Friedrich Jakob **von Püttner** aus Hof, von dem es 1799 an den Prozeßrat Adam Daniel von Püttner auf Issigau überging, der auch die Besitznachfolge derer von Beust auf Issiggau und Reitzenstein angetreten hatte. Den im 30-jährigem Kriege eingegangenen Blankensteiner Hammer ließ von Püttner zusammen mit einigen Konsorten 1801 wiedererrichten. Er bestand, als er verkauft und abgebrochen wurde, bis 1827. Das damals 576,38 Morgen Land [meist Feld, Wald und Hutung] umfassende Rittergut Blankenstein wurde damals mit einem steuerbaren Besitzwert von 16.853 Talern veranschlagt.

Nachdem die Streusiedlung Eichenstein 1830 bayerisch geworden und dem Landgerichte Naila zugeschlagen war, verband von Püttner [†1836] seinen dortigen Besitz mit seinem benachbarten Rittergut Issigau. Seine Erben hielten Reitzenstein nur bis nach 1838, Issigau bis 1843 und Blankenstein bis 1855, worauf sie letztere beiden Güter an den Netzschkauer Rittergutsbesitzer Johann Gottfried **Opitz** veräußerten, der 1853/54 auch das benachbarte Rittergut Blankenberg mit dem Waldrittergut Arlas erworben hatte. Opitz wertete seine neugewonnenen Liegenschaften dahingehend auf, daß er Blankenstein mit Arlas verband und die so vereinigten Rittergüter 1857 für 72.500 Thl. an den Leipziger Stadtrat Friedrich August **Götze** verkaufte, der im gleichen Jahre von Opitz auch das benachbarte Rittergut Blankenberg erwarb. Götze ließ das alte Blankensteiner **Herrenhaus** – ein dreigeschossiges Gebäude der Zeit um 1600 mit hohen spitzen Doppelgiebel und je einem ebensolchen Zwerchhaus an den Seiten – abbrechen und ein neues, modernes an dessen Stelle setzen. Im Jahre 1870 wurde Arlas wieder zu Blankenberg geschlagen und

Blankenstein »von den Götzschen Erben an den Handelsgärtner Ernst **Michaelis** in Blankenstein verkauft. Hermann **Götze** erwarb es 1875 wieder im Subhastationsweg; er zerschlug es 1876, und die einzelnen Parzellen erwarben Bürgermeister Friedrich August **Langheinrich** und dessen Sohn, Webermeister Johann Langheinrich, Landwirt Heinrich Konrad Martin **Rank**, Johann Heinrich Karl **Weber** in Absang, Webermeister Johann Friedrich Wilhelm **Unglaub**, Johann Gottfried Theodor Unglaub, Ortsrichter Christian Karl Heinrich **Volkmar** und Hausbesitzer Johann **Brühschwein**.«[147]

Dobareuth

Das Zeilendorf Dobareuth [1482 Thoberewt] liegt zwischen Gefell und Hirschberg an der alten Hofer Straße in der breiten Aue des Ehrlichsbaches, einem Nebenlauf der Saale. Einst bestand hier ein **Rittergut** mit Vorwerken zu Mödlareuth und wohl auch zu Gebersreuth, das bereits in den ältesten Lehnbriefen stets den Besitzern des Schloßrittergutes Hirschberg zu Eigen und zeitweise in 2-3 Rittergüter – oberen, mittleren und unteren Teils [mit 3 separaten **Gutsschäfereien**] – geteilt war.

Der Gutsbesitz umfaßte neben der halben Ortsflur und der Gerichtsherrschaft über die Einwohner [so deutet die Flur ›Rotes Kreuz‹ auf einen früheren Gerichtsort bzw. die Gerichtsgrenze hin] auch Lehen und Zinsen im Dorfe und in anderen Orten, wobei in Gegenzug aber auch andere Adlige in Dobareuth über Besitz verfügten. So schenkte der Thüringer Landgraf im Jahre 1416 »einen hiesigen, vorher von Günther von Ulrichsdorf besessenen Hof dem neu errichteten Diakonat zu Gefell. 1479 hat Nickel von Dobeneck allda Güter. 1482 verkaufen die v. Zedtwitz Güter zu Dobareuth an die v. Beulwitz zu Hirschberg.«[148] Ferner bestanden neben den Dobareuther Rittergutslehen auch Hirschberger Schloßlehen, Hirschberger Pfarr- und Gefeller Rats- und Diakonatslehen im Orte. Nach den Herren **von Hirschberg** kamen 1397 die **von Zedtwitz** und 1480 die mit ihnen verschwägerten Gebrüder Heinrich und

Dietrich **von Beulwitz** aus dem Hause Eichicht in den Besitz des Schloßrittergutes Hirschberg und damit auch in den von Dobareuth. Die von Dietrich und seiner Gemahlin Barbara geb. von Reitzenstein begründete Hirschberger Hauptlinie dieses Geschlechts bildete im 17. Jahrhundert auch zwei auf Dobareuth oberen und unteren Teils gesessene Nebenlinien heraus, so den von Georg Heinrich von Beulwitz [1597-1661] und seiner Ehefrau Anna Madgdalena geb. von Obernitz aus dem Hause Liebschütz ins Leben gerufenen Zweig von Beulwitz zu Dobareuth oberen Teils und Neuhaus bzw. durch Georg Wilhelm von Beulwitz und seiner Gemahlin Ursula geb. von Beulwitz [auf Löhma] den Zweig Dobareuth unteren Teils und Töpen.

Das Gesamtgut, im Jahre auf 1647 auf 5.000 Mfl. Wert angeschlagen, gelangte 1664 in den Besitz der Landesherrschaft **Reuß**, wurde vereinigt und auf der Ostseite des Tales – als stattlichstes Gebäude im Ort – ein **Kammergut** errichtet, mit der ebenfalls zusammengefaßten Gutsschäferei dicht an den Gutsgebäuden. Seit 1919 als **Staatsgut** im Besitz des Volksstaates Reuß bzw. ab 1920 des Freistaates Thüringen war es 1923 mit einer Nutzfläche von 203 ha [davon 130 ha Äcker, 40 ha Wiesen, 23 ha Weiden, 7 ha Wald, 3 ha Teiche, Unland u.a.] und einem Großviehbestand von 9 Pferden, 65 Rindern und 15 Schweinen an den Diplomlandwirt Max **Heydemann** verpachtet. Bei der Bodenreform kam es zur Aufteilung aller Flächen an Umsiedler [Neubauern] und Kleinbauern.[149]

ALTENEBERSDORF (†)

Zwischen Ebersdorf und Unterlemnitz auf jenem Landbuckel westlich der Bellevue ist im Flurteil ›Am alten Ebersdorf‹ eine Siedlungslücke mit Wegspinne, Hohlwegscharren sowie Flurecke zu finden, welche den Standort einer Dorfwüstung bzw. eines adeligen **Siedelhofs** markieren. Letzterer war entweder ein Vorwerk des Rittergutes Ebersdorf oder gar dessen ursprünglicher Standort, wobei der Adelssitz später nach dem heutigen Ebersdorf, dem ›Neuen Ebersdorf‹, hin verlegt wurde.[150]

Ebersdorf

Der vormalige Residenzort Ebersdorf [1401 Ebirsdorf] liegt zwischen Bad Lobenstein und Saalburg in einer Hochmulde an der Einmündung eines Dorfbaches in die Friesa, einem linken Nebenlauf der Saale. Der ursprünglich nur aus einem Rittergut mit Vorwerk, einer Kirche und zwölf Bauerngütern bestehende Ort avancierte ab dem Jahre 1694 zum Hauptsitz einer Nebenlinie des reußischen Hauses. Daher wird das Antlitz von Ebersdorf »noch heute von seinem Schloß-Ensemble, dem sich anschließenden Landschaftspark und der hier tätigen Herrnhuter Brüdergemeine bestimmt. Letzterer gelang es mit ihren einheitlichen, dem schlichten Barock verpflichteten Gebäuden ... einen eigenständigen Baukomplex zu schaffen. Dieser trägt kleinstädtischen Charakter,«[151] woneben dem Schloß selbst nach dem ursprünglichen Dorfkern hin sowohl eine trennende als auch eine verbindende Funktion zukommt.

Das heutige Schloß steht an der Stelle einer **Wasserburg**, die im Jahre 1402 einem Meinhard **Götze** gehörte. Kurze Zeit später erwarb sie um 1.300 Gulden der Landesherr Heinrich VII. der Ältere **von Gera** [1404-1426], wobei er seinem Bruder Heinrich IX. [1406-1482] dem Mittleren, dem bei der Landesteilung des Jahres 1425 die Herrschaft Lobenstein zugefallen war, versprechen mußte, das Rittergut innerhalb von 2 Jahren wieder an einen Adeligen zu verkaufen, damit die Herrschaft Lobenstein nicht an der Zahl der ihr botmäßigen Ritter gemindert würde. Zwischen 1425 und 1471 kam Ebersdorf an die in der Gegend reich begüterten Herren **von Draxdorf** und von diesen um das Jahr 1580 schuldenhalber um 11.500 Mfl. an die **von Machwitz** auf Remptendorf. Von Friedrich von Machwitz [†1613] ging das um 1618 auf einen besitzlichen Wert von 13.000 fl. taxierte Rittergut an seinen Sohn Hans Christoph und schließlich an dessen, ihn überlebenden Bruder Georg Ernst [†1651] und seine beide Söhnen Heinrich Ernst auf Ebersdorf und Remptendorf und Friedrich auf Remptendorf und Ebersdorf über. »Im Dreißigjährigen Krieg stark verfallen, 1645 geteilt, wurde ein Teil des Gutes 1650 schließlich an die Gemahlin Heinrichs X. Reuß-Lobenstein (1621-1671), Maria Sibylle, geborene Reuß-Obergreiz (1625-1675), verpachtet. Drei Jahre später gelangte dieser vermutlich unbebaute Teil in den Besitz Heinrichs X. Reuß-Lobenstein.«[152] 1665 löste Heinrich Ernst von Machwitz um 650 fl. von Georg Wüst auf Remptendorf ›etliche und 20‹ Untertanen zu Raila, Wernsdorf Künsdorf Seubtendorf und Schilbach, die früher zum Rittergut Ebersdorf und bis 1655 dem Antonius von Kospoth auf Frankendorf und Zollgrün gehört hatten, wieder ein. Nach seinem Tod wurde sein Neffe Christian Friedrich – der Sohn Friedrichs – Herr auf Ebersdorf, bis nach seinem Ableben am 22.02.1681 die ehedem sehr wirkmächtige Remptendorf-Ebersdorfer Linie derer von Machwitz im Mannesstamme erlosch, worauf ihr Besitz als erledigte Lehen der Landesherrschaft **Reuß** anheimfielen, womit die beiden Teile von Ebersdorf wieder vereinigt waren. Schon im Folgejahr kaufte es Heinrich I. zu Schleiz als Vormund für den damals noch minderjährigen Heinrich X., den Begründer der Reuß-Ebersdorfer Linie, um 9.400 Gulden.[153] Was Heinrich I. in Ebersdorf vorfand, war ein einfaches **Herrenhaus**, das zusammen mit einem Pferdestall von einem Wassergraben umgeben war, den die Friesau über einen Kanal speiste und über den eine [Zug-?]Brücke führte. Ökonomischer Zwänge halber – die 1678 gebildete Grafschaft Reuß-Ebersdorf bestand gerade einmal aus kaum mehr als einem Dutzend Dörfern – und wohl auch aus Bescheidenheit entschied sich Heinrich X. [1662-1711] ab dem Jahre 1691 zunächst für einen einfachen Um- und Ausbau des alten Schlosses, der aber dann immer aufwendigere Ausmaße annahm. Zwar wurde die alte Grundfläche von 26,45 × 21,89 m mittels Anbauten an der Nord- und Südseite, einem Altan an der Westseite und einen Kaminbau an der Ostseite nicht ausladend erweitert, dafür aber erstand der 3 × 6-achsige Hauptbau viergeschossig – die ersten beiden Etagen massiv, die weiteren in Fachwerk – mit einem zweigeschossigen Walmdach, wobei die 1-achsig eingezogenen Anbauten an den Schmalseiten nur drei Geschosse, der

Altan dagegen sogar nur zwei besaßen. Die Hofseite zierte ein Portal mit Dreiecksgiebelkrönung, ein Dachreiter kam nicht zur Ausführung. Die Beletage befand sich im Obergeschoß, ein großer Saal mit hohen Decken in der zweiten sowie die Gästezimmer und die Schloßkapelle in der dritten Etage, die sich mit kleineren Fenstern als Mezzanin von den anderen Geschossen absetzte. Bereits 15 Jahre nach der Fertigstellung [1694] des **Residenzschlosses** hatte sich das Repräsentations- und Wohnbedürfnis der gräflichen Familie erheblich erhöht, die sich mit einem Ausbau zur Dreiflügelanlage nun eine bescheidene und doch repräsentative Residenz zu schaffen gedachte. 1709 begann der Bau eines südlichen Amts- bzw. Wohnflügels. Dem folgte ab 1711 die Anlage eines Barockgartens und bis 1720 die Entstehung eines nördlichen Wirtschaftsflügels für das Hofpersonal. Änderungen in den Familien- und Herrschaftsverhältnissen gingen damit einher. 1711 segneten Heinrich X. Reuß-Ebersdorf und Heinrich VIII. Reuß-Hirschberg das Zeitliche, und die halbe Herrschaft Hirschberg fiel an das Haus Ebersdorf, wo Heinrich XXIX. [1699-1747] im Jahre 1717 die Regentschaft übernommen hatte. Zusammen mit seiner Frau Erdmuthe Benigna, eine geborene Comtess von Solms-Laubach, etablierte er in Ebersdorf eine pietistische Gemeinde, die den bisherigen Festsaal im zweiten Obergeschoss als Kirchsaal nutzte und für die ab 1742 ein eigener Ortsteil mit nüchternen, doch eindrucksvollen Barockbauten geschaffen wurde, der schon 5 Jahre später 400 Einwohner zählte und Ebersdorf zusammen mit den gräflichen Bauten einen quasi-städtischen Charakter verlieh. Vom Schlosse trat in erster Linie der zur Lobensteiner Straße hin traufständige **Südflügel** in Erscheinung. Zusammen mit seinem rechtwinkling nach dem Kernbau abgehenden Verbindungstrakt stellt er ein 3½- bzw. 3-geschossiges langes Gebäude mit Walmdach und Dachgauben dar. Ein Tor mit darüberliegendem Austritt teilt das Erdgeschoß links in 5 und rechts in 6 Fensterachsen. Nach Osten schließt der Südflügel mit einem Anbau [ehedem mit Balkon] am anderen Ende dagegen mit einer hervorspringenden Südwestecke mit

Eckrisalit ab. Der nur 2½-geschossige **Nordflügel** – nach außen mit Walmdach, zum Hof aber mit Satteldach – ist weniger repräsentativ, trotz hölzernem Dachreiter und nach dem Kernbau hin erhöhtem Gebäudeteil mit kräftigem Dreiecksgiebel nach Norden. Sein Torhaus steht axial zu dem der Südfront.

Eine Umgestaltung des ›Alten Gartens‹ nordwestlich der Anlage schloß diese zweite Bauphase nach 1720 ab.

Etwa zehn Jahre später wollte man die nach Osten hin offene Schloßanlage durch einen Kapellen-Neubau nebst Brauerei [!] abschließen, doch beschränkte sich dieses Vorhaben am Ende nur auf einen hölzernen Bau mit Waschküche im unteren und Wohnräumen im oberen Teil. Heinrich LI. [1761-1822], der seinem Vater Heinrich XXIV. [1724-1779] im Jahre 1782 in der Regierung nachgefolgt war, gefiel dieses Provisorium überhaupt nicht, und er leitete 1788 nach den Plänen des späteren kursächsischen Oberlandesbaumeisters Christian Friedrich Schuricht [1753-1832] die kunsthistorisch bedeutendste Umbauphase des Schlosses ein. Schuricht der 1788 über einen Zeitraum von 6 Wochen in Ebersdorf weilte, hatte 1786/87 auf einer Italienreise zahlreiche Inspirationen gesammelt, die

Schloß Ebersdorf: Gartenseite *Südflügel*

sich in seinen späteren Projekten, wie der Innenfassung des Römischen Hauses in Weimar [1794], des berühmten Brückenzimmers in Goethes dortigem Stadtpalais, des halbrunden Horentempels von Schloß Heidecksburg, des Neuen Palais zu Pillnitz [ab 1816] und zahlreicher anderer klassizistischer Bauten in Mitteldeutschland ausdrückten, wobei er – gewissermaßen als Teil seiner Handschrift – einen sogenannten ›Triglyphenfries‹ einsetzte, der auch beim Ebersdorfer Schloßbau zu erkennen ist nämlich an dem zweigeschossigen **Portikus** der Gartenseite und zwar im Gebälkfries zwischen dem zurückspringenden Mezzaningeschoß mit Dreiecksgiebel und den sieben, auf Postamenten ruhenden, selbigen Vorbau tragenden dorischen Säulen. Indem Schurichts Baurisse nicht erhalten sind, kann heute nicht mehr eindeutig geklärt werden, wo seine Entwürfe zur Gänze umgesetzt worden sind, und wo die Sparsamkeit des Bauherrn diesen beschwichtigend zur Seite gestanden hatte. Zu den Schwerpunkten des klassizistischen Umbaus gehörten neben der Überformung der Fassade des Kernflügels bei Umwandlung des bisherigen Altans in einen Säulenvorbau mit Freitreppe auch die Neugestaltung des Interieurs der Innenräume. Durch Umbauten in den beiden Seitenflügeln entstanden großzügige Treppenhäuser, welche den Zugang von den Tordurchfahrten zur **Beletage** ermöglichten.

Die Überformung der Innenräume erfolgte im hellenistischen Stil, wie er um die Wende vom 18. zum 19. Jahrhundert gepflegt wurde. Wie die Bauhistorikerin Anja Löffler konstatiert, war das Erscheinungsbild des baukünstlerischen Schmucks in weiten Teilen des Schlosses von zart und fast flächig gestalteten Stuckierungen geprägt, insbesondere in der Gestaltung der Wandspiegel sowie der Deckenspiegel mit Rosetten.

»Das betrifft fast sämtliche Räume des ersten Obergeschosses vom Kernbau [vom Grünen Zimmer, über den Roten und Blauen Salon, bis zum Bilderkabinett] über den Verbindungsbau [Ovaler Saal] bis zum Eckzimmer des Südflügels, zum Billardzimmer. Dieser geschmackvolle, sparsame Stuckdekor – zumeist quadratische Decken mit einem einfachen Lorbeerkranz – ist überhaupt charakteristisch für die Innengestaltung reußischer Schlösser um 1800. Farbig aufgemalte schwebende Frauengestalten schmückten ergänzend die Wandfelder des Billardzimmers.«[154] Der angrenzende **Ovale Saal** dagegen wurde 1790 mit acht einfach umrahmten romantisierenden antiken Landschaften ausgestaltet. Von diesem Raum führt ein Durchgangszimmer in den Gelben Saal, der als Empfangszimmer diente. Die Zimmer im zweiten Obergeschoß – die drei

Balkonzimmer, der zweigeteilte Selbitzer Salon und der **Kirchsaal** – blieben der Beletage gestalterisch nachgeordnet. Unter ihrem sparsamen Intereur fällt einzig der ›Kirchsaal‹, ein 6 × 11 m großer, über zwei Etagen gehender und mit zwei kleinen Emporen ausgestatteter Raum, durch seine hochbarocke Stuckierung des späten 17. Jahrhunderts auf. Klassizistisch überformt, wurden bis zum Abschluß der Arbeiten im Jahre 1792 selbstredend auch die drei Repräsentationsräume im Erdgeschoß des Kernbaus – der **Gartensaal**, dem sich nach Süden das Jagdzimmer und nach Norden der Tafel- und Eßsalon anschlossen, und den man hofseitig über einen Vorsaal erreichen konnte. Die Küche befand sich fortan im Nordflügel und für die sanitären Bedürfnisse schuf man im Winkel zwischen Westfront und Nordflügel einen mehrgeschossigen kleinen Anbau mit Walmdach. Zeitgleich mit der Umgestaltung des Schlosses erfolgte auch die Erweiterung des Barockgartens zu einem Landschaftspark.[155] Nachdem während der französischen Invasion 1806 Kaiser Napoleon die Nacht vom 9. auf den 10. Oktober im Grünen Zimmer des Schlosses zugebracht hatte, entwickelte man den großen Raum zu einer Memorialstätte.

Mit der Regierungsübernahme Heinrichs LXXII. [1797-1853], des letzten Ebersdorfer Herrschers, im Jahre 1822 setzte zwar ein heftiges Baubegehren ein, doch widmete sich der Fürst nur sporadisch und mit wechselndem Interesse seinen Schlössern – zu denen neben seinen Residenzbauten in Ebersdorf, Lobenstein und Hirschberg auch die beiden Geraer Schlösser Osterstein und Tinz – die er zusammen mit Heinrich LXII. von Schleiz besaß – sowie an die zehn aus dem Erbe seiner Mutter stammenden Rittergüter in Sachsen gehörten. Zudem scheiterte vieles an der ungeordneten Vielzahl von Ideen.

Auch unter Heinrich LXXII. kam es zu keiner Schließung des Ebersdorfer Schloßensembles durch einen Ostflügel, doch entwickelte er östlich des gußeisernen Schloßzaunes einen, mit Bäumen bestandenen grünen Flügel, »der vortrefflich zur Brunnenanlage des Hofes und dem dortigen Lindenbaumbestand korrespondierte«.[156] Zudem wurden 1825 Teile des Wassergrabens verschüttet und 1826 das hiesige Detachement in die ehemalige Fronveste am Ortsrand verlegt.

Mit der Abdankung Fürst Heinrichs LXXII. im Revolutionsjahr 1848 und der Vereinigung aller Gebiete der jüngeren reußischen Linie unter dem Hause Schleiz, verlegte dessen Souverän, Fürst Heinrich LXII. [1782-1854], seine Hauptresidenz nach Gera und Ebersdorf devancierte – obwohl noch eine zeitlang Landratssitz des neugebildeten Oberländischen Bezirkes – zur Sommerresidenz des Fürstlichen Hauses. Nach Abdankung des letzten Geraer Fürsten Heinrich XXVII. [1858-1928] im Zuge der Novemberrevolution von 1918 verblieb Schloß Ebersdorf in Händen der fürstlichen Familie, ebenso das neue **Kammergut**, ein 1874 nördlich vom Schloß erbauter großer Vierseithof, der 1923 noch über LWN von 151 ha [davon 125 Feld, 27 ha Grünland] sowie einen Großviehbestand von 16 Pferden, 70 Rindern und 30 Schweinen verfügte.[157]

Der letzte Reuße des Schleizer Hauses, Prinz Heinrich XLV. [1895-1945], widmete sich Ebersdorf »im bescheidenen, aber liebevollen Umgang. Vergleichsweise zu anderen Schlössern der jüngeren Linie – abgesehen von der Hauptresidenz Schloß Osterstein – verfügte die hiesige Liegenschaft neben einer eigenständigen Bibliothek über eine überaus reiche Innenausstattung der Festräume, in denen sich Büsten des Weimarer Bildhauers Martin Gottlieb Klauer (1742-1801), klassizistisches und Biedermeier-Mobiliar, wertvollen **Möbel** von David Roentgen [1743-1807] und vielfältige klassizistische Wandmalereien befanden.«[158] In allen Räumen waren »wertvolle Gemälde, farbige Gravuren und Zeichnungen berühmter zeitgenössischer Künstler wie Tischbein, Anton Graff, Vogel und Reinhold. Eine sehr feine Sammlung von Uhren und Porzellan vervollständig[t]en die historischen und künstlerischen Kollektionen von Schloss Ebersdorf und macht[en] aus diesem Schloß ein Kunstmuseum.«[159] Auf Initiative des Erbprinzen entstand im Park bis 1931 auch das von dem namhaften Bildhauer Ernst Barlach gestaltete Reußische Grabmal.

Im Sommer 1945 geriet auch Schloß Ebersdorf in den Sog

von Flucht und Vertreibung. Nachdem Schloß Osterstein am 6. April 1945 durch Bomben zerstört war, erwartete Heinrich XLV. zusammen mit der Familie seines Adoptivsohnes Heinrich I. Reuß-Köstritz [1910-2012], seinen Bediensteten sowie 70 Evakuierten aus Gera, Dresden und Schlesien [darunter auch 15 Mitglieder verschiedener, ehedem regierender Adelshäuser] das Ende des Krieges. Unmittelbar vor dem Einmarsch der Roten Armee nach Thüringen Anfang Juli 1945 machte sich von hier aus ein langer Troß aus Pferdegeschirren über den Frankenwald in Richtung Westzonen auf. An seinem Jagdhof Jägersruh bei Grumbach aber soll sich Heinrich XLV. umentschieden haben, und ließ sich von seinem Kutscher nach Ebersdorf zurückfahren. Er wollte nach dem Rechten sehen und befürchtete keine Repressalien, denn er habe ja niemandem Unrecht getan. Am 18. August 1945 jedoch wurde er von den Schergen des sowjetischen Geheimdienstes NKWD verhaftet. Im Speziallager II Buchenwald verliert sich seine Spur. Vielleicht sollte er auf die Insel Rügen deportiert werden, und ist auf dem Weg dorthin umgekommen. Sein Alleinerbe Heinrich I., seine Ehefrau Woizlawa-Feodora geb. Prinzessin zu Mecklenburg [1918-2019] und ihre Kinder entkamen glücklich ins Hessische Büdingen, wo sie bei Heinrichs I. Schwester Felizitas zu Ysenburg und Büdingen unterkamen. Die Sowjets aber nutzten das Ebersdorfer Schloß bis 1946 als Kaserne und nahmen keine Rücksicht auf die, im Kirchsaal und den angrenzenden Fluren aufgestellte **Bibliothek**, von deren etwa 10.000 Büchern der Pfarrer Werner Burckhardt 1946 noch 3.000 Bände retten und der Stadtbibliothek in Gera übergeben konnte. Von dort gelangte der Bestand 1961 nach Weimar in die Herzogin-Anna-Amalia-Bibliothek, worauf man einen Teil davon zeitweise im Schillerhaus in Weimar ausstellte. Einen Kauf, der 1999 an die Erben Heinrichs XLV. rückübertragenen Bestände für diese Bibliothek unterstützte die Thüringer Landesregierung in keinster Weise, worauf die Bücher – abgesehen von 87 Bänden mit familienhistorischer Bedeutung, darunter wohl auch das Lebenswerk[160] des akribischen Reußenland-Historikers Heinrich XXVI.

Reuß-Ebersdorf [1726-1797] – an die, auf die Geschichte und Theologie des reformierten Protestantismus spezialisierte Johannes-a-Lasco-Bibliothek in Emden verkauft wurden. Nachdem die Raiffeisengenossenschaft Schleiz 1946 in einigen Räumen des Schlosses Getreide eingelagert hatte, begann die Volkssolidarität im Sommer 1947 damit, im Schloß ein **Pflegeheim** für ältere Menschen aufzubauen, in das am 8. April 1948 zunächst 50 Senioren aus dem Quarantänelager Sonneberg und den Heimaufnahmen der Kreise Arnstadt, Ilmenau, Rudolstadt und Saalfeld einzogen. Etwa 85% von ihnen waren Vertriebene aus dem Osten vorallem aus Schlesien und dem Sudetenland.

Derweil wurde von 1947-1949 der alte **Marstall** östlich des Schlosses zu Wohnungen und einem Theatersaal umgebaut. Nachdem dieser aber 1951 in Flammen aufgegangen war, entstand an dieser Stelle bis 1954 das neue Kulturhaus des nunmehrigen Luftkurortes Ebersdorf. Das Pflegeheim im ehemaligen Schloß aber wuchs derweil beständig und hatte bis zum Jahre 1961 schon 268 Bewohner – 78 Männer und 190 Frauen –, die in 63 Zimmern untergebracht waren und von 37 Pflegekräften betreut wurden, wobei sich die Unterbringung wie auch die Arbeitsbedingungen des Personals, trotz verschiedener Umbauten und Modernisierungen – wie neuen sanitären Anlagen bzw. des Einbaus einer Gaswasserpumpenheizung – nach heutigen Maßstäben immer noch recht primitiv gestalteten. Zu diesem Zwecke war es um das Jahr 1970 doch noch zur Schließung des Schloß-Ensembles durch einen **Ostflügel** gekommen, in dem Heizhaus, Werkstatt, Garagen und Mitarbeiterwohnungen unterkamen. Im Zuge besagter Umbauten im Pflegeheim hatten man in den 1960ern einige der Wandgemälde dem damals frisch sanierten Schloß Molsdorf in Erfurt überlassen, wo sie die Gaststätte in dessen Erdgeschoß zieren sollten.[161] Im Jahre 1992 übernahm das DRK das Alten- und Pflegeheim in Ebersdorf. 1998 lebten noch 100 Bewohner in 54 Zimmern darin, bis 2000 die Einrichtung zugunsten eines neuerbauten Pflegeheims in Lobenstein geschlossen wurde und das Schloß daraufhin faktisch 20 Jahre lang leer stehen mußte, da Rückübertragungsansprüche der Erben Heinrichs XLV. eine mögliche Nutzung blockierten. Erst 2015 sah das Landratsamt des Saale-Orla-Kreises diese Forderungen als erledigt an, und schrieb das Schloß zum Verkauf aus. Ein im gleichen Jahr noch gegründeter örtlicher Verein ›Zukunft für Schloss Ebersdorf‹ engagierte sich für die Wiederherstellung und Erhaltung des Bauwerks und initiierte 2017 ein Projekt von Erfurter Architekturstudenten, die Modelle zur Nutzung des Schlosses als private Gourmet-Universität, ähnlich dem Basque Culinary Center in San Sebastián erarbeiteten. Ein Angebot des Vereins, das 120 Zimmer große, inzwischen teils vom Hausschwamm befallene Anwesen für 160.000 Euro zu erwerben, lehnte der Kreisrat ab, verkaufte das Schloß jedoch gegen das Versprechen, lediglich 400.000 Euro in die Sanierung investieren zu wollen, Ende 2017 für symbolische 100.000 Euro an Heinrich XIX. Prinz Reuß, dessen Sohn Heinrich XXIX. Prinz Reuß und seine Frau Abigall 2020 mit der Sanierung des maroden Daches des Südflügels begannen und das Objekt zukünftig teils zu Wohnzwecken nutzen wollen. Daß damit das Schloß wieder an seine ursprünglichen Eigentümer zurückging, stimmt nicht so ganz. Gleich den Erben Heinrichs I. entstammt zwar auch Heinrich XIX. der mittleren Köstritzer Linie, jedoch deren ältesten Zweig.[162]

Bei dem Hause **Reuß-Köstritz** handelt es sich um eine ehedem nichtregierende und dafür mit Landbesitz abgefundene Nebenlinie, die zu Beginn des 18. Jahrhunderts entstanden war, als Graf Heinrich I. Reuß-Schleiz seinen jüngeren Sohn Heinrich XXIV. [1681-1748] eine Mediatherrschaft aus den zu diesem Zwecke teils erst angekauften Rittergütern Köstritz und Steinbrücken [in der Herrschaft Gera], Hohenleuben, Reichenfels, Niederböhmersdorf, Weißendorf, Göttendorf, Triebes und Langenwetzendorf [in der Herrschaft Schleiz] schuf, deren Inhaber zwar keine Landeshoheit wohl aber die Mitbelehnung an der Landesherrschaft Reuß-Schleiz zugestanden wurde.

Schon unter Heinrichs XXIV. Söhnen bildete sich 1748 eine ältere, eine mittlere und eine jüngere Linie heraus, worauf das Paragiat und damit der Besitz von Schloß Köstritz, der Grablege des Geschlechts in der Hohenleubener Kirche u.a. nach dem Erlöschen der älteren Linie 1856 auf die mittlere überging. Letzter Paragiatsherr auf Köstritz und damit Senior des Gesamthauses war Prinz Heinrich XXXIX. [1891-1946], der im Gegensatz zu seinem Vater Heinrich XXIV. [†1910] schon nicht mehr den Fürstentitel führte. Seine diesseitigen Besitzungen wurden 1945/46 enteignet, seine österreichischen aber unter Zwangsverwaltung der Besatzungsmächte gestellt. Erst sein Sohn Heinrich IV. [1946-2012] erhielt 1955 die Schlösser Ernstbrunn und Hagenberg per Staatsvertrag zurück. Dessen Sohn Heinrich XIV. [*1955] wiederum kehrte nach der Wende nach Bad Köstritz zurück, nahm dort seinen Hauptwohnsitz und erwarb auch das barocke Herrenhaus von Kleinaga. Auf dieser Grundlage pachtete die Familie beträchtliche landwirtschaftliche Nutzflächen und faßte diese zu den ›fürstlichen Kammergütern Großaga‹ – einem Nachfolgebetrieb der bis 1945 hier bestehenden ›Reußischen Kammergüter‹ – zusammen. Nach dem Tode seines Vaters fiel Heinrich XIV. die Leitung des Reußischen Gesamthauses zu, das bedeutet – wenn die Monarchie noch heute bestehen würde – wäre er der Regent des Fürstentums und nicht – wie verschiedentlich behauptet wird – der älteste Sohn von Prinzessin Woizlawa-Feodora. Der Filius des letzten regierenden Reußen, Erbprinz Heinrich XLV. hatte seinen Adoptivsohn Heinrich I. zwar zum Erben seines gesamten Vermögens eingesetzt, seine Nachfolge als Oberhaupt des Fürstenhauses Reuß konnte er aufgrund der Bestimmungen des Reußischen Hausgesetzes aber nicht antreten. Neben der mittleren, hat auch die jüngere Linie des Hauses Reuß-Köstritz ihren Bezug zum Oberland nicht ganz verloren. So richtete der Senior dieses Hauses, Heinrich XI. Licco Prinz Reuß [*1934], im Juni 2003 für seine Tochter Prinzessin Friederike Alexandrine [oo Johann Rotger van Lengerich] eine standesgemäße, nach Trauung in der Bergkirche auf Schloß Burgk fortgeführte Hochzeitsfeier aus, unter deren an die zweihundert Gästen, sich auch zahlreiche Nachfahren ehedem in Oberland und Orlagau angesessener Niederadelsgeschlechter befanden.[163]

Bereits in der ersten Bauphase des Residenzschlosses [1691-1694] dürfte der am Schloß anliegende Küchengarten, später ›**Alter Garten**‹, für einen kleinen Barockgarten vorgesehen gewesen sein, doch erst im Zuge der Schloß-Erweiterung zur Dreiflügelanlage begann ab dem Jahre 1710 die Einbindung des Schlosses nach Südwesten hin in den Landschaftsraum des, hier noch flachen Friesautales. Dazu erweiterte man den Alten Garten mittels einer **barocken Gartenanlage** mit regelmäßigen, quadratischen, von Hecken und Laubengängen gerahmten Feldern, geometrischer Wegeführung sowie auch schon Kleinarchitektur wie Pavillons und einem **Vogelhaus**.

Gotisches Haus

Mit der zunehmenden Hinwendung zur Natur gegen Ende des 18. Jahrhunderts erfuhr dieser Garten eine zunehmende Aufwertung, und wurde so zum Initialort für einen **Landschaftsgarten** nach englischem Bilde, dessen Anfänge zwischen 1788 und 1791 mit dem klassizistischen Umbau der Gartenseite des Schlosses einhergingen, zunächst noch unter Einbeziehung alter, am Westhang des Friesaubaches sich erstreckender Baumbestände, Wiesen und Wasserläufe nach dem Pfotenteich hin, wobei mit der Hervorhebung solitärer Großgewächse und der Abgrenzung mehr oder minder großer Baumgruppen Abwechslung und Kontraste erzeugt werden sollten. Dabei war damals sicher schon klar, daß sich interessante Blickachsen zwischen Schloß und Pfotenteich aufgrund der weiten Entfernung nicht herstellen ließen. Die Schaffung neuer gestalterischer Arrangements durch Anpflanzungen erfolgten erst zwischen 1801 und 1807. Zunächst setzten die Landschaftsgestalter 5.300 Bäume [1801], gefolgt von ca. 5.200 Weymouth-Kiefern, Birken und anderen Laubbäumen oberhalb des Pfotenteiches [1803/04] sowie noch einmal etwa 5.700 Bäumen an gleicher Stelle [1805]. Zu dem Zweck befanden sich an diesem Teich 2 Baumschulen, die bis zum Jahre 1810 229.400 Bäume und

Sträucher lieferten. Der größte der Bäume, eine **Weymouthkiefer** mit ungeheuer starken Seitenarmen, besitzt inzwischen eine Höhe von knapp 30 m. Trotz dieses beträchtlichen Aufwandes und einer gewissen gestalterischen Qualität, blieb der Park im Gegensatz zu den bedeutenderen Anlagen namhafter Gartenbauer sowie in Ermangelung prägnanterer landschaftlicher Motive in seiner Gestaltung weitgehend im Provinziellen stecken, weswegen die fürstliche Familie bis zum Jahre 1878 immer wieder Verbesserungen und Erweiterungen anstrebte, bis der Park am Ende eine Größe von knapp 54 ha erreichte.

Wesentliche Gestaltungsmomente ermöglichte verschiedene Kleinarchitektur wie [1] das 1797 bildlich belegte **Gotische Haus**, ein hölzernes gotisierendes Teehäuschen über dem Grundriß eines griechischen Kreuzes, [2] die 1811 nachweisbare **Fischerhütte** nordöstlich sowie [3] die **Wald-Scheune** südöstlich des Pfotenteiches, [4] die **Fasanerie** [1839 erwähnt], [5] das **Prinzenhaus**, eine Art Spielhäuschen mit Spielplatz für die Fürstenkinder [bis nach 1945] anstelle der heutigen Grundschule, [6] das **Borkenhäuschen**, ein kleiner Bau mit Kegelbahn anstelle der heutigen Naturbühne – sowie extern [7] das **Lusthäuschen** ›Tempe‹ jenseits der Lobensteiner Straße in den Pohligswiesen [bis 1834] und [8] eine 1732 erwähnte **Orangerie**. Ursprünglich auf der Gartenseite des Schlosses befindlich, wurde sie 1788 abgerissen und bis 1790, einem griechischen Pantheon ähnlich, erhöht über dem Küchenteich als 35 m langes Gebäude mit, an der Gartenseite ausgeführten 16 korinthischen Säulen mit Palmenkapitellen wiedererrichtet. Dahinter entstand 1828 eine große Steinmauer zum Anbau von Spalierobst sowie ein **Ananashaus**.

Wie eine Art Parkordnung aus der persönlichen Feder Fürst Heinrichs LXXII. verrät, war der Park bis auf einen kleinen Teil der Öffentlichkeit zugänglich. So heißt es darin: »Alle anständigen Fremden ohne Unterschied können während meines Aufenthalts hier zu jeder Tagesstunde das Schloß und seine Umgebung besuchen. ... Da Ich hier von anständigen Fremden rede, so nehme Ich an, daß sie nichts Unanständiges begehen; z.B. keine schweren Stöcke, Hunde, keine schmutzigen Stiefeln, Worte, Lieder etc., Narrenhände etc. ... Mit der Dunkelheit hört der Besuch auf. Warum? Weil dann die Begriffe ›Anständig‹ und ›Unanständig‹ sich verwirren.«[164]

Zwischen 1900 und 1926 wurde der Park von dem Hofgärtner Walter Fintelmann weiterentwickelt, worauf die Oberlandhefte 1926 darüber schreiben: »Wie ein grüner Hag erstreckt sich der Park südlich und westlich vom Schloß in großer Ausdehnung und reich an wechselvoller Gestaltung. ... Wohlgepflegte Wege führen den Naturfreund bald durch das Wiesental des schlangenförmig gewundenen Friesaubaches, bald durch Laub- und Nadelwald. ... Eine besondere Schönheit des Parks ist der im westlichen Teile gelegene und vom Wald umrahmte Pfotenteich. Dort am Pfotenteich steht auch das von wildem Wein umwucherte **Teichhäuschen** [1903 erstmals erwähnt]. Im südlichen Teil des Parks stößt der Wanderer auf das Gotische Haus und ferner auf das Teehäuschen, das sich unter dem Dach herrlicher Buchen auf einer Anhöhe erhebt.«[165] Für einen der Stege über die Friesau hat sich wegen des Polterns der Hufe und Kutschenräder der fürstlichen Gespanne über die Brückenbohlen der Name ›**Donnerbrücke**‹ durchgesetzt. Eine bedeutende Sehenswürdigkeit des Parks ist das seit 1931 auf einem separaten Plateau an dessen Südende thronende **Reußische Grabmal**. Es ist die einzige Freilandskulptur des bekannten Bildhauers und Dramatikers Ernst Barlach [1870-1938] in Thüringen, den Heinrich XLV. 1929 mit dem Entwurf eines würdigen Grabmals für seine Eltern und seine beiden früh verstorbenen Brüder beauftragt hatte. Das in äußerster Schlichtheit und dennoch in erhabener Großartigkeit ausgeführte Monument zeigt rechts und links eines überhöhten Kreuzes zwei verhüllte weibliche Trauerfiguren vor vier Steinsarkophagen. Unter Heinrich XLV. diente der Park auch zu sportlichen Zwecken. So hatte er – nachdem bereits ein Tennisplatz angelegt war – in den Parkwiesen einen Golfplatz geplant, der am Ende aber nicht mehr zur Ausführung kam, wodurch die Weiträumigkeit des Landschaftsparks erhalten blieb.

Im Zuge der Bodenreform und der Enteignung von Schloß, Park und Kammergut ging der Park 1945 in den Besitz der Gemeinde Ebersdorf über, und bildete fortan das vielleicht wichtigste Strukturmoment für dessen Bedeutung als Luftkurort, allerdings stand für den damaligen Parkgärtner Otto Keller [1952-1965] die Forstwirtschaft für die Waldbereiche im Vordergrund. Dennoch wurde der Park 1958 zum Landschaftsschutzgebiet erhoben und 1976 in die Kreisdenkmalliste aufgenommen. An weiteren Bauten im Park entstanden neben einer **Naturbühne** [1964] mit Regiehäuschen [1984] ein von 1949 bis 1953 errichteter dreiachsiger **Pavillonflachbau** als einer der ersten Schulneubauten nach dem Zweiten Weltkrieg in Ostthüringen, wobei den Schulanfängern eine stattliche alte Rotbuche als **Zuckertütenbaum** zur Verfügung stand, sowie in den 1950er-Jahren ein neues Teehaus [**Japanisches Häuschen**] von dem Ebersdorfer Baumeister Karl Scheidig, abgesehen von jenem dritten **Teehaus** in Form eines achteckigen Holzbaus auf einer Anhöhe im Südwesten des Parks. Auch die nach dem Kriege halb verfallene Orangerie wurde ab 1967 von Freiwilligen saniert und 1969 eine, bis 1989 betriebene **Gaststätte** darin eingerichtet. Inzwischen nutzt der Schlossparkverein Ebersdorf e.V. das Gebäude für Ausstellungen, Konzerte u.a. An weiteren **Denkmälern** im Park ist der 1995 errichtete Gedenkstein anläßlich des 100. Geburtstages von Heinrich XLV., der wie seine Schwester Luise [1890-1951] nicht im Reußischen Grabmal bestattet werden konnte, zu nennen, aber auch die 1987 von dem Ebersdorfer Bildhauer Friedrich Popp geschaffene Skulptur ›Familie‹, welche reliefartig eine intakte Familie mit einem Elternpaar und drei Kindern darstellt. Weitere Erlebnispunkte sind seit 2015 das funktionierende Modell einer unterschlächtigen Wassermühle – der **Parkmühle** – und ein von Schülern angelegter, im Jahre 2016 eröffnete Baumlehrpfad.[166]

Ebersdorf: Orangerie

Eichenstein

Die Streusiedlung Eichenstein [mda.: Aangerstaa] liegt östlich der fränkischen Stadt Lichtenberg am Rande des Höllentals.

Sein mit beträchtlichen Waldungen ausgestattetes Rittergut gehörte ab dem Jahre 1564 den Herren **von Blankenberg** und im 17. Jahrhundert dem Schleizer Superintendenten Gabriel **Hartung** [†1692]. Dieser verkaufte es dem Oberamtmann Heinrich Adam **Lauterbach** zu Schleiz, der – nachdem er 1688 auch das benachbarte Rittergut Blankenstein erworben hatte – die beiden Besitzungen vereinigte und gemeinsam bewirtschaftete.

Diese Kombination blieb auch unter den ihm nachfolgenden Besitzern von Blankenstein – den Familien **Kühnholdt** [1768-1782] und **von Püttner** bestehen, bis die bis dahin mitsamt der Hölle oder Kleinschmiede zum reußischen Amt Lobenstein gehörende Gebietsaustülpung im Jahre 1830 an das Königreich Bayern fiel, worauf der Rittergutsbesitzer von Blankenstein-Eichenstein, der Prozeßrat Adam Daniel von Püttner [†1836], Eichenstein seinem benachbarten Rittergut Issigau zuschlug.[167] Überhaupt bildete die Landesgrenze zwischen Bayern und dem Reußenland vor Mitte des 19. Jahrhunderts noch nicht exakt die Tannbach-Saale-Moschwitz-Linie. Besonders der Besitz der Mühlen und damit die Grenzlinie zog sich jenseits der Wasserscheide oft noch den Berg hinauf und bei der Kegelmühle nahe Mödlareuth verlief die Landesgrenze sogar mitten durchs Anwesen, was die Besteuerung so verkomplizierte, daß ein Gebietstausch der Staaten die Mühle 1859 nach Bayern verwies.

Frössen

Das Angerdorf Frössen [1355 Vrezzin] liegt zwischen Saalburg und Hirschberg in einer sanften Einsenkung der Hochebene längs eines Nebenlaufs der Saale. Wie der Landeskundler Georg Martin Brückner [1870] berichtet, besaßen das früher hier bestandene **Rittergut** zuerst die Herren **von Sparnberg**, »dann im Beginne des 15. Jahrhunderts die **von Dobeneck**, die es Anfang des 16. Jahrhunderts in vier Teile teilten, von denen sie einen Teil bis 1675 behielten, die übrigen aber verkauften. 1506 haben die **v. Gailsdorf** und Feilitzsch, später die **v. Reitzenstein** einen Theil im Besitze. Im Jahre 1616 hat Chr. v. Haugwitz einen erkauften Gutsteil inne, darauf 1622 ein Herr von Falkenstein. Gleichzeitig (1618) hatte P. E. v. Endern einen vierten Teil käuflich an sich gebracht, der um 1650 an die Familie Waidhofe und darauf an den Nailaer Pfarrer **Dressel** (Drechsel) überging. 1675 kaufte Sigmund **v. Schönfels** von denen v. Dobeneck den ihnen gebliebenen Antheil sammt dem gleichfalls denselben zustehenden Rittergute Stöcketen und später auch die übrigen 1687 in dem Besitz der v. Metsch, Draxdorf und Dressel vorkommenden Gutsantheile zu Frössen. So daß er nun alleiniger Besitzer des ganzes Rittergutes wurde. Als er 1703 ohne Lehnserben starb, fiel Frössen nebst Stöcketen [jener Einzelhof südöstlich des Ortes] dem **reußischen Grafenhause** heim, worauf die Landesherrschaft von Lobenstein 1704 die Güter käuflich übernahm, sie aber 1761 wieder an J[ohann] Heinrich **Münch** (zu Reitzenstein und Issigau) verkaufte. ... Die Ober- und Erbgerichte und Lehen in Frössen und Hohenpreis standen den Besitzern der Rittergüter zu; außerdem hatten zu Frössen das blintendorfer Rittergut, das hirschberger Schloß und die frössener Pfarrei einige Lehen, und vier Bauern (Klosterbauern) lehnten nach Lobenstein bez. nach Ebersdorf.«[168] Zudem verfügten die Rittergüter Frössen und Göritz in der Frössener Kirche über je ein eigenes Erbbegräbnis sowie eine Patronatsloge, die aber im Jahr 1959 abgebrochen wurden. Obwohl Frössen und Hohenpreis demselben Rittergutsbesitzer gehörten, wurden die zwei Güter jedoch getrennt bewirtschaftet. Nach Johann Heinrich Münch wurde Johann Adam Münch deren Besitzer, bis die Familie im Jahre 1864 die beiden Rittergüter an die Herren Wieprecht, Hartenstein und Dick, drei Grundstücksspekulanten aus Plauen verkaufte, die sie 1865 zerschlugen »und der Landesregierung die Waldung und mit landesherrlicher Genehmigung an die Gemeinde die Gebäude nebst dem Dorfteiche und an Ortsnachbarn die Felder und Wiesen des Gutes um 11.200 Thlr.

verkauft[en]. In Folge dessen hat man die meist verfallenen Gutsgebäude bis auf zwei, in denen vormals Gericht gehalten wurde, und bis auf die Schäferwohnung abgebrochen. Es ist somit das alte Rittergut Frössen aus der Reihe der Rittergüter verschwunden.«[169]

Gahma

Das Angerdorf Gahma [1415 Jhamen] liegt zwischen Leutenberg und Bad Lobenstein an einer Höhenwelle am Beginn eines, zur Sormitz fallenden Tales. Von der hiesigen Urpfarrei war einst die Missionierung der Umgegend ausgegangen. Ihr Spengel war gegen Ende des Mittelalters noch so bedeutend, daß – wie Schießscharten in den Giebelwänden sowie in der umlaufenden Friedhofsmauer und ein 1833 erst zugeschütteter Wallgraben davor bedeuten – die Kirche zur **Wehrkirche** ausgebaut werden konnte.[170] »An das früher hier bestandene **Rittergut**, das längst zerschlagen worden ist, erinnern noch die Tradition, der Galgenberg und das an der Westseite der Kirche eingemauerte v. Watzdorfsche Familienwappen. Im dem neben der Pfarrei gelegenen ziermannischen Hause soll der Edelmannsitz gewesen sein.«[171]

Gallenberg

Das ehemalige Vorwerk Gallenberg [1843 Galgenberg] liegt ca. 1.200 m NNO des Neuen Schlosses zu Lobenstein an der Nordostwand des gleichnamigen Berges [550 m NN]. Ehedem befand sich hier ein fürstliches **Kammergut** mit einem Wohn-, und drei Wirtschaftsgebäuden sowie zwei Teichen, das – später zum Sitz einer Försterei bestimmt – noch heute als großes Anwesen erhalten ist. Gartenbauarchitektonisch aufwendig gestaltete **Anlagen** mit Promenadenwegen, Ruheplätzen, Aussichtspunkten [Hildebrandsbastei], anheimelnden Waldpartien und selbst einer Felsenquelle und einer ›Grotte‹ zogen sich ehedem von hier dem bewaldeten Westhang des Berges hinunter – die Hirschberger Straße und die Bahnlinie dabei querend – an den Lobensteiner Schloßgarten und späteren Kurpark heran.[172]

Gebersreuth

Das Straßenangerdorf Gebersreuth [1363 Gebehardisreute] liegt südöstlich der Stadt Gefell in der Hochmulde des hohen, von Haidefeld nach Hirschberg hin abdachenden Bergrückens und ist von bewaldeten Höhen umschlossen. Eine solche Lage brachte es mit sich, daß mehrere Grundherren im Orte das Sagen hatten. Einige Häuser waren Töpener oder Geilsdorfer Rittergutslehen. Andere gehörten zum Hirschberger Schloß, die meisten jedoch zu Ober- und Unter-Dobareuth, wobei das Hirschberger Schloßrittergut ähnlich wie in Mödlareuth wohl auch in Gebersreuth ehedem ein **Vorwerk** betrieben hatte.[173]

Göritz

Das Gassendorf Göritz [1369 czu Goretze] liegt nordwestlich von Hirschberg an einem Nebenlauf der Saale und ist aus einem Gutsweiler heraus entstanden. So bildete das, auf einer Terrasse oberhalb zweier Teiche [einer mit einer bepflanzten Insel] gelegene **Rittergut** den Anfang wie das Zentrum des Ortes. Ursprünglich befand sich dieses Gut wohl in den Händen der Herren von Sparnberg [1355 mit Besitz im Ort] und kam über die **von Feilitzsch** und **von Sparnberg** an die **von Dobeneck**. Gegen Ende des 30-jährigen Krieges [1647] war das Gut in drei Teile geteilt und auf lediglich 2.000 Mfl. Besitzwert angeschlagen. Melchior von Dobeneck, der Begründer der Linien Göritz und Hohendorf, besaß neben Göritz auch die Rittergüter Frössen, Stöckigten und Sachsenbühl, sein Sohn Johann Friedrich dagegen Göritz, Blintendorf und Stöckigten, dessen Sohn Jobst Hieronymus [oo Sabina von Reitzenstein auf Blankenberg] Göritz, Frössen und Blintendorf. Sein Sohn Hans Friedrich [oo Dorothea Rosina von Watzdorf auf Lothra] wurde zum Begründer des Dobeneckschen Nebenzweiges zu Göritz. Er war Deputatus der Reuß-Plauenschen Ritterschaft und verheiratet mit Eva Maria, der Tochter Christoph Friedrichs von Beulwitz auf Ober- und Unter-Sachsbühl.

Nach seinem Ableben 1742 bzw. 1738 wurde das Ehepaar in

der Frössener Kirche beigesetzt. Ihr Sohn, der Reuß-Plauensche Hauptmann Carl Ludwig von Dobeneck [*1716], war in erster Ehe mit Sophie Christiana von Dobeneck auf Kirschkau [†1749] und in zweiter Ehe mit Charlotta Maria Friedrica von Lindenfels [*1728] verheiratet. Von seinen fünf Kindern aus erster Ehe blieben ihm nach dem Tode dreier Söhne [zwei starben schon als Säuglinge, einer als Kleinkind] nur seine Töchter Sophia Charlotta Eleonore [*1743] und Eleonore Wilhelmina Louise [*1747]. So starb die Göritzer Zweig der Familie von Dobeneck nach Carl Ludwigs Tod im Mannesstamme aus und seine Besitzungen gelangten über seine Witwe Charlotta Maria in die Hand anderer Familien, wohl jener ihrer Schwiegersöhne. Im Jahre 1792 erwarb Johann Philipp **Knoch** für 9.000 Taler die Herrschaft. Das Maß der Frondienste gegenüber dem Rittergut war seitens der Göritzer Einwohner, die meist als Gutshäusler angesiedelt worden waren, exorbitant, denn sie mußten dem Grundherrn wöchentlich drei Tage unentgeltlich und drei Tage für 16 Pfennige taglohnen. Die Obergerichtsbarkeit über den Ort stand bis 1853 dem Rittergute zu. Über Lehen und Niedergerichte aber hatten neben den Rittergütern Göritz und Blintendorf [oberen und unteren Theils] zum geringeren Teile auch das Hirschberger Schloß-Rittergut und das Rittergut Frössen Anteil. Nach dem Tode des letzten Besitzers Philipp Knoch [†1858] veräußerte die Familie 1867 ihr Göritzer Rittergut, welches nach Ablösung der Lehne und Fronen auf einen Besitzwert von 60.000 Talern angeschlagen war, an ihren früheren Gutspächter Guido Adolf **Rümmler**. 1923 bewirtschaftete Paul Rümmler hier 149 ha [davon 87 ha Äcker, 25 ha Wiesen, 37 ha Wald] und hatte u.a. 7 Pferde, 40 Rinder, 25 Schweine in den Ställen. Das Anwesen bestand damals aus einem schönen und geräumigen Herrenhaus aus dem Jahre 1816, drei großen Wirtschaftsgebäuden, fünf Viehställen, zwei Scheunen, einer Spiritusbrennerei und einer Gutsbrauerei. Letztere besaß noch 1891 einige große Rundbogen auf den Türen und Fenstern, die dem 15. Jahrhundert entstammten.[174] Noch 1927 heißt es über das 1948 abgerissene Göritzer Schloß:

»Die große Landmauer des Rittergutes und das stilvolle Gartenhaus über ihr gemahnen an eine freundliche Bauweise, die 100 Jahre zurückliegt. Ebenso erinnern die nun leider verlassenen Gräber im Wäldchen am Langgrünersteig an eine Zeit, wo begüterte Familien eigene **Erbbegräbnisse** außerhalb der gemeinsamen Friedhöfe angelegt haben.«[175] Der an der Flurgrenze nach Frössen verortete Flurname ›Göritzer Schäferei‹ deutet auf ein eingegangenes **Vorwerk** hin. Zudem heißt ein einzelnes Haus am Waldrand die ›**Starenburg**‹.[176]

Die Herren von Feilitzsch

Die ehedem reichsfreie Ministerialienfamilie von Feilitzsch [auch Vyltsch, Veilsch, Filez u.ä.] aus dem gleichnamigen Stammhause nördlich von Hof gehört zu den ältesten vogtländischen bzw. oberfränkischen Adelshäusern mit außerordentlich großen Besitzungen im Hofer Becken und im oberen Vogtland. Auch wenn sie vielleicht nicht – wie die Sage will – schon im Jahre 1080 zusammen mit der Familie von Kotzau den Grundstein zu der Stadt Hof gelegt haben, so mögen sie doch bereits vor den Vögten von Weida, als dessen Vasallen sie in den frühesten Urkunden erscheinen, schon im Regnitzland ansässig gewesen sein, auch wenn sie aufgrund ihrer Wappengleichheit als Ableger der Familie von Veils oder Veilsdorf aus Veilsdorf im Hildburghäuser Land [Thüringen] erscheinen. Jedenfalls teilen sie ihren, von Silber, Rot und Schwarz gestreiften Wappenschild auch mit anderen alten, aus dem sächsisch-bayerischen Vogtland stammenden Familien wie denen von Zedtwitz, von der Heydte, von Röder bzw. von Perglas, von denen erstere ihre Stammsitze in den Feilitzsch benachbarten Orten Zedtwitz und Haidt hatten und höchstwahrscheinlich sogar gleichen Stammes mit denen von Feilitzsch sind. Zwischen der Begründung der Stadt Hof und dem erstmaligen urkundlichen Auftreten des Geschlechts mit dem Komtur des Deutschen Ordens in Schleiz Peter von Feiltsch im Jahre 1365 klafft jedenfalls eine beträchtliche Zeitlücke, was einer viel längeren Besitztradition der Familie auf ihren Stammgütern Feilitzsch [1390 erstmals

als Rittersitz erwähnt], Haidt und Gumpertsreuth [beide ab Mitte des 14. Jahrhunderts], Trogen, Unter-Hartmannsreuth, Unterkotzau u.a. aber nicht entgegensteht. Frühzeitig wurden die von Feilitzsch auch im Oberen Vogtland ansäßig, so bereits um 1300 auf der Wasserburg Kürbitz, um 1330 auf Heinersgrün und Kemnitz [bis nach 1586] sowie vor 1370 auf Kloschwitz bei Plauen. 1466 werden die Gebrüder Jobst und Hans von Felitzsch als Tobertitz, Gutenfürst, Dehles, Ruderitz und Schwarzenreuth, ihre Vettern als Trogen und 1468 Sigismund von Feilitzsch als das alte Schloß zu Plauen, das Vorwerk Kauschwitz und ein Gut in Neundorf besitzend, erwähnt. Ferner saßen sie während des 15. Jahrhunderts auf den Rittergütern Göritz bei Hirschberg, Zech bei Hof, Sachs bei Krötenbruck [1445-1682], Zedtwitz [1480], Gumpertsreuth und Oberweischlitz [bis 16. Jh.], Sachsgrün bei Oelsnitz [1485], Gutenfürst und Heinersgrün sowie im 16. Jahrhundert auf Treuen [1510-1858], Unterweischlitz [bis 17. Jh.], Schwand [bis nach 1706], Frössen bei Hirschberg [1506], Schloß Niedernberg in Regnitzlosau [1529-1593], Unterlauterbach bei Auerbach [1537-1724], Ebmath bei Adorf [1542], Döllstedt bei Stadtilm [1564], Unter-Feilitzsch [wieder ab 1591] und Thanhof bei Zwickau [1598-1740]. Aus dem Jahre 1512 ist aus der Feder Moritz´ von Feilitzsch ein Bericht über die Schlacht bei Ravenna überliefert, und 1596 wird der wegen Totschlags zum Tode verurteilte Jobst Caspar von Feilitzsch nur unter der Bedingung begnadigt, daß er gegen die Türken kämpfe. Ähnlich denen von Thüna und von Watzdorf erwarb sich auch ein Teil der Familie von Feilitzsch große Verdienste um die Einführung der Reformation. Während Kunigunde von Vyltsch 1449 noch als Äbtissin des Klosters Roda erscheint, standen spätere Mitglieder Familie in engen Kontakt mit dem Reformator Martin Luther, unterstützten diesen mit Geldmitteln und führten 1529 die Reformation in Feilitzsch ein. Philipp von Feilitzsch begleitete als Geheimer Rat Kurfürst Friedrichs des Weisen zusammen mit Friedrich von Thüna und Vollrath von Watzdorf den Reformator 1521 sogar auf den Reichstag nach Worms. Im 17. Jahrhundert dann gehörte Urban Caspar von Feilitzsch auf Kürbitz in seiner Rolle als brandenburg-bayreuthischer Rat zu den Mitunterzeichnern des Westfälischen Friedens [1648]. Dieses Jahrhundert erlebte das Geschlecht u.a. auf den Rittergütern Kürbitz, Trogen [1637 durch Brand zerstört], Zedtwitz [bis 1638], Tegkwitz bei Altenburg [1640], Frankenthal bei Gera, Stelzenhof bei Hof [1645], Heinersgrün [1648 veräußert] sowie Brückla bei Greiz [vor 1658 bis nach 1689]. Dem Genealogen Biedermann zufolge bestand das Gesamtgeschlecht damals in zwei Linien. Die **ältere Linie** umfaßte die Zweige Zedtwitz, Sachsgrün und Hartmannsreuth, Feilitzsch, Tauperlitz, Trogen [zu Feilitzsch und Mödlareuth], Weischlitz, Trogen und Zech, Schwand und Weißendorf, Gutenfürst, Oberweischlitz und Töpen [auf Töpen und Fattigsmühle], Treuen und Kürbitz, Altenberga und Ingersdorf, Kröstau und Kemnitz, die **jüngere Linie** hingegen Unter-Treuen, Brotenfeld, Ober-Treuen, Hesselbach-Obertitz-Rützengrün, Landwüst und Unterlauterbach-Unterlauterbach-Kürbitz. Im Jahre 1735 erwarb Adam Ernst Erdmann von Feilitzsch auf Unter-Feilitzsch auch den dortigen Oberhof, dessen Herrenhaus 1745 abgebrochen und durch das heutige Barockschloß im mittleren Ortsteil ersetzt wurde.

Zu den weitere Gütern des Gesamtgeschlechts zählten neben ihren Hauptbesitzungen damals Blankenberg und Arlas [um 1710 bis 1736] sowie Grobengereuth und Külmla [bis 1766] im heutigen Saale-Orla-Kreis, Münchenreuth bei Feilitzsch [ab 1775], Joditz bei Hof, Weißdorf bei Münchberg, Bechstedt bei Königsee, Bernsgrün bei Plauen [1772-1794], Brotenfeld bei Oelsnitz [um 1760] bzw. Lichtentanne bei Zwickau. Während des 19. Jahrhunderts erreichten die Besitzungen des 1847 in den bayerischen Freiherrenstand immatrikulierten Geschlechts schließlich ihre größte Ausdehnung. Neben ihren Stammgütern Feilitzsch mit Münchenreuth und Unterhartmannsreuth, Trogen, Kürbitz, Heinersgrün [1830] und Treuen waren damals etwa in der Umgebung von Hof auch Brandstein [1815-1839], Nentschau, Zech [bis 1847, ab 1880] und das Dobenecker Vorwerk in Bug [bis 1882], in der Umgebung von Plauen dagegen Untertreuen [bis 1810], Kemnitz [seit vor 1845], Obertreuen [bis 1857], Mißlareuth [1859] sowie an weiteren Rittergütern Schreiersgrün bei Auerbach [seit vor 1878], Untersachsenberg bei Klingenthal, Wendischbora bei Nossen [um 1840], Liebschütz-Unterhof bei Ziegenrück [vor 1839 bis nach 1880], Saaleck mit Stendorf bei Naumburg [seit vor 1832], Klettstedt bei Bad Langensalza [vor 1839 bis nach 1929], Waltershausen in Unterfranken, Eisenburg bei Memmingen [1881-1888], Junkerken und Tolksdorf in Ostpreußen [1893] u.a. im Besitz derer von Feilitzsch. Während der ersten Hälfte des 20. Jahrhunderts waren verschiedene Familienangehörige auf den Rittergütern Feilitzsch, Trogen-Zech, Kemnitz [noch 1920], Münchenreuth [noch 1923], Schreiersgrün [noch 1925], Unterhartmannsreuth [noch 1929], mit Philipp [*1875] und Ernst von Feilitzsch [†1928] auf Heinersgrün [bis 1936], mit Friedrich von Feilitzsch [†1942] auf Saaleck und Stendorf [bis nach 1929] sowie bis zu ihrer Enteignung 1945 auf Kürbitz anzutreffen, wo im tonnengewölbten Keller des einstigen Herrenhauses noch immer das Marmorwappen Moritz Heinrichs von Feilitzsch aus dem Jahre 1734 an die jahrhundertelange Besitztradition der Familie im Oberen Vogtland erinnert, ebenso wie deren noch erhaltenen Erbbegräbnisse auf dem Kreuzberg bei Kürbitz sowie die zusammen mit denen von Pöllnitz errichtete Grabkapelle St. Clara oberhalb Heinersgrüns. Neben denen von Reitzenstein gehören auch die von Feilitzsch zu den wenigen Adelsfamilien, die gegenwärtig noch bzw. wieder im Besitze der Hallen ihrer Väter, im letzteren Falle des Schlosses und des Waldgutes zu Feilitzsch sowie des nahen Rittergutes Trogen-Zech, sind.[177]

Harra: Kammergut und Kirche

Harra

Das Straßendorf Harra [1382 Harra] liegt südöstlich von Bad Lobenstein auf einer Bergwand des linken Saaleufers. Mit einer Ortsflur von mehr als 1.400 ha stellte es ehedem das größte Dorf des reußischen Oberlandes dar. Von seinen Anwesen waren zwei Drittel ritterschaftlich, ein Drittel lehnte dem Amt Lobenstein, das auch das Obergericht über den Ort innehatte und zwei Viertelhöfe zinsten der Pfarrei. Das spätere fürstlich-reußische Kammergut war ursprünglich ein **Rittergut**. Bereits in der ältesten Urkunde von Schleiz erscheint im Jahre 1232 ein Albert **von Harra** der wenn nicht ein Burgmann der Veste Lobenstein so doch, seines familientypischen Vornamens wegen vielleicht ein Angehöriger der Familie von Blankenberg war. Im Jahre 1292 finden wir einen Konrad von Harra, unter den Gefolgsleuten des Vogts von Gera. Im Jahre 1392 war Arnold **von Blankenberg** Herr von Harra, dessen Familie etwa 1420 auch die benachbarten Rittergüter Blankenstein, Kießling, Schlegel und Seibis gehörten. Noch im Jahre 1843 befand sich an der äußeren Seite der Harraer Kirchenmauer noch ein eingemauerter Sandstein mit einer männlichen und einer weiblichen Figur, nebst dreifacher stark verwitterter Umschrift, von welcher lediglich noch die Textfragmente *›Albert v. Blankenbergk auf dem Kisling, Frin Georg ... von Blankenbergk in Got verschiden derer ...Got gnad.‹*[178] zu entziffern waren [1891 bereits verschwunden]. Um das Jahr 1550 teilten die sechs Söhne des Albrecht von Blankenberg mit Namen Asmus, Arnold, Hans, Heinrich, Albrecht und Kaspar Christoph diesen Besitzkomplex, und wohnten auf ihren jeweiligen Erbteilen. Dabei wurde der Rittersitz Harra in ein oberes und ein unteres Gut geteilt, wobei es sich aber um keine Total-Teilung handelte, da die sechs Brüder noch 1564 von Burggraf Heinrich VII. zur gesamten Hand mit Harra, Kießling und Blankenstein belehnt wurden.

In den Jahren 1576 und 1582 verkauften die von Blankenberg das untere Gut zusammen mit dem Rittergut Kießling an die Herren **von Reitzenstein**, mit denen sie eng verwandt und verschwägert waren. Diesen Besitzübergang umschreibt auch jenes, in der Harraer Kirche erhaltene Epitaph, das den Rittergutsbesitzer Wolf Heinrich von Reitzenstein zusammen mit seiner Gemahlin auf einem Löwen kniend, umgeben von den Kindern des Paares, fünf Mädchen auf der rechten und sechs Knaben auf der linken Seite, darstellt und die Inschrift führt: *›Anno Dom. 1588 d. 6. Decem. ist in got verschiden der edle u. ehrenveste Wolf Heinrich von Reitzenstein uf Kischling dem got gnedig seyn wolle. Amen. Und hernach 15.. ist in got verschiden die edle u. tugendsame fru Bluchria von Reitzenstein ein geborne von Blankenberg der got gnedig sein wolle. Amen‹.*[179] Der Gutsherr war in Seibis vom eigenen Diener erschlagen worden. Das Todesjahr der Witwe auf der Grabplatte ist unvollständig ausgefüllt. Das weist darauf hin, daß dieser noch zu ihren Lebzeiten in Auftrag gegeben wurde. Im Jahre 1610 gelangte das oberen Gut zu Harra an die **von Watzdorf**, von denen Johann Friedrich 1680 auch das untere Gut erwarb, das die von Reitzenstein bald nach dem 30-jährigen Kriege an Christoph Heinrich **von Draxdorf** verkauft hatten. 1700 dann kamen die auf solche Weise wiedervereinigten Güter an die Gräfin Eleonore Sophie, die Gemahlin Heinrichs XVII. **Reuß Lobenstein** und 1712 an die Gräfin **von Gleichen und Hatzfeld**. Nach deren Ableben fiel das Rittergut Harra mit den Vorwerken Kießling und Schlegel wieder dem Landesherrn anheim und wurde ein **Kammergut**, mit Gebäuden und Flächen in Harra, Kießling und Schlegel. Von den beiden **Herrschaftlichen Schäfereien** befand sich eine oberhalb von Harra nach Kießling zu, die andere aber in Kießling selbst, während ein drittes landesherrschaftliches Vorwerk, das **Hegehaus** oder ›Gehege‹ [südlich von Harra nahe am Wege nach Blankenstein] bald nach 1830 privatisiert worden ist. Vom dem Harraer **Obergut** waren im Jahre 1870 noch bedeutende Kellerräume erhalten sowie eine merkwürdige Bodenvertiefung im sogenannten ›Herrengarten‹. Zum Standort des, im übrigen von den beiden Fürstentümern der jüngeren Linie gemeinsam besessenen Kammergutes aber war das **Untere Gut** mit seinem schönen, 1808 erbauten **Herrenhaus**, den 1866 erneuerten Stallungen, mehreren Scheunen, dem Brauhaus und der Brennerei geworden. Im weiteren Verlaufe des 19. Jahrhunderts beträchtlich verkleinert, wurde das Kammergut 1920 in ein **Staatsgut** umgewandelt, welches 1923 noch über Flächen von 73 ha [59 ha Feld, 12 ha Grünland] und einen Großviehbestand von, 5 Pferden, 37 Rindern 3 Schafen, 35 Schweinen verfügte und von dem Inspektor H. Kreutzer verwaltet wurde.[180]

Die Herren von Reitzenstein

Die Reitzensteiner sind ein vogtländisches Uradelsgeschlecht aus dem gleichnamigen Stammhaus zwischen Bad Steben und Hirschberg. Sie gehören zum ältesten Turnier-, Stifts- und rittermäßigen Adel in Oberfranken, erwarben frühzeitig bedeutenden Besitz um Hof, Naila und Münchberg und übten lange Zeit das Erbkämmereramt der Burggrafen von Nürnberg aus. Wie ihr Wappenschild mit einem silbernen Schrägrechtsbalken auf rotem Grund bezeugt, erscheinen sie als eine sich nach ihrem Sitze nennende Linie gleich den mit ihnen wappenverwandten Familien von Berg, von Epprechtstein, von der Grün, von Münchberg, von Radeck, von Sparnberg, von Stein, von Thoßfell, von Töpen und von Wildenstein als Ableger des bereits im Jahre 1091 erstmals erwähnten Ministerialengeschlechtes der Sack. Die Stammreihe derer von Reitzenstein beginnt 1318 mit dem wohl auf Hadermannsgrün gesessenen Konrad von der Grun und seinen Sohn Chunrat von der Grun, ›den man nennet den Reichzenstein‹. Die ›Lehenherrlichkeit‹ über diese bereits um das Jahr 1130 erbaute Reichsveste kam 1358, als Kaiser Karl IV. diese an die Landesherrschaften verausgabte, zunächst an die Vögte von Gera, doch erkannten Thomas von Reiczenstein, dessen Bruder und dessen Gevettern 1435 mit ihrem Schlosse Reiczenstein und anderen Gütern den Kurfürsten zu Sachsen als ihren Lehnsherrn an. Daraufhin werden Thomas, Wilhelm und Matthias, Gebrüder von Rytzenstein, 1464 mit den Schlössern und Gütern Blankenberg, Blintendorf, Bernstein, Reitzenstein und Schwarzenbach beliehen. Anno 1474 zog Thomas von Reitzenstein mit Kurfürst Albrecht zu Brandenburg dem

Römischen Kaiser ›zu Hülffe wider den Herzog von Burgund mit vor Neuß‹. Andernorts hatte Erasmus von Reitzenstein, als ›obrister Marschall in Preußen‹ 1472 in einer Schlacht das Unglück gehabt, »daß ihm ein Pfeil von 4 Fingern lang in den Hirnschädel geschossen wurde, den er 14 Jahre hernach herausnehmen lassen.«[181] Andere Reitzensteiner dagegen reüssierten als geistliche Würdenträger – wie Heinrich 1468 als Dom-Capitular-Herr zu Bamberg und Würzburg und Hieronymus 1487 als Weihbischof von Bamberg. Allerdings beteiligte sich Hans von Reitzenstein im Jahre 1500 an einer Fehde gegen den Bischof von Bamberg. Auf Schloß Reitzenstein selbst führten nach Wolfram [1442], Wilhelm [1467] und Friedrich von und zu Reitzenstein und Issigau [1511] dessen Sohn Hans Fabian die Hauptlinie zu Reitzenstein dauerhaft fort, während sein Bruder Siegmund die inzwischen wieder erloschene Linie Issigau begründete. Bei der Wettinischen Teilung des Jahres 1485 waren die von Reitzenstein auf Reitzenstein und Blankenberg zum ernestinischen, sprich Weimarer Teil gekommen, worauf Kursachsen und Brandenburg-Bayreuth 1524 zu einem Territorialausgleich schritten und die Herrschaft Reitzenstein an letzteres fiel. »Aber schon um die Zeit, als die brandenburgische Landeshoheit begonnen [hatte], sich auch in diesen Gegenden zu konsolidieren und die Reichslehen in landesherrliche umzuwandeln, schickte Hans von Reitzenstein (1498) sich an, von dem Markgrafen mit den altväterlichen Gütern belehnt zu werden, welche damals auf 8.000 fl. gewertet und auf einen Jahresertrag von 400 fl. geschätzt worden sind. Dahin gehören folgende Rittergüter nebst ihren Eingehörungen: Schwarzenbach am Walde und zu Schwarzenstein, Rauschenhammer, Löhmar, Schönbrunn, Leupoldsberg, Meyerhof, Gottsmannsgrün, Lippertsgrün, Poppengrund, Döbra, dann die Herrschaft Bernstein am Walde mit den Gütern zu Räumlas oder Reutlas, Affennest, Gören oder Gehren, Neuensorg etc. Letztere Lehen mußte – als Folge einer verwirkten Strafe – Fritz von Reitzenstein 1523 dem Markgrafen Casimir auftragen. [All diese Güter] bleiben von 1524 unter brandenburgischer Landeshoheit bis zum Heimfalle 1752. Ferner reiht sich an den Besitzstand der von Reitzenstein das von Chursachsen abgetretene Rittergut Issigau, dann die Güter zu Froschgrün, Nestelreuth, Straßdorf endlich zu Naila an.«[182] Dessen ungeachtet kämpfte Mathes von Reitzenstein [wohl als Söldnerführer] weiterhin für den Kurfürsten Friedrich zu Sachsen und erhielt 1553 für in dessen Diensten erlittene Schäden 370 Rh. Gld.

Dem Genealogen Biedermann erscheint die Familie frühzeitig in drei Stämmen – und zwar dem Reitzensteinischen, dem Schwarzensteinischen und dem Schönbergischen. Der Reitzensteinische Stamm wurde am Ende nur noch durch einen auf Niederfüllbach bei Coburg angesessenen Bernsteiner Ableger repräsentiert, bis nach dessen Erlöschen 1752 seine Besitzungen der jeweiligen Landesherrschaft anheimfielen. Die Schwarzensteiner Linie aber zerteilt sich in die Zoppatener, Hartunger, Selbitzer, Saalbacher, Lindner, Magwitzer, Ober- und Unterschwarzensteiner Zweige. Die von dem sächsischen Amtshauptmann zu Zwickau, Voigtsberg und Plauen, Friedrich von Reitzenstein auf Schönberg, Posseck und Brambach [†1518] gestiftete Schönbergische Linie hingegen bildete einen Unter-Schönberger, Ober-Konradsreuther, Hadermannsgrüner, Höfflasser, Hainichener, Neutschauer, Hohenberger, Hohendörfer, Issigauer, Tiefendorfer, Geilsdorfer, Schönbrunner, Schönkirchner, Oberlosauer, Irfersgrüner, Possecker, Regnitzlosauer und Niedernberger Ast heraus. Nachdem einer der Zweige bereits 1635 in den Freiherrenstand avanciert war, erfolgte 1759 die kaiserliche Anerkennung dieser Standeserhöhung für das Gesamtgeschlecht. Der statistischen Literatur zufolge waren die Herren von Reitzenstein, zumindest im Untersuchungsgebiet des Historischen Rittergüter-Lexikons der Provinzen Sachsen, Hannover und Brandenburg, folgenden Ortes vertreten: Bernstein bei Wunsiedel [16. Jh. bis 1856], Blankenberg mit Arlas [1485], Bobenneukirchen [19. Jh.], Brückla bei Greiz [1721, 1724], Dröda [1720, 1766], Erkersreuth bei Selbitz [1838, 1845], Fischbach bei Kronach [1738-1917], Feilitzsch, Froschgrün bei Naila, Gattendorf [1849], Geilsdorf/Vogtland [16.-17.

Jh.], Geyersberg bei Annaberg [1741], Goldkronach [1747], Groitzsch bei Meißen [1802], Hadermannsgrün [bis 19. Jh.], Hainichen bei Schmölln [1722], Harra mit Kießling und Schlegel [1662], Hartungs bei Leupoldsgrün nahe Hof [1838], Hohburg bei Wurzen [1844, 1859], Hohenberg bei Rehau, Hohendorf bei Hof [bis 1870], Höllenhammer in Unterfranken [1923], Issigau [wieder ab 1892 bis nach 1914], Konradsreuth [1638-1840], Külmla bei Ziegenrück [1766], Liebau bei Plauen [1596-1600], Mittelfrohna bei Chemnitz [bis 1821], Münchenreuth, Neudrossenfeld, Niederfüllbach [1648-18. Jh.], Ottengrün [1542] und Posseck bei Oelsnitz [1542 bis nach 1766], Oberlosa [1682] und Pirk bei Plauen, Piskowitz bei Kamenz [1875], Pottiga [1662, 1669] und Saalbach [1774] bei Hirschberg, Scharten bei Hof [1604], Schlettwein bei Pößneck [1672, 1695], Schnarchenreuth bei Selbitz [15 Jh.], Sparnberg, Reitzenstein [wieder ab 1889], Röslau, Schnarchenreuth, Schönberg [ab 1485], Schönbrunn bei Oelsnitz [1766], Taltitz, Schwarzenbach am Wald mit dem Ortsteil Schwarzenstein, Schwesendorf, Tannenberg bei Annaberg [1535, 1601], Unterlauterbach bei Oelsnitz [bis 1629], Venusberg bei Zschopau [1819-1839], Weißenborn bei Freiberg [1838], Wildenau bei Auerbach, Zedtwitz [1638], Zoppoten bei Bad Lobenstein [18. Jahrhundert].

Gleich denen von Reitzenstein auf Schönberg wurde auch ein auf Lübben und Wiesenau gebürtiger Spreewälder Zweig und mit ›von Waldow und Reitzenstein‹ ein auf Hammer bei Sternberg, Königswalde und Osterwalde in Ostpreußen gesessener Ast 1945 enteignet, ein weiterer Seitenzweig saß mit Julius von Staff genannt von Reitzenstein [†1924] auf den Rittergütern Regnitzlosau mit Niedernberg bzw. Kloster und Schloß Tückelhausen in Franken sowie vordem auch auf Skuhlen und Mittweide im Spreewald [1828, 1842]. Bekannte Familienangehörige der Reitzenstein während der Wilhelminischen Ära waren [als nach dem Feldobersten Kaiser Karls IV. – Konrad von Reitzenstein (1368) – 27. General (!) dieses Namens] Karl Bernhard Freiherr von Reitzenstein, Zoppatener Linie [1809-1885] sowie der Oberhofmeister der Königin Charlotte von Württemberg, Carl Friedrich Freiherr von Reitzenstein-Zoppaten [1848-1897] und dessen Gemahlin Helene von Reitzenstein [1853-1944], Multimillionärin sowie Hofdame am Württemberger Hofe. Der gegenwärtige Besitzer von Schloß und Rittergut Reitzenstein, der Landwirt und Funktionär der Deutschen Landwirtschaftsgesellschaft, Rupprecht Freiherr von Reitzenstein [*1948] entstammt hingegen dem Hartunger Zweig, ebenso wie der Kunsthistoriker und Direktor des Bayerischen Armeemuseums Alexander Freiherr von Reitzenstein [1904-1986].[183]

HEINERSDORF

Das längliche Runddorf Heinersdorf [1347 Heinrichstorf] liegt nordwestlich von Bad Lobenstein am Beginn eines Nebenlaufs der Sormitz an der Nordwestwand einer fernsichtigen Erhebung [687 m]. Bis zum Jahre 1544 gehörte etwa das halbe Dorf dem Kloster Heiligkreuz bei Saalburg [und anschließend dem Amt], ein anderer, weit kleinerer Teil hingegen befand sich im Besitz eines in unmittelbarer Nähe zur Kirche gestandenen **Vorwerks**, das im Jahre 1496 einem **B. von Watzdorf** und 1541 mitsamt Hof, Scheunen, Ställen, Gärten, Wiesen, Gehölz, Stauden, Büschen, Äckern, 5 kleinen Anwesen von Hintersättlern, ›die aus dem Vorwerk gezogen und gebaut wurden und dann die Erbgerichte‹[184] dem Merten **von Sparneck** gehörte. Im Jahre 1551 bat die Gemeinde ihren Landesherrn – Burggraf Heinrich IV. – darauf hinzuwirken, daß Erhard von Machwitz zu Zoppoten eine Schuld seines verstorbenen Bruders des gewesenen Amtmanns zu Lobenstein Hans von Machwitz zurückzahle, der 1522 ohne Schuldschein im Hauses des Schössers Nicol Fischer Geld erlangt hatte. Inzwischen war Jeronimuß **von Oberweimar** Besitzer des Heinersdorfer Vorwerks geworden, gefolgt von Casimir **zum Hoff**, Hans Siegmund [†1579] und Friedrich **von der Haidt** und dessen Enkel Philipp Friedrich von der Heydte auf Mißlareuth. »Letzterer hatte seine Belehnungsurkunde für das Vorwerk am 21.5.1588 vom Landesherrn in Gera unterzeichnet bekommen. Zum Vorwerk gehörten im genannten Jahre schon acht Hintersättler, zudem wurden den ›Gutsgerechtsamen‹ die Hasen- und Fuchsjagd und das Federwaidwerk hinzugefügt.«[185] Im Jahre 1600 endlich wird das Besitztum erstmals als ›mannlehnbares Rittergut‹ bezeichnet. Auf die von der Haidt folgte Michael **von Dobeneck** und auf diesen zwei in der Steiermark gebürtige Besitzer, nämlich Andreas **von Holzapfel** auf Wassen und Puchenstein, der das Rittergut 1608 mit inzwischen 9 Untertanen an Jakob **Meyer** aus Judenburg verkaufte. Nach dessen Tode 1631 fiel die kleine Herrschaft Heinersdorf mangels männlicher Erben dem Landesherrn Heinrich d. J. Posthumus **Reuß** anheim. Bei der Landesteilung von 1647 auf 500 Mfl. Besitzwert taxiert, verkaufte Heinrich X. das Rittergut 1661 an seinen Hofmeister Hans Apel **von Tettau**. »Im gleichen Jahr hat er es aber für 1.300 Mf. zurückgekauft. Nach dem Tode des Landesherrn ging es in den Besitz seiner Witwe über. Diese vererbte das Gut zu gleichen Teilen an ihre drei Söhne. Im Jahre 1675 verkauften die Gebrüder Reuß das Rittergut sowie ein geerbtes Bauerngut in Heinersdorf für 1400 Mf. an Hans Friedrich **von Wolfersdorf**. Das Rittergut muß schon für damalige Verhältnisse klein gewesen sein, denn es wird im Kirchenbuch ›Rittergütlein‹ genannt.«[186] Bereits 1684 verkaufte der Besitzer das Gut für 1.600 Mfl. dem Lobensteiner Landesherrn Graf Heinrich III. **Reuß**, der 1706 an der Ortskirche, und zwar an der Seite nach dem Rittergute hin, eine neue Kapelle oder Kirchenstube [jedenfalls einen beheizbaren Raum] anbauen ließ, worin er seinen Gottesdienst pflegte, wenn er hier weilte. 1710 begaben sich wegen der überhöhten Forderungen des Landesherrn die Pferdefröner von Heinersdorf und den umliegenden Orten in einen Fronstreik und beschwerten

Heinersdorf: Gasthof Goldener Loewe

sich sogar beim Kaiser über die, ihres Erachtens unhaltbaren Zustände. Anno 1757 erhielt Graf Heinrich XI. den agnatischen Konsens in den Verkauf und die Zerschlagung des Rittergutes mit der Qualität eines Mann- und Weiberlehens. Darauf wurden die Grundstücke davon um 2.000 Mfl. an den Hammerherrn und Hochofenmeister Christian Friedrich **Korb** veräußert. Schon 1769 verkaufte dieser die Hälfte davon [mit der Gastgerechtigkeit und der Schankwirtschaft] an den Kandidaten der Theologie, Heinrich Christian **Martius**, einen Sohn des verstorbenen Ortspfarrers Heinrich Martius [†1766], während die andere Hälfte die Landesherrschaft selbst erwarb und erst im Jahre 1830 den Anteil auflöste und die Grundstücke einzeln verkaufte. Dabei überließ Heinrich LXXII. die herrschaftliche Kapelle halb dem Pfarrer als neue Sakristei, während sich die Martius-Nachkommen mit der anderen, durch eine Bretterwand geteilte Hälfte des Anbaus behalfen. Schon unter Heinrich Christian Martius war die auf dem Gute liegende Gast- und Braugerechtigkeit immer mehr ausgebaut worden und dem Landgasthof, da er einst im Besitz der Reußen war, nach deren Wappentier der Name ›Zum Goldenen Löwen‹ verliehen.[187] Übe die von Holzapfel aber sei am Ende noch gesagt, daß sie am 8.11.1918, und damit nur 6 Tage vor dessen Abdankung von Herzog Carl Eduard von Sachsen-Coburg und Gotha, dem Enkel der Königin Viktoria und bis 1917 auch Duke von Albany [1884-1954] noch in den Freiherrenstand erhoben wurden.[188]

Heinrichsgrün (†)

Das Einzelanwesen Heinrichsgrün [auch Neues Fuhrwerk] lag SSW von Bad Lobenstein im oberen Gemäßgrund. Später lebten in dem, ein Pächterhaus mit Ökonomiebauten umfassenden fürstlichen **Kammergut** und der dortigen Försterei [am 01.04.1869 niedergebrannt] zwei Familien mit 13 Bewohnern. Nicht auszuschließen ist, daß das ehedem einsam ›auf einer Matte‹ gestandene, von Wiesen, Hofäckern und Wald umgebene Vorwerk aus dem Grundhof eines urkundlich sonst nicht erwähnten, von der Siedlungslückentheorie aber postulierten mittelalterlichen Dorfes [mit Namen Sieglitz?] hervorgegangen sein könnte. Über das zuletzt zur Neundorfer Flur gehörende Vorwerk, von dem alle vorbeikommenden Pferdewagen sozusagen als ›Maut‹ [Geleite] kostenlos Transportgut ein Stück Weges mitzunehmen hatten, heißt es in den Landesteilungsakten von 1647 amtlich: »Dieses Vorwerk kann wegen seiner Lage am Frankenwald nicht zu hoch angeschlagen werden. Es hat einen Wieswachs zu 66 Fuder Heu und Grummet und Feld zu 93 Scheffel Aussaat, aber meist Haberfeld [Haferfeld]. Ein Wieslein vom Vorwerke zum Forsthaus geschlagen. Sein Betrag macht jährlich 58 f.« Mehrere Höfe mußten dem Vorwerk [mda.: Vorbrich] fronen. Der letzte Pächter war Karl Wurzbacher aus Lichtenbrunn. Im Jahre 1882 oder 1883 brannte das Anwesen nieder und wurde nicht wieder aufgebaut.[189]

Hirschberg

Die Stadt Hirschberg [1246 Hirsperg] liegt zwischen Hof und Bad Lobenstein am rechten, felsigen Ufer der Saale, welche den Ort und einen Teil seiner recht kleinen Flur im Halbkreis umfließt und hier den Weidenbach aufnimmt. Über der terrassenförmig ansteigenden Altstadt, auf dem fernsichtigen Südwestkap des Lohbühlrückens thront – die Saaleschleife und die östliche Anhöhe nach Juchhöh dominierend – das Schloß.

Im Westen, Süden und Osten fällt der Schloßberg steil ab, während er im Nordwesten durch annähernd gleiches Terrain und nach Norden von dem hier ansteigenden Ratsberg durch eine Tiefe getrennt ist. »Drei Seiten gaben durch den mehr oder weniger steilen Abfall einen guten Schutz. Die vierte Seite konnte mit Wall, Graben und Mauer den feindlichen Angriff abwehren.«[190] – »Weitgehend hypothetisch bleibt das Bild der Burg im 13. und 14. Jahrhundert.«[191] – »Aufgrund des späteren mehrfachen Verfalls und Wiederaufbaus der Burg ist kaum etwas Mittelalterliches davon erhalten.«[192] – »Das Burgareal nimmt eine längsovale Fläche – gegliedert in Vor- und

Kernburg – ein.«[193] – »Letztere befand sich wahrscheinlich im südöstlichen Teil. Am Höchsten Punkt des Areals – der uneinnehmbaren Spitze – stand vermutlich der **Palas**. Im nordöstlichen Teil der Kernburg hingegen ist der **Bergfried** zu suchen. »Die Ringmauer erstreckte sich von dem anzunehmenden Palas im Süden einerseits nach Osten, über einen runden Ringmauerturm im Südosten sowie einen rechteckigen Turmvorsprung im Osten und andererseits nach Westen. Die vielfach ausgeflickte Mauer läßt heute allerdings keine genaue Datierung mehr zu.«[194] Selbst bei Sanierungsarbeiten im östlichen Mauerbereich 2015 konnten keine näheren Anhaltspunkte gewonnen werden, zumal auch die beim Wegebau im 19. Jahrhundert gefundenen mittelalterlichen **Eisenartefakte** [3 kleine Hufeisen, 18 Pfeilspitzen, 1 Lanzenspitze, 1 Hammer, 2 Messer sowie Sporen] inzwischen verschleppt sind, ebenso weitere alte Waffen, die Ende der 1870er-Jahre beim Einsturz einer Höhlung bzw. eines Gewölbe zu Tage kamen. So bleiben jene, 2011 im Schloßhof ergrabenen Keramikscherben aus dem 13. Jahrhundert die frühesten Belege für das Alter der Burg.[195]

Während der Burggrafenzeit in der zweiten Hälfte des 16. Jahrhunderts kam es zu verschiedenen baulichen Veränderungen, welche so langsam die Umwandlung der mittelalterlichen Wehrburg zu einem Schloß einleiteten. Die bis 1549 als Zugang in den Komplex nachweisbare **Zugbrücke** wurde beseitigt, ebenso die Wall- und Grabenanlagen an der Nordseite. Dafür entstand an der Spitze der Westmauer, wohl am Übergang zwischen Vor- und Kernburg der sogenannte **Hungerturm**, ein in liederlichem Mauerwerk ausgeführter Rundbau mit 10 m Durchmesser. Abgedeckt mit Steingewölbe und darüber einem Kegeldach besitzt er heute eine Höhe von 8 m. Seine durch 2 m dicke Außenmauern gebrochene Osttür entstand später. Ferner errichteten die Burgherren von Beulwitz, ihrer zahlreichen Nachkommenschaft halber an der Ostseite zwei einfache, zweigeschossige Wohnbauten, eines über der Kellerscheune, das andere anstelle des späteren Amtshauses. Letzteres verfügte über große gleichmäßig in der Front verteilte Fenster. Die Außenwände waren in Bruchstein [Schiefer] ausgeführt. Die einfachen Innenzimmer dagegen besaßen meist Wände mit Lehmverputz bzw. Holzvertäfelung, Bohlendecken und erhielten später eine Dielung. Wie bei unzähligen anderen Herrenhöfen so auch in Hirschberg waren die Spuren des 30-jährigen Krieges gut 20 Jahre nach Kriegsende längst noch nicht beseitigt worden – ganz im Gegenteil: Wie der Lobensteiner Amtmann Poßner und der Notar Pankratius in ihrer Beschreibung des Hirschberger Besitztums 1661 feststellen, war das Herrenhaus längst zerfallen und nur das Gebäude an der Stelle des späteren Amtshauses noch bewohnbar. Allerdings waren auch hier das Schindeldach nicht ausgebessert worden, die Kornböden im Dachgeschoß unbrauchbar und nur noch noch eine kleine Stube beheizbar. Aus dem nebenstehenden unterkellerten Gebäude hatte man selbst das darin verbaute Holz schon zu Befeuerungszwecken entnommen oder zu Ausbesserung anderer Gebäude verwendet. Die Gutsställe waren allesamt baufällig, der Schafstall vor dem Schloß noch leidlich erhalten, der auf dem Dornholz aber in trostloser Verwahrlosung. Von den vordem vier Gutsscheunen existierte nur noch eine. Sie stand aber nach allen Seiten hin offen, da die Bretter verfault waren. Auch an den drei Heu-Schupfen vor dem Schlosse gab es kein gutes Brett mehr. Erste Sanierungsarbeiten erfolgten in den 1650er-Jahren, aber erst nach der Inbesitznahme des Schloßkomplexes durch die Reußen 1664 wurden einige Wirtschaftsgebäude, vorallem aber das spätere **Amtshaus** als Wohnung des Richters und des Schreibers in baulichen Zustand versetzt. Nachdem Hirschberg im Jahre 1678 zur Residenz der neugebildeten Grafschaft Reuß-Lobenstein-Hirschberg erklärt worden war, begann 1684 der Bau des heute noch erhaltenen **Schlosses**. Eine dem damaligen Zeitgeist entsprechende Mehrflügelanlage mit Barockgarten konnte auf dem schmalen Bergsporn ohnehin nicht entstehen, und hätte die finanziellen Möglichkeiten eines so kleinen Landes sicher überstiegen. Wie die Forscherin Anja Löffler nach Untersuchung der mächtigen Mauern des Untergeschosses und der beiden Kellergewölbe konstatiert, lassen sich Hinweise auf einen möglichen Vorgängerbau nicht erkennen, eher erscheint der, an der Südseite des Burgareals etwa anstelle des früheren Palas errichtete Neubau wie in einem Guß entstanden zu sein. In höchster Einfachheit, zum großen Teil direkt auf dem Schieferfelsen gebaut, hat der rechteckige, dreigeschossige, 6 zu 4 achsige, mit einem dreibödigen barocken Walmdach bekrönte Baukörper eine Grundfläche von ca. 24 × 17 m.[196]

»Das von Nordwesten über die Mittelachse erschlossene Schloß zeigt ein klares Ordnungsmuster, das auf einer massiven Querwandbauweise in Dreiteilung mit je zwei Fensterachsen in der Längsrichtung beruht. Die nüchtern gehaltenen Fassaden, deren Fenster mit geohrten Gewänden geschmückt sind, wurden nur durch das hofseitige Eingangsportal baukünstlerisch akzentuiert. Zwei Achsen einnehmend, erhielt es einen gesprengten Segmentbogengiebel möglicherweise für die Aufnahme des reußischen Wappens.«[197] Die den vorderen Bergsporn einnehmende dreiseitige Schloßterrasse war durch ein Kellergewölbe zu erreichen. Der Innenausbau des Schlosses und seine sparsame barocke Stuckierung zog sich bis 1689 hin. Im **Erdgeschoß** befanden sich beidseitig der mittigen Durchgangsdiele je drei Wirtschaftsräume, darunter die Küche und die Anrichte. »Vom Erdgeschoß führte – in der Eingangsachse zentral gelegen – eine großzügige zweiläufige, halbgewendete Treppe in das Obergeschoß, die **Belatage**.
Im westliche Teil, vermutlich über die gesamte Gebäudetiefe der vier Fensterachsen, befand sich der Festsaal,«[198] der – wenn man die erhaltengebliebene Barockstuckierung berücksichtigt – ursprünglich nicht die gesamte Fläche eingenommen haben könnte. Der gegenüberliegende, westliche Gebäudeteil nahm hofseitig das ›Grüne Zimmer‹, mittig das Speisezimmer und an der rechten Außenecke das Bilderzimmer auf, von dem durch einen Durchgangsraum wieder der große Festsaal erreicht werden konnte. Im **zweiten Obergeschoß** fanden sich vermutlich nach französischem Vorbild zweigeteilt – der westliche Teil für den Grafen, der östliche für die Gräfin – die Privatge-

mächer. Diese untergliederten sich wohl in Schlafgemächer, das Wohnzimmer [mit einem holländischen Kamin mit zwei Feuerböcken], dem Kabinett, dem Frauenzimmer mit Vorgemach als Garderobe bzw. Bedientenzimmer u.a. Das nur im unteren Teil ausgebaute und mit Fenstern mit Schleppgauben versehene **Dachgeschoß** enthielt ein paar Stüblein für die Dienerschaft, vielleicht auch zur Unterbringung von Gästen.

Sicherlich mußten für deren Gefolge dann im Amtshaus 2-3 Zimmer freigemacht werden. Jener auf einer Darstellung des

Hirschberg

Schlosses vom Endes des 18. Jahrhundert vorhandene **Turm** an der nördlichen Ecke des Kernburgareals wurde verschiedentlich als Teil einer hinter dem Amtsgebäude sich anschließenden, sonst aber unerwähnt gebliebenen **Schloßkapelle** interpretiert, auch wenn er tatsächlich vielleicht nur den einsturzgefährdeten Nordgiebel des Gebäudes stabilisieren sollte.

Genaugenommen währte der Residenzcharakter des Schlosses nur 22 Jahre. Danach stand es die meiste Zeit leer. Lediglich in den 1820er-Jahren diente es dem letzten Ebersdorfer Fürsten einige Jahre als Sommerresidenz und wurde dementsprechend dem damaligen Zeitgeschmack angepaßt. Neben einer, von der Fernstraße an der Juchhöh zum Schloß führenden **Linden- und Ahornallee** mit einem Rondell am Abzweig nach Venzka entstanden im anliegenden Hangwald Hag **Promenadenwege**. Im Schloß selbst wurde der 14 × 8 m große Festsaal neu gestaltet und fortan ›**Löwensaal**‹ genannt.

Andere Räume erhielten neues Parkett, wertvolle Tapeten sowie eine besondere Mahagoni-Möblierung. Nachdem der Saal nach dem großen Brand von Hirschberg [1835] den Bürgern bis 1842 als Gemeinderaum überlassen worden war, versank das Schloß bis zum Ende der ständischen Zeit vollkommen in Bedeutungslosigkeit. Nach Verlegung des Amtsgerichts 1864 in die Stadt, nebst Abriß der östlichen Gebäudeflucht der Kernburg bis auf Teile der Grundmauern [1873], blieben im Areal der Kernburg nur das Schloß und das westlich nebenstehende **Marstallgebäude** mit dem Rundturm erhalten, worauf der Burgberg nurmehr als Standort des fürstlichen Kammergutes im Vorburgbereich geläufig wurde. Noch um 1800 hatten sich die Gebäude des Gesamtkomplexes – mit dem Schloß im Süden, dem Amtshaus nebst dem nördlich sich anschließenden Gebäude im Osten und den Wirtschaftsbauten im Westen und Norden – noch um einen großen unregelmäßigen Hof herumgruppiert. Nach verschiedenen Neu- und Umbauten der Pächter stellte sich dieser einhundert Jahre später unterteilt in einen südlichen Schloß- und einen nördlichen, annähernd dreieckigen Wirtschaftshof dar, wobei ein großer querstehender Pferdestall das trennende Element bildete, an dessen Ostseite vorbei der Weg in den Schloßhof führte. Nachdem 1920 das fürstliche Kammergut an den Freistaat Thüringen und das Schloß in den Besitz der Stadt übergegangen war, hat man letzteres, um der damals prekären Wohnungsnot in Hirschberg zu begegnen, zu einem gewöhnlichen Mehrfamilienhaus, allerdings mit exponierter Aussicht, umgebaut, wobei durch Einziehen von Zwischenwänden die ursprüngliche Raumabfolge verlorenging. Ein Teil des Interieurs war 1919 im Auftrag Heinrichs XXVII. versteigert, das restliche Mobiliar in die, den jüngeren Reußen nach der Fürstenabfindung verbliebenen Schlösser Ebersdorf und Osterstein [bei Gera] überführt worden. In diesen Jahren wurde auch das prächtige, höchstwahrscheinlich aber baufällig gewordene Barockportal des Schlosses beseitigt und mit einem einfachen Dreiecksgiebel abgeschlossen. Zudem war eine Neueindeckung des Daches erforderlich, dessen alten, aus Brüchen um Hirschberg gewonnenen Schieferplatten an die 230 Jahre [!] gehalten hatten. Nach Auflösung des Staatsgutes im Zuge des Zweiten Weltkrieges hat man seine Gebäude nach und nach abgetragen. Die Remise an der Ostseite blieb – zu Wohnzwecken umgebaut – erhalten, ebenso der Marstall an der Westseite, während in dem Nebengebäude Garagen unterkamen.[199]

Die Herrschaft Hirschberg und ihre Besitzer

Wo heute die Saale Thüringen von Bayern trennt, beherrschten in alter Zeit mit Hirschberg, Sparnberg und Blankenberg drei Burgen in verhältnismäßig dichter Nachbarschaft die Saaleübergänge. Mit ihnen beginnt ›an der Saale hellem Strande‹ eine Burgenkette, die sich bis nach Saalfeld hinzieht. Lange Zeit glaubte man, diese Wehranlagen seien bereits gegen Ende des Frühmittelalters zum Schutz gegen die heidnischen Slawen entstanden, doch weisen abgesehen von legendären Notizen in späteren Chroniken faktisch keine archäologischen Indizien darauf hin. »Eher wahrscheinlich ist die Annahme eines Major von Herzberg, die von taktischen Erwägungen ausgeht und die Entstehung von Burgen an der Oberen Saale in die Zeit der Kämpfe zwischen **Staufern** und Welfen [im 12. Jahrhundert] legt. Von einem Angriff der Welfen war das Egerland am meisten gefährdet, ein wichtiger Faktor in der Haus- und Reichspolitik der Staufer. Zu seinem Schutz schuf Kaiser Friedrich I. zwischen Saale und Mulde das Vogtland, das im Westen und Nordwesten in dem steil abfallenden Saaletal ein starkes Hindernis bildete. Zu diesem Zweck wurden vermutlich auch die Burgen am rechten Ufer der oberen Saale auf Befehl des Kaisers errichtet. Die linke Flanke der Hauptverteidigungslinie war durch die obere Saale gesichert, wenn die Flussübergänge gesperrt waren.«[200] Wie an anderer Stelle näher beschrieben, waren die Burgen Blankenstein, Sparnberg und Hirschberg mit sich nach diesen nennenden Abkömmlingen der **Diepoldinger vom Haid- oder Waldstein** besetzt. Sie waren Vasallen der Markgrafen von Giengen-Vohburg, die im Jahre

1146, das von dem staufischen Kaiser Konrad III. [1138-1152] gebildete Reichsgut Regnitzland zu Lehen erhalten hatten. Daraufhin begannen die Haidsteiner teils mit oberpfälzischen Siedlern, die sie aus ihrer alten Heimat um Cham am Regen mitbrachten, eine rege Kolonisationstätigkeit. Das Regnitzland [1230 Rekkinz], wie das Gebiet um das Hofer Becken damals genannt wurde, endete damals noch nicht an der Saale-Tannbach-Linie, sondern erst an jenem Waldstreifen, der sich nach dem Schleizer Oberland, dem angrenzenden Kolonisationsgebiet der Herren von Lobdeburg [ab 1204], hinzieht.

Soweit die spätere Landesgrenze Rückschlüsse erlaubt, »so ist im Norden zu vermuten, daß sie über die emporragenden Bergkuppen gelegt wurde. Nachdem die dem Kemnitzbache heraufführende Grenzlinie den hinter Mißlareuth liegenden Galgenpöhl (623 m) erreicht hatte, zog sie über den Rosenpöhl (653), Brand (623), Seubtendorfer Höhe (602), Hohen Pühl (östlich von Langgrün 603) und Tannhügel über die Arlashäuser zur Saale bei Blankenstein. – So lag hier nördlich der Saale ein bedeutender Landstrich, der der Erschließung harrte. Heute stehen dort 18 deutsche Dörfer 6 Slavendörfern gegenüber.«[201] Die drei Saaleburgen waren also keine Brückenköpfe, sondern Mittelpunkte des weiteren Landesausbaus. Bis heute ist nicht eindeutig geklärt, inwieweit diese Burgen nun im letzten Drittel des 12. oder im ersten des 13. Jahrhunderts entstanden sind. Auf letzteres weisen die frühesten Erwähnungen der Herren von Sparnberg [1202] und Hirschberg [1223] sowie Keramikscherben im Schloßhof von Hirschberg aus dem 13. Jahrhundert hin. Anfänglich fanden die Diepoldinger hier wohl nur die Sorbendörfer Venzka, Göritz und Frössen vor, worauf sie mit sorbischen Bauern die Dörfer Dobareuth und Mödlareuth begründeten und dieselben durch spätere deutsche Einwanderer vergrößerten. »Als jüngste Kolonistendörfer bayerischer und fränkischer Siedler werden dann Gebersreuth und Göttengrün gefolgt sein, Rothenacker scheint dagegen in der Frühzeit mehr nach Schleiz gehört zu haben und ist dem Namen nach als ein mehr thüringisches Kolonistendorf anzusprechen. Ullersreuth und Blintendorf sind Gründungen von der Burg Sparnberg aus, zu der sie auch in der Frühzeit gehörten.«[202] Nach dem Aussterben der Gingen-Vohburger rückten im Jahre 1209 die Herzöge von Andechs-Meran an ihre Stelle, als dessen Vasallen Rudegerus de Sparrenberg und Rudegerus de Hirzperc [**von Hirschberg**] 1217 bzw. 1223 erscheinen. Nachdem aber der das Regnitzland beherrschende Zweig der Meraner 1248 ausgestorben war, begann ein langwieriger Kampf zwischen den Vögten und ihren Vettern und den Burggrafen von Nürnberg um die Herrschaft im Hofer Becken. Nach einer allerdings recht zweifelhaften Urkunde aus dem Jahre 1246, wo Vogt Heinrich von Weida der Pfarrkirche zu Gefell den Zehnten vom Schloß und von der Flur Hirschberg samt einigen Gütern und Zinsen in Venzka und Münchenreuth zum Geschenk macht, sollen die Vögte von Weida damals im Besitz dieses Reichsgutes gewesen sein, welches damals neben Hirschberg und Gefell noch die Dörfer Göttengrün, Blintendorf, Ullersreuth, Göritz Venzka, Dobareuth, Mödlareuth, Gebersreuth, Mißlareuth, Rothenacker, sowie jenseits von Saale und Tannbach Töpen, Isaar, Hohendorf und Tiefendorf umfaßte. Später gewann Kaiser Rudolf [1273-1291] diese Herrschaft um 600 Mark Silber und machte Hirschberg zur Reichsburg. Sein Nachfolger König Adolf von Nassau [1292-1298] übergab sie bereits 1296 als Pfand an die Vögte von Plauen.[203] So wundert es uns nicht, »daß wir einen Johannes de Sparrenberg und 1279 eine Wetzelo von Hirschberg (Hirszperch) als Knappen (servus) im Gefolge der Vögte vorfinden. Vermutlich war sein Vater als Burghüter von Hirschberg aus seinem Besitz durch die Wettiner verdrängt worden. Vielleicht haben die Vögte ihn später wieder in sein Amt eingesetzt, als sie 1296 die Burg als Pfand erhielten, denn 1306 finden wir Rüdiger von Hirschberg als Zeuge im Bobeneukirchner Vertrag wo die Vögte ihre Gerechtsame im Regnitzlande festsetzten.«[204] Nach dem verlorenen Vogtländischen Krieg überließ Vogt Heinrich IV. der Ältere von Plauen seine Rechte an der Herrschaft Hirschberg den Wettinern, worauf sie Kaiser Karl IV. 1359 seiner böhmischen

Krone übertrug. Sein Nachfolger König Wenzel von Böhmen belehnte damit zunächst Graf Günther **von Schwarzburg**, der die zerstreut liegenden vogtländischen Besitzungen der böhmischen Krone zusammenfaßte und einer straffen Verwaltung unterzog, und übertrug sie kurze Zeit später im Jahre 1397 dann seinem treuen Vasallen, dem Ritter Konrad von Zedtwitz.

Die Familie **von Zedtwitz** [auch Zebodewitz, Czedwitz, Zceidwicz, Zebitz, Zeedewitz] stellt ein fränkisch-böhmisches Uradelsgeschlecht aus dem gleichnamigen Stammort zwischen Hof und Hirschberg dar, das aufgrund seines, von Silber, Rot und Schwarz gestreiften Wappenschildes als wappen- wie stammesverwandt mit denen von Feilitzsch und von der Heydte – zwei im Umfeld von Zedtwitz gebürtigen Familien – gilt. Abgesehen von jenem 1235 erwähnten Turnierteilnehmer zu Würzburg, Georg von Zedtwitz, ist für das Jahr 1288 ein gewisser Bertold von Zedtwitz und für 1377 der Burggräflich Nürnbergischen Rat Peter von Zedtwitz zu nennen, mit welchem die kontinuierliche Stammreihe des Geschlechts beginnt. Bereits um das Jahr 1390 nannten die Zedtwitze allein im Umfeld von Hof schon vierzehn Herrensitze ihr Eigen. »So bestanden neben dem Stammhaus in Zedtwitz noch Seitenlinien in Schollenreuth, Hohendorf, Tiefendorf, Isaar, Töpen, Joditz, Epplas, Martinlamitz, Oberhammer bei Naila, Mißlareuth, Blosenberg, Gebersreuth und Liebenstein.«[205] Der vorgenannte Peter von Zedtwitz aber entstammte jener auf Töpen gesessenen Nebenlinie, die schon 1349 im Besitz von Gütern in Asch [Aš] nachgewiesen ist. Zu den reichsten Männern des südlichen Vogtlandes zählend, besaß er allein im Hirschberger Raum Töpen und Teile von Münchenreuth, Seifertsdorf, Ullersreuth, Blintendorf, Pferdt und Gottfriedsreuth. Im Jahre 1385 stiftet er zusammen mit seiner Frau Else 1 ß Meißner Groschen Zinsen auf ihrem Freigut zu Blintendorf halb den Mönchen und halb den Nonnen zu Hof, damit sie zweimal im Jahre für die Eltern der Eheleute eine Seelenmesse halten sollten. Als Grundbesitzer im Ascher Land war Peter gleichsam Vasall der Böhmischen Krone und sein dortiger Einfluß ermöglichte es wohl, daß sein Sohn Konrad 1397 mit einem so bedeutenden Lehen wie Hirschberg bedacht werden konnte. Konrad wiederum war durch seine Hochzeit mit Anna von Neuberk – der Erbin des Schlosses Neuburg [1395] – in den Besitz der restlichen Teile der Herrschaft Neuberk gelangt, welche am Ende die Stadt Asch, 18 Dörfer sowie eine Reihe von Schlössern wie Doubrava [in Asch], Krugsreuth [Kopaniny], Grün oder Schönbach umfaßte, worauf die Familie bis zu ihrer Vertreibung aus Böhmen im Jahre 1945 bedeutenden Einfluß auf die Geschicke des Ascher Winkels nehmen sollte. In den Urkunden wird Konrad auch ›der Reiche‹ genannt, während Sagen, wie die vom Waffenhammer in Schwarzenbach an der Saale, ihm eine Rolle im Fehdewesen der damaligen Zeit zuweisen. Nach seinem Tode 1422 werden Heinrich, Erhard nebst ihrem Neffen Konrad mit Hirschberg und kurz darauf mit Schloß Neuberk belehnt. Im Jahre 1434 findet sich Konrad von Zedtwitz auf Hirschberg unter jenen 70 vornehmen Personen, die Markgraf Johann von Brandenburg-Bayreuth auf seiner Reise ins Heilige Land begleiteten, worauf 39 Teilnehmer an geheiligter Stätte den Ritterschlag erhielten. 1471 werden Konrad und sein Sohn Erhard von König Wladislaus von Böhmen mit der Herrschaft Hirschberg belehnt. Auch wenn Teile davon inzwischen an die, mit den Zedtwitzen verwandten und verschwägerten Herren von Beulwitz abgegangen waren, umfaßte nach der Abspaltung Töpens [1390] die Herrschaft im Jahre 1476 noch immer Schloß, Markt und Gericht Hirschberg sowie die Dörfer Ullersreuth, Rothenacker, Venzka, Mißlareuth diesseits der Straße und die halben Dörfer Spielmes und Göritz mit dem Dorfbach als Grenze, wobei Isaar und der böhmische Teil von Blintendorf aus dem Hirschberger Sprengel bereits herausgelöst waren und Vasallen von ihnen für sie dort das Gericht ausübten. Zudem verfügten die von Zedtwitz als sächsisches Lehen über das Gericht von Gefell und den dazugehörigen Teil von Blintendorf. Auch nach dem Verkauf von Hirschberg seitens Konrads überlebenden Sohn Peter von Zedtwitz im Jahre 1480 an Dietrich und Heinrich von Beulwitz war das Geschlecht nach dem

Verlust ihres Wasserschlosses Zedwitz [1502] mit Siegmund und Asmus noch im Jahre 1590 im Besitz von Töpen. Auch späterhin gewannen sie über ihre Verwandtschaft mit denen von Beulwitz immer wieder kleinere Teile der Herrschaft Hirschberg – so einmal Venzka – als Lehen, die aber meist durch Erbschaft wieder an die Beulwitze zurückfanden.[206]

Die im Jahre 1476 bzw. 1480 die Herrschaft Hirschberg erwerbenden Gebrüder Dietrich und Heinrich waren die Söhne Heinrichs **von Beulwitz** auf Eichicht, einer Saaleburg südlich von Kaulsdorf. Ursprünglich stammte das alte thüringische und osterländische Adelsgeschlecht mit der Mondsichel – umrahmt von drei Sternen – im Wappen, aus dem kleinen Dorf Beulwitz westlich von Saalfeld, wo Erwin de Bullwitz bereits im Jahre 1137 einen Siedelhof besaß, der aber schon im Laufe des Mittelalters einging und mit dem späteren Rittergut im Orte nichts zu tun hat. Dennoch erwarben die von Beulwitz [auch von Bulewitz, Bielwitz, Beulbitz u.a.] in diesem Großraum umfangreichen Besitz, zu dem allein im Umfeld von Saalfeld die Güter Blankenburg, Breternitz, Burglemnitz, Eichicht, Fischersdorf, Könitz, Leutenberg, Löhma, Munschwitz, Remda, Reschwitz, Schaala und Steinsdorf gehörten. Während von den beiden, auf Hirschberg gesessenen Brüdern Heinrich die väterlichen Herrschaften Eichicht und Löhma erbte und später seinem Sohn Hartmann übergab, wurden Dietrich und seine Gemahlin Barbara von Reitzenstein zu Begründern einer volkreichen Hirschberger Linie, welche allein bis zum Jahre 1550 mit etwa 15 Familien und über 40 Gliedern die Zweige Hirschberg, Venzka, Hofeck, Schnarchenreuth, Pilgramsreuth und Sachsenvorwerk ausbildete und nicht nur in der Umgegend von Hof, sondern auch bis weit nach Sachsen hinein per Kauf, Erbe oder Heirat zahlreiche Güter erwarb. Kurz bevor sie in den Besitz Hirschbergs kamen, war den Brüdern vom Sächsischen Kurfürsten auch der Markt Gefell mit Erbgerichten und Marktrechten sowie Zinsen in den Dörfern Blintendorf, Ullersreuth, Venzka und Dobareuth übertragen worden, worauf ihr Hirschberger Besitz fortan in zwei Hälften, einem böhmischen und einem sächsischen Lehen, dem sogenannten ›Amtmannlehen‹ verwaltet wurde. Zu letzteren gehörte auch jenes Haus in Gefell, ›worin das Gericht gehalten‹, das später mitsamt der Gerichtsbarkeit vom Rat erworben wurde. Nach Dietrichs Tod folgte ihm sein Sohn Ernst im Besitz nach. Neben seinem Anteil an Hirschberg besaß er noch die, durch Kauf, Erbschaft bzw. Heirat gewonnenen Rittergüter Gottsmannsgrün, Hofeck, Scharten, Schnarchenreuth, Erlbach und Eubabrunn. Als Amtshauptmann von Hof 1529 ging er im Auftrage des Markgrafen scharf gegen Luther und seine Anhänger vor, deren Einflußnahme auf die dortige Bevölkerung er unter keinen Umständen duldete.

Um für die zahlreichen Nebenlinien der Beulwitze angemessene Unterkünfte zu gewinnen, wurden nicht nur die beiden Vorwerke Mödlareuth und Dobareuth zu eigenständigen Rittergütern erklärt, letzteres in einen Ober- und Unterhof sowie Venzka in Sechstel geteilt, auch im Hirschberger Schloßareal selbst entstanden anstelle der späteren Kellerscheune bzw. des Amtshauses zwei neue Wohnbauten mit einfacher Innenausstattung. Noch lange nach dem Erlöschen der Hirschberg besitzende Linie derer von Beulwitz, saßen etwa um das Jahr 1750 verschiedene Angehörige des Geschlechts u.a. noch auf den Rittergütern Burglemnitz, Dobareuth, Eichicht, Eubabrunn, Erlbach, Venzka, Grießheim, Hofeck, Closchwitz, Löhma, Neuhaus, Pilgramsreuth, Rottleben, Scharten, Schwand und Töpen. Im Jahre 1549 übergab die Böhmische Krone die Lehnsgerechtigkeit [dominium directum] über das böhmische Kronlehngut Hirschberg an ihren Erzkanzler, den mächtigen Titular-Burggrafen Heinrich IV. von Meißen [1510-1554] aus dem älteren vögtischen Hause zu Plauen als ein ewiges Geschenk, wies ihm die Besitzer von Hirschberg mit den Lehen zur Erbhuldigung und Lehnspflicht zu, behielt sich aber die Oberlehnsherrlichkeit vor. Das brachte die Beulwitze aufgrund ihrer Zwitterstellung als burggräfliche und brandenburg-kulmbachische Vasallen in Bedrängnis, auch als Böhmen nach dem Tode Heinrichs IV. das Lehen von dessen Söhnen zurückzuforderte suchte. Gegen Ende der burggräflichen Herrschaft stirbt

1577 mit Ernst von Beulwitz die auf Hirschberg gesessene Linie aus, worauf sich unter den beiden mitbelehnten Linien Hirschberg-Töpen und Löhma-Eichicht erstere im Erbkonflikt durchsetzt. Allerdings waren die Töpener bereits um das Jahr 1600 so verschuldet, daß umwohnende Adlige versuchten, mit Hirschberg belehnt zu werden, so die von Geilsdorf, mehr aber noch Karl von Reitzenstein, der den größten Teil der Schuldscheine schon erworben und die halbe Herrschaft unter seine Zwangsverwaltung gebracht hatte. Allerdings gewinnen die Beulwitze mit zwei dynamischen Persönlichkeiten vorübergehend noch einmal die Oberhand. Nach dem Tode Heinrichs von Beulwitz hatte nämlich dessen Sohn Ernst kraft seiner Heirat mit Katharina von Müffling aus dem Hause Hohenleuben [1616] durch Unterstützung seines vermögenden Schwiegervaters seine vier Brüder ausbezahlen und bis 1622 durch Begleichung der Schuldensumme auch die andere Hälfte der Herrschaft Hirschberg wieder in seinen Besitz bringen können.

Nach seinem Tode 1633 auf der Kulmbacher Plassenburg gelangte das aus Hirschberg, Mödlareuth und Münchenreuth bestehende Erbe an seine Witwe und seine sechs unmündigen Kinder, wogegen seine Verwandten auf den Rittergütern Töpen, Dobareuth, Sachsenvorwerk und Gottsmannsgrün saßen.

Erst Ernsts Sohn Kaspar Heinrich gelang es, diese Besitzungen wiederzugewinnen, doch wurde er 1642 von seinem eigenen Diener Erasmus in der Kegelmühle bei Mödlareuth erschossen. Seine Witwe Maria Sophie [geb. von Kauffung] und seine, erst nach seinem Tode geborene Tochter Maria wurden daraufhin von Kaspar Heinrichs einzig überlebenden Bruder Alexander von Beulwitz auf Eubabrunn und Gottsmannsgrün aus ihren Rechten verdrängt, indem er etwa die Untertanen gegen sie aufwiegelte, damit sie den Michaeliszins nicht gewinne. Vorallem aber durch willkürliche Beschädigung von Dach, Öfen, Fenstern und Türen versuchte er, das Hirschberger Schloß für sie unbewohnbar zu machen. Zu dieser Zeit lasteten bereits 17.750 fl. Schulden auf dem Gesamtbesitztum, welches zu Friedenszeiten einen Wert von 40.000 fl., dann aber nur noch von 19.000 fl. gehabt hatte.[207] Zusammen mit den Söhnen der anderen verstorbenen Brüder als Erbberechtigten wandte sich die Witwe an den reußischen Landesherrn um Vermittlung, doch konnte ein für den 9. November 1643 in Gera anberaumter Verhandlungstermin von den Parteien nicht wahrgenommen werden, nicht nur wegen der großen Unsicherheit auf den Landstraßen durch streifende Rotten, sondern auch weil einer der Söhne des Alexander [†1644] von Leuten aus Hof ›unschuldig, heftig und leichtsinnigerweise mörderlich beschädigt worden‹ war. Heinrich II. der Andere Reuß j. L. [1602-1670] wirkte darauf hin, daß die Witwe gegen eine Abfindung von 600 fl. nebst einer jährlichen Zahlung von 30 fl. an ihre Tochter ihre beiden Wohnräume im Schloß 1644 aufgab. Alexanders Söhne Wolf Christian und Alexander Ernst erbten nun das Schloß. Indem sie sich aber nur zu den Gerichtstagen in Hirschberg aufhielten, klagte Maria Sophie auf Wiedereinsetzung in ihre alte Wohnung, durfte 1652 wieder dahin zurückkehren, sollte aber 1658 per Gerichtsbeschluß endgültig daraus weichen. Inzwischen hatte sich die Witwe wieder neu vermählt und ihr Gatte Johann Friedrich von Raabe auf Schönwald setzte daraufhin seine ganze Kraft ein, die Herrschaft Hirschberg in seine Hände zu bekommen, aber der Landesherr Heinrich X. [1621-1671], dem 1647 die neugebildete Herrschaft Lobenstein zugefallen war, scheute keine Mühen, ja verschuldete sich am Ende sogar, um dieses Besitztum anzusichzubringen.

Schloßrittergut Hirschberg

Jene von Heinrich X. 1661 beauftragte Expertise über Umfang und Zustand der Rittergutsökonomie konstatierte neben kriegsbedingter Verwahrlosung auch die völlig eingeschränkte Nutzung der einst bedeutenden Besitzung. Das Herrenhaus selber war vollkommen ruinös und auch die anderen Gebäude kaum noch nutzbar. Die von der Röhrenwiese aus der Venzkaer Flur ›Lisa‹ ins Anwesen geführte Röhrenleitung war 1652 versiegt. Dem in einem verlassenen Fronhäuslein hausenden Hofmeister Heinrich Hermann standen nur noch 1 Knecht und 3-4 Mägde zur Verfügung, so daß er das, aus 20 Stücken bestehende Großvieh [von ehedem 100] mitunter selber austreiben mußte, während sich der Hirte inmitten der Ruinen unter Ausnutzung noch bestehender Mauerteile des Herrenhauses einen Verschlag – die vielleicht wohnlichste Behausung auf dem ganzen Schloßberg – errichtet hatte. Separate Wirtschaftseinheiten dagegen bildeten die leidlich erhaltene Schloßschäferei sowie der Schafhof auf dem Dornholze, erstere mit 585, letzterer mit 308 Nössern. Vom den, in der Vorkriegszeit wohl 400-500 Zentner Korn hervorbringenden, mit einer Aussaatmenge von 225 Scheffeln Hofer bzw. 333¼ Plauener Maß bewerteten Äckern wurden nur noch 90 Tagwerk bewirtschaftet. 200 Tagwerk lagen teils schon seit Jahrzehnten wüst und waren inzwischen mit Birken und Fichten beflogen. Die Wiesen, von denen man 60 starke Fuder Heu und Grummet hätte einbringen können, waren zum Teil schon verkauft oder versetzt. Auch aus den 600 Tagwerk umfassenden Wäldern war über die nächsten Jahre kaum mehr zu gewinnen als das Wilprett aus der Hoch- und Nieder-Jagd. Die forellen- und krebsreichen Fischwasser an Saale, Dobareuther, Göritz- und Lehestenbach waren um 20 fl. verpachtet. Von den einst 500 fl. im Jahr einbringenden Lehngeldern der Untertanen, waren nach der Abspaltung der Vorwerke in Dobareuth, Mödlareuth und Venzka noch 300 fl. zu erwarten. Zwar hatte man sie mit eigenen Niedergerichten begabt, doch blieben das Obergericht wie auch 10% der Lehngelder beim Hirschberger Schloß, dessen Gerichten zwar noch 300 Anwesen unterstanden, allerdings waren von den neun in sechs Jahren hier wirkenden Richtern nur zwei vereidigt gewesen. Da ihnen die Gehälter nicht gezahlt wurden, sind sie davongegangen und haben dabei oft wertvolle Akten mitgenommen. Nicht viel weniger heruntergekommen wie das Schloßrittergut selbst war auch die ehemalige Erbtochter des großen Besitzes, Maria von Beulwitz. Psychisch wie physisch in ihrer Entwicklung ein wenig zurückgeblieben war sie von ihrer Mutter und ihrem Vormund, dem zum Skelett abgemagerten, dem Branntwein ergebenen Richter von Losso stark vernachlässigt und über kurz oder lang auf dem Schloß allein gelassen worden. Nicht nur wegen ihrer kleinwüchsigen, dafür aber korpulenten Gestalt, sondern auch wegen ihrer großen Unbeholfenheit wurde sie in der Stadt verspottet. Erst nach dem Tode ihrer Mutter 1664 zeigte ihr Stiefvater, der von Raabe, wieder Interesse für sie, indem er versuchte, als ihr Vormund eingesetzt zu werden. Als Maria aber kurz darauf verstarb, war er sehr verärgert und trat seine vermeintlichen Ansprüche an Christian **von Meusebach** ab. Der nahm diese sehr ernst und versuchte, auch die Anteile der eigentlichen Erben, der auf Gottsmannsgrün gesessenen Beulwitze käuflich zu erwerben. Von der damals auflammenden Türkenfurcht angesteckt, befürchtete Ritter Christian, wie er später genannt wurde, in naher Zukunft eine große osmanische Invasion in Mitteleuropa. Indem der Obersächsische Reichskreis als nächste Defensionsbehörde seine Befürchtungen nicht ernst nahm und selbst die umwohnenden Adligen ihn darum verlachten, wollte er – nachdem er schon sein Wasserschloß in Braunsdorf bei Triptis mit vier Türmen befestigt hatte, den Türken nun an der Saalelinie begegnen. Zu diesem Zwecke hatte er 1663 bereits das nahe Schloß Blankenberg gekauft und mit großem Aufwand mit der Befestigung von Mauern und Bastionen begonnen. Darauf ließ er sich zusammen mit seiner Frau Magdalena geb. von Heßler im Hirschberger Schlosse – wo nach dem Abzuge der Maria Sophie von Beulwitz einige Rekonstruktionsmaßnahmen stattgefunden hatten – häuslich nieder. Solches gefiel Herrn Heinrich X. **Reuß**, der im Vorfeld schon 10.000 fl. der auf dem Besitz lastenden Schulden aufgekauft hatte und als Oberlehnsherr überdies das Vorkaufsrecht besaß, nun überhaupt nicht.

So wartete er die Abwesenheit des Ritters ab, und ließ am 7. Juli 1664 mit 100 Lobensteiner Musketieren das Schloß gewaltsam in Besitz nehmen und die Bürger und den Richter von Hirschberg ihm gegenüber den Treueeid schwören. Nachdem auch die Ansprüche der anderen Erben, Gläubiger und Anteilseigner abgewickelt waren, konnte Heinrich X. mit dem vollständigen Erwerb des Schloßrittergutes nicht nur seine

Herrschaft arrondieren und die Verwaltung von Reuß-Lobenstein vereinheitlichen, sondern mittels Brauhaus- und Erbzins, Lehngeld, Gerichtssporteln und weiteren Abgaben [sowohl der direkten Rittergutsuntertanen wie auch der Hirschberger Bürger] auch jährliche Nettoeinnahmen von 900 fl. generieren.[208]

Hirschberg als reußische Residenz

Bei der Teilung der Grafschaft Reuß-Lobenstein wurde 1678 für Heinrich VIII. [*1652], den jüngsten Sohn Heinrichs X. aus einem zusammenhängenden Landstrich mit 14 Dörfern und zwei Exklaven [Oßla-Röttersdorf-Grumbach und Thimmendorf] die Grafschaft Reuß-Hirschberg geschaffen, welche überdies noch 7 Rittergüter [Venzka, Dobareuth, Mödlareuth, Göritz, Pottiga, Pirk und Oßla] umfaßte. Verheiratet war der Graf mit Elisabeth Sophie Freiin von Bodenhausen [1656-1687], deren Vater die große, aus einer Stadt und 6 Dörfern bestehende Grundherrschaft Mühltroff sein Eigen nannte. Nach ihrem Tode vermählte er sich 1688 mit Sophie Juliane [1670-1698], einer geborenen Reußin aus dem Hause Obergreiz. Sein 1678 in Hirschberg erbautes **Residenzschloß** konnte trotz höchster Einfachheit nur unter Ausnutzung der Baufron der Untertanen errichtet werden. Hatte sich Graf Heinrich anfangs recht leutselig unter den Hirschberger Bürgern blicken lassen und an ihren Freuden und Nöten teilgenommen, lernte er bald auch ihre Starrköpfigkeit und Streitsucht kennen. Zusammen mit der Herrschaft Hirschberg hatte Heinrich VIII. nämlich auch den seit Jahrhunderten schwelenden Konflikt zwischen dem Schloßrittergut und der Bürgerschaft geerbt, wobei letztere – ob legitim oder nicht, weiß man heute nicht mehr so genau – ihre städtischen Rechte in einem Ausmaß verteidigte, wie sie selbst manch größere Stadt damals nicht besaß. Man fühlte sich als böhmische Stadt, ja als freie Reichsstadt, die keinerlei Landesobrigkeit über sich hatte, unterließ die Zahlung bestimmter, selbst in Lobenstein oder Gera gängiger Abgaben insbesondere bezüglich der Hofhaltung des Grafen per se und wurde – man höre – von der obersten Lehnsherrschaft in Prag bzw. Wien sogar noch darin bestärkt. Heinrich VIII. reagierte auf diese Renitenz mit äußerster Härte, ließ offene Umlagen gerichtlich beitreiben und seine Richter verhängten in solchen Fällen gegen die Bürger die härtesten Strafen. Und dennoch: Als der Graf 1705 völlig mit Recht den Brauzins in seinem ›Zwangsbrauhaus‹ erhöhte, errichteten die brauberechtigten Hirschberger Altbürger unverzüglich ihr eigenes Brauhaus, welches jedoch von aus Lobenstein angeforderten Musketieren niedergerissen und alle Braugeräte zerstört wurden. Ein andermal, als die Hirschberger in der Saale das ihnen angeblich zustehende Fischereirecht gebrauchten, wurden sie zunächst vom Schloß aus mit Gewehrfeuer belegt. Sodann rückte die Schloßbesatzung aus und vertrieb die Fischer mit Waffengewalt an das andere Saaleufer. Noch im Jahre 1716 rückten 100 Mann reußisches Militär in Hirschberg ein, besetzten das Rathaus, räumten den Ratskeller leer und verschleppten den Ratswirt nach Ebersdorf, während die Ratspersonen selbst über den Saalfluß ins Fränkische fliehen mußten. Man nimmt an, daß Heinrich VIII. an diesem langwährenden Kampf mit den Bürgern am Ende zugrunde gegangen ist. Nach längerem Krankenlager verschied er am 5. Oktober 1711 im Alter von 59 Jahren und wurde unter dem Altar der Stadtkirche beigesetzt. Als man bei deren Umbau 1774 die **Grafengruft** öffnete, fanden sich darin die Särge mit den noch gut erhaltenen Leichnamen. Indem die Ehen Heinrichs VIII. kinderlos geblieben waren, ging sein Land nach seinem Tod an die beiden übrigen Zweige des Hauses Lobenstein über, worauf das fortan nur noch von einem, im Erdgeschoß wohnenden Kastellan verwaltete Residenzschloß in einen Dornröschenschlaf versank, der hin und wieder einmal unterbrochen wurde, etwa 1737, als der spätere Historiker Heinrich XXVI. [1725-1797] als Knabe zusammen mit seinem Erzieher etwa ein Jahr lang hier lebte oder 1744, als pietistische Protestanten ihre ›Hirschberger Synode der Mährischen Brüder‹ darin abhielten, sowie noch einmal unter Heinrich LXXII., dem letzten Ebersdorfer Fürsten, der Hirschberg kurzzeitig zu seiner Sommerresidenz erhob und bis 1828 einige Verschönerungsarbeiten ausführen ließ, aber 1848 in seiner Abdankungsurkunde die Bürger der Stadt, ob ihrer revolutionären Haltung, explizit des groben Undanks bezichtigte. Eine Privatisierung von Schloß und Gut durch einen Freiherrn von Hirschberg aus Darmstadt, der den alten Familienstammsitz wiedergewinnen wollte, scheiterte 1907 wohl an den zu hohen Preisvorstellungen des reußischen Fiskus. Auch der Plan, in dem Schloß ein Mädchenpensionat unterzubringen, ist vordergründig fehlender Gartenanlagen wegen gescheitert.

Das fürstliche Kammergut am Schlosse

Abgesehen von jener kurzen Phase zwischen 1802 und 1818 war das fürstliche **Kammergut** hinter dem Schloß durchweg verpachtet, so ab 1765 an die Pächterfamilien **Schwarzwäller** [1718-1832], Knüpfer [bis 1838], Zeeh [bis 1847], Löhnig [bis 1856], Röhrig [1860-1877], Haberland [bis 1899], Coder [bis 1907] und Rümmler [noch 1936], wobei der Pächter und der Kastellan mit ihren Angehörigen sowie zwei nach dem Auszug des Amtsgerichts [1864] die Unterkünfte des Richters und des Schreibers im Amtshause bewohnende Familien zusammen eine von der Stadtgemeinde Hirschberg separierte Schloßgemeinde bildeten, welche im Jahre 1872 30 Personen umfaßte. Max **Rümmler** – der letzte uns bekannte Pächter des Kammer- und ab 1920 Staatsgutes – war der Sohn des Pirker Rittergutsbesitzers Moritz Rümmler. Geboren 1881 in Pirk besuchte er nach der Dorfschule in Lerchenhügel das Ruthenium in Schleiz und danach die landwirtschaftliche Schule in Döbeln/Sachsen. Nach dem unerwarteten Tod Bruno Coders war er unter Unterstützung seines Vaters unvermittelt in das Bewerbungsverfahren um die Pachtung eingestiegen, welche er gegen 3.600 Mark Kaution auch gewann, zumal – da Coder viel in die Liegenschaften investiert hatte – die Jahrespacht von 3.000 auf beträchtliche 4.200 Mark heraufgesetzt worden war. Von den bewirtschafteten Flächen [150,43 ha] befanden sich 79,2 ha auf Hirschberger, 59,46 ha auf Venzkaer und 11,76 ha auf Dobareuther Flur, wobei das Verhältnis zwischen

Acker- und Grünflächen – bezogen auf das Jahr 1923 [mit 181 ha LWN] – etwa bei 3 zu 1 lag. An Großvieh wurden 1914 gehalten: 64 Rinder [davon 28 Milchkühe], 6 Arbeitspferde, 4 ausgemusterte Pferde, 300 Schafe und 33 Schweine.

In dem 1919 ausgehandelten Vergleich zwischen der fürstlichen Familie und dem Volksstaat Reuß wurden seitens des letzten regierenden Fürsten der jüngeren Linie Heinrich XXVII. [†1928] Kammergut, Schloß, die Forstreviere um Hirschberg nebst dem Naturwald Hag an letzteren abgetreten. Im ehemaligen Schloß selbst aber wurden 1 Amtswohnung für den in Venzka angestellten Forstverwalter Munzert und 4 Wohnungen eingebaut, in welche als erste Mieter Hilmar Koch, der Wachtmeister Schuhmann, der Lehrer Schulz und ein Herr Schaffmeyer mit ihren Familien einzogen. Nach der Auflösung des Staatsgutes nach dem Zweiten Weltkrieg entwickelte sich der Hirschberger Schloßberg unter weitgehendem Abriß und teilweisem Umbau der Kammergutsgebäude zu einem kleinen **Wohngebiet** mit drei Mehrfamilienhäusern und zwei Garagenzeilen. Das ehemalige Residenzschloß selbst gelangte nach der Wende per Versteigerung an eine Familie aus Berlin.[209]

Der Hirschberger Hag als Landschaftspark des Schlosses?
Viele Laubwälder an alten Burgen und Schlössern tragen den Namen ›Hain‹ [auch Hag, Haardt]. Das bedeutet so viel wie ›eingehegter Sonderbereich‹ und bezieht sich, wenn nicht auf die Wehranlage selbst, so auf die besondere Rolle dieser Bannwälder etwa für den direkten Brennholzbedarf der Schloßküche, weswegen ihre Nutzung, ja das Betreten durch Außenstehende reglementiert war, die Umwohnenden also dort kein Fallholz auflesen, keine Pilze sammeln durften udgl. Als Ort der Erholung wurde der ›Hag‹ wohl erstmals im Jahre 1737 entdeckt, als der Ebersdorfer Grafensohn Heinrich XXVI. als 12-jähriger etwa ein Jahr auf dem Schloß lebte und in seinen Briefen Spaziergänge in den damaligen, wohl einem Plänterwald nicht unähnlichen sogenannten ›Viehweidenhängen‹ beschrieb. Nachdem diese zwischen 1796 und 1800 zu einem

Laubwald umgestaltet waren, kam es unter Heinrich LXXII., der das Schloß zeitweise als Sommerresidenz nutzte, bis 1828 zur Anlage von Promenadenwegen und Ruheplätzen, von wo aus ein einladender Naturwechsel zwischen Heiterem und Erhabenem erlebt werden können sollte. »Der sich von dem Felsen des Lohberges über die Schloßterrasse an den Hängen der Saale hinziehende ›Hag‹ wird dominant geprägt von seiner natürlichen Formation. In diese ordnet er sich mit seinem Wegenetz ein. Von den zumeist in der Ebene angelegten Renaissancegärten, den barocken Gärten, auch den Englischen Landschaftsgärten unterscheidet er sich markant. Erhebliche künstliche Eingriffe in den Steilhang unterblieben des enormen Aufwandes wegen.«[210] Schon lange bevor der Naturwald mit seinen alten Fichten, Buchen und Eichen im Zuge der Fürstenabfindung nach dem Ersten Weltkrieg in den Besitz der Stadt überging, war er der wohl beliebteste Ausflugsort der Hirschberger Einwohner und blieb es bis zu Beginn der 1960er-Jahre. Im Zuge der Verwandlung der innerdeutschen Grenze in eine Todeszone hat man ab 1972 auch den ›Hag‹ in Beschlag genommen, wurde 200 Jahre alte Bäume gefällt, um freies Blickfeld für die Grenzposten zu schaffen. Das ehemalige Gasthaus ›Haghäuschen‹– einer der romantischsten Orte in der gesamten oberen Saaleaue überhaupt wurde gesprengt und dem Erdboden gleichgemacht. Nach der Wende entstand in Hirschberg eine Bürgerinitiative zur Rettung des Hag und der alte Naturwald begann wieder aufzuleben.[211]

Die Familie von Hirschberg

Die von Hirschberg sind ein vogtländisches, wenn nicht sogar altbayerisches Uradelsgeschlechts, welches erstmals 1223 mit Rudegerus de Hirzperc in einer Stiftungsurkunde Herzog Ottos VII. von Andechs-Meran erscheint. Ihr Wappenschild, ein aufspringender 8-endiger roter Hirsch auf silbernem Grund, findet sich selbst unter den Ahnenwappen an einem Epitaph in der Saalfelder Johanniskirche. Die Ursprünge der Familie liegen, wenn nicht in einem Ableger des im 14. Jahrhundert erloschenen, dem Raume Eichstätt entstammenden Grafengeschlechts von Hirschberg so doch in Papo oder Rüdiger vom Heitstein [urk. 1166-1194], zwei im Dienst der Markgrafen von Giengen-Vohburg stehenden Ministerialen, welche die Burg Heitstein [auch Haidtstein] bei Cham am Fluß Regen verwalteten. Hier war der bevorzugte Aufenthaltsort Markgräfin Elisabeths [†1204], einer Schwester Ludwigs von Bayern. Der Minnesänger Wolfram von Eschenbach, der sich ebenfalls zeitweise dort aufhielt, hat ihr in seinem grandiosen Ritterepos ›Parzival‹ [VIII, Zeile 179-182] ein ewiges Denkmal gesetzt. Zusammen mit diesem Papo vom Heitstein tritt in einer Stiftungsurkunde des Klosters Reichenbach nun ein Getto de Waltstein auf. Als Verwalter der gleichnamigen Veste stand auch er in Beziehung zu den Vohburgern. Aus der Gleichheit der beiden Vornamen – Papo und Getto – nun folgern Genealogen eine Verwandtschaft beider Familien Heitstein und Waltstein. Und so soll es sich bei jenem 1217 im Dienste der Andechs-Meraner, den Besitznachfolgern der Giengen-Vohburger [ab 1209], erwähnten Rudegerus de Sparrenberg in Wirklichkeit um dieselbe Person wie Rüdiger von Waldstein handeln, der 1179 zusammen mit seinem Bruder Arnold in einer Urkunde erscheint. In diesem Arnold sieht man den Ahnen und Stammvater der von Hirschberg. Diesen beiden Brüdern nun soll von den Vohburgern der Auftrag zum Bau der beiden Saaleburgen Sparnberg und Hirschberg erteilt worden sein, um dann als Burgvögte darüber eingesetzt zu werden. Arnold von Waltstein auf Hirschberg habe seinen Sohn dann nach seinen Bruder Rüdiger genannt und Rüdiger von Waltstein auf Sparnberg seinen Sohn dem Bruder zu Ehren auf Arnold taufen lassen. Obwohl nach strengeren geschichtswissenschaftlichen Maßstäben eine solche Herleitung Lücken ausweist, daß ein ganzes Heer hindurchmarschieren könnte, so ist sie doch für eine Epoche, in der die schriftliche Überlieferung für viele Bereiche gerade erst langsam einzusetzen beginnt, mangels Informationen jedweder Art nicht unbedingt illegitim – es sei denn, andere Befunde stehen dem explizit entgegen. Ihre Kolonisationstätigkeit im Regnitzland

begonnen haben die Heitstein-Waltsteiner wahrscheinlich schon um das Jahr 1150 mit dem Bau der auf dem Fichtelgebirgskamm liegenden Veste Sparneck, von wo aus sie jenen großen von Sparneckschen Besitzkomplex um Münchberg nebst einen von Hirschbergischen um Rehau und Weißenstadt, also bis hinüber ins Egerland geschaffen, haben. Nachdem ab dem Jahre 1248 die Vögte die Herrschaft im Regnitzland übernommen hatten, treffen wir Johannes de Sparrenberg und Wetzelo von Hirszperch 1279 nunmehr in deren Gefolge an.[212]
Im 14. Jahrhundert verloren die Herren von Hirschberg ihren gleichnamigen Stammsitz, behielten aber im Regnitzland als reichsfreie fränkische Ritter des Kantons Gebürg noch eine ganze Reihe von Besitzungen so etwa Hirschstein, Grünstein, verschiedene Gebiete am Kornberge, Förbau, Schwarzenbach/ Saale, Seuckenreuth, Stobersreuth, vorallem aber Rudolphstein, wo sie nach dem Verlust ihrer Souveränität als hohenzollernsche Amtsleute weiter agierten. Mit Amalie von Hirschberg – von 1550 bis zu ihrem Tode 1564 Äbtissin im Klarenkloster zu Hof – und Andreas von Hirschberg [1577] verschwindet die Familie im 16. Jahrhundert aus der Region. Neben ihrer 1570 niedergegangenen Schwarzenbacher Linie existiert noch eine bis heute blühende vom Südrand des Fichtelgebirges, wo sie 1355 die Schlösser Ebnath [bis 1848] und Schwarzenreuth im Steinwald [bis 1877] erwarb und von 1779 bis 1888 auch das Hammergut Riglasreuth besaß, worauf der sich nach diesen Gütern nennende Johann Franz Bernhard von Hirschberg und sein Bruder Christoph Freiherr von Hirschberg 1790 zu München in den Reichsgrafenstand erhoben wurden. Über die Ehe Franz Amands von Hirschberg mit Katharina von Hann [oo 1798] gelangte endlich das Rittergut Wildenau in den Besitz der Familie und ist es bis heute mit Maria Katharina Döpper-von Hirschberg geblieben. Die mit Arnold von Hirschberg [1320-1390], dem Erwerber der Veste Ebnath [Ebenöde], begonnene Stammreihe der Ebnathschen Linie schließt derzeit mit Lutz Freiherr von Hirschberg [*1962] und seinen Kindern.[213]

Hohenpreis

Das Einzelanwesen Hohenpreis [bis 1706 Stöckten] liegt zwischen Saalburg und Hirschberg etwa 1 km südöstlich von Frössen, mit dem es administrativ verbunden ist. Ursprünglich hieß das Rittergut ›Stöckten, Stöcketen‹ bzw. ›Stöckigt‹ und war wohl schon seit dem 15. Jahrhundert im Besitz der Herren **von Dobeneck**, so des Melchior von Dobeneck auf Göritz, Frössen, Stöckten und Sachsenbühl [oo Anna Sabina geb. von Beulwitz auf Hirschberg], dann dessen Sohnes – des auf Göritz, Blintendorf und Stöckten gesessenen – Johann Friedrich von Dobeneck [oo Anna Magdalena von Helldorf], gefolgt von dessen Enkeln Hans Friedrich [der die von Dobenecksche Linie zu Göritz fortführte] und Georg Friedrich zu Hohendorf [der eine neue Linie begründete]. Im Jahre 1675 verkauften die von Dobeneck die Rittergüter Frössen und Stöckigten an Sigmund **von Schönfels**, nach dessen Tod 1703 sie der Landesherrschaft unter Graf Heinrich III. [1648-1710] Reuß-Lobenstein anheimfielen. Dieser ließ ein neues **Herrenhaus** mit einer Schloßkapelle errichten, bewohnte das Gut in den Jahren 1706-1709 selbst und hielt auch nach dem Brand des Lobensteiner Residenzschlosses [1714] dort Hof. Indem sich von hier ein weiter Blick auf die oberfränkische Seite jenseits der Saale von dem hochgelegenen Dorf Berg an bis hinüber zum Höllental und nach Lichtenberg zu bietet, benannte Heinrich III. das Rittergut in ›Hohenpreiß‹ um, verkaufte es aber später an die Familie **Münch** auf Reitzenstein und Issigau, welche es 1864 zusammen mit dem Rittergut Frössen an drei Plauener Grundstücksmakler veräußerte, die einen Teil der Flächen, besonders den Wald an die Landesherrschaft verkauften. Dafür ließen sie 1865 die Gutsgebäude neu errichten und veräußerten den so aufgewerteten, doch auf knapp 55 ha verkleinerten Besitz nach dem Jahre 1870 an einen Landwirt weiter. 1923 befand sich das Rittergut im Besitz von Paul **Schladebach**, der hier 30 ha Feld und 14 ha Wiesen bewirtschaftete. Heute zeugen von dem einstigen Gut noch Gebäude, aber auch Mauerreste.[214]

Jägersruh (†)

Das einst geschmackvoll arrangierte Kleinarchitektur-Ensemble ›Jägersruh‹ lag nordöstlich von Titschendorf an der Südabdachung des Frankenwaldkammes, wo der Nordhang des Hansenhiebs [696 m] zum Orlaugrund hinabfällt. Hier inmitten tiefer Waldeinsamkeit – umgeben von uralten Buchen – ließen die Grafen Reuß-Lobenstein im 18. Jahrhundert auf einer ansteigenden Wiesenfläche eine ›Solitude‹ genannte Eremitage errichten. Keilförmig auf mehreren Terrassen angelegt, umfaßte sie elf kleine eingeschossige Fachwerkhäuser sowie ein Küchen- und Stallgebäude. 1782/83 ließ Heinrich XXXV. sieben dieser Häuser wieder abtragen und an ihrer Stelle am höchsten Punkt des Areals einen **Pavillon** mit je drei Nipphäusern an den Flanken anlegen. Der mit einem Walmdach und spitzbogigen Fenstern und Türen versehene Pavillon enthielt einen Saal sowie an den Seiten je einen gewalmten Anbau mit einfachen Rechteckfenstern. Im Jahre 1826 aber ließ Heinrich LXXII. das unterste linke Nipphaus zu einem zweigeschossigen Forsthaus mit **T**-förmigem Grundriß erweitern und das Ensemble fortan ›Jägersruh‹ nennen. Damit war der harmonische Charakter der Gesamtanlage gestört. Um das Jahr 1870 existierten, abgesehen von dem Pavillon noch fünf kleine Häuser, bis um 1920

Jägersruh

sogar nur noch drei, obwohl der letzte regierende Fürst der jüngeren Linie Heinrich XXVII. sich auch nach seiner Abdankung in dem, nach 1919 der Fürstenfamilie verblieben Anwesen hin und wieder zur Jagd aufhielt. Nach seinem Tode 1928 zeigte die Betriebskrankenkasse von Wiede´s Papierfabrik Rosenthal GmbH in Blankenstein ernste Absichten zum Kauf des nach wievor in ›romantischer Schönheit erstrahlenden‹ Objekts, die sich leider zerschlugen. Bereits 1927 existierte in Jägersruh eine Ausflugsgaststätte. 1929 und wohl auch sonst hielten die oberländischen Forstbeamten der Reviere Heinrichsruh, Saalburg, Waidmannsheil, Lobenstein, Wurzbach und Rodacherbrunn hier ihre feierliche Jahreszusammenkunft mit Scheibenschießen, Gelagen u.a. ab. Im Zweiten Weltkrieg schon begann der Komplex immer mehr zu verfallen. Ende Mai 1945 rückte der Ort letztmalig in den Mittelpunkt der reußischen Familiengeschichte, als Heinrich XLV., der mit seinen Angehörigen vor dem Anrücken der Roten Armee von hier aus die Grenze nach Bayern überschreiten wollte, am Ende doch umdisponierte, sich von seinen Angehörigen verabschiedete und sich von seinem Kutscher nach Ebersdorf zurückfahren ließ, worauf alles weitere verhängnisvoll seinen Lauf nahm. Bald darauf wurde die Anlage von Hausbesitzern aus der Umgegend geplündert. Im Zuge der Grenzsicherung zur BRD wurden gegen Ende der 1950er-Jahre dann sämtliche Gebäude abgetragen und das Gebiet für die Bevölkerung gesperrt. Nach der Wende zeigte nur noch eine mit Gestrüpp überwucherte, von Büschen umrahmte Bloße mit Fundamentresten und zerfallenden Treppen der zerstörten Gebäude den ehemaligen Standort von Jägersruh an.[215]

Karolinenfield

Die Siedlung Karolinenfield [1790 Wiederwillen] liegt zwischen Remptendorf und Burgk im östlichen Teil des Streitwaldes auf alter Wüstungsflur. Seit einer Landesteilung, die auch die großen reußischen Forsten mit tangierte und einzelne Distrikte zeitweise gar nach Dölau oder Rothenthal bei Greiz verwies, gelangte der

Waldteil an die Herrschaft Reuß-Schleiz und verblieb daselbst als Exklave des Amtes Schleiz bis zur Vereinigung aller Gebiete der jüngeren Linie im Jahre 1848. Die Verwaltung oblag einer, im Streitwaldforsthaus im oberen Ottergrund dicht bei der Lückenmühle befindlichen Oberförsterei. Wie Georg Martin Brückner in seiner Landeskunde [1870] berichtet, bestand Karolinenfield ursprünglich nur aus einem Waldhaus mit ein wenig Ackerbau, »wurde aber frühzeitig zu einem **Vorwerke** gemacht, darauf im 17. Jahrhundert, nach dem es wahrscheinlich im 30-jährigen Kriege verfallen war, von einem Schweizer gewonnen und als Gut angebaut; daher auch das dasige Wirtshaus eine Schweizerin im Schilde führt[e]. Später kam es durch Kauf an die Landesherrschaft. Sein Name wechselte mit seinen Besitzern. Anfänglich hieß der Ort Waldhaus [eigentlich Schleizer Waldhaus], darauf Vorwerk, dann Widerwillen, zuletzt Karolinenfield. Der Name ›Widerwillen‹, den es noch in Lehnbriefen vom Jahre 1790 führt, soll von einer Schleizer Gräfin herrühren, die nach dem Abbruche der alten Gebäude unzufrieden über den neuen Bau ausgerufen habe: ›Man hat doch nichts als Widerwillen!‹« Der Name Karolinenfield rührt von der Großmutter des Fürsten Heinrich XIV. [reg. 1867-1908] aus jener Zeit, als der Ort noch dem Sommeraufenthalt der Schleizer Reußen diente. Ursprünglich lebte nur die Familie des Gutspächters und dessen Gesinde hier, doch bald entstanden auch Häusleranwesen meist von Holzhauern, deren Zahl bis 1870 auf 8 angewachsen war. Oftmals ohne genügend Auskommen, wurde ihnen Wilddieberei und Schwarzfischerei nachgesagt, und wer in Karolinenfield einen Fischteich bewirtschaften wollte, mußte stets einen von ihnen als Gesellschafter aufnehmen, ansonsten war der Teich schon lange vor dem Abfischen leer. Im Gegenzug machten etwa die Holzlesefrauen aus dem preußischen Liebengrün, denen der Forstmeister das Auflesen von Ästen bis Armesdicke, Zweigen und Kumutscheln im Schleizer Streitwald zu bestimmten Zeiten durchaus erlaubt hatte, unter der Rechtfertigung, es sei einst ihr Wald gewesen, hin und wieder heimlich auch einmal ganze Bäume weg.[216]

Karolinengrün (†)

Der Einzelstandort Karolinengrün [ursprünglich Erdmuthengrün] liegt östlich von Grumbach auf einer ziemlichen Anhöhe, dem ›Häuslerberg‹, direkt am Rennsteig. Um die Mitte des 18. Jahrhunderts ließ Graf Heinrich XXIV. Reuß-Ebersdorf hier ein kleines herrschaftliches Lustschloß errichten und verlebte daselbst alljährlich einige Sommermonate, dabei die ozonreiche Luft und den Frieden des Hochwaldes genießend. Er ließ auch eine Ahornallee von Grumbach herauf anlegen. Bereits 1843 war der ›olympische Sommersitz‹ in bürgerliche Hände verkauft. Im Jahre 1870 gehörte er dem Förster Riedel und wurde von ›ärmeren Ortsleuten‹ als Mietswohnung benutzt.[217]

Kießling

Das Straßendorf Kießling [1509 Kisel] liegt nordwestlich von Blankenstein auf einem fernsichtigen Bergrücken unmittelbar am Rennsteig. Bereits im 14. Jahrhundert existierte hier schon ein **Rittergut**, welches 1392 zusammen mit den Rittergütern Blankenstein, Harra, Schlegel und Seibis einem Arnolden **von Blankenberg** gehörte. Später mit dem Rittergut Harra besitzrechtlich verbunden, gehörte Kießling im Jahre 1518 Albrecht von Blankenberg und danach seinen sechs Söhnen Asmusen, Arnold, Hans, Heinrich, Albrecht und Caspar Christoph. 1561 noch gemeinsam im Besitz von Blankenberg und Harra-Kießling nebst dessen Vorwerken Seibis und Schlegel erwähnt, schritten sie bald zur Teilung des großen Blankenbergischen Besitzkomplexes, wobei Albrecht neben Kießling auch Ober-Harra erhielt. An ihn erinnerte ein eingemauerter Sandstein an der Südwand der Harraer Kirche mit zwei Figuren und dreifacher Umschrift, welchen er seinen beiden verstorbenen Kindern Georg und Kunigunde hatte setzen lassen. Leider wurde das Epitaph im Jahre 1989 bei Renovierungsarbeiten an der Außenwänden der Kirche zerstört. Im Archiv des Rittergutes Kospoda, das bis nach 1570 seinem Verwandten Arnold von Blankenberg gehörte, ist über ihn als Herrn auf Kießling überliefert: »›Albrecht von Blankenberg, der in Eger in die Schul gangen, bietet den Egerern einen aufgebrochenen Ertzgang, darin sich silber und plei (Blei) tut beweisen zum Kaufe an.‹ Offenbar handelt es sich um Bergbau im reußischen Oberland, in Harras Umgebung im Gebiete des sogenannten erzreichen ›Werner-Morgenzuges‹ – Anerbieten vom Jahre 1584 und Sendschreiben von 1586. Bei diesem Erzgang könnte das Bergwerk ›Kluft‹ zwischen Harra und Blankenstein gemeint sein ... In einem Schreiben an seinen Verwandten in Kospoda schildert dieser Albrecht von Blankenberg seine verzweifelte Lage ... Man liest da: ›werde ich aus gottes straff und gewalt verhinderth, denselben zu er(be-)suchen aus diesen Ursachen, das mir den verschieden Herbst (also 1575) meine liebe haußfraw, zwenn Söhne, eine Tochter und fünff Dienstpotten an der regierenden pestis (Pest) sindt verstorben, wie den mein Wohnhauß noch verschlossen und unbewohnt ist und itziger Zeit niemandt bei mir habe, als ein klein Töchterlein und ein Dienstpotten... und da ich mich aus meiner behausung begeben soldte, hätte ich nichtens gewissere zugewarten, denn das mir mein behausung erprochen und mein peder (beider) haußfraun seliger geschmuck und andere geraubet und gestolen würde.‹ ... Dieser hier erwähnte Albrecht von Blankenberg verbrachte die letzte Zeit seines Lebens bei seiner Tochter Sibylle – die mit Caspar von Reitzenstein auf Sparnberg und Blankenberg verheiratet war – in Blankenberg. Er starb bald nach 1599, über 80 Jahre alt.«[218] Nach mehr als 200-jähriger Besitztradition verkauft Albrecht von Blankenberg 1582 seine Besitzungen in Harra und Kießling an seinen Verwandten Hans Heinrich **von Reitzenstein**. Dem 1583 erstellten Verzeichnis der Ritterdienste der Herrschaft Lobenstein zufolge wurden diese Güter dem Landesherrn gegenüber je

Kießling: Herrenhaus 1925

mit einem Ritterpferd verdient. Sein einziger Sohn Wolf Heinrich von Reitzenstein starb bereits vor dem Vater 1588 zu Seibis eines gewaltsamen Todes. Seine Witwe Blucharia [geb. von Blankenberg] aber vermählte sich im Jahre 1600 erneut, und zwar mit Hans Rudolf von Falkenstein auf Magwitz, und starb erst 1618. Nach dem Tode des letzten auf Kießling gesessenen Reitzensteiners, Josef Adam [†1678], wurde Kießling von Unterharra aus verwaltet, bis es 1680 für 8.500 fl. der Kursächsische Generalleutnant Hans Christoph **Muffel** von Ermreuth erwarb. Wie aus dem damaligen Kaufkontrakt hervorgeht, besaß das Rittergut damals die Brau- und Schankgerechtigkeit, ein Fischwasser in der Saale [zwischen Tiefer Furt und Haarigem Bach] sowie jeweils zusammen mit Harra das Jagdrecht auf Schweine, Rehe und Hasen und eine ausgedehnte Koppeltrift für 700 Schafe. Nach nur 6 Jahren verkaufte der Herr von Müffel Kießling 1686 an Johann Friedrich **von Watzdorf** auf Krauschwitz. Über seinen Nachfolger Friedrich August von Watzdorf gelangten die beiden Rittergüter Harra und Kießling im Jahre 1700 an Eleonore Sophie, Gräfin **Reuß-Lobenstein** [geb. Comteß von Giech-Thurnau], doch schon 1712 erwarb die verwitwete Gräfin Anna Elisabeth **von Gleichen-Hatzfeld** die beiden Güter für ihre noch unmündigen Söhne. Nachdem deren letzter 1722 gestorben war, zog der Landesherr Graf Heinrich XV. Reuß-Lobenstein die Besitztümer einfach anheim, mußte sie auf kaiserliches Mandat hin der Gräfin aber wieder herausgeben und konnte sie erst nach deren Ableben endgültig einziehen. Daraufhin vereinigte er die beiden Rittergüter Ober- und Unter-Harra zu einem fürstlichen Kammergut mit Kießling und Schlegel als dessen **Vorwerke**. Bis nach der Ablösung der Hut- und Triftgerechtigkeit bestand in Kießling eine **Herrenschäferei** mit bis zu 400 Nössern, die in einer 1680 erstmals erwähnten, im 19. Jahrhundert dann abgerissenen, 38 m langen und 12 m breiten Schafscheune überwinterten. Von den Flächen des Vorwerks, welche 1854 154 Morgen Feld, 96 Morgen Wiese, 81 Morgen Hutung, 6 Morgen Wasserflächen und 643 Morgen Nadelwald ausmachten, wurden gegen Ende des 19. Jahrhunderts die Acker- und Wiesenflächen mit den ansässigen Bauern ausgetauscht, um durch Anpflanzung ein zusammenhängendes fürstliches Forstrevier zu schaffen. Bis dahin war das Vorwerk von einem **Strabenow** verwaltet und bis 1887 von einem **Klinge** gepachtet worden. Möglicherweise stand das einfache **Herrenhaus** – ein kurzrechteckiges, 5-achsiges, zweigeschossiges Gebäude mit Krüppelwalmdach und Walmgauben – aber schon zuvor längere Zeit leer, denn als Karl **Strobel** und seine Frau Agnes geb. Schmeizer es 1891 erwarben, um hier wieder eine Landwirtschaft zu etablieren, war es ziemlich heruntergekommen, die Scheiben waren schon blind und wohl auch das Dach beschädigt, so daß ein Giebel heute das alte Krüppelwalmdach des 18. Jahrhunderts und der andere ein Satteldach trägt. Krüppelbewalmt ist auch das parallel zum Herrenhaus stehende eingeschossige Wirtschaftsgebäude. Bis zum Jahre 1966 befand sich das Anwesen in Händen der Familie Strobel, danach in denen von Ewalt **Rank** und seiner Frau Marianne geb. Strobel. Eine Steintafel mit Rennsteig-Emblem vor dem Hause zeigt die Besitzerfolge des Anwesens seit 1392 an. Ähnlich wie die Güter von Harra, Unterlemnitz, Külmla, Moßbach u.a. besaß auch das Rittergut Kießling – im Zuge der langen Nutzung als Vorwerk keinerlei herrschaftliche Hervorhebung [z.B. Dachreiter, prunkvolles Eingangsportal] mehr und ähnelte gleich diesen vielmehr einem größeren Bauerngute.[219]

Langgrün

Das Gassendorf Langgrün [1325 Obergrune] liegt zwischen Saalburg und Hirschberg auf der Hochebene in der Quellmulde des Grünbaches. »Den Namen ›Langgrün‹ will man von der hier begüterten adligen Familie **Lange** ableiten; da indes der Ritter Heinrich Lange 1345 selbst den Namen ›Langengrün‹ gebraucht und noch andere adlige Geschlechter zur Grüne angesessen waren, so ist es wahrscheinlicher, daß der Name ›Langgrün‹ die Ausdehnung des Ortes bezeichnet. Noch zu

Beginn des 18. Jahrhunderts saß ein adeliger Zweig derer **von Draxdorf** auf der Südwestseite des Ortes, wo jetzt fünf Bauernhäuser stehen. Nicht ein Rittergut, sondern mehrere **Vorwerke** müssen hier als adelige Sitze und Güter bestanden haben, wenn denn noch jetzt ein unterhalb des Ortes liegendes Grundstück das ›Vorwerk‹ heißt. ... Früher war in Langgrün eine herrschaftliche Försterei, die 1766 nach Saaldorf verlegt wurde.«[220] Von dem wahrscheinlich schon lange vor dem 30-jährigem Krieg wüst gewordenen unteren Dorfteil [1316 Villa Nydergrün] ist nur das bis um 1900 bestandene Vorwerk Niedergrün – das zweite Großgrundbesitztum in der heutigen Ortsflur – geblieben, welches bis 1848 aber zur Herrschaft Schleiz gehörte und sich daselbst aufgeführt findet.[221]

Lichtenbrunn

Das Angerdorf Lichtenbrunn [1500 Lichtenbrunn] liegt dicht südlich von Bad Lobenstein am Ostfuße des Sieglitzberges in einem Seitental des Sieglitzbaches. Das **Rittergut**, das es einst im Ort gegeben hatte und dessen letzter Besitzer ein Herr von Beulwitz oder **von Watzdorf** gewesen sein soll, ist schon vor Jahrhunderten in mehrere Bauernhöfe zerschlagen worden. So unterstanden die meisten Anwesen im Ort zuletzt dem Amt, bis auf acht, die Watzdorfsche, Fuhrmannsche und Rettenbachsche Lehen und Gerichtsbarkeit hatten.[222]

Lothra

Das Angerdorf Lothra [1310 in villa Lotter] liegt zwischen Leutenberg und Ziegenrück auf der Hochebene in der Quellmulde des Lothrabaches. Die Ursprünge des Ortes sollen auf ein Vorwerk der Herren **von Watzdorf** auf Altengesees zurückgehen, welches den Namen ›zu der Loter‹ [1325] trug. Später »bestanden hier zwei **Rittergüter**, zwei **Freigüter** und [bis 1588] ein **Pfaffengut**, welche außer Gerichten, Lehen und Gerechtsamen mehr als die Hälfte der Ortsflur besaßen. Zerschlagung und Verkauf erfolgten teils 1783 und teils

1813. Bereits im 14. Jahrhundert war das eine der beiden Güter im Besitze derer **von Poseck**, das andere in den Händen derer von Watzdorf. Jene Familie erlangte später auch noch das Poseckssche Gut, so daß sie nun das Ganze innehatte. Sie bewirtschaftete indes von ihrem Haupt- und Rittersitze zu Altengesees aus die beiden Lothraer Güter.«[223] Auf Ober-Lothra saßen im 15. und 16. Jahrhundert u.a. Rudolf, danach Erhard von Watzdorf [†1512], auf Unter-Lothra hingegen Kaspar [†1470], Konrad [†1482], Kaspar [†1525] und Christoph von Watzdorf [†1621]. Einer Erbteilung zwischen Hieronymus Caspar, Christoph Daniel und Friedrich Vollrath von Watzdorf auf Altengesees und Lothra trennte den Besitzkomplex im Jahre 1628 in jeweils selbstständige Erbportionen. Allerdings wurde Lothra bereits 1664 in ein oberhöfisches und unterhöfisches Rittergut geteilt. Ersteres war 1695 im Besitze Christoph Friedrichs von Watzdorf, letzteres hingegen gehörte nach dem Tode Friedrich Vollraths [†1646] seinen Sohn Heinrich Vollrath [†1694]. Dieser richtete das im 30-jährigen Krieg stark verwüstete **Untere Gut** wieder auf und erbaute auch das bis heute als Gasthof ›Zur alten Brauerei‹ erhaltene massive und geräumige **Herrenhaus**, welches mit seinem hohen Walmdach die anderen Häuser des Ortes weit überragt. Der ehemalige Speisesaal im Obergeschoß besaß bis um 1880 noch seine alte Raumfassung mit an Jagdszenen reich bebilderten Leinwandtapeten aus der zweiten Hälfte des 17. Jahrhunderts.

Nach Heinrich Vollraths Tod soll seine reiche, aus Bayern stammende Witwe den Bau vollendet, ja sogar den Turm der Kirche aus eigenen Mitteln erbaut haben. In der ersten Hälfte des 18. Jahrhunderts waren Christoph Heinrich [†1707] und Christian Heinrich [†1756] die Besitzer des Unterhofs. Vielleicht schon 1728 wurde dieser in einen vorderen und hinteren Hof gespalten und 1778/79 unter heftigem Protest der anderen Mitbelehnten aus dem Hause von Watzdorf an den Hauptmann **Trützschler von Falkenstein** verkauft.[224]

Die von Trützschler sind ein vogtländisches Uradelsgeschlecht, das wenn nicht schon 1122 zusammen mit dem ersten Herrn

von Weida so doch 1284 mit Hilprant Truezeler zu Straßberg bei Plauen historisch faßbar wird. Ihr Wappenschild ist von einem schwarzen Schrägrechts-Balken auf goldenem Grund gezeichnet. Nachdem Hans Troczeler [† vor 1412] im Jahre 1400 mit der Vogtei Falkenstein belehnt worden war, hat das Geschlecht den Beinamen ›von Falkenstein‹ angenommen.
In unserer Region heirateten die Trützlers von Falkenstein vornehmlich im ersten Drittel des 17. Jahrhunderts in einige Familien ein, ohne jedoch als Rittergutsbesitzer per se in Erscheinung zu treten. Lediglich das Rittergut Moderwitz bei Neustadt/Orla befand sich über anderthalb Generationen [bis 1756] in ihrer Hand.[225] Auch das Rittergut Unter-Lothra behielten die von Trützschler nur kurze Zeit, denn schon bald darauf finden wir es in den Händen der Herren **von Sydow**, einem märkischen Uradelsgeschlecht aus dem gleichnamigen Stammhause in der Altmark, welches mit dem Marschall Markgraf Ottos von Brandenburg, Henricus de Sidow, 1259 erstmals in den Urkunden erscheint.[226] Auch die von Sydow schlugen keine Wurzeln in der Region. Schon 1783 wurde das untere Lothraer Gut mit allen Gerechtsamen an die reußische Landesherrschaft verkauft und anschließend zerschlagen, wobei sich der Besitzer des Oberhofes Christoph Ernst von Watzdorf 1784 die Gebäude des Unterhofes samt der zum Gute gehörigen Jagd käuflich sicherte. Im Jahre 1801 kam es zum Verkauf der Junghansen- und Pfaffengüter im Ort. Das am Nordende des Dorfes gestandene **Junghanssche Freigut** wurde von der Legende später zu einem Schloß erhöht mit einem geheimnisvollen Brunnen, worin noch ein, ehedem von einem Edelfräulein hineingeworfenes kostbares Geschmeide seiner Bergung harre.

Lothra: Brauereigasthof Stamm

Im Jahre 1803 war der Premierlieutenant Heinrich August **von Watzdorf** Gerichtsherr von Ober-Lothra, bis dieses Gut

1813 in Konkurs ging und dabei durch Kauf gleichfalls an die Landesherrschaft gelangte, welche dasselbe zerschlug, um die Liegenschaften sodann an die bislang von dem Rittergut abhängigen Lothraer Tropfhäusler zu verkaufen, damit diese zu steuerfähigen Lehnbauern avancieren konnten, was für die Reußen auf Dauer ertragreicher war, als die Güter als Mannlehen wieder an Adelige auszugeben, deren Kriegs- und Hofdienste immer weniger von Bedeutung waren. Die Gebäude des Unterhofes besaß oder nutzte im Jahre 1803 allen Anschein nach Johann Adam **Eisenbeis**. Ähnlich wie in Heinersdorf und Wurzbach waren auch hier die auf den ehemaligen Rittergutsgebäuden haftenden Brau- und Schankrechte von einem Gastwirt erworben und ausgebaut worden. Ein **Brauereigasthof** öffnete seine Türen der zunächst ›Zum Reußischen Haus‹ hieß und nach 1870 – als Gustav **Stamm** zum neuen Besitzer geworden war – in ›Reußischer Hof‹ umbenannt wurde. Die von 1890 bis 1912 neuerbaute Brauerei und Mälzerei verlor im Zuge einer Erbauseinandersetzung 1921 die Braurechte und fungierte fortan als Bierniederlassung und Mälzerei des Brauhauses Saalfeld. Die bis 1953 von Martha Stamm geführte Gaststätte wurde später von der **Gemeinde** weiterbetrieben, erhielt 1976 eine Kegelbahn und ging 1992 seitens der Stammschen Erben endgültig in Gemeindebesitz über. 1995 erwarben die Familien **Schreibauer** und **Klawitter** das Objekt und setzten den schon 1988 begonnenen Um- und Ausbau fort.

Im Jahre 1996 schließlich wurde das Gasthaus ›Zur Alten Brauerei‹ eröffnet, das seitdem die Familie **Kunze** betreibt.[227]

Mödlareuth

Der Weiler Mödlareuth [1374 Modelotenreut] liegt östlich von Hirschberg am Tannenbach, der den Ort in einen reußischen und bayerischen Teil spaltet. Schon frühzeitig bestand hier ein **Vorwerk** des Schloßrittergutes Hirschberg, welches von dessen Besitzern – den Herren **von Beulwitz** –, ob ihrer zahlreichen Nachkommenschaft im 16. Jahrhundert zu einem eigenständigen Rittergut mit Untertanen, Nieder- und Erbgerichten erhoben wurde, wobei sich die Herrschaft Hirschberg jedoch die Obergerichtsbarkeit darob vorbehielt. Neben den Hirschberger Schloßlehen bestanden in dem, keine 10 Anwesen umfassenden reußischen Ortsteil auch Töpener Pfarr- und Gefeller Kirchen- und Diakonatslehen. Auch nach dem Verlust von Hirschberg im Jahre 1664 blieb Mödlareuth denen von Beulwitz noch längere Zeit als Lehn- und Pertinenzgut der Herrschaft Lobenstein erhalten. Um das Jahr 1750 hören wir von einem, auf Unter-Feilitzsch und Mödlareuth gesessenen Zweig der älteren Linie der Herren **von Feilitzsch**, bis die reußische Landesherrschaft im Jahre 1796 das Rittergut durch Kauf ansichzog, dasselbe aber später ohne Wald und ohne Schäferei wieder veräußerte, weshalb es zuletzt ›blos Feld und Wiesen und selbst keine Gehöfte‹ umfaßte. Gegen Mitte des 19. Jahrhunderts gehörte das Besitztum dem Landwirt Martin **Zeeh**. Er stammt ursprünglich aus Ullersreuth, besaß aber ein halbes Bauerngut in Göttengrün. Im Jahre 1838 gelang es ihm, gegen eine Kaution von 1.500 Talern und eine Jahrespacht von 925 Taler von der reußischen Kammer als Pächter des Schloßrittergutes Hirschberg akzeptiert zu werden. Man sagt über ihn, er sei zwar ein ausgezeichneter Landwirt, aber kein guter Rechner gewesen und habe auch um den, für die Verwaltung eines so großen Besitztums notwendigen Schriftkram stets einen Bogen gemacht. So wundert es nicht, daß seine Frau und die Dienstleute ihn hintergingen. Vor allem seine Familienangehörigen gefielen sich in der Rolle, Mitglieder der Großgrundbesitzerkaste zu sein, und lebten weit über ihre Verhältnisse, so daß die rechtmäßigen Einnahmen nicht ausreichten. Dennoch gelang es Zeeh, sich über neun Jahre [bis 1847] auf der Hirschberger Pachtung zu halten. Danach war er finanziell erschöpft und mußte seinen Göttengrüner Besitz sogar verkaufen. Dafür pachtete er aber 1847 das aus dem zerschlagenen Unteren Rittergut geschaffene Bauerngut in Venzka und hielt auch sein ›Rittergut‹ in Mödlareuth bis in die 1860er-Jahre hinein, verkaufte es aber dann an Adolph Louis **Otto**.[228]

Oßla

Das Angerdorf Oßla [1497 Oßlaw] liegt westlich von Wurzbach auf der hohen Ostwand des Frankenwaldes oberhalb des Oßlabaches. Seit dem späten Mittelalter ist in Oßla ein **Rittergut** mit Erbfronbauern und [Hand-]Frönern nachweisbar, das später in den Besitz der Landesherrschaft zurückfiel und 1497 samt Lehen, Gericht und Kirchenschatz wiederverkäuflich an die Saalfelder Benediktinerabtei gegeben wurde. Im Jahre 1519 finden wir es im Besitz derselben **Watzdorf**schen Linie, die auch auf Wurzbach und Röttersdorf saß. Nach dem Aussterben dieser Familie im Jahre 1750 fielen die Lehen der Landesherrschaft anheim, worauf die Güter zerschlagen und die Grundstücke an die Einwohner verkauft wurden. An der Stelle des wohl schon um das Jahr 1800 verschwundenen Oßlaer Herrenhauses steht heute ein Privathaus. Die Gerichtsrechte im Oßla-Wurzbacher Patrimonialbezirk behielten sich die Reußen jedoch vor und vereinigten diesen erst im Jahre 1824 mit dem Fürstlichen Justizamte zu Lobenstein.[229]

Pottiga

Das Platzdorf Pottiga [1325 Pothagowe] liegt westlich von Hirschberg auf einer hohen, ins Saaletal schauenden Terrasse um einen rechteckigen Marktplatz herum. Im Ortszentrum gab es einmal eine mittelalterliche **Wasserburg**. Geschützt war die Anlage von einer natürlichen Schlucht, von jetzt verschütteten Gräben sowie von einem, noch erhaltenen Wallgraben, der inzwischen zum Dorfteich erweitert ist. »Das Areal ist mit einem Wohnhaus und einer Scheune bebaut, in der sich noch ein Grabenrest befinden soll. Wenig Fundmaterial stammt von dieser Stelle. In unmittelbarer Nähe der Burg soll eine Wallfahrtskapelle gestanden haben.«[230] Im 14. Jahrhundert hausten hier die nach dem Orte benannten Herren **von Pottiga**.

Dann besaßen die **von Tauschwitz**, anschließend die **von Kospoth**, im 15. Jahrhundert dann die **von Berg** und darauf die **von Reitzenstein**, zuletzt Wolf Caspar von Reitzenstein, das Schloß. Im Jahre 1670 kam das Gut an Christoph **von Watzdorf**, bald darauf an Adam Heinrich **von Machwitz**. Als dieser 1694 hier starb und das Gut darauf zum Verkaufe ausgeschrieben wurde, entstand 1706 eine Beschreibung des Besitztums und seiner Liegenschaften. Demnach scheint das **Herrenhaus** zweigeschossig und dem heutigen Schlosse Rudolphstein nicht unähnlich gewesen zu sein. Auch einen Treppenturm dürfte es besessen haben. »Im Erdgeschoß waren die Räume gewölbt, enthielten die Küche und vier Gewölbe,

Schloß Rudolphstein

die zur Aufbewahrung der Vorräte dienten und die mit eisernen Türen verschließbar waren. In den beiden Obergeschossen befanden sich 5 Stuben, dazu ein kleiner Saal und noch 6 Kammern. Ein zweites Wohnhaus stand neben dem Tore, das eine untere und obere Stube enthielt und dem Gesinde zur Unterkunft diente.«[231] Der Gutshof umfaßte 1 Schäferei, 2 Scheunen, 1 Holzschuppen, 2 Wagenschuppen, 3 Pferdeställe für insgesamt 12 Pferde sowie 3 weitere Viehstände, die 12 Kühe, 15 Kälber, 16 Stück anderes Vieh beherbergten. In einem weiteren Stall waren 8 Schweine untergebracht. Daneben befand sich der Hühnerboden. Im Bierkeller konnten bis zu 90 Eimer gelagert werden. Neben dem Schloß war ein kleiner Gemüsegarten, dahinter ein Obstgarten angelegt. Ebenso gab es einen kleinen Teich mit Fischerhütte. Die Gutswiesen waren so groß, daß sie 23 Fuder Heu einbrachten. Die ursprünglich wohl weit größeren Ackerflächen benötigten eine Saatmenge von 56 Scheffeln. Im Fortlauf des 18. Jahrhunderts kam das Schloß an die Landesherrschaft und wurde zum **Kammergut**. In den Jahren 1745 bis 1751 war Pottiga Wohnsitz der pietistisch gesinnten Gräfin Benigne Marie von **Reuß**-Ebersdorf, einer hoch spirituellen und intellektuell gebildeten Dame. Ihre

Schwester Erdmuthe Dorothea war mit dem Grafen Zinsendorf [1700-1760], dem Begründer der Herrnhuter Gemeinde in Ebersdorf, vermählt. Im Jahre 1834 wurde das Kammergut aufgelöst, die Hölzer den fürstlichen Waldungen einverleibt, die Liegenschaften an die Bauern und der Wirtschaftstrakt an die Ortsgemeinde als Schulhaus verkauft. Das Herrenhaus mit seiner Kapelle verfiel darauf und wurde später ganz abgetragen. Einige Bauwerke des Gutes aber sollen bis heute erhalten sein. Außer dem Rittergut befand sich ehedem auch ein zum Kloster Saalburg gehöriges **Klostergut** im Ort, von dem die Sage berichtet, zwei Brüder, die es zusammen besessen, hätten in einem Walde auf Leben und Tod darum gekämpft, wobei einer den anderen tötete. Im Jahre 1647 wurde das Klostergut in fünf Bauerngüter zerschlagen, die heute noch zusammen ›Der Klosterhof‹ heißen.[232]

Rödern

Die Häusergruppe Rödern [1509 auf den Rödern] liegt zwischen Remptendorf und Thimmendorf südöstlich der ehedem zur Machwitzschen Herrschaft Remptendorf gehörenden Lückenmühle und ist auch viel älter als diese. Ursprünglich stand hier ein **Vorwerk** des Rittergutes Weisbach. Später wurde daraus ein selbständiges **Rittergut** mit eigenem adeligen Wohnsitz, um den sich mit der Zeit ein kleiner Weiler aus Tagelöhner- und Fronbauernhäusern etablierte. Nach dem erbenlosen Tod des letzten adeligen Besitzers fiel es dem Landesherrn von Lobenstein anheim und wurde verpachtet. Einer dieser Pächter, **Hofmann** mit Namen, erwarb im Jahre 1782 den Besitz mit allen Gerechtsamen und Lehen für 7.000 Gulden. Um seinen vier Söhnen ein Auskommen zu schaffen, ließ er das alte Herrenhaus abbrechen und daraus für jeden von ihnen ein Freigut errichten, mit den entsprechenden Privilegien, wie sie vordem das Rittergut besessen hatte. Nach Ablösung der Sonderrechte aller Erblehngüter im 19. Jahrhundert sanken diese **Freigüter** zu bloßen Bauerngütern herab, allerdings mit der

Berechtigung, daß die vordem zum Rittergut gehörige Joachimsmühle jedem von ihnen 14 Säcke Getreide im Jahr unentgeltlich zu mahlen hatte. Eines dieser ehemaligen Freigüter, ein aufwendig sanierter Vierseithof lädt heute als ›Feriengut‹ zum Urlaub in dem waldeinsamen Gebiet um den Otterbach ein.[233]

Röttersdorf

Das Schieferdorf Röttersdorf [1509 Rotterdorf] liegt zwischen Wurzbach und Ludwigstadt auf der Gebirgsscheide zum Frankenwald zwischen Kulm und Wetzstein [792 m] und war ehedem der westlichste Ort des Reußenlandes. Nach Brückner habe bis etwa um das Jahr 1750 hier ein, denen von Watzdorf zuständiges **Rittergut** existiert, welches schließlich in 6 Bauerngüter zerschlagen worden sei. Der Pfortenweg erinnere noch an dasselbe. Allerdings konnte schon Hänsel in der behördlichen Literatur keinen Nachweis mehr für diese Behauptung finden. »Die Bauern waren vielmehr Amtsuntertanen, unterstanden also keinem Rittergutsbesitzer. Das älteste Steuerregister von 1592 nennt 5 ganze, einen Doppel- und einen Eineinhalb-Hof, 6 halbe Höfe und 5 Hintersättler oder Kleinhäusler.«[234]

Saalbach (†)

Der Mühlenweiler Saalbach [bis 1711 Saalhammer] lag südöstlich unterhalb von Pottiga in einer Saaleschleife am rechten Flußufer und war, ob seiner romantischen Lage und seiner berühmten Bierbrauerei und Kartoffelschnapsbrennerei früher ein gern besuchter Ausflugsort. Neben dem Rittersitz existierte ein bereits im 15. Jahrhundert erwähntes **Hammerwerk** mit bedeutendem Grundbesitz und umfänglichen Gerechtsamen, vornehmlich aber dem für Hammerwerke in der Region damals üblichen Recht des Brauens und. Schenkens. Das zunächst ›Saalhammer‹, dann ›Oberer Saalhammer‹ bzw. [infolge einer 300-jährigen Besitztradition durch die Familie von Oberländer] ›Oberländers Hammer‹ genannte Wassertriebwerk ging erst gegen Ende des 18. Jahrhunderts ein. 1810 dann richteten zwei Lohgerber, darin eine Lederfabrik ein, die ihre Produkte vornehmlich nach Sachsen absetzte. Ein unterhalb Saalbachs am Flusse gelegenes Alaun- und Vitriolwerk [Johanneszeche] bestand von 1747 bis um 1802. Im Jahre 1843 umfaßte der Weiler 6 Wohngebäude mit 30 Einwohnern, einer Mahlmühle, einer Lederfabrik und einer, in von Kochschem Besitz befindliche Bierbrauerei, wobei die Wohn- und Wirtschaftsgebäude genannter Familie als ›geräumig und geschmackvoll angelegt‹ charakterisiert werden. Eine überdachte Holzbrücke auf drei wuchtigen, massiv gemauerten Strompfeilern und zwei Brückenköpfen verband Saalbach mit dem Rudolphsteiner Ufer.[235]

Das **Rittergut** Saalbach aber befand sich ursprünglich im Besitz der Herren **von Sparnberg**, bis ›Bezold von Sparenberg das Guth, der Saalhammer genannt‹, 1389 an Heinrich **Oberländer**, dem ersten bekannten Vertreter jenes Hammerherrengeschlechts, verkaufte. Indem er damals von der Oberpfalz herunter ins Vogtland gekommen war, wurde er dort fortan als ›der Oberländer‹ bezeichnet. Mit seiner Gemahlin, einer geborenen von Helldorf auf Harßdorf zeugte er unterschiedliche Kinder, von denen eines – Wilhelm – nach Heinrichs Ableben 1429 [in dessen 70. Lebensjahre] das väterliche Gut übernahm. 1423 vermählte sich dieser mit Katharina geb. von Mengerscheid aus dem Hause Schlottendorf [†1442] und wurde nach seinem Ableben 1458 gleich seinen Eltern und seiner Gemahlin in der Kirche zu Berg bestattet. Von den beiden überlebenden Söhnen des Paares – Georg und Wilhelm – erbte Wilhelm den Familienstammsitz in der Oberpfalz und brachte 1431 durch Kauf die beiden Rittergüter Weisbach und Rödern an sich. Mit seiner Frau – einer geborenen Bilflin auf Wetterfeld – hatte er einen Sohn, Siegmund, der mit seiner Ehefrau Eva [geb. von Zedtwitz] ebenfalls nur einen Sohn und Erben – Hans Siegmund – hinterließ. Dieser war mit Anna – einer geborenen von Poißlin verheiratet – und lebte noch 1641.

Von ihren Kindern heiratete eine Regina Katharina [1620-1690] den zu Schleiz geborenen Martin von Oberländer auf Saalbach [1613-1690], wodurch ihr Oberpfälzer Erbgut an die

Rudolphsteiner Linie dieses Hauses gelangte. Ihr Bruder Hanß Apel aber war der letzte Oberländer aus der Weisbacher Linie. Nach seinem Tode 1704 in Regensburg fielen Weisbach und Rödern – wie Biedermann [1752] behauptet – der reußischen Landesherrschaft anheim. Wilhelm und Katharinas anderer Sohn – Georg – hingegen bildete eine eigene Linie heraus. Zusätzlich zu seinem Erbgut Saalhammer erwarb er 1429 die beiden benachbarten Rittergüter Rudolphstein und Sachsenvorwerk. Sein gleichnamiger Sohn [1465-1521] und dessen Ehefrau Rebekka [geb. von Händel] hinterließen vier Söhne, von denen zwei zu eigenen Linienbegründern wurden. Erhard [1494-1539] erbte von seinem Vater Lemnitzhammer [noch 1647] und das Rittergut Dürrenebersdorf bei Gera. Er wurde zum Stammvater der Linie Oberwaitz, die mit seinen Nachfahren, dem kaiserlichen Obrist-Wachtmeister Christoph Heinrich, und dem brandenburg-kulmbachischen Obristen und Festungskommandanten der Plassenburg Johann Sigmund von Oberländer 1729 bzw. 1733 erlosch. Hingegen setzte der 1509 unter die ›Ehrbaren Mannen‹ der Herrschaft Lobenstein gezählte Hanß Wilhelm [1489-1560] die Linie Saalhammer-Rudolphstein-Sachsenvorwerk fort. Zusammen mit seiner Frau Katharina von Reitnitz aus dem Hause Schweinbach hatte er sechs Söhne, von denen Georg [1525-1588] den Saalhammer, Nikolaus das feste Haus Rudolphstein und Hans Fabian das Sachsenvorwerk erbte, während Erhardt in der Oberlausitz eine eigene Linie begründete. Nikolaus und Hans Fabian hatten keine Nachkommen und verkauften ihren Besitz schließlich an die Herren von Geilsdorf bzw. die von Beulwitz. Georgs Sohn Tobias [1564-1634] aber wurde Amtmann zu Schleiz und ließ sich – nachdem er auf einer diplomatischen Reise nach Wien den Herren Reußen dazu verholfen hatte, ihr Recht auf Primogenitur zu erlangen – 1623 vom Kaiser seinen Adels- und Wappenbrief erneuern. Neben seinem Erbgut Saalbach hatte er 1620 von denen von Dobeneck noch das Familiengut Rudolphstein zurückerworben und zudem mit Hilfe der Reußen das Haus Berg dazuerworben. Von seinen Söhnen erbte Hans

[1595-1654] Rudolphstein und Berg, Hans Georg [1614-1678] dagegen Saalbach. Letztere Linie erlosch mit Hanß Christoph [oo Anna Maria von der Mosel] im Jahre 1738 im Mannesstamme. Über seine Tochter Johanna Magdalena Elisabeth [1685-1745], die sich 1718 mit Adam Johann Erdmann von Reitzenstein auf Froschgrün vermählt hatte, gelangte das Gut Saalbach schließlich an diese Familie. Die Nachkommen des Hans von Oberländer auf Rudolphstein und Berg dagegen teilten sich noch einmal in die Ableger zu Cottenau und Berg, Rudolphstein und Oberleutersdorf. Im Jahre 1839 erfolgte ihre Immatrikulation in den Adelsstand des Königreichs Bayern, 1865 dann in den Freiherrenstand des Herzogtums Sachsen-Meiningen. Später ist das Geschlecht erloschen. Eine Darstellung ihres Wappenschildes, einer silbernen Radnabe auf Rotem Grund – wohl als Hommage an ihre vormaligen Hammergüter – findet sich auf einer Wappentafel in der Ordenskirche der Ritter vom Roten Adlerorden zu St. Georgen in Bayreuth.[236]

Der Hauptmann Adam Johann Erdmann **von Reitzenstein** auf Saalbach entstammte der Schwarzensteiner Nebenlinie, die neben Saalbach auch noch einen Ableger zu Lindau ausgebildet hatte. Noch im Jahre 1774 saß ein Freiherr von Reitzenstein auf Saalbach. Dann gelangte das Rittergut an den preußischen Kreisdirektor Friedrich Anton Karl **von Schütz**, der mit einer von Reitzenstein verheiratet war und schließlich an die Familie **von Koch**, die – um das Gut ertragreicher zu machen – hier eine bedeutende Bierbrauerei, Schnapsbrennerei und Schankwirtschaft etablierte. Über Heinrich David [†1889] und Heinrich [†1900] kam das Rittergut an Hermann von Koch [* 1873], der im Jahre 1923 hier noch 60 ha Land [davon 30 ha Äcker, 13 ha Grünland, 3 ha Unland, 17 ha Wald] bewirtschaftete und 4 Pferde, 32 Rinder, 70 Schafe und 20 Schweine hielt.[237] Als am 13. April 1945 Einheiten des Volkssturms oder der Wehrmacht die überdachte Holzbrücke mit Reißig und Stroh vollstopften, um sie niederzubrennen, stellte sich der alte Hermann mit seinem Jagdgewehr ihnen entgegen und versuchte diesen Wahnsinn zu verhindern. Er hatte am Ende

Glück, nicht von ihnen erschossen zu werden. Drei wuchtige Pfeiler im Saalebett erinnern bis heute an die alte Brücke. »Sein Nachfolger Alfred von Koch wurde 1950 verhaftet und zu 15 Jahren Zwangsarbeit in einem sibirischen Arbeitslager verurteilt. Er hat diese Zeit durchgestanden und ist zurückgekehrt. Seine Familie war in der Aktion ›Ungeziefer‹ 1951 nach Bad Sulza ausgesiedelt worden.«[238] Bei einer, im Auftrage der Sowjetischen Kontrollkommission [SKK] von der damals noch dem MfS unterstellten Grenzpolizei durchgeführten zweiten ›Aktion X: Beseitigung des Ungeziefers‹ wurde 1952 dann der Kreis der aus dem Grenzgebiet auszuweisenden ›Personen‹ noch einmal weiter gezogen. In Sparnberg wurden alle auszuweisenden Familien ›republikfüchtig‹ und in Hirschberg hat ein älteres Ehepaar mit einer P 38 Suizid begangen.[239] Zwischen 1955 und 1960 wurden in Saalbach dann alle Wohngebäude, Ställe, Scheunen, Betriebsanlagen bodeneben abgerissen. »Nur ein in den Felsen geschlagener **Bierkeller**, 38 m tief, und wenige Mauerreste lassen ahnen, daß diese Stelle besiedelt gewesen ist. Auch diese Relikte waren vorher zugeschüttet worden und wurden erst in letzter Zeit wieder freigebaggert.«[240] Wie der Forscher Otmar Hartenstein in seinem Beitrag über die verschwundenen Saalebrücken im Kreise berichtet, gehörte es nach der Wende zu den ersten deutsch-deutschen Aktionen, daß die Gemeinden Pottiga und Rudolphstein – freilich ohne Wissen der Behörden, ohne Bauprüfung und ohne größere Kosten – einen massiven Flußübergang über die wuchtigen Brückenpfeiler schufen. Das Holz dazu hatte Alfred von Koch bereitgestellt. Nach zwei Tagen kam die Anordnung des Landratsamts Hof, den Bohlensteg wieder abzureißen. Dem stellten sich die Bürgermeister der beiden Gemeinden vehement entgegen, und der Steg durfte bleiben. Seit 2005 führt die neue Stahlbetonbrücke ans andere Ufer.[241]

Saalbach um 1930

Saaldorf

Die Streusiedlung Saaldorf liegt zwischen Bad Lobenstein und Schleiz an einer, über dem rechten Saaleufer aufsteigenden Bergwand. Der erst 1689 nach einem verheerenden Nonnenfraß von, zur Aufbereitung des Schadholzes hier angesiedelten sächsischen Köhlern begründete Weiler wurde erst ab dem Jahre 1785 als ›Saaldorf‹ bezeichnet. Vor der Aufstauung der Bleilochtalsperre ab 1926 befand sich hier das administrative Zentrum von 16 zerstreut im Umfeld liegenden Einzelanwesen und Gehöftgruppen. Abgesehen von einem herrschaftlichen Jagdhaus [dem späterem Jagdschloß Waidmannsheil] bestand dicht unterhalb Saaldorfs in dem heute zum größten Teil eingestauten Ortsteil Haueisen ein **Kammergut**. Früher auch ›alter Haueisen‹ genannt, ist es aus einem Rittergut mit Erbgerichten, Lehen, Hoch- und Niederjagd hervorgegangen und befand sich im Laufe seines Bestehens im Besitze vieler Familien. Im 15. Jahrhundert gehörte es denen **von Brand**, seit 1565 der Familie **Streitwig**, 1647, wo es um einen Besitzwert von 1.000 fl angeschlagen ward, einem Hans **Volkmer** und schließlich dem Besitzer des Spaniershammers, Fr. **Zien**, der es 1829 an Phil. **Knoch** [†1858] auf Göritz verkaufen wollte, als sich Fürst Heinrich LXXII. **Reuß**-Ebersdorf zwischen die beiden Vertragspartner stellte. Von seinem Vorkaufsrecht Gebrauch machend, erwarb er 1830 das Gut für die fürstliche Kammer, worauf es als Kammergut in der Regel verpachtet war, so im Jahre 1923 an Herbert **Rümmler** aus einer Pächterfamilie, die 1869 von den Knochschen Erben die beiden Rittergüter Göritz und Pirk erworben hatte und seit 1907 auch das Schloßkammergut zu Hirschberg in Pacht hatte. In Haueisen bewirtschafteten sie 1923 noch Flächen von 52 ha [davon 34 ha Äcker, 18 ha Grünland] und hatten einen Großviehbestand von 4 Pferden, 41 Rindern und 28 Schweinen als lebendiges Inventar. Ähnlich wie in Kießling, Harra und Thierbach war das **Herrenhaus** einfach [mit den Inschriften ›1799‹ bzw. ›1801‹ in seinen beiden Portalen und Rokoko-Verzierungen im Sturze].[242]

»Neben dem Rittergute bestand zu und bei Haueisen früher ein **Eisenhüttenwerk** unter dem Namen ›Volkmars Hammer‹ oder ›alter Haueisen‹, und ein **Alaun- und Vitriolwerk**, der ›güldene Hirsch‹ genannt. Das Hammerwerk, schon im 15. Jahrhundert vorhanden und 1570 im Besitze derer **von Draxdorf**, wurde im 30-jährigen Kriege wüst, darauf 1650 mit allen Gerechtigkeiten des alten Haueisen an besserer Stelle jenseits der Saale wieder aufbaut.«[243]

Jagdschloß Waidmannsheil

Ganz in der Nähe von Saaldorf, oberhalb eines felsigen Quelltälchen, auf dem äußeren südlichen Rand eines fernsichtigen Bergplateaus, direkt auf den Schieferfelsen gesetzt, und dabei stimmungsvoll in seine Umgebung eingepaßt, thront das kleine Jagdschloß ›Waidmannsheil‹. Nachdem im Jahre 1766 die herrschaftliche **Försterei** von Langgrün schon auf diese, das spätere Schloß tragende Terrasse verlegt war, ließen die Ebersdorfer Reußen wohl gegen Ende des 18. Jahrhunderts hier einen Pavillon, den ›**Hubertustempel**‹, errichten. Später verkauften sie dieses Jagdhaus nebst dazugehörigen Feldern und Wiesen ihrem Wildmeister Johann Gottfried Rödel.

Dieser nun ließ sich 1830 mit Fürst Heinrich LXXII. [1797-1853] auf einen Grundstückstausch ein und tauschte das Anwesen gegen ein nahegelegenes Einzelgehöft ein, das fortan den Namen ›Rödelsgrün‹ führte. Im Zuge der Umgatterung des großen, sich nach Osten bis an die Gemarkungsgrenze der Gemeinde Langgrün anschließenden Waldgebietes zu einem ›**Tiergarten**‹ ließ der Fürst 1833 den Pavillon abbrechen und beauftragte den renommierten Gothaer Hofbaumeister Gustav von Eberhard [1805-1880] mit dem Bau eines repräsentativen Jagdschlosses. Der Architekt zeigt sich bald überfordert mit den ausgefallenen Wünschen seines zwar hochintelligenten, aber doch auch launischen, jähzornigen, anstrengenden Bauherrn, dessen ständiger Sinneswandel ihn nicht nur zu fünf aufeinanderfolgenden Entwürfen, sondern auch zur Umsetzung zahlreicher geschmackloser, aber umso teurerer Überfrachtungen nötigten. So zog sich die Bauzeit von 1834 bis 1838 und die Innengestaltung sogar bis 1844 hin. Der Baupreis für diese exklusive Sechs-Zimmer-Wohnung – so postulierten bald die Gegner des Fürsten – habe am Ende über 80.000 Taler verschlungen. Tatsächlich waren es wohl ›lediglich‹ 26.700 Taler. Doch in einer Zeit, als der Mietpreis für eine herrschaftliche Wohnung vergleichbarer Größe in einer deutschen Residenzstadt 140 Taler jährlich betrug und ein gut bezahlter Leibdiener bei freier Logis und Kost ein Jahreseinkommen von 100 Talern erzielte, waren solche Kosten immer noch exorbitant.

Von seinem Erscheinungsbilde her stellte das, mit einer Grundfläche von ca. 15 × 20 m eher kleine ›**Schloß**‹ ein aufgesockeltes, über eine Freitreppe zugängliches turmartiges neogotisches Gebäude mit zwei walmbedachten Anbauten dar.

Die beiden **Anbauten** sind einachsig und hangseitig in der Bauflucht leicht zurückgesetzt, wogegen der teils auf gewölbten Räumen stehende Mittelteil talseitig um einiges aus der Fensterachse herausspringt. Über dem dritten **Turmgeschoß** bietet eine Aussichtsplattform weite Sicht auf das Saaletal und die umliegenden Berge. Die auf einem auf einem Kreuzgesims mit dreifacher Ausladung ruhende Ballustrade ist mit Zinnen besetzt und hat an ihren vier Enden auskragende Ecktürme mit goldenen Kugeln. Sakralartig besitzt das Schloß im Erdgeschoß hohe Spitzbogenfenster mit Maßwerk und kleinere, gekoppelte in den beiden oberen Turmgeschossen. Der **Zugang** erfolgt vom Vorplatz mittels einer Freitreppe über ein zweiflügeliges Portal mit gotisierendem Oberlicht, flankiert von zwei abgeschlossenen Strebepfeilern und zwei Sandsteinplastiken – einen Eber und einen Bären. Darüber prangen zwei Wappenschilde mit den reußischen Wappentieren – links der Löwe und rechts der Kranich. Wappendarstellungen auch in der kreuzgewölbten **Vorhalle**: Bis zu ihrer Übermalung waren hier 96 adelige Familienwappen damaliger wie vormaliger Vasallen wie der von Machwitz, Watzdorf, Beulwitz, Draxdorf zu betrachten. Von da öffnete sich rechterhand – und zwar in der gesamten Gebäudetiefe – das Tafel- bzw. **Speisezimmer**. Mit seinem schwarzen marmonen Kamin und darüber einem Gemälde mit einer Jagddarstellung an der Längsinnenwand war es das einzige Repräsentationszimmer des Schlosses. Der Südteil des Gebäudes wurde von einem großen **Arbeitszimmer** eingenommen, das mit seinen drei französischen Fenstern auch als Gartensaal dienen konnte. Das westliche **Schlafzimmer** besitzt eine bis heute erhaltene Deckenbemalung von beachtlicher handwerklicher Qualität. Sie wurde 1841 von keinem geringerem als dem Düsseldorfer Landschafts- und Dekorationsmaler Ludwig Pose geschaffen. Ansonsten existierte daneben nur noch ein **Fremdenzimmer**. Denn die Wirtschaftsräume – Küche und Anrichte – befanden sich außerhalb des Schlosses – etwa 100 m entfernt in der **Oberförsterei** am nördlichen Zugang zum Komplex. Von der Vorhalle führte eine mit prächtig ausgebildeten Schnitzerei-Ornamenten versehene **Wendeltreppe** in die Obergeschosse. Sie wurde von dem ›Mechanicus‹ Johann August Karl Horn [1787-1848] – einem berühmten Kunst- und Möbeltischler aus dem benachbarten Harra – angefertigt, der vor Ort auch seine kunsthandwerklich bedeutsamen ›Hirschbein Meubles‹ hinterlassen hat. Der Raum im Obergeschoß des Mittelteils ermöglicht den Zugang in die Dachkammern der zwei Anbauten, den ›**Geweihkammern**‹. Im zweiten Obergeschoß, einen quadratischen, in Furnierholz ausgekleideten Raum mit, je durch eine romanisierende Säule voneinander getrennten Spitzbogenfenstern, befand sich die ›**Bibliothek**‹. In den anderen Gebäuden dicht beim Schlosse waren die Kavaliere, Hofleute und Beamten untergebracht. Zudem hatten hier der Revierförster, der Büchsenspanner und der Tiergartenmeister ihren Sitz. Grünanlagen mit Blumenrabatten – die in einen kleinen **Park** übergingen – rundeten das Schloß-Ensemble nach Außen hin ab. Heinrich LXXII. hatte nicht mehr lange Freude an dem hübschen Baue. Vier Jahre später [1848] dankte er ab und bezog in Guteborn/Lausitz, auf dem Schloß seiner Schwester Karoline Auguste [1792-1857], sein ›Exil‹. Unmittelbar nachdem Waidmannsheil an seinen Nachfolger, Fürst Heinrich LXII. [1782-1854], übergegangen war, staffierten die Schleizer Reußen mit der erst 1843/44 dort angelegten Altertümersammlung [meist Ritterrüstungen, Waffen, Gemälde, Gobbelins] ihre Schlösser Osterstein und Ebersdorf aus. Zurück auf dem Anwesen blieben die Familien des Wildparkmeisters und des Oberförsters mit 7 Angehörigen [1870]. Obwohl Schloß Waidmannsheil von den Geraer Fürsten hin- und wieder zur Jagd aufgesucht wurde – verfiel es in den nachfolgenden Jahrzehnten immer mehr. Wegen des undichten Daches eindringendes Regenwasser zerstörte Deckenmalereien, die Decke im Tafelsaal stürzte sogar ein, und Holzschädlinge befielen Parkett und Vertäfelung. Doch nicht vor Ende des 19. Jahrhunderts kam es zu ersten Erhaltungsmaßnahmen. Im Zuge des Zweiten Weltkrieges erfolgte dann eine gegenläufige Entwicklung. Nun war es Prinz Heinrich XLV. [1895-1945], der 1942 Kunstgegenstände der fürstlichen Familie aus Gera und selbst Ebersdorf in dem abgelegenen Waldschloß einlagern ließ. Allerdings wurden auch Reichsbehörden auf den einsamen Standort aufmerksam. 1944 mußten die reußischen Kunstgüter wieder weichen und gingen nach Gera und Ebersdorf zurück. Dafür kamen Museumsbestände des zu dieser Zeit nach Gebersdorf ausgelagerten Berliner Zeughauses – vornehmlich Fahnen und Flaggen, Stangenwaffen, Uniformen und Orden – nach hierher in die Verwahrung. Im Zuge der Öffnung der großen Tiergärten in den Wirren der letzten Kriegstage gelangte zahlreiches Wild, insbesondere Wildschweine, die auf freier Wildbahn vielerorts längst ausgerottet waren, plötzlich in Freiheit. Diese vermehrten sich rasch und führten in den 1950er-Jahren zu den berüchtigten Wildschweinplagen. Von den, auf Waidmannsheil eingelagerten Zeughausbeständen gelangten die historischen Waffen nach dem Krieg

Jagdschloß Waidmannsheil von der Ostseite

zunächst nach Schloß Burgk und wurden später an das Museum für Geschichte in Berlin zurückgegeben. Die restlichen Gegenstände gingen 1945/46 zu weiten Teilen verloren. Das Schloß selbst wurde später zu DDR-Volkseigentum erklärt und kam 1965 in den Besitz des VEB Wasserversorgung und Abwasserbehandlung Gera. 1968 wurde es renoviert und als Urlaubs- und Schulungsheim genutzt. Nach der Wende 1989 zunächst weiter in den Händen des Nachfolgebetriebes, der Ostthüringer Wasserwirtschaft Gera, wurde es 1999 an einen Angehörigen der Familie des letzten fürstlichen Besitzers, an den Sohn des Adoptivsohns Heinrichs XLV. – Prinz Heinrich XIII. Reuß [*1951] – als Sommeraufenthaltsdomizil verkauft.[244] Um 2014 wurde das Schloß von einer Beratungsfirma genutzt. Im Jahre 2017 dann gründete Heinrich XIII. Prinz Reuß »einen Hickory-Golf-Club auf dem Anwesen. Die Immobilie steht im Branchenbuch Bad Lobenstein als Sitz der Heinrich XIII. Prinz Reuß & Anderson & Peters Ltd.«[245]

Schlegel

Das Angerdorf Schlegel [1335 Slegel] liegt zwischen Bad Lobenstein und Geroldsgrün dicht am Rennsteig in der Quellmulde des Saubachs. Das 1392 im Besitz der Herren **von Blankenberg** befindliche Rittergut war die meiste Zeit seines Bestehens über besitzrechtlich mit dem Rittergut Harra verbunden. Nachdem Harra-Unterhof zum Kammergut gemacht worden war, devancierten Schlegel und Kießling zu seinen Vorwerken. Auch im benachbarten Seibis, wo 1588 der Kießlinger Rittergutsbesitzer Wolf Heinrich **von Reitzenstein** von seinem eigenen Knechte erschlagen worden war, bestand ehedem ein solches, zu Harra gehörendes **Vorwerk**. Das Obergericht über die Einwohner von Schlegel unterstand dem Amt, das Nieder- und Erbgericht dagegen der Herrschaft Harra. Im Jahre 1870 waren die wohl erhaltenen Wirtschaftsgebäude des **Vorwerks** verpachtet. 1923 hingegen hören wir nichts mehr von diesem Anwesen. In der Rittergutsliteratur wird Schlegel fälschlicherweise manchmal auf den alten Rittergutsort Schlegel bei Hof und auf das nach diesem Orte benannte Adelsgeschlecht derer **von Schlegel** bezogen, aus welchem eine Catharine Susanne von Schlegel aus dem Hause Leimbach [1573-1600] im Jahre 1589 einen der reichsten Männer der Orlasenke, Esaias von Brandenstein auf Oppurg [1567-1623], heiratete.[246]

Schönbrunn

Das Angerdorf Schönbrunn [1325 Schonenbrunnen] liegt zwischen Bad Lobenstein und Ebersdorf in einer Senke inmitten zweier Landrücken. Wie Brückner [1870] berichtet, muß das bäuerliche Element im Orte von Anfang an ziemlich ausgeprägt gewesen sein, »weil die Landesherrschaft hier nur eine **Schäferei** (jetzt dem Kammergute Galenberg eingethan) besaß und außerdem das alte Rittergut Ebersdorf oder Altenebersdorf daselbst außer Lehen und Gerechtsamen nur einen mäßigen Grundbesitz hatte, der später gleichfalls zum Kammergute Galenberg geschlagen wurde.«[247] Im Jahre 1783 ließ sich Heinrich XXXV. Reuß-Lobenstein auf dem höchsten Punkt der Lobensteiner Straße direkt an der Landesgrenze nach Reuß-Ebersdorf ein **Lusthaus** errichten, welches nicht nur in Sichtachse zu dem allein strukturbildenden Element des Landschaftsraums der Lindenallee gestellt wurde, sondern auch für die Bauten der Herrnhuter Gemeinde im nahen Ebersdorf wie ein gestalterischer Abschluß wirkt. Nach allen Seiten einen weiten Blick ins Land erlaubend, erhielt dieses pavillonartige Gartenschloß den Namen ›Bellevue‹ [franz. für ›schöner Ausblick‹].

Schönbrunn: Gartenschloß Bellevue

»Der barocke Baukörper mit seinem zentralen achteckigen Kuppelraum und quadratischen Seitenflügeln trägt klassizistische Züge. Die Stirnseiten der Flügel erhielten eine viersäulige Portikus, die oben mit einem schmucklosen Dreiecksgiebel abschließt. Beide Seitenflügel wurden mit Walmdächern abgedeckt, die in das Kuppeldach des Saales einbinden. ... Nach beiden Seiten der Lobensteiner Straße zu öffnet sich der Saal in je drei Achsen. In der mittleren befinden sich rundbogige Glastüren, die von großen flachbogigen gerahmt werden. Optisch setzten sich die kleinen rechteckigen Fenster der Seitenflügel von den Öffnungen des Saals ab.«[248] Aufgrund des ausgezeichneten Wassers eines nahen Gesundbrunnens verfolgte Fürst Heinrich LXXII. ab 1839 den Gedanken, durch den Bau einer Kaltwasserheilanstalt hier einen kleine Kurort zu etablieren. Dazu ließ er bis 1842 gegenüber des Pavillons ein **Logishaus** [Traiteurhaus] errichten, in Gestalt eines aufgesockelten unterkellerten Baukörpers mit Untergeschoß, Mezzaninstockwerk und Walmdach errichten, während die Bellevue selbst als **Kursaal** dienen sollte. Nicht nur aus Mangel an Brunnenwasser mußte das Projekt nach drei Jahren wieder aufgegeben werden. Der Pavillon verkam in der Folge zum Gerätehaus, während ins Logishaus ein Revierförster einzog. Im Jahre 1927 sollte die Bellevue, da sie inzwischen ein nicht unbeträchtliches Verkehrshindernis darstellte, sogar abgerissen werden, was vehemente Proteste sowie die Etablierung eines Einbahnstraßensystems um den Pavillon herum jedoch verhinderten.[249]

Thierbach

Das Schieferdorf Thierbach [1509 Tirbach] liegt nördlich von Wurzbach auf einem, vom Lerchenhügel [601 m] zur Sormitz geneigten Hochplateau am Anfang des Dürrbächleins. Auf der höchsten Stelle des Dorfes, am Ortsausgang nach Eliasbrunn, stehen die teils noch erhaltenen Gebäude des ehedem fürstlichen Kammergutes. Die ältere Forschung hat in jenem **Vorwerk** [1646 Forberge zu Thierbach] nicht nur den Haupt-, sondern auch den Anfangspunkt des Dorfes gesehen. Tatsächlich ist das Anwesen wohl erst im Laufe des 16. Jahrhunderts aus einer, 1567 urkundlich erstmals bezeugten **Schäferei** des Amtes Lobenstein hervorgegangen, welche in diesem Jahr einen Bestand von 441 Nössern umfaßte. Behütet werden durfte von dieser nicht nur die gesamte Ortsflur und der Flurkomplex der Wüstung im Roßbach [um 1600], sondern auch der Langwassergrund hinter Wurzbach bis in die Neundorfer Flur und das Mittelfeld bei Helmsgrün [1646], ja das Vorwerk besaß zum Teil dort sogar Grundstücke. Im Jahre 1647 lediglich noch mit

Kammergut Thierbach vor 1900

einem jährlichen Ertrag von 43 Mfl. 20 gr. angeschlagen, gehörten zu den Liegenschaften des Vorwerks und späteren **Kammergutes** später 300 Morgen, wobei die in ihren Ober-, Nieder- und Erbgerichten sowie Lehnsabhängigkeiten an das Amt gewiesenen Thierbacher Haushaltsvorstände dort auch ihre Fron zu verrichten hatten, wozu sicher auch das Anfahren von Heu und Grummet von mitunter meilenweit entfernten Wiesen zählte. Durchweg an Dritte verpachtet hatte das Amt Lobenstein das Vorwerk indes nicht, denn im Jahre 1680 wird in einem Taufeintrag von ›den damaligen Vogt auf dem Forberge zu Thierbach‹ berichtet. Befanden sich die Kammergutsgebäude noch um 1870 in gutem Zustand, so hören wir im Jahre 1923 von keinem Kammer- oder Staatsgut im Ort mehr. Auch wurden im Zuge der Bodenreform 1945/46 in der Thierbacher Flur lediglich 69 ha Wald aus dem Besitz des Fürstenhauses Reuß verteilt, worauf ein Teil der Hölzer eingeschlagen und zu Feld umgebrochen wurde. Im Jahre 1987 erbaute die LPG [T] einen neuen Stall und die Schäferei wurde teils in den alten Kammergutsgebäuden wieder neu aufgenommen.[250]

Thimmendorf

Das Schieferdorf Thimmendorf [1325 Timendorf] liegt zwischen Bad Lobenstein und Kaulsdorf im Zentrum des linkssaalischen Oberlandes an dem sanften Abhang einer oberen Hochmulde am Anfang des Häslichsbachs. Im Tal, nach dem sich das Dorf heruntersenkt, liegt – durch den Bach getrennt – eine kleine Siedlung, die **Trotzenburg**. In alten Tagen bestand hier ein Rittergut, das nebst Anger und Grundstücken auf dem Häslich im Jahre 1402 den Herren von Watzdorf gehörte. Dies erhellt sich daraus, daß ein Ortsnachbar – Nicol Buhl – damals dem Pfarrer zu Gahma einen großen Acker zwischen Thimmendorf und Gahma schenkte, auf daß dieser und seine Nachfolger auf ewige Zeiten ›alle Sunnabende einer izlichen Wochen ein[e] Messe zu Thimmendorf in der Kirche zu Vnser lieben frawen‹[251] halten und für die Stifterfamilie, deren Vorfahren und Nachkommen, wie auch für die von Watzdorf beten sollten, was die Vögte von Gera als Oberlehnsherren nur unter der Bedingung genehmigen konnten, daß gleichsam auch für sie mit gebetet würde. Wie Brückner berichtet, wurde das Rittergut Thimmendorf im Jahre 1496 von Bernhard **von Watzdorf** an dessen Oheim Jobst **von Draxdorf** verkauft, gelangte aber, etwa um 1600 an einen anderern Zweig der Familie wieder zurück, von dem es Wolf Albrecht von Watzdorf 1647 noch besaß. Nicht allzulange darauf kam das Rittergut in den Besitz des Landesherrn, der es zerschlug und die LWN an die Anwohner einzeln verkaufte. Von dem Rittersitz ist noch der Name ›Burg‹ erhalten. Es muß die Trotzenburg mit ihren Tagelöhnerhäusern einst einen eigenen Gemeindeverband gebildet haben, so daß Thimmendorf eigentlich aus zwei Orten hervorgegangen ist.[252]

Thimmendorf

Unterlemnitz

Das Zeilendorf Unterlemnitz [1500 Nyderlommetz] liegt nördlich von Bad Lobenstein im oberen Grund der Lemnitz. Schon im Mittelalter gehörte der Ort zu den ›Küchendörfern‹ der Lobensteiner Dynastenburg. Die im Gegensatz zu den Äckern der Nachbardörfer hervorragenden Böden hat die Landesherrschaft freilich für sich behalten und durch ein, an der Westseite des Dorfes gelegenes **Kammergut** bewirtschaften lassen. Es ist dasselbe Vorwerk, dem im Jahre 1647 zwölf Vollhufenbauern, vier Halbhufenbauern und vier Kleinhäusler zu fronen hatten.

Unterlemnitz

Abgesehen von einigen Pfarrlehen oblagen auch die Gerichtsbarkeit über den Ort und die Lehen diesem Gute. Auf das hohe Alter dieses, wohl aus einem der Lobensteiner Burggüter hervorgegangenen Anwesens deutet der Umstand, daß die dazugehörige **Schäferei** im näheren und weiteren Umfeld über ausgedehnte Trift- und Mithüterechte verfügte. Die Gebäude des, bis 1848 mitsamt dem Dorf zu Reuß-Ebersdorf gehörenden Kammergutes waren einfach und unterschieden sich, abgesehen vielleicht von ihrer Größe, nicht von denen eines größeren Bauernanwesens. Im Jahre 1913 wurden Anwesen [Haus-Nr. 62] für privat an Friedrich Hagner aus Schleiz verkauft. 1926 besaß es Kurt Hagner.[253]

Venzka

Das Angerdorf Venzka [1246 Fenczka], in dessen Flur die Saale endlich in thüringisches Gebiet eintritt, liegt dicht östlich von Hirschberg am Beginn einer Eintiefung des Bühls, eines steilen, ins Saaletal und ins Bayerische hinabblickenden Bergrückens. Der Sage nach sollen in Venzka ursprünglich drei **Rittergüter** existiert haben, bis im 30-jährigen Kriege zwei von ihnen niedergegangen seien. »Die dicht am Orte gelegene Reichsveste

Hirschberg, deren Burgmannschaft mit Lehngütern offenbar in der Nähe versehen war, und Überreste von starken Grundmauern, die sich noch in Venzka vorfinden, unterstützen die Sage. Auch das dritte Rittergut zeigt den alten Zusammenhang mit der Reichsburg Hirschberg, denn die Herren **von Beulwitz**, die ehemaligen Inhaber von Hirschberg, besaßen das Gut zu Venzka als ein dazugehöriges Burglehngut.«[254]

Inwieweit diese Dreiteilung Venzkas bereits vor der Besitzübernahme des Schloßrittergutes Hirschberg durch die Herren von Beulwitz [1476/80] bestanden haben kann, bleibt indes fraglich, da selbige im 16. Jahrhundert, ihrer zahlreichen Nachkommenschaft halber nicht nur ihre beiden Vorwerke in Dobareuth und Mödlareuth zu selbständigen Rittergütern erklärten, sondern auch ihren Venzkaer Besitz in sechs Teile teilten. Wie der Lehrer Fritz Haardt in seiner ›Geschichte der Stadt Hirschberg‹ berichtet, war – nachdem die Reußen 1664 die Herrschaft Hirschberg erworben hatten – Venzka in den Händen einer Nebenlinie der Beulwitze verblieben. Doch hatte man das, um das Jahr 1600 im Besitze Adams von Beulwitz befindliche Rittergut 1662 in zwei Teile geteilt. Während der obere Teil im Besitz derer von Beulwitz verblieb, gelangte der untere Teil an Philipp Friedrich **von Machwitz** und durch Heirat an die **von Reitzenstein**. Von diesen erwarb es der Landesherr Heinrich XXIX. **Reuß**-Ebersdorf [1699-1747], dessen Nachfolger Heinrich XXIV. [1724-1779] es 1755 mitsamt der Schäferei auf dem Lohbühl an den Hirschberger Amtmann Johann Friedrich Spangenberg [später ›**von Spangenberg**‹] veräußerte, der 1770 auch noch die andere Hälfte Venzkas, das Oberend mit dem dortigen Rittergut kaufte. Im Jahre 1790 war sein Sohn August Ludwig von Spangenberg Herr auf Venzka. Er wohnte in dem, 1938 gegenüber der alten Schule [1864] noch stehenden **unteren Herrenhaus**, das später zum Sitz einer Staatsförsterei wurde. Daneben stand noch 1927 eine ältere Linde mit einem in reizvoller Weise umlaufenden Brunnen.

Die oberen, recht baufälligen Gebäude mit der Schäferei wurden verkauft, und durch Um- und Neubauten entstanden an der Stelle des **oberen Herrenhauses** mit seinen Wirtschaftsgebäuden drei Wohnhäuser, in denen 1938 die Familien Klug, Baumann und Weber lebten. Nach von Spangenbergs Tode trug sich seine Witwe mit dem Gedanken, das Rittergut Venzka zu veräußern, zumal sie nach dem Jahr 1821 nur noch zeitweise dort lebte, und die Bewirtschaftung in die Hände der adeligen Familie **von Wolffersdorf** gelegt hatte. So kaufte Fürst Heinrich LXXII. **Reuß**-Ebersdorf im Frühjahr 1843 das 140 Tagwerk Feld und Wiese [mit 62 Fudern Heu], 180 Acker Wald und Trift umfassende Besitztum für 32.000 Taler, um es wieder mit seinem Hirschberger Kammergut vereinigen bzw. auch einige Flächen an Hirschberger Ackerbürger verpachten zu können. Allein hatte sich Venzka als Kammergut wohl nicht verpachten lassen, dazu waren die Wirtschaftsgebäude schon zu sehr heruntergekommen, und ihre Wiederaufrichtung hätte die beträchtliche Summe von 6.000 Talern verschlungen. »Um aber die Gebäude – darunter das noch in gutem Zustande befindliche Herrenhaus – zu verwerten, spaltete man 40 Tagwerk Feld und Wiese (mit starken 22 Fudern Wieswachs] von dem gesamten Besitze ab und suchte dieses Restgut als Bauerngut zu verkaufen.«[255] Zu diesem auf einen Wert von 8.116 Talern geschätzten Anwesen gehörten das Herrenhaus, zwei Scheunen, zwei Viehställe, zwei Reihen Schweineställe, je ein Wagen-, Holz- und Torfschuppen und die alte, ›das Fätzhaus‹ genannte Pächterwohnung.[256]

Weisbach (reußischen Teils)

Das Angerdorf Weisbach [1347 Wyspach] liegt zwischen Ranis und Bad Lobenstein in einer stark abfallenden, zum Otterbach ausmündenden Talmulde. Neben der schwarzburg-rudolstädtischen Exklave mit der ehedem umwallten Kirche und der, in den 1980er-Jahren ausgegrabenen Burgruine Wysburg [auch Hohenwaldsburg] existierte noch ein, nach der Lückenmühle hin eingemeindeter reußischer Ortsteil, die sogenannte ›**Reußenzeile**‹. Diese bildete einen schmalen Streifen Landes, welcher Dorf und Flur ziemlich in der Mitte teilte. Es handelte sich dabei um ein, angeblich aus einem Rittergut heraus entstandenes **Freigut**, welches unserer Ansicht nach aber nicht identisch war mit dem 1580 erwähnten Rittergut derer von Posseck [das ein Bauer 1863 als Freigut besaß] und auch nicht mit jenem befestigten Adelssitz ›Hauptmannszeug‹ am südlichen Ortsrande, welches viele Darstellungen auch nach Reuß j. L. verlegen. Die Existenz zweier Adelssitze im Ort würde jedenfalls erklären, warum abgesehen von jener langen Besitztradition derer von Poseck auch eine, zwischen 1431 und 1704 währende der Familie von Oberländer auf Rödern zu konstatieren ist. Bis zum Jahre 1870 hatten sich zu dem Freigutsgebäude noch drei Tagelöhnerhäuser hinzugesellt. Erst mit der Kreisreform von 1922 endete diese seltsame Zweiteilung des Ortes.[257]

Weitisberga (reußischen Teils)

Das Schieferdorf Weitisberga [1439 Veitsberg] liegt zwischen Wurzbach und Leutenberg auf dem Massiv des, von der Großen und Kleinen Sormitz umflossenen Henneberges [701 m]. Ehedem bestand der Ort aus einem schwarzburgischen und einem reußischen Teil jeweils mit eigenem Rittergut. Wo sich nahe des heutigen Anwesens von Werner Pöhlmann das ehedem reußische Territorium etwas ausstülpt, könnte sich das obere Rittergut befunden haben. Es gehörte den Familien **von Oberweimar**, **von Ilten** bzw. **von Hirschfeld** und wurde 1802 mit dem anderen Rittergut von der Gemeinde gekauft und zerschlagen.[258]

Wurzbach

Die Stadt Wurzbach [1250 Vorcbach] liegt zwischen Ludwigstadt und Bad Lobenstein im oberen Sormitzgrunde an der Einmündung des Wurzbaches in die Sormitz. Erst im Jahr 1930 hatte die aus einem Anger- resp. Waldhufendorf hervorgegangene Marktgemeinde das Stadtrecht erlangen können. Als erste bekannte Grundherren im Orte gelten mindestens seit dem 16. Jahrhundert die Herren **von Watzdorf**. »Der letzte

derselben war Johann Adolph von Watzdorf, Fürstl. Anhalt-Zerbstischer Hofmarschall, Erb- Lehn- und Gerichtsherr auf Schloß und Städtlein Berga, Moschwitz, Wurzbach und Oßla, welcher den 18. December 1750 kinderlos hier starb, wodurch dann dieses apert gewordene Rittergut an die sämtlichen reußischen Linien jüngerer Linie fiel, bis es das Fürstliche Haus Ebersdorf 1778 an sich kaufte,«[259] sodann zerschlug und die Flächen an die Wurzbacher Einwohner verkaufte.
Das auf dem rechteckigen Marktplatz befindliche **Wohnhaus**, worin auch die Gerichtsstube mit dem Gerichtsarchiv untergebracht war, ist bereits 1772 zu einem privilegierten Gasthof geworden. Im Andenken an die, mit dessen Kauf gleichsam mit verbundene Brau-, Schank- und Gastgerechtigkeit verlieh der Gastwirt diesem nach dem Wappentier der Reußen den Namen ›Goldener Löwe‹. Das zweigeschossige siebenachsige Gebäude mit Walmdach und mittiger Toreinfahrt steht noch heute. Bis 1824 – als der seit jeher mit Ober-, Nieder- und Erbgericht ausgestattete Patrimonialgerichtsbezirk Wurzbach-Oßla mit dem Fürstlichen Justizamte in Lobenstein vereinigt wurde, hatte der jeweilige Justizamtmann zu Ebersdorf allmonatlich in Wurzbach einen Gerichtstag abgehalten.

Wurzbach: Gasthof Goldener Loewe

Die ›Hochadelige von Watzdorfsche **Familiengruft**‹, in welche der letzte auf Wurzbach-Oßla gesessene Grundherr beigesetzt wurde, ist zusammen mit allen anderen Monumenten, Gemälden und Inschriften in den beiden verheerenden Bränden von 1686 und 1757 mithin vernichtet worden. Einzig jenes, beim Wiederaufbau der Kirche nach 1686 auf Weisung des damaligen Patronatsherrn Johann Adolph von Watzdorf über dem Haupteingang angebrachte und 1757 in die neue Kirche wieder eingesetzte steinerne Familienwappen mit den Initialen *›C.A.v.W.‹* und der Jahreszahl *›1687‹* hatte sich davon erhalten.[260]

Das Reuß-Geraische Amt Saalburg [j. L.]

Das Amt Saalburg umfaßte einen keilförmigen Landstrich zwischen Gräfenwarth im Norden und Pöritzsch im Südwesten, der bis Schilbach und Seubtendorf nach Osten ausstrich. Hervorgegangen ist die ehedem weit größere Pflege ab dem 13. Jahrhundert aus dem Burgbezirk der zum Schutze einer wichtigen Saalefurt am rechten Flußufer angelegten Veste der Herren von Lobdeburg, die von hier aus ihr ›territorium Salburg‹ [1240] und damit ihre gesamten oberländischen Besitzungen verwalteten. Nach Erlöschen der Lobdeburger Linie zu Saalburg in den 1240er-Jahren und jener zu Arnshaugk gesessenen 1289/90 gelangten 1316/17 die Vögte von Gera in den Besitz des Landes. Ihnen folgten 1550 die Burggrafen von Meißen aus dem älteren vögtischen Hause zu Plauen, im Jahre 1572 dann die Reußen zu Greiz aus dem jüngeren Plauenschen Hause und schließlich ab 1596 deren jüngere, zu Gera gesessene Linie. Bei ihrer ersten großen Landesteilung im Jahre 1647 wurde die Herrschaft Saalburg – erweitert um 10 Lobensteinische und 9 Schleizische Dörfer nebst der Stadt Tanna – sogar einmal selbständig, wenn auch nur bis 1666, als bei einer erneuten Teilung unter den drei Zweigen der jüngeren Linie diese Orte wieder an ihr Stammgebiet zurückfielen und die Pflege Saalburg – also die Stadt mit den Ortsteilen Kloster, Saalgut, Thalhammer sowie zwei Mühlen, das Dorf Gräfenwarth mit der Wetteramühle und den Hammerwerken Heinrichstal und Christianental, das Dorf Kulm mit dem Hammerwerk und der späteren Mühle Glückstal, die Dörfer Pö-

ritzsch, Wernsdorf, Schilbach, Seubtendorf, Künsdorf [mit der Triebigsmühle] sowie das Vorwerk Niedergrün – als weit entfernte Exklave an die Herrschaft Reuß-Gera gelangte.
Das hatte u.a. den Nachteil, daß die Saalburger Händler und Einkäufer, wenn sie etwa nach Schleiz zu Markte gingen, dieselben Gebühren und Geleitgelder zu zahlen hatten wie alle sonstigen ›Ausländer‹. Ein weiterer Nachteil bestand darin, daß alle Oberbehörden in Gera saßen. In Saalburg gebot lediglich ein Amtmann, der zugleich Stadt- und Landrichter, Schösser [Steuereinnehmer] und Co-Inspekor von Kirche und Schule war. Nach dem Tod seines letzten Sprosses, Graf Heinrich XXX. Reuß-Gera, im Jahre 1802 wurde der Geraische Landesteil hauptsächlich von Reuß-Schleiz und Reuß-Lobenstein gemeinsam verwaltet und der Exklaven-Charakter von Saalburg blieb weiter bestehen. Im Jahre 1803 betrug die Einwohnerzahl der Pflege 2.306, 1840 dagegen 2.500 Menschen. Außer den Ortschaften, Mühlen und Hammerwerken gehörten zur Pflege Saalburg auch ansehnlich Waldungen, über welche der Forstmeister in Gera und der Amtsverwalter in Saalburg gesetzt und zwei Förster angestellt waren. Erst im Zuge der Vereinigung aller Gebiete der jüngeren Linie unter dem Hause Reuß-Schleiz im Jahre 1849 wurden zunächst die Saalburgischen Dörfer und 1854 endlich die Stadt selbst unter einem neugebildeten Landratsamt mit dem Schleizer Gebiet vereinigt, dessen administrativen Geschicke es seither teilt.[261]

Gräfenwarth

Das Angerdorf Gräfenwarth [1325 Grevenwart] liegt zwischen Saalburg und Schleiz an einem Nebenlauf des Wetteraflüßchens. »In ältesten Zeiten besaß die Familie von Magwitz ein Rittergut und **Vorwerk**, nebst einer Schäferey daselbst.«[262] Dieser Aussage von Klotz [1816] widerspricht jedoch Brückner [1870], wonach neben diesem Vorwerk ›übrigens niemals ein Rittergut oder ein Domainengut zu Gräfenwarth‹ bestanden habe. Nachdem das, um 1310 ganz in der Nähe auf halbem

Wege nach Saalburg begründete Nonnenkloster Heiligkreuz bereits in den Jahren 1325 und 1338 von der Landesherrschaft die Erbgerichte über je drei Gräfenwarther Bauernhöfe und die Wetteramühle zum Geschenk erhalten hatte, versuchte es, in der Folge ihren Einfluß auf den Ort auszubauen, wo die auf dem Vorwerk sitzenden Angehörigen der Familie von Machwitz, darunter ein Geisteskranker, in äußert bedrängten Verhältnissen lebten. »Bereits 1338 und 1350 mußten durch diese Zinshöfe an das Kloster ›Zum Heiligen Kreuz‹ veräußert werden, ab 1362 ging es Schlag auf Schlag, ein Gut nach dem anderen wurde verpfändete, allein die Schuldensumme gegenüber diesem Kloster betrug im Jahre 1368 schließlich 600 Pfund Heller Schleizer Währung.«[263] Selbst der Landesherr, der zeitweise selbst Schuldner des Klosters war, mußte angesichts der auch von der Ritterschaft der Region mit Sorge verfolgten Entwicklung offen zugestehen, daß selbst er keinerlei Rechte für ein Vorgehen gegen das Kloster habe. Bereits im Jahre 1365 hatte das Vorwerk selbst den Nonnen übereignet werden müssen. Allerdings waren dessen Gebäude so desolat, daß sie erst gebaut und bezimmert werden mußten.

»Im Jahre 1372 waren die von Machwitz nunmehr genötigt, endgültigen Verzicht zu leisten und erhielten vom Kloster lediglich einen halben Hof mit Acker und Wiese daneben zur Nutznießung auf Lebenszeit. Im Jahre 1420 schließlich hatte ein adliges Schiedsgericht zu entscheiden, ob die Brüder Erhard und Konrad von Machwitz Wappengenossen oder bloße Bauern seien.«[264] 1394 hatten die Nonnen zwei weitere Höfe im Ort erhalten, worauf nach der Säkularisierung des Klosters 1553 der gesamte Klosterbesitz in Gräfenwarth – das Vorwerk, der Schafhof und die Lehnbauernhöfe – vom sächsischen Kurfürsten an die Herren von Gera übereignet wurde. Darauf betrieb die Geraer Herrschaft das Vorwerk bis in die Tage des 30-jährigen Krieges hinein als **Erbpachtschäferei** mit einem Bestand von 600 Nößern. Während die Wiesenstücke in den Fluren Löhma, Jägera, Lippisch, Kämmera, Modera, Rothebühl, Tiefenbach, Dürrental, Wolfsbach, Schindlera, Grimera,

Schrollera, Weidenwarth und Brendlerau dem Vorwerk direkt gehörten, genoß es in den Fluren von Gräfenwarth, Raila, Wernsdorf, Künsdorf, Kulm und Saalburg Trift- und Mithüterechte. Die Pacht [eher wohl der Besitzwert] soll 1.919 fl. betragen haben. Infolge des Niedergangs der Schäferei im 30-jährigen Kriege nahm die Herrschaft im Jahre 1647 den Betrieb des Vorwerks wieder selbst in die Hand, zerschlug aber bereits 1670 den Besitz und vergab ihn gegen Übernahme eines Geld- und Getreidezinses an 27 Ortsnachbarn, welche noch im Jahre 1870 die sogenannte ›Vorwerksgemeinde‹ bildeten.[265] »Die Ober- und Niedergerichte des Ortes waren landesherlich, ausgenommen zwei Erbzinshöfe, welche dem deutschen Hause zu Schleiz und einige Lehen, welche dem oschitzer Kammergute zustanden. Sämmtliche Lehen (saalburger und schleizer Amtslehen, deutsches Haus- und oschitzer Lehen) waren mit dem großen (10%) und dem kleinen Lehn [bei Erbfällen] belastet.«[266]

Kulm

Das Gassendorf Kulm [1318 Culme] liegt östlich von Saalburg auf einer Terrasse des Kulmberges an der alten Straße nach Plauen. Im 14. Jahrhundert benannte sich nach dem Ort ein adeliges Geschlecht. Im Jahre 1318 schenkte ein Friedrich **von Kulm** dem Kloster Saalburg alle Güter, die er zu Kulm besaß. »Und es gehörten zu diesem Kloster bei dessen ursprünglicher Fundation, außer 60 Morgen von dem Walde im Culmberge, auch einige Häuser zu Culm.«[267] Inwieweit auch dieses Ausstattungsgut dem Besitzkomplex des Kulmer **Rittergutes** entstammte oder ob sich nach 1310 ein adeliger Nutznießer des Klosterlehens erst hier angesiedelt hat, bleibt unklar. Aufgegangen in den Klostergütern ist der Kulmer Grundhof jedenfalls nicht: Noch im Jahre 1613 hatte ein Glied aus einer Nebenlinie derer **von Obernitz** hier seinen Sitz. Auch zeigen die gassenförmige Ortsstruktur sowie die Flurnamen ›Gericht‹ und ›Herrnacker‹ ein früher hier bestandenes Rittergut an.[268]

Niedergrün (†)

Das Vorwerk Niedergrün [1316 Villa Nydergrün] lag zwischen Bad Lobenstein und Tanna im Langgrüner Grund und ist aus dem, im Jahre 1501 bereits wüsten Dorfe Niedergrün, einer westlich an Langgrün sich anschließenden Siedlung hervorgegangen. Alle Ländereien hier gehörten weitgehend zum Kloster Heiligkreuz bei Saalburg. Nach dessen Auflösung 1553 wurden die Grundstücke in ›Nieder- oder Wüstengrün‹ an bestimmte Künsdorfer Bauern verpachtet, die als ehemalige Klosterbauern alljährlich die Schafherde von der Klosterschäferei nach Niedergrün hatten treiben müssen. Später ließ der Landesherr, dem die klösterlichen Liegenschaften nach der 1533 eingeführten Reformation zugefallen waren, an der Stelle des ehemaligen Dorfes ein Vorwerk errichten, welches 1554 erstmals erwähnt wird. Dieses bestand aus einem Herrenhaus und mehreren Wirtschaftsgebäuden, die zusammen ein Viereck bildeten. Im Jahre 1559 belehnte Burggraf Heinrich VI. einen Karl von Draxdorf ausdrücklich mit der Wüstung Niedergrün.

Indem die **Draxdorfer** auch die Herren des Rittergutes Pöritzsch waren, blieb Niedergrün besitzrechtlich lange Zeit mit Pöritzsch verbunden, war gleichsam mit nach Zoppoten gepfarrt, und kam später zusammen mit diesem an die Landesherrschaft, welche es aber getrennt davon verpachtete. Der letzte Pächter des Vorwerks war die Familie **Lindstätter**, die als sehr gastfreundlich galt und zu der die Langgrüner und Künsdorfer Jugend gern zu Rocken ging. Von der Mutter des Hauses heißt es, sie habe, wenn Essenszeit war, die auf den verstreuten Feldern und Schlägen arbeitenden Angehörigen und Dienstleute per Hornsignal herbeigerufen. Noch vor dem Jahre 1900 ist das Anwesen eingegangen. Die umliegenden Felder und Wiesen wurden aufgeforstet und trugen schon 1926 wieder hohe Bestände. Vom Gut selbst erhalten ist nur noch ein rechteckiger Keller mit zwei Luken, einem breitausladenden Spitzbogengewölbe und einen, im rechten Winkel durch ein schmaleres Gewölbe gegliederten Eingang.[269]

Mangelsdorf (†)

Die Wüstung Mangelsdorf [1318 Mangolzstorff] soll westlich von Schilbach nach Wernsdorf zu im Bereich des Petersbachs und der Pingera gelegen haben, wo ein Flurkomplex noch heute diesen Namen trägt. Zudem fanden sich im Jahre 1870 noch Reste von Gemäuern daselbst. Diese könnten weniger von Bauerngehöften, als von dem **Rittersitz** eines nach dem Orte benannten Adelsgeschlechts stammen, das sich im Jahre 1318, vertreten durch einen Friedrich **von Mangolzstorf**, in den Urkunden findet. Sein dortiger Besitz kam darauf an die Herren **von Machwitz** auf Gräfenwarth und von diesen 1365/1372 an das Kloster Saalburg, worauf die Flur nach dessen Säkularisierung nach 1533 von Kulmer Bauern bewirtschaftet wurde.[270]

Pöritzsch

Das Straßendorf Pöritzsch [1411 czu Pöritsch] liegt südwestlich von Saalburg am Beginn eines linken kurzen Nebenlaufs der Saale. Als erster bekannter Besitzer des hiesigen **Rittergutes** gilt Ulrich **von Draxdorf** [Ultzschen von Drachinstorf], der es im Jahre 1352 um 23½ Pfund Heller erkaufte und am 1. August 1360 mit dem Zoppotener Pfarrer Otto von Kospoth einen Acker tauschte. Die Obergerichte über Pöritzsch oblagen der Landesherrschaft, nur die Erbgerichte dem Rittergute.

Für das Jahr 1505 ist eine kleine, von der Herrschaft begründete **Gutskapelle** bezeugt. Den noch um das Jahr 1800 sichtbaren Überresten zufolge stand sie schräg gegenüber vom Gutshof an der alten Handelsstraße. 1545/46 erwarb Christoph von Drackstorf zu Pöritzsch das alte Machwitzsche Stammgut im unteren Dorfteil von ›Zoppiten‹. 1559 werden Christoph und Karl von Drachsdorf mit Pöritzsch belehnt. Letzte Vertreterin dieser Linie, Barbara, verehelichte sich mit Burkhart **von Wolfframsdorff**. Im Jahre 1600 wird dieser von den Kirchenvisitatoren aufgefordert, die von ihm bislang verheimlichte Kirchenrechnung für die Annenkapelle zu Pöritzsch zu offerieren. Zu einer Wiederaufrichtung des damals schon sehr heruntergekommenen kleinen Gotteshauses kam es indes nicht mehr, worauf dessen Kapellenglöckchen fortan seinen Dienst im Rittergute verrichtete, indem es die Gutsfröner zur Arbeit rief, bis es schließlich 1848 nach Saalburg kam. Nach Burkhards Tod im Jahre 1604 fielen Pöritzsch und Unter-Zoppoten der Landesherrschaft anheim, worauf das erstere Rittergut zusammen mit dem besitzrechtlich damit verbundenen Vorwerk Niedergrün [westlich von Langgrün] von Heinrich Posthumus **Reuß** j. L. im Folgejahr auf einen Besitzwert von 12.299 fl. 1 gr. 3 Pf. angeschlagen und 1621 als Mannlehen an seinen Beamten Markus **von Ender** verkauft wurde. In der zweiten Hälfte des 17. Jahrhunderts gelangte der Besitzkomplex wiederum an den Landesherrn, diesmal der Nebenlinie **Reuß**-Saalburg, welcher es in ein Kammergut mit Herrenschäferei verwandelte. »1736 ließ der Geraer Landesherr Heinrich XXV. [1681-1748] einer jeden Familie in Pöritzsch aus dem Fond der dasigen Kapelle eine Bibel verehren.«[271] Gegen Ende des Jahrhunderts entstand eine Gutsziegelei, die bis 1860 in Betrieb blieb. Um das Jahr 1835 umfaßte Pöritzsch neben dem Kammergut noch 14 Bauernhöfe und 19 Häusleranwesen. Nach der Auflösung des Kammergutes 1919 kamen die Liegenschaften in den Besitz der Familie **Grimm**. Noch um das Jahr 1990 stellte sich das Anwesen als großer Dreiseitenhof dar, dessen einer Wirtschaftstrakt schräg an die Straße angelehnt war. Inzwischen ist nur noch das, nach der Wende sanierte **Herrenhaus** aus dem 18. Jahrhundert – ein rechteckiger, zweigeschossiger, siebenachsiger Bau mit Walmdach und mittigem Dreiecksgiebel vorn und hinten – erhalten.[272]

Die Herren von Drachsdorff

Die Familie von Drachsdorff [auch Drachinsdorf, Draxdorf, Traxdorff] ist ein meißnisches Uradelsgeschlecht, welches mit Konrad von Drachsdorff, dem Kommandanten der Ortenburg bei Meißen, im Jahre 1290 erstmals aus dem Dunkel der Geschichte tritt. Als deren Stammsitz gilt weniger der sachsen-anhaltinische Ort Dragsdorf im heutigen Burgenlandkreis als eines der beiden Draxdörfer im Raume Weida-Berga. Als dritte Möglichkeit gilt das ›Kleine Schloß‹, eine jetzt verschwundene Wallanlage nahe der Wüstung Drachsdorf [1404] südlich von Ranis, wo im Jahre 1818 ein silbernes Petschaft mit dem Familienwappen ausgegraben worden sein soll. Ob dieses im Schild schon jenen an Haupt und Hüften umkränzten Wilden Mann mit einem großen entwurzelten Laubbaum in der rechten Hand gezeigt hat, wäre gleichfalls des Zufalls zu viel.

Bis zum 16. Jahrhundert existieren über das Geschlecht, das nicht mit denen von Drackendorf-Puster zu verwechseln ist, nur wenige Informationen. Seit dem 15. Jahrhundert ist es in Ostrau bei Bitterfeld und in Syrau bei Plauen nachgewiesen, seit 1352 in Pöritzsch bei Saalburg. Wie ausgedehnt der Besitz dieser **Oberländischen Linie** dazumal gewesen sein muß, zeigen die Lehnbriefe aus den Jahren 1551 und 1559, denen zufolge die Drachsdorffer außer auf den benachbarten Rittergütern Pöritzsch, Ebersdorf [15. Jh.] und Unter-Zoppoten noch in Hohndorf [†], Friesau, Thimmendorf, Niedergrün, Künsdorf, Rauschengesees ansässig waren und über Lehnbauern in Friesau, Zoppoten, Schönbrunn, Röppisch, Eliasbrunn, Ruppersdorf und Raila geboten. Überdies besaßen sie dem halben Ort Wernsdorf, zudem Felder in Schilbach und Mißlareuth und zwei Burggüter in Saalburg, ferner einen Hof zu Gräfenwarth und schließlich ein repräsentatives Stadthaus in Schleiz.

Politisch bedeutsam hingegen sollte ihre **Weimarische Linie** werden. Ausgehend von Eustach von Drachsdorf [1515 Amtmann zu Dornburg] und seinem gleichnamigen Nachfahren, dem Verwalter der Klosterliegenschaften zu Eisenberg [1569-1571] und fürstlichen Hofmeister [oo Magdalene geb. von und zu Eichenberg bei Orlamünde], avancierte dessen Sohn Hans Friedrich von Traxdorff [1564-1629] zu einem umtriebigen Verwaltungsbeamten, der Regenten wie den Rheingrafen Friedrich [1584 auf dessen Hilfszug für Heinrich von Navarra] bzw. die Grafen Heinrich von Eisenberg, Albrecht von Nassau sowie Philipp von Eberstein auf ihren Reisen begleitete und sich schließlich als altenburgischer Hofmarschall und Stallmeister in

Weimar niederließ, wo er 1621 unter dem Logennamen ›der Beständige‹ in die Fruchtbringende Gesellschaft aufgenommen wurde. Schließlich verwaltete er die Ämter Dornburg und Camburg. Sein 1610 erworbenes Rittergut Jägersdorf bei Kahla aber ging 1630 in den Besitz derer von Beulwitz über. Ebenfalls dieser Linie entstammte Wolf Philipp von Draxdorf, der zunächst Schösser auf der Mühlburg, ab 1608 fürstlich-sächsischer Kammerrat in Weimar und zuletzt Amtmann in Tundorf/Dondorf bei Altenburg war, bis er 1615 in Weimar starb. Im 18. Jahrhundert erwarben Angehörige dieser Linie u.a. das Rittergut Debertshausen bei Meiningen und saßen 1794 auf den vordem von Bronsartschen Besitzungen Töpfershausen und Schweikertshausen in Thüringen.

Eine große Karriere im hessischen Staatsdienst absolvierte Jost von Drachsdorf. Seine Heirat mit Margarethe Mohr von Leun brachte ihm großen Besitz, so Zinseinnahmen in Krofdorf und Rodheim ein. 1506 erwarb er Burg und Tal Ziegenberg in der Wetterau mit Zinsgefällen zu Wernborn, Pfaffenwiesbach, Langenhain und Fauerbach. Nach seinem Tode 1529 und dem seines letzten überlebenden Sohnes Anton [†1557] starb die **Hessische Linie** derer von Drachsdorf bereits in der zweiten Generation aus, und der Besitz ging über Josts Tochter Ottilia, deren Ehemann Konrad Diede zum Fürstenstein auch die Anteile seiner beiden Schwippschwäger Philipp und Marsilius von Reifenberg erworben hatte, an dieses Haus. Während des 17. Jahrhunderts wendete sich die Familie von Drachsdorff auch nach Österreich und mit dem Straßburger Stadtmeister und Universitätskanzler Hans Christoph [1594-1662] auch ins Elsaß. 1678 avancierte das Geschlecht in den Reichsfreiherrenstand.

Der **Unterfränkischen Linie** des Geschlechts entstammte Johann Karl Wilhelm von Drachsdorff [1723-1805], der es vom einfachen Offizier zum Generalfeldzeugmeister und Kommandanten der fürstbischöflich-würzburgischen Armee brachte. Die freiherrlichen Besitzungen lagen u.a. in Adelsberg [1829] und Stöckach [bis 1807] in Unterfranken. Noch um 1900 blühte das Geschlecht. Mittlerweile aber gilt es als erloschen.[273]

Saalburg

Die Stadt Saalburg [1382 Saalberc] liegt zwischen Bad Lobenstein und Schleiz am rechten Ufer des Bleilochstausees. Entstanden ist sie aus dem Suburbium einer, zur Kontrolle einer Saalefurt an der Handelsstraße von Nürnberg nach Leipzig auf einem Sporn des hier sanft zur Saale abfallenden Kulmberges angelegten Bergveste, deren Entstehung der Sage nach bis in die Tage Heinrichs I., ja Karls des Großen zurückreichen würde. Doch rührt diese Legende offenbar daher, daß die verschiedenen Burgen gleichen Namens urkundlich oft kaum voneinander

Saalburg von der Flußaue aus im 19. Jahrhundert

der zu unterscheiden sind und zur Verwechselung der ersten Saalburgen mit den viel späteren Gründungen geführt haben können. Andernseits mag das Patrozynium des Heiligen Martin, des fränkischen Modeheiligen des 7./8. Jahrhunderts – mit dem die Kirche im nahen Gräfenwarth begabt ist – als auch der Ortsname ›Gräfenwarth‹ selbst [Wartturm an einem Grafgericht] auf eine, wenn auch kurze fränkische Präsenz an diesem strategisch bedeutsamen Saaleübergang zu Beginn des 9. Jahrhunderts verweisen. Sowohl jene Wehranlagen unbekannter Zeitstellung auf dem nahen Hatzenberg und am Wege nach Kulm, wie auch die vereinzelten bei Saalburg und an der Straße nach Pöritzsch ergrabenen vorgeschichtlichen Bodenfunde lassen auf eine recht frühe Besiedlung dieses günstigen Platzes an der oberen Saale schließen. Archäologisch wie urkundlich faßbar wird die Entstehung der Saalburg allerdings erst ab Beginn des 13. Jahrhunderts, als eine ab 1216 hier erwähnte und mit den Gebrüdern Hermann III. [1225 Bischof von Würzburg] und Hartmann IV. bis zum Jahre 1240 nachweisbare Nebenlinie der Herren **von Lobdeburg** von hier aus ihr, den Großteil des Oberlandes umfassendes ›territorium Salburg‹ verwaltete.[274]

Die ursprünglichen Stammgüter dieser Familie lagen in Auhausen an der Wörnitz im Nördlinger Ries sowie in der Schweinfurter Gegend. Vom Ries aus bildeten die im Jahre 959 erstmals urkundlich erwähnten Herren von Auhausen und deren Zweig, die von Alerheim, zahlreiche Nachkommensäste. Einer der Halter ihrer Stammgüter – ein Hartmann von Auhausen [um 1100 bis vor 1150] – begründete nach dem Jahre 1129 mit dem größten Teil seines Allodialbesitzes das Kloster Auhausen und verzog im Rahmen des Landesausbaus unter König Lothar III. mit seinen, damals noch minderjährigen Söhnen Rapoto, Hartmann I. und Otto I. in die Saalegegend, wo er 1133 als Zeuge in einer Urkunde des Bischofs Udo von Naumburg auftritt. Dann hören wir erst 1166 wieder etwas von seinen Söhnen, als Hartmann [urk. bis 1184] und Otto [†1194], Gebrüder von Lobdeburg, im Gefolge des Markgrafen von Meißen in Camburg weilten. Ihr Zuname zeigt sie im Besitz der gleichnamigen Burg hinter der Einmündung des Rodatals in das Saaletal an, die im Jahre 1156 erstmals urkundlich in Erscheinung tritt. Indem die Lobdeburger in den Zeugenlisten der Urkunden jener Zeit gleich hinter den Grafen aufgeführt werden, dürfen wir sie ab dem letzten Drittel des 12. Jahrhunderts zu den bedeutendsten Herren des mittleren Saalegebietes zählen, als solche sie 1172 auch auf den, von Kaiser Friedrich I. zu Altenburg abgehaltenen Reichstag teilnehmen. Sicher als Äquivalent gegen versprochene oder geleistete militärische Hilfe erhielten die Lobdeburger von dem Staufer, König Philipp von Schwaben, wohl im Jahre 1204 weite Teile des späteren Ostthüringens zu Lehen, wo sie im 12. und 13. Jahrhundert eine, ab 1265 reichsunmittelbare Herrschaft errichteten und am Landesausbau wie auch an der Christianisierung ebenda maßgeblich beteiligt waren. Sie gelten nicht nur als Gründer von Lobeda, Burgau, Jena, Kahla [mit der Leuchtenburg], Roda, Elsterberg und wahrscheinlich auch Pößneck.

Von ihrer, von den Staufern gewonnenen Burg Arnshaugk nebst der mit Slawendörfern dichtbesetzten Orlasenke besiedelten sie die unerschlossenen Waldgebiete des Oberlandes mit Rodedörfern und schufen sich überwiegend durch Neugründung feste Herrschaftsmittelpunkte in Saalburg, Burgk, Walsburg, Wysburg, Lobenstein, Schleiz und Mühltroff, bis die Burgbezirke Hirschberg, Sparnberg und Blankenberg der mächtigen Herzöge von Andechs-Meran, den Kolonisatoren des Regnitzlandes, ihrer weiteren Ausbreitung ein Ende setzten. Als neues Hauskloster und Grablege begründeten die Lobdeburger 1248 das Kloster Roda.[275] »In der Zeit seiner größten Ausdehnung ca. von 1220 bis 1250 reichte das lobdeburgische Herrschaftsgebiet, nördlich von Jena beginnend, über die Täler der Roda, Orla, Wiesental [Wisenta] und oberen Saale hinweg bis nach Elsterberg. Wenn auch in den späteren Urkunden nur als Streubesitz erscheinend, war es doch ursprünglich in sich geschlossen und zusammenhängend. Abgesehen von Besitzungen bei Weißenfels und an der Unstrut und einigen meißnisch-thüringischen und geistlichen Lehngütern erwarben die Lobdeburger, soweit man aus der Überlieferung schließen kann, in Thüringen und im Osterland nichts mehr dazu, sondern verminderten vielmehr ihren Besitzstand dauernd durch Erbfall, Schenkung und Verkäufe.«[276] Im Jahre 1216 teilten sich die Nachkommen der Gebrüder Hartmann und Otto von Lobdeburg in mehrere Linien. Der Hartmannsche Zweig zerfiel dabei in die Äste Leuchtenburg, Arnshaugk und Elsterberg, der Ottonische Stamm dagegen in die Äste Saalburg und Burgau [Bergowe]. Der Saalburger Hartmann IV. verfügte über reichsunmittelbare Güter in Mühltroff, Lobenstein und Tanna, der Arnshaugker Otto IV. [†1289] besaß Neustadt, Triptis, Auma, Oppurg und wohl auch Pößneck. Das Wappen der Hartmannschen Linie zeigt gleich dem des Auhausener Stammhauses einen silbernen Schrägbalken auf rotem Grund. Die Ottonische Linie hingegen führte einen roten schräglinks gelegten geflügelten Fisch auf silbernem Grund. Zwar genossen die Lobdeburger bis ins 14. Jahrhundert hinein faktische Reichsunmittelbarkeit, doch waren sie – obwohl in den älteren historischen Darstellungen häufig so bezeichnet – keine Grafen, sondern treten von Anfang an als Edelfreie [nobilis dominus] in Erscheinung, mit einem Titel also, den andere Familien erst spät und dann nur zögerlich zugebilligt bekamen. Nachdem Hartmann IV. von Saalburg im Jahre 1247 [?] ohne männliche Nachkommen gestorben war, kam es zu einem Erbstreit zwischen seinem nächsten männlichen Verwandten und eigentlichen Lehnserben der Saalburger Güter, Otto IV. von Lobdeburg-Arnshaugk, und Vogt Heinrich I. von Gera, der mit einer Leukardis verheiratet war, in der man – Zeugnisse gibt es dafür nicht – eine Tochter Hartmanns IV. vermutet. Am Ende verglichen sich beide Teile dahin, daß Otto Schleiz – das seit 1250 auch Lobdeburger Münzstätte war –, Saalburg und Burgk erhielt, während Heinrich Lobenstein, Mühltroff und wahrscheinlich auch Pausa zugesprochen bekam. Unklar bleibt, in welchem Lehnsverhältnis die Lobdeburger mit ihrer Herrschaft Saalburg zu den Landgrafen von Thüringen standen, die laut einer Urkunde von 1246 ebenfalls Hoheitsrechte dort behaupteten. Otto IV. jedenfalls etablierte seinen Wohnsitz auf Burg Schleiz. Saalburg verlor seinen Residenzstatus und wurde fortan von einem Burgmann verwaltet. Otto von Lobdeburg war in erster Ehe mit einer Tochter des Grafen Günther IX. von Schwarzburg-Blankenburg verheiratet, in zweiter dagegen mit einer Tochter des Grafen Hermann III. von Orlamünde, mit Namen Elisabeth [um 1270 bis 1333]. Otto IV. – seit 1240/50 nachweisbar erster Vertreter der Arnshaugker Linie – war zeitlebens ein enger Anhänger des Wettiners, Markgraf Heinrich des Erlauchten von Meißen [†1288], an den 1247 die Landgrafschaft Thüringen gefallen war. Mit seinem Tod vor dem 8. August 1289 und dem frühen Ableben seines einzigen Sohnes Hartmann am 20. Februar gleichen Jahres starb seine Linie bereits in der ersten Generation im Mannesstamme aus. Ihre Güter und Herrschaftsrechte aber gelangten über Ottos Witwe Elisabeth die Ältere – die 1290 Heinrichs des Erlauchten Sohn, Landgraf Albrecht den Entarteten [1240-1314], heiratete – und über Ottos Tochter Elisabeth II. die Jüngere [1286-1359], die am 24. August 1300 mit Albrechts Sohn und Nachfolger Friedrich I. [1257-1323] vermählt wurde – an die Wettiner, die den Erwerb dieser kleinen Lobdeburger Herrschaft als weiteres Bindeglied zwischen ihrer Markgrafschaft Meißen, ihren osterländischen Besitzungen und ihrer Landgrafschaft Thüringen geradezu planmäßig betrieben. Die beiden Elisabeths aber hielten das Arnshaugker Erbe noch lange Zeit als Leibgedinge. Elisabeth der jüngeren Tochter Elisabeth III. [1306-1367] vermählte sich 1319 mit Heinrich II. den Eisernen, Landgraf von Hessen [1299-1376], während ihr Sohn Friedrich II. der Ernsthafte [1310-1349] seinem Vater in der Herrschaft über Thüringen, das Osterland und Meißen nachfolgte. Auf diese Weise avancierte die Lobdeburgerin Elisabeth II. zur Stammmutter alle noch heute lebenden Wettiner.

Zwischen den Wettinern, den Vögten von Gera und den anderen lobdeburgischen Linien entbrannte daraufhin ein Erbkrieg, in welchem die Vögte die Herrschaften Burgk, Schleiz und Saalburg ersteren entrissen und Saalburg zu Beginn des 14. Jahrhunderts in der Chronik des Pirnaer Mönchs sogar als ›Städtein mit einem zerbrochenen Schlosse‹ bezeichnet wird.

Das im Grunde haupterbberechtigte Lobdeburgische Haus aber wurde zum Verlierer dieses Konflikts, und einer ihrer Hauptrepräsentanten, Albrecht III. von Lobdeburg-Leuchtenburg, mußte seine Burgen Leuchtenburg und Roda sowie die Städte Kahla und Roda schuldenhalber an die Grafen von Schwarzburg zunächst verpfänden und 1333 sogar verkaufen, womit letztere die Wettiner zum Grafenkrieg herausforderten.

1344 schließlich befanden sich die Wettiner im Besitz der Oberen Lobdeburg, denn Albrecht IV. hatte ihnen schon 1329 ›dinerschaft‹ schwören müssen. Mit seiner letzten urkundlichen Erwähnung 1346 verschwindet die Linie Leuchtenburg aus der Geschichte. Im Gegenzug mußte Burckhardt III. von Lobdeburg-Elsterberg im Jahre 1315 den Wettinern sein Viertel an Jena abtreten. Eine Erbteilung zwischen Albrechts Söhnen Burkhardt III. und Hermann X. in eine Elsterberger und eine Schwarenberger Linie schwächte das Gesamthaus nur noch mehr. Schon 1329 hatten die beiden mit den Vögten von Weida, Plauen und Gera ein Bündnis geschlossen, und es wundert nicht, daß der Vogtländische Krieg 1354 mit der Erstürmung ihrer Großfestung Elsterberg seitens der Truppen Friedrichs des Strengen begann, worauf sie in dessen Vasallenschaft gerieten und ihre Herrschaft nach dem erbenlosen Tode Hermanns XII. [†1394] als erledigtes Lehen an die Wettiner fiel. Die Burgauer Linie der Lobdeburger hatte, da ihre gleichnamige Stammburg bei Jena bei der Teilung nach dem Tode Ottos VII [† um 1300] verloren war, sich als Ersatz dafür im Nachbarort Lobeda die Untere Lobdeburg errichtet.

Von den drei Brüdern Hartmann XII. [1297-1353], Otto X. [1297-1345] und Otto XI. [1298-1350] erbte ersterer die Herrschaft an der Saale, verkaufte aber 1349 das Öffnungsrecht über die Untere Lobdeburg an die Schwarzburger, worauf 1355 schließlich die ganze Burg an die Wettiner kam, der Verkäufer sich aber das Wohnrecht daselbst vorbehielt. Letzter Vertreter dieser thüringisch-osterländischen Linie des Hauses Burgau war Johannes IV. – dessen Todesdatum mit 1448, 1468 oder 1486 angegeben wird. Die über Otto X. und XI. begründete meißnisch-böhmische Linie starb mit Otto VII. von Burgau, Herrn zu Trosky, 1460 im Mannesstamme aus und seine Tochter Barbara war die letzte Angehörige des einst so volkreichen Lobdeburgischen Hauses.[277]

Die siegreichen **Vögte von Gera** aber ließen ihrer Stadt Saalburg [1313 Oppidum, 1333 Civitas] als Bindeglied zwischen ihren Herrschaften Schleiz und Lobenstein manche Förderung angedeihen, begründeten daneben um 1310 ihr Hauskloster [Zum Heiligen Kreuz] und unternahmen auch eine umfassende Umstrukturierung des Burgbezirkes. Nach neuerer Ansicht kein zusammenhängendes Ganzes bildete die

Burgumwehrung mit der, im Jahre 1367 erstmals erwähnten Stadtmauer, die – faktisch den gesamten Bergsporn einnehmend – ein 400 × 200 m großes Areal umschloß und über drei Tore zugänglich war. In den darauffolgenden 150 Jahren findet die Burganlage keinerlei explizite Erwähnung, ja scheint im Laufe des 15. Jahrhunderts sogar teils eingefallen zu sein. Erst 1515 hören wir wieder von ihr, als Heinrich der Ältere, Herr zu Gera, seiner Gemahlin Anna geb. von Beichlingen die Herrschaften Schleiz und Saalburg zum Leibgedinge verschrieb und, damit sie eine Behausung habe, die Burg um 1530 zu einem einfachen Renaissanceschloß ausbauen ließ. Den großen Brand von 1596 habe dieses – was selten genug ist – zwar überstanden, nicht aber die Zerstörung der Stadt durch plündernde Schweden im Jahre 1640. Nachdem Saalburg im Zuge der Schleizer Teilung unter den **jüngeren Reußen** zum Sitz einer Nebenlinie bestimmt ward, sollte für dessen Begründer und einzigen Vertreter, den damals 9-jährigen Heinrich I. [1639-1692] wohl im Schloßbereich eine ›notdürftige Wohnung‹ geschaffen werden. Allerdings lebte er bis zu seinem Regierungsantritt im Jahre 1660 hauptsächlich auf dem Schlosse seines Onkels und Vormundes Heinrich II. Reuß-Gera [1602-1670] in Untermhaus bei Gera. Auch wenn für das Jahr 1664 Instandsetzungsarbeiten u.a. am Bergfried der alten Saalburg überliefert sind, so kamen doch etwaige Pläne, ähnlich wie in Hirschberg auch hier ein barockes Residenzschloß zu errichten, nicht mehr zur Ausführung, da Heinrich I. nach dem Tode seines zu Schleiz gesessenen Onkels Heinrich IX. [1616-1666] im Zuge einer weiteren Landesteilung die Herrschaft Schleiz übernahm und die selbständige Herrschaft Saalburg nach nur 19 Jahren wieder aufgelöst und in ihrer ursprünglichen Größe der Herrschaft Reuß-Gera einverleibt wurde. Hier war es nun der sehr baufreudige Graf Heinrich XXV. [1681-1748], der nach der Zerstörung weiterer Teile des alten Schlosses im Zuge des Stadtbrandes von 1722, an deren Stelle ein repräsentatives Barockschloß errichten lassen wollte, das – wäre der Bau tatsächlich zur Ausführung gekommen – der Stadt sicherlich zur

Zierde gereicht hätte.

Wie von der Forscherin Anja Löffler anhand der **Baupläne** aus dem Jahre 1743 eruiert, sollte der Wiederaufbau des Schlosses streng dem Prinzip einer Dreiflügelanlage um einen annähernd quadratischen Innenhof [von etwa 25 × 30 m Grundfläche] folgen. Für den zweieinhalbgeschossigen mit Mansarddach und umlaufendem Arkadengang an der Hofseite versehenen Bau wäre schlichte Akzentuierung und zweckmäßige Raumaufteilung vorherrschend gewesen. Das Erdgeschoß sollte rein wirtschaftlich genutzt, die Küche im Ostflügel und die kleine Hauskapelle im nördlichen Teil des Westflügels untergebracht werden. Erschlossen worden wäre das Ensemble durch zwei diametral sich gegenüberstehende Portale und Treppenhäuser je in der Mitte der beiden Seitenflügel. Kernstück der Beletage mit den Repräsentionsräumen sowie den separaten Wohnbereichen für Graf und Gräfin sollte der über zwei Etagen gehende Tafel- bzw. Speisesaal in der Mitte des Corps de Logis sein. Von seinen fünf Fensterachsen hätte sich nach Südwesten ein prächtiger Blick auf das Saaletal geboten. In dem Mezzaningeschoß darüber wären Gäste und Dienerschaft untergekommen. Allerdings verlor Heinrich XXV. nach 1745 das Interesse an dem Projekt und widmete sich stattdessen der Anlage des Wasserschlosses Tinz. Daher übernachte die Geraer Herrschaft bei ihren Aufenthalten in Saalburg in einem, wohl erst nach einem der zahlreichen Stadtbrände neben dem Rathaus errichteten Palais, während der eigentliche Burgbezirk mit dem einsam in die Höhe ragenden Bergfried ruinös liegenblieb, bis im ausgehenden 19. Jahrhundert dessen nordöstlicher Bereich zum Standort einer **Oberförsterei** avancierte mit einem Hauptbau im Stil der Neo-Renaissance, einem Archivgebäude und einigen Wirtschaftsgelassen. 1929 dann verkaufte das Haus Reuß die Oberförsterei [bis 1931] für einen Betrag von 50.000 RM an die Obere Saale AG.[278] »Im Vergleich zwischen dem Haus Reuß j. L. und dem Volksstaat Reuß hatte sich Heinrich XXVII. [1858-1928] dazu verpflichtet, sämtliche dem fürstlichen Hause zustehenden Rechte an dem, zum Bau der Saaletalsperren notwendigen Gelände bis zu einem Umfang von 425 ha ohne Entschädigung abzutreten.«[279] Der Förstersitz selber wurde später zu einer **Schule** ausgebaut. Bei der Neugestaltung des Schulvorplatzes fanden 2007/08 weitläufige archäologische Untersuchungen statt, die neben den Ausgrabungen auf der Wysburg bei Weisbach die bislang umfangreichsten und aussagekräftigsten Befunde über eine mittelalterliche Burganlage im Kreisgebiet hervorbrachten.[280]

Die alte Saalburg

Am südwestlichen Ortsausgang, rechts der langen Brücke über den Bleilochstausee finden sich auf einer ehedem steil in die Saaleaue hinabfallenden Spitze eines Bergsporns die wenigen noch sichtbaren Überreste einer mittelalterlichen Dynastenburg. Die höchste Stelle des Areals nahm der ca. 37 m hohe und 10 m an Durchmesser fassende **Bergfried** mit schmalen Fensteröffnungen und Zinnenkranz ein, von dem noch ein etwa 4 m hoher Stumpf aus schnurgleichem Mauerwerk mit hoher Festigkeit und einer Wandstärke von 3,25 m erhalten ist. Ohne Unterkellerung und ohne nennenswerte Fundamentierung ist er wohl schon zu Beginn des 13. Jahrhunderts errichtet worden.

Das Kernburgareal vor 1913

Eine mächtige, mehr als 38 m lange, 5 m hohe und 3 m dicke, in Schalenbauweise ausgeführte **Schildmauer** riegelte die Kernburg von dem davorliegenden Gelände ab. Davor schnitt sich ein etwa 4 bis 4,50 m tiefer und 8 bis 10 m breiter **Halsgraben** in den anstehenden Schieferfels ein. »Im Nordwesten umgab eine 1,8 m breite Mauer ringförmig das Gelände der Innenburg. ... Gemeinsam mit dem Bergfried bildete sie hier die Begrenzung einer gepflasterten Torgasse durch die der Zugang in die Hauptburg erfolgte. Wahrscheinlich befand sich an dieser Stelle das **Torhaus**, von dem sich nur wenige Fundamentreste erhalten hatten. Die **Ringmauer** stellte gleichzeitig die Nordfassade eines im Randbereich der Innenfläche errichteten [Wirtschafts-?]Gebäudes dar.«[281] In der Südwestecke der Kernburg dagegen war ein etwa 30 m langer und 11 m breiter saalartiger mehrgeschossiger **Wohnbau** aus, vielleicht vom Hatzenberg-Wall stammenden Diabas-Bruchsteinen mit einer Mauerstärke von 1,80 m in die Ringmauer integriert, in dessen Schutt sich noch sekundär verlagertes Bauholz aus Eiche fand, das dendrochronologischen Analysen zufolge 1218 geschlagen worden war. Als **Burgkapelle** soll die nahe des Unteren Stadttores an einen Felsen angebaute ›Ägidienkapelle‹ gedient haben. Jener lobdeburgischen Bauphase des 13. Jahrhunderts folgte nach anschließendem Verfalle, vielleicht sogar Zerstörung der Burg im 14. Jahrhundert eine vögtische, die mit einer weitgehenden Umstrukturierung des Areals einherging. »Zu diesem Zeitpunkt wurde der Ringmauer und dem nach Westen anschließenden Wohnbau die Stadtmauer vorgeblendet, die in den urkundlichen Quellen bereits 1367 genannt wird.«[282] In einem, damals an die Schildmauer innen angesetzten Fachwerkgebäude mit einer Grundfläche von 10,3 × 7,4 m fanden sich bei der Ausgrabung von 2007/08 in mehreren Suchschächten u.a. ein Türbeschlag, ein Hort von 12 Silberpfennigen Würzburger Schlages [um 1370], 1 Spinnwirtel, 1 Hufeisenfragment, 1 eiserner Rädchensporn, 1 Madonnenfigur, 1 Geschoßspitze, aber auch spätmittelalterliche Keramik- und Glasscherben, während aus den Verfüllungen des Halsgrabens neben Keramik und Tierknochen ein Steigbügel aus dem 14./15. Jahrhundert, Fragmente einer eisernen Axt, das Stück einer Messerklinge, eine eiserne Geschoßspitze u.a. zu Tage kamen. Bezüglich der **Unterkellerung** erwähnen die Archäologen Ines Spazier und Christian Tannhäuser die Existenz von fünf, sich **U**-förmig am Rande des Platzes aufreihenden Gewölbekellern, die über Zwischengänge miteinander in Verbindung standen und zum Teil in die heutige Bausubstanz integriert sind. »Andere Keller wurden im Laufe

der Zeit abgebrochen und verfüllt. Ein Keller von 6 m × 12 m Grundfläche und 3 m Scheitelhöhe ist vollständig erhalten. Lediglich die Zugänge wurden vermauert und verschüttet.
Die Anordnung dieser Kellerräume stimmt auffallend mit dem Grundrissplan des nicht ausgeführten Reußischen Schlossbaus überein. Ob es sich hierbei um die Überreste eines ersten Bauabschnittes der barocken Schloßanlage oder um ältere Keller handelt, ist fraglich.«[283] – »Im 15. Jahrhundert verfiel die Burg stark, und als 1515 Heinrich d. Ä. Herr zu Gera seiner Gemahlin Anna von Beichlingen die Herrschaften Schleiz und Saalburg zum Leibgedinge verschrieb, ließ er die Burg zu einem einfachen Schloß ausbauen, um ihr eine ›Behausung zu schaffen‹. Das geschah um 1530 und daran erinnert noch der Stein an dem Turmrest mit dem Allianzwappen Heinrichs von Gera und der Anna von Beichlingen [urk. 1515-1571]; er trägt die Inschrift *›Gera 1532 – Beichlingen 1532‹*.«[284] Erhalten geblieben ist von diesem **Renaissance-Schloß** zudem noch ein ca. 18 m langer und bis zu 1,10 m breiter Fundamentrest sowie NW vom Turme ein kreuzgewölbter Raum, das ehemalige Archivgebäude, »in dessen Südostecke sich eine Rundbogennische mit dorischen Pilastern im Renaissance-Stil und den gleichen beiden Wappen wie am eingemauerten, mit 1532 datierten Stein im Schulgebäude befanden.«[285] Nach dem Jahre 1660 wurden die nach dem Tode der letzten Herrin von Gera kaum noch genutzten Schloßgebäude wieder in baulichen Zustand versetzt, um für Heinrich I., für den im Jahr 1647 die Herrschaft Reuß-Saalburg gebildet worden war, eine ›notdürftige Wohnung‹ zu schaffen. »Für das Jahr 1664 sind Frondienste der Saalburger Bauern für Arbeiten am Bergfried überliefert. Wahrscheinlich setzte man diesen nach den Zerstörungen im 30-jährigen Krieg im obersten Viertel wieder notdürftig instand, so daß er etwa eine Höhe von 35 m erreichte. Welches Antlitz der Schloßbau seinerzeit hatte, ist – vom Bergfried abgesehen – nicht feststellbar.«[286] Nachdem die Herrschaft Reuß-Saalburg schon 1666 wieder aufgelöst worden war, kam die Geraer Herrschaft ›nur dann und wann einmal

nach Saalburg‹ und das Schloß verlor an Bedeutung. Nachdem es wohl bei dem Stadtbrand von 1722 bis auf wenige Teile endgültig niedergegangen war, wurden seine Überreste beseitigt und der Bauschutt über das gesamte Gelände ausgebracht. Lediglich der erhalten gebliebene mittelalterliche Bergfried mag im Zusammenhang mit dem östlich benachbarten Amtshaus als Gefängnis gedient haben. Eine Stadtansicht aus dem Jahre 1789 zeigt abgesehen von diesem noch zwei kleinere, auf der Stadtmauer sitzende Gebäude. Außerhalb davon befand sich nach Osten hin ein zweigeteilter herrschaftlicher Garten mit einem kleinen **Gartenhaus** in dessen unterem Bereich.[287] Im Jahre 1806 trafen französische Kanonenkugeln den Bergfried und beraubten ihn seines imposanten oberen Zinnenkranzes. Um etwa 5 m auf 32 m gekürzt, erhielt er daraufhin zum Schutz gegen die Unbilden der Witterung ein

Der Turmstumpf um 1950

einfaches flaches Kegeldach. Während der noch immer recht hohe Turm als Wahrzeichen der Stadt weithin sichtbar erhalten blieb, behielt das Burgareal faktisch keine Bedeutung mehr, bis man gegen Ende des 19. Jahrhunderts in dessen nordöstlichem Teil eine Oberförsterei mit Amtshaus, und Wirtschaftsgebäuden errichtete. Ersteres, zum Teil auf den Grundmauern des alten Herrenhauses des 16. Jahrhunderts erbaut, erstand dann auch als zweigeschossiges Neo-**Renaissance-Gebäude** mit Walmdach und einem, aus der hofseitigen äußeren Bauflucht hervorspringenden Mittelrisaliten, der an den beiden Giebelseiten als Zwerchhaus seine Entsprechung findet. Angeblich während eines Gewittersturms stürzte der Bergfried am 20. Juni 1913 vormittags gegen ½10 Uhr unter einem furchtbaren Krachen ein – die Dächer zweier nebenstehender Gebäude dabei beschädigend. Eine Bau-Naht im oberen Turmviertel sowie einige, durch die Kanonade 1806 stark geschwächte Mauerpartien könnten die Ursache für den

Einsturz gewesen sein. Beim Aufräumen des riesigen Schuttberges fand sich neben verschiedenen Artefakten – eisernen Geräten und Scherben aus den Mittelalter – auch der ›steinerne Kopf‹ einer Katze, die ehedem vermutlich als Bauopfer hatte herhalten müssen. Weitere Relikte erbrachten den Nachweis, daß sich am Grund des Turmes bis ins 17. Jahrhundert ein Verlies befand. Die Funde kamen ins Heimatmuseum nach Schleiz und wurden bei dessen Zerstörung durch einen US-amerikanischen Bombenangriff am 8. April 1945 vernichtet. Nach dem Einsturz des Bergfrieds verlor Saalburg seine charakteristische Höhendominante und das Burg-Ensemble wurde kaum mehr wahrgenommen. Mit dem Abriß der überdeckten Holzbrücke und der Errichtung des monumentalen Brückenbauwerkes verschwand nicht nur der historische Zugang in die Stadt über das ›Steintor‹ genannte Untere Tor, sondern man zerstörte auch das natürliche Tal, welches einst mäandrisch von der Saale durchflossen ward. Während die aus jenem ehemaligen Amtshaus neben dem besagten Stadttor hervorgegangene Ausflugsgaststätte ›Kranich‹ in der Folgezeit überregionale Bedeutung erlangte, kam der Turmstumpf auf dem später als Schulhof dienenden ehemaligen Burghof den zahlreichen Besuchern der Stadt kaum ins Bewußtsein. Das sollte sich nach Abschluß der archäologischen Ausgrabungen durch Informationstafeln, der Zugänglichkeit des Turmstumpfes sowie eines Kellers nebst der teilweisen Erlebbarkeit einiger, nicht wieder verfüllter Ausgrabungsbereiche glücklicherweise ändern.[288]

Das herrschaftliche Palais an der Marktstraße

Einer der Gründe für den Bedeutungsverlust des alten Burgareals im 18. Jahrhundert war die Existenz jenes, wohl nach dem Stadtbrand von 1722 erbauten Stadtpalais nördlich des Rathauses, wie die Geraer Reußen auch in ihrer Residenzstadt Gera über ein solches verfügten. Hier hielt sich Graf Heinrich XXX. [1727-1802] besonders während des Siebenjährigen Krieges desöfteren auf, hier hatte auch seine Mutter Sophie Marie, geb. Pfalzgräfin von Birkenfeld-Gelnhausen [*1702], längere

Zeit ihren Wohnsitz und starb 1761 gar daselbst. Unklar bleibt, inwieweit sich die beiden, in den Jahren nach 1740 von deren Ehemann Heinrich XXV. [†1748] in Auftrag gegebenen, im Bauvolumen allerdings ungleichen Entwürfe auf die Erst- bzw. Wiedererrichtung dieses Gebäudes bezogen. Ersterer umfaßte ein siebenachsiges, zweigeschossiges Gebäude mit Mansarddach und mittigem Dreiecksgiebel, letzterer hingegen ebenfalls ein solches, nur mit einer längeren, zwölfachsigen Fassadenfront. Umsetzung fanden die beiden Baupläne am Ende wohl kaum, denn eine Stadtansicht aus dem Jahre 1793 zeigt an der Stelle einen dreizehnachsigen Bau mit fünfachsigem Zwerchhaus und Dreiecksgiebel, welches sich neben dem, zur Zeit Heinrichs XVIII. [1677-1735] von 1723 bis 1725 erbauten dreigeschossigen Rathaus mit seinen beiden wuchtigen Rundbogenarkaden geradezu schlicht ausnimmt. Nach dem Tode des letzten Grafen von Gera im Jahre 1802 fanden seine Erben die Lobensteiner, Ebersdorfer und Schleizer Reußen keine Verwendung mehr für das Gebäude und verkauften es wohl schon bald danach in private Hände, worauf es geteilt und von zwei Bürgerfamilien bewohnt wurde. Im Jahre 1870 noch als ›Tschirmers Haus‹ – wo ehedem ›die Prinzessinnen gewohnt haben sollen‹ – erwähnt, fiel es am Ende dem Stadtbrand von 1886 zum Opfer. Danach entstanden an seiner Stelle zwei einfache Bürgerhäuser.[289]

Das Palais um 1840

Das Dobenecksche Vorwerk

Als Dynastenburg der Lobdeburger bzw. der Vögte besaß die alte Saalburg mehrere Burggüter, die an Burgmannen verliehen waren. Von einem von ihnen ging höchstwahrscheinlich die Gründung eines Vorwerks in Zoppoten [dem späteren Oberen Rittergut] aus. Noch 1559 finden sich in Saalburg vier Burggüter vor. Eines lag im Schloß, eines an der Stadtmauer unterhalb der Kirche, ein drittes am unteren Tore. In der Folge aber wurden sie nach und nach zusammengefaßt oder gar zerschlagen, das letzte von ihnen, das ›Dobenecksche Rittergütlein oder Rittervorwerk‹ schließlich im 18. Jahrhundert. Indem selbiges das, am längsten bestehende wie auch bedeutendste dieser Anwesen war, läßt sich die ältere Besitzgeschichte der drei anderen Burggüter nicht klar von diesem trennen. Selbst über die genaue Lage des Dobeneckschen Vorwerks [innerhalb der Stadtmauer unmittelbar am Schlosse] herrscht keine Klarheit. Nach vorherrschender Ansicht habe es an der Stelle des späteren **Amtshauses** gestanden. Dasselbe stellte einen alten, massiven burgähnlichen Bau mit einem Thürmchen und einem Durchfahrtstore dar, welches vormals die Wohnung des Burghauptmanns, später des Amtsverwalters, bis 1869 des Rendanten, anschließend des Gräfenwarther Revierförsters, danach der Familie Ferber war und schließlich zum Standort des nach 1926 in die Höhe verlegten Traditionsgasthofes ›Zum Kranich‹ avancierte. Dicht dabei lag der herrschaftliche Tummelgarten, sowie das von Heinrich XXX. als Marstall benutzte **Tummelhaus**, wo später das herrschaftliche Korn lagerte. Aus früheren Darstellungen über die Stadt – etwa aus der von Johann Christoph Klotz [1816] – aber geht diese Identität mit dem Amtshaus nicht explizit hervor. Danach wird das Dobenecksche Vorwerk nur als einfaches Vorwerksgebäude mit Grundstücken, aber ohne Untertanen beschrieben. Wie Georg Martin Brückner [1870] berichtet, habe sich die erste mit diesem Burggut betraute Burgmannsfamilie noch als ›**von Saalburg**‹ betitelt, worauf dann auch in der Zeit zwischen 1225 bis 1310 Purgold, Segefred, Walego, Mannus, Conrad, Simon und Heinrich von Saalburg urkundlich erscheinen. Burgoldus und der 1232 ebenfalls mit genannte Wetego de salburg könnten, den familientypischen Vornamen nach, frühe Angehörige derer **von Kospoth** gewesen sein. Bereits im 14. Jahrhundert scheint sich das Burggut im Besitze der Familie **von Blankenberg** befunden zu haben. 1498 war es in den Händen derer **von Tepen** [von Töpen] – eines, schon im 16. Jahrhundert erloschenen regnitzländischen Uradelsgeschlechts, dessen Wappenschild, ein silberner Schrägrechts-Balken auf rotem Grund, eine Stammesverwandtschaft mit denen von Reitzenstein, von Sparnberg und anderen Adelsfamilien aus dem bayerischen Vogtland bezeugt. Im Jahre 1310 mit Eberhard und Heinrich von Tepen erstmals als Besitzer des Rittergutes Töpen bei Mödlareuth nachweisbar, werden sie bereits um 1370 dort von ihren Verwandten, den Herren von Zedtwitz, abgelöst. Zur selben Zeit wie zu Saalburg saß die Familie bis gegen Ende des 15. Jahrhunderts auch auf dem Rittergut Ober-Zoppoten. Abgesehen von den Tepenern, haben auch die **von Draxdorf** auf Pöritzsch das Saalburger Burggut zeitweilig besessen.

Zu Beginn des 17. Jahrhunderts aber gehörte es den Herren **von Dobeneck**, deren Name am Ende auf dem Besitztum haften geblieben ist. Schließlich erwarb es die Landesherrschaft und ließ es noch vor dem Jahre 1800 zerschlagen, wobei sie die nahen Grundstücke an Saalburger Ackerbürger verkaufte, die weiter entfernten mit ihrem Pöritzscher Kammergut und die dazugehörigen Holzungen mit ihren eigenen Waldungen konsolidierte.[290]

Die Herren von Dobeneck

Die Herren von Dobeneck sind ein ostfränkisches Uradelsgeschlecht aus dem gleichnamigen Stammhause, der angeblich schon im Jahre 863 erwähnten Burg Dobeneck bei Rehau in Oberfranken, welches im Zuge der Kolonisation der Sorbengaue in der ersten Hälfte des 13. Jahrhunderts ins spätere Vogtland und zwar in dem Plauener Raum gelangte. Hier begründete es bei Taltitz den inzwischen überstauten Herrensitz Dobeneck [1279] und eine Nebenlinie benannte sich nach der gleichsam mit in Besitz genommenen Burg Falkenstein, weswegen die Familie gleichsam auch zum vogtländischen Uradel zählt. Das Wappenschild derer von Dobeneck [auch Daubeneck, Tobeneck] zeigt auf silbernem Grund einen roten Turnierhut mit verschlungenem roten Sturmband, der mit rot-silbernen Decken versehene Helm dagegen trägt zehn silberne Hahnenfedern. Als früheste Vogtländische Vertreter des Geschlechts gelten die Söhne Mainhelms von Dobeneck, Johann und Berthold. Zusammen mit den Gebrüdern Arnold und Conrad von Dobeneck schenkte letzterer im Jahre 1279 dem deutschen Orden Einkünfte von verschiedenen Ländereien. Die sichere Stammreihe derer von Dobeneck beginnt mit dem Burgmann zu Gottsmannsgrün Johann von Dobeneck [urk. 1314, 1318]. Der älteren Forschung, so der von Biedermann [1752], waren noch der 1296 erwähnte Hanß von Dobeneck auf Dobeneck und Gottsmannsgrün [oo Cunegunde von Kotzau auf Kotzau] als erster bekannter Vertreter des Geschlechts erschienen, von dessen Söhnen Faßmann und Nikolaus zu Linienbegründern avancierten. Zwei Söhne von Faßmanns Urenkel Wilhelm – »Kunemund und Fabian von Dobeneck – waren an der Fehde des Kunz von Aufseß 1464 gegen den Würzburger Bischof Johann III. von Grumbach beteiligt. Es sollen 280 Reiter, darunter etliche Mitglieder lokaladeliger Familien, in das Bistum eingefallen sein. Ihr Erscheinen war aber nicht unerwartet und so wurde mehr als die Hälfte gefangen gesetzt und in einem Triumphzug durch Würzburg geführt.«[291] Kunemund besaß das Rittergut Gottsmannsgrün. Seine Tochter Ursula wurde Äbtissin im Klarissenkloster zu Hof, sein Sohn Wilhelm dagegen zum Landeshauptmann von Hof. In diesem Großraum befanden sich während des Mittelalters auch die meisten Besitzungen derer von Dobeneck. Neben Gottsmannsgrün bei Berg, Brandstein [mit Schnarchenreuth] bei Selbitz, Schlegel bei Hof [1380], Moos [1390] gehörten auch Rudolphstein/Berg und Fattigsmühle [Burg und Schloß] dazu, wo in Berg noch einige Grabsteine der Familie erhalten sind, wie auch ein altes Sühnekreuz, welches die Stelle markiert, wo einst ein Dobenecker von einem Reitzensteiner erschlagen worden war. Das Rittergut Feilitzsch hingegen kam erst im 16. Jahrhundert an die Familie. Auch jenseits der Tannbach-Saale-Linie breiteten sich die Dobenecker aus: Eine Nebenlinie hielt bis um 1440 das Rittergut Rehmen in der Orlasenke und besaß 1423 Güter und Zinsgefälle im benachbarten Bodelwitz. Noch vor dem Jahre

1500 hatten die von Dobeneck Wilschwitz bei Altenburg [bis nach 1583] und 1495 das Rittergut Weißendorf in der Pflege Reichenfels erworben, worauf sie 1496 sogar die Pfandschaft über diese Pflege erlangten. Bis weit ins 16. Jahrhundert hinein hielt das Geschlecht Gottsmannsgrün, Dobeneck bei Plauen, Heinersdorf bei Lobenstein und Triebes bei Zeulenroda [1533-1570]. Frössen, Dobareuth und Blankenstein befanden sich zeitweise in ihrem Besitz. Auch wird das Geschlecht in den Urkunden des Nonnenklosters Heiligkreuz bei Saalburg desöfteren erwähnt, wo es – wie gesagt – ab dem 17. Jahrhundert unmittelbar am Schloß auf dem ›Dobeneckischen Vorwerk‹ saß.[292] Im 15. Jahrhundert verschlug es einen Zweig der Familie nach Preußen, wo er im 16. und 17. Jahrhundert einige Güter u.a. Sassen bei Mohrungen in Ostpreußen besaß. Stammvater dieses Ablegers war wahrscheinlich Balthasar von Dobeneck auf Forsteretz. Der aus der Langenwetzendorfer Linie derer von Dobeneck – und zwar von Siegemund, dem Sohn Nikolaus von Dobenecks auf Schartenmauer und Gottsmannsgrün [1420] – abstammende Hiob [um 1450-1521] trat in den Deutschritterorden ein und wurde um 1500 Bischof von Pomesanien. Man nannte ihn auch ›den Eisernen‹, da er stets ganz geharnischt mit den Seinigen ausritt.[293] »Balthasar II. von Dobeneck wurde Amtshauptmann zu Riesenburg und 1625 Kammerhof- und Justizrat in Preußen. Von Preußen gelangten einzelne Zweige auch in das Königreich Polen. … Alban war 1530 Herr auf Rotha, Schlegel und Gottsmannsgrün, Melchior besaß unter anderem Göritz und Frössen [mit Stöcketen und Sachsbühl] und Conrad von Dobeneck war Mitbesitzer von Gottsmannsgrün. Conrads Nachkommen waren Christian Friedrich von Dobeneck auf Brandenstein, fürstlich Schwarzburger Oberstleutnant und Kammerjunker und der fürstlich bayreuthische Geheimrat, Hofrichter und Amtshauptmann Johann Heinrich von Dobeneck [*1699], Herr auf Kaulsdorf und Birkicht.«[294] Im 17. Jahrhundert erwarb die Familie zudem noch die Rittergüter Hofeck [1646 bis nach 1693], Funkenburg bei Blintendorf und Callenberg bei Glauchau sowie seitens ihrer auf

Brandstein und Schnarchenreuth sitzenden Linie den Oberhof zu Kaulsdorf und 1687 seitens ihrer auf Zoppoten und Bug sitzenden Linie den Unterhof ebenda. 1710 kam das Rittermannslehen zu Pahnstangen in den Besitz Hans Heinrichs von Dobeneck auf Bug und Rothenbürg. Dahingegen hatte das Geschlecht bereits 1675 ihr letztes Viertel an Frössen und Hohenpreis [Stöcketen] verkauft. Weitere Besitzabgänge erfolgten 1725 mit Feilitzsch, 1738 mit Birkigt und 1740 mit Fischersdorf im Schwarzburgischen [hälftig], 1745 mit Kirschkau [Oberhof], 1764 mit Brandstein, 1766 mit Kaulsdorf und den Rest von Fischersdorf, nach 1774 mit Göritz und 1778 mit dem erst 1727 von Hans Christoph von Dobeneck auf Ober-Zoppoten und Bug [Buch] in Besitz genommenen Rittergut Unter-Zoppoten.

Nach Darstellung des Genealogen Biedermann existierten um die Mitte des 18. Jahrhunderts im weiteren Umfeld von Hof die Dobeneckschen Linien zu Dobeneck und Gottsmannsgrün, Käntler, Feilitzsch, Rotha, Schlegel, Brandstein und Kaulsdorf, Bug und Gottsmannsgrün, Bug und Ober-Zoppoten, Göritz und Hohendorf, Göritz und Blintendorf sowie Kirschkau.[295]

Dem württembergischen Zweig der Familie entstammten Hans Rudolf Freiherr von Dobeneck [1748-1797], herzoglich württembergischer Kammerherr, sowie sein Nachkomme Ferdinand Freiherr von Dobeneck [1791-1867], königlich preußischer Generalleutnant. Auch der fränkische Zweig der Familie von Dobeneck erlangte mit dem, auf Bug sitzenden königlich bayerischen Hauptmann Carl Wilhelm [*1779] zusammen mit Carl Friedrich Ludwig [*1796] und Ludwig Friedrich Wilhelm [*1798] im Jahre 1837 die Erhebung in die Freiherrenklasse des Königreichs Bayern und 1844 in dieselbe des Königreichs Preußen. Im 19. Jahrhundert besaßen die Dobenecker allein im Umfeld von Hof die Güter Brandstein [1859-1885], Bug [1838, 1879], Jöditz [1856, 1879], Rudolphstein [1815-1839], Rothenbürg bei Naila [1838, 1845] und Schlegel [1865, 1879].

Zudem saßen sie auf Rehdorf im Brandenburgischen [1865 bis nach 1903], Burgdorf bei Salzgitter [1912, 1929] sowie als Pächter auf den Kammergütern Diedorf [1874] und Zella [1855,

1900] bei Kaltennordheim. Im Jahre 1909 endlich erstand ein Familienverband derer von Dobeneck. Das Adelshaus blüht noch immer und seine Mitglieder leben in ganz Deutschland verteilt. Das von dem verdienten oberfränkischen Genealogen Alban von Dobeneck [1833-1919] nach dem Jahre 1900 angelegte Familienarchiv befindet sich derzeit in Bamberg.[296]

Schilbach

Das Angerdorf Schilbach [1325 villa Schiltpach] liegt westlich von Tanna in einer, zum Triebigsgrund abfallenden sanften Hochmulde. Seit frühester Zeit war das örtliche **Rittergut** der **Familie von Kospoth** zugehörig. Während die neuere genealogische Forschung die sichere Stammreihe dieses Hauses mit dem, auf Schilbach und Seubtendorf sitzenden Carl von Kospoth erst im Jahre 1425 eröffnet, läßt Biedermann [1752] den Stammbaum aller nachfolgenden Linien bereits mit dem, um 1220 lebenden Luthold von Kospoth auf Frankendorf beginnen. Zusammen mit seiner Ehefrau Anna geb. von Schönberg hatte er zwei Söhne, von denen Otto die ältere und Heinrich die jüngere Linie des Geschlechts begründete. Über Ottos Sohn Conrad [1290] und dessen Sohn Berthold [1332] kam die Reihe an Luthold, Herr von Kospoda und Meilitz sowie von Frankendorf und Schilbach. Verheiratet war er mit Maria, einer geborenen von Obernitz aus dem Hause Ziegenrück.
Über seinen Sohn Luthold und Enkel Friedrich [†1421] kamen diese Güter an dessen fünf Söhne Caspar [urk. 1485], Wittich [†1439], Friedrich [urk. 1448], Heinrich [urk. 1458] und Siegemund. Der auf Kospoda und Schilbach sitzende Friedrich begründete die Linie Langenwetzendorf, Siegemund die Linie Zollgrün, während Heinrich [oo Katharina von Gräfendorf zu Knau] zum Stammherrn der Schilbacher, Frankendorfer und Oschitzer Linie avancierte. Von seinen Söhnen erhielt Balthasar auf [Lang]Grün und Seubtendorf 1497 von der Landesherrschaft die Lehen über seine Güter zu Grün, Seubtendorf, Kulm, Raila, Pahnstangen und Oettersdorf bestätigt, doch

hatte er keine erbfähigen Nachkommen. Dagegen hinterließ Heinrichs zweiter Sohn Hans von Kospoth [oo Ursula von Watzdorf auf Zoppoten] bei seinem Tode 1493 eine ganze Reihe von Erben, von denen Anton [urk. 1523] Schilbach übernahm, während Jobst neben Langenwolschendorf auch Anteile an Schilbach und Seubtendorf erhielt. Letzterer verkaufte 1494 der Landesherrschaft verschiedene Untertanen und Zensiten zu Löhma, Triemsdorf, Pörmitz, Oettersdorf, Langgrün, Pahnstangen, Schleiz und Görkwitz. Mit den Nachkommen Antons und Jobsts saßen fortan zwei Zweige der Kospoth auf Schilbach. Antons Erbreihe endete mit dem Tod seiner kleinen Urenkelin Magdalena Sophie [1603-1611]. Jobst aber hatte zusammen mit seiner Gemahlin Maria [geb. von Creutz auf Niederndorf] fünf Kinder. Von seinen Töchtern heiratete Sabina Hans Caspar von Dobeneck auf Rothenbürg und Bug und Catharina [*1510] Pancratius von Pöllnitz auf Schwarzbach, während von den Söhnen Jos. von Kospoth [†158X] auf Seubtendorf, Schilbach und Langenwolschendorf die Linie im Mannesstamme fortsetzte. Zusammen mit seiner Frau Catharina von Eichicht aus dem Hause Langenberg hatte er 7 Kinder, von denen die Töchter in die Familien von Reitzenstein auf Sparnberg, von Helldorf auf Reussen und von Keßperth auf Cotta einheirateten, während die Söhne Friedrich, Jobst und Carl zu eigenen Linienbegründern avancierten. Ihr Mitbruder oder Vetter Alexander wurde in einem Duell erstochen.[297]

Sein über Jahrhunderte in der Schilbacher Kirche erhaltenes Epitaph trägt die Inschrift: *»An MDCVIII. Julio Nobilis Adolescens a Cospot Justi Fil. in monomachia occubuit, ansa certaminis pulsando quemdam ex famulis data ab adversario, aetatis an. XXIII. Deus eum resuscitet feliciter per Christum, Amen!«*[298] – »›Im Jahre 1605 am 3. Juli (oder 1608?) fiel der edle Junker Alexander von Kospoth, des Justus Sohn, im Zweikampf – wobei den Anlass des Streits der Gegner durch Stoßen eines der Diener gab – 23 Jahre alt. Der Herr erwecke ihn glücklich durch Christum Amen!‹ Der Verstorbene steht gerüstet, doch ohne Helm – der zwischen den Füßen steht – da, die rechte an die Hüfte legend, die Linke an das Schwert. Der Grabstein ist sehr gut gearbeitet, besonders das ausdrucksvolle Gesicht.«[299] Von den vier Eck-Wappen war das oben links kospothisch, oben rechts dasjenige seiner Mutter [Löwenkopf zwischen 3 Kleestengeln]. Sie entstammte dem, im Raum Erfurt verorteten, 1631 erloschenen Hause von Bodewitz. Weiss [2008] erwähnt das Epitaph nicht mehr, wohl aber einen marmornen Taufstein von 1604 mit Engelsköpfen und dem Kospoth-Wappen [3 silberne Sterne auf blauem Grund [6-zackig im Verhältnis 2:1 angeordnet].

Zudem wird eine herrschaftliche Gruft wohl unter der Patronatsloge erwähnt. Letztere dient heute als Gemeinderaum.[300] Friedrich von Kospoth wurde zum Stammvater des Zweiges Groß-Städteln bei Leipzig, Carl zu dem von Langenwolschendorf, während Jobst [1567-1635] zusammen mit seiner Frau Sabina, einer geborenen von Röder aus dem Hause Burkersdorf-Sirbis, die Schilbacher Linie fortsetzte. Von ihren 12 Nachkommen [6 Töchter und 6 Söhne] begründete Just [1619-1691] in Schlesien eine Gräflich-Kospothsche Linie, während Antonius [1614-1676][301] und seine Gemahlin Sophia Elisabeth [geb. von Quingenberg auf Wenigenauma und Zadelsdorf] die Schilbacher Linie weiter am Leben erhielten. Anton war Vorsitzender der Reuß-Plauenschen Ritterschaft und besaß neben Schilbach und Langenwolschendorf auch Frankendorf und Zollgrün. Von den 11 Kindern des Paares [9 Söhne und 3 Töchter] kaufte Just Jonas 1660 das Rittergut Oschitz, starb aber 1673 ohne Nachkommen, worauf sein Besitz an seine Brüder Johann Ernst [1697] und Anton Christian [†1708] fiel, von denen ersterer zusammen mit seiner Frau Anna Dorothea geb. von der Oelsnitz den Zweig Zollgrün, Frankendorf und Oschitz begründete, letzterer aber die Linie zu Schilbach fortführte. Zusammen mit seiner Frau Sophia Magdalena, einer geborenen von Thüna aus dem Hause Weißenburg [bei Orlamünde], hatte er 6 Kinder, die alle unvermählt starben, bis auf Friedrich Wilhelm [oo Sophia Elisabeth von Lengefeld], der aber ohne Erben blieb und seine Rittergüter Oschitz und Schilbach 1731 an seinen Vetter Johann August von Kospoth auf

Blankenberg [1683-1758] aus der Zollgrüner Linie des Johann Ernst verkaufte, worauf dieser 1732 aus eigenen Mitteln mit etwa 500 fl. den Neubau der Schilbacher Kirche weitgehend allein finanzierte und sich darin ein beheizbares ›Adel. Kirchen= Stüblein‹ einbauen ließ, ›welches etwas Großes an Werth ist, indem Er und die seinigen sonst in der Kirche bei dem Altar nur mit einer kleinen Emporkirche sich behelfen müssen.‹[302] Johann August war insgesamt dreimal verheiratet und hatte aus zwei Ehen 13 Kinder, von denen Johann Carl Erdmann, sein Erstgeborener aus seiner Ehe mit Christiana Charlotta von Reitzenstein aus dem Hause Magwitz, die Güter Blankenberg und Schilbach übernahm. Nach seinem Tode 1770 verkauften seine Erben Blankenberg an den reußischen Kammerkommissarius Johann Gottlieb Knoch und seinen Schwager, den Hirschberger Rotgerber und Kaufmann Zürner, während Schilbach von Graf Heinrich XXX. **Reuß**-Gera [1727-1802], dem Landesherrn allerhöchstselbst, käuflich erworben wurde.

Seinen Lehnsbesitz hatte das Rittergut Schilbach nicht nur im Dorf selber, sondern auch zu Wernsdorf, Seubtendorf, Stelzen und Spielmes. Dagegen gebot auch die Landesherrschaft über 9 Untertanen in Schilbach, weitere Haushalte waren dem Ritter- und späteren Kammergut Seubtendorf, dem Pfarrherrn zu Tanna und dem Kirchenkasten zu Saalburg untertänig, während die Obergerichte über das Dorf dem Amte zustanden. Selbst die außerhalb des Ortes gegen Abend gelegene **Schäferei** gehörte zum späteren Kammergut Seubtendorf. In ihren besten Zeiten hielt sie bis zu 800 Nößer und wurde in den 1920er-Jahren wegen der 10 Töchter der Pächtersleute scherzhaft ›Zehnmädlerhaus‹ genannt.[303]

Im Jahre 1799 verkauft Heinrich XXX. das Rittergut an die Familie **von Flanß**, einem alten Orlamündischen Geschlecht mit Stammsitz in Langenorla. Von dieser gelangte das Besitztum im Jahre 1802 um ca. 30.000 Thl. wiederkäuflich an die vorgenannte Familie **Knoch** aus Hirschberg, die schon die Rittergüter Blintendorf [Funkenburg], Blankenberg-Arlas [1783-1839], Kemlas [1784 bis 19. Jh.] und Göritz [1792-1867] besaß und später noch die Rittergüter Pirk und Sachsbühl [1810 bis 1869], Münchenbernsdorf [vor 1827 bis vor 1845], Zollgrün [vor 1835-1945] und Külmla [vor 1836 bis vor 1854] erwerben sollte.

Die Familie Knoch entstammte einem alten Pahnstanger Bauerngeschlecht, welches 1535 mit Andreas Knoch einen Ortsschultheißen hervorbrachte. Ein Enkel von ihm, Johannes, zog nach Schleiz und wurde Lohgerbermeister. Sein gleichnamiger Sohn heiratete 1708 nach Gefell und dessen Sohn – Johann Gottlieb – nach Hirschberg, wo er 1743 in einem angekauften Anwesen – der Keimzelle der späteren Lederfabrik – eine Feingerberei einrichtete. Sein Sohn Johann Philipp avancierte 1793 zum Obermeister der Innung und gewann mit seinem Lederhandel ein solches Vermögen, daß er mit der Landesherrschaft in Verhandlungen um die Konzession zum Bau einer Ledermanufaktur eintreten konnte, welche seinem Sohn 1795 auch tatsächlich erteilt wurde. Vehement wehrten sich die anderen Hirschberger Zunftmeister dagegen, daß die Knochs nun Maschinen aufstellten und Tagelöhner beschäftigten, am Ende aber mußten sie aufgeben. Um den großen Bedarf an Rohware zu decken, exportierte die Manufaktur bereits um das Jahr 1800 Häute aus Südamerika und bereitete sie zu hochwertigem Leder auf. Bis zum Jahre 1864 hatte die ›Lederfabrik Heinrich Knoch & Co.‹ schon 17 Mitarbeiter, 1914 als Aktiengesellschaft waren es 1.000 und 1927 knapp 1.300 und der Betrieb damit zum größten Produzenten von Schuh- und Sohlenleder in Deutschland – ja in ganz Europa – aufgestiegen. Mit mehr als 1.200 ha zusammengekauften LWN avancierte die Familie Knoch zu den größten Landbesitzern im Tannaer Raum, saß um 1900 auf den Rittergütern Frankendorf, Schilbach, Seubtendorf, Zollgrün und Reuth. In ihrem Bemühen, alle ledigen Grundstücke auch in den umliegenden Dörfern aufzukaufen, hatten Gustav [†1861], August und Reinhold Knoch ihren Schilbacher Rittergutsbesitz auf einen beträchtlichen Umfang gebracht, letzteren bis zum Jahr 1923 auf eine Größe von 469 ha [davon 186 ha Feld, 63 ha Grünland, 211 ha Wald, 39 ha Gewässer, Unland]. Freilich wirtschafteten Reinhold und

Walter Knoch hier nicht selber, sondern hatten die Ritterguts-ökonomie an den Ortseinwohner Otto Eisenschmidt verpachtet. Dieser entstammte einer Großbauern- und Müllersfamilie, die auch in Unterkoskau [1], Oberkoskau [2] und Spielmes [2] angesessen war. In dem größtenteils im Viereck angelegten Massivbauten des Rittergutsgehöfts [mit dem Herrenhaus an der Ostseite und einer uralten, wohl 800-jährigen Linde vor dem Hofeingang] wurden in diesem Jahre 14 Pferde, 101 Rinder, 50 Schweine allein an Großvieh gehalten. Selbst die Gutsschäferei hatte damals noch einen Bestand von beträchtlichen 550 Nössern. Nach dem Ende des Zweiten Weltkrieges gelang es den Knochs, unter widrigen Bedingungen mit 600 Mitarbeitern die **Lederproduktion** in Hirschberg wieder in Gang zu bringen. Kurz darauf aber geriet die Familie in den Strudel von Entrechtung und Enteignung. Ungeachtet ihrer großen Verdienste für Belegschaft und Stadt [u.a. der Bau Hunderter von Werkswohnungen, eigene Betriebskrankenkasse, relativ gute Lohnzahlungen, infrastrukturelle Bauten zugunsten der Stadt, finanzielle Zuwendungen für örtliche Vereine u.v.m.] wagte es der Wortführer des inzwischen gegründeten Betriebsrates, den Geschäftsführer Karl Knoch einfach abzusetzen. Die Bodenreform beraubte die Familie ihrer Rittergüter, das Lederwerk selbst wurde am 6. August 1946 enteignet. In den Monaten davor waren die Produktionsanlagen zu etwa 70% demontiert und in die Sowjetunion abtransportiert worden. Aus den Hinterlassenschaften entstand als Aushängeschild der SED-Kreisleitung Schleiz der ›VEB Hirschberger Lederfabrik‹, dessen Belegschaft allmählich wieder auf 850 Mitarbeiter [ca. 900 im Jahre 1989, darunter ab 1985 auch Gastarbeiter aus Kuba und Vietnam] anstieg. Nach der Wende wurde das Werk von einem Österreicher übernommen, doch verhinderten neue, schärfere Bestimmungen für die Beseitigung der Abfallproduktion und des Klärschlamms fortan jegliches effektives Wirtschaften. So wurde auf Betreiben der Treuhand der Betrieb stillgelegt, das Gros der Maschinen [zur Wiederaufstellung in Drittweltländern] verkauft und die Bauten bis 1996 für 40 Mio. DM abgerissen.[304]

Seubtendorf

Das Angerdorf Seubtendorf [1354 Sybotendorf] liegt zwischen Saalburg und Gefell in der hohen Mulde eines Nebentals des Triebigsgrundes. Das Seubtendorfer **Rittergut** gehörte wohl von seinen Anfängen bis in die Mitte des 17. Jahrhunderts denen **von Kospoth** und hatte mit Karl [1425] → Heinrich → den Gebrüdern Jobst und Balthasar [1497] → Joseph [†1585/87] → Jobst von Kospoth dieselben Besitzer wie das benachbarte Rittergut Schilbach, kam aber nach 1635 nicht wie dieses an Jobsts Sohn Antonius [†1676], sondern an Just [1619-1691], seinem Erstgeborenen, der infolge seiner dritten Ehe mit Anna Barbara Posadowky auf Pestelwitz, Zantochau, Schönfeld, Karisch und Jenckwitz einen beträchtlichen Grundbesitz in Schlesien gewann. Seine beiden Söhne Joachim Wenzel [1638-1727] und Carl Christian [1666-1729] wurden 1711 in den Reichsgrafenstand erhoben. Die beiden gelangten zu großem Reichtum, welcher ersterem im Jahre 1718 ermöglichte, die große Herrschaft Briese zu ersteigern. Allerdings blieb er unvermählt und übertrug sein Vermögen der Tochter seiner Schwester, Anna Sophia Christiana von Salisch [1708-1759], die auch ihren unvermählten Onkel Joachim Wenzel beerbte, worauf der riesige Grundbesitz durch ihre dritte Ehe, diesmal mit dem Reichsgrafen Friedrich August von Kospoth [†1783], an einem, dem Hause Oschitz [?] entstammenden Ableger der Kospoth-Familie fiel und bis 1945 die Basis des großen Vermögens des schlesischen Zweiges derer von Kospoth bildete.[305]

Das Rittergut Seubtendorf aber hatte Just von Kospoth bereits in der zweiten Hälfte des 17. Jahrhunderts an Graf Heinrich I. **Reuß**-Schleiz [reg. 1664-1692] verkauft. Es hatte »schöne Erbzinsen an Geld, Getreide und Heu in Seubtendorf und Stelzen, Fröner in und außer Seubtendorf [so in Kulm, Wernsdorf, Künsdorf, Raila, Schilbach, Zollgrün und Oberkoskau], ein schönes Jagdrevier und eine Schäferei von circa 800 Stück ... ¼ Stunde NW vom Ort.«[306] 1692 verkaufte Heinrichs I. Sohn, Heinrich XI. [reg. 1692-1726], das Rittergut an seinen Vetter

Heinrich XVIII. [1677-1735], den Regenten von Gera, der es zu einem **Kammergut** und die bei Schilbach gelegene Schäferei zu dessen Vorwerk machte. Im Jahre 1843 gehörte das Kammergut den Häusern Reuß-Ebersdorf und Reuß-Schleiz zusammen und nach 1848 dem letzteren. Die 1884 erwähnte Pachtzeit von Bruno Coder, der später das Kammergut Hirschberg [1899-1907] erpachtete, endete wohl im Jahre 1892, als das Kammergut an die Hirschberger Lederfabrikantenfamilie **Knoch** verkauft wurde, worauf es der Besitzer des Rittergutes Schilbach, Reinhold Knoch [1923], innehatte.[307]

Das Fürstentum Reuß Schleiz j. L.

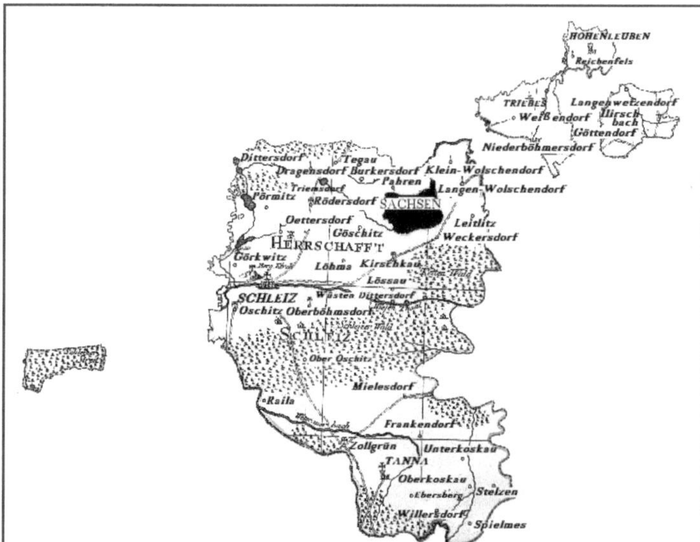

Gebildet worden ist die Herrschaft Schleiz bei der ersten großen Landesteilung der jüngeren Reußen 1647 aus der alten, ursprünglich, lobdeburgischen, dann vögtischen Pflege Schleiz und Teilen der einstigen Reichs-, bald aber vögtischen Pflege Hohenleuben-Reichenfels. Schon davor hatte das über der Altstadt von Schleiz aufragende, viermal zerstörte, aber nur dreimal wieder aufgebaute Schloß den Herren von Lobdeburg-Arnshaugk [bis 1290], den Vögten von Gera [bis 1550], den Burggrafen von Meißen [bis 1572/90] und deren Erben, der mittleren reußischen Linie [bis 1616], als Residenz, mitunter auch Hauptresidenz gedient. Die Stadt erfüllte eine wichtige, verbindende Funktion für das Zusammenwirken aller regierenden reußischen Linien. Hier [aber auch in Zeulenroda] fanden die Konferenzen zwischen den Herren, Grafen, Fürsten Reuß resp. ihren Beamten und den Landständen statt. So trug denn auch das an Stelle des späteren Magnet-Kaufhauses bis 1856 gestandene Ständehaus aus dem Jahre 1582 an seiner Fassade auf bemalten steinernen Tafeln neben dem großen Allianzwappen der Landesherrschaft [der letzten Burggrafenwitwe Anna, geb. von Pommern, und ihres dritten Gemahls Graf Jobst von Barby] noch 51 kleinere Wappentafeln des niederen Adels aus den Dörfern der damals weit größeren Herrschaft Schleiz. In der 1647 für den Sohn Heinrich Posthumus [†1635] – Heinrich IX. [1616-1666] – geschaffenen Herrschaft lebten damals auf einer Fläche von ca. 335 km² 7.602 Menschen. Diese erstreckte sich von Willersdorf im Süden bis Dittersdorf bzw. Kleinwolschendorf im Norden, griff aber – von den beiden Greizer Exklaven Zeulenroda und Mehla-Brückla unterbrochen – im Nordosten nach Hohenleuben aus. Besiedelt war sie von 2 Städten [Schleiz und Tanna], 1 Marktflecken [Hohenleuben], 3 Jahrmarktsdörfern, 32 Landgemeinden und etlichen Mühlen und Einzelanwesen. Im Jahre 1806 lebten in Reuß-Schleiz schon etwa 16.000 und 1846 sogar 21.780 Menschen. Nachdem das Fürstentum Lobenstein-Ebersdorf 1848 angefallen war, verlagerte der Schleizer Fürst, Heinrich LXII. [†1854] die Hauptresidenz des nunmehrigen Fürstentums Reuß jüngere Linie nach der aufstrebenden Elstermetropole Gera, worauf Schleiz bis 1913 Nebenresidenz blieb. Die administrative Teilung des Landes in einen Ober- und Unterländischen Bezirk löste im Jahre 1871 den Zusammenhang mit den Exklaven Hohenleuben, Triebes und Langenwetzendorf auf und wies diese an das unterländische, zu Gera sitzende Landratsamt.[308]

Burkersdorf

Das Angerdorf [1427 Burkertsdorf] liegt zwischen Schleiz und Auma in einer Einsenkung der Hochfläche. Ehedem existierte hier ein kleines **Rittergut**, das im 15. Jahrhundert der Familie **von Röder** gehörte, aber schon 1427 verkaufte der zu Pahren gesessene Hans Röder hier 9 Bauerngüter. 1531 befand sich das örtliche Freigut im Besitz Heinz Röders. Jene Notiz, wonach ein Adliger ›von Pöllnitz zu Burkersdorf‹ 1604 im Orte als Lehnsherr 13 steuerpflichtige Bauerngüter besaß, bezieht sich auf den Ort Burkersdorf bei Weida. Spätestens nach dem 30-jährigen Krieg ging das Rödersche **Freigut** ein, kam wohl an den Landesherrn, wurde von diesem zerschlagen und die Flächen an die Ortsnachbarn verkauft. Das Anwesen selbst devancierte zu einem bäuerlichen Lehngut. Das Senkelsche Bauernhaus [1870] soll das ehemalige Herrenhaus gewesen sein, zumal sich im Nebengehöft, der ehemaligen Schmiede, noch alte Keller und Gewölbe befanden, wo der Gerichtsdiener – in den Jahren 1605 bis 1612 ist Hans Wohlleben als solcher im Kirchenbuch genannt – früher sein Lokal gehabt.[309]

Dittersdorf

Das Platzdorf Dittersdorf [1232 Ditherichesdorf] liegt zwischen Schleiz und Neustadt a. d. Orla auf dem Rücken einer fernsichtigen 500 m hohen Bergwelle am Anfang einer sanften Mulde. Eine Notiz aus dem Jahre 1302, wo der zu Dreba gesessene lobdeburgische Vasall Dietrich von Schütz zwei Hufen Landes an Albert und Heinrich von Brandenstein übereignete, ist auch auf den Ort Wüstendittersdorf östlich von Schleiz zu beziehen. Der Name ›Dittersdorf‹ soll von Dietrich **von Koppy**, dem angeblich ersten Rittergutsbesitzer herrühren, doch ist dieses altadlige Geschlecht erst im 16. Jahrhundert aus Ungarn eingewandert, worauf es etwa in Thüringen auf Sennitz und im Amt Weida auf Meilitz anzutreffen war. Im 16. Jahrhundert waren die **von Watzdorf** – so Christoph von Watzdorf [†1562] – vor 1533 und noch 1647 die **von Kospoth** Besitzer des Rittergutes Dittersdorf. Dessen ungeachtet wird 1604 auch eine Familie **von Reichert** hier erwähnt. Die Ober- und Niedergerichte über den Ort »besaßen die Rittergutsbesitzer mit Ausnahme der Güter, welche die v. Heubisch, dann die von Watzdorf und zuletzt die Kirche zu Schleiz besaßen und mit Ausnahme der Lehen, welche dem deutschen Hause zu Schleiz, dem Amte Neustadt an der Orla und der Ortspfarrei und Ortskirche zustanden.«[310] Im Jahre 1715 verkaufte der Hofmeister **von Thümmel** sein Rittergut zu Dittersdorf an seinen Landesherrn Graf Heinrich XI. **Reuß** Schleiz, der es als Domäne in Pacht ausgab. Im Jahre 1870 hatte auch ein Revierförster hier seinen Sitz. Während der Pachtzeit von Constantin Uebel umfaßte das Thüringer Staatsgut Dittersdorf eine Wirtschaftsfläche von 192 ha und einen Großviehbestand von 10 Pferden, 62 Rindern, 2 Schafen und 50 Schweinen [1923]. Nach 1945 wurde das am südwestlichen Ortsende gelegene Besitztum zerschlagen und an landarme Bauern und Vertriebene übereignet. Die Gebäude, darunter das **Herrenhaus**, ein stattliches zweigeschossiges Gebäude mit hohem dreigeschossigen Giebel wurden bis auf eine der Scheunen abgerissen. Auf dem Gelände etablierte sich später die LPG Dittersdorf, die sich nach 1968 zusammen mit den umliegenden LPGn mit LWN von 4.000 ha zu einer LPG (P) zusammenschloß, die – obwohl im Kreis Schleiz gelegen – zwischenzeitlich der Agrarindustriellen Vereinigung Oppurg [AIV] mit insgesamt 28.000 ha Land einverleibt war, während die Tierproduktion an die drei LPGn (T) Volkmannsdorf, Dittersdorf und Moßbach ausgegliedert war, wo das von den Genossenschaftsmitgliedern eingebrachte Großvieh in Massenhaltung zentralisiert wurde, und im benachbarten Plothen ein Kartoffelgroßlager, das einzige Thüringens, erstand. Nach der Wende bildete sich die LPG als Landgenossenschaft Dittersdorf e.G. mit 147 Mitarbeitern [2017] neu.[311]

Kammergut Dittersdorf

Frankendorf

Das Zeilendorf Frankendorf [1350 Vŕankindorf] liegt dicht nördlich von Tanna in einem Talkessel der Wettera. Im Jahre 1350 beschenkte Vogt Heinrich von Gera das Kloster Saalburg hier mit Geldzinsen. Von den Anwesen des Ortes waren einige dem Schleizer Amt, dem auch die Obergerichte über das Dorf zustanden, lehns- und zinspflichtig. Von den anderen Haushaltsvorständen waren einige dem Deutschen Haus zu Schleiz bzw. der Kirche zu Tanna, die meisten aber dem örtlichen Rittergut untertan, das zudem in Mielesdorf, Seubtendorf, Oberkoskau, Zollgrün und Unterkoskau [4] seine Lehnsleute sitzen hatte. Die längste Zeit seines Bestehens über befand sich das Rittergut Frankendorf im Besitz der Familie **von Kospoth**. Familiengeschichtlichen Notizen zufolge – urkundliche Belege gibt es hierfür nicht – soll der nach seinem Rittersitz Kospoda bei Neustadt an der Orla sich nennende lobdeburgische Vasall Luthold von Kospoth im Jahre 1220 auch schon auf Frankendorf gesessen haben. Sein Sohn Otto wurde zum Begründer der älteren Kospothschen Linie. Über dessen Abkömmlinge Conrad [1290] → Berthold [1332] → Luthold → Friedrich [†1421] → Siegemund [1445] auf Frankendorf und Zollgrün → Friedrich [†1479] und Veit [urk. 1493] gelangte das Rittergut Frankendorf an Siegmund Friedrich, der es 1599 für 8.000 fl. seinem Vetter Balthasar von Kospoth [oo Margarethe Münch von Münchenbernsdorf] verkaufte. Darauf bestätigte ihm die Landesherrschaft 1604 seine Lehen zu Pörmitz, Oettersdorf und Löhma. Aber erst 1607 empfing er die Sitze zu Frankendorf und Zollgrün mit den Lehen zu Koskau, Kulm und Raila. Nach seinem Tode 1611 kam der Besitz an seine beiden Söhne Heinrich [1576-1639] und Jobst [1577-1632]. Ersterer hatte 7 Kinder, von denen zum Zeitpunkt seines Todes keiner seiner vier Söhne mehr am Leben war. So blühte der Frankendorfer Zweig derer von Kospoth in den Nachkommen von Balthasars Bruder Hans Ernst [1539-1595] fort, dessen Sohn Siegemund Friedrich [1569-1641] sich nach dem Verkauf von Frankendorf zunächst auf Schloß Reichenfels bei Hohenleuben [bis 1602] und anschließend in Schwarzenbach am Wald ansiedelte. Sein auf Zollgrün gesessener Sohn Ernst Adam [1592-1630] dagegen wurde zum Begründer des Zollgrüner Zweiges. Frankendorf aber gelangte in den Besitz Antonius von Kospoth [1614-1676] aus der Schilbacher Linie, der ›etliche und 20‹ Untertanen zu Raila, Wernsdorf, Künsdorf, Seubtendorf und Schilbach, die früher zum Rittergut Ebersdorf gehört hatten, dem Heinrich Wüst auf Remptendorf veräußerte. Über seine Söhne Johann Ernst [†1697] und Hans Friedrich [1648-1730] kam das Gut an des ersteren Söhne Johann August auf Schilbach und Blankenberg [†1752] und Heinrich Just [*1678] und dessen Sohn Friedrich Carl auf Frankendorf. Nachdem Carl Erdmann, der Sohn Johann Augusts, 1779 gestorben war, erbte dessen Bruder [?] Heinrich [†1834] den Frankendorfer Besitz, doch dürfte er diesen schon bald verkauft haben, denn schon 1779 erscheint das Rittergut letztmalig im, von Kospothschen Besitz. Danach wechselte es mehrfach den Besitzer und gelangte zunächst an den Leipziger Kaufmann **Kühn**, der im Talgrund Torfvorkommen entdeckte und eine entsprechende Förderung in Gang setzte, doch scheint das Projekt bald wieder eingegangen zu sein. Im Jahre 1843 befand sich das Besitztum in der Hand Heinrich Gottlieb **Knochs**, Lederfabrikant zu Hirschberg, worauf der Tannaer Pfarrer Heinrich Gottlob Behr in der Reußischen Kirchengallerie über das Rittergut schreiben konnte: »Die **Rittergutsgebäude** umfassen einen ziemlich bedeutenden Raum, welcher an der östlichen Seite durch das im neuen einfachen Style erbaute herrschaftliche Wohnhaus geschlossen wird. In früheren Zeiten mag ein Wallgraben um sämmtliche Gebäude gezogen gewesen sein, wovon man aber heute keine Spur mehr findet. Die Felder, welche größtenteils nach Morgen zu auf einer anstrebenden Höhe liegen, sind bei guter Bewirthschaftung ziemlich ergiebig. Besonders gedeiht hier der Roggen, welcher seiner vorzüglichen Güte wegen in hiesiger Gegend sehr geschätzt und gesucht wird. Die zum Gute gehörigen, im Grunde liegenden Wiesen enthalten reiche Torflager, welche auch benutzt werden, und wahrscheinlich in der Folge wegen des immer fühlbarer werdenden Holzmangels in hiesiger Gegend, noch besser genutzt werden dürften.«[312] Bis zum Jahre 1870 waren die Liegenschaften des Gutes vorwiegend durch den Kauf von Wald auf mehr als 1.000 Morgen [und damit zwei Drittel der Ortsflur] angewachsen. Die **Gutsschäferei** lag etwa 1 km östlich auf der Sophienhöhe. Nach Heinrich Gottliebs Tod [†1897] wurde sein Sohn, Heinrich Philipp Maximilian Knoch [*1842], zum Besitzer des Rittergutes. Bereits im Jahre 1864 hatte er die Fabrik seines Vaters mit gerade einmal 17 Mitarbeitern übernommen – und baute sie innerhalb von nur 50 Jahren zu dem wohl größten Betrieb seiner Art in Europa mit 1.000 Mitarbeitern [1914] aus. Erst 1917 zog er sich aus den Geschäften zurück und starb 1920, worauf seine drei Rittergüter Frankendorf, Reuth [Barockschloß] und Zollgrün über seine Witwe Nanny geb. von Koch [†1921] an die drei Söhne Max, Heinrich jr. und Fritz Knoch fielen. Verwaltet wurde das damals 343 ha [davon 114 ha Feld, 22 ha Wiesen, 207 ha Wald] umfassende Frankendorfer Besitztum 1923 von Curt Schlutter.[313]

Kirschkau

Das Haufendorf Kirschkau [1335 Kyrscowe] liegt zwischen Schleiz und Zeulenroda in der Quellmulde eines Nebenlaufs des Eltschbaches. Ehedem bestanden hier zwei etwa gleichgroße Rittergüter, die 1647 auf einen Besitzwert von je 2.700 Mfl. taxiert wurden. Diese besaßen jedoch nur die Niedergerichte, das Obergericht [nebst den Niedergerichten über vier Anwesen] oblag der Landesherrschaft. Zudem bestanden im Dorfe noch Ortspfarr- und Ortskirchenlehen, Göschitzer Kirchenlehen und Plauische Lehen.[314] »Ein vormals zu Kirschkau befindliches altes **Steinhaus**, in welchem es nicht geheuer sein sollte, und in welchem noch 1818 alte Rüstsachen angetroffen wurden, ist jetzt in einen Garten umgewandelt. Seine ursprüngliche Bestimmung kennt man nicht. ... [Südlich] des

Ortes liegt die sogenannte ›**Siegmundsburg**‹ oder das siegmundische Gut, ein isolierter Oeconomiehof (Wohnhaus mit Nebenräumen). Das Gut heißt eigentlich das lautensackische, hat aber statt des Familiennamens den Vornamen eines früheren Besitzers (Siegmund Lautensack) angenommen.«[315]

Das Obere Rittergut

Als früheste bekannte Besitzer des Kirschkauer Oberhofes gilt die vogtländische Uradelsfamilie **Röder**, die 1407 zusammen mit Conrad von Triebes [Altarist zu Leitlitz] in der Leitlitzer St. Gerhardskirche eine Seelenmese stiftete. »Im Herbste 1489 verkauften Caspar und Jobst **v. Magwitz** zu ›Parn‹ (Pahren) dem Jobst v. Kaufungen ihren Kirschkauer Rittersitz mit dem Vorwerke und mit Bauerngütern zu Kirschkau, wie solches Conrad Röder besessen hat.«[316] Die **von Kauffungen** waren ein meißnisches Uradelsgeschlecht aus dem gleichnamigen Ort nordwestlich von Limbach-Oberfrohna, wo es neben den benachbarten Schlössern Wolkenburg, Stein und Callenberg im 15. Jahrhundert auch die Burg Kriebstein bzw. das Schloß Schweikershain bei Mittweida ihr Eigen nannte. Wohl durch ihre Verwandtschaft mit denen von Mosen hatten die von Kauffungen vielleicht auch Besitz in der Orlasenke. So wird das Leibgedinge der Gemahlin des späteren Altenburger Prinzenräubers Kunz von Kauffungen, Elisabeth geb. von Einsiedel [† vor 1501], in der Orlasenke vermutet. Weil Kurfürst Friedrich der Friedfertige den Kunz für seine im Sächsischen Bruderkrieg als Mitkämpfer gehabten Verluste nicht entschädigen wollte, entführte dieser zusammen mit seinen Kumpanen Wilhelm von Schönfels und Wilhelm von Mosen in der Nacht vom 7. zum 8. Juli 1455 die beiden Söhne seines Landesherrn aus dem Altenburger Schloß, um nach dem damaligen Fehderecht Lösegeld zu erpressen. Nachdem sich die Entführer getrennt hatten, wurde Kunz schon am Tage darauf mit dem Prinzen Albrecht gestellt, während es die beiden Wilhelms mit dem Prinzen Ernst immerhin noch bis ins Erzgebirge schafften, wo sie ihre Geisel gegen freien Abzug ins Exil endlich hergaben.

Der gefangene Prinzenräuber aber wurde eine Woche später auf dem Freiberger Markt enthauptet. Auch seinen, das Rittergut Kaufungen mitbesitzenden Bruder ließ der erboste Kurfürst hinrichten. So dann verwies er die Familie des Landes, zog ihre Güter ein, ließ ihr Stammschloß bis auf die Grundmauern schleifen und brach sogar ihr Wappen [eine einfache Abstufung von Gold und Rot ähnlich dem Ausschnitt einer Burgzinne], worauf sie als neues Emblem einen, in Gold und Rot schräg gezackten Schild annahmen. Kunzes Sohn Hildebrand [†1497/98] wuchs am böhmischen Königshofe auf und erhielt 1477 die böhmische Herrschaft Hummel mit dem zugehörigen Schloß Landfried zum Lehen. Andere Familienmitglieder verschlug es in das spätere Reußenland, wo ihre Nachfahren im 16. Jahrhundert im Besitz verschiedener Rittergüter erscheinen, so Hans Jost [1594] auf Oberböhmsdorf sowie Jobst [1489] → Kaspar → Hans Moritz [†1600] und Hans Heinrich [†1635] auf Kirschkau. Letzterer besaß seit 1599 neben dem Rittergut Weißendorf bei Hohenleuben auch wieder den alten Familienstammsitz Schloß Wolkenburg. Das 17. und 18. Jahrhundert erlebten Angehörige des Geschlechts der von Kauffungen nicht nur mit Heinrich [†1663] auf Kirschkau und Hans Christoph [†1687] auf Langenwetzendorf [Unterhof] bzw. Bernsgrün bei Plauen, sondern auch mit Heinrich Justus [†1682] auf Barby [Calbe], mit Hans Haubold [†1700] auf Ehrenberg bei Döbeln, mit Johann Albrecht [†1727] auf Möthlow im Westhavelland und mit Ludwig Christoph [† vor 1768] auf Herzsprung bei Wittstock. Inzwischen gelten die von Kauffungen als ausgestorben.[317] Der letzte aus diesem Hause auf dem Rittergute Kirschkau aber war Heinrich von Kauffungen [†1663]. Von ihm gelangte das Besitztum über Amandus von **Rohrscheidt** [†1661] an den auf Buch, Feilitzsch und Schlegel im Hofer Becken sitzenden Hans Heinrich **von Dobeneck** [1632-1697] und seinen Sohn, den 1666 in Kirschkau geborenen Alban Heinrich, der mit seiner Ehefrau Eleonora Juliana von Langenhagen aus dem Hause Böhmsdorf 10 Kinder hatte. Nach seinem Tode 1721 in Kirschkau übernahmen seine Söhne Johann Friedrich, Johann Wilhelm [1700-1727] und Johann Christian den Kirschkauer Erbteil. Nachdem ersterer mit einer schönen Italienerin durchgebrannt und letzterer mit nur 22 Jahren verstorben war, übernahm der eigentlich mit Schlegel bedachte dritte Sohn des Alban Heinrich, Johann Heinrich von Dobeneck [†1747] auch dieses Rittergut.[318] Da er keine Kinder hatte, verkaufte er selbiges im Jahr 1745 an Graf Heinrich XII. **Reuß**-Schleiz [geb. 1716], unter dem Kirschkau seine wohl glanzvollste Zeit erlebte. Neben einem schloßähnlichen neuen **Herrenhaus**, ließ er von 1751 bis 1753 auch die **Ortskirche** im Stile des Übergangs vom Rokoko zum Klassizismus völlig neu ausführen. Das Projekt lag ihm so am Herzen, daß er die, sich am Ende auf 5.553 Thl. belaufende Baurechnung in eigener Hand führte. Neben jenen 1.100 fl., die er zu dem Baue selber beisteuerte, warb er auch um Spenden und erhielt solche abgesehen von den Städten Gera und Schleiz auch von zahlreichen Adligen, von denen allein eine Ämilie v. Watzdorf 100 Taler beitrug. Die nicht mit verbauten Spendenmittel von beträchtlichen 4.000 Talern flossen dem Kirchenvermögen zu und wurden in verzinsbaren Geldanlagen angelegt. Bauhistorisch zählt die um einen runden Zentralsaal kreuzförmig nach allen vier Himmelsgegenden ausgebildete Kirche zu den ausgereiftesten und herausragendsten Lösungen des protestantischen Kirchenbaus während des 18. Jahrhunderts in Thüringen. Zwei der Seitenflügel nahmen die Gutskapellen des oberen und unteren Rittergutes auf. Der Glockenturm ähnelte dem der Geraer Salvatorkirche und galt bis zu einer Vereinfachung nach einem Brand 1880 als der schönste im Schleizer Oberland. Abgesehen von Kirschkau initiierte Heinrich XII. in seinem Territorium noch weitere Kirchenneubauten, so in Lössau bzw. eine ›Sommerkapelle‹ im Schleizer Wald [bis um 1840], was ihm den Beinamen ›Der Kirchenbauer‹ einbrachte.

Einer der Hintergründe dafür bildete seine Zugehörigkeit zu einem gegenfreimaurerischen **Logen-Netzwerk**, das auch als ›Antimassonianische Societät‹ oder auch ›Gesellschaft der guten Leute‹ bekannt geworden ist und sich – mehr noch als die Freimaurer – durch Stiftungen auszeichnete, mit dem Zweck soziale und gesellschaftliche Verbesserungen zu bewirken. »Aus dem Hessischen – aus Büdingen – der kleinen Residenz der Grafen von Ysenburg war diese Loge ... an den dänischen Königshof gelangt und Heinrich XII. Reuß-Schleiz, der von 1739-1744 in dänischen Diensten stand, hatte die Logen nach Schleiz, Oettersdorf, Heinrichsruh und nach Rudolstadt (Neuhaus) verpflanzt. Nur Damen und Herren des Adels, die bei den Sitzungen der Loge grünseidene Mäntel trugen, gehörten diesen logenartigen Verbindungen an.«[319] Die geistigen Ursprünge des in diesen Societäten vermittelten Gedankengutes entstammten zu weiten Teilen dem Pietismus, wie ihn der dänische Staatsmann Rochus Friedrich Graf von Lynar in jungen Jahren am Hofe Heinrichs XXIV. Reuß-Köstritz erfahren hatte. Und es wundert nicht, daß dessen Sohn Heinrich VI. Reuß-Köstritz später als Hofmeister der Ritterakademie in Sorroe nach Dänemark ging. »Vertreter von Heinrich XII. in der Gesellschaft der guten Leute war der ebenfalls in reußischen Diensten stehende Subinspektor v. Kospoth ... [der] in Kirschkau das untere Gut erworben ... [hatte.] Außer dem Schleizer Landesherrn mit Gattin finden wir auch die Ebersdorfer und Köstritzer Reußen mit Gattinnen als Mitglieder. Auch weitere Adlige mit Besitz oder in Diensten der Reußen finden wir wieder,«[320] so den reußischen Hofmeister und Kommandanten der Landmilitz Heinrich Erdmann von Spiegel [†1782], Heinrich von der Oelsnitz [†1787], den Rittergutsbesitzer von Reuth, Herrn von Schönfels, den sächsischen Kapitänleutnant von Miltitz oder den Premierleutnant Thomas von Kosolowski, am Ende alles in allem 69 Personen.

Kirschkau: Jesuskirche

1763 stellte Heinrich XII. sein Kirschkauer Besitztum einer, von den Societäten begründeten Waisenhaustiftung zur Verfügung, welcher die gesamten Erträge des nunmehrigen Kammergutes zufließen sollten, während im Herrenhause selbst jeweils 12 Waisen wohnen sollten. Auch nachdem diese ab 1816 in Pflegefamilien untergebracht wurden, kamen die Einnahmen aus der Verpachtung des Gutes weiterhin dem Waisenkinderwesen zu Gute. Am 25. Juni 1784 starb Heinrich XII. in Kirschkau, worauf in der Ortskirche unter der Kanzel auf grauer Platte sein, in weißem Marmor gemeißeltes Brustbild angebracht wurde. »Dicht an demselben ruhen – unter dem Granitfußboden in zinnernen Kapseln beigesetzt – die Herzen des gräflichen Ehepaares Heinrich XII. und seiner zweiten Gemahlin Ferdinande, geborene Gräfin von Ysenburg. Der Ort wird durch zwei Sandsteine bezeichnet, welche die Inschrift tragen:

XII F
1784 1822.«[321]

Im Jahre 1910 brannte das Ober-Kirschkauer Herrenhaus bis auf die Umfassungsmauern nieder, wonach der Neubau, so praktisch er auch war, der Schönheit der vorherigen Gebäude nichts entgegenzusetzen hatte. Nach 1918 blieb das Rittergut im Besitz der Kirschkauer Waisenhausstiftung und war 1923 an den Viehzüchter Bernhard Müller verpachtet, der hier noch 71 ha Land [davon 41 ha Feld, 56 ha Grünland, 14 ha Wald] bewirtschaftete und einen Großviehbestand von 6 Pferden, 36 Rindern, 1 Schlachtschwein und 300 Schafe in den Ställen stehen hatte. Hinter dem Gut schließt sich ein **Park** an, von dessen hinterster Ecke sich eine weite Sicht auf das Güldetal eröffnete sowie auf die waldumgebenen Dörfer, welche auf dem Höhenrücken liegen, der die Wasserscheide zwischen der Gülde, der Auma und der Orla bildet.[322] Nach dem Zweiten Weltkrieg wurde das Herrenhaus abgerissen, die Wirtschaftsgebäude aber von der LPG weiter genutzt. Nach der Wende ging das Anwesen in den Besitz der Treuhand über und gelangte vor einigen Jahren per Kauf an eine Firma aus Schleiz.

Das untere Rittergut und spätere Freigut

Weniger vornehm, dafür aber altehrwürdig, war das von alten Bäumen höchst malerisch umrahmte untere Gut, auch ›Freigut‹ genannt. Es besteht aus einem quadratischen Lehmziegel- und Fachwerkbau und gehörte wohl zunächst denen **von Kospoth**, dann im 17. Jahrhundert denen **von Beust**, einem weitverbreiteten altmärkischen Adelsgeschlecht, das seine hiesigen Besitzstände vornehmlich im Orlagebiet zu Langenorla und Nimritz hatte, zeitweise aber auch auf Arnshaugk, Birkigt, Leubsdorf, Moderwitz, Moßbach, Oberpöllnitz und Wittchenstein angesessen war. Über Joachim Friedrich von Beust [†1680] kam Unterkirschkau an Georg Heinrich **von Kospoth**, der am 13. Mai 1702 von Adam von Römer auf Langenwolschendorf im Rohgrund erschossen wurde, nachdem beide auf ihrem Rückritte von Schleiz in einen heftigen Wortstreit gekommen waren. Die Sache wurde am Ende als Duell unter Adligen abgetan, obwohl bei der vom Amts wegen befohlenen, von einem Bader vorgenommenen Obduktion konstatiert werden mußte, »daß sich die Kugel von dem linken Ohre herab in die Brust und Lunge gesenkt und dadurch den Tod herbeigeführt hatte. Da nun das Duell zu Pferde vor sich ging, so ist es nicht unwahrscheinlich, daß bei dem Vorbeugen des Gesichts und der Brust die Kugel diesen Weg genommen haben konnte,«[323] heißt es dazu im Kirschkauer Kirchenbuch. Der Tote wurde auf dem hiesigen Kirchhofe beerdigt, ebenso später der preußische Soldat Jakob Rambach, der im Mai 1733, als seine unter dem Hauptmann von Kracht stehende Kompanie im Orte einquartiert lag, von einem Kameraden, der darauf die Flucht ergriff, meuchlings erschossen wurde.[324] Nach dem Jahre 1702 kam das untere Rittergut wahrscheinlich durch Anheimfall in den Besitz des Landesherrn Heinrich XI. **Reuß**-Schleiz [1669-1726], der es 1711 zerschlagen und in einzelnen Teilen verkaufen ließ. Wie der Forscher Robert Hänsel berichtet, erwarben dabei u.a. »Jakob Punkt in Förthen den so genannten ›Alten Hof‹ zu 4½ Scheffel Feld und das dabei befindliche Buschholz für 400 Gulden, Jobst Lautenschläger in Kirschkau die untere Schleiz-Wiese, den Schleiz-Teich und die Lohleite zu 1½ Scheffel Feld für 450 Gld., Matthis Wieduwilt in Kirschkau den sogenannten ›Dragensdorfer Wegacker‹ zu 2½ Scheffel Feld für 125 Gld., Hans Pesser, oberer Lößmüller, das obere Fischwasser für 60 Gulden, Hans Lippold, Fritschenmüller in Förthen, die sogenannte ›Kernhansenwiese‹ nebst dazugehöriger Hut und dem Hölzlein für 150 Gulden, Hans Oertel in Kirschkau das Spitzäckerlein zu 1 Scheffel für 50 Gld., Hans Sachse Amtsschulze in Kirschkau, den vorderen Dorfacker für 135 Gld., Nicol Eißmann in Kirschkau den Straßenacker zu 2½ Scheffel, den Klaracker zu 3½ Scheffel und das Götzenwieslein für 305 Gld., Hans Sachse ›hinter der Kirchen‹ in Kirschkau den Kriegs- und oberen Dorfacker für 215 Gld., Samuel Hornicke den sogenannten ›Hühneracker‹ für 45 Gld., Hans Weydhaas in Kirschkau die sogenannte ›Rohgeier‹ zu 1½ Scheffel Feld für 100 Gld., Christoph Metzner, Schäfer in Kirschkau, das Schafhaus mit Gärtlein für 60 Gld., Frau Dorothee Elisabeth **von Kauffungen** geb. von Pöllnitz die vorhandenen Wohn- und anderen Gebäude nebst einigen Grundstücken, kurz das Restgut, das zum **Freigut** gemacht wurde, für 500 Gld., ihre 4 Töchter Dorothea Magdalena, Eleonore Sophia, Johanne Christiane und Erdmuthe Juliane den Hopfgarten, den Rohhübel, das Kläräckerlein, den Hainacker, den Huacker, den Leitlitzer Wegacker, die Espichwiese, die Klarwiese und das untere Fischwasser nebst Wehr für zusammen 1.190 Gulden. Frau Dorothea Elisabeth von Kauffungen verkaufte ihr Gut am 9. Januar 1713 wieder an den gewesenen Leutnant des Fürsten zu Sachsen-Zerbst Christian **Donath von Pegau**, der ebenfalls die 9 Grundstücke der 4 Töchter und 1716 von Hans Sachse den hinteren Dorfacker käuflich erwarb. Nachdem er 1732 auch noch das Schafhaus mit Garten für 90 Gld. zurückgekauft, veräußerte er in denselben Jahre den Besitz wieder für 6.000 Gulden und 35 Dukaten Herdegeld an den Kgl. Polnischen und Kurfürstl. Cornet Franz Joseph **von Waldenfels** auf Gumpertsreuth. Nur das ehemalige Schafhaus mit Garten und den hinteren Dorfacker behält er für sich; nach seinem Tode 1735 geht letzteres an seine Witwe Christiane Elisabeth geb. von Tümpling und seinen Sohn Heinrich Christian Ludwig über. Sie verkaufen das fronfreie Häuschen mit Garten kurz darauf für 100 Gulden an Marie Eißner, die Frau des Hans Eißner. Den hinteren Dorfacker erwirbt 1737 schließlich Hans Oertel in Kirschkau. Das Freigut erben nach dem Tode des von Waldenfels 1748 dessen Witwe Maria Elisabeth geb. von Lindenfels nebst zwei Söhnen und drei Töchtern. Im Jahr 1763 kauft der Leutnant und Marschkommissar Heinrich Wilhelm **von Spiegel**, späterer Hauptmann im Reichskontingent in Schleiz, der Gatte der Tochter Esther Lucia, den übrigen Teil des Besitzes, der nunmehr das ›Adelige Spiegel-, ehedem Kauffungische Freigut‹ genannt wird.«[325] Die von Spiegel sind ein meißnisches Uradelsgeschlecht, das im frühen 13. Jahrhundert die Burgmannen der Bischöfe von Naumburg auf der Saalefestung Rudelsburg stellte. Ihre sichere Stammreihe beginnt um 1349/50 mit Otto Spiegel zu Wengelsdorf bei Weißenfels bzw. Hans Spiegel zu Altwunschütz bei Naumburg, nach anderen aber erst mit dem 1386 in einer Urkunde Landgraf Wilhelms I. von Thüringen erwähnten Hans Spiegeln. In der Folgezeit stellten das Geschlecht häufig Amtsleute in Meißen, Brandenburg und Thüringen. So war Otto von Spiegel 1429/30 Vogt zu Leuchtenburg, Orlamünde und Coburg. Frühzeitig setzten die Spiegel die Reformation in ihren Herrschaften um, und kamen in der Leipziger Pflege darum in Konflikt mit dem altgläubig gebliebenen Herzog Georg zu Sachsen.

Asmus Spiegel auf Gruna bei Eilenburg [149X-1551] – Kursächsischer Rat und Hofmarschall, Amt-Hauptmann zu Wittenberg, Kirchenvisitator und Obrist – stand im Schmalkaldischen Krieg 1547 als Kommandant vor Wittenberg Herzog Moritz und Kaiser Karl V. gegenüber, wurde 1547 aber dennoch neu belehnt. Ihr Hauptverbreitungsgebiet fand das Geschlecht mit den beiden rotgezackten Wellen im silbernen Wappenschild im Nordraum von Leipzig nicht nur auf Gruna, in dessen Kirche noch heute sage und schreibe 12 Epitaphien erhalten sind, sondern auch auf Delitzsch [Burglehen], Hohenprießnitz, Neuhaus, Püchau und Badrina. Andere Zweige waren in Altena, Altenhausen, Hasselburg, Lemsell, Neustadt a. d. Dosse, Oebisfelde, Ohrdruf, Polkenberg, Seggerde, Spiegelsberge, Suderode, Weferlingen, wie auch in Schlesien [auf Schurgast, Spittelndorf, Weisdorf und Wendzin] angesessen.

Im 18. Jahrhundert verschlug die von Spiegel dann auch in die Gegend von Triptis und Schleiz, so nach Schleiz, Kirschkau, Uhlersdorf und Braunsdorf. Heinrich Wilhelm von Spiegel war im Siebenjährigen Krieg Reußischer Marschkommissar und hatte den Durchzug fremder Heere durch die Herrschaften zu überwachen. Dagegen fungierte Johann Erdmann von Spiegel [†1782] von 1765 bis 1768 als Hofmeister Graf Heinrichs XII. und Hauptmann der Landmilitz. Der 1765 in Schleiz geborene Heinrich Wilhelm von Spiegel nahm an den Feldzügen von 1794, 1806, 1808/09 [in Polen] und 1812, 1813 und 1814 teil und avancierte am Ende zum Oberstleutnant. Er starb 1844 in Zwickau. Zusammen mit seiner Ehefrau, einer geborenen von Schlieben, hatte er 5 Kinder: Amalia Louise [*1797], Auguste Louise [*1798], Franz Hermann Karl [*1800], Henriette Antonia [*1801] und Gustav Wilhelm [1805-1873], der es bis zum Generalmajor der königlich sächsischen Armee und General-Adjutanten [Mitglied der Bundes-Militair-Commission von sächsischer Seite und vom 9. Armeecorps] brachte.[326]

Doch weiter mit Kirschkau: »Mit Erlaubnis des Grafen Heinrich XII. Reuß wird das **Freigut** 1773 zerschlagen und in einzelnen Teilen an Kirschkauer Besitzer verkauft. Es erwarben Just **Oertel** für seine drei Söhne Johann Georg, Johann Christoph und Johann Christian; Johann Tobias **Lautenschläger** für seinen Sohn Just und Johann Tobias Weidhas für 400 meißnische Gulden die Gebäude nebst Kleinod-, Obst- und Grasgärten und dem Wall um das Haus. Der Charakter eines Freigutes behielt es; d.h. es war frei von allen Kriegs- und Landsteuern, von Einquartierung bei Durchmärschen und Standquartieren, von der Gerichts-, Landes- und Heerfolge, von den Ritterpferd-Geldern und Diensten, vom Abzugsgeld, ebenso von allen Gemeindebeschwerungen. Als Erbzins wurden jetzt 1 Gulden jährlich, halb Pfingsten und halb Weihnachten bestimmt. Auf dem Gute lagen noch Dezem für das Deutsche Haus, über den unten näher berichtet werden soll sowie Wettergarbe und ›Heiliger Abend‹ für den Lehrer.«[327]

Die einzelnen Grundstücke erwarben die vorgenannten Kirschkauer Besitzer, zudem Johann Streit, Maria Magdalene Wieduwilt, Thomas Steinhäuser, Johann Gottlieb Oertel, David Knoch, Michael Elle, Just Kögler, Johann Christoph Franz, Johann Jakob Sengewald, Johann David Dietzel, Johann Adam Wetzel, Johann Heinrich Kloß und Johann Georg Unteutsch in Lössau. Die übrigen Grundstücke erwarb der Landesherr Heinrich XII. Reuß und vereinigte sie mit dem früheren Oberen Rittergut, seinem nunmehrigen Kammergut im Orte. Die Verkaufssumme für alle diese Liegenschaften und Gebäude belief sich auf 5.239 Gulden. »Die auf dem Freigut liegenden 2 Viertel Dezemkorn an das Deutsche Haus wurden in folgender Weise auf die Besitzer verteilt: 14 Kannen auf das Haus, 27 Kannen die Gebrüder Oertel, 3½ K. Just Lautenschläger, 16 K. Joh. Tob. Weithase, 6½ K. Thomas Steinhäuser, 6 K. Joh. Gottl. Oertel, 1 K. David Knoch, 6 K. Michael Elle, 4 K. Just Kögler, 7 K. Christoph Franz und 2 K. Jakob Sengewald. Das sind zusammen 112 Kannen oder 2 Viertel. Im Besitz des Hauptmanns Heinrich Wilhelm von Spiegel blieben noch das Kiefrichholz, die Huleite, das Heidengelenge, das Geholz und der Landgraben.«[328] Später soll der Ökonomierat **Meisgeier** das Kirschkauer Freigut besessen haben. Bis zum Jahre 1923 verfügte es nur noch über Liegenschaften von <50 ha.[329]

In den 1930er-Jahren ist das ehemalige Freigut dann allen Anschein nach zu einem Erbbauernhof ›herabgemeiert‹ worden. Daher konnten die NS-Behörden das Gut auch problemlos einziehen, nachdem der letzte Besitzer wahnsinnigerweise seine Felder angebrannt hatte. Nach der Wende erhielten die Erben das Besitztum anstandslos zurück und etablierten dort nach dem Zukauf von Flächen wieder einen mittleren Landwirtschaftsbetrieb.

Langenwolschendorf

Das Reihendorf Langenwolschendorf [1399 Wolframsdorf] erstreckt sich dicht südwestlich von Zeulenroda auf einer Länge von über 3 km zwischen Krähenhübel und Schöner Höhe [481 m]. In frühen Zeiten existierten hier **zwei Rittergüter**, das eine im unteren, das andere im oberen Dorf. »Die Obergerichte waren stets landesherrlich, die Erbgerichte und Lehen aber neunfach und zwar zum Amte Schleiz, den Adligen von Watzdorf, Schütze und Bose, der Zeulenrodaer und Leitlitzer Pfarrei [letztere war ursprünglich von zwei hiesigen Edelleuten gestiftet worden], der Ortskirche, dem Rathe und dem Deutschen Hause zu Schleiz zuständig.«[330] **Der Untere Hof** befand sich längere Zeit im Besitz derer **von Römer**, einer eng mit dem sächsischen Bergbau verbundenen Patrizierfamilie, die 1401 mit dem Chemnitzer Ratsherrn Paul Romer erstmals urkundlich erscheint und 1470 mit den, durch umfangreichen Silberbergbau zu großem Vermögen gelangten Gebrüdern Martin Römer und Nicol Römer aus Zwickau geadelt wurde. Ihr roter Wappenschild zeigt zwei schräg gekreuzte goldene [silberne] Pilgerstäbe, sogenannte ›Römerstäbe‹ oder ›Eselspeitschen‹ [mit der Spitze nach unten]. Von Nicols Söhnen begründete Wolf die ältere Neumark-Rauensteiner Linie und Martin die jüngere Steinpleiser Linie, benannt nach den von ihnen, in der Umgebung erworbenen Rittergütern Untersteinpleis [1470] und Niederalbertsdorf sowie Neumark [1478-1500] im Vogtland.

Im Reußenland saßen sie im 16. Jahrhundert auf Tanna. »Für eine Familienstiftung wurde 1770 die Burg Schönfels erworben und im 18. und 19. Jahrhundert folgte noch weiterer Grundbesitz«[331] u.a. wieder in Neumark [ab 1649], in Rauenstein/Erzgebirge [als Pächter 1651-1743], in Sorna bei Auma [1686-1697], in Langenwolschendorf und in Langenwetzendorf bei Zeulenroda, in Löthain bei Meißen [ab 1796], in Wohlhausen bei Markneukirchen [ab 1823] sowie [dem Schloßarchiv Wildenfels zufolge] noch auf 30 weiteren Rittersitzen in Mitteldeutschland. Im Zuge der Bodenreform wurden die von

Römer 1945 enteignet, von ihren Rittergütern Altschönfels, Löthain, Neumark, Untersteinpleis und Wohlhausen vertrieben, ja zum Teil sogar auf die Insel Rügen deportiert. Nach der Wende gehörten die von Römer zu den wenigen Adelsfamilien, die nach Sachsen zurückkehrten, sich dort wieder neu ansiedelten und 1990 Neumark sowie 2015 Untersteinpleis zurückerwarben.[332]

Noch 1702 erscheinen die von Römer im Besitz von Unter-Langenwolschendorf. Auf sie folgt das altsächsische Uradelsgeschlecht **von Bose**. »Es gibt mehrere Legenden über den Ursprung der Familie. Eine davon ist, dass ihr ursprünglicher Stammsitz die Bösenburg bei Rottelsdorf in der späteren Grafschaft Mansfeld gewesen sei, wo auf dem Burgberg der sagenhafte König der Thüringer, Bisino, eine Burg besessen haben soll.«[333] Nach einer anderen Sage soll die Familie zu Ehren des ersten Bischofs von Merseburg, Boso [reg. 968-970] diesen Namen angenommen haben. Tatsächlich treten die Bose erst im Jahre 1230 mit ›Thedolfus Busz, miles‹ urkundlich in Erscheinung, während ihre sichere Stammreihe mit ›Heidenricus, miles‹ sogar erst 1307 beginnt. Die ältesten Besitzungen der Familie lagen mit Frankleben, Unter- und Oberhof [1327-1945] jedenfalls im Saalekreis. Von da breitete sich das Geschlecht mit dem silber-schwarz gespaltenen Wappenschild [ursprünglich ohne roten Schildrand] über Mitteldeutschland und Preußen aus und bildete Ableger im Elsass, Hamburg, Holland, ja sogar in Rußland und Nordamerika aus. Obwohl sie 1431 bis 1463 mit Johann II. Bose auf dem Bischofsstuhl zu Merseburg saßen, wurden sie gleich zahlreichen anderen Uradelsfamilien ursprünglich nicht mit ›von‹ tituliert, da sie nicht nach einem Stammsitz, sondern nach einer Eigenschaft bzw. einem Wappensymbol benannt sind, weswegen sich erst nach der Erhebung ihres Netzschkauer Astes in den Reichsgrafenstand 1715 allmählich die Anrede ›von Bose‹ durchsetzte. »Im Verlauf des 16. Jahrhunderts spaltete sich eine vogtländische und eine fränkisch-meiningische Linie ab. Die erstere Linie der Familie teilte sich in den 1. Ast mit dem Zweig Benkendorf und Delitz am Berge (beide Güter 1746 verkauft) und dem zweiten Zweig

Ermlitz (alle im Saalekreis gelegen). Die Vertreter des 2. Astes unterteilten sich in die Zweige Schweinsburg (bei Crimmitschau) mit dem Rittergut Bosenhof (zwischen Schweinsburg-Culten und Langenhessen), Mylau/Vogtland, Breitingen (bei Leipzig) und Netzschkau/Vogtland mit Schloss Netzschkau.«[334] Nach dem Tode Carl Ernsts von Bose [†1791] kam das untere Gut von Langenwolschendorf an die Landesherrschaft, wurde darauf zerschlagen, worauf man einen Teil an vier Bauern verkaufte, den anderen aber mit dem im Ort schon bestehenden Kammergut verband.[335] Selbiges war ursprünglich als **oberes Rittergut** lange Zeit im Kospothschen Besitz gewesen, hatte Joseph [†1582], Jobst [†1635] und Anton **von Kospoth** [†1676] gehört und »wurde von den Erben des 1670 verstorbenen J. Joachim v. Kospod in den Jahren zwischen 1685 und 1689 an die Landesherrschaft (Heinrich I.) verkauft.«[336] Um das Jahr 1800 ließ Heinrich XLII. **Reuß**-Schleiz [1752-1818] das Herrenhaus des **Kammergutes** zu seiner Sommerresidenz ausbauen und gleichzeitig auf dem Scheitelpunkt der Schönen Höhe einen **Aussichtspavillon**, im Volksmund ›Lusthaus‹ genannt, errichten, wo er sein Werk ›[Langenwolschendorf –] Ein Manuskript für gute Freunde‹ verfaßte und darin auch der jahrhundertelalten Dorflinde als Versammlungspunkt der Gemeinde ein didaktisches Gedicht widmete. Im Jahre 1923 war das Kammergut an Reinhold Wobst verpachtet, der hier noch eine Fläche von 100 ha [davon 77 ha Feld und 22 ha Wiesen] bewirtschaftete und an Großvieh 8 Pferde, 46 Rinder, 173 Schafe und 16 Schweine in den Ställen stehen hatte.[337] »Bei der Bodenreform wurde das Langenwolschendorfer Gut aufgelöst, die Grundstücke an Neubauern verteilt und im Herrenhaus Wohnungen für 11 Familien geschaffen. Einige Stallanlagen wurden 1950 zum Gemeindeamt umgebaut.«[338] Nach der Wende hat man das im Zentrum des historischen Ortsgrundrisses befindliche Kammergut denkmalgerecht saniert und für den 1945 durch Brandstiftung zerstörten Pavillon, dem weithin sichtbaren Wahrzeichen des Ortes, 2013 eine zwar bescheidenere, aber immerhin eine Nachbildung geschaffen.[339]

Löhma

Das Haufendorf Löhma [1355 Lomen] liegt nordöstlich von Schleiz in der Quellmulde der Gülde, die am Ortsende hinter dem ehemaligen Rittergutsgarten zu Tage tritt. Im unteren Dorfe befand sich das ehemalige **Rittergut**, dessen erste bekannten Besitzer die Herren **von Friesen** waren. Vermutlich aus dem Oberelsaß stammend, erscheinen erste Angehörige des Geschlechts gegen Ende des 14. Jahrhunderts im Gefolge der Burggrafen von Nürnberg und um 1400 endlich im mitteldeutschen Raum, wo sie Besitz erwarben und mit der Zeit in den Reigen der bedeutendsten Adelsgeschlechter Sachsens aufstiegen. Aufgrund ihres geteilten Wappenschilds [links einen halben achtstrahligen roten Stern, rechts einen zunehmenden roten Halbmond] sind sie nicht stammesverwandt mit dem heute nur noch in Schweden blühenden thüringischen Uradelsgeschlecht derer von Friesen, das einen Rosenstiel mit drei roten Blüten im Wappen führt. Erst mit Karl von Friesen auf Kauern bei Ronneburg beginnt 1488 die sichere Stammreihe des Geschlechts. Bis weit ins 17. Jahrhundert hinein war die Familie dort, wie auch in Hain [1631] und Roschütz [1664] bei Gera bzw. in Mosen bei Weida [1583] begütert. Allerdings wurde das von der Kauerner Linie 1592 von denen von Pflugk erworbene Schloß Rötha südlich von Leipzig später zum hauptsächlichen Dreh- und Angelpunkt der Familie. 1945 enteignet, mußte es 1969 aufgrund starker Senkungsschäden infolge des Braunkohlentagebaus gesprengt werden. Im Jahre 2009 übereignete die Familie von Friesen der gemeinnützigen Gesellschaft ›Staatliche Schlösser, Burgen und Gärten Sachsen‹ 90 wiedererlangte kulturhistorisch wertvolle Gemälde, aus den ehedem bedeutenden Kunstsammlungen des Schlosses.[340]

Nach denen von Friesen ist 1509 Friedrich **von Thela** im Besitz des Löhmaer Rittergutes nachgewiesen, gefolgt von Sigmund **von Kospoth** [1527], Hans **von Utzschau** [1541] und Nikol **Schütz** [1550] aus jenem alten orlamündischen Adelsgeschlecht, das bis weit ins 18. Jahrhundert hinein in

Moßbach angesessen war. Wohl schon gegen Ende des 16. Jahrhunderts kam der Rittersitz Löhma in die Hand der Landesherrschaft **Reuß** mittlerer Linie, worauf deren letzter Vertreter, der zu Schleiz gesessene Heinrich XVIII. [1563-1616] um das Jahr 1610 ein neues Schloß errichten ließ, das den Akten zufolge aber kaum mehr als ein großes steinernes Haus war, welches wir uns wohl nur zweigeschossig, dafür aber mit hohem Walmdach vorstellen können. »Nach dem Anschlage von 1647 umfaßte das Rittergut damals außer dem großen Steinhaus (Schloß) und dem Viehhause 2 Gärten, 84 Scheffel Feld, 30 Fuder Heu, 163¾ Acker Wald, 11 Teiche (darunter der Burgteich am Burgwald, zwei Götzenteiche, der Broßteich), Frohnen, 1 Eisenbergwerk und 1.989 Mf. Zinsen. Neben dem Rittergute besaß die Landesherrschaft allda noch 4 mannlehnbare Bauerngüter und die Obergerichte. An Lehen bestanden neben den Amtslehen Löhmaer, Tegauer und Saalburger Kirchlehen, Löhmaer Pfarr- und Kirchenlehen, Göschitzer Pfarr-, Schleizer Rats- und Ordenshauslehen, Kauernsche, Schützische und Bosische Lehen, außerdem hatte allda das Saalburger Kastengericht noch einige Lehen.«[341] Der Schleizer Herrschaft diente das Löhmaer **Herrenhaus** u.a. als Sommerdomizil, mitunter auch als Residenz für nachgeborene Familienangehörige. Nach dem Stadtbrand von Schleiz [1689] hatte Heinrich XI. Reuß j. L. hier mehrere Jahre seinen Hauptsitz. Sein Sohn Heinrich I. wurde 1695 hier geboren, 1752 dann noch ein weiterer Regent, ein dritter Reuße starb sogar hier.
Der Aufenthalt Heinrichs XI. wirkte sich günstig für Löhma aus. So ließ er 1710 die Ortskirche neu erbauen und als Erinnerung daran in deren Chor sein Brustbild und das seiner Gemahlin anbringen. Erst zu Beginn des 19. Jahrhunderts wurde das Schloß – abgesehen von einigen Resten – abgetragen und die übrigen Gebäude bei der Zerschlagung des Rittergutes im Jahre 1862 – wobei ein Teil der Grundstücke an das Kammergut in Oettersdorf angegliedert wurde – in private Hände verkauft. Das große Bauerngut am nördlichen Ortsende soll ein Teil des alten Hofanwesens sein, und selbst der Standort des

Schlosses und seines Wallgrabens ist noch erkennbar. Nicht zu verwechseln sind diese mit dem urkundlich wie bauhistorisch kaum faßbaren **Alten Schloß**, einer mittelalterlichen Wasserburg, die östlich des Burgteichs gestanden hat. Dieser umschließt nämlich halbkreisförmig eine Innenfläche von ca. 500 m Länge, welche ursprünglich eine, von Wasser umgebene Ringwallinsel gebildet haben dürfte. Der Wall im Burgteich selbst soll der älteren Forschung zufolge noch weit älterer, aus nicht mehr datierbarer Zeit sein. Daß im mittelalterlichen Löhma noch ein zweiter, mit dem späteren Rittergut nicht identischer Grundhof bestanden haben könnte, der später in vier mannlehnbare Bauerngüter zerschlagen wurde, zeigt der Umstand an, daß vor 1848 mehrere Löhmaer Bauern Lehngeschirre zu halten und Dienste zu verrichten hatten, die früher Adlige dem Landesherrn bei dessen Festen und sonstigen besonderen Gelegenheiten erbringen mußten.[342]

Mielesdorf

Das Platzdorf Mielesdorf [1533 Millerßdorf] liegt zwischen Saalburg und Mühltroff in einer Hochmulde am Grünbächlein nahe der fernsichtigen Mielesdorfer Höhe [576 m]. »Ein Rittergut bestand nicht im Orte. Die Obergerichte gehörten dem Landesherrn und außer 19 Häusern, über welche die Gutsherrn zu Zollgrün und Frankendorf die Niedergerichte besaßen, und außer einem der Mühltroffischen Pfarrei lehnspflichtigen Bauerngute (die Ortspfarrei hatte nur das Lehn über einige Grundstücke) waren die übrigen Güter Geraer Kanzleilehen. Wohl aber gab es ein **Freigut** hier, das 1647 das ›Jenkische Freigut‹ oder schlechthin das ›Vorwerk‹ (im Kirchenbuche ›Forberg‹) genannt wird... Es muß im 30-jährigen Krieg öde geworden sein. Seine Grundstücke sind im Besitz eines Bauern und heißen noch die ›Vorwerksgüter‹.«[343] Sein ›bedeutendes‹ Gebäude, von dem 1843 jedoch ›kaum die Spuren von Grundmauern mehr bemerkt werden‹ konnten, stand am nordwestlichen Dorfrande, ›wo jetzt ein Teich und über demselben das

Gemeindehaus steht‹. Anklänge an dieses Vorwerk finden sich im Kirchenbuche bis gegen Ende des 17. Jahrhunderts. Ob die daselbst am 27. Februar 1651 begrabene ›alte adeliche Jungfer Ottilie Uttmannin‹ im Besitz des Freiguts war, ist nicht gewiß. Daneben kommt aber auch vor: ›den 25. December A° 1634 starb Marta Grim im Forberg‹ sowie schließlich: ›den 31. Martii 1680 wurde Justus Müller, der alte Forbergs Just genand, begraben, aetat 79, welcher dem armen Gotteshauß 3 aßo vermachet.‹[344] Etwa 1,6 km südwestlich von Mielesdorf westlich des Einzelhofes Grünberg auf dem Grimmberg [528 m] findet sich eine 0,75 ha umfassende **Mehreckschanzenanlage** unbekannter Zeitstellung. »Eine fast quadratische Fläche wird von einem Steinwall gefaßt. Die Steinwälle sind sehr flach und vorallem an der Ostseite kaum mehr sichtbar. Zwei Öffnungen – wohl Tore – sind im Nordwesten und Südwesten vorhanden.«[345] Vereinzelt liegende, wohl schon im Mittelalter zur Baustoffentnahme dienende Haufen aus Diabasgestein, zum Teil noch mit den, für Trockenmauern notwendigen großen Blendsteinen stammen von den Wällen.[346]

Oberböhmsdorf

Das doppelzeilige Platzdorf Oberböhmsdorf [1362 Bemisdorf] liegt dicht SSO von Schleiz an der Straße nach Plauen. »In der ältesten schriftlichen Erwähnung des Ortes vom 23. Juni 1333 bestätigt Vogt Heinrich der Jüngere von Gera dem Deutschen Hause zu Schleiz die Verleihung von einer Mark Einkünften und einiger Bauern in Bemsdorf durch Burgold **von Kospoth** auf Oschitz.«[347] Erster bekannter Besitzer des ehedem neben der alten Schule auf der Nordterrasse des Hauptdorfes gestandenen **Rittergutes** war im Jahre 1402 jedoch Heinrich **von Plauen**. Er entstammte einer Schleizer Familie, die angefangen mit Heinrich von Plauen [urk. 1285-1303] und Fritzschko, Konrad und Nikolaus von Plauen [1318] das ganze Mittelalter hindurch in städtischen Urkunden als Bürger und in verschiedenen Rats- und Amtspositionen vorkommt, wohl erst mit dem

Erwerb des Rittergutes Oberböhmsdorf adelig geworden ist und dieses mit Anna [1515] und Thieme von Plauen, Amtmann zu Schleiz [urk. 1523-1545] – beide gesessen zu Oberböhmsdorf – bis 1537/1547 in Besitz hielten.[348] Zwischenzeitlich [1484] wird aber auch einmal ein Herr **von Posseck** zu Böhmsdorf erwähnt. Nach der wohl zusammen mit denen von Plauen an dem Rittergut mitbelehnten Familie **von Rußwurm** zu Tanna [ab 1538] finden wir nach deren Aussterben ab 1562 den burggräflichen Kanzler Friedrich **Traubot** im Besitz desselben vor und danach den Adligen Hans Moritz **von Kauffung** auf Kirschkau, dessen Sohn Hans Josten es noch 1594 innehatte, dann aber an den Magister Christian **Wolf** zu Saalburg und den Bürger Friedrich **Behr** verkaufte. Ab 1636 gehörte das Rittergut der Familie **von Steinsdorff**, die mit Heinrich Philipp von Steinsdorf noch 1662 allda ansässig ist.[349]

Wenn auch die beiden, im Jahre 1402 als Spießgesellen des Vogtes von Weida die Ämter Arnshaugk und Ziegenrück heimsuchenden Raubritter Conrad und Nickel zu Steinsdorff dem gleichnamigen Rittergutsort bei Weida entstammten, so sieht man in denen von Steinsdorff doch ein in Böhmen gebürtiges Geschlecht, »wo noch 1539 einige dieses Namens landgesessen gewesen, aber wegen Religionszwietracht ausgewandert sein sollen. Von dort setzen sich einige nach Schlesien und ins Vogtland, andere nach Österreich, diejenigen aber, von welchen die in Bayern lebenden abstammen, zogen nach der Oberpfalz und gelangten zu Amberg ins Patriziat. ... Ihr Wappen zeigt in Silber eine rote Ziegelsteinmauer mit drei Zinnen.«[350]

Das Hohe Gericht über Oberböhmsdorf stand stets dem Landesherrn zu »und auch die Erbgerichte und Lehen bis auf 13 Güter, von denen 9 nach den Landesteilungsakten vom Jahre 1647 dem dasigen Rittergut und 4 dem Deutschen Hause zu Schleiz gehörten. Auch hatte der Rath zu Schleiz daselbst einige Lehen.«[351] Dessen ungeachtet erwähnt ein **Fröhnerverzeichnis** aus dem 17. Jahrhundert insgesamt 20 dem örtlichen Rittergut fronpflichtige Bauern- und Häuslerfamilien:

»Insgesamt waren 196 Frontage von den Gartenhäuslern zu

leisten, die zu aller unbestimmten Zeit gebraucht wurden und zwar vom Morgen- bis zum Abendläuten und ohne Kost.
105 Tage leisteten die Dorffröner Haus- Heu- und Schnittfrondienst, ebenfalls ohne Beköstigung. Neun Fröner mußten für einen Groschen Scheitholz machen und 3 Dorffröner 11 Klafter Holz. Dazu kamen noch 2 stete Fröner für alle Haushaltsarbeiten wie Mistbreiten, Krautstecken und Krauthacken, Rübenausgraben und abschneiden, Getreide, Heu und Grummet machen.[352] Ab dem Jahre 1664 saß die Obristenwitwe Anna Sabine **Gerhard** [geb. Salzmann] auf dem Oberböhmsdorfer Gute, danach Johann **von Kospoth** und von 1693 an [nach anderen ab 1699] Johann Friedrich **von der Oelsnitz**. Dieser entstammte einem, im Jahre 1212 mit Rembertus de Olsnitz erstmals erwähnten meißnischen Uradelsgeschlecht, das eher in den erzgebirgischen als dem vogtländischen Ort Oelsnitz zu verorten ist und dessen Stammreihe mit Reymbrecht von der Olszenicz [† vor 1500] auf Gelenau bei Zwönitz beginnt. Ihr Wappenschild zeigt auf goldenem Grund einen, mit drei silbernen Kugeln belegten roten Schrägrechtsbalken. Neben ihrem Stammschloß Oelsnitz, wo sie allerdings nur zwischen 1495 und 1592 nachweisbar sind, saßen verschiedene Seitenlinien der Familie im Elbsandsteingebirge auf der Felsenburg Rathen [1425-1468], im böhmischen Lausitzgebirge auf Lemberk, im Isergebirge auf Návarov, in Schlesien auf Eylau, in der Lausitz auf Kleinschweidnitz bei Löbau [1672 bis 1694], im Erzgebirge auf Alberoda und Schönfeld bei Annaberg [bis 1553], im Vogtland auf Irfersgrün bei Auerbach [1575], Unterlauterbach bei Oelsnitz und Arnsgrün bei Plauen [1613-1642], im Großraum Leipzig auf Kriegsdorf bei Merseburg [16.-17. Jh.], Polditz bei Leisnig [1732-1763] und Hemsendorf bei Bitterfeld [1929], im Reußischen auf Oberböhmsdorf [1693-1752] und Zoppoten [1703] u.d.g.l.[353] Im Jahre 1743 kaufte der Schleizer Oberhof- und Forstmeister Johann Friedrich von der Oelßnitz das Rittergut Oberböhmsdorf von seinem gleichnamigen Vater, veräußerte dieses jedoch schon 1752 seinem Schwiegersohn, den sachsen-gothaischen Landkammerrat Aemil Friedrich Wilhelm

von Metzsch zu Eisenberg, der es 1783 an seinen Sohn Heinrich Ludwig Gottlob von Metzsch weitergab. Von diesem erwarb es 1794 der brandenburg-bayreuthische Kammerherr und Regierungsrat Gottlob Ludwig Wilhelm **von Schönfeld**, der es 1797 an den Inhaber der Mühltroffer Herrenmühle Johann Paul **Porst** verkaufte. Von diesem gelangte es 1819 für eine Kaufsumme von 22.000 Thl. an die **Reuß**-Schleizische Landesherrschaft, die es zu einem Kammergut machte. Nichtzuletzt um Platz für die, nach 1849 vom Dürrenhof hierherverlegte Schäferei zu schaffen, wurden die Wirtschaftsgebäude mit dem Pächterhaus neu ausgeführt und das alte Herrenhaus zu einer Scheune umfunktioniert. Nach 1870 hat man das nach wie vor von den Oberböhmsdorfer Einwohnern ›Rittergut‹ genannte fürstliche Kammergutsgebäude mit dem Kammergut von Schleiz verbunden, zumal die Liegenschaftskomplexe aneinander angrenzten, und als dessen Vorwerk weiterbetrieben. Am 12. Dezember 1919 wurde das Fürstliche Kammergut zu Schleiz mit seinem Vorwerk Oberböhmsdorf zu einer Staatsdomäne des Volksstaates Reuß [später des Freistaates Thüringen] erklärt und mit Nutzflächen von insgesamt 172 ha im Jahre 1923 von dem Pächter Otto **Schulz** bewirtschaftet.

Oberböhmsdorf: Kammergutsgebäude

Nach dem Zweiten Weltkrieg erfolgte im Zuge der Bodenreform die Zerschlagung des Besitzkomplexes und die Aufteilung großer, bislang zusammenhängender Flächen an Landarme und Neubauern. Dabei schlug auch der ›Einwohnerrat‹ von Oberböhmsdorf am 27. September 1945 staatliche und fürstliche Grundstücke zur Enteignung vor. Insgesamt hat man eine Fläche von 100 ha an mehr als 100 Parteien aufgeteilt. Dabei waren die Grundstücke am Lottoweg für Schrebergärten und Bauplätze für die Gemeinde vorgesehen. Nahezu alle gartenlosen Einwohner, besonders die damaligen Neubürger erhielten ein 300 m^2 großes Stück Land, und am Ortsrand konnten 6 Scheunen neu erbaut werden. Gutsscheune und herrschaftlicher Schafstall dienten als ›Lagerungsstätte der Bodenreformer‹. Später schlug die VdgB/BHG ihr Lager dort auf. So blieb Oberböhmsdorf auch während der DDR-Zeit ein landwirtschaftliches Zentrum. Hier entstanden die Zentralbauten der 1967 mit 8 weiteren kleinen Kooperativen zur LPG (P) ›Vogtland‹ [mit LWN von 2.600 ha] fusionierten örtlichen LPG vom Typ I ›Start frei‹. Seit 1991 bzw. 1992 bewirtschaften hier die beiden zusammengehörigen Landwirtschaftsbetriebe Agrar GmbH und Mastrind GmbH Oberböhmsdorf eine Fläche von 730 ha [davon 130 ha Grünland] und halten mehr als 300 Rinder [2008].[354]

Das Jagdschlößchen ›Neue Klause‹ im Schleizer Wald

Zudem existierte zur Bewirtschaftung des weitestgehend im Fürstenbesitz befindlichen Schleizer Waldes im Ort eine **Forstei** mit einem Revierförster [Hofjäger], Giebelförster, Forstwart und Forstgehilfen.[355] Angeregt durch das Jagdschlößchen ›Jägersruh‹ bei Titschendorf hatte sich auch Graf Heinrich XII. von Reuß-Schleiz in den Jahren 1758 bis 1760 im Schleizer Wald ein Jagdschlößchen – ›Neue Klause‹ – errichten lassen. Es soll eine ›schmucke Anlage‹ gewesen sein. Zu dem entstand auf den Grundmauern der ›Alten Klaus‹, einer mittelalterlichen Kapelle [1399] und späteren Einsiedelei eine **Sommerkapelle**, worin der Graf – wenn er im Sommer desöfteren in der Neuen Klause weilte – sich bei Bedarf sonntags von dem Mielesdorfer Pfarrer Predigt halten ließ. Anfang der 1840er-Jahre brannte jedoch alles nieder. Nur der von der B 282 abgehende Klausenweg und der Klausenhügel erinnern noch daran.[356]

Die herrschaftliche Gruft in der Ortskirche

Als im Jahre 1705 der Oberböhmsdorfer Kirchturm neu erbaut wurde, entstand daneben auch ein Anbau mit Patronatsstand im oberen und einer Gruft für die Rittergutsbesitzer und ihre Angehörigen im unteren Teil. Letztere stellt einen kleinen, nur 3,5 × 2,5 m Grundfläche messenden und 2,25 m hohen kreuzgewölbten Raum dar. Von außen durch eine Eisentür unter einem einfachen Rundbogen zugänglich, wurde er bald nach dem Tode von Johanna Sophia Porst geb. Fuchs [†1831], der Witwe des letzten Rittergutsbesitzers [bis 1819], vermauert. Als dieses Erbbegräbnis im Zuge einer Kirchenrekonstruktion am 23. Januar 1934 wieder geöffnet wurde, fand man zwölf namenlose Särge darin – sieben große, aber auch fünf kleine –, die bis auf einige wenige, die zerfallen mit ihren Trümmern die darunterliegenden Totengebeine bedeckten, ihres Anstrichs zwar verlustig gegangen, aber in gutem Zustand waren. Demgegenüber zeigte eine, die ganze Nordwand bedeckende, teils

Heinrichsruh: Gotisches Haus

Marstall und Palais

eingefallene hölzerne Gedenktafel noch wunderbare frische und kräftige Farben. »Die Tafel zeigte Malerei aus der Barockzeit. Weinende Engelsgestalten stehen auf beiden Seiten. Ein kleiner Teil der Tafel hält ein Spruchband mit den Worten; Sie sind wie die Engel im Himmel. Matth. 22. In der Mitte der Tafel stehen die Worte: – Drey Kinderseelen sind von uns zu Gott gegangen – Und eine Gruft nahm ihre Leiber ein – Mit wie viel Tränen nun, soll dieses Zeuge sein.«[357] An den drei, um diesen mittleren Teil stehenden Namen ist zu erkennen, daß es sich hierbei um die drei kleinen Söhne des Johann Friedrich von der Oelßnitz handelt, die 1704, 1705 und 1711, im Alter zwischen 6½ Monaten und 3½ Jahren verstorben waren. »Heute kann man noch durch eine kleine Öffnung, die mit einem Gitter versehen ist (dient zur Luftzirkulation) die Gruft erkennen. Im Jahre 2016 wurde eine Schriftplatte mit der Inschrift angebracht: ›In dieser Gruft wurden die Gutsbesitzer von Oberböhmsdorf mit ihren Familien von 1705 bis 1831 beigesetzt.‹«[358]

Ober-Oschitz

Der im Jahre 1712 aus einigen Häusleranwesen entstandene Weiler Oberoschitz mit dem Naturpark Heinrichsruh [1787 Heinrichshain] liegt 2,5 km südlich der Altstadt von Schleiz auf dem Grauen Berge und ist über die Hainwiesen, das ehemalige Kammergut, den Herrengarten mit seinem Pavillon und den Schloßpark axial mit dem Schleizer Schloßberg verbunden. Als ab der zweiten Hälfte des 18. Jahrhunderts auch die Schleizer Reußen sich gartenbaulich auf die Natur zurückbesannen, aber hinter dem Schleizer Schloß aufgrund zahlreicher Beschränkungen keinen ausgedehnten Landschaftspark errichten lassen konnten, suchten sie einen Ausweg im freien Gelände. Dabei fiel ihnen jener, 1704 eingezäunte Waldbezirk auf dem Grauen Berg ins Auge, wo der Hofverwalter Voit vordem einige, zur Wildbrettgewinnung dienende Einrichtungen wie einen ›Vogelherd‹ etabliert und Graf Heinrich XI. [1669-1726] bald darauf einige Gebäude unbekannter Gestalt errichten und Alleen anlegen lassen hatte, damit ›dieser Ort zu den angenehmsten Promenaden zurechtgemacht‹ werde. Mit der Entstehung des Schleizer Ortsteils Heinrichsruh 1712 »ist sehr wahrscheinlich auch die Anlage einer Lindenallee verbunden, die in Teilen noch heute zwischen Querspange und Lottoweg zu erkennen ist. ... Bereits 1731 ließ Heinrich I. [1695-1744] diese Anlagen verfallen und die Fläche wurde zu Wildnis aus Bäumen und Wald.«[359] Erst um das Jahr 1750 verlieh sein Bruder und Nachfolger Graf Heinrich XII. Reuß-Schleiz [1716-1784] dem Gelände durch die Errichtung eines ›Chinesischer Salon‹ genannten kleinen **Lusthauses** wie wohl einiger **Kavaliershäuser** an der Straße nach Schleiz wieder mehr Bedeutung. Wie die Forscherin Anja Löffler berichtet, kam der Name ›**Heinrichsruh**‹ allerdings erst im letzten Viertel des 18. Jahrhunderts auf, als der 1806 gefürstete Heinrich XLII. [1752-1818] noch zu Lebzeiten seines Vater 1777 mit der Anlage einer ausgedehnten Parkanlage begann und neben einem **Pavillon**, als seiner Sommerresidenz, auch eine als Tempel der Freundschaft,

Milde und Redlichkeit gedachte Einsiedelei, der **Chaumiere** [franz.: Strohhütte], eine **Guinguette** [franz.: Schenke] nebst einem kleinen eingeschossigen Wirtschaftsbau errichten ließ. Die erheblichste Baumaßnahme davon war die Guinguette, ein 9 × 3 achsiges Fachwerkgebäude mit weit überhängendem Walmdach, welches wegen seiner um das gesamte Obergeschoß laufenden Gallerie bald als ›**Schweizerhaus**‹ bezeichnet wurde. Im Jahre 1805 wurde dann im östlichen Parkgelände auf der großen Wiese eine Jagdunterkunft, das sogenannte ›**Gotische Haus**‹, fertiggestellt. Es bestand aus einem dreiachsigen zweigeschossigen Turm mit Walmdach, an den links und rechts zwei dreiachsige, eingeschossige ebenfalls bewalmte Seitenflügel mit hohen spitzbogigen Fenstern angefügt waren. In seinem Obergeschoß verfügte der Mittelteil ebenfalls über solche neogotischen Fenster, während die im Erdgeschoss beiderseits des Eingangsportals gleich diesem rechteckig waren.

Heinrichsruh: Guinguette

Im Sommer 1805 hielt sich das preußische Königspaar Friedrich Wilhelm III. und die Königin Luise, welche sich auf der Rückreise von ihren ansbach-bayreuthischen Besitzungen [1792-1806] befanden, kurzzeitig hier auf. Das eigentliche Wohngebäude der Schleizer Reußen in Heinrichsruh aber wurde das **Fürstliche Palais**, ein 1808 errichtetes zweigeschossiges Gebäude aus Bruchsteinmauerwerk in der minimierten Gestalt einer Dreiflügelanlage mit zwei kurzen Seitenflügeln zwischen denen sich ein verbindender Mitteltrakt mit beidseitiger Portikus spannt »Sie besteht aus vier toskanischen Säulen und einer kräftigen Gebälkzone. Einfache Fenstergewände aus Sandstein und Ecklisenen vervollständigen das klassizistische Erscheinungsbild des Baukörpers. Die von je einem Oberlicht durchbrochenen bekrönten Dreiecksgiebel der Seitenflügel, die durch die westliche Portikus des Mittelflügels nach Westen zu einer Bauflucht verschmelzen, finden im beidseitig abgewalmten Dach eine eigenartige Anbindung. Der über der Portikus angeordnete Altan hat eine steinerne Balustrade zwischen brüstungshohen Pfeilern. ... Nach Süden erhielt das Palais einen eingeschossigen Vorbau, der im Obergeschoss als Altan diente... Das von Osten einst durch die Portikus erschlossene Palais mit Vorhalle und schmalen zweiläufigen Treppenlauf im Mittelflügel zeigte eine großzügige Raumaufteilung. ... Baukünstlerischen Schmuck in Form von Deckenstuckierungen erhielten die Repräsentationsräume im Erdgeschoss.«[360] Nach Osten – von einem parkähnlichen Platz mit mittig angeordneten Rondell unterbrochen – schließt sich der gleichsam 1808 errichtete **Marstall** – eine rechtwinklige eingeschossige Zweiflügelanlage – an, die durch Remise und Stall zu einem unvollkommenen **U** geformt ist. Um Wohnraum für die Diener zu schaffen, wurde der Marstall später aufgestockt und die Nordecke zu einem Turm ausgeformt. Die **Parkanlage** selbst umfaßte neben dichtem Waldbestand auch eine große Wiesenfläche, die heute allerdings durch eine Birkengruppe zweigeteilt ist. Unter dem Hofgärtner Joh. Gottlieb Felder erfolgte um 1810 wieder eine Bearbeitung der Freianlagen. Komplementierend zu jenen, im frühen 18. Jahrhundert gepflanzten Linden, Ahornbäumen, Buchen und Eichen kamen 1809 Alpenlärchen und Zirbeln aus einer Saatgutschenkung des Fürstbischofs von Chiemsee, 1811 Eschen [zwischen Palais und Marstall] und gut 100 Jahre später, wohl durch Anflug Eiben hinzu. Besonders die Alpenlärchen gediehen gut und haben inzwischen Höhen von über 45 m erreicht.

Um das Jahr 1840 bestand Oberoschitz abgesehen von den Heinrichsruher Anlagen aus 5 Wohnhäusern, einem **fürstlichen Forsthaus** und einem Chaussee- und Wirtshaus an der Landstraße, das den Namen ›**Luginsland**‹ erhielt, »weil man von Heinrichsruh aus bis in die Gegenden, die jenseits der Saale liegen, schauen kann, ja bis auf die Ausläufer des Thüringer Waldes im Gebiete der Sormitz und der Loquitz sowie auf die Höhen vor Pößneck, hinter denen der gesegnete Orlagau liegt.«[361] Damals ließ der Sohn Heinrichs XLII.,

Fürst Heinrich LXII. [1785-1854], den Landschaftsgarten beträchtlich zu einem Naturpark ausgestalten. Es entstand jener ›**Promontorium**‹ genannte Aussichtsturm [bis 1904] ›mit herrlicher Aussicht über die Wellen und Mulden des Landes‹. Heinrichs LXII. Neffe Fürst Heinrich XIV. [1832-1908] Reuß j. L. und seine Ehefrau Agnes, geb. Herzogin von Württemberg [*1835], nutzten ›Schloß Heinrichsruh‹ zwischen 1858 und 1867 als Sommerresidenz, ja letztere hielt sich auch in der Folge bis zu ihrem Tode bevorzugt dort auf. Hier verlebten ihre beiden Kinder Heinrich XXVII. [*1858] und Elisabeth [später verh. zu Solms-Braunfels] glückliche Tage. Hier verstarb aber auch ihre Mutter Helene [Herzogin von Württemberg, geb. von Hohenlohe-Langenburg] 1880 mit 73 Jahren.

Ein um 1900 angelegtes schlichtes **Denkmal** im Park mit einem Rondel aus aufwachsenden Linden daneben hält das Andenken an die Fürstin Agnes bis heute wach. Nach ihrem Tode 1886 standen die herrschaftlichen Gebäude in Heinrichsruh weitgehend leer, auch nachdem das Fürstenhaus nach 1918 im Besitz des Parkanwesens geblieben war. Erst 1927 zog in das Gotische Haus ein Landschulheim der Geraer Mittelschule und in das fürstliche Palais eine Forstverwaltung zur Betreuung des großen, den Reußen verbliebenen Grundbesitzes im Schleizer Wald ein. Um diese Zeit muß auch das Schweizerhaus abgerissen worden sein. Im Zuge des Schleizer Dreieckrennens [ab 1923] erlangte Heinrichsruh als wichtiger Etappenpunkt zwar überregionale Bekanntheit, doch verlor der Park aus unbekannten Gründen in der Folge seine Bedeutung als Naherholungsgebiet für die Schleizer Bürger. Nach Ende des Zweiten Weltkriegs war hier der Standort einer russischen Kommandantur [1947], die das inzwischen stark verfallene Gotische Haus als Viehstall nutzte. Trotz Restaurierungsabsichten wurde es später abgerissen, nicht aber das 1948 in den Besitz der Stadt Schleiz übergegangene Palais, wo zunächst der lokale Forstbetrieb, dann ein Meliorationsbetrieb und bis 1981 die zentrale Bauorganisation ihren Sitz hatte. Danach war das Gebäude so heruntergekommen, daß es abgerissen werden sollte, was jedoch verhindert werden konnte. Bei seiner Instandsetzung und seinem Ausbau zu einem Vierfamilienhaus [1984-1986] wurde der kleine südliche Anbau beseitigt, während man die Portikus an der Hofseite überbaute, um dadurch Platz für den neuen Hauseingang und die Sanitärzellen im Obergeschoss zu schaffen. Immerhin blieb das Portikusmotiv nach Westen zur Straße von Schleiz nach Oberoschitz erhalten. Um das Jahr 2000 befand sich lediglich das Palais noch in relativ gutem baulichen Zustand. Der Marstall war verwahrlost, das Agnes- wie auch das Felderdenkmal nur noch rudimentär erhalten, während die anderen noch vorhandenen Gebäude kaum als eines Denkmals würdig eingestuft werden konnten. Auch die Wanderwege bedurften einer Rekultierung, sollte der Park im Zusammenhang mit der hiesigen Gaststätte ›Luginsland‹ in Zukunft wieder als Ausflugsziel bedeutsam werden. Von 2014 bis 2020 zwischenzeitlich in adeligen Besitz wurde das Palais schließlich an einen Schleizer Sanitär- und Heizungsinstallationsmeister verkauft, der es nicht nur sanieren und modernisieren, sondern möglichst auch seine ursprüngliche Raumfassung zurückgewinnen will.

Fürstliches Palais

Abgesehen von seiner Geschichte als reußische Residenz ist der Park von Heinrichsruh – der vom 19. Jahrhundert an der Öffentlichkeit mehr oder minder zugänglich war – auch von kulturhistorischer Bedeutung. Hier hielt 1780 und 1782 eine, durch Heinrich XII. geförderte antifreimaurerische ›Heinrichs-Hainer Loge‹ ihre geheimen Sitzungen ab. In unmittelbarer Nachbarschaft des Schweizerhauses fanden bis 1828 die Vogelschießen der Schleizer Schützengesellschaft statt. Auch trafen die vogtländischen Sänger 1845 und 1861 auf dem großen Wiesenplan zu ihrem Landestreffen zusammen – mit großen, von Schleiz ausgehenden Festumzügen. In Ermangelung eines besonderen Bismarck-Turmes wurden an diesem fernsichtigen Ort nach 1871 die Sedanfeste gehalten und die entsprechenden Höhenfeuer abgebrannt. Auch gaben die Fürsten das Gotische Haus hin und wieder für öffentliche Tanzveranstaltungen her. Selbst zu DDR-Zeiten fanden hier Waldjugendspiele, aber auch Forsttreffen und bis auf den heutigen Tag auch Blasmusik-Veranstaltungen [mit der Oschitzer Kapelle als Gastgeber] statt. Ähnlich wie der Ebersdorfer Park konnte auch der Park von Heinrichsruh – abgesehen von einer kurzzeitigen einstweiligen Sicherung als Naturschutzobjekt [1992] – nie den Status eines Denkmals des Naturschutzes erlangen. Anders als andere, unbedeutendere Anlagen wurde der seit 2018 im Besitz der Stadt Schleiz befindliche Naturpark auch in der touristischen Literatur, zumindest unserer Auffassung nach, auch nie besonders hervorgehoben und ist bis heute ein Geheimtipp geblieben.[362]

Oettersdorf

Das Angerdorf Oettersdorf [1325 Ottendorf] liegt dicht nördlich von Schleiz in einer Mulde am Anfang des Oelsbaches. Am höchsten Punkt des Ortes lag das Herrenhaus des **Kammergutes**, zu dem als Vorwerk eine **Schäferei** und später noch eine Ziegelei gehörten. Selber aber dürfte das Kammergut weniger aus einem 1472 erwähnten Rittergut als einem Vorwerk der Schleizer Dynastenburg hervorgegangen sein. Noch 1594 hatten diesem neben den Oettersdorfer Handfrönern noch 28 Möschlitzer, 8 Grochwitzer und 23 Plothener Pferdefröner zu dienen, bis man die Lehnsleute dieser drei Dörfer im Zuge der reußischen Landesteilungen von 1596 und 1616 an die Herrschaft Burgk der älteren Linie verwies. Der Wirtschaftsbetrieb selber wurde die meiste Zeit über verpachtet, weswegen der Pächterfamilie neben einem eigenen Kirchenstand wohl auch die unter dem erhaltengebliebenen Turm der alten Laurentiuskirche erhalten gebliebene **Gruft** vorbehalten war. Dessen ungeachtet, diente das **Herrenhaus** mehr noch als jenes zu Ober-Kirschkau den Schleizer Reußen verschiedentlich als Nebenresidenz, weswegen zeitweise auch eine androgyne Loge der Antimassonianischen Sozietät, die sogenannte ›Gesellschaft der Guten Leute von Oettersdorf‹ [bis 1786] unter Heinrich XII. hier ihr Wesen trieb, während der Graf im Ort einen umfassenden Kirchenneubau wie in Kirschkau und Lössau aufgrund des vehementen Widerstandes der Kirchgemeinde nicht durchsetzen konnte. Dieser erstand erst 1842/43 unter seinem Enkel Heinrich LXII. [†1854] an neuer Statt neben dem Kammergutsgarten als neo-romanischer, achteckiger Zentralbau mit Rundbogenfenstern, Zeltdach, und Dachreiter, für den der stehengelassene Turm der alten Kirche weiterhin Turmuhr und Geläute stellte. Zudem initiierte der Fürst auch karrikative Einrichtungen im Ort wie ›Innere Mission‹ und Taubstummenanstalt [1853-1860]. »Mit dem Revolutionsjahr 1848 sollten die fürstlichen Kammergüter und mit ihnen Oettersdorf an den Staat abgetreten und zu Staatsdomänen werden. Dagegen protestierten die Fürsten und erreichten, daß die Abtretung unterblieb. ... Nachgewiesen ist, dass die Hauptgebäude des Gutes – Herrenhaus, Kuhstall, Scheune, Schaf- und Schweine-, Ochsen- und Pferdestall erst nach 1844 errichtet wurden.«[363] Dem Ortsgrundriß von 1846 zufolge umfaßte das im Ortszentrum östlich der alten Kirche in die nördliche Dorfraite mit einbezogene Hofgrundstück die Länge von drei bäuerlichen Anwesen und zog sich über einen größeren Drei- und einen kleineren Vierseithof die Herrengelänge hinauf mit dem Herrenhaus und einen dahinterliegenden halbkreisförmigen Hof nebst ehemaligem **Barockgarten** an seinem oberen Ende. Als Pächter fungierte seit dem Jahre 1844 die Familie Dönitz. Auf Heinrich Julius [1856] und Paul [1905] folgte Willy Dönitz, der nachdem das fürstliche Kammergut 1919 in den Besitz des Staates übergegangen war, 1931 mit seinen Mitarbeitern »das 75-jährige Bestehen des Pachtverhältnisses feiern [konnte]. Der Pachtvertrag ist, wie so viele andere wertvollen Dokumente der Heimatgeschichte, beim Brand des Schleizer Schlosses vernichtet worden. Es wird erzählt, daß die Dönitzens das Gut nach hundert Jahren als Eigentum hätten übernehmen können.«[364] Infolge seiner großen, zusammenhängenden Flächen verbunden mit der Tatkraft der Pächterfamilie und dem Fleiß der gut ausgebildeten Fachkräften war das Gut bei der einsetzenden Modernisierung ab dem letzten Viertel des 19. Jahrhunderts der landwirtschaftliche Vorreiter im Dorfe und Hauptarbeitgeber für zahlreiche Oettersdorfer Haushalte, die neben einem sehr niedrig gehaltenen Grundlohn in Bargeld vorallem Naturalien [Deputat] erhielten. Mit einer Fläche von 171,18 ha [davon 44 ha Wiesen und 22 ha Wald] bewirtschaftete das Oettersdorfer Kammergut 1932 ein Sechstel der Ortsflur und hatte einen Großviehbestand von 15 Pferden, 83 Rindern und 60 Schweinen in den Ställen. Dazu kamen noch 375 Nösser in der Gutsschäferei. Zu den 35 haupt- und nebenberuflichen Mitarbeitern, die in diesem Jahre dort beschäftigt waren, zählten neben den drei Verwaltern und Inspektoren, die die Arbeit einteilten und beaufsichtigten, 1 Schäfer, 7 Kutscher bzw. Geschirrführer, 18 Landarbeiterinnen und Landarbeiter für Stall und Feld, 1 Schweizer [Milchwirt], 1 Stellmacher und 4 Küchenfrauen, die auch für das Pächterhaus und die Gärten zuständig waren. Im Zuge der Bodenreform wurde das Kammergut zerschlagen, die Liegenschaften an Landarme und 19 Neubauern aufgeteilt und das Hofanwesen mit dem ehemaligen Maschinenbestand [Dreschmaschine, 2 Traktoren u.a.] 1946 der neugegründeten Vereinigung für gegenseitige Bauernhilfe [VdgB] übergeben. Einige Gutsgebäude wurden einer neuen Nutzung zugeführt, andere – darunter das gut erhaltene und sehr hochwertig ausgestattete Herrenhaus mit seinem Mansarddach – abgerissen zugunsten von 14, vorwiegend in der Florian-Geyer-Siedlung neuerbauten Neubauernhöfen. 5 Neubauern – so Walter Schaller, Paul Rieß, Fritz Schmidt, Hermann Grunert, Albin Hofmann – waren vormalige Gutsmitarbeiter gewesen, 9 hingegen Umsiedler, von

Oettersdorf: Herrenhaus

denen Ewald Schindler, Werner Oppelt, Lina Paul, Alois Bocklage, Ernst Holtz, Alfred Hildebrandt, Josef Abraham in Oettersdorf selbst, Otto Säwert und Johann Neugebauer dagegen in Triemsdorf siedelten. 1949 wurde mit dem Maschinenpark des Gutes und des VdgB auf dem einstigen Gutsgelände eine Maschinenausleihstation gegründet und rasch mit modernen, teils sowjetischen Großmaschinen aufgestockt. 1955 zu einer Maschinen-Traktoren-Station umfunktioniert, ging ihr Bestand 1964 hier an die beiden örtlichen LPGn ›8. Mai‹ [1958] und ›Einheit‹ [1960] und da an den neugebildeten Kreisbetrieb für Landtechnik [KfL]. 1972 fusionierten die beiden Oettersdorfer Kooperativen miteinander, 1973 dann mit der Nachbar-LPG ›Glückauf‹ Pörmitz und schließlich mit weiteren LPGn des Umlandes, bis der Einzugsbereich der auf diese Weise bis 1976 entstandenen Groß-LPG (P) ›Wisenta‹ [ab 1977 LPG (P) ›Lenin‹] eine Fläche von 6.000 ha erreichte und sich zwischen Göschitz und Eßbach bei Ziegenrück über 18 Dörfer erstreckte. Zudem konzentrierte eine 1975 erbaute 2000er-Milchviehanlage der LPG (T) die von den Genossenschaftsmitgliedern eingebrachten Kühe. Daraus entwickelte sich nach der Wende dann die Oettersdorfer Landwirtschaftliche AG mit Flächen von 2.380 ha [darunter 548 ha in der Oettersdorfer Flur] und einem Nutzviehbestand nur an Rindern von 3.000 Einheiten [1991].[365]

Oschitz

Das Angerdorf Oschitz [1327 Oschicze] liegt dicht südwestlich von Schleiz in einer, von Anhöhen umschlossenen Talbucht. Es ist wohl aus zwei slawischen Ortskernen, dem ›oberen Dorf‹ am Kulmberge und dem ›unteren Dorf‹ um den Anger herum zusammengewachsen. »Jedenfalls trug der Kulm eine frühgeschichtliche Wallanlage, deren Überreste noch immer gut zu erkennen sind. Ein 1327 genannter Burgmann Gunderam **von Oschitz** gilt als erster Grundherr des Dorfes. Das Gut kam später in den Besitz der Familie **von Kospoth** und wurde schließlich 1446 zum Teil an die Landesherrschaft verkauft, die hier ein herrschaftliches Vorwerk betrieb.«[366] Die sicher schon im 13. Jahrhundert hier ansässigen Herren von Kospoth waren ursprünglich Vasallen der Lobdeburger. Gewissermaßen als deren Mitkolonisatoren sind sie aus dem Neustädter Raum ins Oberland eingewandert, wo sie – wie keine andere Niederadelsfamilie – großen Grundbesitz schufen, wobei Oschitz – wo Purgold von Kospoth im Jahre 1333 eine Kapelle stiftete – zu ihrem Hauptsitz avancierte.[367] Nach einem Erbzins- und Frongeldregister aus dem Jahre 1566 geboten die von Kospoth auf Oschitz damals nicht nur über 20 Zinsleute im Orte selbst, sondern auch über 11 in Oettersdorf, 7 in Plothen, 7 in Schleiz, 6 in Löhma, 5 in Grochwitz, je 3 in Pörmitz, Zollgrün, Tegau, je 2 in Pahnstangen, Neundorf, Möschlitz, Crispendorf, je 1 in Gräfenwarth, Mönchgrün, Görkwitz, Chursdorf, Burkersdorf, Kulm, Wernsdorf, Dragensdorf, Förthen und Rödersdorf und später auch in Raila.[368] Bereits um das Jahr 1500 war das Kospothsche Gut in Oschitz in zwei Rittergüter, den oberen und unteren Hof geteilt, wobei dem oberen $^1/_3$, dem unteren aber $^2/_3$ der Flächen des ursprünglich einigen Gutes zufielen. Abgesehen davon besaßen die von Kospoth noch zwei abseits gelegene Wirtschaftshöfe [Vorwerke]. Das war zum einen die **Kalte Schäferei** [Kaltenhof] und zum anderen – wie es scheint – ein heute wüster Einzelhof im Flurteil ›**Forbig**‹ [Forbig → Forberg → Vorwerk?]. Das **obere** Oschitzer **Gut**, dessen Herrenhaus im sogenannten ›alten Loch‹ stand, hat man nach der Einäscherung seiner Gebäude durch die Kroaten im Jahre 1633 mit dem unteren Gut wieder vereinigt. Auf den starken Grundmauern des oberen Herrenhauses entstand später das Wohnhaus eines Tagelöhners. Das Herrenhaus des **unteren Gutes** ist jenes, heute als ›Edelhof‹ bezeichnete, 1704 von dem Gräflich Reuß-Plauenschen Rat und Landeshauptmann Anton Christian von Kospoth [†1708] erbaute ansehnliche Gebäude, welches nach dem Konkurs der Oschitzer Linie der Kospoth im Jahre 1798 von der Schleizer Landesherrschaft erworben wurde.[369] »Hinter dem ›Edelhof‹ wurde auf der ›Gummel‹ ein ausgedehnter **Herrengarten** angelegt, dessen 1840 errichtete Gärtnerwohnung später zum Ausflugslokal ›Kaffeeschlößchen‹ ausgebaut wurde.«[370] Nach dem unglücklichen Brand von Schleiz am 3. Juli 1837, bei dem auch das Fürstliche Witthumsgebäude daselbst ein Raub der Flammen geworden war, wurde der Edelhof von der Witwe Fürst Heinrichs XLII. [†1818], Caroline Henriette geb. Prinzessin von Hohenlohe-Kirchberg, »zu ihrem einstweiligen Wohnsitz erwählt, und, nachdem sie am 12. September 1837 ihren Einzug in dasselbe gehalten hatte, fünf Jahre und einige Wochen lang, nämlich bis zum 27. October 1842 bewohnt, an welchem Tage die hochverehrte Fürstin das neu erbaute Fürstliche Haus nächst dem Schlosse in Schleiz bezog.«[371] Abgesehen von vorgenanntem ›Herrengarten‹ hatte sich der Besitzer des örtlichen Kammergutes, Graf Heinrich XLII., bereits 1784 nordwestlich des Ortes an den beholzten Südwesthängen des Lohmen [506 m] Wege und Ruheplätze anlegen lassen, wodurch inmitten des Waldes eine **parkähnliche Anlage** entstand. Hier ließ er sich eine einfache Rindenhütte erbauen, deren eine Seite nach dem Wiesentatale hin offen stand und eine atemberaubende Fernsicht auf 17 Orte bis hinüber zu den Waldhöhen des Franken- wie des Thüringer Waldes bot. Indem sich der Graf selbst der ›Einsiedler am Lohmen‹ nannte, entstand darauf der Name ›**Eremitage**‹. Später ist »daselbst an einer aus der Mitte des Abhanges ununterbrochen fließenden sehr reichen Quelle des reinsten Bergwassers ein Sturzbad angelegt und eingerichtet worden.«[372] Um die Mitte des 19. Jahrhunderts entstand an dem als heilkräftig geltenden Brunnen eine beliebte Ausflugsgaststätte, die einen bedeutenden Anbau mit Kegelbahn erfuhr.[373]

Oschitz: ›Edelhof‹

Nach Aufhebung der Patrimonialgerichtsbarkeit des Edelhofes, dem nachwievor ein Teil der Gemeinde untertan war, im Jahre

1841, wurden dessen Liegenschaften mit denen des fürstlichen **Kammergutes** vereinigt. Seine Bauten wurden schon 1843 als ›beträchtlich‹ charakterisiert. »In dem hinter denselben liegenden Obstgarten hat man Spuren von alten Kellern gefunden, woraus sich vermuthen läßt, daß in früheren Zeiten das zum Gute gehörige Wohngebäude daselbst gestanden habe.«[374]
Zudem soll eine zum Kammergut gehörige **Scheune**, die früher ein burgähnliches, mit Schlitzfenstern und einem runden Turm versehenes Gebäude war, laut einer Schleizer Chronik ein, im Jahre 1206 dem Heiligen Nepomuk geweihtes Kloster gewesen sein. Indem dieser aber erst Jahrhunderte später gelebt hat, gilt es als wahrscheinlicher, daß hier die erste Ortskapelle gestanden hat. Als sagenhaft gelten auch jene unterirdischen Gänge, die von den Oschitzer Kammergutsscheunen zum nahegelegenen Oschitzer Kulm bzw. zum Grünen Baum nach Schleiz ausgegangen sein sollen. Im Zuge der Fürstenabfindung 1919 blieb das Oschitzer Kammergut im Besitz Heinrichs XXVII. [†1928] und wurde 1923 von dem Administrator Hermann Rabe verwaltet, der hier Flächen von 180 ha [125 ha Feld, 55 ha Grünland] bewirtschaftete und u.a. Saatgut für die, im Besitz des Hauses Reuß-Köstritz befindlichen reußischen Kammergüter Aga unter ihrem Pächter Max Vogel gewann. Zudem existierte in Oschitz eine Zuchtwirtschaft Oldenburger Schlages. Der Großviehbestand betrug damals 17 Pferde [mit 3 Fohlen], 75 Rinder, 450 Schafe und 10 Schweine.[375]

Die Herren von Kospoth

Die Familie von Kospoth zählt zu den Thüringer Uradelsgeschlechtern und erscheint urkundlich erstmals im Jahre 1216 mit Heinricus de Kuzebude und 1237 mit Meinhold von Kozinbude. Aufgrund ihrer engen Verbindung mit den Lobdeburgern – so kommen 1216 ein Hartmann von Lobdeburg auf Saalburg und ein Heinrich von Kuzebude gemeinsam in einer Urkunde vor – sowie der Erwähnung eines von Kospoth im Jahre 1292 in einer Urkunde des Burggrafen Ottos von Kirchberg [der Höhenburg über Jena] ist schon vermutet worden, das Geschlecht wäre mindestens schon im Jahre 1259 in der Jenaer Gegend angesessen gewesen und von da mit den Lobdeburgern in die Orlasenke gekommen. Dem wird entgegengehalten, daß in dem gleichnamigen Dorfe Cospeda bei Jena nie ein Rittergut existiert hat und auch das bei Göschwitz auf der untergangenen Siedlung Gleine angelegte Vorwerk Kospoth erst viel später entstanden sei. Dennoch gilt ihre frühe Präsenz im Jenaer Raum als sehr wahrscheinlich. Eine weitere Spur bezüglich der Herkunft des Geschlechts führt in den Pleißeraum, wo laut den ›Schönburgischen Nachrichten‹ unter den Zueignungen an den Altar in dem Thurme der Nikolaikirche zu Altenburg im Jahre 1341 ein wüstes Dorf Kospot sowie eine Dorfstätte Kozbode erwähnt sind. Einige Forscher postulieren auch, die Herren von Kospoth seien ursprünglich Vasallen der Grafen von Schwarzburg gewesen, weil sie in mehreren ihrer frühen Urkunden erscheinen. Doch wird dies nur eine ihrer Nebenlinien gewesen sein. Wie gesagt, waren die von Kospoth mit einiger Sicherheit ursprünglich Vasallen der Herren von Lobdeburg, unter deren Schirm sie sich in der Orlasenke [Kospoda und Meilitz] angesiedelt haben, worauf sie unter deren Führung im weiteren Verlauf des 13. Jahrhunderts die Kolonisation des Schleiz-Tannaer Raumes tragend mit in Angriff genommen und sich umfangreichen Lehnsbesitz dort geschaffen haben. Die urkundlichen Belege für das 13. Jahrhundert sind allerdings dürftig. So läßt das 1232 bezeugte Patronat der Kospoth über die Kirche von Dittersdorf auf Grundrechte ebenda schließen. Auch dürften die im selben Jahre zu Saalburg angesessenen lobdeburgischen Vasallen Wetego und Burgoldus de Salburg kospothschen Stammes gewesen sein, da sie typische Vornamen der Mitglieder dieses Geschlechts zwischen dem 13. und 15. Jahrhundert tragen. Auch haben 30 Familienmitglieder dem dortigen Nonnenkloster Schenkungen gemacht, dem Margarethe von Kospoth [1387] und Sophie von Kospoth [1451] als Äbtissinnen vorstanden.[376]

Gleichfalls kann angenommen werden, daß die von Kospoth schon zu dieser frühen Zeit die Rittersitze in Oschitz, Schilbach [angeblich 1253] und Frankendorf [1296], Seubtendorf und Langenwolschendorf begründet haben, als dessen früheste Inhaber sie in der jeweiligen Überlieferung erscheinen. All diese Orte können als Mittelpunkte ihrer Ausbreitung im Oberlande betrachtet werden. In dem Zusammenhang nicht ohne Bedeutung ist auch der Befund des Genealogen Valentin König in seiner Adelshistorie, wonach in den Familiennachrichten der von Kospoth der Langenwolschendorfer Zweig als direkter Abkömmling der Kospodaer Hauptlinie angenommen wird. Eine gesicherte familiengeschichtliche Stammreihe der von Kospoth kann erst mit Carl von Kospoth auf Schilbach und Seubtendorf im Jahre 1425 eröffnet werden. Im 14. Jahrhundert treten uns die von Kospoth in der Orlasenke auf Kospoda [1320] und Meilitz [1372] und im Oberland auf Pottiga entgegen. »1307 war ein Burgold von Kospoth in Schleiz als Richter der Landgräfin Elisabeth von Thüringen ... eingesetzt. Um 1343 leitete Johann von Kospoth als Komtur die Geschicke des Deutschen Ordens in Schleiz und für 1377 berichten die Urkunden von einer Stiftung für die Pfarre von Neundorf.«[377] Im Jahre 1382 findet sich ein Friedrich von Kospoth unter den Raubrittern, die den König von Böhmen und die Stadt Eger arg schädigten und denen der Vogt von Gera anschließend Unterschlupf gewährte. 1419 verkaufte wiederum ein Friedrich von Kospoth seine Tegauer Güter an den Herrn von Gera. 1444 gewinnt das Haus Gera auch die kospothschen Güter in Oettersdorf. Dagegen war es im Bruderkriege 1447 wieder ein Georg von Kospoth, der im Mai 1447 zusammen mit Adrian Rate zu Reinsdorf eine Scheune in Brand setzte, um auf herzoglichen Befehl dem Kurfürsten Schaden zu tun.[378] Im 16. Jahrhundert bescherten die von Kospoth den Brandenburgern, insbesondere dem kriegslustigen Markgrafen Albrecht Alcibiades zu

Oschitz: Kammergutsgebäude von 1762

Ansbach bzw. Kulmbach, mehrere tüchtige Feldhauptleute, den Wettinern und Reußen fähige Verwaltungsbeamte und später auch dem Palmenorden, in dem Prinzenerzieher und Hofrichter Friedrich von Kospoth auf Seubtendorf [1569-1632] – Logenname: ›der Helfende‹ – ein tüchtiges und gelehrtes Mitglied. Zudem fungierte in der zweiten Hälfte des 18. Jahrhunderts der reuß-schleizische Hofjunker Christian Wilhelm von Kospoth als geistiger Führer einer androgynen Geheimloge, der so genannten ›Antimassonianischen Sozietät‹, die – wie wir bereits hörten – 1741 in Dänemark entstanden war und um Schleiz [Oettersdorf, Löhma, Heinrichsruh] wie auch im Schwarzburgischen Neuhaus Ableger unterhielt, aber nur Adlige, dafür aber auch Damen aufnahm. Noch Ende des 16. Jahrhunderts stellte die, in eine Frankendorfer, Oschitzer und Schilbacher Linie geteilte Familie von Kospoth die mächtigste Niederadelsdynastie im Oberlande dar. Neben zahlreichem Streubesitz und Zensiten in den meisten Dörfern [29 Orten] dort – und zwar in Kulm [7], Dittersdorf [1½], Frankendorf [10], Görkwitz [1], Gräfenwarth [3], den beiden Koskau [5], Künsdorf [2], Leitlitz [5], Mielesdorf [19], Neundorf [1], Oberböhmsdorf [4], Oettersdorf [3], Oschitz [30], Plothen [2], Pörmitz [1½], Raila [14], Schilbach [18], Seubtendorf [12], Spielmes [13], Stelzen [15], Tanna [4], Tegau, Wernsdorf [6], Zollgrün [14] nebst Grundstücken in Saalburg, Mangelsdorf [Wüstung], Pahnstangen und Pottiga – gehörte ihnen hier eine Reihe von Rittergütern und zwar in Dittersdorf [bis vor 1647], Frankendorf, Kirschkau [Freigut], Langenwolschendorf, Löhma [ab 1527], Oschitz [zwei Herrensitze], Oberböhmsdorf, Schilbach, Seubtendorf und Zollgrün sowie ein Freihaus in Schleiz. Wie umfangreiche Lehnsrechte bezeugen, könnten sie sogar in Tanna selbst und – wie Sage und Familienstammbaum berichten – auch in Volkmannsdorf ansässig gewesen sein. Ferner sind Angehörige der Kospoth später im Raum Hohenleuben auf Reichenfels, Göttendorf und Langenwetzendorf zu finden, wo sie ebenfalls zeitweise das mächtigste Geschlecht darstellten.[379] Sonst waren sie in Thüringen im 17.

und 18. Jahrhundert in Burgau bei Jena, Wölfis bei Ohrdruf sowie Bucha bei Knau [1784-1808] angesessen. Eine Madame d'Alstedt, geb. von Kospoth, hatte eine Liason mit dem ersten und einzigen regierenden Herzog von Sachsen-Jena, Bernhard [1638-1678], dem sie eine Tochter [Aemilia Eleonora] schenkte, die später den Fürstlich Merseburgischen Hofmarschall Otto Wilhelm von Tümpling heiratete. An der Oberelbe kam 1517 die Herrschaft Cotta bei Pirna [bis 1661] in ihre Hände und im sächsischen Vogtland im 18. Jahrhundert Leubnitz [ab 1764], Rodau, Schönberg und Mühltroff. Ferner existierten Nebenlinien in der Leipziger Pflege [auf Großstädteln und Güldengossa], in der Oberlausitz, in Niederschlesien, in Mecklenburg und sogar in Schweden. Die 1776 gegrafte, auf Halbau, Zehrbeutel und Reichwalde angesessene Oberlausitzer Linie entstand durch die Verehelichung Carls von Kospoth [* 1736 in Schilbach, †1799 in Halbau] mit der Erbin von Halbau aus dem burggräflichen Hause zu Dohna-Lauck. Aus Oschitz hingegen stammte Friedrich August Wilhelm Graf von Kospoth [†1782 in Neuruppin] der Vater des Breslauer Bürgermeisters Friedrich August Karl von Kospoth [1767-1832]. Den mit Abstand größten Besitzstand der Kospoth erlangte deren Niederschlesischer Zweig. Dort hatte der, dem Hause Seubtendorf entstammende Just von Kospoth [1619-1691] infolge seiner Ehe mit Anna Barbara Posadowky auf Pestelwitz, Zantochau, Schönfeld, Karisch und Jenckwitz eine beträchtliche Grundherrschaft gewonnen, welche seine beiden Söhne Joachim Wenzel [†1728] und Carl Christian von Kospoth [†1729] durch ihre Tüchtigkeit beträchtlich ausbauten. Letzterer ersteigerte 1718 die große Herrschaft Briese [heute Brezinka]. Allerdings blieb er unvermählt und übertrug sein Vermögen der Tochter seiner Schwester, Anna Sophia Christiana von Salisch [1708-1759], die auch ihren unvermählten Onkel Joachim Wenzel beerbte, worauf der riesige Grundbesitz [von am Ende 30 Rittergütern mit 65.000 Morgen Land] durch ihre dritte Ehe, diesmal mit dem Reichsgrafen Friedrich August von Kospoth [†1783], an einen, dem Hause Oschitz [?]

entstammenden Ableger der Familie fiel. Aus dem Reußischen Oberland selbst begannen sich die von Kospoth gegen Ende des 17. Jahrhunderts zurückzuziehen. Seubtendorf hielten sie bis ins letzte Drittel des 17. Jahrhunderts, Oberböhmsdorf bis 1693, Kirschkau-Unterhof bis 1702. Allein zwischen 1770 und 1800 wechselten ihre Rittergüter in Blankenberg [1736-1770/1783], Schilbach [1771], Frankendorf [nach 1779], Zollgrün [1790], Oschitz [1798] und schließlich auch die Herrschaft Mühltroff [1799/1817] in andere Hände. Die Oberlausitzer Linie derer von Kospoth dagegen hielt ihre Besitzungen in Reichwalde von 1811 bis 1830, in Halbau [ab 1759] und Zehrbeutel [seit 1830] dagegen bis 1862. Über den 1729 geschaffenen Fideikommiss über Briese und 9 weitere Rittergüter [mit 4.552 ha Fläche] gebot im Jahre 1926 Erich Graf von Kospoth.

Sein Schloß in Briese steht seit Beginn des Zweiten Weltkrieges leer, verfiel und entwickelte den morbiden Charme eines ›Lost Place‹. Schön saniert hingegen ist das Schloß der vogtländischen Linie in Leubnitz, nachdem es die Baronin von Kospoth, eine geborene von Schönberg, bis 1945 hatte behaupten können. Es stellte den letzten Rest des einst so reichen Familienbesitzes im Vogtland dar.[380] Als ihre Grablege diente den oberländischen Kospoth hauptsächlich eine Seitenkapelle an der Schleizer Bergkirche. Als diese im Jahre 1821 baufällig geworden war und einer Sanierung bedurfte, erklärte die Familie »auf eine entsprechende Anfrage hin, dass sie keinen Beitrag mehr für die Erhaltung ihrer Familienkapelle leisten wollte und bestimmte..., dass die Annenkapelle nun als ›Kospoth-Kirche‹ gelten sollte. Da auch die Kirchgemeinde nicht die Mittel besaß, die **Kospothkapelle** zu erhalten, wurde jener Anbau an die Annenkapelle 1823 abgerissen. Heute erinnern nur noch die Wappen (drei silberne Sterne auf blauem Schild) an der Außenwand und im Sterngewölbe der Annenkapelle sowie einige Grabmäler an die einstige Bedeutung dieser Familie.«[381]

Die Oschitzer Stammlinie derer von Kospoth und ihre Äste

Nach Darstellung des Genealogen Biedermann [1752] soll der 1279 in einer markgräflichen Urkunde erwähnte Nikolaus (I.) von Koßpoth Stammherr der Oschitzer Linie gewesen sein. Sein in einer Urkunde der Vögte von Gera 1329 als Zeuge erwähnter gleichnamiger Sohn hinterließ drei Söhne: Otto, der Geistlicher wurde, erhielt das Gut Volkmannsdorf [Volckmarsdorf], während sich seine Brüder Nikolaus (III.) und Luthold um Oschitz verglichen. Lutold gewann neben Oschitz auch den Rittersitz zu Langenwolschendorf. Seine Söhne [1.] Friedrich [2.] Eberhard und [3.] Nikolaus (IV.) wurden jeweils zu eigenen Linienbegründern. [2] Der 1420 erwähnte, auf Oschitz und Langenwolschendorf sitzende Eberhard von Kospoth begründete eine zu Oschitz gesessene Linie, die mit dem Tode seines Enkels Jahn von Kospoth, Statthalter und Amtshauptmann zu Schleiz [†1505] aber wieder ausging. [3] Nikolaus (IV.) von Kospoth rief ebenfalls eine zu Oschitz gesessene Linie ins Leben. Seine Söhnen und Söhnessöhne Georg [urk. 1405], Hans [urk. 1492] und Kunz [urk. 1503] besaßen neben Oschitz-Oberhof auch Kirschkau, bis mit dem Tod von Kunzens Sohn Eberhard [urk. 1558] auf Oschitz-Oberhof diese ältere Oschitzer Linie 1594 ausstarb und der Besitz über den zu Görkwitz gesessenen Langenwolschendorfer Ableger des Joachim von Kospoth [†1599] schließlich an nachfolgend noch erwähnten Hans Caspar von Kospoth [†1628] auf Unter-Oschitz und Langenwolschendorf fiel. Sein Grabstein steht noch in der Oschitzer Kirche zur Seite des Altars, wo sich unter dem Fußboden die Kospothschen Familiengrüfte befinden. Nicht nur hatte er sich, wie aus Mehreren hervorgeht, durch Frömmigkeit und Menschenfreundlichkeit ausgezeichnet und zur Erbauung und Verschönerung der hiesigen Kirche manches beigetragen, sondern sich auch um die hiesige Gemeinde manche Verdienste erworben. Auch stiftete er dem Gotteshaus einen, mit seinem und seiner Gemahlin A. M. geb. von Eberstein Wappen versehenen Abendmahlskelch sowie auch einen schönen, mit Cherubenköpfchen und dem Kospothschen Wappen versehenen

Taufstein. Sein gleichfalls in der Kirche noch befindliches hölzernes Epitaph [mit Kreuzigungsszene] wurde von Paul Keil [1573-1646], dem seinerzeit bedeutendsten Barockmaler Ostthüringens geschaffen.[382] [1] Kommen wir nun zu den Nachkommen von Nikolaus (II.) ältesten Sohn Luthold. Sein Sohn Friedrich, der 1419 dem Herrn von Gera seine Güter in Tegau verkaufte, hatte seinen Sitz im übrigen nicht in Oschitz, sondern in Langenwolschendorf. Von seinen dort gesessenen Urenkeln ließen sich [1.1.] Caspar [urk. 1527] in Langenwolschendorf, [1.2] Erhard neben Langenwolschendorf in Böhmersdorf, [1.3] Asmus [urk. 1533] in Böhmersdorf, [1.4.] Kunz in Langenwolschendorf und Kirschkau und [1.5] Hans in Oschitz nieder. Kunzens Sohn – vorgenannter Joachim von Kospoth auf Görkwitz [1.4.1] – erhielt 1594 das Rittergut Oschitz Oberen Teils, ja empfing 1597 sogar ›die gesammt Kospothischen Güther, so in dem Reußischen Territorio gelegen zu Lehen, starb anno 1599 zu Oschitz [aber] ohne Leibes Erben und ruhet in der Kospothschen Begräbniß=Kirche zu Schlaiz‹[383]

Hansens Sohn Hans Caspar [1.5.1] wurde 1597 mit dem Rittergut Oschitz-Unterhof belehnt, doch starb seine Unter-Oschitzer Linie mit dem Tode seines Enkels Georg Heinrich 1665 aus, worauf der Besitz an seinen nächsten Verwandten Anton von Kospoth [†1676], den Sohn des auf Schilbach und Langenwolschendorf gesessenen Jobst von Kospoth [†1635] fiel. Antons Erben waren – für seinen Frankendorfer und Zollgrüner Besitz sein Sohn Johann Ernst von Kospoth [*1646, oo 1675], für seine Oschitzer und Schilbacher Güter dagegen sein Sohn Anton Christian [1669-1708], der wohl auch den 1660 von seinen Onkel Just Jonas [†1673] erworbenen Besitzanteil von Oschitz übernahm. Anton Christians Sohn, Friedrich Wilhelm [*1702], verkaufte 1731 sein Rittergut Oschitz an seinen Vetter Johann August von Kospoth auf Schilbach [1683-1758], den Sohn Johann Ernsts. Dieser erwarb 1736/38 auch das Rittergut Blankenberg, lebte fortan aber auf Oschitz. Unter seinen Söhnen wurde die Oberländische Linie der Freiherren von Kospoth über Otto Carl Erdmann von Kospoth [†1779] und seinen Bruder Heinrich Wilhelm in einen Oschitzer und einen Leubnitzer Zweig geteilt. Während letzterer 1794 das spätbarocke Leubnitzer Schloß errichten ließ, gewann ersterer durch seine Vermählung mit Ottonia Eleonora Freiin von Bodenhausen die Herrschaft Mühltroff, deren großer Gerichtssprengel 1 Stadt und 6 Dörfer mit 2.500 Consumenten [1814] umfaßte. Von seinen Söhnen erbte Otto Carl Erdmann [geb. 1753] die Herrschaft Mühltroff und Karl Alexander [geb. 1769] u.a. Oschitz. Zudem erwarb er 1793 die Herrschaft Oberpöllnitz. Die beiden fungierten als Kammerherren am preußischen Hofe. Während ersterer neben zahlreichen anderen Begabungen zu einem beliebten Komponisten avancierte, galt letzterer als Tunichtgut und Schuldenmacher. 1798 mußte er seinen Oschitzer und Oberpöllnitzer Besitz verkaufen. »Oschitz betreffend findet sich ... ein Eintrag des damaligen Pfarrers im Kirchenbuch. Dort heißt es, daß 1797/98 bei Karl von Kospoth Zahlungsschwierigkeiten auftraten. Als letzter Termin war der 13. September 1798 festgesetzt. Schließlich hatte Heinrich XLII. [von Reuß-Schleiz] das vermutlich letzte kospothsche Rittergut im Raum Schleiz, den Oschitzer Edelhof, erworben. Die Lehensverhältnisse wurden am 30. Januar 1799 gelöst.

Danach verschwindet die Familie von Kospoth [im Reußenland] fast vollständig aus der Geschichtsschreibung. Auch unter den Hofbeamten sind sie nicht mehr zu finden.«[384] Karl Alexander soll 1812/13 in Rußland verschollen sein. Sein Sterbedatum ist unbekannt. Otto Carl Erdmann wurde 1790 in den Grafenstand erhoben und ließ sich im selben Jahre auf dem Lämmerhügel bei Mühltroff ein Lustschloß mit Landschaftspark erbauen. Er dürfte jenem freimaurerisch-rosenkreutzerischen Netzwerk von Hofbeamten angehört haben, das von 1789 an über 12 Jahre hinweg die Politik des preußischen Staates dominierte. Der Schloßbau Otto Carls kostete Geld, ebenso seine Versuche, in der Mühltroffer Schloßküche mittels alchemistischer Experimente Gold herzustellen. 1799 wurde sein Besitz unter Zwangsherrschaft gesetzt, ihm aber bis zu seinem Tode 1817 eine Unterkunft auf dem Mühltroffer Schlosse belassen.[385]

Pahren

Das Angerdorf Pahren [1387 Parn] liegt westlich von Zeulenroda in dem muldenartigen Quellgebiet des Steinbaches, eines Nebenlaufs der Weida. Am unteren Ende des Dorfes, auf dem Bühl [Burghügel], dem Standort des Herrenhaus und weiterer Gebäudeteile des ehemaligen Rittergutes, finden sich – von allen Seiten topographisch gut erkennbar – die Überreste einer **mittelalterlichen Burg**. »Vom umlaufenden Wassergraben hat sich im SO noch ein Teich erhalten. Das gesamte Areal nahm eine Fläche von ca. 130 m × 120 m ein.«[386] – »1278 wird ein ›Henricus **de Parne**‹ erwähnt, der als Träger einer kleinen Herrschaft seinen Sitz auf dieser Anlage hatte.«[387]
Noch im Jahre 1387 hören wie von einem ›[H]ere Heinrich zu parn‹ als Zeuge bei einem Grundstücksverkauf in Crispendorf.

Später gehörte das **Rittergut** der Familie **von Magwitz**, so etwa Caspar Machwitz zu Pahren, der 1487 in einer Urkunde erscheint. »Die Familie Machwitz hatten einen ziemlich großen Besitz an sich gerissen. Um 1500 gehörten dazu Ländereien in Zadelsdorf, Wenigenauma, Sorna, Silberfeld. Den Höhepunkt ihrer Macht erreichten die Machwitz um 1503, als ein Zweig der Familie die Herrschaft Reichenfels übernimmt.«[388] Im Jahre 1567 endlich erwarb Günther **von Bünau** das Pahrener Gut. Neben diesem größeren Rittergut existierte im Dorfe noch ein zweites, kleineres Rittergut, das 1402 dem Heincz **Röder** gehörte, der in diesem Jahre als Zeuge eines Grundstücksverkaufs in Cryspendorf seitens Jan Pasicks [Possecks] an den Schleizer Richter Dittrich von Cophenz Erwähnung findet. Aber schon 1462 gehörte dieser Rittersitz denen von Machwitz. Nach dem 30-jährigen Krieg dann wurden die beiden Pahrener Güter vereinigt, das kleine Gut zerschlagen, ein Teil seines Besitzes dem großen Gut einverleibt und aus dem Rest ein mannlehnbares Bauerngut als **Freigut** geschaffen, das später als Viertelhufengut in den Besitz der Tegauer Kirche gelangte, die auch sonst im Orte wohl besessen war und einige Lehen ihr Eigen nannte, über die sie sogar die Erbgerichte innehatte. Erhalten gebliebene Reste des Rödergutes sind in dem Anwesen der Familie **Dietrich** [1988] zu vermuten. Ein großer Teil des Steinmaterials des kleinen Gutes aber diente denen von Bünau für die Wiedererrichtung des wohl schon im 16. Jahrhundert erbauten, im 30-jährigen Krieg sicherlich zerstörten Herrenhauses des großen Gutes, welches nach dem Tode Günthers [†1588] über Heinrich [†1593] in den Besitz Günthers (II.) von Bünau [†1660] gekommen war. Sein Nachfolger Günthers (III.) stiftete der Pahrener Kirche 1677 die große Glocke. Nach seinem Tod im Jahre 1684 wurde Günther (IV.) von Bünau Herr auf Pahren, der 1715 – also im Jahre vor seinem Ableben – das Rittergut Pahren für 43.500 fl. an seinen Landesherrn Heinrich XI. **Reuß** Schleiz [†1726] verkaufte. Allerdings scheint Günters Tochter Christiane Luise noch Rechte daran gehalten zu haben, denn im Jahre 1720 verwaltete deren Ehemann Christian E. Watzdorf das Gut. Von ihm weiß die Sage, er sei am Rande des Stelzendorfer Waldes in einem Duell gefallen, worauf zur Erinnerung daran der Pahrener Rittergutspächter Weißker im Jahre 1868 an dieser alten Kult- und späteren Freigerichtsstätte, die sich als neutrales Territorium wie kaum ein anderes zum Austragen solcher Streitigkeiten eignete, die sogenannte **Watzdorf-Eiche** errichtete. Auch von einem Watzdorf-Stein ist in diesem Zusammenhang die Rede. Mit Rudolf von Bünau jedenfalls starb 1762 der letzte Anteilseigner aus dieser Familie an dem Pahrener Grundhof, welcher als Reußisches Kammergut fortan auf gräfliche Rechnung von Verwaltern bewirtschaftet wurde. Der wahrscheinlich schon von den Herren von Pahren begründeten Ortskirche mit ihrer von Machwitz- und von Bünauschen **Familiengruft** stiftete Graf Heinrich XII. Reuß-Schleiz [†1784] im Jahre 1774 einen schönen Altar. Aber erst

Pahren: Herrenhaus

sein Sohn Heinrich XLII. [†1818] ließ – woran eine noch 1891 dort angebrachte Tafel erinnerte – im Jahre 1802 aus den Trümmern des Bünauschen Schlosses ein neues **Herrenhaus** errichten. Es handelt sich dabei um jenen, noch heute erhaltenen neo-gotischen Winkelbau mit Steildach und Stufengiebeln.[389] Von den, dem vormaligen Rittergut obliegenden Grundrechten, wie dem Patronatsrecht über die Kirche, der Kollatur über die Schule bzw. den Obergerichten und größtenteils auch den Nieder- und Erbgerichten über die Anwesen im Ort wurden die Gerichtsrechte später dem Justizamt Schleiz übertragen.

Der Kammergutsbetrieb selbst war einer der bedeutendsten in den Schleizer Unterdörfern. Nicht nur existierten hier ausgedehnte Gartenanlagen, in denen aufgrund besonderer klimatischer Bedingungen östlich zweier, die sonst reichen Niederschläge im Oberland aufsichziehender Feuchtgebiete [Plothener Teiche, Wolsche] reicher Obst-, bis hin zu Pfirsichanbau betrieben wurde, sondern die Ackerböden eigneten sich auch hervorragend für den Anbau von Saatgut, besonders des Weizens, Roggens und sogar der Kartoffeln. Zusätzlich zu den LWN existierten noch ausgedehnte Gutswaldungen östlich vom Ort diesseits und jenseits des Weidaflusses. Die dortige, etwa 3 km von Pahren entfernte Sörbitzmühle diente als **Zwangsmühle** für die Einwohner der Herrschaft Pahren und wurde daher auch ›Herrenmühle‹ genannt. Im Jahre 1427 erstmals urkundlich erwähnt, arbeitete sie bis 1955. Nachdem der letzte Müller der LPG beigetreten war, verfiel das Anwesen. Später diente es bis zu seinem Abriss 1974 wegen des Baues der Vorsperre zur Talsperre Zeulenroda »den sogenannten Kampfgruppen der Arbeiterklasse als Übungsobjekt für den Häuserkampf.«[390] Zwischenzeitlich – und zwar im Jahre 1835 – steht der Adlige Heinrich Constantin **von Gehring** [†1868] als ›Besitzer‹ des Kammergutes verzeichnet. Seit Johanni 1841 hatte Fürst Heinrich LXII. Reuß-Schleiz [†1854] es in Pacht ausgetan, worauf es weit rationeller bewirtschaftet wurde als zuvor unter den landesherrlichen Vögten. In der Familie **Weißker** sollte das Kammergut einen – ähnlich wie im Falle von Oet-

tersdorf – jahrzehntelang darauf sitzenden Pächter gewinnen.
Im Jahr 1923 befand sich die damals noch Liegenschaften von 235 ha umfassende Pachtung in den Händen von ›Frau Ober-Amtmann Weißkers Erben‹, die sie durch ihren Inspektor Albin Berndt verwalten ließen. Neben Schweinezucht [40 Tiere] wurde auch Rinderzucht [60 Tiere] betrieben, während die Zugarbeit 11 Pferde und später ein Traktor verrichteten.[391]

Zwischen 1940 und 1945 existierte im Herrenhaus ein Lager des Landdienstes, wo Jugendliche aus den Städten ein Jahr lang um freie Kost, Logis und etwas Taschengeld sowohl auf dem Kammergut wie auch den umliegenden Höfen mithelfen mußten. In den Jahren nach Kriegsende dienten die Wohnräume des Herrenhauses wie auch der Wirtschaftsgebäude Umsiedlern als Unterkunft. Im Zuge der Bodenreform wurden die Flächen des Kammergutes, aber auch der Besitz aktiver Nazis 1946 enteignet und daraus 10 Neubauernstellen geschaffen wie auch einige kleine und mittlere landwirtschaftliche Betriebe aufgestockt. 1947 öffnete in einem Gebäude des Gutes eine Niederlassung des VdgB seine Pforten, deren Maschinenbestand anfänglich aus dem enteigneten Inventar des zerschlagenen Großbetriebes bestand. 1949 bildete sich daraus ein Filial der MAS Langenwetzendorf und 1955 eine MTS. Das große Nebengebäude des Gutes mit seinem 80er-Stall nutzte die 1958 zum Typ III übergetretene 1. Pahrener LPG ›Einheit‹ [1954] und ließ auch den Boden des Gebäudes zu einen Klubraum ausbauen. Doch schon 1961 brannte dieses nieder. Bis 1965 erstand es neu, während als Ersatz für die dabei mit verlustig gegangenen Wohnungen ein 4-WE-Wohnblock – der zweite in Pahren – entstand. Weitere Wohnungen bestanden bzw. entstanden – nachdem im Herrenhaus 1958 die Gemeindeverwaltung eingezogen war – zudem in der bisherigen Schweizerwohnung, in der umgebauten Gutsscheune [2 WE], in der Schafscheune [1 WE] und in der Gutsbrennerei [2 WE]. Im Jahre 1966 verband sich die mehrheitlich aus zwangsbeigetretenen Bauernhöfen gebildete 2. Pahrener LPG Typ I ›Gute Quelle‹ [1960] mit der vorgenannten LPG ›Einheit‹ zu einer neuen LPG Typ III ›Einheit‹. In der Folge entstanden zunächst anstelle, dann rückwärtig zum Gutskomplex und schließlich auch nördlich der Ortslage großräumige Ställe, Speicher und andere landwirtschaftliche Anlagen. Das 1964 mitsamt dem Gros ihres Maschinenbestandes an die LPG übertragene Gebäude der MTS wurde zu einer Schlosserei und Werkstatt für Landmaschinen erweitert. Im ehemaligen Pferdestall des Gutes kam die neue LPG-Küche mit Speiseraum und Bar unter. Ein Sozial- und Verwaltungsgebäude sowie Garagenanlagen schossen aus dem Boden. Auf diese Weise hatte sich das vormals relativ geschlossene Anwesen des Kammergutes zu einem fast vollständig neuen LPG-Gelände erweitert, wo ab 1969 die KAP Pahren-Staitz und ab 1973 im Zuge der Trennung von Tier- und Pflanzenproduktion die 11 Dörfer umfassende LPG (T) Pahren ihre Verwaltungssitze erhielten, während die gleichfalls aus den LPGn dieser Dörfer gebildete LPG (P) Auma sich deren Grün- und Ackerflächen [alles in allem rund 6.500 ha] annahm. Nach der Wende zerfielen diese beiden Gebilde wieder und die landwirtschaftlichen Anlagen Pahrens wurden 1991 in die neugegründete ›Pahren Agrar Kooperation‹ überführt, welche gegenwärtig rund um das Zeulenrodaer Meer 2.500 ha LWN bewirtschaftet. Das frühere Herrenhaus des Kammergutes aber dient seit 1992 als Kindergarten des Ortes.[392]

Die Herren von Bünau

Die Familie von Bünau ist ein bischöflich naumburgisches Uradelsgeschlecht vermutlich aus Beuna bei Merseburg, das uns mit dem bischöflichen Kastellan der Schönburg, Rudolfus de Bunowe, schon im Jahre 1166 urkundlich entgegentritt. Ein früher Wappenschild [1301] zeigte noch einen Leopardenkopf mit einer Lilie im Maule, bis erstmals im Jahre 1487 das bis heute gebräuchliche, viergeteilte Wappen [rot-silber gespalten im ersten und vierten Feld / eine goldene Löwenmaske mit Lilie auf roten Grund im zweiten und dritten Feld] Einführung fand. Im Laufe des 13. Jahrhunderts traten Angehörige der Familie als Burgverwalter auch im Vogtland in Erscheinung, wo sie wahrscheinlich den Ort Büna zwischen Pausa und Elsterberg begründeten, bevor sich das Adelsgeschlecht ab dem Spätmittelalter infolge der natürlichen Entwicklung immer weiter – so nach Sachsen-Thüringen, Altpreußen, Altwürttemberg sowie Böhmen – geographisch ausbreitete und sich im Laufe der Jahrhunderte auf 15 Haupt- und 28 Nebenlinien verästelte, wobei es allein im überwiegend mitteldeutschen Untersuchungsgebiet des Schloßarchivs Wildenfels [HRL] auf 186 Adelssitzen nachweisbar ist. Dessen ungeachtet waren sie bemüht, nach außen hin stets geschlossen und als Familienverband aufzutreten, zu welchem Zwecke sie spätestens seit 1507 regelmäßige Treffen und Beratungen abhielten und die dabei getroffenen Vereinbarungen – sowohl hierarchie- und eigentumsrechtlicher Natur, aber auch zu befolgende Gewohnheiten bei Eheschließungen, Geburten, Todesfällen und anderen Veranstaltungen – in ihrem Haus- oder Familiengesetz verankerten. Auf diese Weise wurden 1517 auch bestimmte Leitnamen [nämlich Heinrich, Günther und Rudolf] für alle männlichen Abkömmlinge des Geschlechts festgeschrieben. Der Sage nach hätten während der Hussitenkriege [1420-1434], wo angeblich 200 mannhafte Angehörige des Geschlechts ums Leben kamen, nur drei Brüder oder Vettern mit diesen Namen die Kriegsgräuel überlebt.[393] Eine gewisse besitzliche Kontinuität erlangten die von Bünau im Reußenland erst aber dem 15. Jahrhundert, nachdem Günther von Bünau [†1468] die Herrschaft Elsterberg erworben hatte, die sie bis 1636 in Besitz hielten und um die Mitte des 18. Jahrhunderts zeitweilig wieder behaupteten.

Dazu kamen später noch Frankenthal und Töppeln bei Gera und selbstverständlich Pahren in der Herrschaft Schleiz, wo sie sich ähnlich wie in Elsterberg bald 200 Jahre hielten. »Ihre Hauptbesitzungen lagen jedoch wie die der – mit ihnen oft und eng verwandten – Ende außerhalb des reußischen Territoriums«[394] und tangierten abgesehen von Nimritz mit Rehmen [vor 1688-1782] selbst den Saale-Orla-Raum, z. B. mit den beiden Saalfelder Amtshöfen [bis 1624] und den Rittergütern Sorna [um 1695] und Ober-Renthendorf [1735-1752], nur am Rande.[395]

Rödersdorf

Das Platzdorf Rödersdorf [1266 Rodesdorfh] liegt zwischen Schleiz und Auma in einer sanften kesselförmigen Vertiefung des Eichelbachs. Auch wenn nähere Hinweise über ein, im Dorf ehedem bestandenes Rittergut in der statistischen Literatur fehlen und sich auch ortstopographisch kaum eruieren lassen, so muß in Rödersdorf bis ins 17. Jahrhundert doch zumindest ein **Adelssitz** bestanden haben, wo im 15. Jahrhundert die Familie **von Röder**, welcher die Sage überdies die Gründung des Ortes zuschreibt, gewohnt hat. 1407 wird ein ›Niclas Röder zu Rödersdorf‹ als Collator und Patron der Kirschkauer Kirche genannt. Im selben Jahre stifteten die Röder zu Ober-Kirschkau eine Seelenmesse am Altare St. Gerhard zu Leitlitz.

Später gewannen die von **Watzdorf** die meisten Lehen im Orte und im Jahre 1505 führten die Rödersdorfer Bauern gegen den auf Crispendorf gesessenen Zweig der Familie einen Gerichtsprozeß um Milderung ihrer Frondienste. 1557 verpfändeten die Watzdorf ihre Rödersdorfer Lehen an die von Kauffungen und 1560 an die von Obernitz. Einer der letzten zu Rödersdorf gesessenen Familienmitglieder war Abraham von Watzdorf [†16.08.1605]. Seines Zeichens landesherrschaftlicher Marschall und Stallmeister – zeichnete er sich in der Schlacht bei Danzig heldenhaft aus. Sein in der Rödersdorfer Kirche erhaltenes Epitaph stellt ihn bekleidet mit Ritterrüstung, den Helm zu Füßen, mit charakteristischem Gesicht und Bart [wie Tilly mit überlanger Spitze] in betender Stellung dar. Ringsum finden sich vier Wappen [v. Watzdorf, S. v. Watzdorf, geborene Rußwurm (?), *A. V. S. T.*, *H. V. SCH.*]. Bei der späteren Öffnung seines Grabes fanden sich noch Degen und Dolch.[396] Nach Abrahams Tode begann der zu Rödersdorf angesessene Watzdorf-Zweig an Ansehen zu verblassen und ›Martha von Watzdorf zu Rödersdorf‹ konnte sich [vor 1622] nur noch mit einem Bauernsohn daselbst [Julius Bros, auch Praß] vermählen »und fehlt deshalb in der Stammtafel der von Watzdorf.«[397] Von den letzten watzdorfschen Untertanen im Ort heißt es in den Landesteilungsakten von 1647, daß diese ›jetzt schuldenhalber veralienirt‹ seien.[398] Ihrer Bewertung nach waren es ohnehin nur noch geringe Lehnschaften. Selbige dürfte letztenendes der Schleizer Stadtschreiber Johann Friedrich **Zencker** erworben haben, der 1654 als Besitzer des ›Rittergutes‹ von Rödersdorf genannt wird.[399] Das Obergericht über den Ort stand damals schon dem Landesherrn zu und abgesehen von einigen Junkerlehen auch das Niedergericht – selbst über die Rödersdorfer resp. Göschitzer Pfarr- bzw. Kirchlehen ebenda.

Die Familie Roeder

Die Familie von Röder ist ein vogtländisches Uradelsgeschlecht, benannt nach dem Orte Rodau südöstlich von Mühltroff. Auch wenn ihre Vorfahren in den Sagen des Voigtlandes [1871] als slawische Edelinge aus der Mark Brandenburg erscheinen, die König Heinrich I. [reg. 919-936] bei der Eroberung der Slawengaue unterstützten,[400] sind die Ursprünge der im sächsischen Vogtland und im Nordraum von Schleiz früher weitverbreiteten Familie wohl eher im bayerischen Vogtland zu suchen.

Aufgrund der Gleichheit ihres, von Silber, Rot und Schwarz geteilten Wappenschildes dürften sie mit den Familien von Zedtwitz, von Feilitzsch, von Redtwitz, von Gößnitz bzw. von der Heydte stammesverwandt sein. Zudem existiert eine, möglicherweise von dem vogtländischen Hause abstammende anhaltinische Familie von Roedern. Im Jahre 1347 erstmals erwähnt und zu Harzgerode angesessen, führt sie drei Rosen in einem Schrägrechtsbalken im Wappen und breitete sich später auch in den Ländern Weimar und Schwarzburg [Aschau, Watzdorf, Dörnfeld auf der Haide] bzw. an der mittleren Saale [Kolkwitz, Heilingen] aus, doch finden sich ihre Glieder in den älteren Stammbäumen oft mit jenen einer, im Brandenburgischen verorteten Familie von Redern vermischt. Von den Adelsfamilien des südlichen Vogtlands [so denen von Zedtwitz, von Machwitz, von Mylau, von Reinholdsdorf bzw. von Faßmann [auf Töpen] galten die Roeder, da sie mit den, in einer Schenkungsurkunde des Weidaer Vogtes Heinrich IV. erwähnten

Zeugen Cunrado de Rode bereits im Jahre 1224 erstmals urkundlich erscheinen, als die älteste und zumindest im Bezug auf ihre Siedlungsherrschaft im Raum zwischen Mühltroff und Plauen auch als bedeutendste. Etwa zur gleichen Zeit, als mit dem 1401 erstmals erwähnten Hans Roeder [†1418] auf Ober-Pöhl die kontinuierliche Stammreihe des Geschlechts beginnt, lassen sich die von Röder auch im Amte Schleiz nämlich zu Pahren [1402], Burkersdorf [Freigut], Kirschkau-Oberhof [1407] und Rödersdorf [1407] finden, das der Sage nach ebenso wie die Orte Rüdersdorf bei Gera und Rodersdorf bei Plauen nach ihnen benannt sein soll. Ferner berichtet eine Legende, daß die von Röder zu ihren Hauptzeiten zwölf Dörfer im alleinigen [!] Besitz hatten. Zudem gelang es der Familie im 15. Jahrhundert, gleich denen von Reitzenstein und von Oberweimar, eine ihrer Töchter in das unterfränkische Grafenhaus Castell zu verheiraten. Während des Schwarzburgischen Hauskrieges im Jahre 1448 kämpften Heinz und Hans Röder auf Seiten Heinrichs von Schwarzburg zu Leutenberg, während ihr Landesherr, Heinrich der Ältere von Gera, die Gegenseite von Graf Günther von Schwarzburg unterstützte. Solche Parteigängerei nahm der Herr von Gera seinen beiden Vasallen jedoch übel und ließ sie trotz Waffenstillstandes mehrere Monate lang im Schleizer Turm schmachten. Im weiteren Verlaufe des 15. Jahrhunderts verliert sich die Spur der Roeder aus dem Schleizer Oberland. Lediglich in der Neustädtischen Nachbarschaft waren sie später auf den Rittergütern Tausa mittleren Teils [um 1650] und Läwitz [18. Jh.] angesessen. Im Raum Plauen hingegen wo sie neben Pöhl [1401], Rodau und Leubnitz auch in Jocketa [1449], Rodersdorf [1489] sowie Schönberg bei Oelsnitz [16. Jh.] Rittergüter besaßen, waren sie während der Frühneuzeit neben Pöhl und Helmsgrün noch zu Cossengrün [1654] und Möschwitz [18. Jh.] bzw. seitens ihrer gräflichen Linie in Straßberg und Unterneundorf [um 1785] anzutreffen, bis mit dem Tod Christoph Wilhelm Ludwigs von Röder [†1808] ihre dortige Linie im Mannesstamm erlosch und die Herrschaft Pöhl im Folgejahr durch Heirat an die Familie von Bodenhausen aus Brandis bei Leipzig überging.[401]

Waren die Roeder schon bei der Kolonisation des südlichen Vogtlandes tatkräftig hervorgetreten, so sollte ein zu Marienmünster bei Höxter gebürtiger westfälischer Zweig ihrer anhaltinischen Linie um die Mitte des 19. Jahrhunderts auch in die Siedlungsgeschichte des damals noch jungen US-Bundesstaates Texas mit eingehen, wo Franz Ferdinand von Roeder [1811-1857] bei Austin die Siedlung Cat Spring begründete.[402]

Das Epitaph des Ritters Caspar Röder [†1603]

Ausgerechnet in dem ehedem kursächsischen Ort Liebschütz, wo die von Röder niemals ein Rittergut besaßen, hat sich das bedeutendste Monument ihrer früheren Präsenz im Oberland erhalten. In der dortigen Kirche, an der nordöstlichen Seite des Chors – ziemlich im Verborgenen – befindet sich, gefertigt aus thüringischem Marmor, ein bild- und textgewaltiges, geradezu wuchtig komponiertes Werk der deutschen Spätrenaissance, nämlich das Epitaph des kursächsischen Rittmeisters Caspar Röder. Der alte Haudegen war auf mancher Kriegsfahrt in aller Herren Länder gewesen. Seine letzten Lebensjahre verbrachte er in Liebschütz bei seiner Nichte [?] Helena geb. von Röder, die den örtlichen Grundherrn, Hans Heinrich von Obernitz, geheiratet hatte. Dazu erwarb er von seinem Gelde ein einfaches Bauerngut – den späteren Wohnsitz der Familie Wolf im unteren Dorfe. Die Dorfbewohner allerdings konnten sich an dem Gebaren des weltgewandten Mannes vieles nicht erklären, zumal er ihnen auch manchen Streich gespielt, manchen Bären aufgebunden haben mag. Gerüchte über ihn machten die Runde, nahmen an Erzählwert zu, wie sie an Wahrheitsgehalt abnahmen, bis sie nach dem Tode des Rittmeisters endgültig zu Legenden wurden. So soll er mit dem Teufel im Bunde gestanden, sogar sein eigenes Kind in Öl gesotten haben. Sein Streitroß, mit dem er einmal die Saale übersprang, liege mit goldbeschlagenen Hufen auf dem ›Alten Hofe‹ nach Liebengrün zu begraben. Doch merkt schon der Heimatforscher Rudolf Drechsel an, daß die Nachwelt hier im

Kerne viel ältere Geschichten mit der späteren Person des Rittmeisters verknüpft hat. Inwieweit er tatsächlich ein so ruchloses Leben führte, dagegen sprechen nicht nur die Einträge im Liebschützer Kirchenbuch, sondern auch der Umstand, daß man ihn ›ad sanctum‹ vor dem Altar der Kirche beisetzte, wo seine Grabplatte mit der Umschrift *›CASPAR RODER GE... HARD SEINES ALTERS IM 59 IHAR 1603.‹* in den Boden eingelassen war. Bei ihrer Hebung 1820 zerbrach sie in mehrere Stücke und inzwischen fehlen ganze Teile davon. Das **Epitaph** Röders an der Chorwand aber ist um so besser erhalten: Den Grundstock bildet ein, aus einem Posaunenengel herauswachsendes Konsol, welches die beiden Schriftsteine umfaßt, worauf steht:

»GRABSCHRIFFT DES GESTRENGEN EDLEN VND EHRENFESTEN IVNCKER CASPAR RODERS CHVRFÜRSTLICHEN SÄCHS. RITTMEISTERS. NICHT WEIT VON HINNEN LIGT EIN STEIN, WELCHER IST AVSGEHOWEN REIN DER WEIST MEIN CASPAR RODERS BILD WELCHS ICH IN DIESEN LEBEN HILT ALS ICH WAR NEVNYNDFYNFZIG IAHR NICHT VIEL DARVBER DAS IST WAR NACH WILLN GOTTS MEINS HERRN VND MEINER ALLERLIEBSTEN ELTERN SOLLT ICH IN MEINEN IVNGEN IAHRN VERSVCHEN VIEL VND VIEL ERFAHRN IN SCHWEREN DIENSTEN NAH VND WEIT WIE SOLCHS MIT SICH BRACHT DIE ZEIT DRVMB ICH HALD AVS MEIN VATERLAND IN FREMDE LAND WVRD GESAND V. GEBE MICH GEDVLDIG DREIN ICH SAH ES KVNDT NICHT ANDERS SEIN VIEL VNGEMACH VND GROS ELEND ICH LEIDEN MVßT WIE ES GOTT HERSENS MIT GROßER GFAR VON FEINDEN ICH VMRINGET WAR IN EHSTAND AVCH GAR OFT V. VIEL WIE MEIN LIEBS WEIB WEIS CREVTZ FVRFIEL WELCHES MIR ZUGESCHICKT MEIN TREWER GOTT DER MICH OFT KOMEN LIES IN NOT DAS ICH SOLT HIE AVF DIESER ERDN DIS LEBENS UBERDRVSIG WERDN V. MICH SEHNEN IN IHENE WELT DIE LAVTER FREVDEN SICH HELT ALS NUN MEIN GOTT V. BAT IHN UM LINDRVNG MEINER SCHMERZEN V. DAS ER NACH DER GVTHE SEIN MIR ARMEN RODERS WURMIELEIN WOLD GNEDIG V. BARMHERZIG SEIN VERGEBEN AVCH ALL SVNDE MEIN DVRCH IHESV CHRIST SEIN LIEBEN SOHN DER FVR MICH HAT GENVG GETHON ALS ER AM CREUZ STARB MIT ZU GVT V. DA VERGOS SEIN THEUWRES BLUT DEN ICH AN MEINEN LETZTN END MEIN SEEL BEFOHLN IN SEINE HEND DIE ER VLEIßIG BEWAHREN WIRD ALS MEIN BISCHOFF V. GVTHER HIRT V. IHR GEBEN NACH DIESER ZEIT DIE FREUDENREICHE SELIGKEIT DIE GOTT VATER VON EWIGKEIT AVS GNADEN AVCH MIR HAT BEREIT DAHIN HILF AVCH MEIN LIEBEN WEIB HER IHESV CHRIST MIT SEEL V. LEIB DENN IN DEN HIMEL IST GVTH SEIN BEI DIR V. DEINEN ENGELEIN WOHL DEM DER DURCH DICH KOMPT HINEIN EWIGLICH IST ER SELIG FEIN.«[403]

Neben den Schriftsteinen ragen zwei Männer in Brustbildern aus der Wand, welche stark vorspringende Postamente tragen. Darauf folgen drei Etagen: in der unteren, von paarweise angeordneten Säulen gerahmt, ein Halbrelief des verstorbenen Ritters in Vollrüstung und seiner Gemahlin mit langen faltigen Gewand, Haube und Wimpel. Beide Gatten knieend, einander zugewandt mit gefalteten Händen und umgeben von zahlreichen Ahnenwappen; in der Mitte [ebenso von Säulen umrahmt] nur mit figürlichen Wangen eine Auferstehung Christi, links und rechts des Erlösers je eine Wächterfigur. Oben – eingerahmt von figürlichen Wangen – eine Dreifaltigkeit mit dem Gottvater und Christus, darüber abschließend ein Korpus. Die ursprüngliche Bemalung hat in den Läufen der Zeit und besonders durch den Brand von 1820 stark gelitten. Zum 200-jährigen Jubiläum der Kirche soll das Denkmal aber wieder in seiner originalen Farbkombination erstrahlen.[404]

Schleiz

Die Stadt Schleiz [1232 Slowicz] liegt zwischen Hof an der Saale und dem Hermsdorfer Autobahnkreuz an einer, zum Wisentaflüßchen abfallenden Berglehne am Schnittpunkt alter Handelsstraßen. Nach den Angaben des fränkischen Landeschronisten Longolius soll der ›Alte Berg‹, ein zwischen Wisenta und Hainbach vorspringender Höhenrücken, schon im Jahre 869 eine sorbische Burg getragen haben. Wäre tatsächlich in einer so frühen Periode hier schon eine Veste, eine Fluchtburg oder gar ein Kult- oder Versammlungszentrum gewesen, so müßte wenigstens an den Hängen hinter den Anwesen der Brunnengasse slawische Keramik gefunden worden sein, wie es etwa in den Gärten am Südhang des Göschitzer Kirchberges gang und gebe ist. Zudem wäre es fraglich, inwieweit aufgrund der geringen altsorbischen Bevölkerung im Oberland ein solches Zentrum an dieser Stelle überhaupt gerechtfertigt gewesen wäre, zumal die Sage auch anderen Plätzen in der Nachbarschaft [so Oschitz bzw. Göschitz] solche Funktionen zuschreibt.

Eher ragt die Entstehung der frühesten Schleizer Burg in die Zeit der hochmittelalterlichen Kolonisation seitens der Herren **von Lobdeburg** hinein, allerdings nicht schon in die Zeit nach 1200, als sie das Gebiet vom Königtum verliehen bekommen hatten, sondern vielmehr in die Zeit zwischen 1240 und 1260.

Darauf verweist, wie der Stadtgeschichtsforscher Jürgen K. Klimpke konstatiert, nichtzuletzt auch die früheste Schleizer Urkunde aus dem Jahre 1232, die bis auf die beiden Pfarrer zu Slowicz fast nur mit Zeugen mehrheitlich aus Saalburg aufwartet, wo die Landesherrschaft damals ihren Sitz hatte und in Schleiz wohl noch keiner Burg bedurfte. Dies änderte sich jedoch, nachdem das Straßendorf etwa nach 1235 zur Marktsiedlung erklärt war und Interesse an einer Kontrolle der vorbeiführenden Handelswege aufkam. Als Schleiz nach dem Tode Hartmanns IV. von Lobdeburg-Saalburg [†1247] zusammen mit dem Gros seiner Herrschaft an den, auf Arnshaugk oberhalb Neustadts an der Orla gesessenen lobdeburgischen Nebenzweig übergegangen war, erklärte dessen Oberhaupt Otto IV. den Ort zur Münzstätte und fertigt hier auch mehrere Urkunden aus, darunter jene, in der er 1284 dem Deutschen Orden die Pfarrkirche zu Schleiz überließ. Nach seinem Tode 1289 blieben die Herrschaften Arnshaugk, Schleiz u.a. als Leibgedinge im Besitz seiner Witwe Elisabeth der Älteren, die aber 1290 den **Thüringer Landgrafen** Albrecht den Entarteten heiratete. Bis zum Jahre 1297 erhob dieser Wettiner Schleiz in den Status einer Stadt. Auch ist seinerzeit mit Gunderam von Schleiz 1303 urkundlich erstmals ein Burgmann und damit die Existenz einer Burg bezeugt. Bis zu seinem Tod 1314 hielt sich der Landgraf mehrfach in Schleiz auf. Doch gelang es seinem Sohn Friedrich [oo Elisabeth d. J. von Lobdeburg-Arnshaugk] trotz seines Bündnisses mit dem mächtigen Burggrafen Friedrich von Nürnberg nicht, die oberländische Hälfte des Arnshaugkschen Erbes gegen die **Vögte von Gera** zu behaupten. Von diesen hatte Heinrich I. [urk. bis 1274] im Jahre 1248 aus der Andechs-Meranischen Erbschaft das Gebiet um Hof erworben und über seine Ehe mit Leukardis, der letzten Lobdeburgerin auf Saalburg, Ansprüche auf deren Erbe gestellt. Daraufhin mußten die eigentlichen Lehnserben, die Lobdeburger auf Arnshaugk, dem Sohn Heinrichs I. von Gera [Heinrich II. den Älteren] bis 1278 die Herrschaft Lobenstein überlassen. Im Jahr 1316/17 endlich erhielt der Sohn dieses Vogtes, Heinrich IV. [urk. 1307-1343], durch einen Vertrag mit den Wettinern von dem Saalburger Erbe auch noch die Herrschaften Saalburg, Burgk und Schleiz zugesprochen, mußte aber die einst gleichsam im Besitze Hartmanns IV. von Saalburg befindliche Herrschaft Mühltroff an seine Vettern – die Vögte von Plauen – abtreten. Dessen ungeachtet währte die Erbfehde des Hauses Gera mit den Lobdeburgern von Leuchtenburg den im Grunde rechtmäßigen Besitzern des Saalburger wie auch des Arnshaugker Erbes fort und endete erst nach deren völliger Ermattung im Jahre 1320 mit einem förmlichen Friedensvertrag.

Sowohl Vogt Heinrich IV., der schon 1318 dem Deutschen Hause zu Schleiz weitere Besitzungen übereignete, als auch dessen Sohn Heinrich V. der Jüngere [urk. 1309-1377] hielten sich wiederholt in Schleiz auf. Letzterer verschrieb 1367 seiner, aus dem Schwarzburger Grafenhause stammenden Gemahlin Elisabeth das ›Haus zu Schleiz‹ zu ihrem Leibgedinge, womit das hiesige Schloß erstmals urkundlich explizit genannt wird.[405]

Wie diese 1384 als ›**Castrum**‹ bezeichnete Burg aussah, darüber lassen sich keine Rückschlüsse mehr ziehen. Indem auf dem Alten Berg nicht solche topographischen Vorzüge wie bei der nahen Veste Burgk zum Tragen kommen konnten, waren hier größere fortifikatorische Aufwendungen notwendig. »Nur nach Südwesten fällt das Terrain steil ab, in den nördlichen Bereichen zur Neustadt nur mäßig geneigt, bot es insbesondere über den weitgehend flachen Südostkamm eine willkommene Angriffsseite. So mag ein umfassendes Befestigungssystem mit Graben, Mauern und Verteidigungsanlagen eine Kernburg (möglicherweise mit Vorburg) umgeben haben,«[406] mit der Allerheiligenkapelle – der wohl ersten Burgkapelle – nördlich dicht außerhalb des äußeren Grabens. Der frühesten Bauphase jedenfalls entstammte der um 1650 niedergelegte, in damaligen Chroniken oft fälschlicherweise als ›Sorbenwarte‹ bezeichnete **Bergfried**, der sogenannte ›Hausturm‹ oder ›Hausmannsturm‹. Er besaß einen Umfang von 16 Klaftern [27,17 m] und soll fast ebenso hoch gewesen sein, mit Zugang über eine erhöhte Öffnung. Merkwürdig war seine gewaltige Mauerstärke von 7 Ellen [3,98 m], was – gemessen am Umfang – auf eine lichte Turminnenweite von nur 73 cm schließen läßt. Selbst die Türme von Stadtmauern, in deren Inneren sich früher die Verliese befanden, besaßen damals Innendurchmesser von wenigstens 2 m. Allerdings will man etwa im Umfeld von Eger durchaus noch einen 20 m hohen Turm mit lichter Weite von <1 m angetroffen haben. Naiv ist jedenfalls die Erzählung, wonach man beim Abbruche des ›Hausmannsturms‹ seinen Grundstein gefunden habe, nach dessen Inschrift derselbe im Jahre 3 vor Christi erbaut worden wäre.[407] Jedenfalls fügten sich Burg und Bering »jedoch nachweislich mit der sich zwischen ihnen und der Altstadt entstandenen ummauerten Neustadt zu einer geschlossenen Anlage. Die urkundlich ab 1359 belegbare **Stadtmauer** verlief im Nordwesten entlang des Mühlgrabens und hatte ihre am weitesten nach Osten sich ausdehnende Erstreckung an der späteren Louisenburg, führte rechtwinkling um die Stadtkirche St. Georg herum und zog sich bis nach Südwesten zur erhöht gelegenen Burg, deren Ummauerung in die städtische einband.«[408] Im Jahre »2009 fanden auf dem Schloßvorplatz archäologische Untersuchungen statt. Dabei konnten die mittelalterliche Stadtmauer und der zugehörige Stadtgraben erfasst werden, die an die Schlossmauer anschlossen. Weitere freigelegte Mauerreste der Schlosszeit datieren ins 16. bis 18. Jahrhundert. ... Sie ergaben leider keine Gebäudegrundrisse.«[409] Auch im 15. Jahrhundert verschrieben die Herren von Gera ›unser Schloß Sleuwicz‹ nebst Zubehör mehrfach ihren Ehefrauen als **Leibgedinge**, so der Lustrade geb. von Hohenstein [urk. 1426], der Anna geb. von Henneberg-Römhild [1450] bzw. der Hedwig geb. von Mansfeld-Heldrungen [urk. 1477-1482, oo Heinrich XII. d. M.].[410] Zu den Zubehörungen des Schlosses Schleiz im engerem Sinne, also zu dem eigentlichen **Schloßbezirk**, zählte ein nicht unbedeutendes Areal südlich und westlich der Burg, welches der Baumgarten hinter dem südlichen Wall, der Hain, die Lange Wiese [teils später als Fasanengarten] sowie der größtenteils schon nicht mehr in der Stadtflur gelegene Hofacker einnahmen,[411] zu dem aber auch der Bereich um die spätere Gartengasse und Brunnengasse, »der Großteil der Heinrichstadt, die [spätere] Münze auf dem Neumarkt, das danebenstehende Mangelhaus, die Burgkapelle am nördlichen Abhang, daneben ein Kornhaus, das Amtshaus (nebst Fronfeste) an der Reitbahn und andere Gebäude gehörten. ... Die Häuser, welche später auf Trennstücken vom Schloßbezirk entstanden, hatten verschiedene Lasten für dasselbe zu tragen. So hatten die Besitzer von acht Häusern vor dem böhmischen Thore die Wachfron auf dem Schlosse; die Häuser in der Heinrichstadt [ab 1708] waren dem Schloß bzw. der Schloßkapelle lehns- und zinspflichtig.«[412] Die Schloßküche mit Fischen versorgte dagegen der Hainteich, der darüberliegende Lehmgrubenteich, der Teich in der alten Stadt und später auch der große Höfler mit seinen Nebenteichen, die man daher ›Küchenteiche‹ nannte. Das Korn mahlte die Herrenmühle. Neben dem Wirtschaftshof am Schloss [1501 Vorwerk] und einem Vorwerk innerhalb der Stadtmauer unweit des Böhmischen Tores umfaßte der vögtliche Grundhof des Schlosses noch zwei externe Vorwerke, so den Dürrenhof am Buchhübel bei Oberböhmsdorf und den Kalten Hof in der Seng, zu denen – wie später berichtet – im 15 Jahrhundert noch ein Vorwerk nördlich der Bergkirche und je ein Vorwerk in Oettersdorf und Langenwolschendorf kamen.

Die Schleizer Burggüter

Um die im Mittelalter zum Schutz der Dynastenburg aufgebotenen Burgmannen [castelani, burgensis] zu entlohnen, wurde ihnen zeitweise der Ertrag von, mit dem Schloß besitzrechtlich verbundenen Burglehen überlassen, welche sie bestellen und bebauen konnten, und die am Ende als Rittermannslehen oft in ihren erblichen Besitz übergingen, wobei ihre Besitznachfolger alle, mit dem Herrendienst oder der Verteidigung des Schlosses verbundenen Verpflichtungen auch fürderhin zu tragen hatten. Wie der Stadtchronist und Reußenforscher Berthold Schmidt [1856-1929] berichtet, wird **[1]** eines dieser Burggüter »zuerst 1416 im Besitze der adligen Familie **von Machwitz** erwähnt und lag in der Kobischgasse. Noch 1528 wird das betreffende Grundstück als ›**Rittergut**‹ bezeichnet und stand vielleicht an der Stelle des ehemals Timmisch´schen, jetzt [1909] städtischen Hauses (Bahnhofstraße 15), hinter welchem die Stadtmauer einen Turm hatte. ... **[2]** Der Rest eines anderen Burggutes in Schleiz war auch das Häuschen in der Kirchgasse bei St. Georgen, das vom Schlosse zu Lehen ging, 1515 von dem Schneider Greßmann an die adlige Frau Anna **von Plauen** verkauft wurde und zuletzt dem Schleizer Amtmann Thime von Plauen gehörte. Ob es schon in alter Zeit einmal in den Händen dieser Familie war, läßt sich freilich nicht nachweisen, doch wird es 1558 ausdrücklich als **Frei- oder Rittergut** bezeichnet, in diesem Jahre aber von der Stadt gegen ein Häuschen im Winkel (oberhalb des Stadtteiches) eingetauscht und wurde damit **Stadtgut**. **[3]** Endlich wird 1564 noch ein Haus vor dem böhmischen Tore als ›**Burglehn**‹ bezeichnet. Wo es aber eigentlich lag, erfahren wir nicht. Als Burgmann in Schleiz wird 1303 bis 1333 ein Gunderam **von Oschitz** erwähnt. Aber auch die **von Machwitz** und **von Plauen** dürften solche gewesen sein, denn sie waren noch im 16. Jahrhundert Amtmänner in Schleiz und der Besitz eines Burglehens, und wenn es zuletzt auch nur noch ein Häuschen war, scheint den Familien ein gewisses Anrecht auf die Stelle des Haupt- oder Amtmannes auf der Burg gegeben zu haben. Bei der Anlage von Städten verschwanden die Burglehen meist bis auf ganz geringe Reste. Ihre Inhaber verzichteten wohl zum Teil darauf, verschenkten oder verkauften sie oder wurden vom Landesherrn anderweitig entschädigt. Der schon erwähnte Burgmann Gunderam wird nach Oschitz gezogen sein; denn er nannte sich später nach diesem Orte. Die Familie von Plauen saß später in Oberböhmsdorf und die von Machwitz in Gräfenwarth.«[413]

Das Schleizer Schloß unter den letzten Herren von Gera

Die Zerstörung der mittelalterlichen Veste im Zuge des großen Stadtbrandes von 1476 bedingte entweder keinen Totalverlust oder die Anlage wurde hernach relativ zügig wieder aufgebaut.

Denn nachdem die drei Söhne Heinrichs IX. die Herrschaft Gera 1482 dreigeteilt hatten und Heinrich XII. dem Mittleren [urk. 1456-1500] dabei Schleiz und Saalburg zugefallen waren, konnte dieser auf dem Schleizer Schloß schon Residenz nehmen. Im Jahre 1501 dann teilten seine Söhne Heinrich der Jüngere und Heinrich der Ältere das väterliche Erbe, wobei Schloß und Herrschaft Schleiz in eine ›Junggeriche‹ und eine ›Altgerische Hälfte‹ [jeweils mit eigenem Schösser] zerfielen, während das Regiment über die Stadt alljährlich unter den Brüdern alternierte. Den altgerischen ›**Oberteil**‹ des Schlosses nahm deren, nach dem Vorwerk zu bis zum Zwinger gelegene südliche Hälfte mit einem länglichen Wohnbau und der Küche ein. Der junggeriche ›**Niederteil**‹ hingegen beinhaltete das weniger repräsentative nördliche Wohngebäude nach der Neustadt zu [mit den Frauengemächern, der Hofstube, der Kanzlei, der Rüstkammer sowie einem weiteren Saal], an das sich rechtwinklig ›aneinander‹ noch das **Back**-, **Malz**- und **Brauhaus** anschlossen. Den Ausmaßen des großen **Weinkellers** unter dem Niederteil zufolge war dieses Gebäude mit dem Grundriß des Nordflügels des letzten Schloßbaus [1837-1840] in etwa identisch. Gemeinsam sollte den beiden Herren der inmitten des damals noch weit kleineren Innenhofes gestandene Turm, die Zugangspforte zum Baumgarten, die Torstube und der **Röhrenkasten** auf der linken Seite des Schloßhofes verbleiben. Das Wasser hierzu wurde über eine hölzerne Röhrenleitung aus den Hainteichen herangeführt. War diese etwa im Falle einer Belagerung einmal unterbrochen, so konnte sich mit einer, im 19. Jahrhundert bei der Sanierung der unteren Schloßgallerie links vom Eingange wiederentdeckten **Zisterne** beholfen werden. Der am Jakobitage 1511 durch Blitzschlag vernichtete obere Fachwerkteil des starken **Wartturms** soll mit vier schönen Erkern ausgebildet gewesen sein, ähnlich vielleicht jenen, wie sie sich bis heute an den Kirchtürmen von Weira und Oberoppurg im Orlagau erhalten haben, und von denen man erzählt, sie hätten als Wachstube bzw. Ausguck für den Tagwächter gedient. Außerhalb des Berings standen wohl die ›Vieställe‹ [1477], das Vorwerk beim Baumgarten [1501] und das ›neue **Kornhaus**‹. Während Heinrich d. J. nach dem Tode seiner Mutter Hedwig das Amt Schleiz 1503 auf 5 Jahre dem Kunz **von Lössau** [Lossa?] verpfänden mußte, machte sein Bruder Heinrich d. Ä. nach dem Tode seines Oheims [†1508] die Stadt Gera zu seinem Hauptsitz. Nach seinem Ableben im Jahre 1538 vereinigte Heinrich d. J. [1476-1550] die gesamte Herrschaft Gera letztmalig in einer Hand. Allerdings hielt er wohl meistens auf Schloß Burgk Hof, denn von seinen Beziehungen zu Schleiz ist längere Zeit wenig zu spüren.[414]

Als sogenanntes ›Burggrafenschloß‹

Als mit dem Tode Heinrichs des Jüngeren 1550 auf Schloß Burgk das Haus Gera im Mannesstamme erloschen war, gingen Schloß und Herrschaft Schleiz an den **Titularburggrafen von Meißen**, Heinrich V. aus dem älteren vögtischen Hause zu Plauen, und bei der Teilung des Burggrafenstaates im Jahre 1557 an seinen jüngeren Bruder Heinrich VI. über. Doch dann sprach Kaiser Ferdinand I. [†1564] ihren Miterben aus dem jüngeren Vögtischen Hause zu Plauen, den nach dem Schmalkaldischen Kriege 1547 kurzzeitig geächteten und enteigneten Reußen die andere Hälfte des Geraischen Erbes zu, worauf Gera an letztere fiel, Lobenstein und Schleiz jedoch dem Burggrafenhause verblieben. Förmlich in Besitz nehmen konnte Heinrich VI. Schleiz 1560 dennoch nicht, sondern erst im Jahre 1566, weil er es den Reußen zum Pfand für, aus der zeitweiligen Vorenthaltung ihrer Besitzrechte resultierenden Verbindlichkeiten verschrieben hatte. Nach dem Tode seines Bruders [†1568] im Besitz auch des stark verschuldeten Plauenschen Anteils am Burggrafenstaate mußte Heinrich VI. diesen 1569 für 130.000 fl. an den Kurfürsten von Sachsen abgetreten, worauf er noch im selben Jahre in Schleiz seine Residenz aufschlug, das dortige Schloß vielfach ausbaute und veränderte, weshalb man es auch nach seinem 1572 eingetretenen Tode, ja bis zum großen Brand von 1689, als es in Schutt und Asche fiel, das ›alte burggräfliche Schloß‹ zu nennen pflegte.[415] Nun kamen auch die Reußen nach 1572 nicht sofort in den Besitz von Schleiz und Burgk, da sie noch der Witwe Heinrichs VI., Anna geb. Herzogin **von Pommern-Stettin**, zum Leibgedinge verschrieben waren. In erster Ehe hatte sie bereits den Fürsten Karl von Anhalt zum Manne gehabt und vermählte sich nun mit dem Grafen August **von Barby zu Mühlingen**, mit dem zusammen sie die Herrschaft im Oberland über längere Zeit intensiv ausübte. Die **Reußen** protestierten natürlich gegen die derart praktizierte Vorenthaltung ihres Erbes und erlangten mit der Pommeranerin im Jahre 1590 einen Vergleich, worauf ihnen gegen eine Abfindungszahlung von beträchtlichen 42.000 fl. die ihnen zustehende Herrschaft endlich zugesprochen wurde. Bei ihrer 1596 erfolgten Teilung gelangte die Herrschaft Schleiz dann zusammen mit Obergreiz und der Pflege Reichenfels an Heinrich den Mittleren Rufus [Rotkopf], der als erster Reuße seinen Wohnsitz nach Schleiz verlegte und somit die Tradition der Reußischen Residenzen in der Stadt begründete.[416] Ein im Vorfeld der Teilung 1595 angefertigtes **Inventar** übermittelt noch einen ziemlich deutlichen Eindruck von der damaligen Beschaffenheit des Burggrafenschlosses. In der Hauptsache bestand es »aus zwei größeren, nicht ganz parallel zueinander liegenden Wohngebäuden oder Flügeln. Das nach Südosten gelegene Gebäude hatte nach außen einen Erker und nach dem Hofe zu eine steinerne **Wendeltreppe** (Wendelstein), welche 1564 der Burggraf mit ›Werkstücken‹, wohl an der Stelle einer früheren hölzernen Treppe, hatte bauen lassen. Neben der Treppe erhob sich der sogenannte ›Hausmannsturm‹, worin sich das Ge-

Das Burggrafenschloß im 17. Jh.

fängnis befand. Auch gab es damals auf diesem Turme eine ›**ganghafte Uhr**‹. Von den inneren Räumen des Flügels sind speziell ›der **Lange Saal**‹ sowie die Zimmer des Burggrafen und seiner Gemahlin zu erwähnen. Das andere nach Norden gelegene Hauptgebäude des Schlosses wird 1501 als das ›**Frauenzimmer**‹ bezeichnet, war also jedenfalls früher Wohnung der Schloßherrin und der weiblichen Dienerschaft.«[417] In der ›Fürstin Zimmer‹ gab es einen Ofen mit eiserner Bratröhre. Zudem wurden neun Stück ›einzeln Federbetten‹ gezählt. Zwischen den beiden Gebäudetrakten nach Osten zu stand als Hauptzugang zur Burg ein **Torhaus**, ebenso auf der westlichen Seite zwischen den Wirtschaftsgebäuden mit der neuen **Küche**. Indem auch noch eine ›alte Küche‹ erwähnt wird, dürfte die neuere der burggräflichen Zeit entstammen wie auch das **Sommerhaus** in dem dahinter befindlichen Baumgarten.[418] »Obwohl im Verzeichnis von 1595 nicht erwähnt, gehören die beiden **Ecktürme** des Nordflügels bis zur Decke des Erdgeschosses vermutlich zum Bestand des alten titularburggräflichen Schlosses. Auch aus der Struktur des Kellers fallen sie als runde Kuppelräume merklich heraus, und aufgrund ihrer enormen Mauerstärke unterscheiden sie sich deutlich von den oberen, jüngeren Turmgeschossen.«[419] Unbeantwortet bleibt die Frage, inwieweit diese Türme in voller Höhe ausgebildet waren oder als Relikte einer im Bau steckengebliebenen kastellartigen Vierflügelanlage mit äußeren Ecktürmen anzusprechen sind, wie sie im 16. Jahrhundert auch bei anderen Schloßbauten mit mächtigen Rundtürmen wie dem berühmten Schloß Moritzburg in Sachsen zu konstatieren sind. Bezüglich der **Wehranlagen** des Burggrafenschlosses bleibt festzuhalten, daß dieses weitgehend von einem aufwendigen Fortifikationswerk umgeben war. »Es folgten von Außen nach Innen; ein erster Graben, ein **Plankenwerk** [mit zugespitzten Pfählen], ein zweiter Graben, die äußere Wehrmauer, ein dritter Graben und schließlich die innere Wehrmauer, das heißt die Ummauerung der eigentlichen Kernburg.«[420] An den spätestens nach 1647 verfüllten **äußeren Graben** erinnert der

Flurname ›Unterer Schütt‹. Die hinter dem zweiten Graben sich anschließende **äußere Wehrmauer** mit ihren Wehrgängen verfügte an den drei Ecken nach Nordosten, Südosten und Südwesten über **Rondelle**, die vermutlich als Schalentürme ausgebildet waren. Das fehlende Rondell im Nordwesten ist mit dem steilen Abfall des Berges dort zu erklären. »Außerdem wurde diese Seite durch einen **Turm** der dort einbindenden Stadtmauerbefestigung gedeckt, der sich nur wenig unterhalb des Schlosses, neben dem Kospothschen Hause befand.«[421] Unter einem dieser Rondelle befand sich 1595 der **Pulverturm**. Ein anderes barg in seinem Innern die **Stockkammer**. Das dazwischenliegende nordöstliche Rondell war um 1900 noch ziemlich gut erhalten und wies zwei Geschosse mit Schießscharten auf.[422] »An den Wehren standen 1595 fünf kleine **Geschütze** aus ›Messing‹ und auf Rädern, darunter drei mit der Inschrift *›GERA‹* und der Jahreszahl *›1531‹*. Auch werden im Inventar noch ›ein alter Feuermörser‹ auf einem mit Eisen beschlagenen Gestelle, sowie eine Anzahl Hakenbüchsen [12] und Doppelhaken [20] erwähnt.«[423]

Für den **inneren Befestigungsring** mußten nur die von der Bebauung freigelassenen Bereiche durch ›Wehren‹ [Mauern mit Wehrgängen] geschützt werden. An der am meisten gefährdeten Südseite wurde durch eine zweite Mauer neben dem vorderen Torhause und nach dem Baumgarten zu ein **Zwinger** gebildet.[424] »Vom dritten Graben im Zwinger zwischen innerer und äußerer Wehrmauer ist eine Vertiefung bei den Grundmauern des Schlosses verblieben.«[425] Der starke Bergfried in der westlichen Hälfte des Innenhofes schließlich bekrönte das ganze. »Der ursprüngliche **Zugang** von der Stadt zum Burgareal erfolgte wohl nördlich im Bereich zwischen heutiger Schlossgasse und dem Apothekergässchen [ehedem Herrengäßchen] durch das östliche Torhaus der Kernburg,«[426] an dem sich eine Zugbrücke zur Passage des inneren Grabens befunden haben dürfte. Zur Überbrückung des mittleren Grabens diente wohl ein weiteres, vorderes Torhaus mit Zugbrücke.

Der zwischen dem eigentlichen und dem **vorderen Torhaus**

gelegene Burg- oder Schloßgraben »wurde nach dem Brand von 1689 zugeschüttet, wobei die zugehörige Mauer als Stützmauer für den Brandschutt diente. Heute nennen wir die Mauer und den zugeschütteten Graben schlicht und einfach ›Oberer Schütt‹.«[427] Nach der Schleizer Chronik soll das stadtseitige Torhaus erst 1784 abgebrochen worden sein, was aus bauhistorischer Perspektive jedoch unlogisch erscheint. Indem selbst auf der Stadtansicht von 1747 trotz guter Darstellung kein solches Tor mehr zu erkennen ist, dürfte es bereits nach 1689 bzw. vor 1750 verschwunden sein. Einen zweiten Zugang zur Kernburg, vielleicht in Form einer **Schlupfpforte**, stellte das westliche Torhaus dar, welches dem Haupttor gegenüber zwischen der Schloßküche und dem 1610 niedergebrannten Backhaus gestanden haben soll, von wo aus eine Zugbrücke über den Zwinger in den Baumgarten, dem möglichen Areal oberhalb der heutigen Brunnengasse, führte.[428] »1595 waren noch Rad und Seil vorhanden, womit die Brücke einst aufgewunden wurde, sowie ein dreieckiges Schloß zu ihrem ›Auswurf‹.«[429]

Als barocke Residenz der Schleizer Reußen

Nach dem Tode Heinrichs XVIII. [1563-1616] und dem Erlöschen der mittleren reußischen Linie erlangte das zu Gera residierende Haupt der jüngeren Linie, Heinrich Posthumus, teils auf dem Erbwege, teils durch Ankauf von seinen Miterben aus der älteren, zu Greiz gesessenen Linie die Herrschaft Schleiz. Für Heinrichs XVIII. Witwe, Agnes Maria geb. Gräfin Erbach zu Breuberg [1573-1634], ließ er neben dem Marstall einen Witwensitz erbauen. Nach seinem Tode 1635 regierten seine drei Söhne Schleiz zunächst gemeinsam. 1637 nahm einer der Brüder – Heinrich III. [*1603] – in der Stadt seinen Wohnsitz, verstarb aber schon kurze Zeit später im Schreckensjahr 1640. Als die Söhne des Posthumus 1647 die Gebiete der jüngeren Linie untereinander teilten, wird das Schloß Schleiz wie folgt erwähnt: ›Schloß und Residenzhaus, mit dem erbaueten neuen Lusthaus, Gärtlein und Schütt daran, ferner Stallung unter dem Schlosse‹.[430] Allerdings konnte Heinrich IX. [geb. 1616], dem die Herrschaft Schleiz bei der Teilung zugefallen war, nicht gleich in seine Residenz einziehen, weil sie noch von fremden Soldaten besetzt war. Der dort wohnenden Witwe Heinrichs III., Elisabeth geb. Wild- und Rheingräfin zu Neufville [1602-1653], erwarb er an der ›Unteren Schütt‹ das ehedem Kospothsche Haus, und ließ es als **Wittumshaus** standesgemäß umbauen, doch nur wenige Wochen nach ihrem Einzuge verstarb die Hohe Frau darin. Auch ließ Heinrich IX. den **Bergfried** auf dem Schloßinnenhof bis 1651 abbrechen. Leider starb er schon im Jahre 1666, worauf sein Neffe, Heinrichs III. Sohn, Heinrich I. Reuß-Saalburg [1639-1692] – der Stammvater aller heute noch lebenden Reußen – die Herrschaft Schleiz übernahm. Unter seiner Ägide erfährt das Burggrafenschloß zahlreiche Veränderungen. Nach 1670 beginnt er auf dem Schloßhof vermutlich an der Stelle des 1610 abgebrannten Backhauses zwischen ›hinterer Pforte‹ [westliches Torhaus] und dem Nordflügel mit dem Bau einer **Schloßkapelle**, welche 1673 nach der Erhebung aller reußischen Linien in den Reichsgrafenstand ›Zur heiligen Dreieinigkeit‹ geweiht wird.[431] »1678 läßt er dann die alte Mauer und den **Wehrgang** (und Haupttor), welche die beiden Hauptgebäude miteinander verband, abtragen und an deren Stelle einen **neuen Hauptbau** errichten,«[432] der die beiden schon bestehenden burggräflichen Wohntrakte miteinander verband.

Das alte südliche Hauptgebäude muß dabei einige Meter nördlicher als die Südflügel der folgenden Schoßbauten gestanden haben. Bautechnisch »wurde der Versuch unternommen, zwei funktionell voneinander getrennte Flügel durch Einfügen eines Neubaus zu einer repräsentativen Gesamtanlage zusammenzufügen, ohne allerdings eine ideale, dem damaligen Zeitgeschmack entsprechende Dreiflügelanlage erzeugen zu können. ... Der neue Ostflügel zeigte offenbar einen Risalit mit rundbogiger Toreinfahrt asymmetrisch an der Ecke der Fassade.«[433] – »Somit hatte kurz vor dem Brand von 1689 das alte Schloß wenn auch etwas kleiner, schon eine ähnliche Grundform wie das nach 1689 neu errichtete Schloß.«[434]

Beim großen Stadtbrand am 24. Juli 1689 fing das Schloß vom Alten Berg herauf über ein hölzernes Lusthäuschen Feuer und wurde fast zur Gänze zerstört, daß sogar die steinerne Wendeltreppe und die steinernen Fensterstöcke ausbrannten. Heinrich I. bezog seine Notresidenz in Köstritz, wo er einige Jahre zuvor das untere Rittergut gekauft hatte.[435] 1690 soll er den Baumeister Johann Christoph Reinel aus Mühltroff, der von 1692 bis 1694 auch den Schloßbau in Ebersdorf dirigierte, mit Plänen für den Wiederaufbau des Schleizer Schlosses beauftragt haben. Der Graf verstarb 1692 und die Vollendung des Baues blieb seinem Sohn Heinrich XI. [1669-1726] vorbehalten. Zunächst einmal wurde die äußere Mauer mit den Schießscharten und Rondellen fast vollständig getilgt. Damit verlor das Schloß die letzten Zeugnisse seines mittelalterlichen Charakters. Durch die Verfüllung des Grabens an der ›Oberen Schütt‹ entstand eine **Terrasse**, die einen weiten Ausblick ins Wisentatal und auf die gegenüberliegende Bergkirche mit der reußischen Grablege ermöglichte. »Auch wurde die Stadtmauer an der ›Unteren Schütt‹ beim Wittumshof für die sogenannte **Bockspforte** durchbrochen.

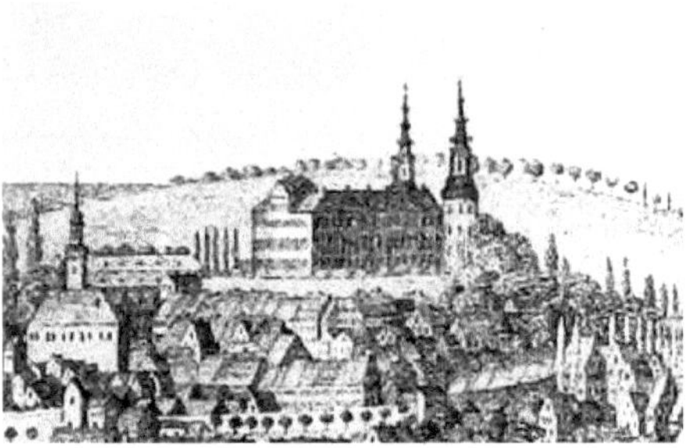

Das Barockschloß im Jahre 1832

Von hier verband fortan eine steile Treppe den Schloßkomplex mit dem Gelände, auf welchem später der Neumarkt entstand.«[436] Das Schloß selbst sollte dem Konzept einer **barocken Dreiflügelanlage** folgen. Ganz im Gegensatz zu der verspielten Formenvielfalt des süddeutschen Barock erhielt es einen streng nüchternen Charakter. »Zunächst wurde der **neue Marstall** und bis 1708 der dreigeschossige [der Stadt zugewandte Ostflügel] mit seinem viergeschossigen Mittelrisalit und der rechtwinklig anstoßende dreigeschossige Nordflügel vollendet. Im letzteren befand sich an der Nordwestecke die 1706 geweihte **Kapelle.**«[437] Der erst 1673 fertiggestellte Vorgängerbau im Innenhof hatte wohl nicht mehr in das, mit dem Bau verbundene Gestaltungskonzept gepaßt. Nach ihrem Abriß wurde der Platz eben gemacht und eine Zugbrücke über den Graben gelegt. Wegen des begrenzten Butgets »konnte sich der mit der [konzipierten] Dreiflügelanlage entstandene Ehrenhof nicht mit der Erschließungsachse nach Osten öffnen, sondern orientierte sich westlich zum steilen, nur in Serpentinen zu begehenden Abhang.«[438] Sowohl im Nord- als auch im Ostflügel bezog der Neubau Reste baulicher Vorgänger mit ein. Nach der Fertigstellung des **Rundturms** am Ende des Nordflügels, dem eine frühbarocke Kuppel mit einem Kranich – eines der Wappentiere der Reußen – aufgesetzt wurde, erfolgte ein Baustopp und zur Anfügung des Südflügels mit entsprechendem Turm kam es nicht mehr. Wohl aber erfolgte noch die Fertigstellung eines, für solche Bauten obligatorischen **Barockgartens** mit Lusthaus [1708], allerdings nicht in dem später an das Schloß anschließenden Englischen Garten, der noch von den Bauten des Vorwerks bestanden war, sondern im südlichen Anschluß daran im sogenannten ›Herren- oder Küchengarten‹, was landschaftsbautechnisch eine höchst unbefriedigende Lösung darstellte. »Anstatt den fehlenden Flügel baulich voranzutreiben, ließ Heinrich XI. von 1706 bis 1708 unterhalb des Schlosses die Heinrichstadt, den dritten Stadtteil von Schleiz, anlegen. Nach seinem Tode 1729 kaufte sein Sohn Heinrich I. Reuß-Schleiz (1695-1744) am gegenüberliegenden Ende der Neustadt ein bürgerliches Anwesen für den Bau eines neuen Witwenhauses,«[439] und zwar eines kleinen Palais mit Namen ›**Louisenburg**‹. Erst Heinrichs I. Bruder, Heinrich XII. [reg. 1744-1784], hat die Vervollständigung des Residenzschlosses als dreiflügelige Anlage vorangetrieben. Die Baurisse für den Südflügel stammen von keinem geringeren als dem gräflich-reußischen Bauinspektor Gottlieb Riedel [1722-1791], der auch für den preußischen König arbeitete und sich in unserer Region besonders durch die Barockkirchen von Kirschkau [1751-1754] und Lössau [1755-1759] ein Denkmal gesetzt hat. Die Schleizer Schloßkapelle hingegen erstand in dem, schon bestehenden Nordflügel neu, auf dessen **Turmhaube** nun ein Turmknopf mit Kreuz den Kranich ersetzte. Überhaupt war seine hochbarocke Haube nach dem Bau des zweiten Turmes am Südflügel abgenommen und den beiden Türmen analoge Turmgebilde aufgesetzt worden, die sich in mehreren Wülsten gleichsam in die Höhe schraubten, nach damaligem Zeitgeschmack aber ausdrücklich als ›schön‹ galten.[440] Ansonsten war das Erscheinungsbild des vollendeten Schlosses »von einem nüchternen Barock geprägt. Der um ein Mezzaningeschoß erhöhte Mittelrisalit des Ostflügels markierte den Zugang in den Hof. Die ausgewogenen Baumassen der Flügel wurden mit monoton gereihten Fenstern strukturiert. Die hohen, sich deutlich abhebenden Schloßtürme stellten sozusagen die Balance des Komplexes her und versinnbildlichten zugleich herrschaftlichen Anspruch. Baukünstlerischen Schmuck erhielt der Ostflügel hofseitig nur mit einem 1755 axial über der Tordurchfahrt angefügten Balkon. … Sein schmiedeeisernes Gitter zeigte in der Kartusche die Initialen Heinrichs XII. sowie die Jahreszahl *›MDCCLV‹*.«[441] Es war ein Meisterwerk spätbarocker Schmiedekunst. Heinrichs XII. Sohn, Heinrich XLII. [reg. 1784-1818], ließ bald nach seinem Regierungsantritt am Schloß noch kleinere Änderungen vornehmen, ließ 1786 etwa die hofseitigen Galerien im dritten Obergeschoß mit ihrem bisherigen Laubencharakter schließen, einige Innenräume des Schlosses im zeitgenössischen Zopfstil überformen, das barocke Lusthaus im Herrengarten 1795 durch einen imposanten Pavillon im Zopfstil ersetzen sowie nach 1800 am Schloßberg über der Brunnengasse eine längliche Gartenanlage mit klassizistischem Aussichtspavillon mit Säulenvorbau und Dreiecksgiebel errichten.[442] Unter Fürst Heinrich LXII. [1785-1854] wurde noch einige Jahre vor 1837 in die Umgrenzungsmauer des Schlosses vor dem repräsentiven Ostflügel eine neue **Hauptwache** eingebaut. »Auch das Innere war zu derselben Zeit in neuem Geschmack ausgeschmückt worden.«[443]

Der klassizistische Neubau von 1837-1840

Dann brannte am 3. Juli 1837 neben der gesamten Neustadt auch das Schloß zum wiederholten Mal nieder. Wie schon einmal im Jahre 1689 vom alten Berge her wurde zunächst der stadtseitige Schloßturm, der in seinem oberen Teile aus Holz bestand, von dem Feuer ergriffen, worauf sich der Brand mit reißender Geschwindigkeit von Dach zu Dach ausbreitete.[444] »Bereits zwei Stunden später stürzten die Türme ein. Noch am Nachmittag wurden die Kassen und die Bücher der wertvollen Bibliothek teils durch ›aus dem Fenster werfen‹ glücklicherweise gerettet. Alles andere wurde ein Opfer der Flammen. Das Schoß brannte bis auf das untere Geschoß herab. Lediglich die Gewölbe des Souterrain hielten stand.«[445] Wie die Bauforscherin Anja Löffler konstatiert, stellte das akribisch auf altem Grundriß nur im klassizistischen Stil hochgezogene neue Schloß trotz seiner ausgesprochen nüchternen Außengestaltung eine beachtliche bauliche Leistung dar, gelang es doch gerade aufgrund dieser »klaren und strengen Gestalt nachhaltigen herrschaftlichen Machtanspruch gleichsam in den Außenraum« auszustrahlen und »über dem städtischen Weichbild ... die absolute Dominanz zu bilden. ...

Das Klassizistische Schloß im Jahre 1843

Der kastellartige Charakter blieb durch die beiden hohen Rundtürme und die beiden **Rondelle** an den Außenecken der Dreiflügelanlage erhalten.«[446] Während erstere als eingeschossige Türme mit flachem Kegeldach nur auf den nahen Betrachter Eindruck erzeugten, ging von den beiden westlichen **Rundtürmen** die prägnanteste Außenwirkung aus.

Nachdem sie mit ihrem vierten Obergeschoß traufseitig mit dem Schloßkörper abgeschlossen hatten, folgte über einen umlaufenden Sims eine Aufstockung in rohem Kalkstein und über den oberen Fenstern noch ein Fries mit abschließendem Kranzgesims, bevor sie in einfachen, 14 m hohen Spitzkegelhelmen ausliefen. Indem kostenhalber wirklich alle wiederverwendbaren Strukturen in den Neubau miteinbezogen wurden, konnten unterschiedliche Gebäudetiefen des Nordflügels, der spitzwinklige Anschluß des Südflügels an den Ostflügel wie auch die schiefwinkligen Abschlüsse der beiden Längstrakte in ihren westlichen Giebelfronten nicht ausbleiben. Infolge der Aufstockung aller drei Flügel durchlaufend auf vier Geschosse und ihrer einheitlichen Bedeckung durch Walmdächer mit regelmäßig angeordneten Fledermausgauben ging die ausgewogene Baukörpergliederung des barocken Vorgängers verloren. Während man bei den **Seitenflügeln** auf eine besondere Gliederung verzichtete und nicht einmal die zweigeschossigen Hauptbereiche [Kapelle und Festsaal] nach außen hin in irgendeiner Weise hervorhob, wurde die Fassade des zentralen stadtseitigen **Ostflügels** immerhin durch mäßig hervorspringende Risalite, so dem siebenachsigen Mittelrisalit und zwei dreiachsige Seitenrisalite, in denen sich die beiden Stirnseiten der Seitenflügel zu erkennen gaben, akzentuiert.[447] »Da durch die seitlichen Risalite der Flügelbereich auf eine einzige Fensterachse schrumpfte, ergab sich für die Fassade ein etwas unausgewogenes Erscheinungsbild mit leichten Vor- und Rücksprüngen. In der Höhe trat nur der Mittelrisalt und zwar mäßig über das Kranzgesims seiner Flanken heraus. Zusätzlich betonte ihn im Dachbereich ein schmiedeeisernes Geländer. Im Gegensatz zu den einfachen Fensteröffnungen der Flanken hatte er breitere Fensterpaare – wohl entstanden aus den Relikten des Vorgängerbaus.«[448] Im **Schloßinneren** existierte keine einheitliche Beletage. Die Wohnräume der fürstlichen Familie und die Repräsentationsräume befanden sich im ersten und zweiten Obergeschoß hauptsächlich des Ostflügels, die Gästeräume und Dienerkammern dagegen in dem als Mezzanin ausgebildeten vierten Stockwerk. »Sämtliche Räume wurden über hofseitige Korridore erschlossen. Am Übergang der beiden Seitenflügel in den Hauptbau befanden sich zwei parallel gegenüberliegende Treppenanlagen.«[449] In den Seitenflügeln dominierten mit Kapelle und Festsaal zwei, über je fünf Fensterachsen gehende zweigeschossige Säle. Ersterer, die **Schloßkapelle** im Nordflügel, besaß in ihrem Obergeschoß eine hufeisenförmig an die drei Außenwände sich legende, über eine einläufige Treppe vom Turm erreichbare Empore.[450] Letzterer, der **Festsaal** [auch ›Weißer Saal‹ genannt], galt als prächtigster Raum des Schlosses, »welcher zu festlichen Anlässen und Repräsentationen genutzt wurde. Er befand sich im

ostwärtiger stadtseitiger Flügel

südwärtiger parkseitiger Flügel

parkseitigen Flügel in den beiden oberen Etagen. An den beiden Seiten, welche sich im Gebäude befanden, waren von Säulen getragene Emporen eingebaut, welche nur von außerhalb des Saales zu erreichen waren. Wie sein Namen schon sagt, war er weiß ausgemalt und mit goldenen Verzierungen geschmückt. Erhellt wurde er von zwei großen goldfarbenen Leuchtern, welche als Schmuck zahlreiche Kristall-(oder Glas-) Ketten zierten. Desweiteren schmückten ihn je eine im ganzen Umfang angebrachte Anordnung von kleinen gold-weißen Bildplatten, auf welche abwechselt die reußischen Wappentiere Kranich und Löwe zu sehen waren.«[451] Hinter dem Weißen Saal schlossen die ›gefangenen Räume‹ der **Bibliothek** den Flügel ab. Erschlossen wurde das ummauerte Schloß-Ensemble an der Stadtseite durch die **Neue Hauptwache**, jenem länglich-schmalen Gebäudetrakt, wie er auf alten Fotos noch zu sehen ist. Dabei schlossen sich beidseitig des rundbogigen Torgebäudes mit Mittelrisalit je eine langgezogene toskanische Säulenhalle an – mit zweigeschossigem Schildhäuschen [mit mittigem Fensterpaar und Walmdach] an ihrem Ende. Sodann ging es über einen schmalen **Vorplatz** durch die mittige Tordurchfahrt des Ostflügels in den Innenhof, dessen zentrales

Moment wie auch schon bei dem Vorgängerbau ein runder **Wasserbassin** bildete.[452] Über eine in gleicher Achse angeordnete, über den Schloßgraben führende Brücke konnte der Hof wieder verlassen werden, worauf man rechterhand zu den ähnlich [?] wie die Hauptwache in die Mauer eingebauten [inneren] **Remisen**, linkerhand aber in den **Englischen Garten** südlich des Schlosses gelangen konnte. Der kleine, vom Schloß durch eine Mauer getrennte Landschaftspark entstand 1843 auf dem Gelände des gleichfalls 1837 niedergebrannten, anschließend aber einige Hundert Meter nach hinten verlegten **Vorwerks**.

Das neue ›Residenzviertel‹

Der Wiederaufbau des Schlosses ging rasch vonstatten, bereits 1838 war die Dreiflügelanlage bis unters Dach fertiggestellt und schon im Folgejahr konnte der nach Oettersdorf ausgewichene fürstliche Hof nach Schleiz zurückkehren. Die Einweihung der neuen Schloßkirche 1840 schloß die Wiederaufbauphase dann ab. Zusammen mit dem Schloß – dem nach dem Osterstein bei Gera zweitgrößten in den reußischen Ländern – entstand auch ein völlig neues Residenzgelände, welches einen erheblichen baulichen Umfang annahm und sich zu einer anspruchsvollen städtebaulichen Anlage zusammenfügte.

Die Gestaltung des, das Schloß umgebenden Areals erfolgte mit deutlich höheren ästhetischen Anspruch, wenn auch die problematische Erschließungssituation dieses ›Regierungsviertels‹ über die Schloßgasse oder alternativ über die Pahlhornstraße nicht verändert werden konnte, ohne dabei den Stadtgrundriß oberhalb des Altmarktes radikal umzugestalten.

Immerhin gelang es – wie Anja Löffler resümiert – durch eine begrenzte Neuordnung des Gebietes Platz für einen Park und einen neuen Marstallkomplex zu schaffen, »an den sich südlich entlang der Achse in den Herrengarten weitere fürstliche Neubauten anschlossen. Architekt war der reußische Hofbauinspektor Christian Heinrich Dorsch. Die von ihm entworfene Gebäudefolge – Marstall, Reithalle, Amtshaus – fügte sich mit Ausnahme des nördlich separat gelegenen Kammergebäudes fast forumsgleich mit Schloß und Park zu einem Ensemble. ...

Der tiefer als das Schloß gelegene Marstall wiederholte im Grundriss dessen dreiflügelige Gestalt und nahm die Funktion und Form eines Vorhofes desselben ein. Seine Achse war zu derjenigen des Schlosses leicht abgewinkelt und verschoben, vermittelt durch eine zweiarmige Auffahrt, auf deren Wangensockeln reußische Löwen standen, die in ihren Pranken je einen Kandelaber hielten.«[453] Warum Fürst Heinrich LXII. hier noch so bedeutende Mittel verbaute, obwohl sich das Aussterben des Ebersdorfer Zweiges der jüngeren Linie und die gänzliche Übernahme der bislang gemeinsam verwalteten Herrschaft Gera bereits am Horizont andeutete, kann vielleicht dahingehend beantwortet werden, weil sich der Fürst Zeit seines Lebens als gebürtiger Schleizer fühlte und nach der Abdankung des Ebersdorfer Fürsten 1848 nur ungern in dem viel größeren und bedeutenderen Gera seinen Hauptsitz aufschlug. So oft wie möglich zog es ihn in seine alte Residenz zurück, wo er am 19. Juli 1854 auch verstarb. Spätestens ab diesem Zeitpunkt versanken das Schloß und das für reußische Verhältnisse ausgesprochen umfängliche Residenzensemble in Bedeutungslosigkeit. Sein, ihm in der Regierung nachfolgender Bruder Heinrich LXVII. [1789-1867] hatte bislang in Coburg gelebt und keine Beziehung zu Schleiz.[454] »Das Schloß wurde danach nur für untergeordnete administrative Belange und gelegentlich noch als Witwensitz genutzt.

Das Schleizer Schloß um 1930

Selbst als fürstlicher Sommeraufenthalt lief ihm bald das Schloß Ebersdorf den Rang ab. ... Lediglich durch die spätere Verlagerung des Landratsamtes von Ebersdorf nach Schleiz im Jahre 1880 gewann die Stadt ein Stück alter Bedeutung zurück.«[455] In diesem Jahre wurde auch »an der südöstlichen

Seite des Schlosses eine wesentliche Verschönerung durch Niederlegung der hohen Umfassungsmauer und Anlegung eines Gartens im früheren Graben vorgenommen.«[456] »Heinrich XIV. [geb. 1832], der außerdem 1883 die wunderschönen Altarfenster der Bergkirche stiftete und wenig später die Kirche selbst einer vollkommenen Renovierung unterzog, sorgte 1881/2 auch für eine geschmackvolle Neuausgestaltung zahlreicher Zimmer des Schlosses. Äußerlich wurde recht wenig getan, so daß in den Jahren nach der Jahrhundertwende das Schloß einen eher jämmerlichen Anblick bot.«[457]

Das Schloßareal während des 20. Jahrhunderts

Nachdem Schleiz bald nach dem Tod Heinrichs XIV. 1913 aufgehört hatte, eine Residenzstadt zu sein und sein Nachfolger Heinrich XXVII. Reuß [1858-1928] im November 1918 abgedankt hatte, gingen Schloß und Kammergut – nicht aber Gartenpavillon und Kammergebäude – in den Besitz des Volksstaates Reuß über. Der fürstlichen Familie beließ man im Schloß Wohnrecht für einige Gemächer im Erdgeschoß und im ersten Obergeschoß des Südflügels. Das Inventar der geräumten Zimmer wurde nach Ebersdorf und Osterstein überführt. Schon 1923 verkauften die Reußen das Kammergebäude an der ›Schütt‹ und bald darauf auch das baufällige Gartenschlößchen, während sie sich vom Schloß selbst erst 1930 vollends trennten, wobei aber das fürstliche Münzkabinett, die Hofkammer [im Obergeschoß des Südflügels], das reußische Hausarchiv und die 40.000-bändige Hausbibliothek darin verblieben, um etwa zu Forschungszwecken verwendet zu werden. Ins Schloß nun zogen ab 1920 neue Nutzer ein – so die **Kreisverwaltung** [bis 1931] und das Stadtarchiv. Bald darauf kamen noch das Thüringer Rentamt, eine landwirtschaftliche Winterschule sowie eine Filiale des Arbeitsamtes in Gera hinzu. Auch bestanden hier zuletzt 17 Wohnungen, wobei radikale Eingriffe in die vorhandene Baustruktur – wie der Einbau von Wohnungen in die Schloßkapelle – nach heftigen Protesten aus der Bevölkerung 1921 verhindert werden konnten, worauf man den Saal 1925 an die Katholische Gemeinde vermietete, die vordem [ab 1922] das Teehäuschen im Herrengarten für ihre Gottesdienste genutzt hatte. Nachdem sich schon die Bibliothek des ›Geschichts- und Altertumsforschenden Vereins zu Schleiz‹ im Schloß etabliert hatte, zog nach Verlegung der fürstlichen Hofkammer in das Verwaltungsgebäude des Unteren Hofes zu Osterstein das 1925 neu gegründete ›**Heimatmuseum Oberland**‹ darin ein, dem anfänglich auch der Weiße Saal überlassen wurde, bis dieser Mitte der 30er-Jahre wieder als Festsaal Verwendung fand.[458]

In dem Museum »wurde ausgestellt, was hilfsbereite Heimatfreunde in aufopferungsvoller Arbeit zusammentrugen. Obwohl es sich um ein recht buntes Sammelsurium handelte, konnte die Geschichte des Oberlandes recht detailliert wiedergegeben werden. Hier waren neben den museumsüblichen Kanonen, Gewehren, Säbeln und Uniformen [nebst Orden], Fahnen aus den Tagen des März 1848, alte Apothekerausrüstungen, Gegenstände aus den Wohnungen der einfachen Leute aus dem gesamten Oberland u.v.a.m. zu sehen.«[459]

In den letzten Tagen des **Zweiten Weltkrieges** schließlich wurde das Schloß zum vierten Mal in seiner langen Geschichte zerstört, aber anschließend nicht wieder aufgebaut. Starke, in seinem Umfeld stationierte Militärverbände hatten am 8. April kurz nach 9 Uhr einen Angriff der US-Luftwaffe auf Schleiz mit 32 Havoc-Kampfflugzeugen herausgefordert. Eine beträchtliche Bombenlast von 34 Tonnen ging über der Stadt nieder, 51 Gebäude wurden völlig zerstört, 54 schwer sowie 55 leichter beschädigt und über 200 Menschen – darunter auch Frauen und Kinder – getötet. Infolge der Zerstörung der Hauptwasserleitung, des angeblichen Verbots von Löscharbeiten seitens der militärischen Organe [SS] sowie des Umstandes, daß auch andere Teile der Stadt in Flammen standen und die Bürger meist mit sich zu tun hatten, brannte das von Brandbomben getroffene Schloß vom besonders betroffenen Nordflügel her ungehindert nieder. Bis zum Nachmittag war ein Großteil bereits vernichtet und glühte in den folgenden drei

Tagen nach und nach aus, wobei nur die beiden Türme und Teile der Außenmauern ›als gefährlicher Rest‹ stehenblieben. Der mit der Zerstörung des Schlosses auch für die Geschichte der Region entstandene Schaden ist nicht hoch genug einzuschätzen. Bis auf geringe Reste konnte von den Beständen des Heimatmuseums **nichts gerettet** werden. Auch die aus dem Westflügel des Schlosses Osterstein hierher ausgelagerten wertvollen Gobelins waren davon betroffen. Sämtliche Bestände der beiden Bibliotheken – alles in allem 50.000 Bände – und das Reußischen Hausarchiv, in dem auch die Urkunden der anderen ehemaligen Residenzen der jüngeren Linie verwahrt gewesen waren, gingen verloren. Lediglich 70-75% des Stadtarchivs blieb erhalten. Dabei stand die Stadt mit dieser kulturellen Katastrophe nicht allein da. Von dem gegen Schleiz entsandten Bombengeschwader hatten nämlich 7 Maschinen ihr Sekundärziel Schleiz ›verfehlt‹ und ihre Bombenlast [9,5 t] über der 20 km entfernten Stadt Pößneck abgeworfen. Dabei fiel auch das ehemalige Logenhaus der Freimaurer und die darin untergebrachte umfangreiche Sammlung und Ausstellung des dortigen Heimatmuseums in Schutt und Asche.[460]

Am 26. April 1950 begann die **Abtragung der Schloßruine**. Einzig das Kellergeschoß, ein winziger Rest des Erdgeschosses und die beiden Rundtürme blieben erhalten. Dem ehemaligen Residenzareal gingen dabei nicht nur Kern und Essenz verloren, »auch das städtische Weichbild und die Stadtsilhouette wurden ihres einheitlichen Mittelpunktes beraubt. Die seither zwischen den Turmruinen klaffende Lücke markiert überdeutlich den räumlichen wie ideelen Verlust. Als mahnende ›Zeigefinger‹ in der Landschaft, die unaufhörlich auf diesen hinweisen, blieben hier – ebenso wie in Gera – die vertikalen Dominanten der vormaligen Residenz erhalten.«[461] Zunächst wurde das Schloßgelände von dem 1953 nach Schleiz übergesiedelten VEB Kraftverkehr genutzt. Nach seinem Auszug 1957 übernahm die Volkspolizei das gesamte Gelände und unterzog dieses fortan einer untergeordneten Nutzung. »Neben der Linde vor dem Schloß entstand eine Dieseltankstelle, welche

in den 70er-Jahren wieder abgerissen wurde. Ebenfalls in dieser Zeit begann man, das eigentliche Schloßgelände mittels Stacheldraht, Stahltoren und einem am Hang zur Brunnengasse Wache schiebenden Schäferhund festungsartig zu sichern.
Die Kampfgruppen der Arbeiterklasse bauten ein barackenähnliches Gebäude und in die verbliebenen Reste des Marstalls auf der Seite der Pahlhornstraße zogen die Berufsfeuerwehr, die Volkspolizei und das Paß- und Meldewesen ein. Dort blieben sie bis zum Ende der DDR.«[462] Abgesehen von den Baracken entstanden auf dem inneren Schloßgelände noch weitere Einfügungen wie Garagenzeile, Kegelbahn, Anlagen zur Verkehrsschulung, Schießstand und Funkmast.
Als die beiden, inzwischen nur noch als ›hohlen Vögel‹ in den Himmel starrenden Schloßtürme zusammen mit den Resten des 1958 niedergebrannten Marstalls 1968 abgerissen werden sollten, erklärte ausgerechnet der damalige Leiter des Kreismuseums auf Schloß Burgk, Manfred Ungelenk [1933-1980], ihre Erhaltung als unmöglich, und doch blieben sie stehen. 10 Jahre später sollten die Rundtürme erneut verschwinden, aber es war das Institut für Denkmalpflege, das ihren Abriß verhinderte. Immer wieder bekundete Gedanken hinsichtlich ihrer Nutzung als Museum, Cafe oder wenigsten als Aussichtsturm fanden keinerlei Umsetzung.[463] Hin und wieder waren Arbeiten zur Stabilisierung der abschüssigen Außenbereiche des Schloßberges notwendig. Nachdem 1980 bereits die Stützmauer hinter dem ehemaligen Marstall hatte erneuert werden müssen, erfolgte dies 1988 im Bereich der ›Oberen Schütt‹, wobei rätselhafte unterirdische Bausubstanz aus dem Mittelalter ans Licht kam.[464] Nach der Wende zogen Volkspolizei und Meldeamt aus den einstigen Marstall aus und Schulverwaltungsamt und Katasteramt dafür ein. Die Landespolizei Thüringen [seit 1990] nahm in dem ehemaligen Rentamt [Wittumsgebäude] nun ihren Sitz. Im Dezember 1993 erhielten die beiden, weiterhin ruinös erhaltenen Turmruinen des Schleizer Schlosses nach neunmonatigen Sicherungsarbeiten ihre klassizistischen Spitzhelme zurück. Daß dabei nicht wenigstens einer von ihnen

eine Innentreppe erhielt, um ihn besteigbar zu machen, blieb von vielen unverstanden. Auch wenn in der Stadt immer wieder Gerüchte kursieren, daß einerseits die Polizei ausziehen wolle, zum anderen aber ein Investor sich für das Gelände interessiere, so ist das gegenwärtig im Besitz des Thüringer Innenministeriums befindliche innere Schloßareal weiterhin der Öffentlichkeit versperrt und sein Betreten nachwievor unerwünscht.[465] »Die durch die Sperrung des Gebietes und die damit verbundene Kappung alter Wegebeziehungen eingetretene Ausgrenzung des Schloßbezirks vom restlichen Stadtgebiet besteht bis heute. ... Das einstmals wichtigste Areal von Schleiz, der Schloßplatz, ist stadträumlich zur ›terra incognita‹ verkommen.«[466] und hinterläßt den Eindruck einer Ödnis.
»Lediglich die Turmruinen künden von der viele Jahrhunderte währenden Geschichte eines befestigten Feudalsitzes an diesem Ort, sie finden zumindest ein Gegenüber in der Bergkirche von nun zweifelhaftem morbiden Charme.«[467] Der Wunsch vieler Schleizer das Haupt ihrer Stadt wieder zu einer ›Akropolis‹ aufzurichten, wird regelmäßig auf die lokalpolitische Agenda gehoben und den Wiederaufbau des Schlosses – freilich im kaum mehr zu vermeidenden modernen Stil – werden wir eines Tages vielleicht noch erleben können.[468]

Die Schloßkapelle

Als erste Hauskapelle des Schlosses diente wohl die, vor dem äußeren Schloßtor im Bereich der heutigen ›Unteren Schütt‹ [im Garten der Schloßgasse 1] gelegene, 1387 erstmals erwähnte Allerheiligenkapelle, die später als geistiger Mittelpunkt einer Kalandsbruderschaft mit zwei Vikaren und einem besonderen Friedhof begabt war. 1533 letztmals erwähnt, dürfte sie spätestens mit dem 30-jährigen Kriege als Gotteshaus eingegangen und bis spätestens 1664 auch als Gebäude verschwunden sein, worauf die Hofgottesdienste ins Schloß verlegt werden mußten, wo bis 1673 im Schloßinnenhof – an die nordwestliche Ecke des Nordflügels rechtwinklig angesetzt – eine neue, diesmal der ›Heiligen Dreieinigkeit‹ geweihte Kapelle entstand.

Begabt mit Lehngeldern und Erbzinsen von der Brunnen- und Gartengasse wurde sie im Zuge der Entstehung des neuen Südflügels 1752/53 aber wieder niedergerissen und in den stadtseitigen Flügel des Schlosses verlegt. Beim Neubau nach dem Brande von 1837 kam die Schloßkapelle schließlich im Nordflügel unter, wo sie einen saalartigen über zwei Etagen gehenden Raum mit zwei Emporen einnahm und 1840 geweiht wurde. Nach 1919 ihrer Funktion als Hauskapelle eines Dynastenschlosses verlustig gegangen, diente sie während der letzten 20 Jahre ihres Bestehens der Katholischen Gemeinde von Schleiz für ihre gottesdienstlichen Handlungen.[469]

Unterirdische Anlagen im Schloßberg

Die immer wieder kursierenden Gerüchte über ein Netzwerk von, unter dem Schloßberg verlaufenden unterirdischen Gängen, die von einigen Kellern in der Brunnengasse zugänglich gewesen seien, haben einerseits ihren Grund darin, daß während des Mittelalters und kurzzeitig noch einmal im Jahre 1525 dort Silbererze abgebaut wurden, zum anderen aber in den Kelleranlagen unter dem Nordflügel des letzten Schloßbaus von 1837-1840.[470] Der bereits im Jahre 1501 unter dem nördlichen Haupttrakt erwähnte und heute über ein nördlich gelegenes, zweigeschossiges Nebengebäude der Landespolizei zugängliche **große Weinkeller** umfaßt ein System schmaler, aus dem gewachsenen Fels gehauener Gänge sowie aus größer dimensionierten Tonnengewölben, die im letzten Weltkrieg zusammen mit den Höhlern zu Luftschutzräumen ausgebaut wurden. Als 1988 ein Teilstück der Stützmauer an der ›Oberen Schütt‹ einzustürzen drohte, die Mauer abgetragen und mit den alten Steinen wieder aufgerichtet wurde, kamen im Inneren der ›Schütt‹ plötzlich Treppen und Gänge zum Vorschein, die man zunächst einem, in einem alten Stadtplan noch eingezeichneten Turm zuschrieb. Indem aber die Stärke der gefundenen Mauern und die tatsächliche Lage des Turmes auf der sehr genauen Skizze mit dem Befund nicht korrespondieren, bleibt die Entstehung der Gänge weiter ein Geheimnis.[471]

Die Wittumsgebäude

Als Schleiz noch eine Nebenresidenz der Herren von Gera war, diente im 14. und 15. Jahrhundert das Schloß selbst wiederholt als Leibgedinge und Witwensitz für die nachgelassenen Ehefrauen der verstorbenen Herrscher. Selbst Anna, die Witwe des letzten Burggrafen von Meißen, residierte bis zu ihrer Abfindung im Jahre 1590 noch auf dem Schlosse, nicht aber mehr Agnes Maria, die Witwe Heinrichs XVIII. Reuß mittlerer Linie [†1616], für die die Besitznachfolger der Herrschaft, die Reußen der jüngeren Linie zu Gera, in der zu diesem Zwecke erst neu geschaffenen Schloßgasse bis 1618 einen besonderen **Wittumssitz** erbauen ließen, der nach ihrem Tode 1634 umgenutzt, als Gebäude bis zum großen Brand von 1837 Bestand hatte, obwohl sich die Bürger und Einwohner ›im Winkel unter dem herrlichen (= herrschaftlichen) neuen Hause in der Schloßgassen‹ schon 1652 darüber beklagten, »daß eine neugebaute Mauer an der Küche des Hauses wegen schlechter Fundierung sich gesenkt habe. Sollte sie herabfallen, so würden sie alle ›bedeckt und ermordet‹ werden.«[472] Warum in diesem Gebäude nicht auch Juliane Elisabeth, die Witwe des ersten in Schleiz wohnenden Geraer Reußen Heinrich III. [†1640], ihren Wohnsitz nahm, ist unklar. Als nämlich das Schloß 1647 zur Residenz ihres Schwagers Heinrich IX. [†1666] geworden war, erwarb dieser noch im selben Jahre von seinem Hofjunker Hans Georg von Tettau das ursprünglich im Besitz derer von Kospoth befindliche **Kospothsche Haus** und ließ es bis 1653 für sie umbauen, doch nur wenige Wochen nach ihrem Einzug verstarb sie darin. Entstanden ist dieses Anwesen nicht etwa aus dem mittelalterlichen Wohnturm eines stadtansässigen Adligen, wie sich solche z.B. die Vasallen der Grafen von Schwarzburg in Pößneck errichteten, sondern erst kurz nach 1500, als die Schloßherrschaft ihrem Torwart Nicol Braun ›aus Gnaden‹ erlaubt hatte, sich im Winkel an der Stadtmauer ein Haus zu erbauen. Braun verkaufte den exponierten Besitz bald darauf an Kunz von Kospoth, dem er von der Landesherrschaft frei von allen Abgaben und Lasten als sogenann-

tes ›Freihaus‹ verliehen wurde, worauf es Kunz an den Schleizer Bürger Georg Oberländer veräußerte, der noch eine benachbarte Hofstatt dazu erwarb und das Anwesen weiter ausbaute. 1689 brannte es nieder, und ein Privathaus entstand an der Stelle.[473] In der Epoche nach 1653 bedurfte man in Schleiz keines besonderen ›Witthumshofes‹, zumal die Gemahlinnen der Grafen vor ihren Gatten verschieden. Erst nach dem Tode Heinrichs XI. [†1726] erwarb sein Nachfolger Heinrich I. im Jahre 1729 für dessen Witwe Auguste Dorothea geb. von Hohenlohe-Langenburg [†1740] am anderen Ende der Stadt ein bürgerliches Anwesen für den Bau ihres Witwensitzes. »Das zweigeschossige Gebäude mit akzentuierendem runden Turm und rechtwinklig angefügtem eingeschossigem Nebengebäude nannte Heinrich I. nach seiner Tochter ›**Louisenburg**‹.
Von der Kobischgasse über den Komtursteig gelangte man durch ein Torgebäude in das Areal, in dem sich vermutlich ein kleiner Garten befand. Stilistisch ordnete sich die Louisenburg mit ihrer geschweiften Turmhaube in das damalige barocke Antlitz der Stadt mit dem sie bekrönenden Schloß ein.«[474]
Sowohl der zweiten Gemahlin Heinrichs XII. [†1784], Christine Ferdinande geb. von Isenburg-Philippseich [†1822], als auch Heinrichs XLII. Witwe, Caroline Henriette geb. von Hohenlohe-Kirchberg [†1849], diente die Louisenburg als Witwensitz, bis das Palais dem großen Stadtbrand von 1837 zum Opfer fiel und nicht wieder aufgebaut wurde. So nahm die Fürstinmutter im Oschitzer Edelhof Quartier, bis sie 1842 ihr neues, in etwa an der Stelle des alten Wittumsgebäudes von 1647 zwischen ›Unterer‹ und ›Oberer Schütt‹ erbautes Domizil einnehmen konnte. Es ist jenes, bis heute die Skyline über dem Neumarkt dominierende viergeschossige drei- zu zehnachsige Gebäude. »Das äußere Erscheinungsbild des Baukörpers war dem Rundbogenstil verpflichtet, sogar mit einem kräftig ausgebildeten Kranzgesims als Rundbogenfries unter dem Walmdach. Steinsäulen zieren die Ecken des Gebäudes.«[475] Zugänglich ist es ebenerdig über die ›Untere Schütt‹ sowie in das zweite Obergeschoß über die ›Obere Schütt‹, wo es die dem

Schloß vorgelagerte Terrasse nach Westen hin abschließt. Eine kleine **Gartenanlage** mit Pflanzrondellen an der westlichen Stirnseite unterhalb der Stützmauer der ›Oberen Schütt‹ war mit Teil des Anwesens. Nach 1849 hörte das Gebäude auf, Witwensitz zu sein und wurde zum Sitz von Kammer und Forstdirektion die 1874 zur fürstlichen Kammer vereinigt wurden. Erst 1901 erfolgte die Aufstockung des vierten Geschosses. 1923 verkaufte die fürstliche Familie das **Kammergebäude** an den Staat Thüringen, der es später als Finanzamt [Rentamt] nutzte. Zu DDR-Zeiten diente das Gebäude der Polizeiverwaltung und seit 1991 der Landespolizei Thüringen.[476]

Amtshaus und Fronfeste

Die administrative Verwaltung der Herrschaft Schleiz erfolgte zunächst vom Schleizer Schloß aus – und zwar aus einer Amtsstube in dessen nördlichen Teil. Die Verliese dazu befanden sich anfänglich im **Fangelturm** und später im Hausmannsturm. Für Peinliche Befragungen diente wohl die in einem der Schalentürme befindliche **Stockkammer**. Von einem Amtshaus hören wir erst in den Jahre nach 1616, als ›unter dem Schlosse dem Marstall gegenüber‹ die Schloßgasse mit dem herrschaftlichen Wittumshause erbaut wurde. Im selben Häuserblock nach dem heutigen Parkweg zu standen auch das Amtshaus und daneben die **Fronfeste** [Gefängnis]. Beim Brand von 1689 mit vernichtet, wurden die beiden Gebäude anschließend wiederaufgerichtet, sanken aber 1837 dann endgültig in Schutt und Asche, worauf das Amtshaus – wie an anderer Stelle berichtet – 1838 in der Parkallee neben der Reithalle und die Fronfeste auf dem Grund zweier verbrannter Bürgerhäuser in der Elisenstraße 20 neu erbaut wurden. Im Amtshaus untergebracht waren das Justizamt [bis 1856], die 1842 gegründete fürstliche Sparkasse, das Landratsamt [ab 1880], das Steueramt und schließlich die Landesbaudirektion. Das Justizamt kam 1863 in dem neu erbauten Gerichtskomplex am Beginn der Oschitzer Straße unter. Als 1868 das Amtshaus an den Staat verkauft wurde, wechselte die Fronfeste per Verkauf in private Hände.[477]

Fürstlicher Marstall – Reithalle – Neues Amtshaus

Ein Marstall als ›Pferdestall des Schlosses‹ mit Gebäuden für Wagen, Kutschen, Schlitten und Geschirre wird schon im Jahre 1558 als solcher erstmals erwähnt und lag unter dem Schloß. Unbekannt ist, ob er identisch war mit den 1510 erwähnten **Viehställen** bzw. dem, in der Teilungsurkunde für das Schloß 1501 aufgeführten neuen **Kornhaus** mit Stallungen im Erdgeschoß und Heu- und Kornböden darüber. »Die beiden Herren von Gera teilten damals auch dieses Gebäude unter sich, doch sollte jedem von ihnen freistehen, die Zwischenwände aus dem Boden desselben herauszunehmen, so oft er dessen ›zu seinen Ehre‹ bedürfe. Es wurde also der Tanz für das Gesinde bei Hochzeiten und anderen Festen hier abgehalten.«[478]

Im Zuge des Neubaus der Residenz nach 1689 entstanden [allerdings näher, riegelartig vor der Ostfassade des Schlosses und architektonisch sicher repräsentativer als der bisherige Marstall] die ›**Fürstlichen Häuser**‹ [1703], die zumindest in Teilen auch den Pferden als Unterkunft dienten. Der nach 1837 zwischen Schloßgasse und Pahlhornstraße erbaute neue Gebäudekomplex des ›Fürstlichen Marstalls‹ umschloß einen großzügigen rechteckigen Wirtschaftshof, »dessen gestalterischer Auftakt nach Westen pavillonähnliche zweigeschossige vierachsige Kopfbauten auf quadratischem Grundriss bildeten. ... Anschließend an die Kopfbauten erstreckten sich nach Osten die eingeschossigen Stallungen und Remisen. Die Flügel öffneten sich zum Hof mit offenen Arkaturen. Den mittleren Bogen des fünfachsigen Ostflügels bekrönte ein Dreiecksgiebel.«[479] Auch die Gebäudeecken am Ende von Schloßgasse und Pahlhornstraße erhielten eine pavillonartige Akzentuierung. »Sonst waren die Fronten im oberen Drittel mit je fünf halbkreisförmigen Öffnungen und im Dach mit dreieckigen Gauben gegliedert.«[480] Im Rahmen der Zerstörung des Schlosses am 8. April 1945 brannte auch vom Marstall ein Teil der Dachflächen ab. Wiederinstandgesetzt dienten seine Kutschen- und Schlittenremisen den 1953 von Hirschberg hierher verlegten lokalen Verkehrsbetrieben als Bushallen und Werkstätten.

Abgesehen von letzteren verlegte der VEB Kraftverkehr 1957 seinen Standort in die Neuen Gebäude an der Straße nach Oschitz. Bald darauf – am 9. April 1958 – vernichtete ein Großbrand, bei dem vier Familien obdachlos wurden, den größten Teil der Anlage. Darauf nahmen Volkspolizei und Kampfgruppen auch diesen Teil der alten Residenzanlage in Beschlag.

1968 wurden die Reste der Flügelbauten und der nördliche Eckpavillon mit seinem vormaligen Zeltdach abgerissen. Erhalten blieben die drei Kopfbauten am Anfang und Ende der Pahlhornstraße sowie in der Schloßgasse 2 und 4, welche bis 1991 von der Volkspolizei und vom Paß- und Meldwesen vereinnahmt wurden – danach von Katasteramt und von Schulverwaltungsamt.[481] Wie zu faktisch jeder fürstlichen Residenz, so gehörte auch zum Schleizer Marstall eine bedeutende **Reithalle**. In der axialen Verlängerung des westlichen Eckpavillons des Marstalls an der Stelle eines 1837 abgebrannten Vorgängers errichtet, bestand sie aus zwei zweigeschossigen Kopfbauten mit einem länglichen Mittelteil und ähnelte ein wenig dem Lobensteiner Barockschloß nur in minimierter Form. Bald nach ihrer Fertigstellung als Theatersaal für 800 Menschen in Verwendung, stürzte ausgerechnet während der Aufführung von Lortzings Komischer Oper ›Zar und Zimmermann‹ am 5. Juli 1842 die schlecht gebaute, mit Gips beworfene Bretterdecke ein, wodurch eine Massenpanik entstand, bei der 26 Menschen getötet und viele weitere verletzt wurden. Beim Luftangriff von 1945 fast völlig zerstört, blieben lediglich die seitlichen Umfassungsmauern und der vordere Kopfbau erhalten, der – baulich später stark überformt – zunächst Wohnhaus und dann Gaststätte [Zum Parkstübel] wurde. Doch hat der davorgelagerte Platz seinen früheren Zustand inzwischen längst eingebüßt.[482] Südlich der Reithalle schloß sich ein wenig zurückgesetzt von der, in den Her-

Der Fürstliche Marstall

rengarten führenden Parkallee als Endstück der von dem Hofbauinspektor Dorsch entworfenen Gebäudefolge des Residenzensembles das sogenannte ›**Amtshaus**‹ [1838] an, dessen tiefer liegender Garten [heute Parkplatz] vom Alleedamm über eine Treppe zu erreichen war. Anja Löffler charakterisiert es als einen langgestreckten eingeschossigen, mit toskanischen Pilastern gegliederten Baukörper mit zehn Fensterachsen. »Ein Triglyphenfries zierte die umlaufende Gebälkzone unter einem Walmdach. Da die Folge der rundbogigen Fenster keine Mittenbezogenheit hatte, fügte man mittig im Dach eine stehende Gaube ein, die beidseitig von je einer kleineren flankiert wurde. Die Erschließung des Gebäudes erfolgte über die dreiachsige Stirnseite. Funktionell bestimmte ein klares Ordnungsmuster den Verwaltungsbau. An einen rückwärtigen Flur reihten sich hintereinander die Amtsstuben. ... Im Jahre 1904 überformte man die beiden mittleren Achsen der Längsfronten durch Einbringung einer zusätzlichen Öffnung und Erhöhung um ein Geschoß. Dadurch entstand ein dreiachsiger Mitelrisalit, den beidseitig vierachsige Flügel flankieren. Am Risalit wurde der Triglyphenfries abgeschlagen, hier ein zusätzliches Geschoss aufgesetzt und mit einem barockisierenden Walmdach mit drei Ochsenaugen gekrönt.«[483] Nach dem Auszug des Steueramtes 1931 wurde das Amtshaus zum ›Haus der Landwirtschaft‹ des Kreises Schleiz und diente später auch anderen Zwecken. Mitte der 1980er-Jahre wurde es dann Pionierhaus und 2011 schließlich Stadtbibliothek.[484]

Herrengarten – Schloßbergsanlage – Englischer Garten

Bereits am Ende des Mittelalters im Jahre 1501 ist hinter dem südlichen Wall des Schlosses hinter dem Zwinger ein **Baumgarten** erwähnt, der möglicherweise dem Areal der heutigen Brunnengasse entsprach und in dem schon im letzten Viertel des 16. Jahrhunderts ein ›**Sommerhaus**‹ gestanden hat. 1647 hören wir zudem von einem ›erbaueten **neuen Lusthaus**‹ aus Holz ›mit Gärtlein‹ in der ›Schütt‹, welchem beim Brand von 1689 die tragische Rolle eines Bindegliedes zwischen dem schon in Flammen stehenden Häusern um den Altmarkt und der noch unversehrten Residenz zukam. Bei Wiedererrichtung derselben konnte Heinrich XI. den für solche Bauten obligatorischen **Barockgarten** nicht direkt in das neue Schloßensemble integrieren, weil oberhalb davon die Anlagen des Vorwerks im Wege waren. So entstand dieser in dem dahinterliegenden **Herren- oder Küchengarten,** für den der Graf noch mehrere Grundstücke aus Bürgerhand ankaufte und sich darin ein Lusthaus errichten ließ. Einer seiner Nachfolger, Heinrich XLII., aber ließ dieses 1795 wieder entfernen und dafür einen eingeschossigen **Pavillon** mit rundem Kuppelsaal und zu beiden Seiten je einem quadratischen Nebenraum mit Walmdach errichten. »In Anlage und Bauschmuck eine Schöpfung des Zopfstils, ist der Pavillon bautypisch ebenso mit dem Schloß Sanssouci in Potsdam wie mit dem nahe gelegenen Lusthaus Bellevue zwischen Ebersdorf und Lobenstein verwandt,«[485] nur das in diesem Falle zwischen den rundbogigen Öffnungen der französischen Fenster toskanische Halbsäulen stehen, während die Nebenräume im nüchternen klassizistischen Stil zweiachsig von Rechteckfenstern ohne Gewände durchbrochen sind. Kurz nach dem Jahr 1800 initiierte der Graf zudem noch eine längliche, sich hinter der Brunnengasse den Hang zum Schloßberg hinauf erstreckende Gartenanlage, wo er an einer erhöhten Stelle mit guter Aussicht auf Landschaft und Stadt ein **Gartenhaus** erbauen ließ. Der klassizistische Baukörper mit Portikus und Dreiecksgiebel umfaßte einen zentralen achteckigen Saal, der von quadratischen Nebenräumen gerahmt war. Nachdem beim Brand von 1837 auch das oberhalb des Schlosses gelegene Vorwerk mit allen Wirtschaftsgebäuden, dem **Gewächshaus**, der Wohnung des Hofgärtners und dessen schöner **Orangerie** niedergebrannt waren, bot sich endlich die Möglichkeit, unmittelbar neben dem Schloß eine kleine **Parkanlage im englischen Stil** anzulegen. So entstand bis 1843 an der Stelle des ehemaligen Teiches und des planierten alten Vorwerksgeländes ein Landschaftsgarten, der auch die verstreuten Außenanlagen am Hang zur Brunnengasse, die

östlich des Alleedamms neu errichteten Gebäude, insbesondere aber den, in seinem barocken Charakter erhaltenen Herrengarten als verbindendes Element zu dem dahinter erbauten neuen Kammergut miteinbezog. Als im Jahr 1880 an der südöstlichen Seite des Schlosses die hohen Umfassungsmauern niedergelegt und im früheren Graben ein **Garten** angelegt wurde, bedingte die an der Ostseite stehengebliebene Mauer doch weiterhin eine, den Blickkontakt zum Schloß einschränkende Barriere. Zu Beginn des 20. Jahrhunderts stellte man in dem am Amtshaus beginnenden Parkteil eine **Dianastatue** auf. 1914 folgte in der gleichen, von der Mittelachse des Amtshauses ausgehenden Linie die Errichtung eines Denkmals für Fürst Heinrich XIV. Reuß j. L. [1832-1913], der für seine landesherrlichen Dienste von den Bürgern hochgeschätzt war.
»Die aufgesockelte **Bronzebüste** wurde von einer gewölbten, an den Seiten durchbrochenen Natursteinschale kulissenhaft eingerahmt.«[486] Danach erfolgten keine gestalterischen Maßnamen mehr, stattdessen begannen Anlagen und Gebäude zu verfallen. 1925 verpachteten die Reußen den inzwischen baufällig gewordenen Pavillon nebst den ihn umgebenden Rasenflächen. Zunächst diente er als Kindergarten, später als Sitz der hiesigen Freimaurerloge. Im Zentrum des Englischen Gartens entstand 1947 ein, das gesamte Areal dominierender **Sowjetischer Ehrenfriedhof** mit 43 Einzel- und 4 Gemeinschaftsgräbern. »Der Pavillon im Herrengarten sowie das Gartenhaus am Schloßberg wurden in der Nachkriegszeit zu Privathäusern mit zum Teil unerfreulichen Umbauten. Beim Gartenhaus hat insbesondere die Vermauerung des Portikus dessen Gestalt völlig verändert. Der Pavillon hat zusätzlich seine Funktion als *point de vue* durch die Parzellierung und Bebauung der ummauerten Gartenanlage verloren.«[487] Der Parkteil vor dem Rentamt wurde Anfang der 1980er-Jahre zugunsten eines Parkplatzes aufgegeben. Statue und Bronzebüste verkamen im westlich korrespondierenden englischen Parkteil.[488] Auch in den Jahren nach der Wende konnten die Anlagen die ihnen zustehende städtische Bedeutung nicht wiedererringen,

wenn auch der Bau eines Parkhauses im Englischen Teil von der Denkmalbehörde gerechtfertigterweise nicht genehmigt wurde. »Begonnen hat man indessen mit der Umgestaltung desselben (Planung von 1997/98), es entsteht ein widersinniges neues Achsensystem zwischen dem einstigen Amtshaus im Osten und dem nur noch fragmentarisch vorhandenen Fürstendenkmal im Westen, im Achsenkreuz – dem Mittelpunkt des sowjetischen Ehrenfriedhofs – wird erneut ein Brunnen installiert.«[489] Aus jetziger Perspektive wäre eine vollkommene Neugestaltung des Englischen Parks in Zukunft wünschenswert.

Die herrschaftlichen Vorwerke

Für die zum Schleizer Schloß »gehörige Feld- und Viehwirtschaft gab es mehrere Vorwerke. Das wahrscheinlich älteste, dessen Kulturland wohl einst größtenteils zur Anlage der Neustadt Schleiz hergegeben worden war, lag innerhalb der Stadtmauer unweit des Böhmischen Tores und zwar an der Stelle des abgerissenen Neustädter Brauhauses, der heutigen [1909] Jungmannschen Fabrik (Schulplatz 4). 1477 war es jedenfalls außer Betrieb und 1499 wurde es von der Herrschaft an die Stadt verkauft. Es hieß dann lange Zeit der ›**Bürgerhof**‹ und diente als städtischer Marstall, später als Brauhaus. 1477 werden auch ein Viehhof neben dem Schlosse und das Vorwerk **Dürrenhof** oder ›der dürre Hof‹ aufgeführt. Letzteres lag am Buchhübel und bereits auf Oberböhmsdorfer Flur. Seine Errichtung hängt wohl mit der Verlegung des Hofackers bei der Gründung der Stadt zusammen.«[490] 1477 erhält Hedwig, Gemahlin Heinrichs des Mittleren und Herrn zu Gera, »u.a. das zu Oberböhmsdorf gehörige Vorwerk Dürrenhof (später dürre Schäferei) zwischen Buchhübel und Lämmerbühl (Pulverturm) sowie Pferde- und Handfron aus Oberböhmsdorf zum Leibgedinge als ihrem persönlichen Bedarf.«[491] Zwischen 1482 und 1501 wurde das Vorwerk zu einer Schäferei umgewandelt, der 600 Nößer zu halten erlaubt waren, wobei der herrschaftliche Schafmeister bzw. der Pächter neben den Fluren von Oberböhmsdorf und Schleiz auch die von Görkwitz, Möchgrün,

Raila, Wernsdorf und Zollgrün zu bestimmten Zeiten mitbehüten durfte.[492] Nach der Ablösung der alten Hut und Triftgerechtigkeiten im Zuge der ›Bauernbefreiung‹ von 1848 lohnte sich der Schafhof nicht mehr. »1849 wurde der Betrieb nach Oberböhmsdorf verlegt und die Gebäude am Buchhübel abgerissen.«[493] – »Ein anderes Vorwerk lag hinter der Bergkirche auf Öttersdorfer Flur. Es entstand wohl, als 1444 und 1445 die von Kospoth ihre Fron- und Zinsbauern zu Öttersdorf an die Herrschaft verkauft hatten, durch teilweise Legung dieser Bauerngüter. Das Flurstück ›**Höfle**‹ und der bereits 1466 genannte Höflerteich erinnern noch daran. Das Vorwerk selbst wird nur 1501 und sonst nicht wieder erwähnt.«[494] Noch in den 1850er-Jahren sollen Umrisse von Gebäuden im Boden zu erkennen gewesen sein. Die Sage siedelt hier den Standort eines Klosters an, zu dem von der Bergkirche aus ein unterirdischer Gang geführt habe.[495] »Von den übrigen, noch zum Schloß gehörigen Vorwerken zu Öttersdorf, Oschitz (der kalte Hof) und Langenwolschendorf, welche im 15. Jahrhundert ebenfalls von den Kospoth in herrschaftlichen Besitz übergingen, kann hier abgesehen werden.«[496] Die mit dem Kammergute zu Oschitz verbundene **Kalte Schäferei** jedenfalls lag in jener ›Die Seng‹ genannten südöstlich von Oschitz hoch ansteigenden Geländemulde.[497]

Fürstliches Kammergut → Volksgut → Bullenverwahrstation

»Dagegen ist das eigentliche Schleizer Vorwerk noch zu betrachten. Es wird zuerst, wie schon oben bemerkt, 1477 als der ›Viehhof beim Schlosse‹ und 1501 als ›das **Vorwerk** bei‹ demselben nebst einem ›neuen Baumgarten dabei‹ erwähnt. Es stand mit seinen Nebengebäuden, Dunghaufen und Entenpfuhl oberhalb des Schlosses anstelle der heutigen Parkanlagen.«[498] Die Felder, die es bewirtschaftete, gehörten aufgrund ihres hohen Feinerde- und Humusgehalts zu den besten der Umgebung. Nachdem seine vier, um einen rechteckigen, teils ummauerten Innenhof angeordneten Gebäude 1837 mit abgebrannt waren, wurde der Wirtschaftsbetrieb »in das sogenannte **Neue Vorwerk** verlegt, welches 1801 die Herrschaft vom Senator Steinberger angekauft hatte. Nachdem 1861 auch letzteres durch Brand zerstört worden war, wurde an seiner Stelle das heutige Kammergut aufgebaut.«[499] – »Im Baukörper suchte man mit einem dominierenden Risalit den optischen Bezug zur alten barocken Achse zu wahren. Erschlossen wurde der Komplex jedoch von einem, seitlich entlang der niederen Ummauerung des Herrengartens gelegenen Weges.«[500] Im Jahre 1868 warf ein gewaltiger Sturm, bei dem auch Denkmäler auf dem Friedhof umstürzten, die Dampfesse des fürstlichen Kammergutes um. Nach 1870 wurde der benachbarte Kammergutsbetrieb von Oberböhmsdorf mit seinem meist angrenzenden Liegenschaftskomplex mit dem von Schleiz verbunden und als dessen Vorwerk weiterbetrieben. Im Jahre 1885 erscheinen die Familien **Hahn/Schulz** als Pächter. 1911 brannten in Schleiz das Pächterhaus und eines der Stallgebäude nieder. Bei der Fürstenabfindung 1919 gingen neben dem Schloß auch das Kammergut Schleiz mit seinem Vorwerk Oberböhmsdorf in staatliche Hände über.[501] Schon 1923 erscheint Otto **Schulz** als Pächter des nunmehrigen Staatsgutes. Lediglich die Gebäude und die Flächen [110 ha Feld, 42 ha Grünland, 2 ha Wald] waren gepachtet, der gesamte Maschinenbestand und die Tiere [15 Pferde, 85 Rinder, 250 Schafe, 20 Schweine] aber waren sein Eigentum. Am Vorabend des Zweiten Weltkrieges bewirtschaftete er in Schleiz und Oberböhmsdorf Liegenschaften von 179,07 ha. »Mit der Bodenreform wurde die Wirtschaftsfläche auf 99,75 ha[502] verringert. Kleinbauern aus Schleiz und Oberböhmsdorf erhielten die restlichen Flächen zugeteilt.«[503] Das Eigentum des Pächters zog man ein, der Pachtvertrag wurde aufgelöst und das Gut nach dem sowjetischen Vorbild einer **Sowchose** [eines Volksgutes] weiterbewirtschaftet, um »den privaten Bauern die Vorzüge der Großraumwirtschaft zu demonstrieren. 30 Mitarbeiter arbeiteten in den Ställen und auf den Feldern. Einige kamen aus Oberböhmsdorf, andere delegierte man aus anderen Städten nach Schleiz. Für das Personal entstanden neben der Arbeitsstelle zwei Wohnblöcke. … Zwei Zugmaschinen [1 Pionier und ein RS 30 – der Vorgänger des Famulus] standen zur Verfügung. Im Frühjahr 1959 setzte man erstmals eine Kartoffellegemaschine ein. Das Volksgut Schleiz gehörte zur Vereinigung der volkseigenen Güter beim Rat des Bezirkes Gera.«[504] »Mit der Gründung der Kooperationen [1956: LPG ›Heinrich Heine‹ Wüstendittersdorf, 1958: LPG ›Einigkeit‹ Schleiz, LPG ›Neuer Weg‹ Oberoschitz, 1960: LPG ›Start frei‹ Oberböhmsdorf] und später der Großgenossenschaft wurden die Flächen mit übernommen,«[505] während man die Stallungen um einen neuen Schweinestall mit einer Kapazität von 900 Plätzen erweiterte. »Gehalten wurden bis zu 1.500 Tiere mit allen Folgen einer nicht artgerechten Haltung. 1960 wurde das Gut in eine Bullenverwahrstation umgewandelt. In den ehemaligen Kuh-, Kälber- und Schweineställen wurden nun Stellplätze für ca. 100 Bullen eingerichtet, um die größten LPG-Ställe im Bezirk Gera mit hochwertigem Sperma zu versorgen. Nach 1989 musste die Station trotz gutem Tierbestand geschlossen werden.«[506] Gegenwärtig ist das Gut im hoffnungslosen Verfall begriffen.[507]

Tanna

Die Stadt Tanna [1240 Tan] liegt zwischen Schleiz und Hirschberg in einem Talkessel der Wettera. Wenn auch im gesamten Tannaer Raum, abgesehen vom Burgstädtel [Wegsperre] bzw. der Grünbergschanze bei Zollgrün [unbekannte Zeitstellung], des Adelssitzes Mangelsdorf bei Schilbach sowie einer sagenhaften Pfahlburg im Kämmerawalde [Grenzsicherungspunkt?] keine Burganlagen nachzuweisen sind, so existierte im mittelalterlichen Tanna ein **Rittergut** der Herren **von Rußwurm**, die ›Mauer‹ genannt. Es lag im unteren Teile der Stadt in der Koskauer Gasse gegenüber der alten Försterei, wo später das Bürgerhaus und danach das Wagnersche Gut errichtet wurde. Zudem lebten in Tanna zuzeiten auch Angehörige der adligen Familien **von Römer** und **von Raschau**. Im Süden reichten die Liegenschaften des Tannaer Rittergutes bis zur Kämmera, im Norden bis ans Zollgrüner Bergholz. Der Name ›Mauer‹ verweist auf eine, wohl im 14. Jahrhundert errichtete Kemenate. Bis zu einem Brand im Jahre 1863 befand sich hier noch ein hohes, mit dem Giebel der Straße zugewandtes Steinhaus, worin es gespukt haben soll. Selbst nachdem Tanna im Jahre 1494 mit dem Stadt- und Marktrecht begabt worden war, »blieben die alten Verpflichtungen von Frohnen in Zollgrün – doch auch mit dem Rechte, daß Adlige anders nicht als andere Bürger zu Tanna wohnen durften.«[508] Im Jahre 1545 endlich kaufte die junge Stadt für 1.150 Mfl. von Nicol und Caspar von Rußwurm die Lehen, Zinsen und Gerichtsbarkeit ihres, im Ort befindlichen Rittergutes und 1581 schließlich um 60 Mfl. von Balthasar von Kospoth auch die bislang vom Rittergute Frankendorf über Tannaer Liegenschaften ausgeübten Gerechtsamen, womit der hiesige Stadtrat zu einem schriftsässigen Landstand avancierte, auch wenn die Obergerichte seit jeher der Landesherrschaft oblagen, die hier auch selber direkt über einige Lehen, die ›Schleizer Amtslehen‹, verfügte.[509]

Die Herren von Rußwurm

Die Familie Rußwurmer bzw. von Rußwurm war ein Uradelsgeschlecht aus dem fränkisch geprägten Süden Thüringens, welches mit Otto von Rußwurm im Jahre 1349 erstmals urkundlich genannt ist. In ihrem Wappenschild trugen sie einen einwärts knienden schwarzgekleideten Mönch mit Rosenkranz und offenem Gebetsbuche in den Händen. Ihre Hauptsitze befanden sich jenseits der Mittelgebirgsschwelle an der Werra in Frauen- und Alten-Breitungen [das sie 1370 von den Herren von Breitungen erworben hatten und wo bis heute das Rußwurmsche Herrenhaus (1600) an sie erinnert], Schwallungen und Nieder-Grumbach. Zudem besaßen sie Rittergüter in Hellingen [Heldburger Land], Angelroda bei Stadtilm [16.-17. Jh.], Podelwitz bei Altenburg [16. Jh.], Tanna [bis 1545] und Oberböhmsdorf [bis 1562] im Reußenland sowie letztlich die Herrschaft Bonnland bei Bad Kissingen in Unterfranken [17./ 18. Jh.]. Im 16. und 17. Jahrhundert brachte die Familie mehrere Feld-

marschälle hervor. Der bekannteste von ihnen war Hermann Christof Graf von Rußworm auf Frauenbreitungen [*1565], dem der tschechische Schriftsteller Milos V. Kratochvil in dem Roman ›Der einsame Marschall‹ ein Denkmal gesetzt hat.
Im Dienste Kaiser Rudolfs II. bestritt er mehrere Feldzüge, insbesondere gegen die Türken, geriet am Ende aber in eine höfige Intrige und wurde am 29. November 1605 – eine Stunde vor Bekanntwerdung seiner Begnadigung – in Prag noch enthauptet. Mit dem Tod des markgräflich brandenburg-kulmbachischen Oberjägermeisters Ernst Friedrich von Rußwurm ist das Geschlecht 1732 [zumindest in Deutschland] im Mannesstamme nominell erloschen, worauf seine Erbtochter Caroline Dorothea Sophie [1693-1748] über ihre Ehe mit Heinrich von Gleichen [1681-1767] auf Tannroda bei Weimar die Herrschaft Bonnland mit dem Schloß Greifenstein an diese Familie brachte, worauf Kaiser Karl VI. im Jahre 1732 ihrem Gemahl eine Namens- und Wappenvereinigung zwischen den Häusern Gleichen und Rußwurm genehmigte, worauf die Söhne des Paares – Wilhelm Friedrich [†1783] und Christian Ernst – erstmals den Namen ›von Gleichen, genannt Rußwurm‹ führten. Literaturgeschichtlich bekannt wurde diese, später auf Etzelbach bei Rudolstadt und Birkigt bei Unterwellenborn angesessene Familie durch die 1828 vollzogene Vermählung Heinrich Adalberts von Gleichen-Rußwurm [1803-1887] mit Emilie [1804-1872] der Tochter des Dichters Friedrich von Schiller.[510]

Willersdorf

Das Platzdorf Willersdorf [1417 Wilhelmstorff] liegt südöstlich von Tanna am Ebersberg beidseits der Ränder eines Einschnitts.

Daß in Willersdorf einmal ein **Freigut** war, dafür spricht die sichere Angabe des Pfarrbuches, es habe daselbst »1690 eine adelige Familie von Rohrscheidt gewohnt, mehr noch aber die noch heute lebendige Tradition, daß das Freigut in zwei Bauerngüter, die in der Tat die besten in der Flur sind, zerschlagen worden sei, und daß der adelige Besitzer [von Rohrscheidt] ein

Erbbegräbnis in einer noch vorhandenen Nische beim Eingange in die Kirche gehabt habe.«[511] Die Herren **von Rohrscheidt** oder Röhrscheidt sind ein altadeliges Geschlecht aus Schlesien, das früher besonders in preußischen Militärdiensten vertreten war. Gottlieb Ferdinand von Rohrscheidt fungierte 1781 als Universitäts-Stallmeister zu Jena. Ihr quadrierter Wappenschild mit Mittelblankette hat in seinen einzelnen Feldern oben links einen gekrönten Adler, rechts einen Wilden Mann mit einem Rohrkolben, unten links einen Ritter mit Federhelm und Schwert, daneben Mauerwerk und im Mittelschild einen grünen Kranz. Im Reußenland war die Familie neben Kirschkau [bis nach 1661] und Willersdorf [1690] in Dürrenebersdorf [1774] begütert. Zuletzt saß sie auf den Rittergütern Garzau [1870] und Pottschaplitz [1907] in der Oberlausitz bzw. Mittelhorka, und Schegeln in der Provinz Brandenburg [bis nach 1929].[512]

Wüstendittersdorf

Die Streusiedlung Wüstendittersdorf [1302 Dytherichsdorph] liegt dicht östlich von Schleiz, wo der Böhmsdorfer Bach in die Wisenta einmündet. Der Ort gilt als wiederbesiedelte Wüstung [Scheinwüstung], wobei nicht mehr klar zu beweisen ist, ob sich jene Urkunde aus dem Jahre 1302, worin dem Deutschen Hause zwei Hufen Landes in Dittersdorf bestätigt werden, tatsächlich auf diesen Ort und nicht auf Dittersdorf nördlich von Schleiz, die Wüstung Dittersdorf bei Tanna oder gar den Ort Dittersdorf bei Greiz bezieht.[513] Wie Uwe Hermann berichtet, war Wüstendittersdorf – oder was davon noch erhalten war – »Ende des 14. Jahrhunderts ein ›**Rittervorwerk**‹ der adeligen Familie **Poseck** (Poßek, Poßeck), die des weiteren in Görkwitz, Crispendorf, Lothra, Weisbach, Drognitz, Eßbach und Neuenbeuthen begütert war. Sie stiftete unter anderem dem Kloster zum Heiligen Kreuz bei Saalburg eine eigene Kapelle. Besitzer vor der Stadt Schleiz waren Petzold und Hans von Poseck. Die erste Kaufurkunde, welche den Verkauf des Rittergutes an die Stadt bezeugte und wahrscheinlich von 1400 oder

1401 stammte, ging offenbar verloren, worauf Petzold und Hans von Poseck dem **Stadtrat zu Schleiz** im Jahre 1401 einen Revers ausstellten, der vor 1826 verloren ging. … Dass die Stadt Schleiz keinesfalls an dem Rittergut als solches interessiert war, kann man an der Tatsache erkennen, dass dieses nach und nach zerschlagen wurde. Der Rat verkaufte nach und nach den größten Teil der Grundstücke des Vorwerks an nahegelegene Grundeigentümer der umliegenden Dörfer und die Besitzer der benachbarten Mühlen, von daher deren erheblicher Grundbesitz.«[514] Auch war die wohl ebenfalls aus den Trümmern des Poßeckschen Rittermannslehens hervorgegangene Schmidtenmühle oder Ölsners Schmiede [ehedem ein Hammerwerk] noch 1826 als landesherrliches Kanzleilehen mit ziemlich vielen Freiheiten ausgestattet. »An Gebäuden des ehemaligen Rittergutes kann in der Folgezeit nicht mehr viel vorhanden gewesen sein, denn der Rat fasste im Jahre 1563 den Beschluss, dort ein **Ratsvorwerk** neu zu errichten. … Es wird sich dabei um einen größeren Wirtschaftshof mit Stallungen und vor allem Speichergebäuden gehandelt haben.«[515] Zunächst wurde es von einem Verwalter betrieben, letztlich aber in Pacht ausgetan. Die letzten beiden Pächter waren der Löhmaer Einwohner Hans **Öhler** [1679] und der Schleizer Ratsherr und Vorsteher des Deutschen Hauses zu Schleiz Christian **Schmidt** sonst Behr [1680]. Die Zinsen seiner hinterlegten Kaution von 500 fl. bildeten die jährliche Pachtsumme. Allerdings erschienen diese 73 Aßo, 6 gr. 8 Pf. dem Rate auf Dauer zu gering, worauf er das Vorwerk mit Ausnahme der Ziegelwiese am 28. Mai 1685 für 2.300 Aßo an den Schleizer Honoratior und Kaufmann Hans **Schütter** veräußerte. Dann aber kam am 24. Juli 1689 in seinem Haus auf dem Markt 28 Feuer aus und vernichtete fast die gesamte Stadt, worauf seine Witwe und Erben die Stadt verlassen mußten. Danach gelangte das z.B. mit partiellen Braurecht und anderen Vergünstigungen begabte Vorwerk für 2.300 Aßo nebst 20 Aßo Gönnegeld an den Oberkoskauer Einwohner Thomas **Heller**. Die Lehnware bei Besitzwechsel wurde auf 100 Aßo, die jährlichen Erbzinsen auf gerade einmal 5 Aßo festgesetzt, weswegen der Schleizer Rat nach dem Tode Hellers [†1712] auch einen Prozeß darum führte – doch ohne Erfolg. Später wurde gemeinhin bedauert, das schöne Ratsvorwerk so liederlich privatisiert zu haben.[516]

Die Hellers waren eine Bauernfamilie, die bereits im Jahre 1497 in Koskau ansässig war. Mit der Zeit verteilten sie sich »auf das gesamte Reußenland und besaßen im Laufe der Jahrhunderte Höfe in Willersdorf, Mielesdorf, Oberkoskau, Löhma, Neundorf, Volkmannsdorf, Göschitz, Weckersdorf, Dölau, Mohlsdorf und Langenwetzendorf. Der Schleizer Kaufmann Louis Heller, Besitzer der Mineralwasser- und Likörfabrik an der Ecke Elisenstraße/Kirchgasse (1998 abgerissen), entstammte ebenfalls dieser Familie.«[517]

Landgut Heller (Ratsvorwerk)

Das **Hellersche Gut** oder ›Ratsvorwerk‹, wie es selbst im späten 19. Jahrhundert noch bezeichnet wurde, blieb – wie Jürgen K. Klimpke berichtet – mehr als 250 Jahre lang, bis nach Ende des Zweiten Weltkrieges, im Besitz der Familie. »Als 1874 Johann Heinrich Heller den Besitz an seinen Sohn Heinrich Bernhard Heller für 24.000 Taler verkaufte, wurden in der Kaufurkunde Grundstücke in Schleiz, Wüstendittersdorf, Löhma, Oberböhmsdorf und Zollgrün genannt. ... 1951 umfaßte das Gut land- und forstwirtschaftliche Flächen von insgesamt 71,9 ha.«[518] Nach dem Tod des letzten männlichen Besitzers Julius Richard Heller [1887-1948] wurde die Familie Opfer restriktiver Maßnahmen zur Durchsetzung der sozialistischen Landwirtschaft. Im Schicksalsjahr 1953, als die Staats- und Parteiführung im ganzen Land nach Betrieben mit größeren zusammenhängenden Flächen suchte, um sie zu Ausgangspunkten für neuzugründende LPGs zu machen, fielen der Schleizer SED auch die beiden Wüstendittersdorfer Güter Knoch und Heller ins Auge, worauf der Hellersche Hof faktisch enteignet und als ÖLB [Öffentlich geleiteter Betrieb] einem Wirtschafter namens Kuhl anvertraut wurde. Drei Jahre später übergab man den Hof mit 48 ha LWN und den noch verbliebenen Viehbestand von 11 Kühen, 27 Schweinen und 15 Schafen der am 26. Februar 1956 gegründeten LPG ›Heinrich Heine‹ als wirtschaftliche Grundlage. Bis auf eine Ausnahme waren anfänglich alle Mitglieder Industrie- oder Landarbeiter ohne fachliche Qualifikation. »1955 hatte der Betrieb ganze 470 kg Milch je Hektar geliefert, der größte Teil der Kühe mußte notgeschlachtet werden und zur Viehzählung am 3. Juni 1956 standen noch 4 Kühe im Stall.«[519] Obwohl einige Monate nach der Gründung auch noch der Knochsche Betrieb in die LPG eingebracht worden war, lief diese so schlecht, daß sie 1957 ironischerweise als ›LPG Hunger und Durst‹ und 1958 als ›LPG Rote Rübe‹ bezeichnet wurde. Erst als 1958 die erste Bauernfamilie eintrat, wurde es besser. Dann aber äscherte am 19. September 1960 »ein Blitzschlag und ein tobender Brand die große Scheune und den dazugehörigen Gutshof der LPG ›Heinrich Heine‹ fast vollständig ein. Es entstand ein Gebäudeschaden von einer halben Million Mark, ein Verlust von 40 dt. Getreide, 1.000 dt Heu und Stroh. Das Vieh konnte gerettet werden.«[520] Damit verschwanden die letzten baulichen Reste des historischen Ratsvorwerks, dessen Bausubstanz zugegebenermaßen schon lange vor 1953 ihre besten Tage hinter sich gehabt hatte. Die LPG ›Heinrich Heine‹ aber existierte fort und ging am 1. Januar 1968 zusammen mit den LPGn von Oschitz, Oberböhmsdorf und z. T. auch Oettersdorf in der LPG ›Einigkeit‹ Schleiz auf.[521]

Abgesehen vom Ratsvorwerk das an den Dorfwiesen lag, entstand südöstlich davon später noch ein weiteres Landgut, das **Knochsche Gut**. Inwieweit es zur Bewirtschaftung der vom Schleizer Rat zusammengekauften Liegenschaften oder durch Teilung eines anderen Gutes entstanden ist, kann nicht klar bestimmt werden. Wenn im Schleizer Kirchenbuch 1607 ein ›Simon Weydhas, Hans Kantzens Knecht im Trillloch‹ [einer noch heute scherzhaft gebrauchten Bezeichnung für Wüstendittersdorf], genannt wird und 1616 Nicol und Matz **Kantz** vom

Rat für 250 Aßo die große Mooswiese erwarben, die bis zur Auflösung des Gutes zu dessen Pertinenzstücken zählte, dürfte seine Entstehung ebenfalls ins 16. Jahrhundert datieren. Explizit als solches genannt wird es jedenfalls erst im Jahre 1660. »Zum Gut gehörten damals die der Stadt zu Lehen gehenden Stücke: das Haus mit Hof und Garten, der Dorfacker, ein Acker, ›die Quire‹ genannt, ein Acker und eine Wiese am Ratsschacht, ein Acker am Schweinsberg, die Wiese neben dem Garten und ein Wiesrängelein, welches Schulwerth genannt wurde. In größeren Abständen wurde der Besitz vergrößert. ... Johann Erdmann Kanz stirbt am 6. April 1762 und das Gut geht an seinen Neffen Johann Gabriel **Lecker** über. Die Fami-

Landgut Knoch

lie hatte seinerzeit in vier Wochen drei Todesfälle zu verzeichnen. ... Bereits neun Jahre später verkaufte Johann Gabriel Lecker das Gut wieder. Käufer war Adam Heinrich **Knoch**, der es für seinen neunjährigen Sohn Johann Erhard Knoch erwirbt. ... Alles in allem umfaßte der Knochsche Besitz 26 Grundstücke. Für diese hatte Knoch 4.000 aßo zu zahlen. Hinzu kamen noch der Hausrat und der Viehbestand. Letzterer wurde mit einem Paar Zugochsen ›rother Coleur‹, fünf Kühen, sieben Jährlingen, einem Kalb, einem Ganther und einer Gans, sechs Hühnern, einem Hasen, einem großen Kettenhund, sieben Schafen sowie Flugtauben angegeben. Für die Tiere betrug die Kaufsumme 244 aßo.«[522] Die nach 1848 per Gesetz eingeführte Ablösung des Lehnswesen durfte als letzte Frist beim nächsten Besitzerwechsel erfolgen, worauf nach dem Tode Gottlob August Knochs [†1869] sein Erbe Hermann Louis Knoch 1870 gegen eine einmalige Ablösezahlung an die Stadt die vollen Besitzrechte über das Gut erlangen konnte. Überhaupt war er sehr rührig und kaufte in den folgenden Jahren noch zahlreiche Grundstücke und 1884 sogar einen Teil des Schleizer Stadtgartens bei der St. Georgskirche, wo in den darauffolgenden Jahren neue Straßen angelegt und etliche Häuser erbaut wurden. Nach seinem Ableben erbte Gustav Walter Knoch den Besitz. Werner Knoch, der letzte männliche Nachkomme der Familie, kam kurz nach Ende des Zweiten Weltkrieges bei einem Unfall ums Leben. Ähnlich ihren Nachbarn, den Hellers, waren auch den Knochs den, in den späten 40er- und frühen 50er-Jahren von SMAD und SED erbarmungslos durchgesetzten Zwangssystem gegenüber landwirtschaftlichen Erzeugern und besonders den Schikanen gegenüber den Großbauern am Ende nicht mehr gewachsen. Im Frühjahr 1953, als in einigen Dörfer Großbauern wegen Nichtigkeiten verhaftet und zu langjährigen Gefängnisstrafen verurteilt wurden, um ihren Besitz darauf als ›Sühneleistung‹ beschlagnahmen zu können, verließen viele, auf diese Art anvisierte Familien ihre Höfe, und der Großteil floh in den Westen.

Auch für die Familie Knoch hieß es, die Sachen zu packen. »Innerhalb kürzester Zeit wurde das Notwendigste auf einen Wagen geladen. Was nicht mitgenommen werden konnte, schloß man ein. Bei der Rückkehr nach wenigen Monaten fand man die verschlossenen Zimmer meist aufgebrochen und ausgeräumt vor.«[523] Im August 1956 schließlich brachte die Besitzerin Else **Meinberg** den Betrieb in die LPG ›Heine Heine‹ ein.[524]

Zollgrün

Das Angerdorf Zollgrün [1350 Gotschalgzgrune] liegt NNW von Tanna in einem Nebengrund der Wettera und ist aus zwei Ortskernen zusammengewachsen. Das **Rittergut** im Oberdorf war ein großes Vierseitengehöft mit dreigeschossigem Herrenhaus mit wuchtigem Giebel, der in seinen Dachschrägen drei weitere Geschosse aufwies und optisch ein wenig dem Hauptbau des Dittersdorfer Kammergutes ähnelte. Der **Sage** nach seien die Steine [Diabas] zu seinem Baue den Vorzeitwällen auf dem Grünberg entnommen und über dem ›Steinsteig‹ herangeschafft worden. Von den Anwesen des in seinen Obergerichten stets landesherrlichen Dorfes gebot das Rittergut lediglich über 11. Die anderen unterstanden dem Deutschen Hause zu Schleiz [2], denen von Kospoth zu Seubtendorf [1], der Landesherrschaft, dem Rittergut Frankendorf, dem Kammergut Oschitz, der Pfarrei zu Tanna und dem Gotteshaus zu Schleiz. Dafür verfügte das Rittergut Zollgrün noch über auswärtige Lehnbauern in Raila, Oettersdorf, Kulm, Pörmitz [5] und Mielesdorf. Aufgrund eines, im 19. Jahrhundert im Hofbereich ergrabenen ›Deutschherrensiegels‹ wurde das Gut zwar als ursprüngliches Besitztum des, im 13. Jahrhundert nach Schleiz bzw. Tanna berufenen Deutschen Ordens interpretiert, wahrscheinlicher aber handelte es sich bei dem Fundstück lediglich um den Bodenstempel eines frühdeutschen Tongefäßes der Zeit bis 1200, wie solche auch an anderen Stellen der Ortslage bei Erdarbeiten hin und wieder zu Tage kamen. Nach früherer Ansicht soll sich der Name ›Gottschalksgrün‹, mit dem Zollgrün im Jahre 1350 erstmals urkundlich erwähnt findet, auf einen früheren Rittergutsbesitzer beziehen, doch dürfte der Ort damals schon fest in Händen der Familie **von Kospoth** gewesen sein, die im Vorfeld dieses Jahres zwei Mark Geldes von Gütern in Künsdorf, Gottschalksgrün und Frankendorf dem Kloster Heiligkreuz bei Saalburg zu einem Seelgerät gestiftet hatte.

Zollgrün: Rittergut

Als Besitzer des örtlichen Rittergutes läßt sich die Familie allerdings erst seit Mitte des 15. Jahrhunderts nachweisen, doch soll dem Genealogen J. G. Biedermann [1752] zufolge der 1421 verstorbene Friedrich von Kospoth auf Kospoda-Meilitz, Frankendorf und Schilbach zugleich auch Herr von Zollgrün gewesen sein. Von seinen fünf Söhnen erbte Caspar [urk. 1485] einen Teil von Seubtendorf, Wittich [†1439] den anderen Teil davon, Friedrich [urk. 1448] Kospoda nebst einen Teile von Schilbach, Heinrich den anderen Teil von Schilbach und Siegemund Zollgrün, worauf Heinrich [urk. 1458] den Schilbacher Zweig der Familie und Siegemund [urk. 1445] den Zollgrüner und Frankendorfer Zweig begründete. Er avancierte zum Amtmann zu Schleiz und war mit Magdalena von Blankenberg auf Blankenberg verheiratet. Sein Sohn Friedrich war mit Maria geb. von Seydewitz aus dem Hause Rodersdorf vermählt. Im Jahre 1474 empfing er von den Herren von Gera einige Untertanen zu Tegau und verkaufte etliche davon hernach an das Rittergut von Wenigenauma. Von seinen Söhnen übernahm Friedrich – seines Zeichens hochfürstlich Braunschweigisch Lüneburgischer Hofmeister zu Celle [urk. 1494] – am Ende das gesamte Erbe. Zusammen mit seiner Ehefrau Sophia geb. von Dobeneck auf Sparnberg hatte er zwei Söhne [1] Balthasar und [2] Hans Ernst –, worauf in Zollgrün fortan zwei Zweige der Kospoth wirtschafteten. [1] Balthasar besaß 1599 ›Franckendorff, auch Zollgrün und Gottschallsgrün‹, da er in diesem Jahre von seinem Vetter Siegemund Friedrich um 8.000 fl. das Rittergut Frankendorf erworben hatte. Nach seinem Tod 1611 erbte von seinen Söhnen Heinrich [*1576] das Rittergut Frankendorf und Jobst [*1577] den Zollgrüner Besitz. Jobsts Ehe mit Sabina von Reitzenstein auf Moos [oo 1605] brachte keine Kinder hervor und er starb 1632 unbeerbt, worauf die Schilbacher Linie der Kospoth in den Besitz dieses Teils von Zollgrün gelangte. [2] Die andere Hälfte aber behaupteten weiterhin die Nachkommen von Balthasars Bruder Hans Ernst [1539-1595] auf Frankendorf [oo Magdalena von Obernitz auf Tausa], dessen Söhne 1594 zur gesamten Hand mit Frankendorf, Zollgrün und Gottschalksgrün beliehen wurden, worauf Siegemund Friedrich [1569-1641] den Zollgrüner Anteil schließlich als Erbportion erhielt und an seinen Sohn Ernst Adam von Kospoth [1592-1684] weitergab. Unter dessen Söhnen gelangte Zollgrün an Adam Heinrich [*1639], der am 4. April 1668 durch einen, von Hanß Dietrichen von Beulwitz auf der Heyde zu Schwarzenbach im Wald vor dem Gasthof empfangenen Schuß unversehens totgeschossen wurde. Neben seiner Witwe Catharina Elisabeth, geb. von Reitzenstein auf Lippertsgrün [oo 1658], hinterließ er fünf Kinder, von denen Justus Christoph [1661-1708], Hochgräflich-Plauenscher Forstmeister zu Schleiz, im Jahre 1695 ›das altväterliche Gut Zollgrün, ingleichen Gottschallsgrün und verschiedene Untertanen zu Culm, Raila und Leitlitz‹ von Herrn Anton Christian von Kospoth aus der Schilbacher Linie käuflich ansichbrachte. Zusammen mit seiner Gemahlin Sophia Juliana von Kospoth zu Oschitz [oo 1695] hatte er sieben Kinder und hinterließ nach dem Tode seines einzigen Sohnes Gottlob [1704-1705] vier überlebende Töchter, von denen Johanna Aemilia [*1696] einen von Feilitzsch auf Brotenfeld [oo 1710], Justa Juliana [1698-1744] einen von Feilitzsch auf Feilitzsch [oo 1715] und Charlotta Sophia [*1701] einen von Watzdorf auf Lothra [oo 1721] heiratete. Damit war auch dieser Zweig der Zollgrüner Linie der Kospoth im Mannesstamm erloschen, worauf fortan nur noch Vertreter der Schilbacher Linie in Zollgrün ansässig waren und zwar nach Antonius von Kospoth auf Frankendorf, Langenwolschendorf, Schilbach und Zollgrün [1614-1676] sein Sohn Johann Ernst von Kospoth auf Schilbach, Oschitz und Frankendorf [*1646, oo Anna Dorothea von der Oelsnitz], darauf sein Sohn Christian Ernst [*1679] und sein Enkel Ernst Gottlob [†1749]. Von letzteren beiden haben sich **Epitaphien** in der Zollgrüner Kirche erhalten. Christian Ernst war mit Eleonora Charlotta von Raschau auf Grimmeln verheiratet. Anfänglich Leutnant im Heere Augusts des Starken war er später Kriegskommissar der Herrschaft Schleiz und dero ›Hochgräflich Reuß Plauen Bestallter Hauptmann über die Landmiliz‹, hatte aber 1723 die Fatalité, ›daß ein scheues Pferd mit ihm durchgieng und endlich dergestalt mit ihm stürzete, daß er so gleich tod‹ liegen blieb. Seine reich signierte Gedenktafel mit ihren schönen Kospothschen Wappen wurde im 19. Jahrhundert neu bemalt und am Rittergutsstande angebracht. 1992 erhielt sie wieder ihren alten Platz an der rechten Wand neben dem Altar.

Das Sandstein-Epitaph für seinen Sohn Ernst Gottlob mit Rokoko-Umrahmung und darüber ebenfalls mit Zierrahmen versehenem Wappen aber wurde am Eingang zur Sakristei angebracht. Er war Reuß Plauenscher Stallmeister und dem 1744 an die Regierung gelangten Grafen Heinrich XII. eine so große Hilfe, daß dieser ihm nach seinem Ableben jene Gedenktafel stiftete. »Auf einer eisernen Platte über der Gruft, welche mitten in der Kirche ist, steht folgendes: ›*Ernst Gottlob v. Kospoth, Gräfl. Reuss. P[l]auisch. Stallmeister nat. 1712 d. 21, Dec. denat. d. 23. Febr. 1749.*‹«[525] Der an der Nordseite des Langhauses vorgebaute Herrschaftstand besticht durch sein geschnitztes Giebelgitter. Der letzte in Zollgrün angesessene männliche Vertreter dieser Linie war Christian Wilhelm von Kospoth [†1789]. Seine Erbtochter war mit dem Landeshauptmann Christian Ehrenfried **von Wolffersdorff** [†1824] verheiratet, in dessen Besitz das Rittergut 1790 überging. Später stiftete sie der Zollgrüner Kirche ein neues Taufbecken mit der Inschrift *›Zum Andenken von Heinriette v. Wolfersdorf gebohrene v. Kospoth Anno 1828‹*. Bald danach, aber nur für kurze Zeit, gelangte das Rittergut in den Besitz der Familie **von Beulwitz** – aber noch vor 1835 erwarb es der Kommerzienrat und Lederfabrikant Heinrich Gottlieb **Knoch** aus Hirschberg, der 1836 dem Gotteshaus ein neues Altarbild stiftete. Nach seinem Tode [†1897] erlangte das Besitztum sein Sohn Heinrich [†1920], danach dessen Witwe Nanny [geb. von Koch] und nach ihrem Ende 1921 ihre Nachkommen, die das 139 ha [?] umfassende Anwesen 1923 von einem Herrn Kirschke verwalten ließen. »1945 wurde das Rittergut enteignet. Ein Teil der Gebäude des Rittergutes mußte abgerissen werden und das Land wurde an landlose und landarme Einwohner verteilt. Folgende Bürger haben damals im Zuge der Bodenreform Land erhalten und sich als Neubauern eine Existenz aufgebaut: Paul Glück, Hermann Grimm, Erich Hoffmann, Wilhelm Flöter, Ernst Wilfert, Frau Uebel. Sie konnten Häuser nutzen, die zum Rittergut gehörten bzw. sie haben sich dort Gebäude ausgebaut. Ein Neubauernhaus hat sich Frau Uebel aus Dittersdorf in Zollgrün komplett neu gebaut. Die Feldscheune wurde geteilt und von mehreren genutzt.«[526] Weitere 21 Kleinlandwirte erhielten Flächen aus der Bodenreform, so daß im Dorfe schließlich 71 ablieferungspflichtige Betriebe [>1 ha] bestanden, von denen 11 im Jahre 1958 [zunächst noch freiwillig] die LPG ›Blühende Linde‹ begründeten, der bis 1960 auch faktisch alle anderen Landwirte beitreten mußten und die sich 1974 mit den Kooperativen von Tanna-Frankendorf und Schilbach zu einer LPG (P) zusammenschloß. Nach der Wende entstand daraus der heutige Betrieb ›Burdo Bäuerliche AG Tanna‹ mit Flächen in Tanna, Frankendorf, Zollgrün und z.T. auch in Schilbach mit 820 ha Feld, 280 ha Grünland und einen Rinderbestand von 670 Einheiten [davon 290 Milchkühe] im Jahre 2000.[527]

Die Reuß-Schleizische Exklave Hohenleuben

Auch wenn im Grunde nicht zu unserem Untersuchungsgebiet [dem Reußischen Oberland beidseits der Oberen Saale], sondern zu den Schleizischen Unterdörfern gehörend, sollen dem Ende dieses Buches noch einige Worte über die Rittergüter in der Pflege Reichenfels anheimgestellt werden, wie sie der Landeskundler Georg Martin Brückner vor über 150 Jahren beschrieben hat. Demnach war die im Süden des alten Gaues Gera am rechten Ufer der mittleren Weida an den Zuflüssen von Triebes und Leuba gelegene Herrschaft Reichenfels schon in frühdeutscher Zeit eine wichtige Pforte zwischen dem Weida- und dem Elstertale – zwischen der niederen und höheren osterländischen Terrasse –, so daß sie schon um das Jahr 1240 als unmittelbare Reichsherrschaft im Besitze der kaiserlichen Vögte von Weida erscheint. »Zudem war sie ursprünglich von größerem Umfange als gegenwärtig [1870], wahrscheinlich damals das ganze Triebes-Leuba-Gebiet umschließend. Durch Theilungen und Vererbung ist sie im Laufe der Zeit auf ein geringes Areal beschränkt worden. Jetzt umfaßt sie die Ortschaften: Schloß Reichenfels, Hohenleuben, Triebes, Langenwetzendorf, Hirschbach, Göttendorf, Niederböhmersdorf, Weißendorf, Nässe [und Neuärgerniß]. Früher gehörten zu ihr auch die Dörfer Langen- und Kleinwolschendorf, ferner die Greizer Orte Mehla, Brückla, Hain, Lunzig, Kauern und das 1438 zur Stadt erhobene Zeulenroda, endlich höchstwahrscheinlich auch Kühdorf und Hainsberg und mehrere angrenzende gegenwärtig dem weimarischen Amtsbezirke Weida zuständige Orte. ... Bei der Theilung im Jahre 1240 kam die Pflege Reichenfels an die Dynastie der Voigte von Gera, in deren Besitze sie fast unausgesetzt bis zum Erlöschen dieser Linie (1550) blieb.«[528] Danach gelangte sie über die Titularburggrafen von Meißen aus dem älteren vögtischen Hause zu Plauen [bis 1572] an die Dynasten aus dem jüngeren Hause zu Plauen, den Reußen zu Greiz, und unter diesen 1647/1666 endlich an den Schleizer Landesteil, dessen Inhaber Heinrich I. [geb. 1639] zu Gunsten seines ihm lieben jüngsten Sohnes Heinrich XXIV. [geb. 1681] die Köstritzer Paragiatsherrschaft begründete, welche einen von ihm, zum Teil auch von seiner Gattin Eleonore Emilie, geb. Comtess von Prommnitz-Dietersbach, »angekauften Complex von Lehngütern (Köstritz unteren Theils, Steinbrücken, Hohenleuben, Triebes, Niederböhmersdorf, Göttendorf, Weißendorf und eine Zeit lang auch Seubtendorf [!] begriff«[529] und zu einer wesentlichen Umbildung der Pflege führte. »Als Heinrich I. 1692 zu Köstritz starb, überkam zufolge der väterlichen Anordnung Heinrich XXIV. als erstes Haupt der neugebildeten köstritzer Linie die Paragiatsherrschaft, die sowohl er als seine nächsten Nachkommen durch Ankauf von Köstritz oberen und mittleren Teils, Dürrenberg, Hartmannsdorf und anderer Güter vergrößerte. Bis auf Langen- und Kleinwolschendorf, die direkt mit Schleiz verbunden blieben, wurden somit alle Orte der Pflege Reichenfels dem

Paragiat einverleibt. Über dieselben behielt zwar der Landesherr von Schleiz die Oberhoheit, alle übrigen Rechte und Gerechtigkeiten aber standen der Paragiatsherrschaft zu, die nun die Civil- und Criminalgerichte über ihre Besitzungen ... einem Justizamtmanne übertrug, der seit 1716 seinen Sitz zu Hohenleuben nahm.«[530] Nach einer Zählung von 1810 hatte die Pflege Reichenfels 3.850, 1867 schon 7.994 Einwohner.

Reichenfels (Burgruine)

»Schloß Reichenfels [1356 daz hus] eine vereinsamte Dynastenburg liegt ¼ Stunde WSW von Hohenleuben zwischen Kühn- und Amselberg auf einem 975 Fuß hohen Bergkegel etwa 200 Fuß hoch über dem Triebesthal. ... Die **Veste** selbst war anfänglich eine Reichsbesitzung, wurde aber bald den dynastischen Voigten anvertraut, in deren Händen sie frühzeitig erscheint. Das unmittelbar dazugehörige Gut (Burggut) sowie andere davon abhängige Lehngüter lassen deutlich erkennen, daß von den **Voigten** die Obhut der Veste Burgmannen übergeben war.

Eine glanzvolle Periode trat für dieselbe ein, als Heinrich der Worthalter im Anfange seiner Regierung hier Residenz nahm. Ob einer der Herren **von Tannroda**, denen sie 1370 verpfändet war, auf der Burg residirte, kennt man nicht. Nach dieser Zeit ward sie wieder unter dem Regentenhause Gera, das sie bis 1374 als Freieigen, seitdem als meißnisches Lehen besaß, der Verwaltung von Burgmannen überwiesen, die bis 1496, wo sie sammt dem Burggute von Heinrich d. m. [**Herrn von Gera**] an Fabian **von Dobeneck** verpfändet wurde. Von da an wechselte ihr adliger Besitz über 200 Jahre in verschiedenen Händen. Im Jahre 1503 erkaufte Hans **v. Magwitz** Schloß und Gut Reichenfels um 1.450 Mf. Darauf kam eine Hälfte um das Jahr 1590 an die **v. Thoß** und die andere kurz nach 1591 an Sigismund **v. Kospod**. Kaspar v. Thoß wurde 1597 mit seiner Hälfte belehnt, verkaufte sie aber bereits 1601 an seinen Schwiegersohn Heinrich **v. Müffling gen. Weiß**, und da dieser 1602 auch die andere Hälfte von seinem Schwager Kospod erkaufte, so befand er sich dadurch im Besitze des gesammten Gutes, in dem auch seine Familie, wie die Lehnbriefe der Jahre 1638, 1661, 1672, 1693 und 1699 ausweisen, über ein Jahrhundert verblieb. Erst sein Urenkel Georg Wilhelm verkaufte 1703 um 21.000 Mf. Schloß und Gut Reichenfels an Heinrich XXIV. [**Reuß j.L.**], das erste Haupt der köstritzer Linie, der es noch [1893] zuständig ist. 1647 war das Rittergut auf 4.000 Mf. taxiert. Der gegenwärtige Wert des Gutes kann auf 80.000 Taler [1870] geschätzt werden. Wie der ursprüngliche Schloßbau beschaffen war und ob in früheren Zeiten Neu- und Umbauten geschahen, läßt sich nicht ermitteln.

Burgruine Reichenfels

Sicher ist, daß im Anfange des gegenwärtigen [19.] Jahrhunderts die Schloßräume baufällig waren, weshalb Fürst Heinrich XLIII. [1752-1814] dieselben 1806 abtragen ließ und mit wenig Abänderungen in der früheren Gestalt neu erbauen ließ. Da jedoch seine zerrütteten Finanzen den vollen Ausbau nicht erlaubten, so blieb der Schloßbau von einer hohen Ringmauer, die ein **Thurm** und ein Giebeldach überragen und von einem jetzt trockenen Wall umgeben und durch eine steinerne Brücke (früher Zugbrücke) zugängig, ein bloßes unwohnliches Gehäus, von Neuem der Verwitterung und dem Verfalle Preis gegeben. Auch die schönen Anlagen und anmuthigen Spaziergänge [des **Landschaftsparks**], welche Heinrich XLIII. in den am Schloßberg liegenden Gründen, in deren dichten Wäldern und Felsenparthien anlegte, und selbst die Felsengrotte, wo seine Gemahlin Louise [geb. Reuß-Ebersdorf, †1840] in einer Inschrift ihn als Schöpfer ihrer frohen Tage pries, sind vereinsamt und verwildern.[531] Ein gleiches Schicksal hat die nordöstlich am Schlosse gelegenen Oeconomiegebäude getroffen, die [nach Auflösung der Gutswirtschaft] seit 1846 leer stehen und verfallen. Glücklicherweise ist 1855 die Sammlung [und später auch das Museum] des voigtländischen alterthumsforschenden Vereins in die Pachterwohnung verlegt worden, so daß wenigstens dies Gebäude zu edlem Zwecke erhalten wird. ... Im Jahre 1721 wollten sich die mährischen Brüder beim Schlosse Reichenfels niederlassen, das Gut pachten, ihren allda projectirten Gemeindeort ›Niedrig‹ nennen und dadurch den alten Herrensitz in ein Betinstitut umwandeln, indeß die Sache zerschlug sich durch die Gründung von Herrnhut.«[532] Im Jahre 1872 stürzte der Schloßturm ein und von 1900 bis 1903 wurden Burg und Schloß bis auf die polygonale, etwa 30 m im Durchmesser fassende Ringmauer mit Resthöhen von 4-8 m abgetragen. Um sie der Öffentlichkeit für kulturelle und touristische Zwecke zur erhalten, wurden im Jahre 1955 an der Anlage Instandsetzungsarbeiten ausgeführt. Fünf Jahre zuvor war der anstelle des Pächterhauses erfolgte Museumsneubau im Stile eines typischen vogtländischen Gutshauses eingeweiht worden Nach seiner 1938 erfolgten Grundsteinlegung hatte der Zweite Weltkrieg das Projekt für einige Jahre ruhen lassen.[533]

Hohenleuben

Die ehemalige Marktgemeinde Hohenleuben [1267 Lubene] liegt zwischen Zeulenroda und Berga am Beginn zweier, zur Leuba einmündender Einschnitte. »Nennungen und topographische Lage deuten darauf hin, das dem später in einen Gefängniskomplex einbezogenen Schlossbau eine mittelalterliche **Burg** vorhergegangen ist.«[534] Als eine Vorburg von Reichenfels war sie »der Hut von Burgmannen anvertraut und mit einem dazu geschlagenen Gute begnadet. Es blieb dasselbe darum auch im Besitze des Adels (längere Zeit in dem **der Töpfer**) und kam erst 1678 durch Ankauf von Heinrich von Merenbach [**von Meusebach**] an das **Herrscherhaus zu Schleiz** und 1692 zufolge der Disposition Heinrichs I. an das Paragiatshaus Köstritz. 1647 war das Gut zu 4.600 Mf. angeschlagen. Über die

Gründungszeit und Form des ersten Schloßbaus sowie über seine ferneren und späteren Geschicke ist nichts Sicheres bekannt.«[535] Nach neueren Untersuchungen der Bauforscherin Anja Löffler läßt sich die älteste Bausubstanz des **Residenzschlosses** bis ins 16. Jahrhundert zurückverfolgen.[536] Der letzte Schloßbau war wenig dauerhaft und unterlag daher öfters Reparaturen. »Im Jahre 1853 mußten die Zimmer, die 40 Jahre lang nicht bewohnt waren, durchaus gebessert werden, weil die Fürstin Witwe Chlotilde Reuß [geb. Comtess von Castell, oo 1846, †1860] öfters hierher kam und im Schlosse Wohnung nahm. Damals war auch der voigtländische alterthumsforschende Verein genötigt, die Schloßräume aufzugeben, die er für seine Sammlungen und Sitzungen benutzt hatte. Ende des vorigen [18.] Jahrhunderts wurde der hölzerne **Schloßthurm** in der Höhe des Dachfirsts abgetragen und der obere Rand und Schluß mit einem Altan versehen, von dem aus man ein überraschend grandioses Panorama genießt, welches den Blick über die niederen und höheren Bergwellen des Voigtlandes bis zum Erzgebirg, zum Fichtelgebirg, zu den Saalbergen und in die thüringischen und sächsischen Niederungen trägt und innerhalb dieses weiten Umrings über hundert Orte sichtbar

Schloß Hohenleuben

macht. Das Gebiet, das man von dieser Schloßzinne übersieht, umfaßt ein Länderareal, welches sicherlich einen Großherzog zufrieden stellen könnte. In dem Schlosse hat gegenwärtig [1870] der Justizamtmann und Rentmeister Amt bez. Wohnung. Die dem Schlosse zuständige Gutsökonomie wurde 1786 zum

Besten der Commune Hohenleuben zerschlagen.«[537] Dessen ungeachtet blieb die innere und äußere Ortslage »mit dem Schlosse und Rittergute (Schloßgut) mit der Kirche, dem Pfarrhofe und Pfarrgute ... ganz vom reichenfelser Gutsboden umschlossen und war demnach anfänglich reichenfelser Gutsboden.«[538] Das Schloß selbst bestand als vierflügelige Anlage um einen Innenhof. Den Nordteil bildete ein **T**-förmiger zweigeschossiger Wohntrakt mit hohem Satteldach und herausragendem Mittelteil mit Querriegel und Turm, während den Ostteil die Stallungen, den Westteil die Scheune und den Südteil das Gefängnis [mit eigenem Hof] und das Amtshaus einnahmen. Ein parkähnlicher Garten gehörte mit zur Anlage. Nach dem Abriss des ruinösen Schlosses 1986 wurden seine Abbruchsteine in einige Steinbrüche um Reichenfels gefahren. Was an Objekten gerettet werden konnte, gelangte ins Museum Reichenfels.[539] Wenn Reichenfels vordem der weltliche Machtsitz der Pflege Reichenfels war, so bildete Hohenleuben die kirchliche Metropole derselben. ... Ueber die Bauzeit, Form und Größe der zuerst in Hohenleuben gegründeten Kirche ist keine Nachricht vorhanden. Im Anfange des 17. Jahrhunders wurde die damals alte und baufällige Kirche abgebrochen und eine neue erbaut. Wie die frühere, so diente auch die neue dem Parochialadel zur **Familiengruft**. Zudem wurde 1728 an der Südseite von dem lunziger Rittergutsbesitzer die später fürstlich greizer Kapelle errichtet und 1741 ließ Heinrich XXIV. unter der, auf der Nordseite gelegenen sog. Köstritzer Kapelle eine Familengruft seines Hauses anlegen, in welcher bis 1786 25 Särge (aufeinander) beigesetzt wurden.«[540] Indem sich der Kirchenneubau von 1786 nicht mit der »Gruft unter der köstritzer Kapelle vereinigen ließ, wurde eine neue Gruft unter dem Altarplatze gegraben, wobei man auf viele gewölbte Gräber (namentlich Familiengräber von Adligen zu Lunzig) stieß und darin Ringe, Schwerter und Kränze fand, die dem voigtländischen alterthumsforschenden Verein zugingen.«[541] Erst 1878 wurde die Gruft geschlossen, konnte aber noch bis in die 1990er-Jahre hinein auf Anfrage beim Pfarramt besichtigt werden.

Langenwetzendorf

Das Reihendorf Langenwetzendorf liegt zwischen Hohenleuben und Greiz im Leubatal. »Im oberen Theile des Dorfes liegen am Kirchhügel die Kirche und die Schulen und daneben ein altes, von einem Wassergraben und von Bäumen umgebenes dunkles **Herrenhaus**. Dies Herrnhaus und zwei gleichfalls im oberen Dorfe gelegene Siedelhöfe sind die baulichen Reste der früher hier bestandenen drei Freigüter, welche ursprünglich ein einziges Rittergut bildeten und bereits im Anfange des 15. Jahrhunderts im Besitze derer **v. Wolframsdorf** waren.«[542] Daneben besaßen noch die Gebrüder **von Lome** 24 Bauerngüter im Ort, die sie aber 1411 und 1413 an die Herren von Gera verkauften. Später teilte man das Wolframsdorfsche Rittergut in einen Ober- und einen Unterteil und später noch einmal in ein **Ober**-, **Mittel**- und **Untergut**. Die letzte Teilung erfolgte jedenfalls nach 1647. Von diesen Gütern verblieb nur das mittlere in den Händen derer von Wolframsdorf, die übrigen aber gingen in andere Hände, der obere an Hans Christoph **von Kauffung** [†1687], der untere an Hans Georg **von Römer** [†1726]. Selbst Georg Ernst **Wüste** ist 1669 einmal als Gutsherr in Langenwetzendorf genannt.

Am Ende aber gelangten alle drei Güter in den Besitz der Köstritzer Paragiatsherrschaft.[543] »Es kaufte nämlich Heinrich I. Graf **Reuß** zu Schleiz um 1684 das Freigut mittleren Theils von Sigismund v. Wolframsdorf um 4.730 Mf., verkaufte aber solches, jedoch mit Vorbehalt der Lehen, Gerichtsbarkeit, Erbzinspflicht und Jagd, den 1. März 1685 für 900 Mf. an Mich. **Dietzel**, das Freigut oberen Theils erkaufte Graf Heinrich XXIV. 1738 von Christof von Kaufungen um 5.500 Mf. und verkaufte es mit Vorbehalt der genannten Rittergutsrechte den 16. August 1738 um 2.225 Mf. an Joh. **Schaub**; endlich erkaufte Graf Heinrich VI. [1707-1783] 1753 das Freigut unteren Theils von Christof von Römer um 5.600 Mf. und verkaufte dasselbe gleichfalls mit Vorbehalt der Rittergutsgerechtsamen um 2.550 Mf. an Heinrich **Michel**. Jetzt [1870] ist es von der Gemeinde (zur neuen Pfarrwohnung) angekauft. Der von diesen Freigütern der Paragiatsherrschaft verbliebene Besitz wurde bis zu Anfang der 1840[e]r Jahre von Hofpachtern verwaltet; seitdem aber ist der sämmtliche Feld- und Wiesengrundbesitz im Einzelnen verpachtet.«[544] Am Ende wurde aber wieder ein Rittergut daraus, dessen Besitzer der Greizer Geheimrat und Kommerzienrat Paul **Arnold** [†1928] es 1923 an seinen Sohn [?] Ernst Arnold verpachtet hatte, der in diesem Jahre hier Liegenschaften von 180 ha [84 ha Feld, 24½ ha Grünland, 64 ha Wald und 6½ ha Unland] bewirtschaftete und 11 Pferde, 84 Rinder und 30 Schweine in den Ställen stehen hatte.[545]

Neuärgerniß

Das Zeilendorf Neuärgerniß [1727 Neuärgerniß] liegt zwischen Zeulenroda und Naitschau. Erst 1727 wurde hier ›zur Benutzung der dasigen Gräsereien und neuen Rodungen‹ sowie ›zum Transport von dem, für Gera bestimmten Floßholz ans Triebesufer‹ direkt neben dem Holzlagerplatz ein herrschaftliches **Vorwerk** errichtet, welches den Grund für die anfängliche Tagelöhner- und Heimwebersiedlung Neuärgerniß bildete.

Der Ortsname soll schon während der Bauzeit des Vorwerks entstanden sein, weil der Landesherr »beim Besuch der Baustelle von einem ›neuen Ärgerniß‹ sprach, weil Wohnhaus und Stall gegenüber dem Plan vertauscht waren – nachträglich zugemauerte große Fenster im noch stehenden Stallgebäude machen diese Erzählung recht wahrscheinlich; zudem berichtet bereits 1725 eine Akte über den Plan der Anerbauung des Dorfes Neuärgerniß, welche erst nach Vollendung des Gutsgebäudes erfolgte.«[546] Die kaum 50 ha umfassenden LWN und die Erträge der hiesigen Böden waren für den dauerhaften Betrieb eines Kammergutes auf Dauer jedoch zu gering. Seine Gebäude stehen aber noch. Gleichfalls jüngeren Ursprungs zu sein, scheint auch der selbst in den Teilungsakten von 1647 noch nicht mit aufgeführte, als Ausbausiedlung des Rittergutes Langenwetzendorf entstandene Nachbarort **Hirschbach**.[547]

Triebes

Die junge Stadt Triebes [1407 Tribis] liegt zwischen Zeulenroda und Hohenleuben am Triebesbach, einem Nebenlauf des Weidaflusses. Bereits zu Beginn des 13. Jahrhunderts befand sich anstelle des späteren Gemeindebrauhauses [heute Gleisbett der Eisenbahn] ein **Turmhügel**, welcher sich wohl im Besitz jenes 1209 in einer Schenkungsurkunde für das Kloster Mildenfurth erwähnten Bertoldis **de Tribuz** befand. Der diesen einschließende viereckige Wall umfaßte das Areal zwischen der einstigen Stadtwaage und der ehemaligen Apotheke [heute Bahnhofstraße/Ecke Puschkinstraße] und war von einem Walteich umschlossen. Dieser zog sich zum Teil bis in den Bereich der späteren Bahnhofsgebäude [Güterschuppen] hin, bei deren Bau sich noch Relikte einer ehemaligen Zugbrücke gefunden haben sollen. Im Jahre 1481 war Georg **von Maltitz** Herr auf Triebes. 1533 verkaufte Hans von Maltitz das Rittergut an Hans **von Dobeneck**, worauf es 1570 oder 1576 endlich der Ritter Ernst **Metzsch** erwarb, worauf es fortan mehr als einhundert Jahre im Besitz dieser Familie verblieb, nach der noch heute das große, die Stadt umgebende Waldgebiet als ›Metzschwald‹ bezeichnet ist, während die Liegenschaften des Herrenhofes selbst sonst kein geschlossenes Ganzes bildeten. Nach dem Tode Moritz Ernsts Metzsch [†1679], dessen Grabstein noch heute in der Stadtkirche zu sehen ist, erwarb Graf Heinrich I. **Reuß-Schleiz** um die Kaufsumme von 10.721 Mf. das Triebeser Rittergut und ließ es 1688 nach einem Brand neu errichten.[548] Bezüglich der Grundherrschaft Triebes ist zu erwähnen, daß die Obergerichte darüber anfänglich der Landesherrschaft zustanden und später auf die Paragiatsherrschaft übergingen, »die sie durch das

Triebes: Herrenhaus um 1900

Justizamt zu Hohenleuben in vollem Umfange bis zur Organisation des Jahres 1851 verwalten ließ. Davon waren indeß 15 Häuser (eigentlich nur 8 Bauerngüter) ausgeschlossen, über welche 1504 Heinrich d. ä., Herr von Gera und Schleiz, die Obergerichte an Fabian v. Dobeneck, damaligen Besitzer von Weißendorf, um 55 Gulden rheinisch überlassen hatte. Die Lehen zu Triebes standen den Rittergütern Reichenfels, Hohenleuben, Triebes und Weißendorf und der hohenleubener Pfarrei zu, ebenso die Patrimonialgerichte.«[549] Im Jahre 1870 befanden sich die Wohn- und Wirtschaftsgebäude des Kammergutes in ziemlich gutem Zustande und der Besitzkomplex wurde auf einen Wert von 90.000 Thl. taxiert. Im Jahre 1923 hingegen ist zu Triebes kein solches Besitztum mehr erwähnt. Stattdessen wurde nach der Stadterhebung im Jahre 1919 das ehemalige **Herrenhaus** zum Rathaus umfunktioniert. Ursprünglich ein zweigeschossiges, 9-achiges Gebäude mit Walmdach erhielt es bei einem seiner späteren Umbauten ein Mansardenwalmdach.

Die Herren von Metzsch

Die von Metzsch sind ein sächsisch-meißnisch-vogtländisches Uradelsgeschlecht, welches im Jahre 1314 mit Lutoldus de Polnicz dictus de Meczsch [Liudolf von Pöllnitz genannt von Miesitz] erstmals aus dem Dunkel der Geschichte tritt und mit höchster Wahrscheinlichkeit von dem gleichfalls altritterlichen Geschlecht derer von Pöllnitz [1238 de Polniz] abstammt, mit dem es überdies denselben Wappenschild [einen eingebogenen blauen Sparren auf silbernem Grund] teilt. Obwohl beide Geschlechter nach je einem Dorfe bei Triptis benannt sind, werden die Metzsch in der behördlichen Überlieferung, ähnlich wie die Schützen und die Wilden, erst ziemlich spät mit ›von‹ tituliert. Im Jahre 1474 war Hans Metzsch [†1483] Landvogt zu Altenburg. Der Humanist Joseph Levin von Metzsch [1501-1571] führte 1526 die Reformation in seiner Herrschaft Mylau ein. Johann Heinrich Metzsch fungierte 1594 als Domherr zu Naumburg, wo sich noch andere Epitaphien und Wappen der Metzschfamilie finden, die teils als Domdechanten dort wirkten, teils hohe Positionen in den landesherrlichen Kirchenbehörden innehatten. Zwei Familienmitglieder – August Friedrich (der Tüchtige) und Joachim Christian – waren sogar Mitglieder der Fruchtbringenden Gesellschaft. Noch im Jahre 1920 war Friedrich-August von Metzsch Ehrenkommentator des Johanniterordens. Ein Familienzweig wurde 1699 in den Freiherren- sowie 1703 in den Grafenstand erhoben. Inwieweit jedoch ein Zusammenhang mit der anhaltinischen Grafenfamilie Metsch besteht – von der sich die fürstliche Linie der Khevenhüller-Metsch [1763] ableitet – ist unklar. In Ostthüringen und Westsachsen waren die von Metzsch u.a. mit folgenden Rittersitzen begütert: [1] im Raum Leipzig mit Böhlen, Leulitz, Oetzsch, Ottenhain, Otterwisch, Podelwitz, Schkeuditz; [2] im Geraer Raum mit Dragsdorf, Kleinsaara, den beiden Aga, Steinbrücken, Zschippach; [3] im Ronneburg-Weidaer Raum mit Culmitzsch, Friedrichshaide, Rückersdorf, Sommeritz; [4] im Neustädter Kreis mit Clodra, Miesitz; [5] in der Herrschaft Schleiz mit Göttendorf, Oberböhmsdorf, Triebes; [6] im Greiz-Plauener Raum mit Brunn, Friesen, Görschnitz, Lengenfeld, Limbach, Mylau, Netzschkau, Noßwitz, Reichenbach, Reinsdorf, Schilbach, Schönfeld, Werda, Wildenau sowie [7] im bayerischen Vogtland mit Rudolphstein. Im Jahre 1899 erlangte der vogtländische Zweig der Familie, welcher im 19. und 20. Jahrhundert mehrere bedeutsame sächsische Politiker hervorbrachte, die Genehmigung zum Führen des Namens ›von Metzsch-Reichenbach‹.[550]

Weißendorf

Das Gassendorf Weißendorf [1268 Wizcendorf] liegt zwischen Triebes und Zeulenroda auf einem, den Triebesgrund vom Weidatal scheidenden Höhenrücken. »Im Mittelpunkt des lang gestreckten Dorfes stand das bedeutende Rittergut,«[551] welches bezüglich seiner Besitzer im Laufe der Jahrhunderte viel Wechsel hatte. Bereits vor 1407 befand es sich im Besitz der Familie **Röder**, »kam dann 1491 um 1.000 Gulden rh. an Oswald **von Grüna**, 1493 an zwei Brüder **von Rabenstein**,

1495 um 1.800 Gulden an die **v. Dobeneck**, 1599 an die **v. Kaufungen.**«[552] Nach dem Tode Hans Heinrichs von Kauffungen [†1635] ging der Besitz 1643 an Marie Salome [geb. von Bottfeld], der Witwe Hanns Bastians I. **von Zehmen**. »Dem Rittergute, das 1647 mit 4.000 Mf. angeschlagen war, waren im Übrigen nur die Erbgerichte über den Ort, dagegen den Besitzern von Reichenfels die Obergerichte zuständig, die von Hohenleuben aus verwaltet wurden. Die Hoheit hatte stets die Landesherrschaft.«[553] Die Erbgerichtsbarkeit des Rittergutes Weißendorf über Teile von Niederböhmersdorf sowie acht Höfe zu Triebes wurde erst zum 1. Januar 1855 aufgehoben. Unter Hanns Bastian von Zehmen [1629-1702] auf Weißendorf und Markersdorf erlebte das Rittergut eine kulturelle Blüte. Nicht allein war er Mitglied des ›Palmbaum-Ordens‹, auch Fruchtbringende Gesellschaft, zur Pflege der deutschen Sprache und Literatur, sondern rief auch die ›Fabian-Sebastian-Stiftung‹ für Bedürftige ins Leben, aus deren Zinsen bis weit ins 20. Jahrhundert hinein sozial Schwache eine Zuwendung erhielten. Im Jahre 1753 veräußerte Hanns Bastian III. von Zehmen das Rittergut an Graf Heinrich XI. **Reuß älterer Linie**, »worauf es bald nach 1780 von den Ortsbauern käuflich erworben wurde, von denen 16 dasselbe [1870] noch innehaben. Zwei zum Gute gehörige Bauerngüter und jüngst auch die Ueberreste des Rittergutes sind in den Besitz eines Herrn **v. Brandenstein** übergegangen,«[554] der es 1870 zusammen mit der noch dazugehörigen Ökonomie an Friedrich **von Zehmen** veräußerte. Allerdings war das Herrenhaus seinerzeit nicht mehr bewohnbar und wurde später gründerzeitlich überformt. Nach seinem Tode im Jahre 1897 verkaufte seine Witwe Helene Mathilde, eine geborene von Seydewitz, das Rittergut samt Archiv an den Gutspächter. 1923 jedenfalls war Hermann Werner mit 51 ha der größte Landwirt im Ort.[555]

Weißendorf: Herrenhaus

Die Herren von Zehmen

Die Familie von Zehmen ist ein westsächsisches Uradelsgeschlechts mit gleichnamigem Stammsitz bei Leipzig, welches mit Fridericus de Cemin im Jahre 1206 erstmalig in Erscheinung tritt und mit Thimo von Zehmen 1331 seine Stammreihe eröffnet. Die vorwiegend im Südraum von Leipzig, also in der Gegend ihren Stammsitzes – so in Belgershain, Beucha, Crostewitz, Gaschwitz, Gestewitz, Großpösna, Hainichen, Imnitz, Kömmlitz, Kötzschwitz, Oelzschau, Probstdeuben, Spören und Thierbach – angesessene Familie verzweigte sich mit der Zeit nach dem Brandenburgischen [1412-1600], Westpreußischen [1460-1636], dem Anhaltinischen [1445-1739], Altenburgischen [1598-1728] und Bayerischen [1709-1821], wo Johann Anton III. von Zehmen 1783 zum Fürstbischof von Eichstätt erhoben wurde. Im Altenburger Land behaupteten sie die Rittergüter Nobitz, Nöbdenitz, Weißbach, Windischleuba [1677], Zschippach u.a., im Zwickauischen Frankenhausen und Gablenz, im Neustädter Kreis Clodra, Markersdorf [1684], Kauern, Lemnitz [?], Neumühle und 1671 Weida [?], im Vogtländischen Kreis Neuensalz, Unterreudnitz, Zobes [1885] und Heinersgrün [noch 1937].[556] In der Pflege Reichenfels besaßen sie Weißendorf, wo Hanns Bastian von Zehmen 1672 den letzten Luchs des Reußenlandes erlegte, worauf er das Tier ›aus gutem Willen und sonder Schuldigkeit (!) als etwas ganz ungemeines dieser Orten Ihro Gnaden dem IX. Herrn Reußen nach Schleiz‹ verehrte.[557] 1662 hatte er bei der Ausschmückung des Herrenhauses an seinem schwarz-silbern geschachtenen Wappen mit zwei blauen Balken den Spruch verewigen lassen:

»Was ist der Alten Ruhm, der rechte reine Adel?
Der frommen Tugend Furcht, ein Leben ohne Tadel.
Der Schach bedeutet Fleiß, so in dem Schilde stehet,
der Balken Gottes Hilf, so zweimal hindurch gehet.
Wer nun den Helmen will und seine Federn-Zier
mit Ehren tragen, der tue sich herfür
mit Fleiß und geh vor Gott und Menschen recht herein.
Wem dieses nicht gefällt, der soll kein Zehmen sein.«[558]

Wappentafel

v. Beulwitz

v. Bünau

v. Dobeneck

v. Friesen

v. Geldern

v. Kauffung

v. Kospoth

v. Machwitz

v. Metzsch

Fürsten Reuß

v. Oberländer

v. Reitzenstein

v. Rettenbach

v. Röder

v. Rußwurm

v. Watzdorf

v. Zehmen

GLOSSAR

Abt – Kloster- bzw. Stiftsvorsteher

Acker – Flächenmaß; regional unterschiedlich zwischen 0,25 und 0,7 ha, in Kursachsen 300 Quadratruten [Qr] → ~5.534 m², im Mittel 0,55 ha, in Sa.-Altenburg 200 Qr → ~0,642 ha m²; bei Brückners Sachsen-Meiningischer Landeskunde meist 12-schuhig angegeben; der auch in Saalfeld gebräuchliche Nürnberger Acker zu 160 Qr nach 12-schuhigen Qr ~0,213 ha, 16-schuhig ~0,38 ha, der Rudolstädter Acker zu ~0,326 ha, der Sa.-Weimarische mit 140 Qr zu ~2.850 m²

administrativ – zur Verwaltung gehörend

Agronom – eigentlich: akademisch gebildeter Landwirt, Hier: Landwirt, der seine Liegenschaften nach modernen wissenschaftlichen Grundsätzen bewirtschaftet

Afterlehen – Lehen, das der Lehensgeber zuvor selbst von einem Lehnsherrn empfangen und seinerseits nun weiterverlehnt hat

Alaune – hier: aus Schwarzschiefer gewonnene auskristallisierte Schwefeldoppelsalze ein- und dreiwertiger Metalle, die zum Färben, Beizen u.a. benötigt wurden

Albertiner – 1485 gebildeter Zweig der Wettiner, dessen Spitzen bis 1918 das Königreich Sachsen regiert haben

Allodifikation – Beendigung eines Lehnsverhältnisses durch Aufhebung der Rechte des Lehnsherrn und Verwandlung in ein freies oder durch Rechte des Lehnsnachfolgers beschränktes Eigentum

Allodium – persönlicher Besitz, lehnsfreier Privatbesitz einer Adelsfamilie

Altan – balkonartiger, unterbauter Austritt

Alternierend – abwechselnd

Altes Reich – Das ›Heilige Römische Reich Deutscher Nation‹ war nicht, wie frühere Historiker vermeinten, ein kraftloses, längst überlebtes Monstrum kleinstaatlichen Absolutismus, das ökonomisch wie institutionell einem unbegrabenen Leichnam geglichen habe, sondern ein durchaus funktionierendes föderalistisches Gebilde von Staaten, das im Zusammenspiel seiner Glieder sehr wohl lebens- wie handlungsfähig war. Es besaß die Fähigkeit, sich selbst zu verteidigen. Jedes deutsche Territorium war einem Reichskreis zugeordnet, der im Falle eines feindlichen Angriffs auf das Reich Truppen auszuheben und Kriegsbeiträge aufzubringen hatte. Was dem Alten Reich jedoch weitgehend versagt blieb, war die Fähigkeit, alle Zügel in einer Hand dauerhaft zu vereinen und gleich den anderen europäischen Großmächten wie England, Frankreich und Spanien Angriffskriege führen zu können. Diese Unfähigkeit hat ihm die Verachtung der älteren deutschen Geschichtsforschung eingebracht, die an seiner Statt lieber eine starke Zentralmacht mit viel Glanz und Gloria gesehen hätte.

Anachronismus – einem Zeitabschnitt nicht entsprechend

Anger – freier bzw. ursprünglich freier Grasplatz in der Dorfmitte, später oft mit Gemeinde-, Handwerker- oder Häuslerhäusern bebaut

Anno – im Jahre [von lat.: Annus → das Jahr]

Anspanngut – Lehngut, bei dem der bäuerliche Besitzer dessen Größe wegen Pferde halten und damit seine Fron [Ackerfrone, Fuhrdienste] verrichten konnte

Apanage – Abfindung eines nichtregierenden Mitgliedes eines Adelshauses mit

Landbesitz [allerdings ohne Grundherrschaftsrechte], Zinseinkünften aus Liegenschaften oder Geldzahlungen, um ihm bis zu seinem Tode oder dem Aussterben der von ihm begründeten Linie ein standesgemäßes Auskommen zu ermöglichen
Äquivalent – Gegenwert
Archivolte – meist bandartig profilierte Stirnseite eines Rundbogens
Arkade – Bogen über Pfeilern oder Säulen
Arkatur – Gesamtheit der Arkaden eines Gebäudes oder Gebäudeteils
Askanier – altsächsisches Uradelsgeschlecht, aus denen u.a. die jüngere Linie der Grafen von Weimar-Orlamünde [1140-1486] hervorging
Aßo – ›Alter Schock‹: 20 Groschen, eine unabhängig neben dem Taler bestehende Zähleinheit von Groschen, also keine besondere Münzprägung
Athene – Griechische Göttin der Weisheit
avancieren – vorrücken, aufsteigen
axial – auf eine Achse bezogen, symmetrisch angeordnet
Barock – schwungvoller, schmuckreicher Kunst- und Baustil von Anfang des 17. bis nach Mitte des 18. Jahrhunderts; von dem portugiesischen Synonym ›barocco→ unregelmäßig, ungleichmäßig geformt‹
Baron – in England, Frankreich und anderswo geläufiger Adelstitel [von altfränkisch: baro → Herr, Krieger] für einen Vasallen mit großem Landbesitz und weitgehenden Rechten, der sich demzufolge fallweise der Gewalt des Königs widersetzen konnte – in Deutschland war hierfür der Titel ›Freiherr‹ geläufig
Base – eigentlich Vaterschwester [mhd.: Base], später für: Cousine
Bede – eine vom Landes- oder Grundherrn von den Vasallen bzw. Untertanen erbetene [mhd.: bëte → Bitte, Gebet, Befehl, Gebot] freiwillige Abgabe, aus der sich dann mitunter eine regelmäßig erhobene Steuer entwickeln konnte
beleibdingen – siehe Leibgeding
Beletage – als ›gute Stube‹ des Adels bzw. des Großbürgertums das am repräsentativsten ausgestattete Hauptgeschoß [franz.: bel étage → schönes Geschoß] eines herrschaftlichen Hauses
Bergfried – Hauptturm einer Burg zu Rückzugs-, Ausblicks- und Prestigezwecken
Brakteaten – einseitig geprägte silberne Hohlpfennige aus dem Mittelalter
Burggut – Lehen, das mit dem Dienst als Burgmann oder Vogt einer Dynastenburg verbunden ist
Chausseen – in unserer Region ab Beginn des 19. Jahrhunderts geschaffene Mautstraßen neueren Typs mit Fahrdamm, Straßendecke und -graben
Consument – Hier: einem Patrimonialamt unterworfener Gerichtseingesessener
Dachreiter – dem Dachfirst aufsitzender Turm
defensiv – abwehrend
Dendrologie – Lehre von den Bäumen
Dendrochronologie – Wissenschaft, anhand der Struktur der Jahresringe eines Baumstammes, etwa dessen Fällzeit zu bestimmen und damit Rückschlüsse z.B. auf die Entstehung eines historischen Gebäudes, worin dieser Stamm verbaut gewesen war, zu ziehen
Deutsches Haus zu Schleiz – Bedeutender Besitzkomplex des nach der Reformation säkularisierten Komtureihofes des Deutschritterordens [Bahnhofstraße

27], welcher nach 1533 zusammen mit zahlreichen, in seinem Besitz befindlichen Lehngütern und Gerechtsamen als geistliche Stiftung in den Besitz der Stadt Schleiz überging und dessen, aus dem Schleizer Ratskollegium bestimmter Vorsteher zu den Landständen selbst des kleinen Amtes Reuß-Burgk der älteren Linie gehörte
Diabas – auch Grünstein: körnige dunkelgrüne bis schwarze Gesteinsart
Diakonus – Zweiter Geistlicher in einem (größeren) Pfarrbezirk
Diana – Römische Göttin der Jagd und anfänglich auch des Mondes
Dissertation – Hier: Doktorarbeit
Domäne – [lat.: dominum → Herrschaftsgebiet, franz.: domain → Gut in landesherrlichem Besitz] bzw. als ›Staatsdomäne‹ in Staatsbesitz [→ Kammergut]
domanial – landesherrlichen bzw. staatlichen Landbesitz betreffend
Edelfreie – älteste oft noch aus dem Frühmittelalter stammende Adelsgeschlechter, die ihr Allod [Eigengut] und ihre Nobilität nicht einem Dienst- oder Lehnsverhältnis verdankten und einen ähnlichen Gerichtsstand genossen wie der fürstenmäßige hohe Adel, was aber nicht bedeutet, daß sie sich im Laufe des Hochmittelalters nicht mächtigeren Feudalherren unterwerfen mußten und oft auch aus freien Stücke in deren Vasallenschaft eintraten. Mit der Zeit aber ging ihre viel zu begrenzte Zahl durch Aussterben einzelner Familien zurück und die Unterschiede zum Ministerialadel begannen sich zu verwischen, zumal erstere mitunter bald weit bedeutendere Lehngüterkomplexe unter Kontrolle hatten, als die ursprünglichen Allodialbesitze der Edelfreien an Größe nur umfassen konnten.
Edler – ›Edler/ Edler Herr/Edelherr‹ war ein Adelstitel rangmäßig unter dem Ritter- und Freiherrenstand, aber noch über dem, des untitulierten Adels, der im Falle einer Nobilitierung – oft gegen eine entsprechende Gebühr – erbeten werden konnte und auch bis 1918 noch verliehen wurde, worauf vorrangig ›Systemmäßige‹ unter den Neugeadelten von dieser Möglichkeit Gebrauch machten.
Edelhof – siehe Siedelhof
Eimer – Flüssigkeitenhohlmaß, regional verschieden, 1 Eimer → 72 Maß [Kannen], in Saalfeld etwa 66,997 ℓ, in Schleiz 61,833 ℓ, in Neustadt/Orla der Eimer zu 60 Kannen (68,70 ℓ) und im alten Österreich zuletzt 60 ℓ
Eiserner Bestand – Hier: Überwinterungsbestand von Nutzvieh
Elle – Längenmaß; 1 Elle → 2 Fuß → 24 Zoll [der Zoll heute zu 2,355 cm]; in Schleiz die Leipziger Elle zu 0,565311 m, die Lobensteiner Elle zu 0,590644 m, die Saalburger Elle zu 0,606531 m, in Hirschberg die alte Hofer Elle zu 0,636821 m
Empore – zu einem Innenraum sich öffnender galerieähnlicher Einbau
Epitaph – Wanddenkmal aus Stein, Holz, seltener auch als Ölgemälde ausgeführt mit Inschrift und gemalten plastischen Darstellungen zum Andenken an Verstorbene, meist getrennt vom Bestattungsort befindlich
Erbkretscham – sorbisches Lehnwort für ›Schankwirtschaft‹ mit Erbkonzession
Erker – ein- oder mehrgeschossiger Vorbau an Hausfassade oder -ecke
Ernestiner – 1485 gebildete wettinische Linie, die bis 1547 das Kurfürstentum Sachsen und deren Zweige von 1554 bis 1918 die sächsischen Länder in Thüringen regierten
eruieren – ermitteln, erforschen
Esoterik – ehedem nur für einen begrenzten ›inneren‹ Personenkreis zugäng-

liche philosophische oder religiöse Lehre [als eine Art Geheimlehre], aber auch das nur unter bestimmten Fachleuten bekannte, nicht gelehrte oder nach außen getragene innere Erkenntnisfundament jedweder Wissenschaft oder Religion
evident – Hier: offensichtlich
Exklave – von fremdem Staatsgebiet umschlossener, eigener Gebietsanteil
explizit – ausdrücklich
Feldmesserquadratrute – siehe Quadratrute [Qr] bzw. Acker
Fideikommiß – Stiftung, welche das Vermögen einer Familie, meist Grundbesitz, auf ewig geschlossen – also unteilbar und unveräußerlich – erhalten sollte, wobei die Familie als ganzes zwar das Obereigentum innehatte, aber immer nur einem Familienmitglied allein als Fideikommißbesitzer das Nießbrauchsrecht zukam, der dann bestimmte, welchem Familienmitglied aus dessen Erträgen, welche Apanage bekam. Schon den Demokraten der 1848er-Bewegung waren diese großen Besitzkomplexe nicht geheuer, weil sie die Hausmacht der adeligen Familien festigten und, da sie nicht am freien Güteraustausch teilhatten, das Wachstum des Sozialproduktes bremsten würden, weswegen sie etwa in Preußen mit der Zwangsauflösungs-Verordnung von 1920 und den Bereinigungsvorschriften von 1938 von den Familienmitgliedern aufgelöst werden konnten und ab 1939 auch mußten. Sperrfristen verzögerten den Vorgang, so daß auch später noch einige wenige Fideikommisse bestanden, bis das ›Gesetz zur Aufhebung von Fideikomiss-Auflösungsrecht‹ von 2007 den Auflösungsprozess ziemlich abschloß.
Filial – Hier: Tochterkirche/ -kapelle
Folge – Hier: militärische Verpflichtung bei Ausrufung des Heerbanns
Fortifikation – Festungs-, Befestigungswerk [lat.: fortificatio → stark machen]
Freigut – ein direkt dem Landesherrn oder Amt unterstehendes, von Untertanenlasten weitgehend befreites Besitztum ohne Herrschaftsrechte auf sein Umfeld, oftmals aus einem Rittergut hervorgegangen, aber auch einem Erbschulzen oder Erbschenken gehörig, der als Vertreter des Grundherrn im Dorf fungierte
Freiherr – vom Landesherrn aus dem niedrigeren Ritterstand in den untersten Herrenstand erhobener Adliger, ursprünglich kraft großem Landbesitzes und exmittierter Rechte, später allein mittels Nobilitierung durch den Landesherrn
Frondienst – auf einem jeweiligen Hof bzw. Haus und dessen Liegenschaften lastende Dienstverpflichtung von Bauern, Häuslern, seltener Stadtbewohnern an den Grundherrn, u.a. als Äquivalent dafür, daß sich deren Besitzvorgänger auf dem Herrenland überhaupt erst ansiedeln hatte dürfen. De jure waren es also Grundstücksverdienstbarkeiten, die erst ab 1820, meist ab 1848 abgelöst wurden
Fröner – Frondienstleistender
Fronveste – Gefängnis, in Patrimonialgerichtsbezirken oft nur ein Raum, wo Prozesse erwartet, Kurzzeitstrafen abgesessen oder dörfliche Trunkenbolde ihren Rausch ausschlafen konnten
Fruchtbringende Gesellschaft – Nach dem Vorbild der italienischen Renaissance-Akademien wie auch der Ritterorden und Bruderschaften im Jahre 1617 gegründete Sprachakademie, literarische Vereinigung und Gelehrtengesellschaft, die aufgrund zahlreicher Mitglieder aus der Nobilität sowohl höfisch und politisch als auch diplomatisch und militärisch außerordentlich gut ›vernetzt‹ war

Frühneuzeit – Epoche von 1500 bis 1800 zwischen Mittelalter und Neuzeit
Fuß – siehe Schuh
Fürst – allgemeine Herrscherbezeichnungen für einen Regenten [ahd.: furisto → der Erste, der Vorderste, der Führende]. Seit dem Spätmittelalter verlieh das Königtum diesen, noch über den Grafen und Markgrafen stehenden Hochadelstitel an einen, sich ihm unterstellenden bzw. mit dem Reich zu Lehen gehenden Territorialherren, dessen Gebiet aber eine bestimmte Größe und eine eigene Landesverwaltung aufweisen mußte. Weitergegeben wurde der Titel an den jeweils Erstgeborenen, auch wenn ihn später mitunter auch hochrangige Adlige ohne Herrscherstellung führten oder verliehen bekamen. Als reichsunmittelbarer Regent standen dem Fürsten Sitz und Stimme im Reichstag zu, wobei sich kleinere, oft durch Erbteilung entstandene Fürstentümer oft eine Stimme teilen mußten.
Ganerbe – Mitglied einer Erbengemeinschaft über einen Besitz, über den nur gemeinschaftlich verfügt werden konnte.
Galerie – Hier: langer, einseitig offener Laufgang, Wehrgang auf Burgen
Gastgerechtigkeit – das Recht, Gäste gegen Entgelt zu bewirten und zu beherbergen, wofür oft genug nur ein Strohlager im Gastraum ausgebreitet wurde
Gaube – stark vortretendes Dachfenster mit eigenem Dach
Gelänge – Wiesen-, Feld- und Waldstreifen in einem Flurbezirk
Genealogie – Sippen-, Ahnen- bzw. Stammbaumforschung
Gerechtsame – Vorrechte
Der Gotha – Hier: Gothaisches Genealogisches Taschenbuch der adeligen Häuser
Gottesacker – Friedhof, Kirchhof
Gotik – europäischer Bau- und Kunststil, in unserer Region ca. von 1300-1550
Graf – ursprünglich königlicher Amtsträger in einer Verwaltungseinheit bzw. als Mark-, Burg- und Pfalzgraf auch Stellvertreter des Königs. Später wurden diese Grafenrechte erblich und deren Inhaber so zu einem, mit dem Reich zu Lehen gehenden Territorialherrn des mittleren bis hohen Adels; hohen Adels, wenn sie »reichsunmittelbare Territorien von ›fürstmäßiger Größe und Bedeutung‹ regierten, für welche sie auf den Grafenbänken des Reichstags über Sitz und Stimme verfügten,« niedriger Adel, wenn sie bloße ›Titulargrafen‹ ohne solche Territorien waren. Die Masse der Grafen führt der ›Gotha‹ unter der Rubrik: ›Gräfliche Häuser‹ zusammen mit den, von anderen Souveränen erhobenen Grafen.[559]
Groschen – Kleinmünze aus einer Silber-Kupfer-Legierung [lat.: grossi denari → Dickpfennig] im Wert zu 12 Pfennigen, 1/20 Aßo, 1/21 Gulden, 1/24 Taler; seine Größe betrug etwa die eines früheren 1-Deutsche-Mark-Stückes; größere Nominale wie Engels- oder Prager Groschen besaßen ca. die Größe einer 2-DM-Münze
Großgrüngewächs – beamtenneudeutsch für ›Baum‹ oder ›hohen Busch‹
Gulden [Silbergulden] – große Silbermünze zu 21 Groschen; um 1500 war ein Goldgulden noch gleich ein Silbergulden; um 1700 entsprach ein Dukat [eine Münze mit ca. 3½ g. Feingoldanteil] schon dem Äquivalent von vier Gulden
Güter – nicht zwangsläufig Mehrzahlbegriff für Bauern- oder Rittergüter, sondern meist als Sammelbezeichnung für die einzelnen, mitunter verstreuten Liegenschaften oder Pertinenzstücke eines Hofanwesens gebraucht
Gütler/Gutsbesitzer – ein meist bäuerlicher Hofbesitzer, der von den Erträgen

seiner Landwirtschaft leben und die darauf haftenden Abgaben aufbringen kann.
Halsgraben – bei Burgen in Spornlage künstliche Trennung vom dahinterliegenden Landrücken
Häusler – Drescher-, Erbdrescher-, Frönerhausbesitzer gewöhnlich ohne Teilhabe an der Bauerngemeinde, vor 1850 selten mit Feldbesitz, oft aber mit Garten
Heller – Halbpfennig, $^{1}/_{576}$ Reichstaler
Heraldik – Wappenkunde (eigentlich die Kunst der Herolde beim Turnierwesen)
Herzog – ursprünglich von der Masse der Freien für die Dauer eines Kriegszuges gewählte Heerführer [ahd.: herizogo], aus denen später die Stammesherzöge hervorgingen, deren Gebiete sich später in Territorial- und Titularherzogtümer aufspalteten, die wiederum von zahlreichen Gebieten von Grafen und Edelherren durchsetzt waren, ja aus solchen bestanden, in denen dann der mit der Herzogswürde belehnte Vertreter des Königs, dessen Macht bzw. seine eigene durchzusetzen verstand oder nicht. Auch kamen mit der Zeit durch Rangerhebungen verschiedener Fürsten neue dynastisch-territorial definierte Herzogtümer hinzu. Mit dem Ende des Alten Reiches und der Herrschaft Napoleons kam es zu weiteren Rangerhöhungen von anpassungsbereiten deutsche Fürsten, von denen wieder einige mittels ihrer Verwandtschaft zu den mächtigen europäischen Monarchien im Zuge des Wiener Kongresses von 1815 dann zu **Großherzögen** erhoben wurden, die sich vor allem durch das Recht auszeichneten, königliche Privilegien wahrnehmen zu dürfen. Im übrigen besaßen bis auf das Großherzogtum Sachsen [vordem Herzogtum Sachsen-Weimar-Eisenach] alle anderen sächsischen Herzogtümer in Thüringen tatsächlich nur den Rang von Fürstentümern.[560]
Historismus – den Kunst- und Baustil des 19. und frühen 20. Jahrhunderts prägende Rückbesinnung auf die Formen vergangener Epochen [siehe heutiger Retrostil] als Neo-Romanik, Neo-Gotik, Neo-Barock u.a., nicht selten elektive [auswählende] Vermischung dieser Stile bzw. Überladung der Formen
Honoratioren – vermögendste und angesehenste Einwohner einer Gemeinde
Hufen – Richtgröße eines landwirtschaftlichen Betriebes, gemäß der Qualität des jeweiligen Nutzbodens [in der Orlasenke 10 bis 12 ha, im Oberland und in den Tälern mitunter 20 ha und mehr] nebst dem zugehörigen Anwesen
Hut und Trift – Die Nutzung der Weideflächen betreffend
Infrastruktur – alle für die Funktionsfähigkeit der Wirtschaft eines Gebietes notwendigen Einrichtungen
interpretieren – auslegen, erklären, deuten
Kammer – unbeheizter, einfach ausgestatteter Schlaf- oder Aufenthaltsraum oft außerhalb des eigentlichen Wohnbereichs
Kammergut – im Besitz des Landesherrn befindliches, ab dem 18. Jahrhundert unveräußerliches und daher quasi staatliches Großgrundbesitztum, welches von einem Vogt verwaltet und später meist verpachtet wurde. Aus den Einkünften ihrer Kammergüter, welche mitunter die Hälfte der Staatseinnahmen ausmachen konnten, bestritten die Landesherren sowohl die Kosten ihrer Hofhaltung als auch die Landesverwaltung. Nachdem die deutschen Territorien 1815 als Bundesstaaten souverän geworden waren, spätestens aber nach 1848 gab es vielerorts Bestrebungen, den fürstlichen Hofhaushalt vom Staatshaushalt zu trennen,

und eine Aufteilung des Domanialbesitzes in Staats- bzw. Krongüter zu erreichen. So sollten auch in Reuß jüngerer Linie nach 1848 die fürstlichen Kammergüter an den Staat abgetreten und zu Staatsdomänen werden. Dagegen protestierte der Fürst und erreichte, daß das insbesondere aus Forsten bestehende Domänengut 1854 zum alleinigen Eigentum des Fürstenhauses erklärt wurde. So bestand die Domanialverwaltung fort und bildete auch weiterhin einen Staat im Staate. Der Ertrag des Domanialbesitzes der jüngeren Linie betrug allein 1913 713.000 Mark.
Kammerherr – Mittleres besoldetes Hofamt bei einem regierenden Herrscher [zwischen dem Kammerpagen- und Junkerstand und dem Hofmarschall] bei dem zeremonielle Handreichungen, Bedienung, Begleitung und Unterhaltung des Fürsten, mithin auch Sekretariatsdienste wie Organisation von Privataudienzen, Entgegennahme von Bittschriften u.a. zu verrichten waren. Besonders unter Kaiser Leopold I. [regierend 1658-1705] kam es vermehrt auch zur Verleihung der Kämmererwürde als reine Ehrenbezeigung, mit der aber immer eine Hofdienstleistung – wenn auch nur die Anwesenheit bei bestimmten Hoffesten oder der Begleitung von fürstlichen Auftritten bzw. Trauerzügen – verbunden war
Kämpfer – hier: Steinlage am Ansatz eines Bogens oder Gewölbes bzw. über einem Kapitell
Kanne – Hohlmaß für trocken und naß, zu 2 Kärtchen oder Halbkannen (Nösel), örtlich verschieden, in Schleiz und Tanna 0,8588 ℓ, in Lobenstein 0,8937 ℓ, in Saalburg 0,9542 ℓ, in Leutenberg 1,1154 ℓ, in Hirschberg 1,145 ℓ, in Burgk 1,483 ℓ
Kanzleigut – Großgrundbesitztum, das direkt der Kanzlei des Landesherrn unterstellt und nicht ins Amt einbezirkt war
kanzleischriftsässig – siehe Schriftsässigkeit
Kapitell – oberer Abschluß einer Säule, eines Pfeilers oder eines Pilasters
Kaplan – siehe Vikar
Kavalier – hier: Edelmann (von franz.: cavallier → Reiter, Ritter)
Kavaliershaus – solitär stehender oder mit dem Haupt-Schloß durch Galerien verbundener Teil eines Schloß-Ensembles, das von der Herrscherfamilie nicht direkt bewohnt wurde, sondern der Aufnahme der Hofleute, der hohen Beamten, der Diener, Kuriere oder Gäste diente.
Kavalierstouren – Die Frühneuzeit war »die Zeit der großen Erziehungsreisen junger Prinzen und u.a. hoher Standespersonen. Meist in Verbindung mit einem Universitätsstudium wurden die jungen Leute mit einem ziemlichen Kostenaufwand oft unter Begleitung eines kleinen Hofstaates, an die bedeutenden Höfe Europas geschickt, wo sie mit den wichtigsten Persönlichkeiten der europäischen Diplomatie Verbindungen anknüpften, die ihnen unter Umständen im späteren Leben nützlich wurden. Besonders war ein längerer Aufenthalt am Hofe des ›Sonnenkönigs‹ Ludwig XIV. in Paris und Versailles sehr beliebt.«[561] Indem die jungen Kavaliere dort gleichzeitig auch das Ansehen ihrer Dynastie und die Finanzkraft ihres Landes zu repräsentieren hatten, durfte schon allein der Staatsräson halber auf keinen Fall unterrepräsentiert werden, wobei dann schon einmal, wie etwa bei der Kavalierstour der Gebrüder Heinrich I. und II. von Reuß-Obergreiz 1714 nach Paris Reisekosten von 20.000 Talern und mehr zusammenkommen konnten, welche man dahingehend zu komprimieren suchte, indem

man möglichst zwei, altersmäßig nicht allzuweit voneinander entfernte Brüder auf Reisen schickte, freilich unter der Gefahr, daß wenn diesen unterwegs etwas zustieß, die Linie gar aussterben konnte, wie etwa die Schwarzbacher Linie derer von Pöllnitz, als 1693 die Grande Tour der beiden Erben mit dem Untergang ihres Schiffes tragisch endete. Auch von den beiden vorerwähnten Obergreizer Kavalieren starb der ältere in der Fremde, nur der jüngere kehrte in die Heimat zurück.[562]

Kirchenpatronat – Schutzherrschaft in Bezug auf Rechte und Pflichten, die dem Stifter einer Kirche, Kapelle oder eines Benefiziums [Schenkung] und seinen Rechtsnachfolgern zukommen, wie Baulast, Unterhaltungspflicht, aber auch Begräbnisrecht, Patronatsstand, Recht auf Fürbitten der Gemeinde für die Familie in der Kirche, Haustaufe und -trauung durch den Priester

Kirchenvisitation – Kontrollbesuch seitens der oberen Kirchenbehörde in einer Pfarrei; Hier: meist erste Visitation zur Einführung der Reformation

Kirchspiel – territorial begrenztes Gebiet einer Pfarrei

Klafter – Raum-, eigentlich Holzmaß in unterschiedlicher Schichtgröße, in Roda ca. 3×3×1 Ellen zu 2,45 m³, in Lobenstein 3,54 m³, in Neustadt/O. 2,42 m³, in Leipzig 2,842 m³ (zu 126 Kubikfuß), in Rudolstadt 2,83179 m³, in Gera 2,8454 m³

Klassizismus – Kunst- und Bauform [1790-1850] mit kühlen, klar gegliederten Formen in Anlehnung an die griechische Antike

Kollatur – Recht, hier des Patronatsherrn eine geistliche Stelle zu besetzen bzw. eine Pfründe oder ein Stipendium zu vergeben, bzw. den Dorflehrer einzusetzen

Konsistorium – ›Unter obern Leitung und Auctorität des Landesherrn‹ stehende, von einem weltlichen Präsidenten [meist einem hohen Regierungsbeamten] und einem Kollegium aus 2 weltlichen sowie 2-3 geistlichen Herren geführte Behörde, die das landesherrliche Kirchenregiment ausübte und für die Umsetzung und Kontrolle der protestantischen Schul- und Kirchenordnung verantwortlich war. Daneben verwaltete sie die Finanzen der Kirche und übte die kirchliche Rechtssprechung aus. Diese umfaßte neben der Gerichtsbarkeit über die Pfarrer, deren Familienmitglieder und Angestellten [Diakon, Küster, Kantor, Lehrer] auch die Besitztümer der Stiftungen bzw. die Lehen der jeweiligen Kirchgemeinden. Zudem spielte das Konsistorium eine wichtige Rolle bei der Ehegerichtsbarkeit und wachte streng über Moralfragen.[563]

Konvent – Klostergemeinschaft, aber auch Begriff für Dünnbier (Klosterbier)

korpulent – beleibt

Kreuzgratgewölbe – Durchdringung zweier Tonnengewölbe mit gratigen Schnittstellen

Krüppelwalmdach – Satteldach mit angeschrägten Giebelspitzen

Kumutscheln – [mda.] für Zapfen von Koniferen insbesondere Fichten

Landstände – politische Vertretung der Regionalgrößen [in der Regel die Besitzer schriftsässiger Rittergüter bzw. die Bürgermeister der Städte sowie der Prälaten als Vertreter großer kirchlicher Stiftungen gegenüber dem Landesherrn

Lätare – auch Mitfasten, vierter vorösterlicher Buß- und Fastesonntag

legieren – hier: mit einem Vermächtnis ausstatten

Lehde – meist unfruchtbares, ungenutztes bzw. unnutzbares Buschland

Lehen – Eine Sache, zumeist Land, die dessen Eigentümer [Lehnsherr] unter der Bedingung gegenseitiger Treue, vornehmlich aber gegen jährlich zu entrichtende Zinsen und/oder Dienste in den erblichen Besitz des Lehnsmannes übergehen läßt, unter der Bedingung des Anheimfalls nach dessen erbenlosen Tod. Selbstverständlich konnte der Lehnsherr seine Lehns- und Gerichtsherrschaft etwa über ein Anwesen vererben, verkaufen oder verschenken, so wie man das heute etwa mit Wohnungen in Mietshäusern tut, ohne daß die darin lebenden Mieter in persona ebenfalls in den Besitzwechsel miteinbegriffen wären. Im Falle von Rittergütern waren die Lehen vom Landesherrn meist als so genannte ›Mannlehen‹, also gegen die Pflicht zur Heeresfolge, ausgetan. Bis zum 16. und frühen 17. Jahrhundert war es sogar üblich, dass etwa eine Witwe, ein unvermögender Vasall oder ein bürgerlicher Gutsherr im Fall der Ausrufung des Heerbanns dann einen standesgemäßen, sprich adeligen Ersatzmann stellen oder das Äquivalent davon in Geld entrichten mußte. Lange Zeit konnten diese Mannlehen nur an einen kampffähigen Mann, also im Mannesstamme, weitervererbt werden, bis die Möglichkeit geschaffen wurde, im Falle des Ausbleibens eines männlichen Nachfolgers aus derselben Linie, diese Lehen, natürlich gegen eine zumeist ansehnliche Gebühr, in ein Weiber- bzw. Tochterlehen umzuwandeln, damit auch die Töchter erben und die Schwiegersöhne an Sohnes statt die entsprechende Positionen im Lehensgefüge einnehmen konnten. Der Bruder des letzten Grafen von Hoym auf Oppurg, Graf Gotthelf Adolph von Hoym auf Guteborn, Bielau und Ruhland in der Oberlausitz, mußte, um seine Rittergüter an seine Tochter vererben zu dürfen, noch am 25. November 1777 in Bautzen im Schloßhof der Ortenburg auf seinem braunen Wallach, in voller – mitsamt dem Degen und den Eisenstiefeln etwa 30 kg schweren – Eisenrüstung, den sogenannten ›Vorritt‹ oder ›**Rittersprung**‹ tun.[564]

Lehnsrekognition – Anerkennung eines bestehenden Lehnsverhältnisses

Lehnsherr – jemand der Grundbesitz u.a. ausgibt und dafür Zinsen oder Dienste erhält

Lehnsmann – Inhaber eines Lehens

Lehnware – an den Lehnsherrn zu entrichtende Abgabe, zumeist 10% des Wertes eines Lehens bei Vererbung oder Verkauf

Leibgedinge – Die Verpflichtung meist des Annehmers eines Besitztums Unterkunft und Versorgung der übertragenden Person in ihrem Altenteil bis zu ihrem Ableben zu erbringen. Bei Adel bzw. Hochadel umfaßte das Leibgeding oft die Erträge bzw. die Nutzung bestimmter Liegenschaften, Gutshöfe, ja ganzer Ämter, die etwa die Gemahlin als Morgengabe von ihrem Ehemann erhalten hatte, und über die sie mit der Heirat – also noch vor dem Witwenfall – frei verfügen durfte.

Lokator – Siedelmeister

Lot – vormetrisches Gewichtsmaß zu $^{1}/_{32}$ [Handels-]Pfund oder 4 Quentchen, entspricht ›einem Löffel voll‹ zwischen 14 und 18 g., in Reuß, Schwarzburg und Weimar 14.606 g., in Sachsen-Meiningen dagegen 15,9 g.

LPG-Typen – Beim LPG-Typ I wurde nur das von den Genossenschaftsmitgliedern eingebrachte Ackerland gemeinsam bewirtschaftet, während später beim LPG-Typ III abgesehen von den, an einen Forstwirtschaftsbetrieb übergebenen Hölzern alle Liegenschaften und Produktionsinstrumente in die Genossenschaft mit-

eingebracht werden mußten, ausgenommen je 0,5 ha zur persönlichen Nutzung
Lustgarten – zur Erholung und Zerstreuung dienender ›schöner‹, also ansprechender Garten oder Park mit Pavillons, Wasserspielen sowie ab der Zeit der Empfindsamkeit noch fallweise mit Grotten, Schauruinen und ähnlichem ausgestattet
Mahlzwang – Verpflichtung der Untertanen all ihr Korn in einer bestimmten, vom Grundherrn festgelegten Mühle mahlen zu lassen
Mannlehen [feudum virile] – ein gegen die Pflicht zur Heeresfolge ausgetanes Erblehen, das nur an einen kampffähigen Mann, also im Mannesstamme und demnach patrilinear vererbt werden konnte
Mannschaft – eigentlich: Lehnsleute und Getreue eines Dynasten, auch kriegsfolgeverpflichtete Untertanenschaft, schließlich: Gemeindeverband
Mansarddach – Dach mit oben flacheren und unten steilen Dachflächen, im unteren Teil meist ausgebaut
Manufaktur – vorindustrieller Betrieb mit weitgehender Handfertigung
Mark – Grenze eines Gebietes, aber auch Gewichtsmaß für Silber [265 g.]
Markgraf – ursprünglich ein, mit der Verwaltung eines Grenzgebietes [Mark] betrauter und daher mit höheren Befugnissen ausgestatteter Amtsträger, dessen später erblicher Status daher über den Grafen, aber noch unter den Fürsten lag. Besonders Frankreich, das aus einer ganzen Reihe kulturell wie administrativ eigenständiger Regionen entstanden ist, bedurfte besonders viele solcher Marquis.
Mars – Römischer Gott des Krieges
Marstall – Pferdestall [ahd.: marah → Mähre, Pferd] eines Fürsten mit Gebäuden und Remisen für Wagen, Kutschen, Schlitten und Geschirre.
Maß – siehe Kanne bzw. Eimer
matrilinear – der Erbfolge der Mutter folgend
Meile – Wegmaß, 1 Alte oder Deutsche Meile → ca. 7½ km, in Sachsen 7.419,58 m
Meißner Gulden [Mfl.] – Große Silbemünze zu 21 Groschen, oft nur als Zähleinheit für Groschen
Melioration – Bodenverbesserung und -vermehrung durch Drainage, Flächenzusammenlegung, Verebnung, Verrohrung von Bächen und Gräben usw.
Metze – $^{1}/_{16}$ Scheffel, die Metze zu 12 Maß, das Maß zu 2 Kärtchen, in Saalfeld 11,711 ℓ, in Rudolstadt 11,83 ℓ
Mezzanin – Halbstock, Zwischengeschoß
Ministeriale – ursprünglich unfreie herrschaftliche Dienstleute des Hochmittelalters, die sich bis in höchste Verwaltungsebenen hinein fanden
Mittelalter – Zeitraum zwischen Antike und Renaissance, unterscheidbar in Früh- [500-1000], Hoch- [1000-1350] und Spätmittelalter [1350-1500]
Moderne – Zeitraum ab dem Ende der ständischen Zeit [1918] bis heute
Morgen – Flächenmaß, 1 Morgen → 25 Ar → 0,25 ha; in Preußen → 180 Qr zu 12 Fuß = 25,5333 Ar, in Nürnberg → 200 Qr zu 16 Schuh = 47,3092 Ar
Morgengabe – eine Zuwendung von Geld oder Gütern des Bräutigams an die Braut, die i.d.R. am Morgen nach der Hochzeitsnacht überreicht wurde und auch der Versorgung der Ehefrau im Falle ihrer Witwenschaft diente
Motte – oft mit Graben umgebene Turmhügelburg
Neuzeit – Zeitspanne in etwa ab dem Jahre 1800 bis zur Gegenwart

Nippes – franz.: Beiwerk, Zierrat
Nösser – Schafe
Öffnungsrecht – Recht des Lehnsherrn eine Stadt oder Vasallenburg im Kriegsfall unentgeltlich zu nutzen
oktogonal – achteckig
Orlamünder – Als ein älteres [bis 1112] sowie jüngeres [askanisches] Haus bestandene Linien der Grafen von Weimar, deren Gebiet sich von Orlamünde [seit 1140 Grafensitz] über Weimar bis weit in die Goldene Aue hinein erstreckte. 1248 in eine Osterländische Linie zu Orlamünde und eine Thüringische Linie zu Weimar geteilt, wurde das Geschlecht in der Thüringer Grafenfehde [1342-1346] von den Wettinern entmachtet, sank infolge totaler Verschuldung bis 1422 in den landständischen Adel herab und hielt zum Zeitpunkt seines Aussterbens im Jahre 1426 nur noch die Herrschaft Lichtentanne [mit Schmiedefeld] bei Probstzella[565]
Ottonen – auch ›Liudolfinger‹ genanntes, von dem Grafen Liudolf [†866] abstammendes altsächsische Dynastie, die zunächst die Herzöge von Sachsen und von 919-1024 die Könige und Kaiser des Heiligen Römischen Reiches stellte.
Palas – herrschaftlicher Wohn- und Saalbau einer Burg
Palmette – Dekorelement in Gestalt eines gespreizten Fächerpalmenblattes, auch kelchartig mit radial angeordneten Zungenblättern
Palmorden – siehe Fruchtbringende Gesellschaft [1617-1680]
Panierherr – eigentlich Bannerträger, Fähnrich eines lanzentragenden Aufgebots, hier: Ehrentitel für eine, durch Stand oder Verdienst aus der allgemeinen Ritterschaft herausragende bzw. die selbige anführende Persönlichkeit
Paragium – Abfindung nachgeborener Söhne regierender oder standesherrlicher Häuser und deren Nachkommen meist durch einen, unter Oberhoheit des Regenten stehenden Landesbezirk bei gleichem Anrecht auf Mitbelehnung.
Parochie – Einflußgebiet einer Kirche
patrilinear – der Erbfolge des Vaters folgend
Patrimonialgerichtsbarkeit – (von mittellat.: patrimonialis → grundherrschaftlich): private Ausübung der Rechtsprechung von Seiten des Grundherrn gegenüber seinen Untergebenen bzw. den in seinem Gutsbezirk lebenden Untertanen
Pauperisierung – Hier: Verarmung weiter Bevölkerungsteile im 18., vornehmlich aber im 19. Jahrhundert
Pertinenzstück – Zubehör, Hier: Teil eines Landgutes [Schäferei, Flurdistrikt]
Petschaft – Siegelstempel
Pfalz – königlicher Aufenthaltsort auf Reichsbesitz, der i.d.R. aus Palas, Kirche, Befestigung und Wirtschaftshof [Vorwerk] bestand
Pfund – Gewichtsmaß regional unterschiedlich zu 32 Lot, in Würzburg 480 g., in Nürnberg 510 g., das Kaufmannspfund 467 g., ab 1854 das Zollpfund 500 g.
Pfennig – Klein- bzw. Scheidemünze – zunächst aus Silber, später mit immer mehr Kupfer und bis zum Ausgang des 17. Jahrhunderts nur noch aus Kupfer – im Wert von 2 Hellern, $^1/_{12}$ Groschen, $^1/_{240}$ Aßo, $^1/_{288}$ Reichstaler; etwa in der Größe des heutigen Ein-Cent-Stückes
Pietismus – eine im letzten Viertel des 17. Jahrhunderts aufgekommene kirchliche Erneuerungsbewegung, die sich gegen den, im Zuge der protestantischen

Orthodoxie inzwischen recht nüchtern gewordenen Kirchenbetrieb wandte und ein in der Welt tätiges Christentum verwirklichen wollte. Seine Anhänger »forderten ein persönliches, das gesamte Gemüt und Gefühl umfassendes Christentum, eine echte, von einer starken Erlösungssehnsucht geprägte Frömmigkeit, in der das Charisma des Predigers und seine Fähigkeit, den Einzelnen immer wieder neu zu erwecken und zu bekehren, eine große Rolle spielte.«[566]

Pilaster – halbsäulenartiges Zierelement mit Fuß und Haupt ausgebildet

Pinge – verlassene und allmählich zugefallene Bergwerksanlage, meist als Relikt einer flachen Abgrabung, um ohne besondere Abstützungen oberflächennahe Erze abbauen zu können

Portal – prunkvoller größerer Eingang bzw. Tor

Portikus – von Säulen getragener Vorbau am Haupteingang eines Gebäudes

Postament – Sockel eines Podests

postulieren – Hier: behaupten

Provenienz – Herkunft

Puttenköpfchen – Gestaltungselement in der plastischen Kopfform eines Kindes oder Kinder-Engels

Quadratrute [Qr] – Flächenmaß, in Saalfeld 12-schuhig zu 11,504 m², 16-schuhig zu 20,452 m², 20-schuhig zu 32,078 m² (siehe auch bei Rute und Schuh)

Quent – Gewichtsmaß ¼ Lot, entspricht je nach Maßsystem 3½ -4½ g.

Recess – Auseinandersetzung, Vergleich, Vertrag

redigieren – ein Manuskript kontrollieren, endbearbeiten, druckfertig machen

regalieren – sich an etwas satt essen, gütlich tun, Hier: sich schadlos halten

Reichsfreiherr – meist aus der freien Reichsritterschaft erhobener Adliger, der – da mit Reichsgut belehnt – direkt dem deutschen König bzw. Kaiser unterstand, damit zwar Reichsunmittelbarkeit besaß, aber im Adelsrang nicht über den anderen, von den Fürsten erhobenen Freiherren stand.

Reichsmatrikel – auch Heeresmatrikel: Verzeichnis der Reichsstände des Heiligen Römischen Reiches zwecks Mitfinanzierung des Reichsheeres

Reisige – gewappnete Dienstleute, berittene, bewaffnete Begleitung

Remise – Wirtschaftsgebäude meist an der rückwärtigen Grundstücksgrenze als Unterstand für Fahrzeuge oder Geräte

Renaissance – am Wiederaufleben der Antike orientierter Bau- und Kunststil, in unserer Region etwa von 1550 bis 1630, ortsweise auch bis 1660

Rendant – Zahlmeister, Rechnungsführer

renitent – widerspenstig, widersetzlich, äußerem Druck standhaltend

reüssieren – Erfolg haben, zum Ziel gelangen [franz.: réussir]

Risalit – die ganze Höhe eines Hauses einnehmender vorspringender Gebäudeteil, oft besonders hervorgehoben oder mit eigenem Dach abgeschlossen

Rittergut – vielerorts nicht vor dem 15. Jahrhundert aus einem adeligen Siedelhof entstandenes, einen Rittersitz mit einen oder mehreren Vorwerken umfassendes, weitestgehend steuerbefreites Großgrundbesitztum, das als ursprüngliches Lehen des Landesherrn durch Kriegsdienste u.a. ›verdient‹ werden mußte. Je nach seinem Status unterstand es der Kanzlei des Landesherrn oder dem Amt und war mit Herrschaftsrechten und Verwaltungsfunktionen über die im Gutsbezirk vorhandenen Anwesen bzw. die zur Herrschaft gehörigen Erblehnbauern, Erbdrescher, Häusler – seltener wie teilweise in Ranis, Hirschberg und zeitweise auch in Auma und Triptis auch Städtebürger – ausgestattet.

Ritterschaften – Zur Wahrnehmung ihrer politischen Interessen gegen über Landesherrn wie Untertanen entstanden regionale Adelsverbände aus, auf landständischen Rittergütern sitzenden, per Ahnennachweis [gewöhnlich mit 16 adeligen Ururgroßeltern] in besagte Körperschaft immatrikulierten Niederadligen, die sich Statuten gaben und Versammlungen abhielten, Beschlüsse faßten und sich Organen schufen, die diese Beschlüsse ausführten. In Gestalt etwa der Rheinischen oder Bremen-Verdener Ritterschaft bestehen einige dieser Rechtsinstitutionen als Körperschaften bis heute fort, wobei sie in der Regel öffentliche Aufgaben im heimatkulturellen, sozialen und wissenschaftlichen Bereich wahrnehmen, sich zu großen Teilen auch der Förderung ihres Nachwuchses widmen. Im Reußenland bestand nicht etwa die Vogtländische, sondern die Reuß-Plauensche Ritterschaft. Denn erstere hatte sich mit der Zeit ins Regnitzland verschoben und schließlich auch noch die bayreuthischen und kulmbachischen Ritter inkorporiert.

Rokoko – auf den Hochbarock folgende Kunstrichtung des 18. Jahrhunderts mit weitgehend zierlichen, heiteren und beschwingten Formen

Romanik – Europäischer Bau- und Kunststil mit an die Römische Antike angelehnten Bauformen [1000-1250]

Rute – örtlich verschiedenes Längenmaß wird gewöhnlich zu 12 Schuh, zu 16 (Sächsische Landrute) oder 20 Schuh gerechnet; mit der Quadratrute wurden Flächen, mit der Schachtrute Räume berechnet; in Saalfeld galt das Leipziger Maß, die 12-schuhige Rute zu 3,3918 m, die 16-schuhige zu 4,5224 m und die 20-schuhige zu 5,663 m

Saal – Hier: jeweils größter, nicht durch Stützen unterteilter Kircheninnenraum

Sakristei – Nebenraum in der Kirche für den Geistlichen und die gottesdienstlichen Geräte

Salär – Hier: Besoldung von Beamten

Satteldach – zweiseitige Dachfläche mit gedeckten Giebeln

Schalenmauerwerk – mittelalterliche Bauart mittels zwei, aus großen Steinen gemauerten Schalenwänden, deren Zwischenraum mit grob verlegten kleineren Steinen, mitunter auch einer Geröll-Lehmmischung ausgefüllt wurde.

Schatullgut – veralteter Begriff für Besitztum des Landesherrn [→ Kammergut]

Scheffel – [1] Flächenmaß bezogen auf die benötigte Aussaatmenge an Getreide je Ackerfläche; [2.] Hohlmaß zu 4 Vierteln, je zu 2 Achteln, je zu 2 Metzen für trockene schüttbare Dinge, regional unterschiedlich zwischen 80 und 200 ℓ, der Saalfelder Klosterzinsscheffel betrug ~137,188 ℓ, der Amtsbodenscheffel ~183,19 ℓ; in Pößneck umfaßt der Scheffel ~98,66 ℓ, in Könitz ~172,05 ℓ, in Orlamünde ~132,82 ℓ, in Rudolstadt ~189,33 ℓ, in Leutenberg ~178,45 ℓ, in Neustadt an der Orla 112,15 ℓ und in Weida nach Weimarer Maß 75,29 ℓ[567]

Schmalkaldischer Krieg – Er endete 1547 mit der Niederlage der im Schmalkaldischen Bund vereinigten protestantischen Reichsstände vor Kaiser Karl V.

Schock – lat.: sexagena → sechzig, Zählmaß zu 60 Stück, auch für gr., vom 14. Jahrhundert bis um 1450 als ›schweres‹ Schock [ß] 60 (+6) Groschen entspricht

1 Mark Silber (siehe Aßo)

Schönburger Herrschaften – Vom Status her zunächst mit den Reußischen Herrschaften vergleichbares, zunächst reichsunmittelbares, ab 1740 aber dann unter der Oberherrschaft Kursachsens stehendes, zersplittertes Herrschaftsgebiet an der Zwickauer Mulde im Ostraum des Altenburger Landes. Neben der fürstlichen Linie Schönburg-Waldenburg bestanden bzw. bestehen noch die gräflichen Linien zu Rochsburg und Hinterglauchau sowie zu Penig-Penig mit Wechselburg und Vorderglauchau.

Schösser – Amtsverwalter, der auch die Steuern [den Schoß] einnahm

Schriftsässigkeit – Rechtsstatus von Rittergütern und Kommunen vor dem Landesherrn: Der höchste Grad der Autonomie war die [Kanzlei-]Schriftsässigkeit, wo die Herren bzw. die Räte das Privileg besaßen, direkt von der landesherrlichen Kanzlei angewiesen zu werden und direkt dem Landesherrn bzw. dessen höchsten Gerichten untergeben zu sein bzw. von dort Recht zu nehmen; zudem waren sie berechtigt, Vertreter zu den Landtagen zu entsenden. Als amtssässig dagegen galten Güter und Kommunen, die dem landesherrlichen Amt unterstellt und in dasselbe einbezirkt waren, wobei sie von den Anordnungen der Landesherrschaft nur über die Amtshauptleute in Kenntnis gesetzt zu werden brauchten und auch vor Gericht den Amtsrichter als erste Instanz hatten

Schuh (auch Fuß) – regional verschiedenes Längenmaß, 1 Fuß/Schuh entsprechen 12 Zoll zu 12 Linien; gegenüber dem heutigen Fuß (28,265 m) standen ehedem der Nürnberger Schuh (0,303975 m), der in Saalfeld gebräuchliche Leipziger Schuh (0,28319 m), der Altenburger resp. Orlamünder Fuß (~27,5 cm), der Rudolstädter Fuß (0,2822042 m) bzw. Lehestener Fuß (~30,4 cm)

Schultheiß [Schulze] – Eigentlich ein, der Obrigkeit für die Steuereintreibung Verantwortlicher, später Gemeindevorsteher, Bürgermeister

Schwarzburger – Bis ins 8. Jahrhundert zurückgehendes Mittel- und Nordthüringisches Grafengeschlecht, von welchem bis 1599 nur noch die Häuser Sondershausen [mit Arnstadt als Oberherrschaft] und Rudolstadt [mit Frankenhausen und Schlotheim als Unterherrschaft] existierten, die, 1705 gefürstet, diese Gebiete später als Bundesfürsten regierten, worauf nach dem Aussterben des Hauses Sondershausen [1909] das Haus Rudolstadt auch dieses Fürstentum regierte, im November 1918 aber abdankte und 1971 im Mannesstamme schließlich erlosch.

Schwarze Küche – Raum mit offener Feuerstelle, der in einem über das Dach hinausführenden großen trichterförmigen Schlot endet [wie noch in Schloß Burgk]

Schweizer – ursprünglich mit Viehhaltung und Milchwirtschaft nach Schweizer Art betrauter Spezialist, später auch Berufsbezeichnung für ›Melker‹

Seelgerät – geistliche Stiftung [oft das alljährliche Abhalten einer Seelenmesse] das eigene Seelenheil bzw. das eines Familienmitgliedes bzw. Vorfahren betreffend

Semperfreie – ursprünglich [Edel-]Freie, »deren Gerichtsstand nicht das Schöffengericht der vom König eingesetzten Grafen, sondern das geistliche Sendgericht der Bischöfe war. Sie waren damit dem fürstenmäßigen hohen Adel gleichgestellt, im Gegensatz zu dem in seinen Ursprüngen meist unfreien Dienstadel, den sogenannten Ministerialen.«[568] Später kursierte ›semperfrei‹ als vom Kaiser eher selten verliehener Ehrentitel an verdiente Adlige im Sinne von ›hochfrei‹.

Sequestration – Verwahrung, Verwaltung einer Sache, oft im Sinne einer Zwangsverwaltung
Sequestrator – von einer Behörde eingesetzter Verwalter, oft Zwangsverwalter
Separation – Flurbereinigung, oft mit Aufteilung des Gemeindebesitzes ab der Mitte des 19. Jahrhunderts
Freier Siedelhof – größeres Anwesens, auf dem der Grundherr oder eine andere bevorrechtete Person ihren Sitz [ahd.: Sedal] hatte. Später wurde der Begriff ›[S]edelhof‹, zu Edelhof verschliffen, gern für örtliche Rittergüter gebraucht.
Siedlungslückentheorie – Forschungsansatz, der von einer flächendeckenden hochmittelalterlichen Kolonisation ausgeht und in Siedlungslücken – freilich in Verbindung mit zusätzlichen Verdachtsmomenten – Ortswüstungen vermutet
Sitznischenportal – Portal mit Sitznischen in seinen Flanken
Solidos [Schilling] – Währungseinheit zu 12 Pfennigen
solitär – einzeln, abgesondert
Sowchose – sozialistischer volkseigener Landwirtschaftsbetrieb in der ehemaligen Sowjetunion im Sinne eines Volksgutes
Sprengel – Amtsbezirk
Fachwerk-**Ständerbau** – Konstruktionsprinzip aus Holzbalken, bei dem die senkrechten Stützen über mehrere Geschosse bis zur Traufe bzw. zum Giebel reichen
Stadtsyndikus – ursprünglich ein Stadtschreiber, der in späterer Zeit im Auftrag des Bürgermeisters den Amtsverkehr und auch die Verwaltung der Stadt bzw. ihres Gerichts de facto ausübte und in der Regel ein ausgebildeter Jurist war
Sterngewölbe – mehrere, sich überkreuzende Tonnengewölbe
Stift – Hier: meist mit Grundbesitz ausgestattete kirchliche Körperschaft
Stube – beheizbarer Raum [als ursprüngliche Bezeichnung für den Ofen selbst]
Stück – einerseits Kanone, Geschütz, andernseits Webtextilien in einer bestimmten Größe vor ihrer Weiterverarbeitung/Veredelung
sub hasta vendere – lat. für: unter den Hammer kommen, versteigert werden
Suburbium – Burgsiedlung
Superintendent – evangelischer Geistlicher [von lat. superintendens → Aufseher], der einen Kirchkreis aus mehreren benachbarten Pfarreien beaufsichtigt
Tagwerk – Feldmaß meist ein Morgen oder Joch, in Bayern zu 400 Qr. = 34,08 Ar
Tafelgut – veralteter Begriff für Besitztum eines Landesherrn [→ Kammergut]
Taler [Reichstaler] – Silbermünze: 1 Taler zu 24 guten Groschen oder 576 Hellern, ab 1842 zu 30 Silbergroschen bzw. 68 Kreuzern
Tonnengewölbe – Gewölbe mit halbkreisförmigem Querschnitt
Torso – Rumpf, Fragment
Trabant – Begleiter, Helfer
Türkensteuer – zur Abwehr der Türkeninvasion 1531 erhobene Kopfsteuer, mit der es dem Reich gelang, mit zum ersten Male Steuern von den Untertanen der Landesherren wie auch von Adel und Klerus zu erlangen. Die Steuer wurde auch beibehalten, als längst keine Kriege gegen die Türken mehr gefochten wurden.
Untertanen – Als Personen, die per Untertanen- bzw. Lehnseid einer Herrschaft unterstanden, konnten Untertanen [angelsächsisch: Than → Gefolgsmann] persönlich nicht völlig frei sein; die Landesherren waren [zumindest de jure] Unter-

tanen der Krone, die Landadligen Untertanen ihres Lehnsherrn, die bürgerlichen und bäuerlichen Haushaltsvorstände Untertanen des Stadtrats bzw. des Amtes oder Rittergutes, während ihre Familienange->hörigen‹, Gesindeleute, Gesellen und Lehrlinge ihrem jeweiligen Hausvater/Hausherrn oder Meister unterstanden

untitulierter Adel – niederer Adelsstand der, im Gegensatz zu den Baronen, Freiherren, Grafen, Fürsten und Herzögen, lediglich das Adelsprädikat ›von‹ im Namen führte.

Uradel – jene ritterbürtigen Geschlechter die noch vor dem Jahre 1350 [nach dem Gotha vor dem Jahre 1400] aus dem Dunkel der Geschichte treten. Sie sind daher nicht mit den Edelfreien, dem eigentlichen ›ältesten‹ Adel zu verwechseln.

Vasall – Gefolgsmann, Lehnsmann

Venus – Römische Göttin der Liebe

verifizieren – die Wahrheit einer Aussage oder Hypothese bestätigen

Vetter und Base – Cousin und Cousine

Viertel – siehe Scheffel

Vitriolwerk – Anlage zur Herstellung von Schwefelsäuresalz auf der Basis von Schwermetallen

Vogt – Verwalter der Territorien weltlicher und geistlicher Herrscher

Vorwerk – größerer landwirtschaftliches Besitztum [Wirtschaftshof] dicht außerhalb der befestigten Adelssitze oftmals mit gleichfalls so genannten Außenstellen

Walmdach – Satteldach, dessen beiden Giebel durch je eine weitere Dachfläche ersetzt sind

Weichbild – eigentlich äußeres Erscheinungsbild eines Ortes, Hier: der um die Stadtmauern herum gelegene Bezirk der städtischen Gerichtsbarkeit

Weiberlehen – Ein Weiber- oder Kunkellehen [ahd. chuncla → Spinnrocken] war ein Lehen, das, etwa beim Fehlen männlicher Erben, meist gegen eine bestimmte Gebühr ebenfalls an eine Frau übertragen werden oder per Ablöse auch folglich als feudum femininum in weiblicher Linie vererbbar sein konnte, wobei es bei Töchterlehen, besonders bei einer Erbengemeinschaften aus mehreren Töchtern oft zu Erbstreitigkeiten untereinander oder mit nachgeordneten männlichen Verwandten kommen konnte. Generell mußte die Lehnsträgerin aber eventuelle, mit der Lehnsträgerschaft verbundene Vasallendienste, wie Heerfahrt, Hoffahrt oder Ehrendienste, durch männliche Bevollmächtigte von Stand erbringen lassen.

Welsche Haube – Haubendach, Dachhelm, Turmdach mit geschweifter Kontur

Wettiner – nach der Burg Wettin bei Halle benanntes Hochadelsgeschlecht, welches u.a. 1124 die Marken Meißen und Niederlausitz, 1140/1243 das Pleißenland, 1247 die Landgrafschaft Thüringen gewann und in verschiedenen Linien bis 1918 im mitteldeutschen Raum politisch bestimmend blieb

Wüstung – Standort einer ehemaligen Dorf- oder Siedlungsstelle

Zehnt – Abgabe an die Kirche, in der Regel 10% der Ernte, mitunter auch Fleischzehnt u.a. Rittergutsbesitzer führten als Patronatsherren meist nur 5% ab

Zopfstil – im Gegensatz zum Rokoko etwas pedantisch-nüchterner spätbarocker Bau- und Kunststil zwischen Rokoko und Klassizismus [1760-1780]

Zwerchhaus – giebelartig ausgebildete Dachfenstergaube

Zwinger – Bereich zwischen zwei Wehrmauern oder Wällen

Bibliographie

1. Kerstin **Ackermann**: Die ›Wolfgang-Rosenthal-Klinik‹ Thallwitz/Sachsen in den zwei deutschen Diktaturen, Gießen 2008 (Diss.), S. 50f.
2. [**A.d.V.**]: Heimatkundliches Archiv des Verfassers (Alexander Blöthner).
3. Julius **Alberti**: Die Familie ›von Plauen‹ in Schleiz, in 2. u. 3. Jahresbericht des Geschichts- und Altertumsforschenden Vereins zu Schleiz (1880).
4. Friedrich **Alberti**: Geschichte der Herrschaft Schleiz und ihrer Besitzer, in: Geschichte des Deutschen Hauses zu Schleiz nebst Beiträgen zur älteren Geschichte des Schleizer Gebietes und der Stadt Schleiz (Manuskript von 1877, abgeschrieben von Frank Reinhold, hg. von Jürgen K. Klimpke), Schleiz 1997.
5. Friedrich **Alberti**: Geschichtliche Topographie der Fürstlich Reußischen Länder älterer und jüngerer Linie, in: Variscia – 4. Lieferung, Gera 1837, S. 75-106 (neu herausgegeben im 164. Jahresbericht 2005, S. 167-186).
6. Friedrich **Alberti**: Notizen zur Geschichte des Schleizer Schlosses (neu herausgegeben von Frank Reinhold u. Jürgen K. Klimpke), Schleiz 1997.
7. Julius **Alberti**: Zur Geschichte des Schlosses Burgk bei Schleiz, Schleiz 1879.
8. Julius **Alberti**: Zur Walsburg bei Dörflas, in: Variscia – 1. Lieferung, Greiz 1829, 3. u. 4. Lieferung 1834.
9. **Archivportal Thüringen**, in: archive-in-thueringen.de (Stand 17.06.2019).
10. Alfred **Auerbach**: Die vor- und frühgeschichtlichen Altertümer Ostthüringens, Jena 1930.
11. Alfred **Auerbach**: Geschichte der Reichsveste Hirschberg a. S. bis zu ihrem Übergang an die Reußen, in: Variscia – 74. u. 75. Jahresbericht, Hohenleuben 1905, S. 174-235.
12. **Autorenkollektiv**: Festschrift 500 Jahre Thierbach (1509-2009), Thierbach 2009.
13. **Autorenkollektiv**: Gottschalgzgrune – Zollgrün (1350-2000): Ein Heimatbuch (Hg. v. Rainer Petzold u. Frank Reinhold), Hof 2000.
14. **Autorenkollektiv**: Oettersdorfer Chronik: 700 Jahre Oettersdorf 1302-2002.
15. **Autorenkollektiv**: Wo einst Sumpf war – Die Geschichte von Plothen, Pörmitz 2000.
16. Gerd **Baberske**: Pahren – ein Historischer Überblick (Hg. vom Rat der Gemeinde), Schleiz 1988.
17. Dr. Friedrich **Bamler**: Reußische Adels=, Bauern=, Bürger= und Ortsnamen aus einem Lehnbuch des 16. Jahrhunderts, in: Die Thüringer Sippe – Jahresausgabe für die Mitglieder der Thüringischen Gesellschaft für Sippenkunde, Jena 7. Jg, Folge 1 (01.03.1941).
18. Helmut **Barth**: Die Wüstungen der Landkreise Greiz und Schleiz, in: Beiträge zur mittelalterlichen, neueren und allgemeinen Geschichte (Hg. von Friedrich Schneider), Band 24, Jena 1949.
19. **Bavaria** – Landes- und Volkskunde des Königreichs Bayern, Band 3: Oberfranken/Mittelfranken, Erste Abtheilung: Oberfranken, München 1865.
20. Ludwig **Bechstein**: Thüringer Sagenbuch, Gotha 1858.

21. Edmund v. d. **Becke-Klüchtzner**: Stammtafeln des Adels des Großherzogthums Baden, Baden-Baden 1886.
22. Jens **Beger**: Die Pflege Burgk, in: archive-in-thueringen.de/de/findbuch/ view/ bestand/21868/vorwort/1 (Mai 2009).
23. Bruno **Behr**: Oberländische Flurnamen – Flurnamen des Landkreises Schleiz, Zeulenroda 1940.
24. Bruno **Behr**: Unser Oberland – Ein Heimatbuch aus dem Kreise Schleiz, in: Oberland-Reihe Nr. 3, Schleiz 1927.
25. **Beerend**: Zur Genealogie derer von Kospoth, in: Der Deutsche Herold, Berlin 1889. S. 181ff.
26. Helmut **Beierlein**: Die Lobdeburger, in: Heimatjahrbuch des Saale-Orla-Kreises 2006, S. 52f.
27. Alfred **Bergemann** (Bearbeiter): Adreßbuch des Landkreises Schleiz enthaltend alle Haushaltungsvorstände und Personen über 20 Jahre im Kreis Schleiz. Für die Städte Hirschberg, Lobenstein, Saalburg, Schleiz und Tanna, Schleiz 1926.
28. Heinrich **Bergner** u.a.: Beschreibende Darstellung der älteren Bau- und Kunstdenkmäler der Provinz Sachsen (des Königreichs Preußen), Heft XXII: Kreise Ziegenrück und Schleusingen, Halle 1901.
29. Rolf **Bergner**: Sagenhaftes und Merkwürdiges aus den Tälern – Mitteilung für Freunde und Mitglieder der Bürgerinitiative ›Tälerdörfer‹ e.V., Renthendorf 1999.
30. Rolf **Bergner**: Schwarzbach – Ein Heimatbuch aus den Tälern, Renthendorf 2012.
31. [**BGTA**] Brünner Genealogisches Taschenbuch der Adeligen Häuser (Genealogisches Taschenbuch der böhmisch-mährischen Ritter- und Adelsgeschlechter), 19 Bände, begonnen von Emil Lange v. Burgenkron, fortgesetzt von Moritz Maria v. Weithenheimer (von 1877 bis 1881), beendet von Alexander Freiherr v. Dachhausen, Brünn 1870-1894.
32. Helmut **Biedermann**: Aus der Zedtwitzer Ortsgeschichte (Ein verkürzter Abriss von 2004), in: Verein zur Erhaltung Dörflicher Traditionen, Werte und Interessen des Täglichen Zusammenlebens – ZEDTWITZ, in: zedtwitz.de/chronik/ (abger. 25.03.2023).
33. Johann Gottfried **Biedermann**: Geschlechts=Register der löblichen Ritterschafft im Voigtlande, welches aus denen bewährtesten Urkunden, Kauff= Lehen= und Heyraths=Briefen, gesammleten Grabschrifften und eingeholten genauen Nachrichten von innen beschriebenen Gräflich-Freyherrlich und Edlen Häusern in gegenwärtige Ordnung verfasset und richtig zusammen getragen, dann auch mit zwey Registern versehen worden, Kulmbach 1752.
34. Johann Gottfried **Biedermann**: Geschlechtsregister der reichsfrey unmittelbaren Ritterschaft Landes zu Franken löblichen Orts Rhön und Werra, Bayreuth 1749.
35. Johann Gottfried **Biedermann**: Geschlechtsregister der reichsfrey unmittelbaren Ritterschaft Landes zu Franken löblichen Orts an der Altmühl ..., Bayreuth 1745-1771.
36. Thomas **Bienert**: Mittelalterliche Burgen in Thüringen – 430 Burgen, Burg-

ruinen und Burgstätten, Gudensberg-Gleichen 2000.
37. Wilhelm **Blos**: Denkwürdigkeiten eines Sozialdemokraten, 2 Bände, München 1914/1919.
38. Alexander **Blöthner**: Das Kriegsende 1945 in Thüringen aus Sicht der Zivilbevölkerung (PlH Bd. 7), Plothen 2005.
39. Alexander **Blöthner**: Der Aufstieg der Sozialdemokratie im Fürstentum Reuß älterer Linie bis zum Ersten Weltkrieg (Pl.H. Bd. 16), Jena 2007.
40. Alexander **Blöthner**: Magische Orte in Leipzig und Umgebung – Sagen, Mythen, Legenden und Altertümer, Vorzeitliche Flurnamen und Fundstätten, Heidnische Kult- und Kultverdachtsplätze, Band 2: Die nähere und weitere Umgebung von Leipzig mitsamt der Tieflandsbucht zwischen Weißer Elster und Zwickauer Mulde von der Dübener Heide bis zum Zeitz-Altenburger Lösshügelland, Norderstedt 2020.
41. Alexander **Blöthner**: Sagenhafte Wanderungen im Saale-Orla-Kreis – Ein Landeskundliches Lesebuch für Schule und Haus (Norderstedt); Band I: Die Obere Orlasenke mit Neustadt, Triptis, Auma und Umgebung (2016); Band II: Das Oberland östlich der Saale mit Schleiz, Ziegenrück, Tanna, Gefell, Hirschberg und Umgebung (2017); Band III: Das Oberland zwischen Saale, Sormitz und Frankenwald mit Bad Lobenstein, Saalburg-Ebersdorf, Remptendorf, Leutenberg und Umgebung (2016)
42. Alexander **Blöthner**: Sagenhafte Wanderungen in Ziegenrück und Umgebung (Pl.H. Bd. 29), Norderstedt 2020 (2012).
43. Alexander **Blöthner**: Sagenhafte Wanderungen um Schloss Burgk und seine Umgebung (Pl.H. Bd. 60), Plothen 2014.
44. Alexander **Blöthner**: Thüringer Fürsten im 18. Jahrhundert und ihre Herrschaft: Die Höfe von Coburg, Ebersdorf, Eisenberg, Gera, Gotha, Greiz, Hirschberg, Köstritz, Lobenstein, Neustadt an der Orla, Rudolstadt, Saalfeld, Schleiz, Weida, Weimar, Zeitz (PlH Band 61), Norderstedt 2018.
45. Alexander **Blöthner**: ›...und erblickte von diesem Berge aus an die zehn Herren Länder‹ – Zur administrativen Entwicklung im Gebiet des heutigen Saale-Orla-Kreises von den Kleinstaaten bis zu den Thüringer Gebietsreformen der Gegenwart (Pl.H. Bd. 71), Norderstedt 2022.
46. Walter. v. **Boetticher**: Geschichte des Oberlausitzischen Adels und seiner Güter (1635-1815), 4 Bände, Görlitz 1912-1923.
47. W. **Börner**: Stadtgeschichtliche Wanderungen durch Lobenstein, in: Oberlandbote 1957, Nr. 9, S. 258f.
48. Carl v. **Bose**, Georg v. Bose, Gerhard v. Bose (Hg.): Stammtafeln und Beiträge zur Geschichte der Familie von Bose (Bosebuch), neu herausgegeben 1980.
49. Georg Martin **Brückner**: Landes- und Volkskunde des Fürstenthums Reuß jüngerer Linie, Gera 1870.
50. Siegfried **Conrad**: Die Gruft von Oberböhmsdorf, in: Heimatjahrbuch des Saale-Orla-Kreises 2017, S. 64f.
51. Friedrich **Dedié**: Oppurg und seine Besitzer im Laufe der Jahrhunderte, Neustadt/Orla 1933.
52. **Degenkolb**: Zur Geschichte von Mielesdorf, in: Reußischer Erzähler 1933, Nr. 4.

53. Georg **Dehio**: Handbuch der Deutschen Kunstdenkmäler, Thüringen, bearbeitet von Stephanie Eißing u.a., München, 1998.
54. Hans-Jörg **Diersch**: Diabase an der oberen Saale und ihre Verwendung in historischer und prähistorischer Zeit, in: Urgeschichte und Heimatforschung, Weimar 1988, Nr. 25.
55. Werner **Dietzel**: Damals an Saale und Loquitz – Heimatbuch der Einheitsgemeinde Kaulsdorf/Saale (2 Bände), Teil I: Kaulsdorf und Tauschwitz einschließlich der Vor- und Frühgeschichte der ganzen Einheitsgemeinde und ihres Umlandes, Saalfeld 1994.
56. Alban von **Dobeneck**: Geschichte des ausgestorbenen Geschlechtes von Kotzau, in: Archiv für die Geschichte von Oberfranken, Bayreuth 1909.
57. Alban von **Dobeneck**: Geschichte des ausgestorbenen Geschlechts der von Sparneck (2 Teile), in: Archiv für die Geschichte von Oberfranken, Bayreuth 1905/1906.
58. Otto **Dobenecker** (Hg.): Regesta diplomatica necnon epistolaria historiae Thuringiae (Jena), Band I: 500-1152 (1895), Band II: 1152-1227 (1900), Band III: 1228-1266 (1896), Band IV: 1267-1288 (1939).
59. Matthias **Donath**: Schwarz und Gold – Die Familie von Watzdorf in Thüringen, Sachsen und Schlesien, in: Adel in Sachsen Band 6 (Hg. von Lars-Arne Dannenberg und Matthias Donath), Meißen 2015.
60. Dorf- und Heimatverein **Oberböhmsdorf** e.V.: 675 Jahre Oberböhmsdorf – Ein Heimatbuch, Oberböhmsdorf 2008.
61. Rudolf **Drechsel**: Sagen und alte Geschichten aus dem Orlagau, Wernburg 1934.
62. H. **Dübel**: Die Wehranlage von Schloß Burgk – Annäherung an ein Bauwerk, in: Mitteilungen – Blätter aus Schloß Burgk (Hg. v. Staatlichen Museum Schloß Burgk) 1987, Nr. 3.
63. Max v. **Ehrenthal**: Waffensammlung des Fürsten Reuss j. L. zu Schloß Osterstein sowie die Gewehrkammer des Fürsten Reuss j. L. zu Schloss Schleiz, München-Gladbach 1908.
64. Robert **Eisel**: Sagenbuch des Voigtlandes, Gera 1871.
65. Hagen **Enke**: Das Leben des Friedrich von Machwitz auf Remptendorf und Ebersdorf im Spiegel seiner Leichenpredigt und anderer Quellen, in: Gemeinde Remptendorf 2000, S. 18-29 sowie in: MR – Jahrbuch Hohenleuben, Bd. 46 (2001), S. 69-80.
66. Hagen **Enke**: Das Schloß in Burgk, in: Roswitha Jacobsen, Hendrik Bäringhausen (Hg.): Residenz-Schlösser in Thüringen – Kulturhistorische Portraits, Bucha bei Jena 1998, S. 245-253.
67. Heinrich Erwin v. **Feilitzsch**: Zur Familiengeschichte des Meissnischen Adels, Großenhain 1896.
68. Wilhelm v. **Feilitzsch**: Geschichte und Genealogie der Familie von Feilitzsch, 1875 (Nachtrag 1903).
69. Heinz-Dieter **Fiedler**: Zur Erinnerung an Heinrich 72., den letzten Fürsten Reuß zu Lobenstein-Ebersdorf, in: Heimatjahrbuch des Saale-Orla-Kreises 2021, S. 104-110.

70. Dieter **Findleben**: Der Schloßpark – Anleitung für einen historischen Spaziergang, in: Heimatjahrbuch des Saale-Orla-Kreises 2016, S. 120-123.
71. Karl Friedrich v. **Frank**: Standeserhebungen und Gnadenakte für das Deutsche Reich (für das Heilige Römische Reich) und die Österreichischen Erblande bis 1806, sowie kaiserlich österreichische bis 1823, mit einigen Nachträgen zum ›Alt-Österreichischen Adels-Lexikon‹, 5 Bände (1823-1918), Senftenegg 1967.
72. Oliver **Franke**: Die Familie derer von Watzdorf, in: Heimatjahrbuch des Saale-Orla-Kreises 2007, S. 44-48.
73. Oliver **Franke**: Epitaphien oder die Toten singen ein Lied, in: Heimatjahrbuch des Saale-Orla-Kreises 2017, S. 94-100.
74. Helfried **Fröhlich**: Die Besitzverhältnisse des Schlosses Guteborn von 1783-1939/45, in: Heimatjahrbuch des Saale-Orla-Kreises 2001, S. 64-68.
75. Horst **Fröhlich** u.a.: Plauen und das mittlere Vogtland – Ergebnisse der heimatkundlichen Bestandsaufnahme in den Gebieten Plauen-Nord, Treuen, Plauen-Süd und Oelsnitz, Berlin 1986.
76. H. C. v. d. **Gabelenz**: Die ausgestorbenen Adelsfamilien des Osterlandes, in Osterländische Mittheilungen VI (1863), S. 156-172.
77. Julius **Gaul**: Beiträge zur Landeskunde des Fürstentums Reuß ä. L. Halle/Saale 1900.
78. August **Gebeßler**: Stadt und Landkreis Hof, München 1960.
79. Arthur von **Geldern-Crispendorf**: Die Bedeutung der Familie von Geldern(-Crispendorf) und ihres im Thüringischen Staatsarchiv zu Greiz hinterlegten Familien- und Rittergutsarchivs für das Reußenland, in: Beiträge zur mittelalterlichen und neueren und allgemeinen Geschichte (Hg. v. Friedrich Schneider), Bd, 18, Jena 1941.
80. Walter von **Geldern-Crispendorf**: Geschichte der Familie von Geldern-Crispendorf, Görlitz 1919.
81. Günther von Geldern-**Crispendorf**: Kulturgeographie des Frankenwaldes und nördlichen Thüringer Waldes, Halle 1930 (Diss.).
82. Gemeinde **Blankenberg** (Hg.): Das Schloß Blankenberg (Ausstellungstafel vor Ort), o. J.
83. Gemeinde **Ebersdorf** (Hg.): 600 Jahre Ebersdorf – Festschrift zur ersten urkundlichen Erwähnung im Jahre 1401, Ebersdorf 2001.
84. Gemeinde **Ebersdorf** (Hg.): Ebersdorf-Remptendorf – Heimatführer des Gemeindeverbandes, Greiz 1976.
85. Gemeinde **Ebersdorf** (Hg.): Ebersdorf und Umgebung – Heimatführer, Schleiz 1982.
86. Gemeinde **Heinersdorf** (Hg.): Heinersdorf (1250-2000) – Auszüge aus der Chronik der Gemeinde anlässlich der 750-Jahrfeier im August 2000, Lobenstein 2000.
87. Gemeinde **Remptendorf** (Hg.): Remptendorf 1325-2000: Festschrift anläßlich der 675 Jahrfeier (Autorenkollektiv unter der Redaktion von Hagen Enke), Lobenstein 2000.
88. Joachim **Gensior**: Neues aus der Geschichte des Schleizer Schlosses –

Wer die Geschichte kennt, vermag Gegenwart und Zukunft besser zu meistern, in: Heimatjahrbuch des Saale-Orla-Kreises 2022, S. 135-138.
89. [**GGHK**] R. Niemann, A. v. Kutzschenbach u.a.: Gothaischer Genealogischer Hofkalender (auch Gothaisches genealogisches Taschenbuch der fürstlichen Häuser), 179 Jahrgänge, Gotha, 1765-1943.
90. [**GGTABA**] R. v. Kutzschenbach u.a.: Gothaisches Genealogisches Taschenbuch der Adeligen Häuser Teil B (Alter und Briefadel), 34 Jahrgänge, Gotha, seit 1907.
91. [**GGTAG**] H. Soltmann, R. v. Kutzschenbach u.a.: Gothaisches genealogisches Taschenbuch der gräflichen Häuser, Teil A: Gräfliche Häuser des spätestens um 1400 nachgewiesenen ritterbürtigen deutschen Landadels, 115 Jahrgänge, Gotha seit 1825, Teil B: Gräfliche Häuser des seit Anfang des 15. Jahrhunderts bis zur Neuzeit nachgewiesenen deutschen und österreichisch-ungarischen Erbadels (späterer rittermäßiger Landadel, patrizischer Stadtadel, Reichsbriefadel, Landesbriefadel, Uradel und alter Adel nichtdeutschen Ursprungs, Offiziers- und Beamtenadel), Gotha 1924-1942.
92. [**GGTABA**] R. v. Kutzschenbach u.a.: Gothaisches Genealogisches Taschenbuch der Adeligen Häuser Teil B (Alter und Briefadel), 34 Jahrgänge, Gotha, seit 1907.
93. [**GGTFH**] Josef v. Kronenfels, H. Soltmann, R. v. Kutzschenbach: Gothaisches Genealogisches Taschenbuch der Freiherrlichen Häuser, Teil A: Freiherrliche Häuser des spätestens um 1400 nachgewiesenen ritterbürtigen deutschen Landadels und ihm gleichartiger Geschlechter, 92 Jahrgänge, Gotha seit 1848, Teil B: Freiherrliche Häuser des seit Anfang des 15. Jahrhunderts bis zur Neuzeit nachgewiesenen deutschen und österreichisch-ungarischen Erbadels, Gotha 1923-1941.
94. [**GGTUA**] M. Janecki, R. v. Kutzschenbach: Gothaisches Genealogisches Taschenbuch der Adeligen Häuser, Teil A (Uradel): Adelige Häuser des spätestens um 1400 nachgewiesenen ritterbürtigen deutschen Landadels ..., 41 Jahrgänge, Gotha seit 1900 (zugleich Adelsmatrikel der Deutschen Adelsgenossenschaft), Gotha 1932-1942.
95. [**GhdA**] Stiftung Deutsches Adelsarchiv (Hg.): Genealogisches Handbuch des Adels, 158 Bände, Limburg (Lahn) 1951-2015.
96. Hans Basilius ›v.‹ **Gleichenstein**: Tabulae genealogicae oder derer von Adel des Fürstenthums Sachsen-Gotha Stemmatographia alphabetica, 2 Bände, 1716/1717.
97. Karl **Göhring**: Wie die Holzlesefrauen einem Forstgehilfen das Laufen lernten, in: Autorenkollektiv: Liebschütz 2002, S. 164.
98. Maximilian **Gritzner**: Standes-Erhebungen und Gnaden-Acte Deutscher Landesfürsten während der letzten drei Jahrhunderte. Nach amtlichen Quellen, Görlitz 1881 (1874).
99. Hans **Großkopf**: Die Herren von Lobdeburg bei Jena – Ein thüringisch-osterländisches Dynastengeschlecht vom 12. bis zum 15. Jahrhundert, Neustadt/Orla 1929.
100. Luise **Grundmann**, Gerhard Werner u.a.: Saalfeld und das Thüringer

Schiefergebirge – Eine landeskundliche Bestandsaufnahme im Raum Saalfeld, Leutenberg und Lauenstein, in: Leibnitz-Institut für Länderkunde u.a. Bd. 62, Köln u.a. 2001.
101. Jens **Grüner**, Syrau: Mitteilungen (06.02.2022).
102. Erich Freiherr von **Guttenberg**: Die von Heitstein-Waltstein-Sparrenberg-Sparneck-Hirschberg, S. 50, zitiert bei Haardt II 1933, S. 147.
103. Fritz **Haardt**: Geschichte der Stadt Hirschberg Saale (im Auftrage der Stadtgemeinde auf urkundlicher Grundlage bearbeitet), Hirschberg 1. Lieferung 1929, 2 Lieferung 1933, 3. Lieferung 1938.
104. Fritz **Haardt**: Pottiga, in: Oberlandhefte 1931, Nr. 11, S. 231f.
105. Udo **Hagner**: Adel in Reuß – Eine Annäherung an dessen Lebenswelt, in: MR – Jahrbuch Hohenleuben, Bd. 53 (2008), S. 79-100.
106. Karl **Hahn**: Markt Wirsberg – Häuser- und Familienchronik, 3 Bände, Wirsberg A° n.
107. Robert **Hänsel**: 75 Jahre Aufhebung der Patrimonialgerichtsbarkeit, in: Reußischer Erzähler 1939, Nr. 4 (22.02.1939).
108. Robert **Hänsel**: 150 Jahre Eremitage, in: Reußischer Erzähler 1934, Nr. 9 (28.04.1934).
109. Robert **Hänsel**: 600 Jahre Kirche Oschitz, in: Reußischer Erzähler 1933, Nr. 13.
110. Robert **Hänsel**: Blankenstein – Rosenthal an der Saale: Kurze Geschichte des Dorfes Blankenstein und Entwicklung von Wiede´s Papierfabrik Rosenthal, Lobenstein 1921.
111. Robert **Hänsel**: Bodendenkmäler in den Kreisen Schleiz und Lobenstein, in: Der Oberlandbote, Juli 1956, S. 219ff.
112. Robert **Hänsel**: Das Fürstliche Hausarchiv in Schleiz, eine wichtige Quelle für die Vogtländische Geschichte, in: Beschaulich Daheim – Heimatbeilage des Vogtländischen Anzeigers und Tageblatts, Plauen 1935, Nr. 122 (26. 05.1935).
113. Robert **Hänsel**: Die Klause im Schleizer Wald, in: Oberlandhefte 1929, Nr. 8, S. 171-174.
114. Robert **Hänsel**: Die Saalburg, in: Oberlandbote 1956, Nr. 10, S. 318-322.
115. Robert **Hänsel**: Die Zerschlagung des unteren Rittergutes in Kirschkau, in: Reußischer Erzähler (17.03.1929), S. 23.
116. Robert **Hänsel**, Bruno Behr: Die Saaletalsperre nebst Geschichte der im Stausee verschwindenden Orte und Siedlungen, Schleiz 1926.
117. Robert **Hänsel**: Ein Freigut in Crispendorf, in Reußischer Erzähler 1934, Nr. 14 (07.07.1934).
118. Robert **Hänsel**: Ein verdienstvoller vogtländischer Adeliger im deutschen Ordensland (Hiob von Dobeneck), o.O., 192X.
119. Robert **Hänsel**: Heinrich XXIV. der letzte Fürst Reuß ä.L., in: Oberlandhefte 1927, Nr. 8, S. 125.
120. Robert **Hänsel**: Heinrichsruh, in: Vogtländischer Anzeiger und Tageblatt, Plauen 1932, Nr. 214 (17.09.1932).
121. Robert **Hänsel**: Jagdschloß Waidmannsheil, in: Unsere Heimat – Beilage

zur Landeszeitung für das Ostthüringer Oberland 1937, Nr. 3, S. 17-22.
122. Robert **Hänsel**: Oschitz, in: Oberlandhefte 1925, Nr. 20.
123. Robert **Hänsel**: Röttersdorf – Der Mittelpunkt des Schieferbergbaus, in: Haas u.a. 2009, S. 10ff.
124. Robert **Hänsel**: Schloß Burgk und der Burgkhammer an der oberen Saale, in: Beiträge zur mittelalterlichen und neueren Geschichte (Hg. von Friedrich Schneider), Band 15, Jena 1941.
125. Robert **Hänsel**: Staatsdomäne Schleiz, in Heimatblätter – Beilage zum Reußischen Anzeiger, Zeulenroda 1934, Nr. 6 (31.03.1934).
126. Robert **Hänsel**: Vom Rittergut in Löhma, in: Reußischer Erzähler 1928 (20.9.1928).
127. Robert **Hänsel**: Vom Vorwerk zur Staatsdomäne Schleiz, in: Reußischer Erzähler 1934, Nr. 12 (09.06.1934).
128. Robert **Hänsel**: Zur Geschichte von Wüstendittersdorf (2. Teile), in: Der Wisentagau – Beilage der Schleizer Zeitung, Schleiz, 1934, Nrn. 8/9 (28.07./ 24.12.1934).
129. Matthias **Hardt**: Oberfranken im frühen und hohen Mittelalter, in: Sachenbacher u. Beier: Orlagau 2007, S. 173-184.
130. Otmar **Hartenstein**: Brückengeschichten, in: Heimatjahrbuch des Saale-Orla-Kreises 2012, S. 95-110.
131. Clemens v. **Hausen**: Vasallen-Geschlechter der Markgrafen zu Meißen, Landgrafen zu Thüringen und Herzöge zu Sachsen bis zum Beginn des 17. Jahrhunderts aufgrund des im Königl. Staatsarchiv zu Dresden befindlichen Urkundenmaterials, Berlin 1892.
132. [**HBK**] Hof- und Behörden-Kalender für das Fürstenthum Reuß j. L., Hofbuchdruckerei Buhr & Draeger, Gera 1864-1878.
133. Christian **Heilmann**: Die Besitzer von Briese..., in gca.ch/Genealogie/ Oels/Seite_Briese_Adel (letzte Änderung 13.11.2010).
134. Heimatgeschichtlicher **Kalender** des Bezirkes Gera (Hg. von der Bezirksleitung Gera des Kulturbundes der DDR).
135. **Heimatjahrbuch** des Saale-Orla-Kreises (Hg. vom Landratsamt des Saale-Orla-Kreises), ab 1993.
136. **Heimatverein** ›Krumme Kiefer‹ Liebschütz (Hg.): Liebschütz im Wandel der Zeit 1258-2008, Festschrift zur Feier der Ersterwähnung, 2008.
137. Andreas **Hein**: Alle Burgen – Burgendatenbank und Burgenatlas – Burgen, Schlösser, Adelssitze und Befestigungsanlagen, Website (München) ab 2013.
138. [**HIB**] Heimat im Bild – Beilage der Pößnecker Zeitung und des Ziegenrücker Kreisanzeigers (Hg. v. Gerold-Verlag Pößneck), 1929-1944.
139. Martin **Heinze**, Haik Thomas Porada, Marek Wejwoda (Hg.): Das Orlatal und das Plothener Teichgebiet – Eine landeskundliche Bestandsaufnahme im Raum Orlamünde, Ranis, Pößneck, Neustadt an der Orla, Triptis, Auma und Zeulenroda, in: Leibnitz-Institut für Länderkunde u.a. Bd. 76, Weimar u.a. 2017.
140. Uwe **Hermann**: Notizen zur Geschichte, in: Ortschaftsrat Wüstendittersdorf 2002, S. 8-38.
141. Hans **Herz**: Regierende Fürsten und Landesregierungen in Thüringen

1485-1952, Erfurt 1999.
142. Ulrich **Hess**: Geheimer Rat und Kabinett in den ernestinischen Staaten Thüringen. Weimar 1962.
143. Erich **Heßler**: Der Naturwald Hag lebt wieder auf, in: Heimatjahrbuch des Saale-Orla-Kreises 1994, S. 55ff.
144. Eberhard **Hetzer**: Graf Heinrich XII. Reuß-Schleiz und die Gesellschaft der guten Leute von Oettersdorf, in: Heimatjahrbuch des Saale-Orla-Kreises 1997, S. 123-128.
145. Eberhard **Hetzer**: Milowitz – südöstlich von Arnshaugk? – ein Diskussionsbeitrag zur Lokalisierung des einstigen Gutes des Kunz von Kaufungen, in: Der Altenburger Prinzenraub 1455 – Strukturen und Mentalitäten eines spätmittelalterlichen Konflikts, Beucha 2008, S. 153-160.
146. Fridolin **Heuschkel**: Beiträge zur Geschichte der Schleizer Betriebe – Aufstieg und Niedergang, Schleiz 2007.
147. Dr. Elmar Freiherr v. **Hirschberg**: Freiherren von Hirschberg – Familiengeschichte, in: schloss-weihersberg.de (abger. 14.03.2023).
148. Hans Ludwig **Hofmann**: Die Rittergüter des Königreichs Sachsen, (mehrere Jahrgänge) Dresden 1901.
149. Günther **Hoffmann**: Landschaftselement Wald – Objekt der Denkmalpflege? Beispiele Waldparks Heinrichsruh und Ebersdorf, in: Heimatjahrbuch des Saale-Orla-Kreises 2017, S. 137-142.
150. [**HRL**] Historisches Rittergüter-Lexikon der Provinzen Sachsen, Hannover und Brandenburg bis 1918 – Schlosslexikon Wildenfels, in: schlossarchiv.de (redaktionell Verantwortlicher Jens Kästner-Brandes).
151. Herbert **Hüllemann**: Die Geschichte der Rittergüter in Reuß ä. L., 2. Bände, Jena 1939.
152. M. **Jahn**: Altengesees-Lothraer Chronik 1914
153. Andrea **Jakob**: Beschwernisse einer herrschaftlichen Reise im 17. Jahrhundert am Beispiel der Bildungsreise der gothaischen Prinzen und späteren Herzöge Bernhard von Sachsen-Meiningen und Albrecht von Sachsen-Coburg nach Tübingen, in: Volkskundliche Beratungs- und Dokumentationsstelle für Thüringen (Hg.): Menschen unterwegs – Betrachtungen zur Geschichte und Geschichten Schwerpunkt Thüringen – Beiträge des Kolloquiums vom 29. September 2012 in Gotha, Erfurt 2015, S. 149-173.
154. Marcelli **Janecki**: Jahrbuch des Deutschen Adels (Hg. v. d. Deutschen Adelsgenossenschaft), 3 Bände, Berlin 1896/1898/1899.
155. Reinhold **Jauernig**: Die alten in Thüringen gebräuchlichen Maße und ihre Umwandlung: Ein Handbuch für Heimatforscher und Behörden, Gotha 1929.
156. [**JDLG**] Direktorium der Deutschen Landwirtschaft-Gesellschaft (Hg.): Jahrbuch der Deutschen Landwirtschafts-Gesellschaft, 37 Bände, Berlin 1887-1923.
157. **Johanniterorden** (Hg.): Verzeichnis der Mitglieder der Balley Brandenburg des Ritterlichen Ordens St. Johannis vom Spital zu Jerusalem (Stand September 2008), Berlin 2008, S. 135-150.
158. Uwe **John** u.a.: Kulturelle Entdeckungen Thüringen, Band 4: Landkreis

Altenburger Land, Stadt Gera, Landkreis Greiz, Stadt Jena, Saale-Holzland-Kreis, Saale-Orla-Kreis, Landkreis Saalfeld-Rudolstadt, Regensburg 2012.
159. Henriette **Joseph**, Haik Thomas Porada (Hg.): Das nördliche Vogtland – Eine landeskundliche Bestandsaufnahme im Raum Greiz, Weida, Berga, Triebes, Hohenleuben, Elsterberg, Mylau u. Netzschkau, in: Leibnitz-Institut für Länderkunde u.a. Bd. 68, Köln 2006.
160. Hans Rudolf **Jung**: Musik und Musiker im Reußenland – Höfisches und städtisches Musikleben in den Residenzen der Staaten Reuß älterer und jüngerer Linie vom 17. bis 19. Jahrhundert (Greiz, Schleiz, Lobenstein, Gera, Köstritz, Ebersdorf, Saalburg, Hirschberg), Weimar 2007.
161. Lutz **Katzschmann**, K. Wucher: Die Burgen Thüringens – Geologie, Bausteine, Geschichte, Teil 4: Burgen am Oberlauf der Saale zwischen Lobenstein und Saalfeld (Hg. vom Thüringischen Geologischen Verein e.V.), Weimar 2000.
162. Sven Michael **Klein**, Friedhild den Toom: Hermine – Die zweite Gemahlin von Wilhelm II., in: Mitteilungen des Vereins für Greizer Geschichte e.V., Nr. 15, Greiz 2007.
163. Sven Michael **Klein**: Kaiserin ohne Krone – Vor 60 Jahren starb die zweite Gemahlin des letzten deutschen Kaisers, die aus Greiz stammende Prinzessin Hermine, in: Ebenda 2007, Nr. 8, S. 7-11.
164. Jürgen K. **Klimpke**: 650 Jahre Gründung der Kospothkapelle Schleiz, in: Heimatjahrbuch des Saale-Orla-Kreises 2020, S. 196-200.
165. Jürgen K. **Klimpke**: Das Hellersche Gut/ Das Knochsche Gut, in: Ortschaftsrat Wüstendittersdorf 2002, S. 42-48.
166. Jürgen K. **Klimpke**: Das Schloß zu Schleiz (2 Bände), in: Kleine Heimatbibliothek Nr. 6/7, Schleiz 1997.
167. Jürgen K. **Klimpke**: Rittergüter im Oberland, in: Schleizer Hefte, Nr. 19, Schleiz 2000.
168. Jürgen K. **Klimpke**: Schloss-Ansichten (Bilderheft), in: Schleizer Heimathefte Nr. 34 (2004).
169. Jürgen K. **Klimpke**: Wie das Oberland zu seinem Namen kam, in: Schleizer Heimatbibliothek Nr. 3 (1996).
170. Johann Christoph **Klotz**: Beschreibung der Herrschaft und Stadt Gera, Schleiz 1816.
171. Ernst Heinrich **Kneschke**: Neues allgemeines Deutsches Adels-Lexicon, 1. Bd.: Aa – Boye (1859), 2. Bd.: Bozepolski – Ebergassing (1860), 3. Bd.: Eberhard – Graffen (1861), 4. Bd.: Graffen Kalau – Kalheim (1863), 5. Bd.: Kalb – Loewenthal (1864), 6. Bd.: Loewenthal – Osorowski (1865), 7. Bd.: Ossa – Ryssel (1867), 8. Bd.: Saackhen – Steinhauer (1868), 9. Bd.: Steinhaus – Zwierlein (1870), Leipzig 1859-1870 (Neudruck Leipzig 1929/30).
172. Klaus **Knothe**: Die sächsisch-thüringische Landadeligenfamilie Spiegell, in: Schriftenreihe der Arbeitsgemeinschaft mitteldeutscher Familienforscher (AMF) Nr. 183, (2. Auflage) Kleve 2007.
173. Gerhard **Köbler**: Historisches Lexikon der deutschen Länder. Die deutschen Territorien und reichsunmittelbaren Geschlechter von Mittelalter bis zur

Gegenwart, München 1999.
174. H. v. **Kohlhagen**, L. Oelenheinz: Heraldisch-Genealogische Blätter – Monatsschrift für adelige und bürgerliche Geschlechter, Bamberg 1904-1910.
175. Michael **Köhler**: Thüringer Burgen und befestigte vor- und frühgeschichtliche Wohnplätze, Jena 2001.
176. Oskar **Köhler**: Landwirtschaftliches Güter-Adreßbuch für Thüringen mit Anhang Reg.-Bezirk Erfurt (Provinz Sachsen) und Kreis Schmalkalden (Provinz Hessen-Nassau) mit Unterstützung des Thüringer Ministeriums des Innern zu Weimar und der Landwirtschaftskammern, Leipzig 1923.
177. Valentin **König**: Genealogische Adels-Historie Oder Geschlechts-Beschreibung Derer Jm Chur-Sächsischen und angräntzenden Landen zum Theil ehemahls, allermeist aber noch ietzo in guten Flor stehenden ältesten und ansehnlichsten Adelichen Geschlechter Und aus selbigen entsprungenen verschiedenen Freyherrlichen und Hoch-Gräflichen Häuser : Worinnen Derselben Alterthum, Abstammungen, Wappen ... deutlich beschrieben / Nebst einer Vorrede Johann Burchard Menckens, auf Garnitz, ... zusammen getragen und heraus gegeben von Valentino Königen, Königl. Pohln. und Churfürstl. Sächs. Accis-Inspectore zu Kohren, 3 Bände, Leipzig 1727/1729/1736.
178. Erich **Könne**: Isabellengrün – Ein zweites Waidmannsheil an der Saaletalsperre, in: Schleizer Zeitung 1932, Nr. 172.
179. Otto Carl Erdmann v. **Kospoth**, Carl Christian Graf von Kospoth (Hg.): Von Berlin nach München und Venedig – Tagebuch einer musikalischen Reise von Berlin über Dresden, Bayreuth und Nürnberg nach Augsburg, München, Innsbruck und Venedig, April bis Dezember 1783, Neuauflage 2006.
180. Erich **Kraus**, Helmut Witticke: Saalestauseen – Entdeckungen rund um das Thüringer Meer, Ilmenau 2007.
181. Ernst Paul **Kretschmer**: Aus vergangenen Tagen des kanzleischriftsässigen Rittergutes Kospoda und seiner nächsten Umgebung – Beiträge zur Geschichte des Orlalandes, seiner Ortschaften und alten Herrengeschlechter, Gera 1934.
182. Ernst Paul **Kretschmer**: Briefkasten der Heimatblätter – Über Walsburg bei Ziegenrück sind aus mittelalterlicher Zeit so gut wie keine Nachrichten vorhanden. Können die Geraer Archive Nachweise vermitteln?, in: Heimat-Blätter Gera, 25 (1938), Nr. 3, S. 12.
183. Ernst **Kretschmer**: Die Antimassonianische Sozietät und die Logen Heinrichs XII. Reuß, Leipzig 1919.
184. Ernst Paul **Kretschmer**: Schloß und Park Heinrichsruh – Eine kulturhistorische Plauderei, Gera 1927.
185. Renate **Krüger**: Pietisten und Freimaurer, in: Das Zeitalter der Empfindsamkeit – Kunst und Kultur des späten 18. Jahrhunderts in Deutschland, Leipzig 1972, S. 19-22.
186. Michael **Kühn** über das ehemalige Schloß Crispendorf, in: Heimatjahrbuch des Saale-Orla-Kreises 2008, S. 17.
187. Karl Heinrich Ritter v. **Lang** (Hg.): Adelsbuch des Königreichs Bayern, 3 Bände, München u. Nürnberg 1815-1877.

188. Heiko **Laß**: Jagd- und Lustschlösser – Kunst und Kultur zweier landesherrlicher Bauaufgaben, dargestellt an thüringischen Bauten des 17. und 18. Jahrhunderts (Schloß Burgk, Jägersruh), Petersberg, 2006.
189. Paul **Lehfeldt**, Georg Voß: Bau- und Kunstdenkmäler Thüringens, Jena 1888-1917: Heft IX – Fürstentum Reuß älterer Linie: Amtsgerichtsbezirke Greiz, Burgk und Zeulenroda 1891; Heft XII – Fürstentum Reuß jüngere Linie: Amtsgerichtsbezirke Schleiz, Lobenstein, Hirschberg 1891; Heft XXIII – Fürstentum Reuss jüngere Linie: Verwaltungsbezirk Gera, Amtsgerichtsbezirk Gera und Hohenleuben, Jena 1896.
190. Uwe **Lehmann**: Hört, ihr Leute, lasst euch sagen, ... – Der Gersche Nachtwächter erzählt, Gera 2013.
191. **Leibnitz-Institut** für Länderkunde Leipzig, Sächsische Akademie der Wissenschaften zu Leipzig (Hg.): Landschaften in Deutschland – Werte der Deutschen Heimat, Köln u.a. ab 2001.
192. Max **Leichsenring**: Opfersteine und Heilige Haine Westsachsens sowie die daraufbezüglichen altgermanischen Flur- und Ortsnamen im Spiegel der deutschen Sprache, Rochlitz 1928.
193. Kerstin **Lenk**: Das Erbe der Metzschs – Jahresausstellung im Museum Burg Mylau eröffnet, in: Der Heimatbote (Greiz), Bd. 51 (2005), Nr. 4, S. 29f.
194. [**LhA**] Lexikon des historischen Adels (1648-1918) – Schlosslexikon Wildenfels, in: adelslexikon.com (redaktionell Verantwortlicher Jens Kästner-Brandes).
195. [**LIBl.**] Lobensteinisches Gemeinnütziges Intelligenzblatt (1784-1805).
196. Carl August **Limmer**: Entwurf einer urkundlichen Geschichte des gesamten Vogtlandes, Gera 1825.
197. Fr. **Löb** u.a.: Festschrift der Stadt Lobenstein zur 700 Jahrfeier (Hg. v. Hauptausschuß der 700-Jahrfeier), Lobenstein 1950.
198. Ernst Conon **Löbe**, Julius Löbe: Geschichte der Kirchen und Schulen des Herzogthums Sachsen-Altenburg mit besonderer Berücksichtigung der Ortsgeschichte, erster Band enthaltend allgemeines und die Stadt und Landephorie Altenburg, Roda 1884, dritter Band enthaltend die Ephorien des Westkreises, Altenburg 1891.
199. Anja **Löffler**: Reußische Residenzen in Thüringen, Weimar 2000 (Diss.).
200. Paul Daniel **Longolius**: Sichere Nachrichten von Brandenburg-Culmbach oder dem Fürstenthume des Burggrafthums Nürnberg oberhalb des Gebirgs, 10 Teile, Hof 1751-1762.
201. Ernst **Lotter**: Die Fürsten Reuß ä. L. und ihre Familienmitglieder, in: Vergangenheit und Gegenwart – Heimatgeschichtliche Blätter der Greizer Zeitung, Nr. 26 (10.12.1936).
202. Anton v. **Mach**: Über den Namen von Kospoth und Kosboth, 1885.
203. A. v. **Maltzan** (Hg.): Kreis Ziegenrück (Provinz Sachsen des Kgr. Preußen), in: Handbuch des Grundbesitzes im Deutschen Reiche (unter Mitwirkung der Königlichen Behörden und der Landwirtschaftskammern), Berlin 1913.
204. Richard Freiherr v. **Mansberg**: Erbarmannschaft Wettinischer Lande – Urkundliche Beiträge zur obersächsischen Landes- und Ortsgeschichte in Regesten vom 12. bis Mitte des 16. Jahrhunderts, Bd. 1: Das Osterland, Dresden 1903.

205. Peter **Mast**: Thüringen – Die Fürsten und ihre Länder, Graz u.a. 1992.
206. Richard **Mendner**: Burgker Urkundenbuch – Urkunden und Urkundenauszüge der Herrschaft Burgk bis zu ihrer Angliederung an das Haus Reuß-Greiz 1596/1616, Plauen 1917(a).
207. Richard **Mendner**: Die Herrschaft Burgk bis zu ihrer Angliederung an das Haus Reuß-Greiz 1596/1616, Leipzig 1917(b).
208. Franz **Menges**: Metzsch (Metsch), von, in: Neue Deutsche Biographie (NDB). Band 17, Berlin 1994, S. 262f.
209. G. v. **Metzsch**: Allianzen der Familie von Metzsch, in: Vierteljahrsschrift für Wappen-, Siegel- und Familienkunde, 1908, S. 155-177 sowie Jg. 36, S. 62-78.
210. Carl v. **Metzsch-Reichenbach**: Die schönsten Schlösser und Burgen Sachsens, Dresden 1910.
211. [**MÖK**] Militär-Schematismus des österreichischen Kaiserthumes (Hg.: K. K. Hof- u. Staatsdruckerei Wien), Wien, 1810-1868.
212. **MR** – Jahrbuch des Museums Reichenfels-Hohenleuben – Jahresberichte des Vogtländischen Altertumsforschenden Vereins zu Hohenleuben e.V. (Hg. von demselben, dem Museum Reichenfels und der Stadt Hohenleuben), seit 1956.
213. Siegfried **Mues**: Die Straßennamen der Stadt Gera von A bis Z – Ihre Geschichte und Geschichten, Gera 2006.
214. Alexander **Müller**: Die Wüstungen des Großherzogtums Sachsen-Weimar-Eisenach im I., II. und V. Verwaltungsbezirk, in: V.f.Th.G.u.A N.F. Band 21, 1913, S. 453-493.
215. Günther **Müller**: Das Rittergut Weitisberga und ein Vorwerk auf der ›Alten Leite‹ bei Heberndorf, A° n.
216. Hans **Müller**: Thüringen – Reisen durch eine deutsche Kulturlandschaft, Köln 1990.
217. George Adalbert v. **Mülverstedt**: Sammlung von Ehestiftungen und Leibgedingsbriefen ritterschaftlicher Geschlechter der Provinzen Sachsen, Brandenburg, Pommern und Preußen, Magdeburg 1863.
218. N.**N.**: Blankenstein, in: Oberlandhefte 1925, Nr. 11.
219. N.**N.**: Das Rittergut Oberböhmsdorf, in: Reußischer Erzähler 1933, Nr. 13 (24.06.1933).
220. N.**N.**: Der fürstliche Park in Ebersdorf, in: Oberlandhefte 1926, Nr. 18, S. 139.
221. N.**N.**: Die außergewöhnlichen Privilegien für Hirschbergs Bürger, in: OTZ, Lokalteil Schleiz 1997 [Nr. n.].
222. N.**N.**: Die Eremitage bei Schleiz, in: Oberlandhefte 1925, Nr. 6, S. 46f.
223. N.**N.**: Die harten Kämpfe um die Hirschberger Stadtrechte, in: OTZ, Lokalteil Schleiz (22.06.1996).
224. N.**N.**: Gräfenwarth, in: Oberlandhefte 1925, Nr. 13, S. 98f.
225. N.**N.**: Heinrichsruh, in: Oberlandhefte 1928, Nr. 4, S. 79ff.
226. N.**N.**: Urlaub auf dem Freigut Rödern – Lückenmühle, abgefragt im Internet am 10. November 2011.
227. N.**N.**: Zur Geschichte der Familie von Römer in Sachsen, in: Vierteljahresschrift für Heraldik, Sphragistik und Genealogie 16. Jg (1888), S. 369-390.
228. Alexander **Narr**: Alte Grabsteine in der Harraer Kirche, in: Oberlandhefte

1932, Nr. 10, S. 199.
229. [**NGH**] Gerhard Friedrich Albrecht: Neues Genealogisches Handbuch (Geschlechtstafeln des in- und ausser dem Heligen Römischen Reich blühenden Adels), Frankfurt/Main 1775-1780.
230. **Oberland** – Blätter für Volkstum und Heimatkunde, Schleiz, (Hg. von der Vereinigung für Volkskunde und Heimatpflege im reußischen Oberlande e.V. unter der Schriftleitung von Robert Hänsel), 1924-194X; in diesem Index ›Oberlandhefte‹ genannt.
231. Der **Oberlandbote** – Heimatzeitschrift mit kultureller Monatsschau der Kreise Schleiz und Lobenstein 1956-1962.
232. **Ortschaftsrat** Wüstendittersdorf (Hg.): 700 Jahre Wüstendittersdorf 1302-2002 – Beiträge zur Ortsgeschichte (mit Beiträgen von Jürgen K. Klimpke, Uwe Hermann, Georg Brückner), Schleiz 2002.
233. [**OTZ**] Ostthüringer Zeitung – Unabhängige Tageszeitung für Politik, Wirtschaft, Kultur und Sport, Löbichau (vordem Gera) ab 1. Januar 1991 (vordem Ostthüringer Nachrichten).
234. Alfred **Pasold**: Palais Heinrichsruh im Schleizer Ortsteil Oberoschitz, in: Heimatgeschichtlicher Kalender des Bezirkes Gera, Pößneck 1988, S. 53ff.
235. Hans **Patze**, Peter Aufgebauer: Thüringen – Handbuch der historischen Stätten Deutschlands, Band 9, Stuttgart 1989.
236. Horst **Paul**: Saaletalsperren, Leipzig 1976.
237. Ernst **Petzold**: Behördliche Zuständigkeiten 1818, in: Beiträge zur Geschichte des Kreises Ziegenrück, Pößneck 1942, S. 60-64.
238. Günther **Philipp**: Das Dorf Weitisberga in Thüringen, o.O. 2004.
239. [**PlH**] Plothener Hefte zur Thüringer Regionalgeschichte (Hg. v. Alexander Blöthner).
240. Jan **Popp-Sewing**: Schloss Ebersdorf, in: Burgerbe.de (17.09.2017).
241. Maximilian von **Poseck**: Verzeichniß der in der Poseck'schen familiengeschichtlichen Sammlungen vorkommenden adeligen Namen, in Vierteljahresschrift für Wappen-, Siegel- und Familienkunde 24 (1896), S. 135-153.
242. Karl-Heinz **Preißer**: Die Hofmark Wildenau im Wandel der Geschichte, Weiden 1992.
243. Karl Robert **Preußner**: Zwischen Saale und Wisenta – Von Schloß Burgk nach Walsburg, in: Vogtländische Heimatblätter 2002, Heft 5, S. 22-28.
244. Thomas **Queck**, Ines Spazier: Saale-Orla-Kreis, Süd, in: Archäologischer Wanderführer Thüringen (Hg. vom Landesamt für Denkmalpflege und Archäologie), Band 14, Weimar 2016.
245. Curt von **Raab**: Beiträge zur Geschichte des vogtländischen Adels, Teil II: Die von Machwitz, von Gößnitz, Thußel von Taltitz und von Quingenberg, in: 6. Jahresschrift des Altertumsvereins Plauen auf die Jahre 1886/1887, S. 1-42.
246. Curt von **Raab**: Die von Kauffungen – Eine historische genealogische Studie, in: Variscia – 70. und 71. Jahresbericht, Hohenleuben 1901, S. 1-75.
247. Ewalt **Rank**: Kießlings Rittergut im Wandel von sechs Jahrhunderten: Heimatgeschichtliches über Kießling – 600 Jahre Kießling (1392-1992).
248. Volker **Reetz**: Vom fürstlichen Landsitz zur Jugendherberge (Isabellen-

grün), in: Der Oberlandbote Januar 1958, S. 12f.
249. Hermann Freiherr v. **Reitzenstein**: Geschichte der Familie von Reitzenstein-Reuth, S. 87, 62, zitiert bei Haardt II 1933, S. 147.
250. Karl Freiherr v. **Reitzenstein**: Deutsch-Ordens-Ritter in Preußen aus dem Bezirk der terra advocatorum imperii, in: Archiv für Geschichte von Oberfranken, Band 8, Nr. 3, Bayreuth 1862, S. 3.
251. **Reußischer Erzähler** – Wöchentliche Unterhaltungsbeilage zur Schleizer Zeitung, Schleiz 1915-1941.
252. Ilse **Rhode**: Zur Ortsgeschichte von Oberböhmsdorf seit 1945, in:
Der Oberlandbote Juni 1958, S. 162f.
253. Carl Hermann **Richter**: Die Herrschaft Mühltroff und ihre Besitzer, Leipzig 1857.
254. Hans-Ludwig **Richter**: Das Geschlecht von der Oelsnitz – Erstes urkundliches Auftreten, Betrachtung eines Zeitraumes bis Ende des 14. Jahrhunderts, in: Sächsische Heimatblätter, 56 (2010), Heft 3, S. 186-194.
255. Flora v. **Roeder**: These Are the Generations – A Biography of the von Roeder Family and its Role in Texas History, Band 1 (Houston 1978), Band 2 (2014).
256. Helmut Veit **Röder**: Uradel und Grundherrschaft des Rodau-Leubnitzer Altlandes – Ein Beitrag zur 700-Jahr-Feier von Leubnitz im Jahr 2000, in: MR – Jahrbuch Hohenleuben 45 (159. Jahresbericht), 2000, S. 51-80.
257. Regina **Röhner**: Der sächsische Prinzenraub – Die Geschichte des Kunz von Kauffungen, Chemnitz 1993.
258. Heinz **Rosenkranz**: Die Ortsnamen des Bezirkes Gera, Greiz 1982.
259. Horst **Rößler**: Die Ritter von der Oelsnitz – Zur Geschichte und Rolle eines Rittergeschlechts in den feudalen Klassenkämpfen Sachsens, Böhmens, Preußens und Polens, 4 Teile, in: Der Heimatfreund für das Erzgebirge, Jg. 23 (1978), Hefte 2-5.
260. Werner **Rost**: Streifzüge durchs Saaletal im Geopark Schieferland – Auf dem Saalepfad von Blankenstein über Blankenberg, Pottiga und Sparnberg nach Hirschberg (Hg. vom Naturpark Thüringer Schiefergebirge/Obere Saale, Naturpark Frankenwald e.V.) 199X.
261. Karl **Rühl**: Das obere Saaletal, 2. vermehrte Auflage, Ziegenrück 1903
262. Karl **Rühl**: Das obere Saaletal und der Frankenwald, 8. vermehrte Auflage, Sömmerda 1929.
263. Melville Henry Marquis de **Ruvigny**: Titled Nobility of Europe – An International Peerage, London 1914.
264. Peter **Sachenbacher** u.a.: Der Orlagau im frühen und hohen Mittelalter, in: Beiträge zur Frühgeschichte und zum Mittelalter Ostthüringens 3, Langenweissbach 2007.
265. Peter **Sachenbacher**: Landkreis Greiz, in: Archäologischer Wanderführer Thüringen (Hg. vom Landesamt für Denkmalpflege und Archäologie), Bd. 5, Langenweissbach 2005.
266. Peter **Sachenbacher**: Neue Archäologische Forschungen zu Problemen der mittelalterlichen Landnahme und des Landesausbaus in Thüringen östlich

der Saale, in: Rainer Aurig u.a.: Im Dienste der Historischen Landeskunde – Beiträge zu Archäologie, Mittelalterforschung, Namenskunde und Museumsarbeit vornehmlich in Sachsen – Festschrift für Gerhard Billig zum 75. Geburtstag, Beucha 2002, S. 25-34.
267. Martina **Schattkowsky** (Hg.): Die Familie von Bünau, in: Adelsherrschaften in Sachsen und Böhmen vom Mittelalter bis zur Neuzeit (Schriften zur sächsischen Geschichte und Volkskunde, Band 27), Leipzig 2008.
268. Ina **Scheffler**: Hermine, geborene Prinzessin Reuss ä.L. – Eine Erinnerung an Hermine geb. Reuß ä. L. letzte Besitzerin von Schloß Burgk zum 50. Todestag, in: Heimatjahrbuch des Saale-Orla-Kreises 1998, S. 92ff.
269. Dieter **Scheidig**: Lobenstein – Ein historischer Stadtführer (Hg. v. d. Stadtverwaltung Moorbach Lobenstein), Lobenstein 1996.
270. Albert **Schiffner**: Supplementbände I-V zu August Schuhmanns Vollständigen Staats-, Post- und Zeitungslexikon von Sachsen, Zwickau 1827-1833.
271. Willy **Schilling**: Der Theaterprinz – Stationen aus dem Leben Heinrichs XLV. Erbprinz Reuß, in: Heimatjahrbuch des Saale-Orla-Kreises 1999, S. 115-122.
272. Willy **Schilling**: Von Greiz nach Doorn – Eine biographische Skizze der ›Kaiserin‹ Hermine Reuß, in: Heimatjahrbuch des Saale-Orla-Kreises 2000, S. 57-61.
273. Uwe **Schirmer**: Landwirtschaftliche und ländliche Gesellschaft in Sachsen zwischen 1720 und 1830 – Bemerkungen zur Verfassung, Wirtschaft und Alltag, in: Autorenkollektiv: Sachsen 1763-1832. Zwischen Rétablissement und bürgerlichen Reformen, Beucha 1996.
274. Berthold **Schmidt**: Die Herrschaft Schleiz bis zu ihrem Anfall an das Haus Reuß (Festschrift des Geschichts- und Altertumsforschenen Vereins zu Schleiz), Schleiz 1892.
275. Berthold **Schmidt**: Die Geschichte des Reußenlandes, 2 Bände, Gera 1923/1927.
276. Berthold **Schmidt**: Genealogie der Familie Oberlaender, Schleiz 1925.
277. Berthold **Schmidt**: Geschichte der Stadt Schleiz, Band I: Urkundenbuch der Stadt Schleiz, Schleiz 1908, Band II: Die urkundlichen Nachrichten von Schleiz aus dem Mittelalter (1232-1550), Schleiz 1909, Band III: Von der Burggrafenzeit bis zum Deutsch-Französischen Kriege (1550-1871), Schleiz 1916.
278. Berthold **Schmidt** (Hg.): Urkundenbuch der Vögte von Weida, Gera und Plauen sowie ihrer Hausklöster Mildenfurth, Cronschwitz, Weida und Zum Heiligen Kreuz Saalburg, Band I: 1122-1356 (Jena 1885), Band II: 1357-1427 (1892).
279. Berthold **Schmidt**: Zur älteren Geschichte des ehemals reichsunmittelbaren und später vogteilichen Schlosses Rudolphstein an der Saale, in MR – Jahrbuch Hohenleuben 2008, S. 17-21.
280. Claudia **Schmidt** u.a.: Kulturlandschaftsprojekt Ostthüringen – Historisch geprägte Kulturlandschaften und spezifische Landschaftsbilder in Ostthüringen (Hg.: Regionale Planungsgemeinschaft Ostthüringen), Erfurt 2004.
281. Hermann **Schmidt** (Hg.): Kirchengallerie der Fürstlich Reußischen Länder, Zweite Abtheilung: Die Ephorien: Greiz, Schleiz und Lobenstein nebst dem

Inspectionsamte Saalburg, Dresden 1843.
282. Christian **Schneider**, Oettersdorf: Mitteilungen (10.04.2021);
283. M. **Scholz**: Die Friedrich-Fröbel-Schule stellt sich vor, in: Heimatjahrbuch des Landkreises Schleiz 1994; S. 67f.
284. August **Schuhmann**: Vollständiges Staats-, Post- und Zeitungslexikon von Sachsen enthaltend eine richtige und ausführliche geographische, topographische und historische Darstellung aller Städte, Flecken, Dörfer, Schlösser, Höfe, Gebirge, Wälder, Seen, Flüsse etc. Bände I-XIII verfaßt von August Schuhmann [Zwickau 1814-1826], fortgeführt und vollendet von Albert Schiffner [Supplementbände I-V] Zwickau 1827-1833.
285. Johann Adolph von **Schultes**: Sachsen Coburg-Saalfeldische Landesgeschichte unter der Regierung des Kur- und Fürstlichen Hauses Sachsen vom Jahre 1425 bis auf die neueren Zeiten. Mit einem Urkundenbuche in 3 Abtheilungen, Coburg 1818/1820/1822.
286. J. Gottlieb **Schulz** u.a.: Delineatio Geographica Spezialis Territorii Celsissimorum S. R. I. Comitum Ruthenorum de Plauia utriusque Linea Senioris et Iunioris partem VOGTLANDIAE opera et studio Ioh. Gottlieb Schulz II S.C.M. Ingen. Lieut. Accurate edita excudente Tob. Conrado Lotter, Geographo Aug. Vindel, 17XX.
287. G. Ernst **Seige**: Schloß Burgk, in: HIB (15.05.1932).
288. Johann **Siebmacher**: Großes und allgemeines Wappenbuch, 7 Bände, je bis zu 13 Abteilungen, Nürnberg 1596-1704, zuzüglich 5 Supplementbände (fortgeführt und neu herausgegeben von Otto Titan von Hefner, Adolf. M. Hildebrandt, Maximilian Gritzner, George Adalbert v. Mülverstedt, Friedrich H. v. Rosenfeld, Gustav Adelbert Seger), Nürnberg 1856-1911.
289. August **Sieghardt**: Die Grafen von Hirschberg im Altmühltal. Einst Herren von Grögling, Dollenstein und Ottenburg, in: Heimgarten 26 (1955), Nr. 21.
290. Berthold **Sigismund**: Landeskunde des Fürstenthums Schwarzburg-Rudolstadt, 2 Teile, Rudolstadt 1862/63.
291. Ines **Spazier**: Die Saalburger Vorburg, in: Heimatjahrbuch des Saale-Orla-Kreises 2020, S. 165-170.
292. Ines **Spazier** u.a.: Neue Erkenntnisse zu den mittelalterlichen Stadtbefestigungen in Ostthüringen, in: Neue Ausgrabungen und Funde in Thüringen 7 (2012/2013), S. 172-204.
293. Hugo Gerhard **Ströhl**: Deutsche Wappenrolle, Stuttgart 1897.
294. Stadtverwaltung **Tanna** (Hg.): 775 Jahre Tanna – Festausgabe des Tannaer Anzeigers (bearbeitet von Rainer Petzold, Matthias Wolfram, Erika Dietz, Michael Groth, Frank Reinhold), Ausgabe zum 01.07.2007.
295. Chr. G. **Stemler**: Der Pagus Orla – Oder Historie des Neustädter Creises aus diplomatischen und anderen Urkunden in chronologischer Ordnung erläutert, Leipzig 1750.
296. Bernd **Stephan**: Raubritter in Thüringen und ihre Burgen, Taucha 1999.
297. W. P. van **Stockum**: Nederland's Adelsboek,Gravenhage (seit 1903).
298. Heinrich **Stumpf**: (Geschichte von) Blankenberg, Blankenstein 1920.
299. Christian **Tannhäuser**, Ines Spazier: Die alte Burg von Saalburg, in: Heimatjahrbuch des Saale-Orla-Kreises 2010, S. 98-104.

300. A. **Thiset**, P. L. Wittrup: Nyt Dansk Adelslexikon, Kopenhagen 1904.
301. [**ThHStA**] – Thüringisches Hauptstaatsarchiv in Weimar
302. Harald **Thrum**: Landwirtschaft und Gewerbe vom 19. Jahrhundert bis 1945, in: Rainer Petzold, Frank Reinhold: Sybotendorf – Seubtendorf (1354-2004) Ein Heimatbuch (Hg. im Auftrag des Ortschaftsrates Seubtendorf, Stadt Tanna), Seubtendorf 2004, S. 48f.
303. Gottfried **Thumser**: Heiter bis wolkig – Anekdoten und Geschichten aus dem Reußenland, Band 1, Zeulenroda 2012.
304. August Wilhelm Bernhardt v. **Uechtritz**: Diplomatische Nachrichten adelicher Familien, 7 Bände, Leipzig 1790-1793.
305. Cord **Ulrichs**: Vom Lehnshof zur Reichsritterschaft – Strukturen des fränkischen Niederadels am Übergang vom späten Mittelalter zur frühen Neuzeit (Liste des Kantons Gebürg von 1529), Stuttgart 1997.
306. Stephan **Umbach** über das ›Rittergütlein Erkmannsdorf‹, in: Heimatjahrbuch des Saale-Orla-Kreises 2008, S. 9.
307. Manfred **Ungelenk**: Geschichte des Schlosses Waidmannsheil (unveröffentlichtes Manuskript im Archiv des Museums Schloß Burgk) o.J.
308. Manfred **Ungelenk**: Schloss Burgk – Ein Führer durch das Museum (Museumsreihe, Heft 4), Zeitz 1972.
309. F. H. **Ungewitter**: Das Fürstentum Reuß-Schleiz (1848), in: Klein 1994, S. 142f.
310. [**V.f.Th.G.u.A**] Verein für Thüringische Geschichte und Altertumskunde (Hg.): Zeitschrift des Vereins für Thüringische Geschichte und Altertumskunde.
311. **Variscia** – Mittheilungen aus dem Archive des Voigtländischen Altertumsforschenden Vereins zu Hohenleuben (Jahresberichte), ab 1826.
312. Fritz **Voigt**: Der Lobensteiner Park, in: Oberlandbote März 1961, S. 82-85.
313. Günther **Wachter**: Das Geheimnis vom Sparnberger Schloß, in: OTZ, Nr. n.
314. Günther **Wachter**: Der Bauer stund auff im Lande – Zur frühbürgerlichen Revolution 1517-1525 im Raum Ziegenrück, Schleiz 1981.
315. Günther **Wachter**: Der Schatz unterm Stelzenbaum – Aus dem Sagenschatz des Wisentalandes, in: Beiträge zur Geschichte des Kreises Schleiz/Bezirk Gera (Hg. vom Pädagogischen Kreiskabinett Schleiz), Band 1, Schleiz 1978.
316. Günther **Wachter**: Die Besiedlung des Landes, in: Schriftenreihe zur Geschichte Ebersdorfs (Kreis Lobenstein), Heft 1 (1993) S. 6f.
317. Günther **Wachter**: Die Denkmalpflege in Ebersdorf, in: Schriftenreihe zur Geschichte von Ebersdorf (Kreis Lobenstein), 1992.
318. Rolf **Wachter**: Das Vorwerk Heinrichsgrün, genannt ›Vorbrich‹, auf dem Sieglitz bei Lobenstein, in: Heimatjahrbuch des Saale-Orla-Kreises 2003, S. 84f.
319. Manfred **Wagner**: ›Beseitigung des Ungeziefers ...‹ – Zwangsaussiedlungen in den Thüringischen Landkreisen Saalfeld, Schleiz und Lobenstein 1952-1961 (Hg. vom Landesbeauftragten des Freistaates Thüringen für die Unterlagen des Staatssicherheitsdienstes der ehemaligen DDR), Erfurt 2002.
320. Alfred **Wandsleb**: Die Deutsche Kolonisation des Orlagaues (7. bis 13. Jahrhundert), in: V.f.Th.G.u.A, N.F., Heft 4, Jena 1911.
321. Dr. Walter **Warg**: Das Reichsgebiet Regnitzland bis zu seiner endgültigen

Erwerbung durch die Burggrafen von Zollern-Nürnberg (1160-1373), in: Varicia – 78., 79. und 80. Jahresbericht, Hohenleuben 1910, S. 1-88.
322. Adam v. **Watzdorf**: Geschichte des Geschlechtes von Watzdorf, 3 Bände, 1985.
323. Adam v. **Watzdorf**: Schicksalsbuch des Sächsisch-Thüringischen Adels 1945, Limburg an der Lahn 1994.
324. Camillo von **Watzdorf**: Geschichte des Geschlechtes von Watzdorf, Dresden 1903.
325. Christian Heinrich von **Watzdorf**: Historisch Genealogische Beschreibung des uralten adligen und gräflichen Geschlechtes derer von Watzdorf 1740 für die Mitglieder des Geschlechts nebst einer lithographischen Karte der Watzdorf'schen Güter im Auftrag und unter Mitwirkung des Herrn Kammerherrn Rudolph von Watzdorf-Stoermthal ... revidiert, fortgesetzt und hg. von Ferdinand Nitze, Dresden 1872.
326. Hans-Eberhard **Weber**, Daniel Kästner: Altenebersdorf – Eine Wüstung in der Gemarkung Schönbrunn, in: Heimatjahrbuch des Saale-Orla-Kreises 2003, S. 58-62.
327. Hans Eberhard **Weber**: Der Ebersdorfer Park – Darstellung der Geschichte von seiner Gründung 1710 bis zum Jahre 2000 (mit Beiträgen von Günther Thimm, Günther Budina, Sabine Berner), in: Schriftenreihe zur Geschichte Ebersdorfs im Saale-Orla-Kreis, Nr. 5, Ebersdorf 2000.
328. Hans-Eberhard **Weber**: Die Herrschaft Ebersdorf 1678 bis 1848 – ein Ergebnis der häufigen Teilungen der reußischen Länder, in: Heimatjahrbuch des Saale-Orla-Kreises 2002, S. 30ff.
329. Hans-Eberhard **Weber**: Ebersdorf in früher Zeit und als Residenz der Reußen (1694 bis 1848), Lobenstein 1987.
330. Brunhilde **Wegmann**: Mitteilungen der Arbeitsgruppe Stadtgeschichte, in: Wurzbacher Stadtkurier – Amts- und Mitteilungsblatt der Stadt Wurzbach 2018, Nr. 10, S. 6f.
331. Achim **Weidhaas**: Balthasar Friedrich von Machwitz, das Epitaph in der Kirche zu Remptendorf und der Maler Paul Keil, in: Gemeinde Remptendorf 2000, S. 36-47.
332. Achim **Weidhaas**: Die Pflege Saalburg in der Kirchen-Galerie der Fürstlich Reußischen Länder im 19. Jahrhundert – Ein Beitrag zur Geschichte von Saalburg, 2005.
333. Achim **Weidhaas**: Erinnerungen an Jägersruh, in: Heimatjahrbuch des Saale-Orla-Kreises 1996, S. 119f.
334. Franz **Weidmann**: Die Trotzeburg, in: Oberlandhefte 1931, Nr. 12, S. 257.
335. Peter **Weiss**: Häuser am Weg – Die Kirchen im Kirchkreis Schleiz, Teil I: Oberland – mit Fotografien von Andreas H. Heimler (Hg. von der Evangelisch-Lutherischen Kirche Thüringens, Superintendentur Schleiz), Königsee 2008.
336. Gerhard **Werner**: Die Gedenktafel für den Ritter Wendel von Gräfendorf in der Saalfelder Johanniskirche, in: Rudolstädter Heimathefte 56 (2010), Nr. 3/4, S. 76-83.
337. Gerhard **Werner**: Die Geschichte der Wysburg bei Weisbach, in: Rudol-

städter Heimathefte 59 (2013), Nr. 9/10, S. 262-268.
338. Gerhard **Werner**: Die Walsburg bei Ziegenrück, in: Der Oberlandbote, April 1956, S. 148ff.
Matthias **Werner**: Neustadt, Orlagau und Thüringen im 12./13. Jahrhundert – Die hochmittelalterlichen Rahmenbedingungen der Anfänge von Neustadt/Orla, in: Werner Greiling (Hg.): Neustadt an der Orla – Vom Ursprung und Werden einer Stadt, in: Beiträge zur Geschichte und Stadtkultur, Band 1, Rudolstadt u.a. 1997, S. 15-78.
339. Dieter **Wetzel**: ›Vom Ich zum Wir‹ – Vor 50 Jahren vollständige Kollektivierung der Landwirtschaft im Kreis Schleiz, in: Heimatjahrbuch des Saale-Orla-Kreises 2011, S. 124-133.
340. Fritz **Wetzel**: Was der Großvater sann – Ein Abriß der Tannaer Geschichte, in: Oberlandhefte 1932, Nr. 6, S. 100-106.
341. Rudolf **Wetzel**: Denkwürdige Daten zur 500-jährigen Geschichte des Rittergutes Dörflas mit Walsburg sowie zu jener der Lehnsmänner und Allodherren auf Dörflas, einbezogen Arrondierung und Ausbau des Besitzes unter Dr. Karl Friedrich Wetzel und seinen Kindern, Gera 1939.
342. Bernd **Wiefel**: Bausteine zur Rittergutsgeschichte der Herrschaft Ranis, in: Studien zur Sozialgeschichte der Herrschaft Ranis, Band 9, Olbernau 2006.
343. Der **Wisentagau** – Ein Heimatblatt für die Geschichte der Stadt Schleiz und des Kreises Schleiz (Hg. vom Geschichts- und Altertumsforschenden Verein Schleiz unter der Schriftleitung von Robert Hänsel), 1932-38, Ausgaben 1-25.
344. Johann Heinrich **Zedler**: Koßboth oder Kosper, Koßboden, Kossebode, Kosboda, in: Derselbe: Großes vollständiges Universal-Lexicon Aller Wissenschafften und Künste. Band 15, Leipzig 1737, Sp. 1578ff.
345. Leopold v. **Zedlitz-Neukirch**: Neues preußisches Adelslexicon, Leipzig Band II (1836), Band III (1837).
346. Hanns-Moritz v. **Zehmen**: Genealogische Nachrichten über das Meißnische Uradelsgeschlecht von Zehmen 1206 bis 1906, Dresden 1906.
347. [**Zf.WSF**] Vierteljahreszeitschrift für Wappen-, Siegel- u. Familienkunde.
348. Rudolf **Zießler**: Schleiz (Kreis Schleiz), in: Götz Eckardt (Hg.): Schicksale deutscher Baudenkmäler im Zweiten Weltkrieg, Band 2, Berlin 1978, S. 522ff.
349. Horst **Zippel**: Geschichte und Mythos einer Burg: der Lobenstein, in: Heimatjahrbuch des Saale-Orla-Kreises 2022, S. 164-167.
350. Horst **Zippel**: Heinrich LIV. – der letzte Lobensteiner Fürst, in: Heimatjahrbuch des Saale-Orla-Kreises 2003, S. 48-51.
351. M. Johann Caspar **Zopf**: Reußisch-Geraische Stadt- und Land-Chronica. Darinnen enthalten viel denckwürdige Sachen / betreffend nicht allein die Stadt Gera / sondern auch das gantze Voigt- und Reussen-Land / aus alten zuvor nie in Druck ausgegangenen Monumenten / auch andern vornehmer Historicorum berühmter Schriften Gott zu Ehren, dem Vaterland zum besten auch anderern der histrie Liebhabern zu nützlicher Wissenschaft in Druck verfertigt Ann. M DCLXCII. 1692.

FAMILIEN-NAMEN

Orts-Namen

G

H

QUELLENNACHWEISE

1 Franke 2007, S. 44
2 Eisel 1871, Nr. 914
3 Vgl. Longolius 17XX; Sachenbacher 2007, S. 1-11
4 Vgl. Wachter 1978, S. 11ff., 15-21
5 Wandsleb 1911
6 Vgl. Bergner XXII 1901, S. 36; Lehfeldt XXIV 1897; Petzold 1942, S. 62
7 Blos I, S. 204
8 Vgl. Mendner 1917a; Paul 1976, S. 46; Löffler 2000, S. 144; Beger 2009; Blöthner 16 (2016), S. 11; Derselbe 71 (2022), S. 119-123
9 Behr 1927, S. 19
10 Müller 1990, S. 217
11 Vgl. Lehfeldt IX 1891, S. 2f.; Paul 1976, S. 49, 55; Dehio 1998, S. 173
12 Vgl. Eisel 1871, Nr. 236, 904; Drechsel 1934, S. 186
13 Vgl. Paul 1976, S. 49f.; Wachter 1978, S. 55; Dehio 1998, S. 171; Blankenberg, in: Wikipedia.de (abger. 15.07.2014); Queck u. Spazier 2016, S. 47f.
14 Hänsel 1941; S. 5
15 Vgl. Paul 1976, S. 49f.; Lehfeldt IX 1891, S. 1f.; Alberti 1879, S. 6 bei Löffler 2000, S. 144
16 Zitiert bei Paul 1976, S. 49f.
17 Vgl. ebenda; Hänsel 1941, S. 5f.; Wachter 1978, S. 69, 71f.; Müller 1990, S. 217
18 Vgl. Dehio 1998, S. 173; Dübel 1987/3
19 Paul 1976, S. 52
20 Vgl. ebenda; Lehfeldt IX 1891, S. 5-9; Dehio 1998, S. 173
21 Vgl. Lehfeldt ebenda, S. 3; Ungelenk 1972/4, S. 7; Paul 1976, S. 52-56; Dehio 1998, S. 171ff.
22 Zitiert bei Behr 1927, S. 19
23 Vgl. v. Maltzan 1913, S. 222-226; Köhler 1923, S. 145; Schirmer 1996, S. 13; Mendner 1917b, S. 30; Scheffler 1998, S. 93f. bei Blöthner II 2017, S. 263
24 Vgl. Oberlandhefte 1927/8, S. 125; Seige (15.05.1932); Paul 1976, S. 55; Löffler 2000, S. 143-175, 426, 432, 438, 442, 458; Enke 2000, S. 35-50; Blöthner 7 (2005), S. 17f.; Siehe auch Derselbe 60 (2014); Enke 1998, S. 245-253; Queck u. Spazier 2016, S. 49f.
25 Vgl. Paul 1976, S. 49f., 52, 54; Dehio 1998, S. 173f.
26 Vgl. Joseph u. Porada 2006, S. 268f.; Hänsel 1927/8, S. 125; Lotter (10.12. 1936); Köhler 1923, S. 88, 145, 147; Klein u.a. 15 (2007); Derselbe 2007/8; Scheffler 1998, S. 93f.
27 Scheffler ebenda
28 Vgl. ebenda, S. 94; Schilling 2000, S. 57-61
29 Weidmann 1931/12, S. 257
30 Vgl. Drechsel 1934, S. 186; Wachter 1978, S. 76, 81f.
31 Vgl. v. Watzdorf bei Nitze 1872; v. Hausen 1892, S. 570f.; Mendner 1917b, S. 61; Franke 2007, S. 44f., 48; Hüllemann 1939, S. 966f., 1006 bei Blöthner 29 (2020), S. 135ff.
32 Vgl. Hüllemann 1939, S. 1006, 1012; Hänsel u. Behr 1926, S. 19; Wetzel 1939, S. 18, 20; Pfr. Hoffmann, in: Schmidt II 1843, S. 59; Grüner 2022

33 Nach Robert Hänsel 1961
34 Vgl. Pfr. Hoffmann, in: Schmidt II 1843, S. 59; BGTA 1878, S. 208, 1883, S. 175, 1887, S. 158, 1891, S. 226, 1894, S. 192; Lehfeldt IX 1891, S. 48; Schmidt III 1916, S. 377; v. Geldern-Crispendorf 1919; Köhler 1923, S. 90, 92, 145; Hüllemann 1939, S. 1012, 1033; Wetzel 1939, S. 18, 20; v. Geldern-Crispendorf 1941, S. 21-36, 38; Kühn 2008, S. 17; Hagner 2008, S. 82; Crispendorf, in: Wikipedia.de (abger. 20.04.2020); HRL 2022; Zu denen von Geldern (1816) siehe auch Siebmacher, Bd. II, Abt. IV, Teil II, S. 4; III, II, II, 79; GGTABA 1917, S. 258 (Stammreihe), 1921, S. 234, 1923, S. 201, 1927, S. 273, 1929, S. 199, 1931, S. 205, 207; v. Geldern-Crispendorf 1941
35 Vgl. v. Hausen 1892, S. 360; GGTUA 1911, S. 594; Drechsel 1934, S. 7 nach Schultes 1820 u. Bechstein 1858
36 Vgl. HRL 2022; v. Hausen 1892, S. 360; GGTUA 1911, S. 594-598; Franke 2007, S. 44
37 Vgl. HRL 2022; Brückner 1870, S. 595; v. Hausen 1892, S. 360; Bergner XXII 1901, S. 40; GGTUA 1911, S. 596f.; von Poseck (Adelsgeschlecht), in: Wikipedia (abger. 23.01.2023); Siehe auch NGH 1778, S. 361; GGTUA 1920, S. 689, 1924, S. 554, 1929, S. 591; v. Poseck 1896, S. 135-153; GhdA X 119 (1999), S. 503
38 Vgl. Gaul 1900, Dörflas, in: Wikipedia.de (abger. 15.07.2014)
39 Vgl. Wetzel 1939; Blöthner III 2016, S. 30f.; Rühl 1929, S. 20; Weiss I 2008, S. 107 bei Blöthner 29 (2020), 116ff.
40 Vgl. Hüllemann 1939, S. 965f.; Wetzel 1939, S. 10f.
41 Hüllemann 1939, S. 966f.
42 Vgl. Wetzel 1939, S. 11; Janecki III 1899, S. 750
43 Vgl. Hüllemann 1939, S. 967f., 1006, 1009f., 1034ff.; Beger 2009
44 von Raitenbach (Adelsgeschlecht), in: Wikipedia.de (abger. 26.02.2023)
45 Zitiert bei Wetzel 1939, S. 23
46 Hüllemann 1939, S. 999f.
47 Vgl. ebenda, S. 996-1000; Wetzel 1939, S. 12-22; Ulrichs 1997, S. 212 u. v. Reitzenstein 1862, S. 3 bei von Raitenbach (Adelsgeschlecht), in: Wikipedia.de (abger. 26.02.2023); Petzold 1942, S. 98
48 Mues 2006, S. 292
49 Vgl. Wetzel 1939, S. 23-29; v. Geldern-Crispendorf 1919, S. 30; patifakte.de/artefakte_chemnitz.htm; albert-gieseler.de/dampf_de/firmen 0/firmadet1043.shtml (beide abger. 26.02.2023)
50 Vgl. Hüllemann 1939, S. 1005; Wetzel 1939, S. 16, 28, 32, 38; Köhler 1923, S. 145; Mues 2006, S. 291; patifakte.de a.a.o.
51 Vgl. Auerbach 1930, S. 247; walsburg.de (abger. 14.07.2014); Köhler 2001, S. 265; Preußner 2002/5, S. 23; Hänsel 1956/7, S. 220
52 Queck u. Spazier 2016, S. 29f.
53 Vgl. Werner 1956/4, S. 149; Preußner 2002/5, S. 23
54 Queck u. Spazier 2016, S. 29f.
55 Vgl. Auerbach 1930, S. 247; Wetzel 1939; Werner 1956/4, S. 149; Preußner 2002/5, S. 23
56 Vgl. Lehfeldt IX 1891, S. 49; Auerbach 1930, S. 247; Hüllemann 1939, S. 964; Werner 1956/4, S. 150
57 Leichsenring 1928, S. 234f.

58 Vgl. Sachenbacher 2002, S. 28
59 Dedié 1933, S. 422f.
60 Vgl. Alberti 1829, S. 101, 1834, S. 8, 97; Großkopf 1929, S. 37; Hüllemann 1939, S. 964; Wetzel 1939, S. 10; Kretschmer 1938/3, S. 12; Queck u. Spazier 2016, S. 29
61 Drechsel 1934, S. 30
62 Vgl. Rühl 1903, S. 28; Queck u. Spazier 2016, S. 46
63 Vgl. Eisel 1871, Nr. 417, 904, 912
64 Vgl. Alberti 1829, S. 101; 1834, S. 8, 97; Hüllemann 1939, S. 964f.; Wilhelm von Geldern-Crispendorf ebenda; Werner 1956/4, S. 148f., 2013/9f., S. 267
65 Werner 1956/4, S. 149; Siehe auch Derselbe 2013/9f., S. 267
66 Hüllemann 1939, S. 965
67 Vgl. Schuhmann II 1815, S. 510; Mendner 1917b, S. 5, 61; Hüllemann 1939, S. 965, 1034; Rosenkranz 1982, S. 31; Erkmannsdorf, in: Wikipedia.de (abger. 20.04.2020) bei Blöthner 29 (2020), S. 140-143; Pfr. Hoffmann, in: Schmidt II 1843, S. 60
68 Vgl. Hüllemann 1939, S. 1023, 1035-1039, 1044f., 1048f.; v. d. Gabelenz 1863, S. 78; Drechsel 1938, S. 158; Wetzel 1939, S. 15; Grüner 2022
69 Vgl. Hüllemann 1939, S. 1050; Umbach 2008, S. 9; Wetzel 2011, S. 129
70 Vgl. Alberti 1837, S. 95; Hüllemann 1939, S. 1023; Wiefel IX 2006, S. 58f. bei Blöthner 29 (2020), S. 125f.
71 Vgl. Pfr. Herpich, in: Schmidt II 1843, S. 56; Köhler 1923, S. 147; HRL 2022
72 Vgl. Alberti 1837, S. 91f.; Brückner 1870, S. 755; Könne 1932/172; Reetz 1958/1, S. 12f.
73 Heinze u.a. 2017, S. 374
74 Vgl. Hüllemann 1939, S. 1051-1057, 1228; Pfr. Hellriegel, in: Schmidt II 1843, S. 55
75 Vgl. Blöthner II 2017, S. 88
76 Vgl. Dresdner Kopialbuch III fol. 144 (b. v. Hausen 1892, S. 271); Siehe auch Enke 2001, S. 69; von Machwitz (Adelsgeschlecht), in: Wikipedia.de (abger. 22.08.2022)
77 Vgl. Wikipedia.de ebenda; König III 1736, S. 164, 512, 705, 1102; Pfr. Zeuner, in: Schmidt II 1843, S. 48f.; v. Raab 6 (1886/87), S. 1-42; Siebmacher VI, VI, 103; v. Hausen 1892, S. 270f.; Zf.WSF 1895, S. 49; v. Feilitzsch 1896, S. 174; Mendner 1917b, S. 12, 28f.; Hüllemann 1939, S. 1059-1137; Fröhlich u.a. 1986, S. 168; Baberske 1988, S. 7; Weidhaas 2000, S. 40; Klimpke 19 (2000), S. 25f.; Hagner 2008 S. 81; HRL 2022
78 Vgl. Hüllemann 1939, S. 1059-1062
79 Vgl. ebenda, S. 1063; Rat der Gemeinde Ebersdorf 1976, S. 24; Enke 2000, S. 18, 21, 28f.
80 Enke 2000, S. 18
81 Vgl. ebenda; Weidhaas 2000, S. 36f.
82 Hüllemann 1939, S. 1127
83 Zitiert ebenda, S. 1128
84 Vgl. ebenda, S. 1128f.; Pfr. Zeuner, in: Schmidt II 1843, S. 49; Rat der Gemeinde Ebersdorf 1976, S. 26; Enke 2000, S. 29; HRL 2022
85 Vgl. ebenda, S. 38; Rat der Gemeinde Ebersdorf 1976, S. 26; Gemeinde Remptendorf 2000, S. 31

86 Zitiert bei Hüllemann 1939, S. 1073-1078
87 Rat der Gemeinde Ebersdorf 1976, S. 24
88 Zitiert bei Pfr. Zeuner, in: Schmidt II 1843, S. 50
89 Vgl. Hüllemann 1939, S. 1095ff., 1104, 1129f.; Weidhaas 2000, S. 36f., 40; Enke 2000, S. 28; Beger 2009
90 Vgl. Hüllemann 1939, S. 1133-1136
91 Pfr. Zeuner, in: Schmidt II 1843, S. 49
92 Vgl. Alberti 1837, S. 87; Lehfeldt IX 1891, S. 65; Wachter 1978, S. 80; Gemeinde Remptendorf 2000, S. 51; Blöthner III 2016, S. 193f.
93 Vgl. Alberti 1837, S. 78-81, 2005, S. 169f.; Eisel 1871, Nr. 932; Lehfeldt IX 1891, S. 66-69; Mendner 1917b, S. 1; Behr 1927, S. 71; Hüllemann 1939, S. 1187; Beger 2009; Blöthner III 2016, S. 176f.
94 Hüllemann 1939, S. 1138
95 Zitiert ebenda, S. 1231; Siehe auch HRL 2022; Biedermann 1752, Tab. 152
96 Hüllemann 1939, S. 1231f.
97 Vgl. ebenda, S. 1138, 1187, 1191, 1195, 1199f., 1201-1241 insbesondere S. 1203-1209, 1212, 1224, 1227, 1230-1235, 1240; Klotz 1816, S. 226; Pfr. Hoffmann, in: Schmidt II 1843, S. 47; Lehfeldt IX 1891, S. 68; Auerbach 1930, S. 208
98 Hüllemann 1939, S. 1141
99 Vgl. ebenda, S. 1139-1141, 1143, 1145
100 Vgl. König II 1729, S. 427; GGTFH 1848, S. 144, 1920, S. 316, 1922, S. 321, 1924, S. 318; v. Hausen 1892, S. 124; v. Boetticher I 1912, S. 636, IV 1923, S. 27; LhA 2022; von Günderrode (Adelsgeschlecht), in: Wikipedia.de (abger. 23.08.2022)
101 Vgl. Hüllemann 1939, S. 1138-1200, insbesondere S. 1145, 1148, 1153, 1155, 1157, 1165-1168, 1173, 1177f., 1186f., 1191, 1195ff., 1199; Biedermann 1752, Tab 73f.; Janecki III 1899, S. 834; Pfr. Hoffmann, in: Schmidt II 1843, S. 46f.; HRL 2022
102 Lehfeldt IX 1891, S. 68f.
103 Vgl. ebenda, S. 69; Pfr. Hoffmann in: Schmidt II 1843, S. 47; Behr 1927, S. 71; Zitat bei Hüllemann 1939, S. 1191
104 Vgl. Brückner 1870, S. 709ff.; Lehfeldt XII 1891, S. 99; Löffler 2000, S. 299
105 Vgl. Hänsel 1921, S. 28
106 Brückner 1870, S. 761
107 Schiffner XIV 1827, S. 77
108 Vgl. Franke 2007, S. 44ff.
109 Vgl. Brückner 1870, S. 761f.; Lehfeldt XII 1891, S. 100; Dehio 1998, S. 30; Weiß I 2008, S. 99; Blöthner III 2016, S. 236f.
110 Franke 2017, S. 95
111 Derselbe 2007, S. 45
112 Vgl. ebenda, S. 45-48; Derselbe 2017, S. 95; Pfr. Fraas, in: Schmidt II 1843, S. 160; Behr 1927, S. 63; remptendorf.de (abger. 08.12.2019); Siehe auch GGTUA 1904, S. 874, 1914, S. 876; Janecki III 1899, S. 735f. bei HRL 2022
113 Vgl. Gleichenstein 1716, S. 285; v. Watzdorf 1740 (1872); BGTA 1888, S. 562; Löbe u. Löbe III 1891, S. 15, 364; v. Hausen 1892, S. 360, 570f.; v. Feilitzsch 1896, S. 344; Janecki III 1899, S. 734; GGTUA 1900, S. 851, 1920, S. 894, 1924, S. 718, 1928, S. 674, 1932, S. 544; v. Watzdorf 1903; Hüllemann

1939, S. 966f., 1006; v. Boetticher III, S. 100; v. Watzdorf 1985; GHdA IV 134 (2004); Müller o.J.; Philipp 2004; Franke 2007, S. 44-48, 2017, S. 95; Hagner 2008, S. 80f.; Werner 2013/9f., S. 267; Donath 2015; LhA/HRL 2022
114 Vgl. Pfarrer Klinghammer, in: Schmidt II 1843, S. 146; Brückner 1870, S. 804f.; Hänsel 1921, S. 9; Queck u. Spazier 2016, S. 93
115 Vgl. Blöthner III 2016, S. 99ff.
116 Vgl. Brückner 1870, S. 723; Auerbach 1930, S. 202; Behr 1927, S. 24
117 Brückner 1870, S. 714
118 Vgl. ebenda, S. 709f.; Löffler 2000, S. 300
119 Queck u. Spazier 2016, S. 80
120 Vgl. ebenda; Lehfeldt XII 1891, S. 113f.
121 Vgl. Bienert 2000, S. 216; Brückner 1870, S. 714
122 Queck u. Spazier 2016, S. 80
123 Lehfeldt XII 1891, S. 113f.
124 Löffler 2000, S. 300
125 Vgl. Brückner 1870, S. 714, 723; Auerbach 1930, S. 202; Stephan 1999; Schmidt I 1923, S. 83
126 Löffler 2000, S. 300
127 Vgl. Siehe auch ebenda, S. 299-303; Enke 2000, S. 35-50; Katzschmann u. Wucher 2000, S. 24; Thumser I 2012, S. 310; Zippel 2022, S. 164-167
128 Löffler 2000, S. 304
129 Vgl. ebenda, S. 304ff.; Brückner 1870, S. 715; Scheidig 1996, S. 34f.; Blöthner III 2016, S. 104f.
130 Löffler 2000, S. 305
131 Ebenda, S. 308
132 Ebenda
133 Vgl. ebenda, S. 308-311; Scheidig 1996, S. 30f.
134 Löffler 2000, S. 313
135 Ebenda, S. 313f.
136 Vgl. ebenda, S. 312ff.; Scheidig 1996, S. 32f.
137 Vgl. N.N., in: Schmidt II 1843, S. 123; GGHK 1848, S. 70, 1879, S. 63; HBK 1859, S. 25; Brückner 1870, S. 715, 720; Lehfeldt XII 1891, S. 113; Behr 1927, S. 24; Müller 1990, S. 191; Scheidig 1996, S. 19; Dehio 1998, S. 773; Löffler 2000, S. 314-317; Zippel 2003, S. 48-51; Kraus u. Witticke 2007, S. 55; Heimatjahrbuch des Saale-Orla-Kreises 2008, S. 5; HRL 2022
138 Scheidig 1996, S. 26
139 Vgl. Rühl 1903, S. 42; Löb u.a. 1950, S. 52; Börner 1957/9, S. 259; Voigt 1961/3, S. 82-85; Scheidig 1996, S. 22, 24f.; Löffler 2000, S. 315, 317f.
140 Vgl. Biedermann 1752, Tab. 82; Pfr. Klinghammer, in: Schmidt II 1843, S. 145f.; HBK 1859, S. 32; JDLG II 1893, S. 115; Brückner 1870, S. 798ff.; Eisel 1871, Nr. 793; Köhler 1923, S. 150; Behr 1927, S. 53; Blöthner III 2016, S. 29ff.; HRL 2022
141 Vgl. Eisel 1871, Nr. 914
142 Hänsel 1921, S. 8
143 Vgl. ebenda; GGTUA 1903, S. 238; HRL 2022
144 Hänsel 1921, S. 9f.
145 Ebenda, S. 12
146 Ebenda, S. 28

147 Ebenda, S. 9; Siehe auch Pfr. Gebhardt, in: Schmidt II 1843, S. 149; HBK 1859, S. 31; Brückner 1870, S. 783f.; N.N. 1925/11, S. 83; Blankenstein in: Wikipedia.de (abger. 01.07.2013); Klimpke 19 (2000), S. 28f.; Blöthner III 2016, S. 33f.; HRL 2022
148 Brückner 1870, S. 823
149 Vgl. ebenda; Biedermann 1752, Tab. 32-36; HBK 1859, S. 25, 1878, S. 22, 1893, S. 25; Köhler 1923, S. 145; Haardt I 1929 S. 75; Gefell.de (abger. 17.07.2014); Blöthner II 2017, S. 340f.; HRL 2022
150 Vgl. Brückner 1870, S. 741; Eisel 1871, Nr. 643; Lehfeldt XII 1891, S. 119; v. Geldern Crispendorf 1930, S. 280; Behr 1940, S. 72; Barth 1949, S. 28; Wachter 1993, S. 6f.; Weber u. Kästner 2003, S. 58-62
151 Löffler 2000, S. 329
152 Ebenda, S. 330
153 Vgl. ebenda, S. 330, 435; Brückner 1870, S. 732f.; Hüllemann 1939, S. 1153; Gemeinde Remptendorf 2000, S. 28f.; Enke 2001, S. 69-80
154 Löffler 2000, S. 337
155 Vgl. ebenda, S. 330-337; Pfr. Reinhold, in: Schmidt II 1843, S. 153; Lehfeldt XII 1891, S. 102; Scheidig 1996, S. 36f.; Dehio 1998, S. 233; Weber 2002, S. 30ff.
156 Löffler 2000, S. 339
157 Vgl. ebenda; Blöthner 61 (2018), S. 152-171; Köhler 1923, S. 146; Fiedler 2021, S. 104-110; Siehe auch HBK 1859, S. 24f., 1878, S. 22, 1893, S. 25; GGHK 1879, S. 63 bei HRL 2022
158 Löffler 2000, S. 340
159 Alexander W. Benko (1945), zitiert in: Gemeinde Ebersdorf 2000, S. 9f.
160 Veröffentlicht auch zu weiten Teilen im LIBl. (1784-1797)
161 Vgl. Schmidt I 1923, S. 1f.; Löffler 2000, S. 329-350; Gemeinde Ebersdorf 2001, S. 19, 23f., 33f.; Ackermann 2008, S. 50f.; Blöthner III 2016, S. 160f.; Derselbe 61 (2018), S. 172; Schloß Ebersdorf, in: Wikipedia.de (abger. 15.03.2023)
162 Vgl. Schloß Ebersdorf, in: Wikipedia.de (abger. 15.03.2023); Popp-Sewing 2017 zuzüglich Nachträgen
163 Vgl. Blöthner 61 (2018), S. 173; Derselbe (23.12.2022)
164 Zitiert bei Lehmann 2013, S. 37f.
165 N.N. 1926/18, S. 139
166 Vgl. Löffler 2000, S. 334, 338ff.; Gemeinde Ebersdorf 2001, S. 10, 36; Schloß Ebersdorf, in: Wikipedia.de (abger. 15.03.2023); Siehe auch Weber u.a. 5 (2000); Findleben 2016, S. 120-123; Behr 1927, S. 73; Weber 1987; Wachter 1992; Dehio 1998, S. 233
167 Vgl. Brückner 1870, S. 783f.; Hänsel 1921, S. 9; Eichenstein in: Wikipedia.de (abger. 17.07.2014); HRL 2022
168 Brückner 1870, S. 796, 798
169 Ebenda; Siehe auch Pfr. Klinghammer, in: Schmidt II 1843, S. 146; Weiß I 2008, S. 12
170 Vgl. Weiß I 2008, S. 26; Blöthner III 2016, S. 242ff.
171 Brückner 1870, S. 763
172 Vgl. bei Schmidt II 1843, S. 126; Rühl 1903, S. 42; Löb u.a. 1950, S. 52
173 Vgl. Brückner 1870, S. 820f.; Behr 1927, S. 48; Oberlandhefte 1928/4
174 Vgl. Brückner 1870, S. 805f.; Lehfeldt XII 1891, S. 131 bei Blöthner II

2017, S. 365; Biedermann 1752, Tab. 156; HBK 1859, S. 31; Köhler 1923, S. 147; HRL 2022;SMAD Befehl 209, in: Wikipedia.de (abger. 26.07.2023)

175 Behr 1927, S. 53f.

176 Vgl. Barth 1949, S. 28, 53

177 Vgl. König I 1727, S. 337; Biedermann 1752, Tab. 106-129; NGH 1778, S. 263; Kneschke III 1861; GGTFH 1862, S. 191 (Stammreihe), 1896, S. 241, 1920, S. 213, 1922, S. 218, 1924, S. 227, 1926, S. 195, 1928, S. 159, 1930, S. 122; v. Feilitzsch 1875 (1903); v. Lang III 1877, S. 20; Löbe u. Löbe III 1891, S. 195; v. Hausen 1892, S. 81f.; Schmidt II 1892, S. 139 (A°1365); Fröhlich u.a. 1986, S. 145; Biedermann 2004; von Feilitzsch (Adelsgeschlecht), in: Wikipedia (abger. 24.08.2022); LhA 2022

178 Zitiert bei Pfr. Gebhardt, in: Schmidt II 1843, S. 150

179 Zitiert bei Narr 1932/10, S. 199 mit dem Todesjahr 1587, nach Rank 1992 jedoch 1588; Siehe auch Lehfeldt XII 1891, S. 109

180 Vgl. Schuhmann III 1816, S. 57; Schiffner XVI 1828, S. 5; Pfr. Gebhardt, in: Schmidt II 1843, S. 148ff.; HBK 1859, S. 26, 1878, S. 22, 1893, S. 25; Brückner 1870, S. 786f., 789f.; Köhler 1923, S. 147; Kretschmer 1934, S. 136, 138, 146; Blöthner III 2016, S. 51f.; HRL 2022

181 Biedermann 1752, Tab. 64

182 Bavaria III 1865, S. 600f.

183 Vgl. Biedermann 1747, Tab. 207-210, 1752, Tab. 63-105; NGH 1778, S. 165; GGTUA 1856, S. 537, 1906, S. 603 (Stammreihe), 1920, S. 654, 1922, S. 665, 1924, S. 561, 1926, S. 549, 1928, S. 511, 1930, S. 411, 1932, S. 460; MÖK 1867, S. 968; BGTA 1879, S. 561, 1880, S. 261; Schmidt I 1885, Nr. 582 (A°1325); v. d. Becke-Klüchtzner 1886, S. 352; v. Hausen 1892, S. 392f.; Thiset u. Wittrup 1904, S. 227; Stumpf 1920, bei Kretschmer 1934, S. 134; Hagner 2008 S. 81; von Reitzenstein (Adelsgeschlecht), in: Wikipedia. (abger. 23.08.2022); HRL 2022

184 Pfr. Meusel, in: Schmidt II 1843, S. 190

185 Gemeinde Heinersdorf 2000

186 Ebenda

187 Vgl. ebenda; Pfr. Meusel, in: Schmidt II 1843, S. 190, 192, 195; Brückner 1870, S. 745; Blöthner III 2016, S. 60; HRL 2022

188 Vgl. GGTFH 1925, S. 261 (Stammreihe), 1929, S. 302

189 Brückner 1870, S. 780; Vgl. ebenda 778, 780, 782; N.N., in: Schmidt II 1843, S. 126; Behr 1927, S. 28f., 97; Barth 1949, S. 15f., 53; Rosenkranz 1982, S. 35; Wachter 2003, S. 84f.

190 Haardt II 1933, S. 143

191 Löffler 2000, S. 355

192 Lehfeldt XII 1891, S. 133

193 Queck u. Spazier 2016, S. 90

194 Lehfeldt XII 1891, S. 133

195 Vgl. ebenda, S. 131, 133f.; Brückner 1870, S. 809f., 816; Schmidt I 1923, S. 57; Auerbach 1930, S. 201; Haardt 1931/11, S. 232, II 1933, S. 143; Wachter 1978, S. 60f., 72f.; Dehio 1998, S. 616; Löffler 2000, S. 355; Queck u. Spazier 2016, S. 90f.; Blöthner II 2017, S. 358f.

196 Vgl. Haardt II 1933, S. 169, 193, 198; Löffler 2000, S. 356ff.

197 Löffler 2000, S. 357

198 Ebenda
199 Vgl. ebenda, S. 357ff.; Haardt III 1938, S. 215f., 218ff., 223
200 Vgl. Blankenberg, in: Wikipedia.de (abger. 15.07.2014)
201 Haard II 1933, S. 140
202 Ebenda, S. 80
203 Vgl. ebenda, S. 106, 140f., 145f.; Brückner 1870, S. 809; Lehfeldt XII 1891, S. 127; Warg 1910; Wachter 1978, S. 72f.; Müller 1990, S. 191; Hardt 2007, S. 173-184; Queck u. Spazier 2016, S. 91
204 Haardt II 1933, S. 149
205 Biedermann 2004
206 Vgl. ebenda; Haardt II 1933, S. 151, 154, 158, 161f., 165; Löffler 2000, S. 355; Siehe auch Biedermann 1752, Tab. 205-209; Siebmacher II, III, 54; GGTAG 1835, S. 535, 1844, S. 663, 1893, S. 1187 (Stammreihe), 1905, S. 1006, 1922, S. 1122, 1924, S. 645, 1926, S. 650, 1928, S. 679, 1932, S. 675; Warg 1910; GGTFH 1916, S. 975 (Stammreihe), 1920, S. 982, 1922, S. 994, 1930, S. 621 bei HRL 2022; von Zedtwitz (Adelsgeschlecht), in: Wikipedia.de (abger. 25.03.2023)
207 Vgl. GGTUA 1901, S. 76; Auerbach 1905, S. 174-235; Haardt II 1933, S. 170, 173, 185; Löffler 2000, S. 355; Hagner 2008, S, 95; HRL 2022
208 Vgl. Haardt II 1933, S. 193, III 1938, S. 198, 200, 204, 210
209 Vgl. ebenda III 1938, S. 213, 217, 221ff., 256ff.; Pfr. Klinghammer, in: Schmidt II 1843, S. 146; HBK 1859, S. 24f., 1878, S. 22, 1893, S. 25; Brückner 1870, S. 809, 816; Lehfeldt XII 1891, S. 133; Köhler 1923, S. 147; Jung 2007, S. 199; N.N. (22.06.1996); N.N. 1997; Löffler 2000, S. 358f.
210 Löffler 2000, S. 358
211 Vgl. ebenda, S. 358f.; Brückner 1870, S. 809, 815; Behr 1927, S. 45; Haardt III 1938, S. 220f.; Heßler 1994, S. 55ff.
212 Vgl. Haard II 1933, S. 145ff., 149; v. Reitzenstein, S. 62, 87 u. v. Guttenberg, S. 50, in: Ebenda, S. 147; Sieghardt 1955/21; Werner 2010/3f., S. 80
213 Vgl. Biedermann 1752, Tab. 210-213; d. Ruvigny 1914, S. 785; GGTFH 1853, S. 208ff., 1879, S. 350ff., 1920, S. 359, 1922, S. 367, 1926, S. 321, 1928, S. 286, in: HRL 2022; Preißer 1992, S. 253-266; von Hirschberg (Adelsgeschlecht), in: Wikipedia.de (abger. 14.03.2023); v. Hirschberg 2023
214 Vgl. Biedermann 1752, Tab. 144; HBK 1859, S. 31; Lehfeldt XII 1891, S. 131; Brückner 1870, S. 796, 798; Köhler 1923, S. 146; Behr 1927, S. 53; Frössen, in: Wikipedia (abger. 17.07.2014); HRL 2022
215 Vgl. Brückner 1870, S. 780ff.; Behr 1927, S. 29; Weidhaas 1996, S. 119f.; Löffler 2000, S. 326f. Frau Schuricht, Rodacherbrunn: Mitteilungen ebenda, S. 447; Laß 2006, S. 381; Blöthner III 2016, S 87
216 Vgl. Alberti 1837, S. 91f.; Brückner 1870, S. 755; Reußischer Erzähler 1913, Nr. n.; Barth 1949, S. 11, 33; Rosenkranz 1982, S. 46; Göhring 2002, S. 164; Blöthner III 2016, S. 198
217 Vgl. Pfr. Felder, in: Schmidt II 1843, S. 136; Brückner 1870, S 775
218 Rank 1992
219 Vgl. ebenda; Brückner 1870, S. 785; Hagner 2008, S. 88; Rittergut Harra, in: Wikipedia.de (abger. 04.05.2023)
220 Brückner 1870, S. 792
221 Vgl. ebenda; Schmidt II 1843, S. 8; Weidhaas 2005, S. 67; Blöthner II

2017, S. 333f.
222 Vgl. Brückner 1870, S. 781; Blöthner III 2016, S. 45
223 Brückner 1870, S. 758
224 Vgl. ebenda; Pfr. Fraas, in: Schmidt II 1843, S. 160; Lehfeldt XII, 1891, S. 114; Janecki III 1899, S. 735f., 750; GGTUA 1904, S. 874; Jahn 1914; Behr 1927, S. 63; Blöthner III 2016, S 288f.; HRL 2022
225 Vgl. Janecki II 1898, S. 881 (Stammreihe); GGTUA 1900, S. 823, 1919, S. 814, 1921, S. 831, 1926, S. 721, 1931, S. 525
226 Vgl. GGTUA 1929, S. 735
227 Vgl. Brückner 1870, S. 758; Gasthof und Pension zur alten Brauerei, in: Lothra.de/geschichte (abger. 30.03.2023); ThStA Greiz – Bestand: Rittergut Lothra (1682-1807), Bestandssignatur: 3-91-1190
228 Vgl. Brückner 1870, S. 819f.; Haardt I 1929 S. 75, III 1938, S. 241f.; Biedermann 1752
229 Vgl. Pfr. Felder, in: Schmidt II 1843, S. 136; Brückner 1870, S. 770f.; Blöthner III 2016, S. 72
230 Vgl. Queck u. Spazier 2016, S. 86
231 Haardt 1931/11, S. 231f.
232 Vgl. ebenda; Pfr. Klinghammer, in: Schmidt II 1846, S. 146; Brückner 1870, S. 801, 803; Oberlandhefte 1925/1 (Jugendgarten), S. 10f.; Auerbach 1930, S. 204; Wachter 1978, S. 80; Schmidt 2008, S. 17-21; vg-saale-rennsteig.de, pottiga.de (beide abger. 18.07.2014); Blöthner III 2016, S. 25f.; HRL 2022
233 Vgl. Brückner 1870, S. 754; Siehe auch Behr 1927, S. 63; Gemeinde Ebersdorf 1982, S. 42f.; Gemeinde Remptendorf 2000, S. 95; N.N. 2011; Rödern, in: Wikipedia.de (abger. 19.07.2014)
234 Hänsel bei Haas u.a. 2009, S, 10; Vgl. ebenda; Brückner 1870, S. 772f.
235 Vgl. Klinghammer, in Schmidt II 1843, S. 146; Brückner 1870, S. 803; Hartenstein 2012, S. 97f.; Blöthner III 2016, S. 27
236 Vgl. König III 1736, S. 786; Biedermann 1752, Tab. 130-144; NGH 1778, S. 351; v. Boetticher II, S. 372; GGTFH 1880, S. 1016; Gritzner 1881, S. 645; Hahn III, S. 384-392; Siebmacher 1907, S. 103; Warg 1910; Schmidt 1925, S. 7, 2008, S. 17-21; Hagner 2008, S. 82
237 Vgl. Biedermann 1752, Tab. 83; HBK 1859, S. 32; Brückner 1870, S. 803; GGTBA 1931, S. 373; Köhler 1923, S. 152; HRL 2022
238 Hartenstein 2012, S. 98f.
239 Vgl. Wagner 2002, S. 15, 31; Rost 199X, S. 10
240 Hartenstein 2012, S. 99
241 Vgl. ebenda
242 Vgl. N.N., in: Schmidt II 1843, S. 126; HBK 1859, S. 24f.; 1878, S. 22, 1893, S. 25; Brückner 1870, S. 725; Lehfeldt XII, 1891, S. 117f.; Köhler 1923, S. 153; Blöthner III 2016, S. 116f.; HRL 2022
243 Brückner 1870, S. 726
244 Vgl. ebenda; Hänsel 1937/3, S. 17-22; Weber 1987, S. 20; Dehio 1998, S. 1048; Scheidig 1996, S. 27; Löffler 2000, S. 351-354; Ungelenk o.J., S. 3ff., 8f., zitiert ebenda, S. 352; Jagdschloss Waidmannsheil, in: Wikipedia.de (abger. 07.03.2023); Jan Popp-Sewing, in: Burgerbe.de (abger. 15.03.2023)
245 Vgl. Jagdschloss Waidmannsheil, in: Wikipedia.de (abger. 07.03.2023)
246 Vgl. Pfr. Gebhardt, in: Schmidt II 1843, S. 149; Brückner 1870, S. 782f.;

Blöthner III 2016, S. 41; HRL 2022
247 Brückner 1870, S. 741f.
248 Löffler 2000, S. 324
249 Vgl. ebenda, S. 323f., 339; Brückner 1870, S. 741
250 Vgl. Pfr. Hölzer, in: Schmidt II 1843, S. 186; Brückner 1870, S. 752; Autorenkollektiv 2009, S. 7f., 28, 41f., 78, 93; Behr 2010, S. 119-124; Thierbach, in: Wikipedia.de (abger. 20.07.2014); Blöthner III 2016, S. 244
251 Zitiert bei Vik. Mörle, in: Schmidt II 1843, S. 152
252 Vgl. Brückner 1870, S. 756; Behr 1927, S. 60; Blöthner III 2016, S. 229
253 Vgl. Pfr. Fischer, in: Schmidt II 1843, S. 143; Brückner 1870, S. 742f.; Hagner 2008, S. 82f., 88; Autorenkollektiv 2009, S. 28; Blöthner III 2016, S. 110
254 Brückner 1870, S. 817
255 Haardt III 1938, S. 242
256 Vgl. ebenda; Biedermann 1752, Tab. 41f.; Brückner 1870, S. 817; Behr 1927, S. 46; Blöthner II 2017, S. 361
257 Vgl. Biedermann 1752, Tab. 130, 133; Brückner 1870, S. 754f.; Sigismund II 1863, S. 201; Auerbach 1930, S. 281; Gemeinde Remptendorf 2000, S. 96f.; Weisbach bei remptendorf.de (abgerufen: 08.12.2019); Blöthner III 2016, S. 231
258 Vgl. Brückner 1870, S. 765f.; Philipp 2004, S. 8f.; HRL 2022
259 Pfr. Felder, in: Schmidt II 1843, S. 132
260 Vgl. ebenda; Brückner 1870, S. 767f.; Lehfeldt XII, 1891, S. 123; Blöthner III 2016, S. 55; Wegmann 2018/10, S. 6f.; HRL 2022
261 Vgl. Klotz 1816, S. 215, 220; Brückner 1870, S. 661f.; Weidhaas 2005, S. 4; Blöthner III 2016, S. 129ff.
262 Klotz 1816, S. 227
263 Hagner 2008, S. 89
264 Ebenda, S. 89f.
265 Vgl. ebenda; Pfr. Scharre, in: Schmidt II 1843, S. 6; Brückner 1870, S. 673f.; Oberlandhefte, 1925/13, S. 98; Wachter 1981, S. 18; Blöthner II 2017, S. 257f.
266 Brückner 1870, S. 674
267 Pfr. Scharre, in: Schmidt II 1843, S. 6
268 Vgl. ebenda; Brückner 1870, S. 676f.; Klimpke 19 (2000), S. 22; Schmidt u.a. 2004, A 1-52; Weidhaas 2005, S. 59f.; Blöthner III 2016, S. 146
269 Vgl. Klotz 1816, S. 229; Pfr. Reinhardt, in Schmidt II 1843, S. 42; Brückner 1870, S. 791f.; Hänsel u. Behr 1926, S. 35f.; Behr 1927, S. 21; Barth 1949, S. 17f.; Wachter 1978, S. 138
270 Vgl. Diac. Wappler, in: Schmidt II 1843, S. 68; Brückner 1870, S. 692f.; Eisel 1871, Nr. 847; Behr 1940, S. 89; Barth 1949, S. 35f., 53; Wachter 1978, S. 137f.
271 Brückner 1870, S. 731
272 Vgl. Alberti 1837, S. 82f.; C. H. Hoffmann, in: Schmidt II 1843, S. 48; HBK 1859, S. 26, 1878, S. 22, 1893, S. 25; Brückner 1870, S. 730f.; Lehfeldt XII, 1891, S. 116; Behr 1927, S. 57; Hüllemann 1939, S. 1136, 1138, 1143; Blöthner III 2016, S. 183; HRL 2022
273 Vgl. König II 1727, S. 448, 535, 737, III 1729, S. 129, 273, 313, 705, 1212; Siebmacher VI VI, 38, VI XII (1907), S. 4f., 74; v. Mülverstedt 1863, S. 11f.; Brückner 1870, S. 732; GGTFH 1874, S. 873; v. Feilitzsch 1896, S. 57; v. Hausen 1892, S. 60; Löbe u. Löbe III 1891, S. 101, 495, 595; Auerbach 1930, S. 254; Hess 1962, S. 356; Dragsdorf, in Wikipedia.de; Christoph von Drachs-

dorf, in: genealogieonline.nl/de/west-europese-adel/I48161.php; Hans Friedrich von Drachsdorf, in: Wikipedia.de; wuerzburgwiki.de/wiki/Johann_Karl_Wilhelm _von_Drachsdorff (alle abger. 01.02.2023)

274 Vgl. Auerbach 1930, S. 203, 205f.; Wachter 1978, S. 73; Löffler 2000, S. 365; Queck u. Spazier 2016, S. 59

275 Vgl. Drechsel 1934, S. 171f.; Werner 1997; Großkopf 1929, S. 14f., 20-28

276 Großkopf 1929, S. 129

277 Vgl. ebenda; Brückner 1870, S. 661; Schmidt I 1885, Nr. 72 (A°1240), zitiert bei Lehfeldt XII 1891, S. 34; Löbe u. Löbe III 1891 S. 676ff.; Schmidt I 1923, S. 56; Wachter 1978, S. 36; Beierlein 2006, S. 52f.; Werner 1997; Köbler 1999, S. 356f.; Löffler 2000, S. 365f.; manfred-hiebl.de/genealogie-mittelalter/lobdeburg_herren_von/... (abger. 12.10.2022); Siehe auch Hecklau 2019, S. 39-54

278 Vgl. Löffler 2000, S. 366-370; Weidhaas 2005, S. 6; Tannhäuser u. Spazier 2010, S. 98; HRL 2022

279 Löffler 2000, S. 372

280 Vgl. Tannhäuser u. Spazier 2010, S. 98-104; Queck u. Spazier 2016, S. 56f.

281 Tannhäuser u. Spazier 2010, S. 100

282 Ebenda, S. 101

283 Ebenda, S. 102

284 Hänsel 1956/10, S. 319

285 Löffler 2000, S. 368

286 Ebenda, S. 369

287 Ebenda, S. 371

288 Vgl. ebenda, S. 365-380; Lehfeldt XII, 1891, S. 40f.; Hänsel 1956/10, S. 318-322; Diersch 1988/25; Dehio 1998, S. 1047; Weidhaas 2005, S. 6; Tannhäuser u. Spazier 2010, S. 98-104; Queck u. Spazier 2016, S. 56f.; Spazier 2020, S. 165-170

289 Vgl. Löffler 2000, S. 370ff.

290 Vgl. ebenda, S. 365f.; Klotz 1816, S. 226; Brückner 1870, S. 664; Eisel 1871, Nr. 496; Lehfeldt XII, 1891, S. 41; Schmidt II 1909, S. 23; Hüllemann 1939, S. 1138, 1201; Hänsel 1956/10, S. 319; Wachter 1978, S. 73; Hagner 2008, S. 81; Karl Benker, in: toepen.de (abger. 17.04.2023)

291 von Dobeneck (Adelsgeschlecht), in: Wikipedia.de (abger. 22.12.2022) nach Biedermann 1752, Tab. 146; Siehe auch v. Dobeneck 1906. S. 366f.

292 Vgl. Blöthner II 2017, III 2016; Hagner 2008 S. 81; Dietzel I 1994, S. 51

293 Vgl. Biedermann 1752, Tab. 147; Hänsel 192X; von Dobeneck (Adelsgeschlecht), in: Wikipedia.de (abger. 22.12.2022)

294 Wikipedia.de ebenda nach Kneschke II 1860, S. 511

295 Vgl. König III 1736, S. 220; NGH 1778, S. 258; GGTFH 1858, S. 120ff., 1861, S. 114f., 1872, S. 119ff., 1912, S. 152 (Stammreihe), 1920, S. 157, 1922, S. 158, 1924, S. 177, 1926, S. 156, 1928, S. 111, 1932, S. 119 bei LhA 2022; Biedermann 1752, Tab. 145-161

296 Vgl. Biedermann 1745-1771; Limmer 1825, S. 97; v. Zedlitz-Neukirch 1836, S. 400; Kneschke II 1860, S. 511f., v. Hausen 1892, S. 54; v. Dobeneck 1906, 1909; Gebeßler 1960; GhdA II 58 (1974); von Dobeneck (Adelsgeschlecht), in: Wikipedia.de (abger. 22.12.2022)

297 Vgl. Biedermann 1752, Tab. 227, 229f.; von Kospoth (Adelsgeschlecht),

in: Wikipedia (abger. 22.08.2023)
298 Zitiert bei Diac. Wappler, in: Schmidt II 1843, S. 68
299 Lehfeldt XII 1891, S. 42f., Zitat ebenda
300 Vgl. ebenda; Diac. Wappler, in: Schmidt II 1843, S. 68; Weiss I 2008, S. 92; Zu denen von Bodewitz siehe Gleichenstein 1716, S. 160; Siebmacher VI, VI, 22, VI, XII, 31, 95
301 Bei Biedermann 1752, Tab. 234 steht für Anton – Johann, siehe Tab. 232
302 Vgl. ebenda, Tab. 230-235; Diac. Wappler, in: Schmidt II 1843, S. 68, Zitate ebenda; GGTUA 1903, S. 460, 463
303 Vgl. Biedermann 1752, Tab. 235f.; Brückner 1870, S. 691; BGTA 1879, S. 285; Oberlandhefte 1927/2, S. 19; Klimpke 19 (2000), S. 14; Blöthner II 2017, S. 301f.; HRL 2022
304 Vgl. Brückner 1870, S. 691; Köhler 1923, S. 153; Bergemann 1926, S. 152, 189, 278, 313; Behr 1927, S. 67; Heuschkel 2007, S. 176-180; Hagner 2008, S. 82; HRL 2022
305 Vgl. Biedermann 1752, Tab. 232, 234, 236; GGTUA 1903, S. 460; Heilmann 2010; HRL 2022
306 Brückner 1870, S. 682
307 Vgl. ebenda, S. 681f.; Klotz 1816, S. 228; Schmidt II 1843, S. 7; HBK 1859, S. 25, 1878, S. 22, 1893, S. 25; Köhler 1923, S. 153; Klimpke 19 (2000), S. 37; HRL 2022; Siehe aber auch Thrum 2004, S. 48f.
308 Vgl. Ungewitter 1848 (1994), S. 142f.; Alberti 1877; Schmidt 1892; Klimpke 19 (2000), S. 2ff.; Hohenleuben, in: Wikipedia (abger. 20.02.2023)
309 Vgl. Pfr. Spörel, in: Schmidt II 1843, S. 38; Brückner 1870, S. 620; Klimpke 19 (2000), S. 38
310 Brückner 1870, S. 616
311 Vgl. ebenda, S. 615f.; Pfr. Spörel, in: Schmidt II 1843, S. 39; HBK 1859, S. 25, 1878, S. 22, 1893, S. 25; Lehfeldt XII, 1891, S. 4; Janecki III 1899, S. 750; Siebmacher VI XII (1907), S. 78; Köhler 1923, S.145; Hänsel 1934/9; Klimpke 19 (2000), S. 31; Blöthner II 2017, S. 148; Heinze u.a. 2017, S. 218, 369f.; HRL 2022;
312 Pfr. Behr, in: Schmidt II 1843, S. 24
313 Vgl. ebenda; Biedermann 1752, Tab. 227, 229, 232, 234-237; Zopf 1692, S. 32; Brückner 1870, S. 690f.; HBK 1859, S. 31; BGTA 1879, S. 285f.; GGTUA 1903, S. 460f.; Köhler 1923, S. 146; Klimpke 19 (2000), S. 14, 31; Heuschkel 2007, S. 176; Blöthner II 2017, S. 283; HRL 2022
314 Vgl. Brückner 1870, S. 624; Blöthner II 2017, S. 174
315 Brückner 1870, S. 624f.
316 Ebenda, S. 625
317 Vgl. König III 1736, S. 882; v. Feilitzsch 1896, S. 118; v. Raab 1901, S. 43ff.; Siebmacher VI, VIII, I, 51; GGTUA 1906, S. 360 (Stammreihe); v. Boetticher I 1912, S. 824; Röhner 1993; Bergner 1999, S. 76; Hagner 2008, S. 81; Hetzer 2008, S. 153-160; HRL 2022; von Kauffungen (Adelsgeschlecht), in: Wikipedia.de (abger. 19.04.2023)
318 Vgl. Biedermann 1752, Tab. 150
319 Kretschmer 1927, S. 18; Siehe auch Derselbe 1919
320 Hetzer 1997, S. 126
321 Oberlandhefte 1928/10, S. 4; Siehe auch Pfr. Walz, in: Schmidt II 1843, S.

27; Brückner 1870, S. 625; Lehfeldt XII 1891, S. 9-12; Dehio 1998, S. 699; Heinze u.a. 2017, S. 400

322 Vgl. Brückner 1870, S. 624, 627; Köhler 1923, S. 147; Behr 1927, S. 80; Oberlandhefte 1928/10, S. 4; Klimpke 19 (2000), S. 32; HRL 2022

323 Pfr. Walz, in: Schmidt II 1843, S. 27

324 Vgl. ebenda; Brückner 1870, S. 62; Oberlandhefte 1928/10

325 Hänsel 1929, S. 23

326 Vgl. v. Hausen 1892, S. 468f.; Schmidt III 1916, S. 77, 83, 357; Knothe 2007; von Spiegel (Adelsgeschlecht), in: Wikipedia.de (abger. 23.08.2022); HRL 2022

327 Hänsel 1929, S. 23

328 Ebenda

329 Vgl. Köhler 1923, S. 147; Klimpke 19 (2000), S. 32

330 Brückner 1870, S. 659; Zu Leitlitz siehe ebenda, S. 627

331 von Römer (Adelsgeschlecht), in: Wikipedia (abger. 23.08.2022)

332 Vgl. ebenda; König I 1727, S. 161f., 879, 1023, II 1729, S. 145, 447, 470, 601, III 1736, S. 110, 306, 875, 993, 1170, 1211; BGTA 1879, S. 508 (Stammreihe), 1883, S. 450, 1888, S. 430, 1894, S. 430; N.N. 1888, S. 369-390; v. Feilitzsch 1896, S. 257; Siebmacher II, III, 44, III, II, 331; GhdA IX 1954, S. 360; v. Frank IV 1967, S. 181

333 von Bose (Adelsgeschlecht), in: Wikipedia (abger. 10.02.2023)

334 Ebenda; Siehe auch König III 1736, S. 139; GGTUA 1902, S. 144 (Stammreihe), 1919, S. 136, 1921, S. 135, 1924, S. 93, 1929, S. 119; v. Boetticher I 1912, S. 182; v. Stockum 1912, S. 367 (Stammreihe), 1919, S. 273, 1924, S. 239; v. Bose u.a. 1980; LhA/HRL 2022

335 Brückner 1870, S. 657

336 Ebenda, S. 657f.

337 Vgl. ebenda, S. 656; Diac. Ludwig, in: Schmidt II 1843, S. 42; Köhler 1923, S. 88, 92; Heinze u.a. 2017, S. 398; HRL 2022

338 langenwolschendorf.de (abger. 20.02.2023)

339 Vgl. ebenda; Langenwolschendorf, in: Wikipedia.de (abger. 20.02.2023)

340 Vgl. von Friesen (Adelsgeschlecht), in: Wikipedia.de (abger. 02.05.2023); Siehe auch König I 1729, S. 393; NGH 1778, S. 269; v. Uechtritz I 1790, S. 67; GGTFH 1896, S. 267 (Stammreihe), 1920, S. 230, 1922, S. 236, 1924, S. 245, 1926, S. 212, 1928, S. 176, 1930, S. 135, 1932, S. 169; v. Boetticher I 1912, S. 386 bei LhA/HRL 2023

341 Brückner 1870, S. 608

342 Vgl. ebenda, S. 607f.; Pfr. Frank, in: Schmidt II 1843, S. 70f.; HBK 1859, S. 25; Lehfeldt XII 1891, S. 17; Oberlandhefte 1925/5, S. 37; Behr 1927, S. 80; Hänsel 1928; Auerbach 1930, S. 202; Wachter 1978, S. 79; Klimpke 19 (2000), S. 33f.; Queck u. Spazier 2016, S. 26; Blöthner II 2017, S. 169f.; Heinze u.a. 2017, S. 398

343 Brückner 1870, S. 695

344 Vgl. Pfr. Friedrich, bei Schmidt II 1843, S. 69 (Zitate ebenda); Siehe auch Degenkolb 1933/4; Blöthner II 2017, S. 282

345 Queck u. Spazier 2016, S. 68

346 Vgl. ebenda; Behr 1927, S. 77; Barth 1949, S. 25; Diersch 1988/25, S. 48

347 Dorf- und Heimatverein Oberböhmsdorf 2008, S. 4

348 Vgl. ebenda; Alberti 1880 bei Hagner 2008, S. 82; Schmidt II 1909, S. 317; Blöthner II 2017, S. 242; Bei Zopf (1692, S. 32f.) sind die von Plauen bis 1547 als Besitzer erwähnt.
349 Vgl. Brückner 1870, S. 596; HRL 2022; Oberböhmsdorf in Schleiz.de (abger. 04.05.2023)
350 Siebmacher II, II, 117 bzw. Tafel 144; Siehe auch ebenda III, II, 393; König III 1736, S. 111ff., 558; BGTA 1893, S. 600
351 Brückner 1870, S. 596
352 Dorf- und Heimatverein Oberböhmsdorf 2008, S. 54
353 Vgl. ebenda, S. 64f.; Rößler 23 (1978) u. Richter 2010/3, S. 186-194 bei von der Oelsnitz (Adelsgeschlecht), in: Wikipedia.de (abger. 03.05.2023); BGTA 1879, S. 561; GGTUA 1900, S. 652 (Stammreihe), 653-657, 1921, S. 541, 1926, S. 527, 1931, S. 344; v. Boetticher II 1913, S. 379ff., IV 1923, S. 53 bei LhA 2022
354 Vgl. Zschiegner 1958/5, S. 139; Rhode 1958/6, S. 162f.; Dorf- und Heimatverein Oberböhmsdorf 2008, S. 11, 13f., 57f.
355 Vgl. Corektor Göll, in: Schmidt II 1843, S. 64; HBK 1859, S. 25, 1893, S. 25; Brückner 1870, S. 595; Lehfeldt XII, 1891, S. 21; N.N. 1933/13; Klimpke 19 (2000), S. 34f.; HRL 2022
356 Vgl. Corektor Göll, in: Schmidt II 1843, S. 64; Brückner 1870, S. 595; Hänsel 1929/8, S. 171-174
357 Conrad 2017, S. 64f.
358 Ebenda, S. 65
359 Hoffmann 2017, S. 139
360 Löffler 2000, S. 293
361 Behr 1927, S. 16
362 Vgl. HBK 1859, S. 25; Pfr. Handmann, in: Schmidt II 1843, S. 82; Brückner 1870, S. 600; Behr 1927, S. 16; Kretschmer 1927; N.N. 1928/4, S. 79ff.; Hänsel 1932; Pasold 1988, S. 54f.; Löffler 2000, S. 291f., 446, 461; Hoffmann 2017, S. 139ff.; Blöthner II 2017, S. 44f.; HRL 2022
363 Autorenkollektiv Oettersdorf 2002. S. 38
364 Ebenda
365 Vgl. ebenda, S. 32ff., 39f.; Joh. Schubert, in: Schmidt II 1843, S. 83; HBK 1859, S. 25, 1878, S. 22, 1893, S. 25; Brückner 1870, S. 602f.; Lehfeldt XII, 1891, S. 22; Köhler 1923, S. 150; Scholz 1994, S. 67f.; Wetzel 2011, S. 128; Blöthner II 2017, S. 185ff.; Schneider (10.04.2021); HRL 2022
366 Oschitz, in: Schleiz.de (abger. 04.05.2023)
367 Vgl. ebenda; Hänsel 1925/20; Klimpke 19 (2000), S. 35; Blöthner II 2017, S. 249f.
368 Vgl. Wachter 1981, S. 99; Siehe auch Kretschmer 1934, S. 656-660; Klimpke 19 (2000), S. 13
369 Vgl. Pfr. Handmann, in: Schmidt II 1843, S. 81; Brückner 1870, S. 599
370 Oschitz, in: Schleiz.de (abger. 04.05.2023)
371 Pfr. Handmann, in: Schmidt II 1843, S. 81
372 Ebenda, S. 82
373 Vgl. ebenda; Eisel 1871, Nr. 645; N.N. 1925/6, S. 46f.; Behr 1927, S. 107; Hänsel 1934/9
374 Pfr. Handmann, in: Schmidt II 1843, S. 82
375 Vgl. HBK 1859, S. 25, 1878, S. 22, 1893, S. 25; Brückner 1870, S. 598f.;

Eisel 1871, Nr. 236, 996; Köhler 1923, S. 150; Behr 1927, S. 8; Wachter 1978, S. 43, 80, 92

376 Vgl. Zedler XV 1737, Sp. 1578ff.; Mach 1885; v. Hausen 1892, S. 215ff.; Kretschmer 1934, S. 90-103, 117, 650f.; Müller 1913, S. 462; Hagner 2008, S. 81

377 Klimpke 19 (2000), S. 16f.

378 Zur Genealogie derer von Kospoth siehe König III 1736, S. 613; Kneschke V 1864, S. 244ff.; Beerend 1889, S. 181ff.; GhdA V (40) 1967, S. 223ff., VI (91) 1987; Kretschmer 1934, S. 90, 117; Siehe auch Biedermann 1752, Tab. 233; BGTA 1879, S. 284 (Stammreihe), 1883, S. 289, 1886, S. 2; v. Feilitzsch 1896, S. 144; v. Boetticher I, S. 916; GGTUA 1903, S. 460 (Stammreihe), 1923, S. 373, 1928, S. 285, 1931, S. 227; GGTFH 1874, S. 874; GGTAG 1922, S. 513, 1924, S. 311, 1926, S. 313, 1928, S. 318, 1930, S. 324, 1932, S. 327; v. Frank III 1967, S. 66

379 Vgl. Kretschmer 1934, S. 89-123, 651-659; Wachter 1981, S. 20

380 Vgl. v. Metzsch-Reichenbach 1910, S. 391f., 448; Richter 1857; v. Kospoth u. v. Kospoth 2006; Heilmann 2010; Kretschmer 1934, S. X

381 Vgl. Klimpke 19 (2000), S. 23f., 2020, S. 196-200; Lehfeldt XII 1891, S. 68; Kretschmer 1934, S. 89

382 Vgl. Pfr. Handmann, in: Schmidt II 1843, S. 82; Brückner 1870, S. 597, 599; Lehfeldt XII 1891, S. 22-25; Hänsel 1933/13; Hetzer 1997, S. 121

383 Biedermann 1752, Tab. 243

384 Vgl. Klimpke 19 (2000), S. 19f.

385 Vgl. Biedermann 1752, Tab. 234ff., 240-245; GGTUA 1903, S. 460, 462f., HRL 2022; v. Metzsch-Reichenbach 1910, S. 391f., 448; v. Kospoth u. v. Kospoth 2006; Blöthner II 2020, S. 146-149

386 Heinze u.a. 2017, S. 382

387 Sachenbacher 2005, S. 95

388 Baberske 1988, S. 7

389 Vgl. ebenda, S. 7, 10, 12, 40; Pfr. Gräf, in: Schmidt II 1843, S. 37; Brückner 1870, S. 621; Lehfeldt XII, 1891, S. 26; Janecki III 1899, S. 62; GGTUA 1903, S. 226; Dehio 1998, S. 955; Klimpke 19 (2000), S. 36f.; Blöthner II 2017, S. 159f.; Heinze u.a. 2017, S. 381f.; Hein 2022

390 Heinze u.a. 2017, S. 382

391 Vgl. Pfr. Gräf, in: Schmidt II 1843, S. 37; HBK 1859, S. 25, 1878, S. 22, 1893, S. 25; Köhler 1923, S. 90; HRL 2022

392 Vgl. Baberske 1988, S. 15f., 18, 29, 37; Heinze u.a. 2017, S. 382; agrarpahren.de (Website der Pahren Agrar GmbH & Co KG, abger. 15.05.2023)

393 Vgl. Gleichenstein 1716, S. 35; König II 1729, S. 200-288; Biedermann 1747, Tab. 38-42; NGH 1778, S. 47; v. Uechtritz I 1790, S. 47, 215, II 1791, S. 25, 171, III 1791, S. 266, IV 1792, S. 92, V 1793, S. 8, 221; v. Hausen 1892, S. 43; GGTUA 1903, S. 221ff. (mit Stammreihe), 1920, S. 161, 1922, S. 173, 1924, S. 146, 1930, S. 131; v. Boetticher III, S. 219ff. bei HRL 2022; Schattkowsky 2008, S. 136 bei von Bünau (Adelsgeschlecht), in Wikipedia.de (abger. 18.10.2022)

394 Hagner 2008, S. 81

395 Vgl. ebenda; Stemler 1750, S. 131; Rosenkranz 1982, S. 61; Baberske 1988, S. 8 1567; HRL 2022

396 Vgl. Pfr. Rudolph, in: Schmidt II 1843, S. 31; Brückner 1870, S. 613, 627; Lehfeldt XII 1891, S. 32; Wachter 1981, S. 37f.; Blöthner II 2017, S. 166

397 Hagner 2008, S. 91
398 Vgl. Brückner 1870, S. 613
399 Vgl. Klimpke 19 (2000), S. 36f.
400 Vgl. Eisel, Nr. 821
401 Vgl. Siebmacher VI XII (1907), 105, VI, XIII (1908), S. 24; Haardt III 1938, S. 153; Klimpke 19 (2000), S. 26f.; Röder 2000, S. 55-59 bei Hagner 2008, S. 80; GhdA XI (122) 2000, S. 475f.; von Roeder (Adelsgeschlecht), in: Wikipedia.de (abger. 23.10.2022); HRL 2022
402 Vgl. v. Roeder I 1978 bei von Roeder (Adelsgeschlecht), in: Wikipedia.de (abger. 23.10.2022); HRL 20202
403 Zitiert bei Bergner XXII 1901, S. 51f.
404 Vgl. ebenda, S. 50f.; Heimatverein ›Krumme Kiefer‹ 2008, S. 36; Franke 2017, S. 94-100
405 Vgl. Longolius 17XX, zitiert bei Wachter 1978, S. 30, 74; Brückner 1870, S. 580, 592; Alberti 1879 (1997), S. 6, 8f.; Klimpke I 1997, S. 6f.; Löffler 2000, S. 264; Queck u. Spazier 2016, S. 65
406 Löffler 2000, S. 265
407 Vgl. Schmidt II 1909, S. 25
408 Löffler 2000, S. 264
409 Queck u. Spazier 2016, S. 65; Siehe auch Spazier u.a. 2013, S. 188f.; Bienert 2000, S. 222
410 Vgl. Alberti 1879 (1997), S. 9
411 Vgl. ebenda, S. 6; Schmidt II 1909, S. 28
412 Alberti ebenda, S. 6f.
413 Schmidt II 1909, S. 23f.
414 Vgl. ebenda, S. 25, 27, 102f.; Alberti 1879 (1997), S. 14f.; Klimpke I 1997, S. 15f., 19; Löffler 2000, S. 267
415 Vgl. Alberti 1879 (1997), S. 17f.; Schmidt II 1909, S. 25; Klimpke II 1997, S. 27f.; Löffler 2000, S. 266; Joseph u. Porada 2006, S. 54
416 Vgl. Alberti 1879 (1997), S. 18f.; Schmidt 1892; Klimpke 3 (1996), S. 8, II 1997, S. 28; Löffler 2000, S. 269
417 Schmidt II 1909, S. 25
418 Vgl. ebenda, S. 26; Alberti 1879 (1997), S. 19; Lehfeldt XII 1891, S. 81f.; Klimpke II 1997, S. 28
419 Löffler 2000, S. 268
420 Ebenda
421 Ebenda
422 Vgl. ebenda; Alberti 1879 (1997), S. 19; Schmidt II 1909, S. 27
423 Schmidt II 1909, S. 27
424 Vgl. ebenda
425 Löffler 2000, S. 268
426 Ebenda, S. 269
427 Klimpke I 1997, S. 13f.
428 Vgl. ebenda, S. 14, 17; Alberti 1879 (1997), S. 23; Schmidt II 1909, S. 26; Löffler 2000, S. 269, 273
429 Schmidt II 1909, S. 26
430 Zitiert bei Alberti 1879 (1997), S. 20
431 Vgl. ebenda, S. 20f.; Löffler 2000, S. 269f.

432 Klimpke I 1997, S. 19
433 Löffler 2000, S. 270
434 Klimpke I 1997, S. 19f.
435 Vgl. Alberti 1879 (1997), S. 21
436 Löffler 2000, S. 270
437 Ebenda, S. 271
438 Ebenda, S. 271
439 Ebenda
440 Vgl. ebenda, S. 272; Alberti 1879 (1997), S. 22; Klimpke I 1997, S. 6, 32; Weiß I 2008, S. 78, 80
441 Löffler 2000, S. 272
442 Vgl. ebenda, S. 273; Brückner 1870, S. 383; Lehfeldt XII 1891, S. 44
443 Vgl. Alberti 1879 (1997), S. 23
444 Vgl. ebenda, S. 21
445 Klimpke II 1997, S. 10
446 Löffler 2000, S. 434
447 Vgl. ebenda, S. 274f.
448 Ebenda, S. 275
449 Ebenda, S. 276
450 Vgl. ebenda, S. 275f.
451 Klimpke II 1997, S. 13f.
452 Vgl. ebenda, S. 5; Alberti 1879 (1997), S. 23; Löffler 2000, S. 274
453 Löffler 2000, S. 276
454 Vgl. ebenda, S. 434; Alberti 1879 (1997), S. 24; Klimpke 1 (2004), S. 25, 32; Blöthner 61 (2018), S. 140, 171
455 Löffler 2000, S. 279
456 Alberti 1879 (1997), S. 24
457 Klimpke II 1997, S. 12f., 34
458 Vgl. ebenda, S. 15, 34; Löffler 2000, S. 279f.; Siehe auch v. Ehrenthal 1908; Behr 1927, S. 9
459 Klimpke II 1997, S. 15f.
460 Vgl. ebenda, S. 17f.; Löffler 2000, S. 437f.; Luftangriff auf Schleiz (08. 04.1945), in: Wikipedia.de (abger. 23.05.2023); Siehe auch Hänsel 1935/122; Zießler II 1978, S. 522ff.
461 Löffler 2000, S. 445
462 Klimpke II 1997, S. 18f.
463 Vgl. Löffler 2000, S. 445
464 Vgl. Klimpke II 1997, S. 34, 37
465 Vgl. ebenda, S. 20, 37; Löffler 2000, S. 460; Schleiz, in: Wikipedia.de (abger. 19.07.2014)
466 Löffler 2000, S. 460
467 Ebenda
468 Zum Schloß siehe auch HBK 1859, S. 24f., 1893, S. 25; Lehfeldt XII, 1891, S. 81; GGHK 1932, S. 83; Klimpke 34 (2004); Blöthner II 2017, S. 217-221; HRL 2022; Gensior 2022, S. 135-138
469 Vgl. Löffler 2000, S. 265f., 270ff.; Alberti 1879 (1997), S. 12, 21; Schmidt II 1909, S. 27, 29, 91, III 1916, S. 167f.; Klimpke I 1997, S. 12, 19, 28, II 1997, S. 5

470 Vgl. Brückner 1870, S. 580; Schmidt I 1908, S. 26, 60-65
471 Vgl. Löffler 2000, S. 267; Klimpke II 1997, S. 37
472 Schmidt II 1909, S. 41
473 Vgl. ebenda, S. 49, III 1916, S. 182; Löffler 2000, S. 269
474 Löffler 2000, S. 270
475 Ebenda, S. 277
476 Vgl. ebenda; S. 263, 269f., 277, 280, 445; Pfr. Handmann, in: Schmidt II 1843, S. 81; Brückner 1870, S. 581; Klimpke II 1997, S. 19
477 Vgl. Schmidt II 1909, S. 41, III 1916, S. 181f.
478 Schmidt II 1909, S. 27
479 Löffler 2000, S. 276f.
480 Ebenda, S. 277
481 Vgl. ebenda, S. 276f., 281, 445; Schmidt II 1909, S. 29; Klimpke II 1997, 19, 34, 37
482 Vgl. Schmidt III 1916, S. 335; Löffler 2000, S. 278, 445
483 Löffler 2000, S. 278f.
484 Vgl. ebenda, S. 278f., 445; Schmidt II 1909, S. 41; Schleiz, in: Wikipedia.de (abger. 19.07.2014)
485 Löffler 2000, S. 273
486 Ebenda, S. 279
487 Ebenda, S. 445
488 Vgl. ebenda, S. 270, 273, 277, 279f.; 445f.; Alberti 1997, S. 24; Schmidt II 1909, S. 29, III 1916, S. 309, 383
489 Löffler 2000, S. 460
490 Schmidt II 1909, S. 28
491 Dorf- und Heimatverein Oberböhmsdorf 2008, S. 5
492 Vgl. Brückner 1870, S. 596
493 Schmidt II 1909, S. 28
494 Ebenda
495 Vgl. Brückner 1870, S. 583, 593; Eisel 1871, Nr. 496; Schmidt I 1908, S. 28; Barth 1949, S. 52
496 Schmidt II 1909, S. 28
497 Vgl. ebenda; Brückner 1870, S. 600
498 Schmidt II 1909, S. 28f.
499 Ebenda, S. 29
500 Löffler 2000, S. 278
501 Vgl. HBK 1859, S. 24f., 1893, S. 25; Schmidt III 1916, S. 314f., 318; Behr 1927, S. 9; GGHK 1932, S. 83; Hänsel 1934/12; Derselbe (31.03. 1934); Dorf- und Heimatverein Oberböhmsdorf 2008, S. 11
502 nach anderen 164 ha Äcker und Grünland zudem Flächen von Schleizer Betrieben, die die Landwirtschaft aufgaben
503 Schleiz, in: Wikipedia.de (abger. 23.05.2023)
504 Wetzel 2011, S. 132
505 Schleiz, in: Wikipedia.de (abger. 23.05.2023)
506 Wetzel 2011, S. 132
507 Vgl. ebenda, S. 131f.; Köhler 1923, S. 153
508 Brückner 1870, S. 688
509 Vgl. ebenda; Pfr. Behr, in: Schmidt II 1843, S. 21; Eisel 1871, 609; Wetzel

1932, S. 99; Klimpke 19 (2000), S. 37f.; Blöthner II 2017, S. 293
510 Vgl. Gleichenstein 1716, S. 5; Biedermann 1749; Siebmacher VI, XII, 19, 70; Rußwurm (Adelsgeschlecht), in: Wikipedia.de, Rußwurmhaus-Breitungen, in: russwurm.net/historie/ehemalige-bewohner (beide abger. 14.12.2022)
511 Brückner 1870, S. 701f.
512 Vgl. Siebmacher III, II, 330, VI, XII (1907), S. 70; GGTABA 1907, S. 642 (Stammreihe), 1920, S. 760, 1922, S. 723, 1925, S. 755, 1928, S. 494, 1932, S. 530; v. Frank IV 1967, S. 184; LdA/HRL 2022
513 Vgl. Brückner 1870, S. 593; Hänsel 1934/8f.; Barth 1949, S. 38, 66; Hermann 2002, S. 9ff.
514 Hermann 2002, S. 14, 17f.
515 Ebenda, S. 18
516 Vgl. ebenda, S. 20-23; Brückner 1870, S. 593
517 Klimpke 2002, S. 42f.
518 Ebenda, S. 43f.
519 Hermann 2002, S. 37
520 Ebenda, S. 28
521 Vgl. ebenda, S. 8-38; Klimpke 2002, S. 42ff.
522 Klimpke 2002, S. 45f.
523 Hermann 2002, S. 29
524 Vgl. ebenda, S. 29, 33; Brückner 1870, S. 593f.; Klimpke 2002, S. 45-48
525 Diac. Wappler, in: Schmidt II 1843, S. 67
526 Autorenkollektiv 2000, S. 52f.
527 Vgl. ebenda, S. 8, 13, 19, 52f., 56ff.; Biedermann 1752, Tab. 229, 232b, 234, 235b, 236b, 237ff.; Diac. Wappler, in: Schmidt II 1843, S. 67; HBK 1859, S. 32; Brückner 1870, S. 693ff.; Lehfeldt XII 1891, S. 93; GGTUA 1903, S. 462; Köhler 1923, S. 154; Klimpke 19 (2000), S. 14, 38; Weiss I 2008, S. 93; Hagner 2008, S. 93; Blöthner II 2017, S. 286; HRL 2022
528 Brückner 1870, S. 630
529 Ebenda, S. 631
530 Ebenda, S. 631
531 Zum Landschaftspark Reichenfels siehe John u.a. 2012, S. 132
532 Brückner 1870, S. 633ff.
533 Vgl. Sachenbacher 2005, S. 101; Siehe auch ebenda, S. 41ff.; Lehfeldt XXIII 1896, S. 162; Löffler 2000, S. 415f.; Köhler 2001, S. 207; Bienert 2000, S. 99; Burgruine Reichenfels, in: Wikipedia.de (abger. 12.06.2023); HRL 2022
534 Sachenbacher 2005, S. 39
535 Brückner 1870, S. 634
536 Vgl. Löffler 2000, S. 406ff. bei Sachenbacher 2005, S. 39
537 Brückner 1870, S. 634
538 Ebenda, S. 637
539 Vgl. Löffler 2000, S. 408; Hohenleuben, in: Wikipedia.de (abger. 12.06.2023)
540 Brückner 1870, S. 634, 636; Siehe auch Lehfeldt XXIII 1896, S. 160
541 Brückner, ebenda, S. 637
542 Ebenda 1870, S. 642
543 Vgl. ebenda, S. 642f.; BGTA 1879, S. 510f.; Lehfeldt XXIII 1896, S. 172; GGTUA 1906, S. 360; HRL 2022
544 Vgl. Brückner 1870, S. 642f.

545 Vgl. Köhler 1923, S. 88; HRL 2022
546 Rosenkranz 1982, S. 46
547 Vgl. ebenda; Brückner 1870, S. 646f.; Neuärgerniß, in: Wikipedia.de (abger. 13.06.2023)
548 Vgl. Brückner 1870, S. 651; Lehfeldt XXIII 1896, S. 173; Rosenkranz 1982, S. 73; triebes-thueringen.de/triebes-geschichte.htm (abger. 13.06.2023)
549 Brückner 1870, S. 651
550 Vgl. Blöthner I 2017, S. 212f.; von Metzsch (Adelsgeschlecht), in: Wikipedia.de. (abger. 18.09.2022); LdA 2022; Kneschke VI 1865, S. 256ff.; GGTUA 1900, S. 623, 1907, S. 482 (Stammreihe), 1921, S. 487, 1923, S. 424, 1928, S. 354, 1931, S. 306; GGTFH 1870, S. 1102, 1871, S. 840, 1883, S. 1052; v. Boetticher II, S. 195; v. Kohlhagen 1906, S. 76; Janecki III 1899, S. 247 (Stammreihe); v. Mansberg I 1903, S. 573-632; v. Metzsch 1908; v. Metzsch-Reichenbach 1910, S. 361; Menges 1994, S. 262f.; Johanniterorden 2008; Lenk 2005/4, S. 29f.
551 Weißendorf, in: Wikipedia.de (abger. 13.06.2023)
552 Brückner 1870, S. 654
553 Ebenda
554 Ebenda
555 Vgl. ebenda; HBK 1859, S. 32; Lehfeldt XXIII, 1896, S. 173f.; Janecki III 1899, S. 934, 940; v. Zehmen 1906, S. 89, 99, 131; GGTUA 1906, S. 361, 1930, S. 685; Köhler 1923, S. 96; Hagner 2008, S. 84; HRL 2022; Weißendorf, in Wikipedia.de (abger. 13.06.2023)
556 Vgl. GGTUA 1900, S. 933, 1918, S. 970, 1920, S. 956, 1924, S. 825, 1930, S. 683; Janecki III 1899, S. 933 (Stammreihe); v. Boetticher III, S. 152; BGTA 1882, S. 596 (Stammreihe), 1889, S. 564; v. Uechtritz VII, S. 88; König I 1727, S. 1091; Gleichenstein 1716, S. 261; v. Feilitzsch 1896, S. 362 bei LdA 2022; v. Zehmen 1906 u. v. Watzdorf 1994, S. 524-530, in: von Zehmen (Adelsgeschlecht) bei Wikipedia.de (abger.: 20.08.2022); Zehmensches Familienarchiv im Rittergutsarchiv Markersdorf bei Berga bei Kretschmer 1934, S. X
557 Zitiert bei Kretschmer 1934, S. 313
558 Zitiert bei Udo Hagner (2008), in: vavh-geschichtsverein-hohenleuben.de/adel-in-reuss-jüngerer-linie (abger. 13.06.2023)
559 Vgl. Graf und Gräfin (Adelstitel), in: Wikipedia.de (abger. 22.11.2022)
560 Vgl. ebenda
561 Schmidt II 1935, S. 727
562 Vgl. ebenda; Bergner 2012, S. 36; Jakob 2015, S. 149-173
563 Vgl. Mast 1992, S. 52; Löbe u. Löbe I 1884, S. 9
564 Vgl. Fröhlich 2001, S. 65
565 Grundmann, Werner u.a. 2001, S. 232
566 Krüger 1972, S. 19-22
567 Vgl. Jauernig 1929
568 edelfrei, in: Wikipedia.de (abger. 23.11.2022)

BILDNACHWEISE

Cover – vorn o.: 1. Schloß Burgk (A.d.V.), 2. Schloß Schleiz – Parkseite (AK), 3. Jagdschloß Waidmannsheil (b. Behr 1927), u.: 4. Schloß Crispendorf (v. Geldern-Crispendorf 1919, S. 8), 5. Schloß Ebersdorf – Parkseite (F. Krüger Lobenstein), 6. Zoppoten – Herrenhaus (A.d.V.); hinten die Wappenschilde v. l. n. r. u. v. o. n. u.: 1. v. Beulwitz, 2. v. Metzsch, 3. v. Kospoth, 4. v. Drachsdorff, 5. v. Sparneck, 6. v. Posseck, 7. v. Lobdeburg-Saalburg/ v. Reitzenstein, 8. Vögte von Gera, 9. Haus Reuß, 10. v. Watzdorf, 11. v. Bünau, 12. v. Machwitz, 13. v. Dobeneck (alle A.d.V.), 14. ISBN-Button, 15. v. Hirschberg (A.d.V.)

Buchblock – S. 14f.: Topographische Übersicht über den Saale-Orla-Raum (A.d.V.); S. 20: Topographische Übersicht über das Amt Burgk Reuß ä. L. (n. Lehfeldt IX 1891); S. 25: Schloß Burgk – Schildwall m. Hungerturm (Fritz Koch Meiningen); S. 27: Schloß Burgk m. überdachter Saalebrücke (HIB 15.03.1932); S. 40: Schloß Crispendorf (v. Geldern-Crispendorf 1919, S. 8); S. 45: Dörflas – Herrenhaus; S. 47 l.: Eingangsdiele, r.: Oberländische Bauernstube; S. 58: Die alte Walsburg (alle b. Wetzel 1939); S. 75: Remptendorf – sog. ›Herrenhaus‹ (b. Gemeinde Remptendorf 2000, S. 51); S. 98: Topographische Übersicht über das Fürstentum Reuß-Ebersdorf (n. Lehfeldt XII 1891); S. 110: Bad Lobenstein – Bergfried (Schmidt Lobenstein, Nr. 317); S. 112: Unteres Schloß (Jost Zistnik Lobenstein); S. 113: Palais Christianzell (Gustav Täubert b. Schmidt II 1843); S. 114: Neues Schloß (A.d.V.); S. 118: Salon-Pavillon (Täubert a.a.o.); S. 121: Blankenstein – Herrenhaus (b. Hänsel 1921); S. 132 l.: Ebersdorf – Säulenportikus am Schloß, r.: Südflügel (W. Wegener um 1840 b. Schmidt II 1843); S. 140: Gotisches Haus; S. 143: Orangerie (beide A.d.V.); S. 152: Harra – Kammergut u. Kirche (b. Schmidt II 1843); S. 160: Heinersdorf – ›Goldener Loewe‹ (b. Gemeinde Heinersdorf 2000); S. 166: Hirschberg (Loeffler & Co. Greiz); S. 187: Jägersruh (A.d.V.); S. 191: Kießling – Herrenhaus (b. Rank 1992); S. 196: Lothra – Brauereigasthof Stamm (Bruno Richter Pößneck); S. 200: Rudolphstein – Schloß-Ensemble (A.d.V.); S. 206: Saalbach (b. Hartenstein 2012, S. 98); S. 211: Jagdschloß Waidmannsheil (b. Schmidt II 1843); S. 213: Schönbrunn – Bellevue (W. Wegener ebenda); S. 215: Thierbach – Kammergut vor 1900 (b. Autorenkollektiv 2009, S. 41); S. 216: Thimmendorf; S. 217: Unterlemnitz (beide in: Schmidt II 1843); S. 221: Wurzbach – ›Goldener Loewe‹ (b. Stadtkurier 2018/10); S. 222: Topographische Übersicht über das Amt Saalburg Reuß-Gera (n. Schulz, Lotter, Vindel 17XX); S. 231: Saalburg im 19. Jhr. (b. Autorenkollektiv 1972, S. 21); S. 239: Bergfried (b. Weidhaas 2005, S. 6); S. 242: Turmstumpf um 1950 (Tiersch b. Hänsel 1956, S. 321); S. 244: Palais am Markt (b. Schmidt II 1843); S. 257: Topographische Übersicht über das Fürstentum Reuß-Schleiz (n. Schulz, Lotter, Vindel 17XX); S. 260: Dittersdorf – Kammergut (Chr. Teich Lobenstein); S. 267: Kirschkau – Jesus-Kirche (b. Behr 1927, Tafel 17); S. 283: Oberböhmsdorf – Kammergut (b. Dorf- u. Heimatverein 2008, S. 54); S. 285 l.: Oberoschitz-Heinrichsruh – Gotisches Haus (Oehm b. Kretschmer 1927), r.: Marstall u. Palais (b. Schmidt II 1843); S. 287: Schweizerhaus (b. Oberlandhefte 1926/6); S. 290: Fürstliches Palais (A.d.V.); S. 293: Oettersdorf – Herrenhaus (b. Autorenkollektiv 2002, S. 40); S. 296: Oschitz – Edelhof; S. 299: Kammergutsgebäude; S. 307: Pahren – Herrenhaus (alle A.d.V.); S. 325: Schleiz – Burggrafenschloß (b. Schmidt II 1909, Tafel I); S. 330: Barockschloss (b. Schmidt III 1916, Tafel IX); S. 333: Klassizistisches Schloss (b. Schmidt II 1843); S. 335 l.: stadtseitiger Flügel, S. 335 r.: parkseitiger Flügel (beide AK); S. 337: Luftansicht (b. Oberlandhefte 1930/8); S. 348: Fürstlicher Marstall (b. Schmidt II 1843); S. 360: Wüstendittersdorf – Hellers Gut (b. Ortschaftsrat 2002, S. 35); S. 362: Knochs Gut (ebenda, S. 36); S. 364: Zollgrün – Rittergut (b. Autorenkollektiv 2000, S. 52); S. 368: Topographische Übersicht über die Reuß-Schleizische Exklave Hohenleuben (n. Schulz, Lotter, Vindel 17XX); S. 371: Burgruine Reichenfels (A.d.V.); S. 373: Hohenleuben – Schloß (Karl Delitzscher); S. 377: Triebes – Herrenhaus, S. 380: Weißendorf – Herrenhaus (beide A.d.V.); S. 382: Wappen der Tafel mehrheitlich b. Siebmacher (so in Gritzner 1873, v. Hefner u.a. 1884, v. Mühlverstedt 1907/1908); Ströhl 1897; Otto Hupp: Münchner Kalender 1929; Kretzschmer 1934 u.a.

Vor- und frühgeschichtliche Wälle

Arlas – Spuren eines Wallgrabens als Überrest des vormaligen Herrensitzes;

Bad Lobenstein – mittelalterliche Wallanlage auf der Anhöhe ›Geheeg‹;

Burgk – [1] etwaige Lage der Vorgängerburg an der Südspitze der Landzunge beim Sophienhaus, [2] ›Schwedenschanze‹ oberhalb des Ortes auf dem Weinberg am Waldrand als ovale Fläche von 50 Schritt Länge und 25 Schritt Breite, [3] ›Trotzeburg‹ sagenhafte Wallanlage [zuletzt Vorwerk] beim Burgkhammer;

Crispendorf – mögliche Wasserburg anstelle des späteren Herrenhauses;

Dröswein – ›Landwehr‹ 1,4 km O vom Ort als 520 m langes und bis zu 3 m hohes ziemlich lineares Wallgrabensystem;

Ebersdorf – im Schloßbereich bis 1820 Wall und Graben einer Wasserburg;

Frankendorf – im Bereich des Rittergutes Spuren früherer Verwallung;

Gahma – ehedem von Wallgraben umgebene Wehrkirche neben dem Gut;

Göschitz – auf exponiertem Geländesporn gelegene Ortskirche mit wehrhafter spätmittelalterlicher Ummauerung und teils noch bis zu 4 m hohen Ecktürmen;

Heinersdorf – ehemaliger Rundwall auf der ›Höhleite‹ an der sogenannten ›Wallergasse‹ mit >35 Schritten Durchmesser, von einem künstlichen, übermannstiefen und 5-6 Schritt breiten Graben umgeben;

Kirschkau – 1753 Erwähnung eines Walls um die Gebäude des Untergutes;

Löhma – sog. ›altes Schloß‹ als ehemalige Ringwallinsel mitten im Dorfe;

Lückenmühle – [1] flache Reste eines 30 × 50 m umfassenden Walls am Zusammenfluß von Grund- und Otterbach als sagenhafte Reste eines Marschlagers aus dem 30-jährigen Krieg, siehe dazu auch [2] zwei 1873 abgetragene künstliche Hügel [je h.: 4-5 Fuß, l. × b.: 25-30 × 12-15 Fuß] im Flurteil ›Schanze‹;

Klettigshammer – sichelförmig verlaufendes ehemaliges Wall-Grabensystem unbekannter Zeitstellung auf dem Klettigsberg O vom Ort;

Mielesdorf – rätselhafte Mehreckschanze aus der Vorzeit auf dem Grünberg;

Möschlitz – merkwürdige Schanze am Abhang des altes Weges nach Burgk;

Oschitz – [1] in der oberen Ortslage bis 1633 ein Rittergut im ›Schwarzen Loch‹, [2] ›Schwedenschanze‹ [l.: ~100 m] auf dem Kulm O der Kirche, [3] S vom Ort auf dem Rittersbühl sagenhaftes Schloß oder ›Schwedenschanze‹ mit angeblich um 1800 noch sichtbaren Mauern, [4] SSW vom Ort auf der Hohen Warte ein Wartturm [im 30-jährigen Krieg angeblich als Schwedenschanze];

Pahren – ehemalige Wasserburg in Ortslage im späteren Rittergutsbereich auf dem ›Bühl‹ [120 × 130 m];

Plothen – Rundwall ›Burgstäudele‹ SO vom Ort [vermutliche Wegesperre] ohne Reste, wohl Verwechslung mit [2] gleichnamiger Stätte auf dem Kienberg WSW vom Ort mit angeblichen ›Spuren von Verwallung‹ bis 1840, [3] Sage von einem, im Brüttelsteich zwischen Knau und Linda versunkenem Schloß;

Pöritzsch – [1] bis 1834 künstlicher Wallgraben um das Kammergut, [2] Artillerischanze der Napoleonischen Armee [1806] bei der Hohen Tanne links über der Saale, gegenüber von Saalburg zum Beschuß der Stadt;

Pottiga – zum Dorfteich erweiterter Wallgraben der ehemaligen Wasserburg;

Rauschengesees – Der große Teich am späteren Herrenhaus gilt als letzter Rest eingeebneter Gräben und Wälle einer einstigen Wasserburg. [2] W vom Ort an der Straße nahe der einstigen Landesgrenze bis 1897 Ringwallanlage mit 180 Schritt langen, >8 Schritt breiten und 3 m tiefen künstlichen Graben nebst Außenwall, der einen erhöhten rechteckigen Rasenplatz einschloß;

Remptendorf – ehemaliger Wallgraben mit Zugbrücke um das untere Gut;

Röppisch – ›Altes Schloß‹ NO vom Ort mit 65 Schritt langem, 10 Schritt breitem und in der Mitte noch bis zu 4 Meter tiefem Halsgraben mit Abschnittswall;

Saalburg – ehemalige, nach 1840 eingeebnete Schanze angeblich des 30-jährigen Krieges dicht links am Wege nach Kulm, [2] SSO vom Ort rätselhafte Wallanlage [ca. 300 × 500 m] unbekannter Zeitstellung auf dem Hatzenberg;

Tanna – sagenhafte Pfahlburg S vom Ort in den ›großen Wiesen‹ am Fuße des Rosenbühls [652 m] nahe der Wüstung Kämmera;

Triebes – Wallanlage ›Vogelheerd‹ zwischen Nässa und Brückla im ›Seeholz‹;

Weisbach – [1] Befestigungsgraben um ehemalige Wehrkirche, [2] unmittelbar am südlichen Ortsrand am Wege nach Lückenmühle der mit Graben und Wall geschützte Adelssitz ›Hauptmannszeug‹; [3] N vom Ort auf dem Bergsporn ›Schloßkuppe‹ die Reste der mittelalterlichen Wysburg [auch Hohenwaldsburg] mit 13 m tiefen und 24 m breiten Halsgraben;

Zollgrün – [1] Reste einer mittelalterlichen Wasserburg als zweitem Rittersitz im Unterdorf auf dem ›Wahlwieslein‹ am nördlichen Ortsrand direkt neben der Kirche, [2] NNO vom Ort am Wetterahang der Schanzgraben als Wegsperre;

Zoppoten – Wallgrabenspuren als Reste des Rittergutes Ober-Zoppoten. (Vgl. Auerbach 1930, S. 198-208; Diersch 1988, S. 48; Autorenkollektiv 2000, S. 8; Queck u. Spazier 2016, S. 24, 29f., 38, 40-44, 47ff., 51f., 54, 59, 67f., 70, 78)

Satz und Gestaltung:
Alexander Blöthner

Die Reihe Plothener Hefte zur Thüringer Regionalgeschichte

Band 1: Sagenhafte Wanderungen im Land der Tausend Teiche um Plothen, Dreba, Knau, bis nach Crispendorf und Linda – 88 S. Broschürt
Band 2: Die Kirche zu Weira – Kirchgemeinde und Baugeschichte. Festschrift zur Wiedereinweihung der Marienkirche – 64 S. Broschürt
Band 3: Gespenster im alten Gera – Unheimliche Begebenheiten aus Gera und Umgebung – Zur Soziologie des Spuks – 108 S. Paperback, ISBN 978-3-75576-646-9
Band 4: Sagenorte und Sagengestalten in der Volksüberlieferung des Orlagaues unter besonderer Berücksichtigung magischer Pflanzen, gespenstischer Tiere und keltischer Flurnamen – 80 S. Broschürt
Band 5: Die Herrschaft der Universität Jena über die Stadt Apolda im 18. Jahrhundert – Ein Rationalistischer Herrschaftsstil? – 72 S. Broschürt
Band 6: Die Jenaer Umgebung als Erinnerungslandschaft – Ästhetisierung und Rezeptionswandel – 104 S. Paperback, ISBN 978-3-743-17616-4
Band 7: Das Kriegsende 1945 in Thüringen in Augenzeugenberichten – 152 S. Paperback, ISBN 978-3-744-89717-4
Band 8: Geschichte und Geschichten aus dem Orlagau – Eine alte Kulturlandschaft stellt sich vor – 96 S. Broschürt
Band 9: Eine kleine Geschichte der Landwirtschaft in Ostthüringen unter besonderer Berücksichtigung des Saale-Orla-Kreises – 128 S. Broschürt
Band 10: Der Dreißigjährige Krieg in Thüringen [1618-1648] – Östlicher Teil: Reuß, Schwarzburg, Orlagau, Holz- und Osterland, 396 S. Paperback, ISBN 978-3-74129-289-7
Band 11: Eine kleine Geschichte der Jagd und des Waldes im Saale-Orla-Kreis – 80 S. Broschürt
Band 12: Kamen die Reußen von der Unstrut? – Das Kloster Homburg bei Bad Langensalza und seine Gründer – 96 S. Paperback, ISBN 978-3-74317-635-5
Band 13: Fackeln des Krieges – Nordischer Krieg [1700-1721], Siebenjähriger Krieg [1756-1763] und Napoleonische Kriege [1806-1815] an Saale, Orla und Wisenta, 240 S. Paperback, ISBN 978-3-74609-935-4
Band 14: Geheimnisse der Vorzeit im Orlagau – Von den Jägern und Sammlern der Urzeit bis zu den Kelten – 116 S. Broschürt
Band 15: Waldlandvölker – Germanen und Sorben im Saale-Orla-Raum – Vom Leben im Ersten Jahrtausend nach Christi – 2 Teilbände: 60/68 S. Paperback
Band 16: Die Geschichte der Arbeiterbewegung im Fürstentum Reuß älterer Linie – Ziviler Ungehorsam im 19. Jahrhundert – 80 S. Pb, ISBN 978-3-74317-627-0
Band 17: Wie dunkel war das Mittelalter? – Der Saale-Orla-Raum vom Mittelalter bis zur Frühneuzeit [899–1567] – 116 S. Broschürt
Band 18: Zwischen Heil und Verdammnis – Christianisierung und Reformierung im Saale-Orla-Raum [950–1590] – Eine etwas andere Kirchengeschichte, 104 S. Bro.
Band 19: Abschied von der alten Saale – Beiträge zur Wirtschafts-, Sozial- und Alltagsgeschichte von Oberland und Orlasenke, Band 1, 344 S. Paperback [Sammelband der Folgen 11, 22, 23, 24, 25], ISBN 978-3-744-81273-3
Band 20: Krobitz im Wandel der Zeiten – Festschrift zum 400-jährigen Jubiläum der Wiederaufrichtung der St. Annenkapelle – 88 S. Paperback
Band 21: Geschichte des Saale-Orla-Raumes: Orlasenke und Oberland – Eine LandesChronika von den Besiedelungsanfängen bis zum Jahr 1599 – 420 S. Paperback [Sammelband der Folgen 14, 15, 17, 18], ISBN 978-3-743-15120-8
Band 22: Alte Bergwerke und Goldseifen im Saale-Orla-Raum – Wissenswertes über eine vergessene Bergbauregion ans Licht gebracht – 64 S. Broschürt
Band 23: Mühlen, Hammerwerke, Schmelzhütten an Saale und Orla – Zur regionalen Industriegeschichte in ›Händischer Zeit‹ – 64 S. Broschürt
Band 24: Alte Handelsstraßen und Floßverkehr im Saale-Orla-Raum – 60 S.

Band 25: Die Stadt und ihre Nachbarschaft – Urbane Strukturen im Neustädter Kreis und im Reußischen Oberland während der Frühneuzeit – 80 S.
Band 26: Von alten Bräuchen und Festtagen im Saale-Orla-Kreis – 88 S. Bro.
Band 27: Rittergüter im Saale-, Orla- und Wisenta-Raum, Teil 1: Entstehung, Machtentfaltung, Untergang – 84 S. Paperback
Band 28: Sagen und Altertümer in Neustadt/Orla und Umgebung – 116 S. Bro.
Band 29: Sagenhafte Wanderungen in Ziegenrück und Umgebung – Ein Landeskundliches Lesebuch für Schule und Haus – 268 S. Pb, ISBN 978-3-75262-429-8
Band 30: Sagenhafte Wanderungen im Saale-Orla-Raum, Band 1: Obere Orlasenke mit Neustadt an der Orla, Triptis, Auma und ihrer jeweiligen Umgebung, 436 S. Paperback [Sammelband der Folgen 1 (teils), 4, 28, 42], ISBN 978-3-746-03016-6
Band 31: Weyrische Chronik, Band 1: Das Dorf Weira und seine nähere Umgebung in Geschichte und Gegenwart – 288 S. Paperback
Band 32: Weyrische Chronik, Band 2: Beiträge zur Wirtschafts-, Schul- und Kirchengeschichte sowie zur Ortsflur und zur Infrastruktur von Weira – mit dem Weiraer Haus- und Familienbuch – 264 S. Paperback
Band 33: Harry Blöthner: Meine Lebenswege [1924-1948] – 72 S. Paperback
Band 34: Sagenhafte Wanderungen in der Aga-Hochebene und im südlichen Lößhügelland von Steinbrücken nach Pölzig – 60 S. Broschürt
Band 35: Sagenhafte Wanderungen von Langenberg durch das Brahmetal nach Bethenhausen – 68 S. Broschürt
Band 36: Sagenhafte Wanderungen um Bad Köstritz, Crossen u. Umgeb. – 68 S. Bro.
Band 37: Sagenhafte Wanderungen im Bundsandsteingebiet westlich der Weißen Elster durch den Saarbach-, Erlbach-, Weißiger Grund – 88 S. Broschürt
Band 38: Sagenhafte Wanderungen in Ronneburg und Umgebung sowie durch das Gessental nach Pforten – 80. S. Broschürt
Band 39: Sagenhafte Wanderungen im Geraer Becken, Erster Teil: Das Gebiet westlich der Weißen Elster mit dem Stadtwald – 68 S. Broschürt [Zusammen mit Band 40 auch als Paperback 100 S.]
Band 40: Sagenhafte Wanderungen im Geraer Becken, Zweiter Teil: Das Gebiet östlich der Weißen Elster mit dem alten Gera – 96 S. Broschürt
Band 41: Sagenhafte Wanderungen in Weida und Umgebung – 96 S. Paperback
Band 42: Sagenhafte Wanderungen in Triptis, Auma und Umgebung – 80 S. Pb.
Band 43: Eine sagenhafte Wanderung auf der Hochebene nördlich von Oettersdorf – 72 S. Paperback
Band 44: Sagen und Altertümer aus Schleiz und Umgebung – 152 S. Paperback, ISBN 978-3-752-62605-6
Band 45: Sagenhafte Wanderungen in Tanna und Umgebung – 68 S. Brosch.
Band 46: Sagenhafte Wanderungen um Gefell, Hirschberg und Blankenberg – 68 S. Paperback
Band 47: Sagenhafte Wanderungen in der Gemeinde Remptendorf und auf den Saale- und Sormitzhöhen – 68 S. Broschürt
Band 48: Sagen und alte Geschichten aus Saalburg-Ebersdorf und Umgebung – 80 S. Broschürt
Band 49: Sagenhafte Wanderungen durch die Saale-Rennsteig-Region: Blankenstein und Umgebung – 48 S. Broschürt
Band 50: Sagen und Altertümer aus Bad Lobenstein und Umgebung sowie aus der Erinnerungslandschaft um ›Saalpolynesien‹ – 60. S. Broschürt
Band 51: Sagenhafte Wanderungen im Raum Wurzbach, im Sormitztal und im [Thüringischen] Frankenwald – 56 S. Broschürt
Band 52: Sagenhafte Wanderungen in Ranis und Umgebung, Teilband 1: Stadt und Burg Ranis mit den Zechsteinriffen um Brandenstein – 84 S. Broschürt
Band 53: Sagenhafte Wanderungen in Ranis und Umgebung, Teilband 2: Die Dörfer zwischen Ranis und der Oberen Saale – 84 S. Broschürt

Band 54: Sagenhafte Wanderungen um Krölpa und in den Wäldern der Heide – 64 S. Broschürt
Band 55: Sagen und Altertümer aus Pößneck und Umgebung – 88 S. Brosch.
Band 56: Sagenhafte Wanderungen in der Verwaltungsgemeinschaft Oppurg; Teil 1: Von Oppurg über die Heidewälder nach Langenorla und Kleindembach – 80 S. Bro.
Band 57: Sagenhafte Wanderungen in der Verwaltungsgemeinschaft Oppurg; Teil 2: Von Wernburg über die Bahrener Höhe nach dem Weiraer Wald – 88 S. Bro.
Band 58: Sagen und Altertümer von den Zechsteinriffen der Orlasenke – 88 S. Broschürt
Band 59: Sagenhafte Wanderungen zwischen Saale und Ilm östlich von Leutenberg – 68 S. Broschürt
Band 60: Sagenhafte Wanderungen um Schloss Burgk und seine Umgebung – 56 S. Broschürt
Band 61: Thüringer Fürsten im 18. Jahrhundert und ihre Herrschaft: Die Höfe von Coburg, Ebersdorf, Eisenberg, Gera, Gotha, Greiz, Köstritz, Lobenstein, Neustadt an der Orla, Rudolstadt, Saalfeld, Schleiz, Weida, Weimar, Zeitz u.a. – 216 S. Paperback, ISBN 978-3-74317-622-5
Band 62: Harry Blöthners Weiraer Familienbuch – Familien in Weira [1850-1950], 132 S. Paperback
Band 63: Sozialistische Landwirtschaft und LPGisierung im Saale-Orla-Raum [1945-1990], 144 S. Paperback
Band 64: Ende oder Neubeginn? – Landwirtschaftliche und Ländliche Entwicklung im Saale-Orla-Kreis zur Zeit des Konsumismus (1990-2015), 64 S. Paperback
Band 65: Wetterextreme im Reußischen Oberland – Ein Beitrag zur Klimageschichte des Oberlandes und Ostthüringens, 172 S. Paperback
Band 66: Der Rote Berg und sein Geheimnis – Zur Geschichte des berühmten ›Hausberges‹ von Saalfeld aus Bergbau- und Kulturgeschichtlicher Perspektive, 176 S. Paperback, ISBN 978-3-75686-986-2
Band 67: An der Hohen Warte – Eine sagenhafte Wanderung von Saalthal über Bucha, Hohenwarte und Goßwitz nach Könitz, 172 S. Paperback
Band 68: Sagen und Altertümer aus Kaulsdorf, Obernitz, Köditz und Umgebung – Unterwegs an der westlichen Zechsteinstirn des Roten Berges, 188 S. Paperback
Band 69: Sagen und Altertümer aus dem Raum Kamsdorf und Unterwellenborn – Entdeckungen im Weiragrund zwischen Heide und Rotem Berg, 224 S. Paperback
Band 70: Die Dörfer der Saalfelder und Uhlstädter Heide – Sagenhafte Wanderungen von der Mittleren Saale nach den Tälern und Höhen des Waldgebirges, 248 S.
Band 71: *›...und erblickte von diesem Berge aus an die zehn Herren Länder‹* – Zur administrativen Entwicklung im Gebiet des heutigen Saale-Orla-Kreises von den Kleinstaaten bis zu den Thüringer Gebietsreformen der Gegenwart, 156 S. Paperback
Band 72: *›Saalfeld er erst erbauen tut...‹* Von der provincia Salaveld bis zum Landkreis Saalfeld-Rudolstadt (899-2019) – Administrative und Kirchliche Entwicklung im Saalfelder Raum, 136 S. Paperback
Band 73: Rittergüter im ehemaligen Neustädter Kreis in den Amtsgerichtsbezirken Auma und Neustadt an der Orla – Alle Burgen, Schlösser, Herrensitze, Freigüter und Vorwerke sowie ihre Besitzer: Geschichte und Geschichten, 400 S. Paperback
Band 74: Rittergüter im Preußischen Kreis Ziegenrück in den Amtsgerichtsbezirken Ranis und Ziegenrück [mit Gefell], 260 S. Paperback
Band 75: Residenzschloß Schleiz und Park Heinrichsruh, 64 S. broschürt
Band 76: Rittergüter im Reußischen Oberland in den ehemaligen Fürstentümern Reuß-Ebersdorf und Reuß-Schleiz sowie den Ämtern Burgk (Reuß ä.L.) und Saalburg (Reuß-Gera), 460 S. Paperback, ISBN 978-3-75783-077-9

❖❖❖

Alexander Blöthner:

Thüringer Fürsten im 18. Jahrhundert und ihre Herrschaft

Die Höfe von Coburg, Ebersdorf, Eisenberg, Gera, Gotha, Greiz, Köstritz, Lobenstein, Neustadt an der Orla, Rudolstadt, Saalfeld, Schleiz, Weida, Weimar, Zeitz

200 S. Paperback, ISBN 978-3-74317-622-5

❖❖❖

Alexander Blöthner:

Geschichte des Saale-Orla-Raumes: Orlasenke und Oberland

Band 1: Eine LandesChronika *von den frühesten Anfängen der Besiedlung bis zu den Kelten – Von den Germanen und Sorben bis zur frühdeutschen Zeit – Vom Hochmittelalter und der landwirtschaftlichen Kolonisation bis zur Reformation und der Frühneuzeit des Jahres 1599 – 420 S. Paperback, ISBN 978-3-743-15120-8*

Band 2: Eine LandesChronika *des 17. und 18. Jahrhunderts mit dem Dreißigjährigen Krieg, dem Zeitalter des Absolutismus und der fürstlichen und gräflichen Residenzen in der Region, dem Nordischen Krieg [1700-1721] und dem Siebenjährigen Krieg [1756-1763] bis hin zum Ende der Napoleonischen Zeit 1815*
660 S. Paperback, ISBN 978-3-743-12886-6

❖❖❖

Alexander Blöthner:

Beiträge zur Wirtschafts- und Sozialgeschichte des Saale-Orla-Raumes

Band 1: **Wie es damals bei uns war** – Eine Geschichte der Landwirtschaft und des Dorflebens, der Bauernhöfe und Rittergüter..., *656 S. Paperback, ISBN 978-3-73478-731-7*

Band 2: **Abschied von der alten Saale** – Zur Geschichte von Jagd und Fischerei, des Waldes, der Mühlen, des Bergbaus, der Städte, *356 S. Paperback, ISBN 978-3-74481-273-3*

❖❖❖

Alexander Blöthner:

Sagenhafte Wanderungen in Ziegenrück und Umgebung – Ein Landeskundliches Lesebuch für Schule und Haus – *268 S. Paperback, ISBN 978-3-75262-429-8*

❖❖❖

Alexander Blöthner:

Sagenhafte Wanderungen im Saale-Orla-Raum

Altertümer – Schlösser – Kirchen – Industriegeschichte – Höhlen – Keltische Flurnamen – Brauchtum – Archäologische Fundstätten – Kraftorte – Kultplätze

Band 1: **Neustadt an der Orla, Triptis, Auma und Umgebung**
436 S. Paperback, ISBN 978-3-746-03016-6

Band 2: **Schleiz, Ziegenrück, Tanna, Gefell, Hirschberg und Umgebung**
436 S. Paperback, ISBN 978-3-744-85217-3

Band 3: **Lobensteiner Land mit Bad Lobenstein, Saalburg-Ebersdorf, Remptendorf, Liebschütz-Liebengrün, Wurzbach, Leutenberg und Umgebung**
320 S. Paperback, ISBN 978-3-73228-768-0

Band 4: **Untere Orlasenke mit Ranis, Pößneck, Oppurg und Umgebung**
648 S. Paperback, ISBN 978-3-73229-472-5

Band 5: **Könitz, Kamsdorf, Gorndorf, Unterwellenborn und die Dörfer der Heide**
488 S. Paperback, ISBN 978-3-755-77108-1

❖❖❖❖❖ Leseprobe bei Sagenhafte-Wanderungen.jimdo.com ❖❖❖❖❖